Bibliotec

Peter Gomez
Marco Travaglio

INCIUCIO

Prefazione di Giorgio Bocca

BUR
FUTUROPASSATO

ISBN 88-17-01020-0

Prima edizione BUR Futuropassato: novembre 2005
Quarta edizione BUR Futuropassato: gennaio 2006

Berlusco', ma perché cell'hai co mme? Ma io sto a lavora' per te! Mannaggia l'ingrato, ahó! So' cinque anni che te portamo l'acqua co' le recchie! Ma che ce voi pure 'a scorza de limone? A Berlusco'! Tutti a di' che in cinque anni nun avemo fatto niente. Ma in cinque anni de centrosinistra manco t'avemo toccato le televisioni. Nun te piaceva Prodi? Te l'avemo mannato a l'estero, tac, trappolone, mannace 'na cartolina da Bruxelles! Questi so' fatti... Ma perché sei così 'ngrato? D'Alema la prima cosa che fa è annà a Mediaset a di' che è 'na grande industria culturale e che te sei 'n grande statista europeo, e pubblica tutti i libri co la Mondadori... Berlusco', ma che c'ho che nun te va? So troppo arto? Me sego le gambe! Ma che devo fa', Berlusco'?... Me dispiace pe' tanti omini onesti de l'Ulivo che hanno lavorato e lavorano pe' te... Er Paese nun è de destra e manco de sinistra: er Paese è de Berlusconi! Io nun so chi vince 'sto conflitto elettorale. Posso di' sortanto 'na cosa: che, se vince Berlusco'... Berlusco', ricordate de l'amici! Ricordate de chi t'ha voluto bbene!

Corrado Guzzanti nei panni di Francesco Rutelli,
L'Ottavo Nano, Rai2, aprile 2001

Prefazione
di Giorgio Bocca

Si intende per «inciucio» la perenne tentazione italiana all'unanimismo, al far mucchio, al camuffare l'adesione alla maggioranza come una opposizione. Con il berlusconismo al potere questa tentazione si è manifestata in modo irresistibile e impudico: gli oppositori di Berlusconi, la sinistra, hanno cercato di aiutarlo, di imitarlo, di giustificarlo. L'«Unità» antiberlusconiana di Furio Colombo si è fatto e si fa di tutto per smantellarla. Il leader della Rifondazione comunista Bertinotti è l'uomo politico ospitato più di ogni altro da *Porta a Porta*, informazione di regime. La letteratura forcaiola e antipartigiana di Giampaolo Pansa è la più recensita. Ed è di gran voga il berlusconismo *malgré nous* delle penne eleganti, a cui il Cavaliere piace da morire perché sarà un cafone, sarà un antidemocratico, ma come si batte, che tenacia, che volontà, ma sì, teniamocelo per altri cinque o dieci anni. È dall'inizio dell'èra Berlusconi che questa sinistra ipocrita fa campagna contro chiunque si opponga al suo bipartisanismo, al suo doppio gioco. Per anni Furio Colombo e la sua «Unità» sono stati considerati da questa sinistra i nemici numero uno, peggio degli eredi di Salò, peggio dei terroristi neri. L'argomento decisivo e sintetico usato dal riformismo cialtrone era: «Colombo fuori dai coglioni». Marco Travaglio e Peter Gomez non sono solo dei nemici, ma una malattia, fanno venire l'orticaria. La sinistra intransigente è una sorta di setta diabolica, da isolare, da emarginare, da confinare nel silenzio, da tener lontana dalle televisioni e dalle comunicazioni.

Il teorema del berlusconismo può essere questo: una società in transizione confusa e trasformistica si identifica nell'uomo che più le somiglia, che meglio la rappresenta; e ne fa un capo indiscutibile. Negli anni Venti quell'uomo è Mussolini e siccome è un tribuno, un violento, un istintivo, si può farne l'uomo del destino. E così nel contemporaneo con Berlusconi, che ha ripreso e rilanciato l'operazione politica perseguita anche da Craxi il cinghialone, l'uomo forte che va al potere, non importa se corrotto.

L'*Inciucio* di Gomez e Travaglio indulge anche a polemiche minori, come quelle su Giuliano Ferrara e la Armeni, ma è una raccolta precisa e seria sul trasformismo italiano. E anche una analisi seria degli errori e delle omissioni della sinistra negli anni in cui fu al governo e in cui non seppe fare le leggi antitrust e sul conflitto di interessi, consentendo a Berlusconi di durare e di riproporsi con protervia. L'accusa più forte che il campo «riformista», cioè trasformista, muove a Marco Travaglio non è politica, ma caratteriale: Travaglio è antipatico, fa venire l'orticaria al povero Bertinotti, e non solo a lui.

Il trasformismo è attento alle buone maniere, al *bon ton*. Passa con grande stile dal laicismo all'obbedienza al cardinal Ruini, dal marxismo al gesuitismo, da Darwin ai creazionisti. E chi lo considera un male perenne del Paese è un essere infetto da isolare, da mettere a tacere. Ma che rispetto intellettuale e politico si può avere per gente che, in buona sostanza, se ne infischia della libertà di informazione e mira soprattutto e soltanto a stare nella stanza dei comandi e dei buoni stipendi?

Introduzione

Dicono gli annali della politica che il primo a parlare di «inciucio» fu Massimo D'Alema. «Una cosa – disse a "Repubblica" – mi inquieta: l'inciucione, ma glielo racconto un'altra volta...» Era il 28 ottobre 1995, dieci anni fa. Poi, invece di raccontarlo, tentò di farlo. Con il governissimo Maccanico e poi con la Bicamerale. O forse – come ha rivelato nel 2002 in piena Camera Luciano Violante – l'aveva già fatto nel '94 promettendo a Silvio Berlusconi di non toccargli quanto ha di più caro: le televisioni.

Nel Dizionario della lingua italiana di Tullio De Mauro (Paravia), alla voce «inciucio» si legge: «Nel linguaggio giornalistico, accordo informale fra forze politiche di ideologie contrapposte che mira alla spartizione del potere».

Dieci anni dopo, in questo libro, raccontiamo gli inciuci che hanno portato alla spartizione della televisione pubblica da parte dei partiti di destra e di sinistra, e all'occupazione militare di quella privata da parte di un signore che, per inciso, è anche capo del governo. Con tanti saluti alla libertà d'informazione, alla libera concorrenza, alla separazione dei poteri. Quante volte ci siamo domandati: ma come ha potuto Silvio Berlusconi arrivare dove sappiamo? Lui dice che si è fatto da solo, ma pecca di ingratitudine verso i tanti che gli han dato una mano. Certo, la loggia P2. Certo, i suoi misteriosi finanziatori degli anni Sessanta, Settanta e Ottanta. Certo, Bettino Craxi e tutto il Caf. Ma tutto questo è finito nel 1993. E poi? Negli ultimi dodici anni, dopo la «discesa in campo», il Cavaliere ha governato 7 mesi la prima volta e 54 la seconda. Cinque anni e poco più. In mezzo, per sei anni e poco più, ha governato il centrosinistra. E proprio in quei sei anni Silvio Berlusconi, dato politicamente per morto, ha risolto brillantemente tutti i suoi problemi finanziari, riservandosi di sistemare quelli giudiziari nel suo secondo governo. Missione compiuta.

Secondo Bill Emmott, direttore di un settimanale non proprio sovversivo come l'«Economist», «Berlusconi è una creatura dell'opposizione». E, aggiungiamo noi, viceversa. In questo libro, che è il seguito naturale di *Regime*, raccontiamo che cosa è accaduto nell'ultimo decennio: da quando quel cadavere politico fu rianimato dai suoi sedicenti oppositori con respirazioni bocca a bocca, promosso padre costituente, beneficiato prima con provvidenziali «distrazioni» che gli consentirono di quotare in Borsa i suoi debiti, poi con leggi su misura (vedi alla voce Maccanico) e leggi insabbiate (vedi alla voce conflitto d'interessi) che salvarono il suo monopolio dichiarato incostituzionale dalla Consulta fin dal '94. Lo facciamo mettendo in fila i fatti, con qualche retroscena e documento inedito. Per esempio i rapporti dei «Comitati corporate» del Biscione, cioè delle riunioni del 1993 a Milano2 in cui Berlusconi e i suoi *boys* pianificavano l'occupazione della Rai per salvare la Fininvest. Per esempio i carteggi segreti degli emissari in Italia delle major americane, che informavano allibiti i *big boss* di Hollywood di quanto stava accadendo con il duopolio che diventava monopolio.

Raccontiamo come la rinata partitocrazia di destra e di sinistra s'è mangiata la televisione «pubblica» (per non parlare delle Authority) con un inciucione *bipartisan* che ha la faccia di Claudio Petruccioli, il presidente diessino della Rai scelto dal padrone di Mediaset. Raccontiamo le nuove censure del regime che declina, sempre più patetiche e disperate: le ultime (si spera) raffiche dei gerarchi in fuga contro Enzo Biagi, Michele Santoro, Massimo Fini, Oliviero Beha, *Report* di Milena Gabanelli, Carlo Freccero, i ragazzi di *XII Round*, Daniele Luttazzi, Corrado e Sabina Guzzanti, Beppe Grillo, Paolo Rossi, Dario Fo, Paolo Hendel, Monica Guerritore, Adriano Celentano e i tanti militi ignoti della fu informazione. Raccontiamo le nuove gesta del Tg1-*Pravda* di Clemente J. Mimun e degli altri Cinegiornali Luce anni 2000. Raccontiamo vita e miracoli degli *Inciucio Boys*, gli eterni galleggianti che piacciono a tutti perché servono a tutti, anzi servono tutti: i Vespa di destra, i Vespa di sinistra, i Vespa contemporaneamente di destra e di sinistra, buoni per tutte le stagioni. E dunque, oltre al capostipite di *Porta a Porta*, Enrico Mentana, Giovanni Floris, Barbara Palombelli, Klaus Davi, Lucia Annunziata e il forzista dalemiano

Agostino Saccà con l'amico del cuore Claudio Velardi. Raccontiamo i *talk show* ridotti a salotti di chiacchiere fra politici e soubrettes, con il semiconduttore di turno che dirige il traffico delle opinioni e garantisce l'assenza di notizie e fatti.

Raccontiamo infine gli assalti a due giornali politicamente lontani mille miglia, ma ancora faticosamente liberi: la cacciata di Furio Colombo dall'«Unità», reclamata a gran voce da Berlusconi e prontamente concessa dalla Quercia; e la scalata al «Corriere della Sera» tentata dai «furbetti del quartierino» ben appoggiati dalla finanza berlusconiana, dalla finanza fazista e dalla finanza rossa, e fortunatamente fallita grazie alla Procura di Milano.

Ogni notizia, affermazione, citazione contenuta nel libro è accompagnata da una nota che ne indica la fonte. Sui fatti, dunque, chiediamo di essere giudicati ed eventualmente smentiti. Non su categorie dello spirito come «demonizzazione», «girotondismo», «riformismo», «radicalismo», che francamente sfuggono a noi umili cronisti.

Alla fine della lettura – è capitato a noi alla fine della scrittura – viene una gran voglia di usare le mani. Per fare qualcosa di buono, s'intende. Noi proponiamo un paio di esercizi semplici semplici. Sottoscrivere l'appello che Sabina Guzzanti e un gruppo di giornalisti, artisti e intellettuali hanno lanciato per liberare la televisione dal cancro dei partiti. E aderire al progetto di legge di iniziativa popolare per un sistema televisivo di respiro europeo che un gruppo di esperti, riuniti intorno a Tana de Zulueta, ha approntato per offrirlo ai leader del centrosinistra che si candidano a governare dal 2006.

È un libro contro Berlusconi e l'Unione? Un libro qualunquista che vuole dimostrare che, a destra come a sinistra, «sono tutti uguali»? No, non lo è. È un libro che racconta fatti (purtroppo) realmente accaduti. Con quali scopi? Soprattutto due.

Primo: tentare di spiegare come mai nel 2004 e nel 2005 l'Italia è precipitata nella classifica di Freedom House (letteralmente «Casa della libertà», ma americana) sulla libertà d'informazione fra i paesi «parzialmente liberi»: prima al 74° e ora al 77° posto, fra la Bulgaria e la Mongolia. E perché negli ultimi anni il nostro Paese è stato ammonito, redarguito, condannato dall'Onu, dal Parlamento europeo, dal Consiglio d'Europa, dall'Osce e da Reporters sans frontières.

Secondo: descrivere le nostre classi dirigenti di destra e di sinistra per quel che sono e per quello che han fatto. Sappiamo che la libertà d'informazione ha un nemico pubblico numero uno: si chiama Silvio Berlusconi e l'abbiamo vivisezionato in tanti, forse troppi libri. Finché c'è lui in politica, sappiamo almeno per chi non votare. Ma siamo certi che, caduto lui, l'Italia riconquisterà come per incanto le libertà perdute? Sarebbe disonesto raccontare simili fiabe della buonanotte. Se Berlusconi è arrivato fin qui, è perché a sinistra tanti, troppi gliel'hanno permesso. Non sappiamo perché l'han fatto. Ma sappiamo che l'han fatto. Non sappiamo se l'han fatto gratis oppure no. Ma, nell'un caso e nell'altro, c'è poco da stare allegri.

Se chi ha fatto inciuci nella passata legislatura e poi, nel 2001, ha perso le elezioni fosse andato a casa, come avviene dappertutto fuorché in Italia, potremmo permetterci il lusso di attendere con fiducia il ricambio, l'alternanza. Non è così: quanti si candidano a governare l'Italia dopo Berlusconi (ammesso che il dopo Berlusconi non si chiami più Berlusconi) sono gli stessi che, messi alla prova per sei anni e più, si sono ben guardati dal liberare il mercato della televisione, cioè della *magna pars* dell'informazione. Rivedendoli all'opera retrospettivamente, appare chiaro che non si erano «sbagliati», non si erano «distratti». Erano scelte consapevoli: è la loro politica. Non è che non siano riusciti a risolvere il conflitto d'interessi, a varare una legge antitrust e a levare le zampe dalla tv per una congiunzione astrale sfavorevole o per le avverse condizioni meteorologiche. Non hanno voluto farlo. Perché trovano assolutamente normale che sia la politica a comandare sulla Rai. Tramite direttori-manutengoli a cui telefonare gli ordini di scuderia, o a cui nemmeno telefonare perché gli ordini li conoscono già. E tramite carrozzoni turbolottizzati modello commissione di Vigilanza e Authority per le Comunicazioni.

Se Bertinotti è il politico più invitato a *Porta a Porta*, se nei salotti *trash* di Masotti e La Rosa non manca mai una folta rappresentanza del centrosinistra, se l'opposizione non è riuscita ad assentarsi nemmeno per un giorno dagli strapuntini della Rai mentre ne venivano cacciati i giornalisti e gli attori liberi, se nei programmi fin qui abbozzati dall'Unione non c'è una parola sulla libertà d'informazione (a parte quelle solitarie di Romano Prodi), se le uniche proteste contro la tv riguardano un mancato invito nel salotto di turno o un sondaggio sgradito, un motivo c'è. E non è, purtroppo, la distrazione. È l'allergia alla libertà, un'allergia paurosamente contagiosa. Come il conflitto d'interessi «epidemico» di cui parla Guido Rossi.

Ora gli stessi leader invecchiati di un lustro, messi di fronte agli stessi problemi incancreniti da cinque anni di regime mediatico, tenderanno naturalmente a riprodurre gli stessi comportamenti. Cioè a non fare la legge sul conflitto d'interessi, la legge antitrust, la legge che libera la tv dal giogo dei partiti. Chi pensa che, appena la sinistra vincerà le elezioni, automaticamente i partiti usciranno da Viale Mazzini con le mani alzate, si illude. Dovranno essere i cittadini a costringerli, pretendendo impegni precisi *prima* delle elezioni. E, *dopo*, evitare di sedersi sugli allori, ma vigilare giorno per giorno per evitare che vada a finire come l'altra volta.

Mentre si discetta sul pericolo di un «berlusconismo senza Berlusconi», se ne trascura un altro: il berlusconismo di parte del centrosinistra *con* Berlusconi, sia esso all'opposizione (come nel 1995-2001) o al governo (come dal 2001 a oggi). Perché il Cavaliere, anche se dovesse perdere, non se ne andrà a Tahiti né alle Bermuda: resterà come la volta scorsa in Parlamento o – potendo – al Quirinale. Per condizionare la maggioranza (la riforma elettorale serve a garantirgli quantomeno un'ampia minoranza) e salvare un'altra volta la sua roba, seduto su un patrimonio di almeno 10 milioni di euro e – se non cambierà nulla – su tre reti Mediaset e una rete e mezza della Rai. Così, a chiunque tentasse eventualmente di scalfire il suo monopolio incostituzionale, tremerebbero ancora le gambe. E sarebbe inevitabile un nuovo inciucio.

Tutti i dibattiti pelosi degli ultimi mesi su «quanto conta la tv nella politica», che di solito si concludono con la risposta «la tv nella politica non conta, infatti Berlusconi ha perso le elezioni europee e regionali», sono finalizzati a questo: a spianare la strada all'ennesimo inciucio, assicurando una congrua «buonuscita» a chi peraltro non ha alcuna intenzione di uscire. Nessuno in possesso delle sue facoltà mentali può davvero pensare che «le tv non contano»: anzi, tutti sanno che contano moltissimo. Contano per dettare l'agenda unica ai cittadini, espellendo gli argomenti scomodi dal teleschermo e dunque dalle nostre teste. Servono per tenere artificialmente in vita partiti e uomini politici che, senza «apparire» in tv, sarebbero già spariti da un pezzo. Servono per premiare i «buoni» e punire i «cattivi». Servono per firmare contratti con gli italiani senza gli italiani, e poi per farli dimenticare quando li si è platealmente traditi. Servono – lo dicono gli esperti veri – a spostare dal 3% (secondo Alessandro Amadori) al 6% (secondo Giovanni Valentini e Renato Mannheimer) dei voti di quei milioni di italiani che s'informano (si fa per dire) soltanto azionando il telecomando, senza mai sfogliare un giornale, leggere un libro, navigare su internet.

Se le tv non contassero il Cavaliere, che almeno di tv s'intende, non le terrebbe tutte per sé, non farebbe epurare tutti i personaggi più scomodi, non tenterebbe di smantellare la par condicio. Lui sa bene che, senza le tv, nel '93 non avrebbe nemmeno pensato di fondare un partito e oggi nessuno parlerebbe più di lui. E non avrebbe mai vinto le elezioni del '94 (quando, secondo Luca Ricolfi, la tv influenzò il 10% degli elettori). E nel '96 non avrebbe portato in Parlamento una minoranza così nutrita e minacciosa da poter ricattare, politicamente, l'esigua maggioranza di Prodi. Anche la famosa «Rai dell'Ulivo» era per metà controllata da berlusconiani (Rai1 a Saccà e Vespa, Tg2 a Mimun), oltre a tutta Mediaset, anche se oggi molti smemorati raccontano che «nel 2001 Berlusconi vinse senza le televisioni».

Ma quella frase demente – «le tv non contano» – è il ritornello preferito di chi, a destra e a sinistra, spera di perpetuare il sistema anacronistico che consente a pochi eletti (da se medesimi) di continuare a occupare abusivamente la Rai, chiudendosi in una stanza e giocando a Risiko con la nostra libertà.

Anche le recenti campagne di alcuni commentatori del «Corriere» e delle maestrine dalla penna rosso-nera come Lucia Annunziata contro il ritorno dei «demonizzatori», dei «radicali», dei «Michael Moore italiani», dei giornalisti e attori di denuncia che «spaventano le classi medie» e «fanno perdere le elezioni alla sinistra» a questo puntano: a livellare la siepe a colpi di cesoie, a segare i rami sporgenti, cioè i pensieri forti e dunque diversi, i personaggi autorevoli e dunque incontrollabili, siano essi di destra, di centro o di sinistra, o magari di nessuna parrocchia. Una guerra preventiva a chi non ha guinzaglio e non accetta bavaglio, perché i soliti quattro gatti possano seguitare a gestire nelle solite quattro stanzette ciò che è pubblico, cioè del pubblico. Perché c'è ancora chi pensa, sovieticamente, che l'informazione e la satira servano a far vincere (o perdere) le elezioni, e non semplicemente a informare, con linguaggi diversi, i cittadini.

Per impedire questo, è giusto raccontare e sapere tutto. Scendere fino in fondo al baratro in cui ci hanno sprofondati. Per sapere che bisognerà risalire molto, e con gran fatica. Guai a pensare che l'Italia sia la stessa di cinque anni fa e che quello attuale sia il livello-base dal quale ripartire. Dieci anni fa chi accendeva la televisione – pur lottizzata – poteva trovare in prima serata Biagi e Montanelli, Santoro e Ferrara, Deaglio e Minoli, Riotta e Funari, Feltri e Guzzanti (padre), Zavoli e Augias, Vespa e Beha, Lerner e Annunziata, oltre a quasi tutti i comici oggi *desaparecidos*. Ce n'era per tutti i gusti. Oggi si dice che la punta più avanzata sia il povero Floris, e il guaio è che forse lo è davvero: il che la dice lunga su come siamo caduti in basso. Fermo restando che dev'esserci spazio per chiunque abbia qualcosa da dire e qualcuno che lo stia ad ascoltare, pensare di «ripartire da *Ballarò*» sarebbe triste e deprimente. Significherebbe perdere la partita in partenza. Una parte importante dell'opinione pubblica, molto più avanti dei suoi presunti rappresentanti, l'ha capito da un pezzo. Il boom di film come *Viva Zapatero!* e di programmi come *Rockpolitik*, ma anche i 4 milioni e mezzo di votanti alle primarie dell'Unione, per citare tre casi recentissimi, indica una gran voglia di partecipazione, di democrazia, di libertà. La censura è già stata sconfitta nella società. Ora bisogna cancellarla dai palazzi del potere. Per non morire berlusconiani, con o senza Berlusconi.

P.G. e M.T.

P.S. Ringraziamo, oltre a molti protagonisti citati nel libro, i tanti amici che ci hanno aiutati a raccogliere notizie e documenti utili: Giulia Alliani, Gianni Barbacetto, Paolo Biondani, Tana de Zulueta, Luigi Ferrarella, Angelo Giacobelli con Beppe Giulietti e l'associazione «Articolo 21-Liberi di», Udo Gumpel, Eric Jozsef, Giulia Laganà, Marco Lillo, Vanna Lora, Vittorio Malagutti, Sandro Orlando, Denise Pardo, Luca Piana, Ferruccio Sansa, Antonio Scurati, Roberto Zaccaria.

Le mani sulla tv

1
Rai, la grande abbuffata

Possono essere nominati membri del consiglio d'amministrazione della Rai [...] persone di riconosciuto prestigio e competenza professionale e di notoria indipendenza di comportamenti, che si siano distinte in attività economiche, scientifiche, giuridiche, della cultura umanistica o della comunicazione sociale, maturandovi significative esperienze manageriali.

Dall'articolo 20, comma 4,
della legge Gasparri n. 112/2004

Il 27 luglio 2005 è una data storica, da segnare sui calendari con la penna rossa. Ma anche azzurra. Diciamo un po' rossa e un po' azzurra. Il senatore diessino Claudio Petruccioli entra in casa Berlusconi da presidente della Vigilanza sulla Rai e ne esce presidente della Rai. È il primo discendente del vecchio Pci a montare in groppa al cavallo di Viale Mazzini. Eppure, curiosamente, a dargli l'investitura ufficiale nella sua dimora romana è il capo del governo di centrodestra. Com'è stato possibile? Non sarà per caso uno scherzo?

Il «servizio pubblico radiotelevisivo», o quel che ne resta, è senza presidente da 430 giorni. Cioè dal 4 maggio 2004, quando s'è dimessa Lucia Annunziata, la «presidente di garanzia» indicata dalla destra e dalla sinistra alla guida di un consiglio di amministrazione formato da altri quattro membri di destra. Da quel momento la Rai è senza testa, retta dai quattro superstiti: il presidente reggente, o meglio autoreggente Francesco Alberoni (Forza Italia), il professor Angelo Maria Petroni (pure lui forzista), lo storico Giorgio Rumi (Udc) e lo scrittore Marcello Veneziani (An). Un monocolore governativo.

Ma, se e quando il quintetto divenuto quartetto verrà sostituito, cambierà tutto. La legge Gasparri infatti ha modificato tanto i sistemi di nomina quanto la composizione del Cda Rai. Questo sarà formato da 9 membri: 7 eletti dalla commissione parlamentare di Vigilanza (cioè dai partiti) e 2 nominati dall'azionista unico, il ministero del Tesoro; tra questi ultimi c'è il presidente, che deve ottenere il gradimento dei due terzi della commissione. Ora il problema è quando tutto ciò avverrà. Silvio Berlusconi, che ha la fortuna di essere contemporaneamente capo del governo e padrone di Mediaset, ha bisogno di tempo per spolpare Viale Mazzini dei suoi ultimi personaggi e programmi di successo: dal calcio domenicale ai «pacchi» quotidiani di Paolo Bonolis.

Fino all'estate del 2004, cioè alla lunga maratona della legge Gasparri 1 (bocciata da Ciampi), del decreto salva-Rete4 e della Gasparri 2 (firmata da Ciampi turandosi il naso), il Cavaliere aveva tenuto le sue tv in *surplace*, per raffreddare le polemiche sul conflitto d'interessi e mascherare la devastazione del servizio pubblico operata dai suoi uomini trapiantati in Viale Mazzini. Ma ora, incassata la firma di Ciampi e messi al sicuro gl'introiti pubblicitari di Rete4 scampata alla spedizione sul satellite, cadono una dopo l'altra le foglie di fico sul conflitto d'interessi. E Mediaset torna a muovere guerra alla Rai. Con una manovra a tenaglia, dall'interno e dall'esterno. Dall'interno si tiene l'azienda senza vertici per 14 mesi e mezzo, mentre le quinte colonne berlusconiane remano contro il servizio pubblico. Dall'esterno si strappano alla Rai le star e i diritti sportivi con aste miliardarie che un'azienda di Stato, per giunta privata dei mezzi necessari per competere, non può fronteggiare da pari a pari con la concorrenza privata.

Il Cavaliere dunque ha tutto l'interesse a procrastinare il più in là possibile l'elezione del nuovo Cda, lasciando la Rai a bagnomaria, nelle mani sicure del quartetto monocolore. Infatti fa melina fino a dopo le elezioni regionali del 10-11 aprile. E poco importa se il Cda è zoppo, se dal luglio 2004 la Vigilanza ha chiesto a maggioranza l'elezione di un nuovo vertice Rai, e se nel dicembre 2004 Casini ha dichiarato che il consiglio «non è più quello nominato dai presidenti delle Camere, ha cambiato connotazione». Ancora nel marzo 2005 Montecitorio vota una risoluzione che rinvia l'elezione del nuovo Cda a dopo l'approvazione del bilancio della Rai (30 aprile). E quando il vicedirettore del «Corriere della Sera» Dario Di Vico definisce «illegittimo» il vecchio consiglio, questo non trova di meglio che querelarlo e chiedergli i danni.

L'importante è partecipare

L'opposizione di centrosinistra, al solito, alterna dichiarazioni di fuoco a comportamenti di burro. Ha contestato aspramente la Gasparri. Ma ora, anziché chiamarsi fuori dalla nuova selvaggia lottizzazione che la legge prevede, è pronta a sedersi al tavolo. Anzi, a tavola. E addirittura, con il segretario Ds Piero Fassino, promette di conservare il futuro consiglio di amministrazione per tutti i tre anni del mandato:

> Se sarà caratterizzato da professionalità, imparzialità e indipendenza, noi ci impegneremmo a non sostituirlo quand'anche vincessimo le elezioni del 2006 e fossimo noi a governare il Paese.[1]

Lo stesso sostiene Walter Veltroni:

> Designamo un Cda di alto livello, e il centrosinistra si impegnerà a non cambiarlo in caso di vittoria. Penso a personaggi di riconosciuta autonomia.[2]

Figurarsi l'autonomia, la professionalità, l'imparzialità e l'indipendenza di un Cda nominato dai partiti.

Fra aprile e luglio del 2005 la Casa delle libertà riesce a bruciare una ventina di possibili presidenti e direttori generali. Tutti *ballon d'essai*, tutti paraventi per schermare quelli che sono fin dall'inizio gli unici, veri candidati del partito Mediaset. Per la presidenza, Fedele Confalonieri suggerisce Claudio Petruccioli, mentre Berlusconi si concentra sul direttore generale, che dovrà essere molto debole per garantirsene la fedeltà assoluta in vista della campagna elettorale del 2006: uno come Alfredo Meocci, da affidare alle sapienti cure degli uomini forti che il Biscione ha infiltrato nella stanza dei bottoni di Viale Mazzini: Alessio Gorla e Deborah Bergamini.

Il 12 aprile, all'indomani della batosta della maggioranza al le elezioni regionali, il Cda Rai approva il bilancio 2004. A quel punto, come ha stabilito il Parlamento, si dovrebbe dare finalmente un governo legittimo alla tv di Stato. Ma il centrodestra – col voto contrario della sola Udc – sposta ancora più avanti la scadenza: al 31 maggio, quando l'assemblea degli azionisti (cioè il Tesoro, cioè il governo, cioè Berlusconi) approverà definitivamente il bilancio. L'ultimo mese è dedicato a sistemare alcune faccenduole che stanno a cuore al premier e ai suoi cari: la proroga del contratto di Bruno Vespa fino al 2010; l'assunzione a Rai1 del figlio della segretaria di Licio Gelli come funzionario di prima categoria; il ritorno di Bonolis a casa Mediaset dopo due anni di prestito d'uso, che sono costati a Mediaset qualche punto di share nel *prime time* (cioè nella fascia cruciale della prima serata); il conseguente, auspicato svuotamento del suo giochino di grande successo, *Affari tuoi*, uno dei pochi programmi azzeccati in quattro anni di Rai berlusconiana; lo scippo dei diritti sui gol della serie A.

Romano Prodi, sulle prime, non vorrebbe partecipare ad alcuna trattativa per il nuovo Cda. Contestando in radice la Gasparri e promettendo di cancellarla appena tornato al governo, vorrebbe lasciar fare al governo e alla maggioranza. Poi però gli alleati fanno pressing: «Non possiamo tenerci fuori, la Rai rischia il tracollo, e poi ci sono le elezioni regionali, e l'anno prossimo le politiche...». Il Professore viene così incaricato di trattare con il governo, cioè con Gianni Letta, per conto di tutti i partiti dell'opposizione.

Il 25 aprile, al Quirinale per la festa della Liberazione, Prodi e Berlusconi s'incontrano e parlano brevemente della Rai. Il premier promette il suo impegno per una «soluzione di garanzia». Il Professore si fida, e fa molto male: tanto per cambiare, il Cavaliere non sarà di parola. Infatti trapela subito che il premier è disponibile a concordare con l'opposizione un «presidente di garanzia» di centrosinistra, ma a patto che piaccia a lui. Petruccioli, per esempio. Quanto al direttore generale, che è il vero *dominus* dell'azienda, non verrà discusso con nessuno: sarà di stretta obbedienza arcoriana. In *pole position* il superberlusconiano Meocci. E, staccati, Angelo Codignoni (già protagonista dell'avventura fininvestiana in Francia per La Cinq, già fondatore dei primi club di Forza Italia), Alessio Gorla (già regista della campagna elettorale forzista nel '94, già dirigente Fininvest, traslocato in Rai da alcuni anni, prima come responsabile dei Palinsesti e ora delle Risorse tv), Agostino Saccà (già direttore generale ed esecutore materiale del diktat bulgaro contro Biagi e Santoro, ora parcheggiato a Rai Fiction). Qualcuno giura che alla fine resterà l'attuale dg Flavio Cattaneo. L'Udc spinge per Marco Staderini (già consigliere d'amministrazione Rai nel 2002) o Giancarlo Leone (figlio dell'ex presidente della Repubblica, da anni direttore di Rai Cinema). Leone non dispiace al centrosinistra, che gradirebbe anche il giornalista Giovanni Minoli (ora a Rai Educational), Claudio Cappon (dg fra il 2001 e il 2002) o Piero Gnudi (presidente dell'Enel, bolognese, amico sia di Prodi sia di Casini), o eventualmente il direttore della «Stampa» Marcello Sorgi, o ancora il presidente della Biennale di Venezia Franco Bernabè.

Prodi fiuta il tranello e, alla proposta di sganciare la nomina del presidente da quella del direttore, risponde picche. O i due poli si accordano su entrambe le figure contemporaneamente, o non se ne fa nulla. Il Professore punta a un presidente manager come Bernabè, o Pasquale Pistorio, o Emma Marcegaglia; e a un direttore generale che provenga dalla Rai, come Leone o Minoli. Il trappolone da scongiurare – spiega ai suoi collaboratori – è quello di concordare il presidente col governo e poi vedersi imporre da Berlusconi, forte della maggioranza nel Cda, un dg di stretta osservanza Mediaset. In fondo, in un trappolone analogo, la sinistra s'era infilata con entrambe le scarpe già una volta: nel 2003, con la prima «presidente di garanzia» Lucia Annunziata.

Lucia senza se e senza ma

Quella storia l'abbiamo raccontata nei dettagli nel libro *Regime*. Riassumendo. Il 7 marzo 2003 i presidenti delle Camere, Casini e Pera, nominano Paolo Mieli presidente della Rai. Presidente «di garanzia» scelto in una rosa di nomi avanzata dall'Ulivo, che non avrà diritto ad altri consiglieri: gli altri quattro li deciderà la maggioranza. Mieli accetta con riserva: prima di firmare pone la condizione di avere ampia libertà d'azione. E saggia subito il terreno annunciando il ritorno in Rai di Biagi e Santoro. La risposta della Cdl è una grandinata di attacchi e insulti, compresa qualche leggiadra allusione allo stipendio e dunque alle origini ebraiche. Il 12 marzo Mieli rinuncia. Ufficialmente il centrosinistra si chiama fuori: dopo Mieli non farà altri nomi. Se la veda il centrodestra. Ma poi, in gran segreto, Casini incontra Fassino, che gli fa il nome di Lucia Annunziata, che dopo una variopinta carriera dal «manifesto» al «Foglio» è in quel periodo editorialista e «garante» del «Riformista», il quotidiano dalemiano che piace tanto a destra. Berlusconi approva. Resta da capire se accetterà l'Annunziata, e soprattutto a quali condizioni. Ma chi nutre questi dubbi non conosce la signora: appena la chiama Casini, accetta senza se e senza ma. Senza neppure porre le pregiudiziali di minima decenza avanzate qualche giorno prima da Mieli (il rientro degli epurati). Sono le 18.30 del 13 marzo. Nel giro di pochi minuti, come racconterà il deputato-giornalista diessino Carlo Rognoni, l'Annunziata riceve tre telefonate sul cellulare. La prima è di Piero Fassino: «Guarda, Lucia, che ti chiameranno per offrirti la presidenza della Rai. Non puoi dire di no. Siamo tutti d'accordo».[3]

La seconda è di Pierferdinando Casini, presidente della Camera: «Sto scrivendoti una lettera. Abbiamo deciso di nominarti presidente della Rai. La decisione è inevitabile, la situazione imputridisce».[4]

La terza è di Marcello Pera, presidente del Senato: «Credo che tu sappia già tutto. Non hai scelta. Certo che il tuo nome potevano anche farlo prima. *Ego te nomino...*».[5]

E lei? «Ci ho pensato un attimo. Forse meno di un attimo. Poi ho risposto: perché no?»[6] Quindi, sarà lei stessa a raccontarlo, «fui portata in auto al ministero del Tesoro e lì Tremonti mi comunicò che il nuovo direttore generale si chiamava Flavio Cattaneo».[7]

Durerà meno di 14 mesi, la «presidente di garanzia», senza riuscire a far nulla né a «garantire» alcunché. Una contro quattro quando voterà contro, quinta dei cinque quando si assocerà ad alcune decisioni davvero sconcertanti, come la sospensione (definitiva) di *RaiOt* di Sabina Guzzanti o l'ispezione contro il Tg3 che aveva osato riprendere e trasmettere le immagini della contestazione a Berlusconi nel Tribunale di Milano. Si dimetterà il 4 maggio 2004.

Il teorema della bicicletta

Anche nel 2005, come nel 2003, il trappolone si chiama «presidente di garanzia». Ma non sta più in quell'assurda formula «1+4». Stavolta i consiglieri saranno nove, e al centrosinistra ne toccheranno tre (o quattro, con l'eventuale presidente). Ma non è questo il punto. Il punto è che, per una Rai che garantisca entrambi i poli (al pubblico, ovviamente, non pensa nessuno), Prodi non si accontenta di qualche strapuntino riservato al centrosinistra. Vuole una figura quanto più possibile al di sopra delle parti, o gradita a entrambe, anche sulla poltrona più importante della tv pubblica. Che è la direzione generale. Non certo la presidenza. Dunque, o accordo sui due vertici, o niente. Bruno Tabacci, *enfant terrible* dell'Udc odiatissimo da Berlusconi, appoggia la linea del Professore. Una linea che, a questo punto, potrebbe ottenere la maggioranza in Vigilanza e far saltare i piani egemonici del Cavaliere. Il quale ne è comprensibilmente allarmato. Ma a neutralizzarla, levandogli le castagne dal fuoco, provvede subito il presidente della commissione Petruccioli, spalleggiato dal «Corriere», dal «Riformista» e dalla stampa berlusconiana:

> Vedo una qualche confusione sui tempi e sulle responsabilità. A mio parere la Vigilanza dovrebbe procedere subito alla nomina dei nuovi consiglieri e del presidente. Un presidente autorevole e condiviso, come la legge prescrive. Dopo, e solo dopo, entrerà in campo il governo, cui spetta l'onere di indicare il direttore generale.[8]

Come dire (visti gli sviluppi successivi): eleggetemi subito presidente, poi fatevi il dg che volete. Un'impostazione che manda su tutte le furie Prodi, azzoppato nella difficile trattativa con Letta, e in visibilio i *berluscones*. Titolo entusiasta del «Giornale»: «Rai, un Ds sbugiarda le pretese dell'Unione».[9] Applausi da Gasparri: «Giusto: che l'opposizione abbia anche il direttore generale, questo no». Tripudia Alessio Butti di An:

> Finalmente c'è chi ha detto basta alle ipocrisie: ha fatto bene Petruccioli a sollevare il velo ipocrita sulla condivisione della nomina di presidente e direttore generale e a dire chi deve scegliere il dg, cioè la maggioranza del Cda.

Il tiro alla fune è appena all'inizio. Nell'attesa che qualcuno ceda, in Vigilanza si susseguono le fumate nere sul nuovo Cda di pari passo con gli ultimatum, anzi i penultimatum di Petruccioli, che – all'unisono con la Cdl – intima ogni giorno di nominare subito il presidente e il resto del Cda, a prescindere dal direttore generale. Confalonieri è attivissimo. Voci e indiscrezioni lo danno a colloquio con esponenti dei Ds e della Margherita, nonché col presidente della Camera Casini.

Il 10 maggio il vertice di tutti i segretari dell'Unione decide che la linea Prodi è quella unitaria di tutta la coalizione. Il Professore la chiama il «teorema della bicicletta»: presidente e direttore della Rai «sono due ruote della stessa bicicletta che devono marciare alla stessa velocità».[10] Questa è la linea che conferma a Letta nelle trattative dei giorni successivi. Ma intanto, fin dall'indomani, ciascun partito del centrosinistra se ne va in ordine sparso e gioca la sua partita in gran segreto, tradendo l'accordo appena raggiunto. In pratica, i rutelliani della Margherita fanno «asse» con la maggioranza dei Ds per lanciare subito Petruccioli alla presidenza, consentendo così a Berlusconi di scegliersi il dg che più gli aggrada. Così i Ds avranno la presidenza della Rai e i rutelliani la presidenza della Vigilanza, poltrona liberata da Petruccioli e agognata da Paolo Gentiloni, fedelissimo di Rutelli.

Mentre Prodi tesse la sua tela, Petruccioli la disfa. E il 12 maggio, dopo l'ennesima fumata nera in Vigilanza, forza la mano:

> La situazione è grave e seria. Mi domando se posso ancora restare in questo posto. Come non trarne le conseguenze, senza venir meno ai miei obblighi istituzionali di vigilanza e tradire la volontà espressa dalla maggioranza della commissione? La votazione del 17 maggio è conclusiva.

I Magnifici Sette

Il 17 maggio, dopo un mese e mezzo di tentativi a vuoto, la Vigilanza elegge i suoi sette consiglieri del nuovo Cda Rai, che si insedierà il giorno 31. La lottizzazione più plateale e selvaggia della storia del cosiddetto «servizio pubblico». Caduti anche gli ultimi veli degli «uomini di area», i partiti optano direttamente e ufficialmente per politici doc: Giuliano Urbani, deputato e ministro uscente, per Forza Italia; Giovanna Bianchi Clerici, deputato, per la Lega nord; Gennaro Malgieri, deputato ed ex direttore del «Secolo d'Italia» per An; Marco Staderini, presidente uscente dell'Inpdap, per l'Udc; Carlo Rognoni, giornalista e deputato, per i Ds, Nino Rizzo Nervo, già direttore di «Europa», per la Margherita; Sandro Curzi, ex direttore di «Liberazione», per Rifondazione comunista. Quattro parlamentari (di cui un ex ministro) su sette. Tre direttori di giornali di partito su sette. E manca ancora il presidente: il favorito è un altro parlamentare, Petruccioli. A prescindere dalla qualità delle persone, è uno spettacolo mai visto, nemmeno negli anni più bui della prima Repubblica. Il segno più evidente del ritorno della partitocrazia, che infatti in quei mesi sconfigge il tentativo di Prodi non solo di sottrarsi alla spartizione Rai, ma anche di sciogliere le sigle e le siglette del centrosinistra in un Grande Ulivo.

Restano da scegliere, per completare il Cda, i due consiglieri affidati al Tesoro, compreso il presidente. E qui si gioca la partita decisiva, fra chi (Berlusconi, Ds e rutelliani) vuole separare le sorti del presidente e quelle del dg; e chi (Prodi, gli ulivisti della Margherita e la sinistra Ds) vuole legare le due questioni insieme, per arrivare su entrambi i fronti a soluzioni condivise di alto profilo. Prevarrà, naturalmente, la prima impostazione. Provvidenziale per Berlusconi e catastrofica per il centrosinistra e per quel che resta del pluralismo. Così il Cavaliere, come ai tempi della «presidenza di garanzia» di Lucia Annunziata, potrà continuare a comandare in Rai come prima e più di prima, ma tornando a ripetere che Viale Mazzini è «in mano alla sinistra».

Resta da capire che cosa intendesse Piero Fassino l'8 aprile, quando invocò nomine di assoluta «imparzialità e indipendenza», visto che ha mandato un suo deputato nel Cda e presto manderà pure un suo senatore alla presidenza. Esattamente come Forza Italia, come la Lega nord, come An. Indipendenza da chi? Forse dal servizio pubblico e dagli utenti che pagano il canone. Non certo dai partiti-mandanti.

La lottizzazione trasversale è talmente spudorata che due fra gli stessi protagonisti, molto onestamente, la riconosceranno.

Giuliano Urbani: «Siamo in presenza del Cda più lottizzato della recente storia della Rai, con molti parlamentari e direttori di giornali di partito a bordo».[11]

> *Carlo Rognoni*: «È vero, siamo il consiglio di amministrazione più lottizzato che ci sia mai stato in Rai».[12]

A parte lo spettacolo dei parlamentari che entrano trionfalmente nel Cda Rai, c'è un'indecenza aggiuntiva: l'Authority dell'Antitrust indaga sulla possibile incompatibilità di Giuliano Urbani, ministro della Cultura nel governo Berlusconi fino a un mese prima della sua nomina a consigliere Rai. La legge sul conflitto d'interessi scritta da quello stesso governo prevede che un ministro, una volta lasciato l'esecutivo, per un anno non possa traslocare in «società che operino prevalentemente in settori collegati» a quello di cui si occupava prima. Si stabilirà poi che fra la Cultura e la Rai non c'è alcun collegamento, della qual cosa c'è una certa evidenza. E Urbani resterà al suo posto.

Il 26 maggio tutti i giornali danno per certo che la Cdl, cioè Berlusconi, ha scelto il tandem Petruccioli-Meocci. E – osserva il «Corriere» – «per il centrosinistra sarebbe difficile, se non impossibile, non votare l'attuale presidente Ds della Vigilanza». Ma la melina continua, anche perché i prodiani continuano a tenere unito il ticket presidente-dg. Invece il Cavaliere insiste per incastrare l'Ulivo nominando subito Petruccioli, e lo dichiara lui stesso il 27 maggio:

> Spero che la settimana prossima si possa chiudere con i giudici costituzionali e con le nomine Rai. Petruccioli? Perché no? Purtroppo per la situazione italiana, con le contrapposizioni che ci sono, non siamo stati in grado di decidere con tempestività.

È il trappolone tanto temuto da Prodi, che infatti continua a sfuggirvi, insieme al correntone Ds (rappresentato in Vigilanza da Beppe Giulietti e Giovanna Melandri) e all'ala sinistra dell'Unione (soprattutto l'ex diessino Antonello Falomi, ora nel gruppo misto con Achille Occhetto). Ma, al solito, la sua coalizione si sfilaccia, con i soliti furbi che trattano sottobanco con il governo. Il «Corriere» del 28 maggio rivela che «il via libera ufficioso a Petruccioli da Fassino e Rutelli già ci sarebbe». Nessuna smentita, anzi: Vannino Chiti, coordinatore della segreteria Ds, ufficializza il tutto definendo «autolesionismo» non votare Petruccioli.

Infatti il 31 maggio tutti i giornali danno per certo che quello stesso giorno il ministro del Tesoro Domenico Siniscalco, a cui la Gasparri affida la scelta del presidente, investirà Petruccioli. Il quale potrebbe subito ottenere i voti necessari in Vigilanza per la consacrazione ufficiale. Prodi, in vacanza a Creta, monta su tutte le furie: l'ok di Rutelli e Fassino a Berlusconi su Petruccioli glielo rivela al telefono Willer Bordon, capogruppo della Margherita alla Camera. Così, in una dichiarazione pubblica, il leader dell'Unione rammenta agli alleati il «patto della bicicletta» stipulato il 10 maggio. Poi spara a zero sul governo: «Non è stato possibile un confronto costruttivo con il centrodestra, che ora procederà in maniera unilaterale alla nomina del dg». Cioè di Meocci.

Delegittimato dai suoi stessi alleati, il leader dell'Unione fa sapere a Letta che ormai il tempo è scaduto: il governo nomini chi vuole, l'opposizione deciderà il da farsi. Insomma si chiama fuori: se passerà Petruccioli, non sarà in suo nome. I Verdi e la sinistra Ds sono sulla stessa linea e minacciano di non votare il diessino gradito al Cavaliere. «La maggioranza non può giocare in casa nostra, senza un accordo anche sul dg non voto neppure per Prodi», dice Giovanna Melandri, lasciando chiaramente intendere che è stato Berlusconi, non il centrosinistra, a scegliere Petruccioli.

Ma Ds e Margherita, con l'aggiunta di Rifondazione, giocano tutt'altra partita. Sandro Curzi, che presiede *pro tempore* il nuovo Cda «a sette» nella sua veste di consigliere anziano, dice apertamente che bisogna chiudere sul presidente, rinviando a dopo la nomina del dg. Strepitoso il commento di Fabrizio Morri, capo della segreteria particolare di Fassino, che spiega alla «Stampa» la geniale strategia della Quercia:

> Petruccioli va votato. Semplicemente, la nostra sfida viene spostata più avanti: le pressioni verso la Cdl continueranno e alla fine saranno i consiglieri e il presidente Rai a decidere come comportarsi davanti al nome del nuovo dg, magari bocciandolo.

Piccolo particolare: anche se i consiglieri di sinistra lo bocciassero, il nuovo dg passerebbe lo stesso, perché gli basta la maggioranza del Cda (saldamente in mano al centrodestra). Facendosi imporre Petruccioli e votandolo separatamente dal dg, l'Unione perde la sua unica vera arma di pressione: quella di far mancare il numero legale al nuovo presidente (che ha bisogno dei due terzi in Vigilanza). Il cappio che, ancora una volta, Berlusconi sta stringendo al collo dell'opposizione più remissiva del mondo lo descrivono bene l'indomani «il manifesto», con il titolo di copertina «Petruccioli for president, Berlusconi pigliatutto» e «la Repubblica» con un duro articolo di Giovanni Valentini intitolato «Un salto indietro»:

> Con la candidatura di Petruccioli alla presidenza Rai si tende a completare la ri-occupazione della tv pubblica da parte della politica, sotto il segno d'un centrodestra che già controlla la tv privata e di un'opposizione incapace di rinunciare pro quota alla lottizzazione dell'azienda [...]. Petruccioli, proprio in forza della sua estrazione politica, non può essere considerato un uomo *super partes*, una figura di garanzia [...]. È a tutt'oggi il presidente di quella medesima commissione che dovrà pronunciarsi sulla sua nomina: e quantomeno sotto il profilo dell'opportunità, la metamorfosi da controllore a controllato appare piuttosto discutibile. Tanto più lo è se alla sua elezione seguirà, come tutto lascia prevedere, la nomina di Alfredo Meocci alla direzione generale [...]. Già giornalista della Rai in aspettativa, negli ultimi sette anni Meocci è stato commissario dell'Authority per le Comunicazioni, e in questo caso c'è addirittura una legge che stabilisce l'incompatibilità, vietando il trasferimento in aziende che operano nello stesso settore. Non si fa torto a nessuno, dunque, a sospettare che una mano lavi l'altra, per dire che le due diverse incompatibilità si elidono a vicenda, nella logica distorta della spartizione generale [...]. La verità è che il centrodestra ha imposto ancora una volta la sua volontà, scegliendo un presidente di proprio gradimento nel campo opposto per costringere di conseguenza l'opposizione a votarlo [...]. Una Rai dimezzata, divisa fra maggioranza e opposizione, anzi tripartita fra l'una e l'altra, meno che mai potrà svolgere un servizio pubblico. E, con ogni probabilità, sarà condannata a lavorare ancora a lungo per il Re di Prussia.[13]

Authority, altra abbuffata

Insieme alla grande mangiatoia del Cda Rai, i partiti più che mai famelici hanno imbandito un'altra tavola piena di vivande appetitose: quella delle tre Authority di cosiddetta «garanzia». Nelle democrazie vere esse hanno il compito di vigilare sul rispetto delle regole, ma in Italia sono occupate da chi le regole le scrive, cioè da ex parlamentari, ex ministri, ex sottosegretari in cerca di un posto e di un pasto caldo. Fra Antitrust, Comunicazioni e Privacy, ci sono 16 poltrone da spartire. E i partiti non si fanno pregare. Anzi, il mercato delle poltrone per il rinnovo delle Authority entra nel grande Monòpoli delle nomine che comprende anche la Rai, la Corte costituzionale (con due posti vacanti, quelli di Valerio Onida e Carlo Mezzanotte) e persino le aziende controllate da Finmeccanica: Enel, Eni e Sviluppo Italia. Un gioco complicato dalla circostanza che, come al solito, ci sono più aspiranti che cariche, più sederi che sedie.

Il via alle danze l'han dato ai primi del 2005 i presidenti delle Camere, Casini e Pera, nominando due nuovi commissari all'Antitrust al posto di quelli scaduti a novembre: l'ex sindaco polista di Bologna Giorgio Guazzaloca, appena trombato da Sergio Cofferati, e il commissario uscente dell'Authority per le Comunicazioni Antonio Pilati. I due andranno ad affiancare i due membri superstiti nominati nel 2000: due cattedratici *super partes* di grande levatura come Nicola Occhiocupo, già rettore e ordinario di Diritto costituzionale all'Università di Parma, e Carlo Santagata De Castro, ordinario di Diritto bancario alla Sapienza di Roma. Al di là del valore delle persone, le due nuove nomine scatenano reazioni indignate non solo da Prodi e dall'intero centrosinistra, ma anche da osservatori pacati come Mario Monti e Sabino Cassese, che ricordano sul «Corriere» il requisito di «notoria indipendenza» previsto dalla legge per quell'incarico. Dove sarebbe l'indipendenza di Pilati, indicato da molti come l'ispiratore della legge Gasparri (vedi p. 176 di questo libro), già autore di ricerche per conto della Fininvest. «Dopo aver ideato una legge pro-Mediaset – scrive il "Corriere della Sera" – Pilati dovrà controllare se Silvio Berlusconi dalla postazione di Palazzo Chigi favorisca o meno le aziende di cui è proprietario. Il meno che può succedere è che se ne lavi le mani.» Già, perché la pur blandissima legge Frattini sul conflitto d'interessi affida proprio all'Antitrust il controllo sull'osservanza dei suoi dettami anzitutto da parte dei membri del governo. Ed è curioso che un uomo indicato nell'altra Authority dal partito del titolare del più colossale conflitto d'interessi del mondo occidentale vada a vigilare sul conflitto d'interessi medesimo. Quanto all'ex macellaio Guazzaloca, oltre a essere stato fino a pochi mesi prima sindaco di Bologna come «indipendente» di Forza Italia, è consigliere d'amministrazione, vicepresidente e membro del comitato esecutivo della Locat (la finanziaria di Unicredit), nonché presidente della Leasys (società per il noleggio di autovetture posseduta da Fiat ed Enel), socio della Fondazione Cassa di Risparmio di Bologna e azionista della macelleria Marconi. Insomma, è legato ad aziende e società alcune delle quali possono ricadere sotto la competenza dell'Autorità garante della libera concorrenza.

Ora, a marzo, scadranno anche il presidente dell'Antitrust Giuseppe Tesauro; il presidente (Stefano Rodotà), il vicepresidente (Giuseppe Santaniello) e i due commissari dell'Autorità garante della Privacy; e l'intera Authority per le Comunicazioni, formata da 8 membri più il presidente (Enzo Cheli). All'Antitrust il Cavaliere, che detesta Tesauro, troppo indipendente, vuole un proprio fedelissimo: i suoi preferiti sono il suo ex ministro della Funzione pubblica Luigi Mazzella, il suo ministro uscente alle Attività produttive Antonio Marzano e Carlo Mezzanotte, giudice costituzionale in scadenza e soprattutto ex avvocato di Berlusconi e Previti nell'*affaire* Mondadori. Ma alla fine la spunta il consigliere di Stato Antonio Catricalà, che è stato prima capo di gabinetto del ministro delle Poste Antonio Maccanico, e poi negli ultimi anni ha collaborato gomito a gomito con il Cavaliere come segretario generale di Palazzo Chigi. Commenta Massimo Riva sull'«Espresso»:

> La recente legge sul conflitto d'interessi assegna proprio alla suddetta Autorità il controllo sull'operato dei membri del governo, presidente del Consiglio in testa. È a Catricalà, stretto collaboratore di Silvio Berlusconi come segretario generale di Palazzo Chigi, che ministri e sottosegretari dovranno fornire ogni informazione su beni e attività private, proprie e dei loro

> congiunti. E sarà sempre Catricalà a dover decidere se questa o quella decisione del governo possa essere inficiata da interessi privati, e dunque configurare una incompatibilità con la funzione pubblica dei singoli soggetti. Che un simile ruolo di controllore del governo venga assegnato a chi dal 2001 lavora fianco a fianco con il presidente del Consiglio è una decisione che si qualifica come un arrogante insulto all'intelligenza dei cittadini e come una minacciosa deviazione dell'esercizio dei poteri che la legge assegna ai presidenti delle Camere.[14]

Anche l'opposizione sulle prime insorge, sia per Guazzaloca e Pilati, sia per Catricalà, ma poi viene messa a tacere con un bel po' di poltrone. E lo stesso accade il 18 marzo, quando il governo nomina presidente dell'Authority per le Comunicazioni il presidente della prima sezione del Tar del Lazio Corrado Calabrò, voluto dal vicepremier Gianfranco Fini (An). Nomina annunciata dal ministro Gasparri (An) pochi minuti dopo che un'altra sezione del Tar Lazio ha escluso dalle elezioni regionali nel Lazio la lista Alternativa sociale di Alessandra Mussolini, nemica giurata del candidato della Cdl Francesco Storace (An). Calabrese, 70 anni, a 28 Calabrò era già capo della segreteria di Aldo Moro. Da allora ha infilato una dozzina di incarichi ministeriali, capo di gabinetto all'Industria, al Bilancio, all'Agricoltura, all'Istruzione, alla Sanità. Presidente di varie sezioni del Consiglio di Stato, ha collezionato nel solo 1991 ben 13 arbitrati. Amico di Maccanico ma anche di Corrado Carnevale, il famoso giudice della Cassazione, Calabrò a tempo perso studia astrofisica e scrive poesie: ha totalizzato 18 volumi in versi (alcuni per Mondadori), un romanzo erotico finalista al premio Strega e due lauree *honoris causa* nell'Europa dell'Est, una a Odessa l'altra a Timisoara. Come presidente del Tar Lazio, si occupava dei ricorsi presentati contro le decisioni della Consob, della Banca d'Italia e soprattutto dell'Antitrust. E in quest'ultima veste ha scritto varie sentenze che davano ragione a Mediaset. Ora, l'Authority per le Comunicazioni dovrà vigilare – come prevede la legge Gasparri – sulle tv e sulla par condicio, sui telefoni e anche sul conflitto d'interessi.

Sia Catricalà sia Calabrò otterranno in Parlamento i voti del centrosinistra, indispensabili per la maggioranza dei due terzi prevista per l'investitura ufficiale. Anche perché in cambio l'Unione ottiene la presidenza della terza Authority, quella della Privacy, per il professor Franco Pizzetti, costituzionalista e *ghost writer* di Romano Prodi.

Quando tutti i tasselli vanno al posto giusto dopo la grande abbuffata, ecco come si presentano le tre cosiddette Authority, che resteranno in carica per sette anni:

Antitrust. Presidente Catricalà. Componenti: Guazzaloca, Pilati, Occhiocupo e Santagata De Castro.

Comunicazioni. Presidente Calabrò. Commissari: Giancarlo Innocenzi, ex dirigente Fininvest e ora sottosegretario alle Telecomunicazioni (Forza Italia); Enzo Savarese, ex deputato di An, già dirigente di Alitalia; Stefano Mannoni, costituzionalista e collaboratore del «Foglio» (Lega nord); Gianluigi Magri, sottosegretario all'Economia (Udc); Nicola D'Angelo, magistrato amministrativo, già capo di gabinetto del ministro Maccanico e poi capo dell'ufficio legislativo di Fassino alla Giustizia (Ds); Michele Lauria, senatore della Margherita; Sebastiano Sortino, direttore generale della Federazione editori di giornali (prodiano); Roberto Napoli, ex senatore dell'Udeur.

Privacy. Presidente Franco Pizzetti (Margherita); vicepresidente Giuseppe Chiaravalloti, ex magistrato, governatore uscente della Calabria (Forza Italia); componenti l'ex deputato dei Verdi Mauro Paissan e l'ex consigliere comunale napoletano Giuseppe Fortunato (An).

A proposito di Giuseppe Fortunato, è utile sapere che è stato condannato in via definitiva a 6 mesi di reclusione per divulgazione di segreto d'ufficio. Nel '94, come presidente della commissione Trasparenza del Comune di Napoli in quota An, si fece consegnare dalla Sip i tabulati del sindaco Antonio Bassolino e dei suoi assessori. E, avendovi scoperto telefonate private, in certi casi a linee erotiche, non solo denunciò il tutto alla magistratura penale e contabile, ma pensò bene di divulgarlo anche in una conferenza stampa. Di qui la condanna per aver violato quella privacy che ora, come componente dell'apposita Authority, dovrà garantire. L'uomo giusto al posto giusto.

Un Monorchio fra le ruote

Sul fronte Rai, intanto, l'impennata di Prodi e le dure critiche della stampa di sinistra rompono il filo pazientemente tessuto dagli sponsor di Petruccioli con Palazzo Chigi (o Grazioli, è lo stesso). E il Cavaliere s'incunea subito nelle divisioni del fronte avversario. Nella tarda mattinata del 31 maggio, dopo un lungo vertice a casa sua, dal cilindro del premier esce un nome a sorpresa per la presidenza Rai: il professor Andrea Monorchio, ex Ragioniere dello Stato, ora presidente di Infrastrutture Spa. L'altro consigliere di nomina governativa è il forzista Angelo Maria Petroni, berlusconiano di ferro, già membro del Cda precedente. Decide tutto Berlusconi, riuscendo a violare la stessa legge Gasparri. È lui infatti, insieme a Letta, a chiamare personalmente Monorchio, che se ne sta con la moglie in una *beauty farm* a Bressanone, in Alto Adige. Il premier gli garantisce che anche il centrosinistra è d'accordo, dunque avrà i voti necessari per diventare presidente della Rai. Il povero professore gli crede e accetta. Naturalmente sono tutte bugie, l'opposizione non sa nulla. Ma qualcuno, dal centrodestra, fa circolare la voce maligna che, prima di designare Monorchio, Letta avesse avvertito Prodi ottenendone un sostanziale avallo. La zizzania si propaga fulminea nel campo dell'Ulivo.

Quella stessa sera Monorchio viene bocciato da tutta l'opposizione (che ha 15 consiglieri presenti in Vigilanza) e da ben sei franchi tiratori della maggioranza (sui suoi 18 votanti). La maggioranza necessaria sarebbe di 33 voti su 40: Monorchio ne raccoglie soltanto 12, con 20 no e una scheda bianca, quella di Petruccioli. Si sarebbe potuto attendere qualche giorno, prima di votare, magari per cercare consensi intorno a una figura comunque prestigiosa come l'ex Ragioniere dello Stato: infatti il presidente reggente Curzi sostiene che, prima di votare, la Vigilanza deve attendere che il presidente designato si insedi ufficialmente. Ma Petruccioli non sente ragioni e mette subito all'ordine del giorno la votazione, bruciando così il rivale in men che non si dica. In pratica, fa votare la sua commissione prima ancora che la nomina di Monorchio venga comunicata formalmente dal Tesoro alla Vigilanza: sulla base delle sole agenzie di stampa. Bisogna fare in fretta...

Monorchio è amareggiato: «Mi han fatto fare la figura del peracottaro».[15] Ma Petruccioli è ancora più furente: a Prodi, che gli telefona per assicurare che lui, con Monorchio, non c'entra nulla, chiede brusco di «rilasciare una dichiarazione per chiarire la tua posizione».[16] Poi, vistasi sfuggire l'ambìta poltrona a un soffio dal traguardo, corre a piangere sulla spalla dell'amico «Corriere» («Ieri mattina mi ha cercato Paolo Mieli: "Sta saltando tutto per aria"...») e del cronista dalemiano dell'«Unità» Pasquale Cascella. Parla addirittura di «legalità violata», di «regole calpestate»: parole mai pronunciate a proposito della lunga serie di censure ed epurazioni alla Rai sulle quali avrebbe dovuto vigilare la sua Vigilanza. Poi attacca Prodi: «Io bocciato da Prodi? Ma che ne so, chiedetelo a lui. Rilascia diecimila dichiarazioni al giorno, magari ne farà qualcuna anche su questa faccenda Rai, no?». Se la prende pure con «la Repubblica», e soprattutto con «il manifesto», paragonato addirittura ai terroristi di Prima Linea per aver scritto ciò che tutti sanno, e cioè che a Berlusconi la sua presidenza andrebbe benissimo:

> Bastava leggere qualche titolo di giornale, del nostro stesso mondo. «Un salto indietro» [titolo del commento di Valentini, *N.d.A.*], per dire: immagino di dover leggere adesso di un «salto in avanti». Addirittura «Petruccioli for president, Berlusconi pigliatutto» [titolo del «manifesto», *N.d.A.*]: roba da brividi per chi è stato qualche giorno fa a Milano a commemorare la figura di Walter Tobagi [...]. Meno male che Marco Barbone [il killer di Tobagi, *N.d.A.*] non può più colpire: quelli del «manifesto» quando fanno i titoli dovrebbero pensare che possono istigare qualche scapestrato a commettere atti nocivi. Venerdì sono stato a Milano a commemorare Walter Tobagi e non è che certe frasi uscite sulla stampa siano così diverse [...]. Le cose che si dicevano di Tobagi prima che fosse assassinato avevano il segno dell'istigazione [...]. Vedo che la malattia di una certa sinistra continua: quella di considerare chi non è a sinistra della sinistra della sinistra un amico della destra, quindi un nemico.[17]

Il finale è da antologia:

> Non ho mai creduto che uno come me potesse davvero arrivare alla presidenza della Rai. Non appartengo alla consorteria

dei presidenti [infatti è da quattro anni presidente della Vigilanza, *N.d.A.*], alla lista degli iscritti all'albo quasi dalla nascita. Ho sempre guardato alla mia candidatura con molta cautela.[18]

Prodi investito da una bici

Petruccioli si dipinge come un personaggio scomodo, un cane sciolto, un irregolare («Tengo alla mia autonomia, non prendo ordini da nessuno né concepisco che si possa usare il servizio pubblico radiotelevisivo come la carta igienica»). Invece, a parte le cortine fumogene sollevate dal centrodestra per fiaccare la resistenza di Prodi, è e rimane l'unico candidato di Confalonieri. Lo dimostra quello stesso giorno «Il Foglio» di Giuliano Ferrara, schierato ventre a terra con il candidato del padrone:

> Siccome il diessino Claudio Petruccioli è persona stimata anche dagli avversari, non sputa in faccia a Mediaset da mane a sera, non appartiene alla camarilla corporativa della Rai e del suo vecchio partito unico, guida con equilibrio la commissione parlamentare di Vigilanza, ha un'inclinazione riformista ed è estraneo alle lobby di stretta osservanza prodiana, ecco che il professore di Bruxelles lo silura.[19]

La Quercia chiede un vertice con Prodi per salvare la poltrona presidenziale al suo desolato senatore. E Carlo Rognoni, consigliere Ds, sconfessa ufficialmente il patto della bicicletta: «Sul presidente [quelli della maggioranza, *N.d.A.*] devono accordarsi con noi, sul dg poi si vedrà».[20] E infatti Ds, Margherita, Sdi e Rifondazione rilanciano la candidatura di Petruccioli su proposta di Franco Marini, capo dell'ala rutelliana (cioè antiprodiana) dei Dl. Prodi, da Creta, tace imbufalito.

Il 2 giugno, festa dalla Repubblica, Petruccioli chiacchiera fitto fitto nei giardini del Quirinale con Paolo Bonaiuti, sottosegretario alla Presidenza del Consiglio.[21] Intanto Berlusconi si riprende il centro della scena:

> Io pensavo a Petruccioli come presidente, poi Siniscalco mi ha parlato di Monorchio e io non ho avuto niente da obiettare. A

> me Petruccioli andava bene. Ci si può ripensare, ma solo se tutto il centrosinistra è d'accordo. Altrimenti niente.[22]

Fassino, subito pronto, coglie la palla al balzo:

> Petruccioli sarebbe un ottimo presidente Rai, spero che intorno al suo nome si realizzi un consenso vasto [...]. Occorre lavorare a una intesa, come ho proposto da tempo, fra maggioranza e opposizione.[23]

Pure Veltroni elogia molto Petruccioli. Ormai Prodi è solo. Al suo ritorno da Creta, il 7 giugno, incontra gli altri leader in un tesissimo vertice dell'Unione. Lì – secondo la ricostruzione del «Corriere» – non pronuncia mai il nome di Petruccioli: si limita a prender atto che «Berlusconi ha fatto fallire le trattative per un vertice Rai di garanzia». Quel nome lo fa Gentiloni della Margherita: «La ricostruzione di Prodi va benissimo, l'importante è farci trovare uniti qualora ci fosse la designazione di Petruccioli». A questo punto Giovanna Melandri rinfaccia a Fassino la catastrofica gestione del caso Rai: «Nominare il nuovo Cda – dice – è stato un errore», la linea giusta era quella di Prodi: prima l'accordo su presidente e dg, e solo dopo l'elezione dei consiglieri. «La sola arma che avevamo – spiega la Melandri – era far saltare il tavolo. Ora che il Cda s'è insediato, quell'arma non c'è più.» Fassino, spalleggiato da Franco Giordano di Rifondazione e dal silenzio-assenso di Rutelli, sbotta: «Saremmo stati dei pazzi a lasciare le cose come stavano». In fondo, ai Ds, piazzare due uomini nel Cda sta benissimo: Rognoni consigliere e Petruccioli presidente. Alla fine il vertice partorisce un comico comunicato di investitura a Petruccioli, ma facendo finta che non sia un'investitura: «Siamo pronti a sostenere Claudio Petruccioli qualora tale candidatura fosse avanzata dal governo». Una fogliolina di fico per nascondere ciò che è evidente a tutti: l'Unione candida il candidato di Berlusconi alla presidenza della Rai. Elio Vito di Forza Italia coglie subito la sfumatura, e spara: «Il modo peggiore per sostenere un'eventuale candidatura di Petruccioli è l'essere stato designato da un vertice dell'Unione».

Benvenuti a Villa Arzilla

Il gioco degl'inciucisti, ora, è quello di far dimenticare per un po' il tandem Petruccioli-Meocci, dandolo per sepolto e archiviato, e lanciando una raffica di nuove candidature, tutte finte, tutte senza speranza, per far decantare la polemica e piegare le residue resistenze prodiane (ma anche le tentazioni doppiogiochiste di Casini tramite Staderini). Il ticket che piace a Confalonieri e Berlusconi verrà rispolverato solo quando sarà matematicamente sicuro che passi. Così, per qualche settimana, in Viale Mazzini impazza Sandro Curzi con la sua pipa. Il vecchio direttore di Telekabul comincia a interpretare il suo ruolo di presidente reggente *pro tempore* con un iperattivismo davvero notevole. Convoca il dg e i direttori di rete, critica i tg, mette il naso nel forziere di *Affari tuoi* per salvare il salvabile dopo la fuga di Bonolis, si occupa dell'altro grande business dei diritti sportivi, parla di far rientrare Freccero e Santoro (ma quest'ultimo, inspiegabilmente, «in accoppiata con Giuliano Ferrara»). Da un lato fa l'ecumenico col centrodestra, nella segreta speranza di restare presidente il più a lungo possibile (o magari, perché no?, definitivamente). Dall'altro rompe parecchie uova nel paniere di Mediaset.

Berlusconi, più per dargli una calmata che per sincera convinzione, comincia a far circolare nomi di altri ottuagenari di sua fiducia, per candidarli alla presidenza, farli bocciare ma comunque lasciarli nel Cda come presidenti *pro tempore* al posto del compagno Sandro. Inizia così un balletto tragicomico, degno di Villa Arzilla, con una lunga serie di insigni vecchietti disturbati nei loro ozi estivi, scelti per l'unico merito di avere qualche mese o qualche anno in più di Curzi (classe 1930), al solo scopo di fare un po' di *ammuina* e lasciare ancora la Rai senza testa, ma in mani sicure.

Il primo nome in lizza è quello dell'ex presidente anziano della Rai Francesco Alberoni (classe 1929), che ha due mesi più di Curzi, ma non è disponibile alla sceneggiata: o presidente sul serio, o niente. Poi si parla di Paolo Murialdi (classe 1919), che peraltro nessuno ha mai consultato. Poi dell'ex missino Franco Servello (1921) e dell'ex ministro Antonio Maccanico (1924). Tutti specchietti per le allodole.

L'8 giugno – come rivela l'indomani il «Corriere», mai smentito – «Curzi riceve una telefonata di Silvio Berlusconi». E non gli mette giù il telefono, come avrebbe dovuto fare, visto che il capo del governo non ha voce in capitolo nelle faccende Rai. Tantopiù che è il padrone di Mediaset. Ma il conflitto d'interessi – come dice Luttazzi – «ormai è diventato ambiente» e tutti hanno imparato a conviverci. Così, il 9 giugno, anziché spiegare perché ha parlato con Berlusconi che tiene la Rai in ostaggio da oltre un anno, Curzi scrive sul «Corriere» il suo quotidiano «Diario del reggente» per sconfessare un'altra volta la linea Prodi: «Il ticket, cioè presidente e direttore generale concordati insieme da maggioranza e opposizione, nella legge non c'è, non lo si può esigere». Intanto Petruccioli chiama Siniscalco: questo sì che è previsto dalla legge, se non fosse che Petruccioli è contemporaneamente il presidente della Vigilanza che dovrà votare il nuovo presidente Rai e il candidato numero uno a diventare il presidente Rai per volontà del ministro Siniscalco e investitura della Vigilanza. In un modo o nell'altro Petruccioli, con il ministro Siniscalco, finisce col parlare di se stesso. Un conflitto d'interessi lava l'altro.

Il 13 giugno la farsa di Villa Arzilla prosegue con una nuova puntata. Dopo un altro valzer dei fantasmi (c'è persino chi riesuma l'ex «garante» Giuseppe Santaniello, classe 1920), Letta e Berlusconi contattano nel suo polveroso studio di Torino il professor Vittorio Mathieu. L'attempato filosofo morale, «proboviro» di Forza Italia, ha un grande merito: è nato tre anni prima di Curzi. Ed è disposto a tutto: anche a farsi bocciare dalla Vigilanza come presidente, per restare comunque nel Cda come reggente. «Letta – rivela – mi ha detto che c'è un piano per portarmi alla guida della tv di Stato.»[24]

Berlusconi, insomma, al costo di screditare una dozzina di vegliardi dopo averli circuìti con false promesse, continua a tenere la Rai in salamoia. Per far capire al centrosinistra che o si schiera in blocco, senza se e senza ma, con Petruccioli, oppure lui cambia cavallo e blinda il Cda con 6 consiglieri del Polo su 9: così anche il temutissimo «asse» fra i 3 consiglieri dell'Unione e quello dell'Udc Staderini resterebbe minoranza. La caccia al vegliardo prosegue con i nomi dell'anziano giornalista Arrigo Levi e degli ambasciatori Sergio Vento e Umberto Vattani (quest'ultimo imputato per molestie telefoniche ad alcune segretarie del suo ultimo ufficio a Bruxelles). E dove voglia andare a parare Berlusconi si premura di farlo sapere Giuliano Ferrara:

> Basta coi giochetti sulla Rai. Petruccioli è una soluzione seria, non si umilino oltre azienda e politica.[25]

Il 14 giugno, mentre Siniscalco rinvia un'altra volta la nomina del presidente e Petruccioli gli scrive per sollecitare, il Cda senza testa ma con Curzi reggente rinnova per tre anni il contratto a Fabio Fazio: contratto aperto anche a programmi fuori dal recinto di Rai3, una mezza consacrazione per succedere a Bonolis ad *Affari tuoi*. Cattaneo è d'accordo, Del Noce (cioè Berlusconi) nemmeno per sogno. Il Cda convoca anche il responsabile dei diritti sportivi Antonio Marano e dà mandato a Cattaneo di sfidare Mediaset trattando «al meglio delle possibilità» l'acquisto dei diritti della Champions League. Per i mondiali, invece, la partita è persa. Almeno per l'edizione del 2006 in Germania: la Rai s'è lasciata battere da Sky senza colpo ferire, e ora potrà trasmettere in chiaro soltanto le partite della Nazionale italiana. Ma per il 2010 il nuovo Cda cambia strategia: offre alla Fifa circa 160 milioni di euro per tutti i diritti in chiaro (sia per il satellite sia per il digitale), riservandosi eventualmente di rivendere qualcosa a Sky, anziché piatire qualche briciola col cappello in mano, come sta facendo per le partite del 2006. Infatti, dopo qualche giorno di veleni e sospetti (Sky gioca al rialzo, facendo spendere alla Rai cifre fuori mercato), il 1° luglio Viale Mazzini si aggiudica tutti i diritti per i mondiali del 2010 e del 2014, strappandoli a Sky; e porta via a Mediaset la Champions League per tre anni, dal 2006 al 2009. I costi sono altissimi: 170 milioni per ciascuna edizione dei mondiali, 56 milioni all'anno per la Champions (che andrà comunque condivisa con Sky per il satellite e con Mediaset per il digitale terrestre). Totale: 510 milioni. Mille miliardi di lire. Curzi e Cattaneo esultano, ma così le casse di Viale Mazzini si svuotano. D'altronde, se questo è un buon affare, perché la Rai ha rinunciato allegramente appena qualche settimana prima ai mondiali del 2006 a tutto vantaggio del signor Murdoch? E perché nel

2002 non partecipò neppure all'asta per la Champions League, regalando campo libero per tre anni a Mediaset? In ogni caso, sia pure strapagato, questo è il primo successo della Rai sulla concorrenza dopo anni di vergognosi cedimenti. Petruccioli convoca Cattaneo per chiedergli conto e ragione della doppia battaglia vinta.

Il piatto dei nuovi palinsesti, frattanto, piange almeno quanto la cassa. Se il consigliere diessino Carlo Rognoni, in piena luna di miele con Cattaneo, li definisce addirittura «fortissimi»,[26] quello della Margherita Nino Rizzo Nervo parla di «situazione generale allarmante» e aggiunge:

> Non condivido l'ottimismo di qualche collega. I palinsesti sono la fotocopia dei vecchi e non risolvono il problema del pluralismo [...]. C'è crisi nel prodotto, nei conti e nell'organizzazione.

Poi denuncia i superstipendi di Vespa e Masotti. L'indomani tutto il Polo lo attacca alzo zero. Ma l'affondo di Rizzo Nervo su Cattaneo e Vespa non è piaciuto nemmeno ai rutelliani, che con Franco Marini si dissociano: «Non condivido il metodo col quale è stata sviluppata la polemica sul contratto di Vespa». Dc non mangia Dc.

Il 22 giugno, con la massima naturalezza di questo mondo, il presidente della Camera Pierferdinando Casini dichiara che per la presidenza Rai «bisogna chiedere a Berlusconi». Ecco: il presidente di uno dei due rami del Parlamento si mette sotto i piedi la legge Gasparri appena approvata, che affida la nomina del presidente Rai al ministro del Tesoro.

Intanto Jurassic Park sforna un altro candidato: l'attempato boiardo parastatale Ettore Bernabei, già in auge ai tempi di Fanfani. Sembra di esser tornati al vecchio *Non è mai troppo tardi*. Il 1° luglio si fa avanti un altro ottuagenario: Gustavo Selva, ex giornalista Rai, parlamentare di An (classe 1926, tessera P2 numero 1814). Sparirà subito pure lui dalla scena, scalzato da un altro preistorico boiardo democristiano, l'ex direttore generale Rai Biagio Agnes. Candidato per qualche ora e poi svanito nel nulla.

Il 5 luglio, sul «Messaggero», Giuliano Urbani giubila Cattaneo («desidera compiere nuove esperienze e sarà accontentato») e fa una timida apertura su Santoro. A una domanda sul ritorno del conduttore epurato, risponde: «Discutiamone».[27] Ma, come vedremo, è l'ennesimo trucco per tener buona la sinistra in vista della nomina dei vertici. Una volta incassato il risultato, Urbani chiuderà le porte a doppia mandata, sia per Biagi sia per Santoro.

Malgara, la comica finale

Lo stesso 5 luglio, riunito con i ministri economici a Palazzo Chigi, il premier con tutte quelle cifre si annoia a morte. E parla soprattutto di Rai. Il 6 luglio si vede il risultato. Siniscalco, cioè Berlusconi, nomina a sorpresa presidente Giulio Malgara. Milanese, 67 anni, presidente dell'Upa (Utenti pubblicitari associati), inventore nonché presidente dell'Auditel (la società che rileva l'audience delle tv) e vicepresidente dell'Audipress (l'organismo che certifica la diffusione dei giornali), Malgara è anche un imprenditore del ramo alimentare. Già socio di Raul Gardini, è un vecchio amico di Berlusconi: il Cavaliere, nei primi anni Novanta, gli prestò 15 miliardi provenienti dai suoi fondi esteri (e al processo All Iberian, nel 2001, si scoprì che ne aveva restituiti solo 10). Già nel '94 il Cavaliere aveva tentato di piazzarlo al vertice di Viale Mazzini. Ad affiancare Malgara come direttore generale sarà Antonello Perricone, già a Publitalia (Mediaset) e poi alla Sipra (Rai), ora amministratore della «Stampa». Ma la nomina non piace all'Udc né a una parte di An. E viene sonoramente bocciata dall'Unione. Prodi, Fassino e Rutelli sparano a palle incatenate parlando di «indecenza» e «presa in giro».

Più che una nomina, quella di Malgara è l'ultima provocazione berlusconiana per stanare i prodiani su Petruccioli e dar tempo a Mediaset di sgraffignare alla Rai gli ultimi gioielli. A cominciare dai diritti televisivi sulla serie A «in chiaro».

Suo figlio Piersilvio, che ha preso tutto dal padre e dunque non teme di perdere la faccia, interviene per ben due volte in pochi giorni su «Repubblica», con un'intervista e una lettera, per accusare spudoratamente la Rai di Cattaneo di far troppa concorrenza a Mediaset: «Fa acquisti folli e ci danneggia».[28] Il direttore generale della Rai è ufficialmente sfiduciato da Mediaset, dunque ha i giorni contati.

E che in Viale Mazzini comandi Mediaset lo conferma Sandro Curzi in una durissima intervista all'«Espresso». Parla di un servizio pubblico «sull'orlo del precipizio», «impoverito da Cattaneo e non più competitivo» e soffocato, oltreché dai partiti, dalla massoneria:

> Il peso degli incappucciati nella tv pubblica è enorme [...]. La massoneria si è infiltrata e ha preso grande potere approfittando dello sfilacciamento dell'orgoglio e dell'appartenenza aziendale. Hanno fatto carriera, hanno scalato il palazzo. È sempre così quando la democrazia vacilla.[29]

Poi il presidente reggente attacca Petruccioli, che ha incredibilmente convocato Cattaneo per chiedere spiegazioni sui mondiali e la Champions soffiati a Mediaset e Sky:

> Perché non convoca Sky che ha fatto alzare i prezzi? Sembra piuttosto che lavori per delegittimarci [...]. La verità è che la commissione [di Vigilanza, *N.d.A.*] ha avuto ritardi e incertezze. Se avesse vigilato sul serio, avrebbe avuto un peso. Non l'ha fatto. E continua a non farlo. Non noto un grande sostegno da parte della commissione proprio quando il presidente del Consiglio è proprietario di Mediaset. Petruccioli guarda i peli nostri e quelli di nessun altro.[30]

Oltre al solito strapotere della politica – aggiunge Curzi – «c'è il controllo e il filo diretto di Mediaset». E racconta di due telefonate ricevute da Berlusconi. La prima di benvenuto, come se fosse il padrone della Rai. La seconda, guardacaso, «il venerdì in cui abbiamo lavorato fino a mezzanotte per l'offerta dei mondiali 2010».

> «Presidente», ho detto io. E lui: «Sandro, ma come, mi dai del lei? Come me, anche tu lavori fino a tardi». «Presidente, non ti sfugge proprio niente della Rai», gli ho detto io. Lui sa tutto quel che succede da noi.[31]

Il 14 luglio, come scrive «il Giornale», «rispunta il nome di Petruccioli». Più lo mandi giù, più si tira su. Il 19 Siniscalco viene «audito» dalla Vigilanza, cioè da Petruccioli & C., e si lava le mani della questione del presidente: critica la bocciatura di Monorchio e, per il resto, attende ordini dall'alto. Nelle stesse ore il Cda si riunisce con Cattaneo concordando una soluzione forte per *Affari tuoi* (l'accoppiata Fazio-Teocoli) e convergendo all'unanimità su due possibili candidati per la direzione generale: Giancarlo Leone, vicino all'Udc ma gradito anche all'opposizione, e l'ex socialista Giovanni Minoli, vicinissimo a Prodi ma gradito a una parte della maggioranza. L'indomani Curzi e Urbani ne parlano con Siniscalco. Ma è accademia pura, visto che Del Noce il «comunista» Fazio non lo vuol neppure sentir nominare e, quanto al dg, Berlusconi insiste per Meocci: Leone è troppo fedele al «partito Rai», cioè troppo aziendalista e troppo autonomo da Mediaset, e Minoli è vissuto come una provocazione. Il Cavaliere sonda lo storico Piero Melograni, ma solo per chiedergli esattamente la sua età: «Quando ha scoperto che ero più giovane di Sandro Curzi – racconta sbigottito il professore – non s'è più fatto vivo».[32]

Il 20 luglio il conflitto d'interessi tocca vette vertiginose. Parla Fedele Confalonieri, presidente di Mediaset, che caldeggia la nomina del suo amico Petruccioli alla presidenza dell'azienda concorrente: «Spero che entro ferragosto vi sia il presidente della Rai. Mi auguro che sia Claudio Petruccioli, una persona perbene e un presidente di garanzia». Di garanzia per chi, è superfluo aggiungerlo. «Ma ora, dicendolo, l'ho bruciato...», conclude Confalonieri. Invece, nel Paese del governo Mediaset, l'ha rilanciato e praticamente consacrato.

E l'imbarazzante stallo del caso Rai comincia a spazientire anche An e l'Udc. Il casiniano Pippo Gianni ironizza: «Il Cavaliere è come quella dello spot che dice: toglietemi tutto, ma non... la mia Rai». E Alessio Butti di An: «Anche una faccia di bronzo come la mia stavolta non se la sente di difendere questo comportamento».[33]

Quel comunista di Cattaneo

Il 24 luglio, a sorpresa, il consigliere forzista Urbani chiede di mettere all'ordine del giorno l'elezione a maggioranza del nuovo dg prim'ancora del presidente: Rizzo Nervo denuncia «pressioni fortissime sul dg perché si dimetta». Piersilvio dà la linea, Urbani esegue. Da mesi, Cattaneo è in disgrazia presso il Cavaliere: ha difeso troppo gli interessi dell'azienda che dirige, a scapito della concorrenza; ed è pure sospettato di aver cercato appoggi nel centrosinistra, trovando amici nella Margherita (versante rutelliano), incontrando più volte Fassino,[34] simpatizzando con Petruccioli e consultandosi regolarmente con Curzi prima di ogni decisione. Per esempio, l'ingaggio di Diego Armando Maradona come co-star di Milly Carlucci in *Ballando con le stelle* (il varietà del sabato sera) con un compenso da favola: si parla prima di 1 milione e 200 mila euro, poi addirittura di 3 o 4, e per di più versati in Argentina, visto che l'ex campione ne deve 15 al fisco italiano (infatti verranno sequestrati). Oppure il contratto con il cantante Al Bano, considerato proprietà Mediaset, per una partecipazione alla nuova edizione dell'*Isola dei famosi* su Rai2 (si dice per 700 mila euro, cifra totalmente fuori mercato per un *reality show*). Ma soprattutto il dg – come vedremo – ha assecondato le battaglie dei consiglieri dell'Unione per portare Fabio Fazio ad *Affari tuoi* e per strappare a Mediaset i diritti della Champions League e dei mondiali del 2010. Spiega un alto dirigente Rai a Concita De Gregorio:

> Cattaneo ha avuto tre fasi in azienda. Nella prima ha lavorato bene: ha comprato il format *Affari tuoi* e dell'*Isola dei famosi*, ha preso Bonolis. Poi è entrato nel trip della quotazione in Borsa: c'è stato un calo di investimenti per fare utili, ma in Borsa non siamo andati. Era l'epoca in cui Berlusconi gli aveva promesso l'Enel, l'Eni, qualunque posto volesse. Doveva però mollare Bonolis, difatti l'ha mollato. Si ricorda quando Bonolis diceva: «Ho cercato per mesi di parlare con Cattaneo e non ci sono riuscito»? Ecco, erano quei giorni lì. Poi la nomina non è arrivata: né all'Enel, né alla Terna. Terza fase, recente. Cattaneo ha capito che Berlusconi gli aveva fatto il bidone. Ha detto in giro: «Se non stanno attenti io parlo». Ber-

> lusconi ha cominciato a considerarlo un nemico. Lui ha recuperato il format *Affari tuoi* e con un certo spirito di rivalsa su Mediaset si è preso la Champions. Ora si dice che lo metteranno alla Sipra: ha un contratto a tempo indeterminato, da qualche parte devono ricollocarlo...[35]

Anche il suo sponsor di An, Ignazio La Russa, è caduto in disgrazia presso Fini, che ha ripreso il potere assoluto in Rai tramite il neoministro alle Comunicazioni Landolfi, il consigliere Malgieri e il capo delle relazioni esterne Guido Paglia. Così Cattaneo cerca disperatamente nuove sponde a sinistra. E naturalmente le trova. Tutte le censure e le epurazioni della sua Rai sono dimenticate, come per incanto.

Ma il 24 luglio, dopo un vertice a Palazzo Grazioli, Urbani scarica il dg e spinge per votare subito Meocci. Il centrosinistra si oppone. E Cattaneo tiene duro finché non gli avranno consegnato la nuova poltrona: ha un contratto a tempo indeterminato con la Rai (600 mila euro l'anno, si dice, più 100 mila di indennità-trasferta) e minaccia una causa miliardaria. Curzi risponde picche alla richiesta di Forza Italia, sostenuta anche dalla Lega. Tacciono imbarazzati Staderini e Malgieri, almeno nei primi giorni. Poi rientrano nei ranghi e votano con gli altri del Polo per cacciare subito Cattaneo. «Quel comunista di Cattaneo non lo voglio più», pare abbia detto il Cavaliere nell'ultimo incontro con Urbani, che fa la spola fra Palazzo Grazioli e Viale Mazzini.

Oltreché una *pochade* mai vista neppure nell'Italia berlusconiana, è l'apoteosi del conflitto d'interessi. Da un lato il premier che cerca di lasciare la concorrenza senza presidente e ora anche senza dg, dall'altro il suo fiduciario Galliani che sta per sottrarre i diritti sportivi alla concorrenza. E poi c'è la legge salva-Previti, approvata proprio quel giorno a tappe forzate dal Senato, che dà un tocco di classe al tutto. Per non farsi mancare proprio nulla, il governo si affretta a varare il decreto del Testo unico per la radiotelevisione. Proprio il 27 luglio, alle 9 del mattino, ben 31 deputati della Cdl si presentano come un sol uomo alla decisiva seduta delle commissioni Trasporti e Cultura della Camera per dare parere favorevole alla nuova legge, che contiene un altro gigantesco regalo a Mediaset: i programmi delle pay per view (le tv a pagamento, per esempio quella di Mediaset, che trasmette le partite di calcio e i film sul digitale terrestre) cambiano nome e diventano «servizi». Così questi e gli spot ivi contenuti non rientrano più nel tetto antitrust già gonfiato a dismisura dalla legge Gasparri. Il tutto in barba a una sentenza del Consiglio di Stato e a un'altra della Corte di giustizia europea.

Caro Silvio, caro Claudio...

In questo clima di definitiva privatizzazione dello Stato (e della Rai), nel pomeriggio del 27 luglio il presidente della cosiddetta Vigilanza Claudio Petruccioli varca il portone principale di Palazzo Grazioli e sale nell'abitazione del presidente del Consiglio nonché proprietario di Mediaset. Cioè un soggetto che in base a due leggi – la Gasparri e la Frattini – non dovrebbe occuparsi della Rai nemmeno di striscio. Non ha sbagliato indirizzo, Petruccioli. È proprio lì che vuole andare. È stato lui stesso, tre giorni prima, a chiedere di incontrare Berlusconi «per dovere istituzionale», perché – spiegherà ai giornalisti – «la questione della presidenza ha assunto ormai un rilievo tale da giustificare e richiedere l'impegno del governo per una soluzione in tempi rapidi». Il premier, impegnato nei giorni precedenti, l'ha chiamato due ore prima dicendosi disponibile. E gli ha domandato se preferisse la sede istituzionale di Palazzo Chigi o quella più informale di casa sua. «Decida lei», gli ha risposto Petruccioli. «Allora a Palazzo Grazioli, fra due ore.» Sarà lo stesso Petruccioli a confermare l'antefatto:

> Ritenevo fondamentale quel colloquio, da me richiesto. Berlusconi stesso mi aveva chiesto se preferivo a Palazzo Chigi o a Palazzo Grazioli e a quel punto non ho avuto alcun problema a far scegliere a lui.[36]

All'uscita il presidente della Vigilanza nonché candidato alla presidenza Rai racconta di aver illustrato al premier «la situazione di prolungata precarietà nella quale versano i vertici della Rai e le preoccupazioni che ne derivano». Berlusconi l'ha ascoltato con attenzione. Gli ha espresso tutta la sua stima, ma poi ha aggiunto: «Guarda che è nel centrosinistra che non ti vogliono». E alla fine – assicura Petruccioli – «mi ha dato la sua più ampia assicurazione che si impegnerà per trovare una soluzione rapida, a ore». Secondo «l'Unità», «Petruccioli non ha parlato di nomi con Berlusconi, ma sembra che il premier lo abbia designato alla presidenza della Rai».[37] E non è quello l'unico dono. Il Cavaliere, sempre generoso, gli ha pure fatto gentile omaggio di una copia (non si sa se autografata o meno) del libro *Berlusconi ti odio*, la raccolta di insulti subìti dal premier compilata dal capufficio stampa di Forza Italia e pubblicata dall'apposita Mondadori. Con il capolavoro sotto il braccio, Petruccioli esce tutto giulivo da Palazzo Grazioli e subito contatta Siniscalco per chiedergli di nominare il direttore generale prima dell'ultimo Cda, quello del 4 agosto.

Così, se Cattaneo era entrato in Rai berlusconiano e ne esce in odore di «comunismo», Petruccioli entra «comunista» alla Vigilanza e ne esce in odore di berlusconiano, giusto in tempo per entrare in Rai dalla porta principale. Infatti basta attendere meno di 24 ore dalla sua visita *chez* Berlusconi, ed ecco sciogliersi come per incanto il nodo della presidenza Rai, inestricabile da quasi 15 mesi. Nel pomeriggio del 28 Berlusconi, a una domanda sul ticket Petruccioli-Meocci, ridacchia: «Come dico sempre, perché no?». Due ore di vertice della Cdl, dedicate anche al caso Bankitalia, sono sufficienti a dare il via libera al diessino più amato dal premier. Che naturalmente, dopo il presidente, sceglierà pure il direttore generale.

Quella visita umiliante a Palazzo Grazioli suscita, nell'Unione, un bel po' di inquietudine. Mentre il partito dell'inciucio – le segreterie Ds e Margherita, più alleati – non muove un sopracciglio su quel che è accaduto né su come è accaduto, prodiani e sinistra Ds storcono il naso. Ecco Giulietti:

> Voterò Petruccioli, ma non mi è piaciuto affatto che sia andato a casa di Berlusconi. Nella democrazia la forma è sostanza, l'indicazione spetta al ministro dell'Economia, non al proprietario di Mediaset, che fra l'altro aveva giurato che non si sarebbe mai più occupato della Rai.

Prodi tenta un'ultima trattativa con Letta per un dg meno smaccatamente berlusconiano, ma non ne cava nulla. Il monumento al conflitto d'interessi è completato: il presidente della Vigilanza andrà a presiedere l'azienda vigilata, un membro dell'Authority per le Comunicazioni andrà a dirigere la prima azienda di telecomunicazione.

Trappolon dei trappoloni

Il 29 luglio, dal cilindro di Siniscalco, cioè del Cavaliere, esce proprio la barba di Petruccioli. Tutto si può dire del padrone di Mediaset, fuorché gli manchino idee chiare sulla televisione. Aveva sempre puntato sull'accoppiata vincente (per lui) Petruccioli-Meocci, e quell'accoppiata dopo le manfrine degli ultimi mesi riesce a imporre senz'alcuno sforzo. Anche perché le opposizioni si sono infilate volontariamente ed entusiasticamente nel trappolone da lui stesso preparato.

Curzio Maltese parla di «un patto fra "furbetti del quartierino"»:

> Chi pensava che la Rai di Cattaneo avesse già toccato il fondo del servilismo politico sarà costretto a ricredersi. Una volta toccato il fondo, al fido Meocci è affidato il compito di scavare. Chissà che cosa potrà ancora inventarsi, forse l'inno di Forza Italia al posto della sigla di Sanremo o il faccione del Cavaliere sovrapposto al mappamondo del tg. L'altra nomina eccellente è quella del senatore diessino Petruccioli alla presidenza. Era il primo candidato ed è rimasto l'ultimo, dopo una girandola di nomi, veti e controveti. Il senatore è ben visto dall'intero arco politico, da Rifondazione ad An. Certo, il metodo della nomina è terrificante [...]. Petruccioli ha ottenuto il lasciapassare dopo una visita a casa Berlusconi, una prassi alquanto inusuale nel resto del mondo civilizzato. Qualcuno può immaginare un pellegrinaggio a Downing Street del presidente della Bbc?
> Con questa nomina si chiude infine la stagione dei professori e dei giornalisti, per tornare a un politico puro alla presidenza della prima azienda culturale italiana. Un bell'«indietro tut-

ta», verso la prima Repubblica. Del resto era prevedibile, dopo la nomina di un consiglio d'amministrazione che è stato il trionfo del manuale Cencelli. Sullo sfondo dell'intera commedia si vede nettamente, nello stile e nei contenuti, la regia personale di Berlusconi. Dopo aver giurato un centinaio di volte che non si sarebbe mai occupato di Rai, il proprietario di Mediaset e della maggioranza è sceso in campo a piedi giunti, come sempre libero da vincoli istituzionali o anche solo di decenza. Ha imposto il suo direttore generale e consigliato con successo alle opposizioni il loro presidente. Il controllo sulla tv, 6 reti su 6, è più saldo che mai.[38]

Anche Antonio Padellaro, direttore dell'«Unità», esprime più di una perplessità:

> Ci sono lettori dell'«Unità» che si interrogano sul metodo seguito visto che, come ha osservato il capogruppo in Vigilanza Giulietti, anche lui Ds, non spetta a Berlusconi, né al proprietario di Mediaset, decidere sul vertice Rai, bensì al ministro dell'Economia Siniscalco, il cui ruolo nella decisione sembra sia stato del tutto ininfluente.[39]

L'inciucio è sostenuto calorosamente dal «Corriere della Sera», che fin dall'inizio sponsorizza Petruccioli, vecchio amico di Mieli ed esponente della sinistra «riformista». Ma se, nei commenti, il «Corriere» addita quella di Petruccioli come la migliore delle Rai possibili, nelle cronache racconta chi è l'unico beneficiario dell'operazione: Silvio Berlusconi. Scrive Francesco Verderami che il premier ha tenuto in *stand by* il candidato diessino non perché non si fidi di lui, anzi: non si fidava di Casini e del suo rappresentante nel Cda, Staderini. Petruccioli, infatti, sarebbe stato il quarto consigliere su 9, e avrebbe dunque fatto di Staderini l'ago della bilancia:

> Se consegnassimo la presidenza all'Unione, finirei ostaggio di Casini [...]. E se poi decidessero di far tornare sullo schermo i Biagi, i Santoro, i Luttazzi? Loro avevano il compito di farci perdere le elezioni del 2001, e anche se non ci sono riusciti, ci hanno fatto perdere molti voti.[40]

Ma ora, scrive Verderami, «Berlusconi ha dato via libera a Petruccioli perché forse si sente garantito da un'intesa col presidente della Camera».[41] Un'intesa che dev'essere per forza nota allo stesso Petruccioli, visto che «in suo favore si spendevano Gianni Letta e il ministro Mario Landolfi, ma soprattutto Fedele Confalonieri». Un'intesa che prevede il perpetuarsi dell'ostracismo alle vittime del diktat bulgaro: perché Berlusconi sa benissimo che un'informazione puntuale sui suoi processi e i suoi conflitti d'interessi lo danneggiò nel 2001 e lo danneggerebbe nuovamente nel 2006. In compenso la sinistra «riformista» dominante finge di credere che «la demonizzazione fa il gioco di Berlusconi». Petruccioli non ha fatto altro che ripeterlo, in questi anni: perciò è il presidente ideale per il Cavaliere. Al di là dei proclami di facciata, l'unica legge immutabile in casa Rai sarà il diktat bulgaro.

Anche Urbani, il 30 luglio, mette il cappello su Petruccioli, rivendicando in ben due interviste il suo ruolo decisivo nel convincere il Cavaliere a nominarlo.

> Mi sono convinto che l'unica strada era puntare sul direttore generale, altrimenti avremmo continuato ad aspettare Godot. Partendo dal dg invece ero sicuro che poi anche la questione del presidente si sarebbe sbloccata. Come è accaduto. Il direttore generale col nuovo statuto Rai è una sorta di amministratore delegato, e tutto quel che delibera il Cda lo fa su sua proposta [...]. Berlusconi si è persuaso che Petruccioli va bene per il ruolo di presidente di garanzia visto che il dg è una sorta di amministratore delegato [...]. L'ho spiegato a Berlusconi e lui ha preso la palla al balzo.[42]

Urbani ricorda di conoscere Petruccioli «da 35 anni», da quando erano universitari insieme in Umbria. Poi negli anni Novanta si ritrovarono in Bicamerale, altra ineguagliabile palestra di inciuci: «Ci vedevamo a Milano, per scambiarci le nostre idee sulla situazione politica, per capire che cosa accadeva nella Quercia». Ma decisivo è stato il pellegrinaggio di Petruccioli a Palazzo Grazioli:

> So che nell'incontro con Berlusconi, Claudio ha detto una cosa molto bella: «Non potrei mai concepire di avere un'ostilità

pregiudiziale contro il direttore generale». Credo che il presidente abbia apprezzato molto questo modo di impostare le cose...[43]

E che sia proprio il via libera a Meocci il piatto forte del *tête-à-tête* a Palazzo Grazioli diventa ufficiale il 30 luglio. Petruccioli viene eletto all'unanimità presidente della Rai (33 sì su 33 votanti, con 7 assenti giustificati) dalla stessa Vigilanza di cui è ancora il presidente. E subito annuncia *urbi et orbi* che voterà sì a Meocci: «Voterò a favore di qualsiasi direttore generale, salvo che sia un incapace o un delinquente». Un sì senza se e senza ma, a scatola chiusa, in barba alla palese incompatibilità di Meocci e alla mancanza di qualunque accordo fra maggioranza e opposizione. È l'ennesima riprova che, a Palazzo Grazioli, Petruccioli non si è limitato a sollecitare Berlusconi a nominare in fretta il nuovo presidente (cioè se stesso), ma ha fornito garanzie precise sul dg. Berlusconi esulta e ricorda beffardo la «buona volontà da me dimostrata consegnando la Rai addirittura a un membro dei Ds». L'estremo sacrificio.

Salto con l'asta

Nelle stesse ore dell'elezione bulgara di Petruccioli, per una di quelle perfide ironie che ogni tanto riserva la cronaca, Mediaset sottrae alla Rai i diritti sulle partite della serie A di calcio, con la fattiva collaborazione di Adriano Galliani, per 62 milioni di euro a stagione per tre anni. Secondo Viale Mazzini, il presidente della Lega, nonché vicepresidente del Milan e dirigente Fininvest, aveva ormai concluso un accordo di massima con la Rai per tutti i diritti del calcio italiano (serie A e B e Coppa Italia) in cambio di 67 milioni l'anno. Ma, due giorni dopo, il 22 luglio, se l'è rimangiato riaprendo improvvisamente i giochi. Ha bandito un'asta, aperta anche a Mediaset e a Sportitalia di Tarak ben Ammar, su una base minima di 45 milioni per la sola serie A. E ha per giunta concesso alla Rai soltanto 5 giorni di tempo per preparare la controfferta. Mediaset, sapendo quanto è disposta a pagare la Rai, offre cifre superiori. Galliani nega: «Non è mai esistita una proposta finanziaria della Rai». Intanto Viale

Mazzini chiede al Tribunale di Milano una sospensiva e il 26 luglio la ottiene: come può un'azienda pubblica valutare in meno di una settimana le clausole del bando di gara e programmare un investimento di quella portata? È un'asta «truccata», secondo il consigliere Rai Rizzo Nervo, anche perché

> il presidente Galliani conosceva la nostra offerta, in quanto il contratto di acquisto dei diritti lo avevamo praticamente chiuso: e il giorno prima di firmare ha indetto la gara. Una gara truccata [...]. Sapeva anche qual era la cifra massima a cui potevamo arrivare per tutto il pacchetto. Conosceva le cifre della nostra offerta perché gli erano state comunicate: 45 milioni erano per la serie A, 16 per la Coppa Italia, 4 per la radio, il resto per la serie B [...]. Mediaset ha sborsato solo per la A 62 milioni di euro, una cifra fuori mercato, impossibile da remunerare per quel prodotto [...]. L'hanno fatto per destabilizzare i nostri palinsesti. Questo è il loro disegno. Ci stanno provando con *Affari tuoi*, e l'hanno fatto per il calcio [...]. Sapevano quanto noi potevamo impegnare per questa partita.[44]

Così la Rai, con una scelta molto discutibile e dannosa per il servizio pubblico, decide di non partecipare all'asta: il dirigente leghista Antonio Marano, responsabile dei diritti sportivi, offre 100 euro simbolici (con l'annuncio di un ricorso alle vie legali contro la Lega Calcio). Risultato: Mediaset porta a casa la serie A per 62 milioni di euro all'anno per tre anni, mentre Viale Mazzini deve accontentarsi della B e della Coppa Italia per 26 milioni annui. Galliani, smentendo se stesso, ora dice che «è stata superata l'offerta iniziale della Rai», mentre prima negava che ce ne fosse mai stata una. Ma anche la condotta di Viale Mazzini è stravagante: se davvero considera i 62 milioni un prezzo «fuori mercato» per la serie A, perché ne sborsa ben 26 per le «scartine» (Coppa Italia e serie B)? Il commento di Curzi è sconcertante: «Abbiamo ottenuto quel che volevamo: il nostro obiettivo era trasmettere le partite della serie B». E così quello di Rognoni: «Abbiamo operato la scelta più giusta».[45] Ora la Rai rischia di perdere anche la partita degli ascolti domenicali, con *Quelli che il calcio* senza calcio, e non potrà più mandare in onda le interviste di *Stadio sprint* e i gol in anteprima di *90° minuto*. Mediaset, in compenso, potrà riempire le sue vuote domeniche con i filmati delle partite commentati da Bonolis e dalla Gialappa's Band. Il titolo migliore è del quotidiano dei vescovi «Avvenire»: «Alla Rai Petruccioli, a Mediaset la serie A». Una coincidenza che è tutt'un programma.

Petruccioli, il Biscione Rosso

Chi è Claudio Petruccioli? Nato a Terni nel 1941, giornalista, iscritto al Pci dal 1958, ha studiato per un po' filosofia, ma poi ha abbandonato l'università per diventare segretario della Fgci nel '66. Il primo incarico in periferia è all'Aquila, segretario del Pci d'Abruzzo. Un esordio catastrofico. Un giorno del 1971 la sede del partito, lasciata incustodita, viene data alle fiamme da un gruppo di fascisti. Un episodio increscioso di cui il giovane segretario viene chiamato a discolparsi a Botteghe Oscure, davanti al segretario Luigi Longo e a tutta la nomenklatura. Claudio – racconteranno alcuni testimoni – la prende alla lontana, con una lunga e articolata analisi sociologica sull'arretratezza del Mezzogiorno. A un certo punto, mentre parla, si sente un lugubre tambureggiare di ignota provenienza. *Bum, bum, bum.* I presenti si guardano intorno incuriositi e notano che il vecchio Longo sta ritmando i pugni sul tavolo. Petruccioli s'interrompe imbarazzato. Longo lo fulmina: «Tutto molto giusto e molto bello, compagno Petruccioli, ma non ci hai ancora spiegato perché avete lasciato incustodita la sede del partito». Dall'Aquila lo spediscono a Milano, più precisamente a Sesto San Giovanni, la «Stalingrado del Nord», per un salubre bagno nella classe operaia. È lì, nel periodo milanese, che Petruccioli conosce Fedele Confalonieri. Poi, essendo giornalista, nel 1975 lo mandano all'«Unità». Prima come vicedirettore, poi come direttore. Nel 1982 è costretto a dimettersi per il falso scoop di Marina Maresca sul caso Cirillo. Deputato e poi senatore, è in Parlamento dal 1983, con due brevi intervalli, per cinque legislature. La prima volta nel 1983, dopo il caso Maresca, per garantirgli l'elezione tre big come Enrico Berlinguer, Stefano Rodotà e Massimo Riva lasciano la circoscrizione di Milano e si presentano altrove. Caustico il commento di Michele Serra sull'«Unità»: «Più che un ripescaggio, sembra una missione del Wwf».

Miglorista di destra, Petruccioli affianca Occhetto nei mesi cruciali della svolta dal Pci al Pds, guadagnandosi il risentimento del «malpancista» D'Alema. Nella legislatura del centrosinistra è un ultrà ulivista e tuona spesso contro la lottizzazione partitica della Rai. Poi, complici i consigli dell'inseparabile Macaluso e del «Riformista», vira verso un sempre più scettico e disincantato «riformismo». Con Occhetto i rapporti si raffreddano. Quando Achille lo chiama per congratularsi della presidenza Rai, Claudio gli dice annoiato: «Mah, almeno son contento di levarmi da questa porcheria che è diventata la politica». Comunista per trent'anni, ora passa per un *liberal* («il comunismo – dice – è stato uno dei più grandi fallimenti della storia dell'umanità»). Però era lui il segretario della Fgci quando Paolo Flores d'Arcais fu espulso dal partito nel '67 per «frazionismo grave e prolungato», cioè per le sue simpatie per il dissenso polacco e le sue denunce dei crimini di Togliatti. Oggi – confida al «Giornale» di Berlusconi – rimpiange Bettino Craxi («Se ci fosse ancora sarebbe tutto molto meglio») e detesta i girotondi:

> I girotondi indeboliscono il centrosinistra. Chi pensava che ci avrebbero regalato una nuova epifania del centrosinistra, aveva in mente una fregnaccia.[46]

È sposato con la contessa Giovanna Nuvoletti (figlia di Giovanni, secondo marito di Clara Agnelli). Si divide fra una casa a Roma e una a Capalbio. Balla benissimo il valzer e il tango e perde la testa per le ostriche, possibilmente *belon*. Ha scritto un'autobiografia a 60 anni, *Rendiconto*. È amico di tutti quelli che contano. Dell'ex presidente Rai Antonio Baldassarre era «compagno di banco al ginnasio». Adriano Sofri lo incontrò «in caserma», alla visita di leva. Oreste Scalzone «è mio cugino». Con Giuliano Ferrara «giocavamo in spiaggia insieme all'Argentario a dieci anni». Chicco Testa, Enrico Mentana, Claudio Martelli e Fabiano Fabiani li incrocia all'*Ultima spiaggia* di Capalbio, tempio della sinistra radical-chic.

E Confalonieri? «L'ho conosciuto a Milano negli anni Settanta. Tre o quattro volte l'anno ci vediamo a cena», al ristorante romano *Papà Giovanni*. Ma l'amico Fidel è pure l'editore del figlio di sua moglie, Giangiacomo Mazzucchelli, giornalista del Tg5. E Claudio è molto amico anche di Gina Nieri, potente direttore centrale e consigliere d'amministrazione di Mediaset. Con Berlusconi, visite *chez lui* a parte, ha avuto – lo ricorda lo stesso Cavaliere al momento del via libera per la presidenza Rai – «un rapporto epistolare nel 1994», l'anno del suo primo governo. Fu Petruccioli a scrivere al premier una lettera aperta per auspicare un rapporto disteso fra maggioranza e opposizione: ottima idea, visto quel che faceva il governo Berlusconi.

Confalonieri ha avuto un ruolo, nella sua promozione a presidente della Rai? Petruccioli risponde così:

> Un ruolo attivo no. Probabilmente non l'ha ostacolata. Credo che abbia sempre pensato che io avrei potuto essere un eccellente presidente della Rai. E, chissà, magari anche di Mediaset.[47]

Confalonieri sì che se ne intende.

Trasporti pesanti

Erano trent'anni che Petruccioli rimandava l'appuntamento con Viale Mazzini: da quando il Pci, negli anni Settanta, l'aveva designato come membro del Cda Rai, ma all'ultimo momento gli aveva preferito il più anziano Ignazio Pirastu. La marcia di avvicinamento alla tv riprende nel 1996, all'indomani della vittoria dell'Ulivo, quando Petruccioli diventa presidente della commissione Trasporti e Telecomunicazioni del Senato. Quella che si occupa, o dovrebbe occuparsi, del riordino del sistema radiotelevisivo. Lì approda il provvedimento del ministro delle Poste e Telecomunicazioni Antonio Maccanico che riforma le tv e istituisce l'Authority per le Comunicazioni.

La normativa, come vedremo nel capitolo 3, si articola in due provvedimenti, il 1138 e il 1021. Il primo risponde alla sentenza del 7 dicembre '94 con cui la Corte costituzionale ha stabilito che tre reti per un solo soggetto privato sono troppe, e dunque Mediaset (all'epoca Fininvest) deve spedirne una sul satellite (prevedibilmente Rete4). Il secondo istituisce l'Authority, senza la quale non si può procedere alla privatizzazione della Telecom.

Ma, sul primo, Mediaset non ci sente proprio. E la sua proiezione parlamentare, detta Polo delle libertà, reagisce con l'ostruzionismo: un fuoco di sbarramento furibondo, una raffica di emendamenti che raggiungeranno quota 5 mila. I due provvedimenti passano all'aula del Senato. Lì, dopo molti mesi di stallo, si decide di approvare le norme relative all'Authority, su cui sono tutti d'accordo, e intanto di prorogare *sine die* il passaggio di Rete4 su satellite, aggirando la sentenza della Consulta. I *berluscones* applaudono e votano a favore (legge 249 del 24 luglio 1997). Resta in panne, tornando in commissione Trasporti, il disegno di legge 1138 che contiene il grosso della Maccanico, quello che deve fissare i tetti antitrust del sistema radiotelevisivo e dell'affollamento pubblicitario e riordinare tutto il sistema, pubblico e privato, nazionale e locale. L'antitrust, per Berlusconi, è come l'aglio per i vampiri. L'ostruzionismo del Polo continua, feroce e implacabile. E il governo perde mesi e mesi alla ricerca di fantomatiche e improbabili «mediazioni». Tutte fallite. Poi il presidente Petruccioli si assume in prima persona il compito di trattare con il centrodestra. E ricomincia la manfrina, che durerà ben tre anni, dall'autunno '97 alla fine del 2000.

Appena un fronte sembra chiudersi, dopo defatiganti minuetti, subito si apre la battaglia su un altro. Così all'infinito. Nel frattempo, nemmeno uno dei 5 mila emendamenti viene ritirato. È chiaro a tutti che, come già negli anni Ottanta prima della Mammì, il Cavaliere non vuole alcun accordo perché non vuole alcuna legge. Salvata (per ora) Rete4, preferisce seguitare a scorrazzare nel Far West dell'etere. La parola d'ordine è tirare a campare, portando a spasso la maggioranza di centrosinistra sino alla fine della legislatura. Poi provvederà Berlusconi a regolamentare (si fa per dire) il settore. Alla sua maniera.

A questo punto l'Ulivo si divide. Antonello Falomi, capogruppo Ds in Vigilanza e membro della Trasporti, ma anche il sottosegretario Ds alle Telecomunicazioni Vincenzo Vita, invitano più volte Petruccioli a prendere atto della melina dell'opposizione di centrodestra e a chiedere alla maggioranza di mettere in calendario i lavori in aula, visto che in commissione non si fa un passo avanti. In aula, infatti, i severi regolamenti anti-*filibustering* avrebbero ragione in breve tempo dell'ostruzionismo del Polo, e si potrebbe finalmente approvare una delle riforme-cardine della legislatura. Ricorda Falomi, ancora bruciato da quell'esperienza:[48]

> Non so quante volte l'ho detto, a Petruccioli e anche al presidente del gruppo al Senato Gavino Angius, che quelli del Polo non avevano alcuna intenzione di arrivare a un accordo. Ma loro niente, non ne volevano sapere di superare l'*impasse* calendarizzando i lavori in aula. Anche perché, a parte Vita, me e i Verdi, il grosso del centrosinistra – a cominciare dai vertici dei Ds e del Ppi – non mostrava alcuna fretta: non si poteva nemmeno sfiorare Berlusconi, bisognava salvare la Bicamerale e dargliele tutte vinte. In fondo, il Cavaliere aveva votato D'Alema alla presidenza... Così Petruccioli tenne per tre anni il disegno di legge sulle tv a marcire in commissione. A ogni nostra obiezione, rispondeva che stava per raggiungere un compromesso, che le cose stavano cambiando, che si era a un passo dall'accordo, che intravedeva uno spiraglio... Un giorno fu fotografato a pranzo con Confalonieri in un ristorante romano e ci fu qualche polemica, subito sopita... Com'è andata a finire lo sappiamo: paralisi totale fino alla campagna elettorale del 2001. Solo allora la legge andò in aula, tanto si sapeva che non c'era più il tempo per approvarla nei due rami del Parlamento. Passò in Senato e, quando arrivò alle soglie della Camera, finì la legislatura. Ci ha poi pensato Gasparri, a fare la legge. E sappiamo come...[49]

Ormai Petruccioli è popolarissimo nel centrodestra. E figurarsi l'entusiasmo dei *berluscones* quando, nell'estate 2001, diventa presidente della commissione parlamentare di Vigilanza sulla Rai.

Il vigilante dormiente

Come già nella passata legislatura, anche nella nuova la Vigilanza spetta all'opposizione. Solo che, nella passata, il Polo aveva scelto come presidente il suo esponente più «cattivo» e ringhioso: Francesco Storace, in arte *Epurator*. Ora invece il centrosinistra pensa bene di metterci il più morbido: Petruccioli, appunto. L'iter della sua nomina è un monumento all'inciucio. Gli accordi nell'Ulivo prevedono che la presidenza della Vigilanza tocchi ai Ds, e in particolare a un senatore, per una giusta alternanza dopo il deputato Storace. Il candidato naturale è Falomi, capogruppo in commissione fin dal 1994 e vicecapogruppo al Senato. Per lui infatti si esprime a gran maggioranza la delegazione diessina in Vigilanza, formata da 8 parlamentari: 7 votano per Falomi, uno solo è contrario. Chi? Petruccioli, che poco prima è andato ad annunciargli la propria candidatura alla presidenza.

Ma Falomi, noto per la sua intransigenza, non piace al Polo, cioè a Mediaset. Confalonieri continua a ripetere in giro che il presidente della Vigilanza sarà il suo amico Claudio. Infatti Falomi incontra ostacoli su ostacoli, anzitutto nel suo partito. Non basta l'investitura ricevuta dai commissari Ds della Vigilanza, che anzi viene rimessa in discussione: la Quercia convoca la presidenza del gruppo del Senato (e non anche della Camera, sebbene la Vigilanza sia una commissione bicamerale), formata da 6 parlamentari. Rivince Falomi, 4 a 2: per Petruccioli votano soltanto Angius e Brutti. Ma ormai è chiaro che si andrà avanti a votare finché Falomi non sarà sconfitto. All'uopo, viene convocato – come mai era accaduto prima per la nomina di un presidente di commissione – il direttivo del gruppo al Senato. Ma niente da fare, ancora una volta la maggioranza è per Falomi. A questo punto non resta che allargare ulteriormente il cerchio, chiamando a votare tutto il gruppo del Senato. Prima del voto (segreto), il capogruppo Angius avverte i colleghi che il segretario Fassino, il presidente D'Alema e il capogruppo alla Camera Violante vogliono Petruccioli. Il quale tiene subito a precisare: «Io non farò come Storace». E riesce a prevalere su Falomi, per un solo voto. Ottenuto finalmente quel che volevano, i vertici Ds sospendono il *tourbillon* di votazioni e incoronano il candidato preferito da Berlusconi.

Quello che accade, anzi non accade in Vigilanza negli anni della Rai da Minculpop, delle menzogne di Stato e delle epurazioni bulgare, l'abbiamo raccontato in *Regime*. Più che di Vigilanza, quella di Petruccioli è una commissione di Dormienza.

Sotto il naso del presidente in letargo, per quattro anni, passano i più clamorosi casi di censura che la tv italiana abbia mai conosciuto. Biagi, Santoro, Luttazzi, Freccero, Beha, Hendel, Massimo Fini, Sabina Guzzanti, Paolo Rossi e tanti altri. Qualche protesta formale, qualche dichiarazione moderatamente critica, qualche prudente raccomandazione, ma senza esagerare. L'ala sinistra dell'Ulivo lo critica spesso per la sua morbidezza: in quattro anni, nemmeno una denuncia contro la Rai all'Authority delle Comunicazioni per le sue continue violazioni di legge. E nessun gesto forte. Si dice che Fassino, dopo il diktat bulgaro, gli suggerì le dimissioni per protesta. Ma Petruccioli, dopo un «memorabile scontro», si guardò bene dal darle.[50]

È il 18 aprile 2002: Berlusconi, da Sofia, licenzia Biagi, Santoro e Luttazzi. L'indomani Petruccioli annuncia:

> La difesa di Biagi, Santoro e Luttazzi è un problema di libertà: la legge vieta ogni potere e ogni intervento sulla Rai da parte del presidente del Consiglio. A questo punto nessuno dei dirigenti Rai può toccare Santoro, Biagi e Luttazzi o altri. Se il Cda lo farà vuol dire che è un'accolita di burattinai. E io farò una battaglia.

Battaglia si fa per dire, naturalmente. La commissione di Dormienza convoca e riconvoca per tutta la primavera-estate il presidente Baldassarre e il direttore generale Saccà, facendosi voluttuosamente prendere in giro. I due *capatàz* assicurano che per Biagi e Santoro (Luttazzi è già dimenticato) non c'è problema, nessuno intende epurarli, «sono un patrimonio della Rai». Biagi soprattutto, giura Saccà, «è una risorsa da non perdere. Ma purtroppo la concorrenza di *Striscia la notizia* è troppo forte...». Insomma, bisogna spostarlo in un altro orario, levandolo dalla prima serata. Sono mesi che, per suffragare la sua tesi, il dg snocciola una serie di dati di ascolto. Peccato che siano tutti sballati e che Petruccioli non se ne accorga. Se ne accorgerà Biagi, costretto a fornire alle agenzie di stampa gli ascolti veri. Ma nemmeno dopo una simile figuraccia Petruccioli sbugiarda il dg. Anzi, mentre infuria la polemica sull'imminente licenziamento del grande giornalista, corre in soccorso di Saccà e attacca i giornali che osano parlare di epurazione imminente:

> Con una certa sorpresa ho visto che oggi si è parlato del licenziamento di Biagi e dell'intenzione di sostituire *Il Fatto*. Stando a quello che abbiamo ascoltato qua dentro, queste cose non sono state dette. Saccà ha espresso anzitutto un forte apprezzamento per Biagi, accostandolo a Vespa e definendo i due giornalisti come le punte di diamante dell'informazione di Rai1.[51]

Poi, naturalmente, *Il Fatto* e *Sciuscià* vengono chiusi. Ci si attenderebbe, a quel punto, un ammutinamento dei *vigilantes*. Invece poco o nulla. Biagi licenziato, Santoro sparito, Petruccioli non pervenuto.

Nel settembre 2003 si replica. Rai2 ingaggia Massimo Fini per un programma notturno di costume, *Cyrano*. Ma poi lo epura prima ancora di cominciare. Il direttore padano Antonio Marano confida a Fini che «c'è un veto politico e aziendale su di lei». Fini registra di nascosto il colloquio e porta la cassetta a Petruccioli. (Non sa quel che racconterà il sito Dagospia, e cioè che il senatore diessino è spesso ospite a cena di Gianstefano Spoto,[52] vicedirettore di Rai in quota An con delega all'intrattenimento e, in quella veste, responsabile di *Cyrano*.) Petruccioli minaccia fuoco e fiamme. Poi però nasconde la cassetta al *plenum* della commissione, distribuendone la trascrizione solo all'ufficio di Presidenza senza farla ascoltare agli altri commissari. Poi convoca tutti i protagonisti. Marano nega di aver parlato di veto politico, accampa motivi artistici, insomma mente per la gola. Ma, senza distribuire a tutti il testo della registrazione, è la parola di Marano contro quella di Fini e del suo regista, Eduardo Fiorillo. Alla fine Ponzio Petruccioli stila la sentenza: «Non si può affermare ma neppure negare in modo perentorio che un veto nei confronti di Fini ci sia stato». Amen.

Novembre 2003: il Cda Rai «sospende» all'unanimità *RaiOt* di Sabina Guzzanti dopo una sola puntata (sulle cinque previste) col pretesto di una denuncia annunciata da Mediaset. Anziché vigilare sulla censura e denunciarla, Petruccioli definisce la mossa del Cda «una giusta cautela». Quanto a Sabina, «la sua non è satira» e una sua frase su Israele «mi fa venire i brividi». Insomma è «antisemita». Frasi che lo studio Previti inserirà nella denuncia di Mediaset contro l'attrice e i suoi autori.

Quando mezza redazione del Tg1 si ribella alle censure del

direttore Clemente J. Mimun, la presunta Vigilanza lo tratta con i guanti bianchi. Poi, nel gennaio 2005, la comica finale: Paolo Hendel prima invitato e poi tenuto fuori dalla porta nel programma del sabato sera di Panariello (ne parliamo diffusamente alle pp. 222 sgg.). L'artefice dell'ennesima censura è il direttore forzista di Rai1, Fabrizio Del Noce. Che se ne vanta pure: «La satira politica è vietata dalla linea editoriale della rete». Il capo della presunta Vigilanza, stavolta, non dorme: infatti salva Del Noce, dando la colpa alla «produzione» e poi dicendo che «prima di parlare di censura, devo leggere il testo dello sketch». Del caso Hendel non si parlerà più.

Il guaio di Petruccioli è che non sembra rendersi conto di quanto sta accadendo alla Rai. Né avere gli strumenti per farlo. Pare Alice nel paese delle meraviglie. Ancora nel settembre 2004, quando ormai lo sfascio del servizio pubblico è sotto gli occhi di tutti e la stampa mondiale ne parla come di uno scandalo mai visto, il presidente della Vigilanza continua a complimentarsi, addirittura per iscritto, con i quattro consiglieri di amministrazione del centrodestra rimasti soli dopo le dimissioni dell'Annunziata. L'opposizione parla di Cda illegittimo e delegittimato, reclamandone le dimissioni. L'Udc, l'abbiamo visto, si associa. Ma i quattro monocolori superstiti, fra una censura, un'epurazione e una manipolazione, fanno orecchi da mercante e rimangono incollati alle poltrone, fedeli al mandato ricevuto dal padrone. Petruccioli si rivolge al reggente Alberoni e agli altri tre irriducibili asserragliati al settimo piano di Viale Mazzini con una soavissima lettera «riservata e personale», che è un po' il suo autoritratto. Precisa che, per lui, il consiglio senza presidente di garanzia è pienamente legittimo, ma propone timidamente loro di dimettersi per essere subito dopo rinominati in un nuovo Cda secondo i dettami della Gasparri. Più che una missiva, un'elegia:

> Caro consigliere, sento il bisogno di rivolgermi direttamente a te e agli altri componenti del Cda della Rai. [...] Trascuro completamente – anche perché non ne vedo un chiaro fondamento – le obiezioni di legittimità al Cda in carica e ai suoi atti. Metto tra parentesi le osservazioni (che invece a mio avviso qualche fondamento lo hanno) sull'anomalia di un Cda che da

> mesi è senza presidente e così resterebbe per l'intera sua durata, visti i cambiamenti introdotti dalla legge per la sua nomina. Accantono anche il tema del pluralismo. Mi sembra infatti innegabile che l'arco del pluralismo risultante dalla composizione del Cda si sia ristretto con le dimissioni della presidente Lucia Annunziata [...].
> Ma non mi sogno di disconoscere un altro dato. Voi che siete attualmente nel Cda dedicate tutte le vostre indiscutibili qualità intellettuali e professionali per assicurare il miglior livello possibile del servizio pubblico radiotelevisivo [...]. Non credo che facciano bene a nessuno, e fanno sicuramente male alla Rai, mesi e mesi di polemiche e accuse [...].
> La legge [Gasparri, *N.d.A.*] aumenta il numero dei membri del Cda dagli attuali cinque a nove [...]. Questa volta per dar vita a un nuovo Cda non è necessario togliere di mezzo coloro che fanno parte di quello vecchio. Se tu e gli altri consiglieri siete disponibili a continuare questa esperienza (e io lo auspico); se le forze politico-culturali cui vi riferite vi confermano la loro fiducia (e non vedo perché non dovrebbero), potrete essere tutti presenti nel Cda rinnovato. Accanto a voi, naturalmente, ci sarebbero i tre consiglieri designati dalle opposizioni, il rappresentante dell'azionista e il presidente eletto con la procedura che ho ricordato [...].
> In alternativa a questa ipotesi potreste continuare così per qualche mese, mettendo in conto un braccio di ferro quotidiano, defatigante e anche poco comprensibile [...]. Sono sicuro che né tu né gli altri consiglieri coltiviate questo proposito. Anche per questo ho voluto illustrarti questa mia proposta, sulla quale chiedo il tuo parere [...]. Cordialissmi saluti, Claudio Petruccioli.

Il risultato della lettera è, ovviamente, nullo. Se davvero, come sostiene il presidente della Vigilanza, il Cda zoppo è legittimo e i quattro superstiti dedicano «tutte le indiscutibili qualità intellettuali e professionali per assicurare il miglior livello possibile del servizio pubblico», perché mai dovrebbero andarsene? Per fargli un favore?

Il 30 gennaio 2005 Serena Dandini invita Romano Prodi nel suo *talk show* in terza serata su Rai3, *Parla con me*. Protesta il centrodestra e protesta anche Petruccioli, che ritrova di botto la *verve* di un tempo e attacca:

> No ai politici negli *show*. C'è un atto di indirizzo della Vigilanza che ne impedisce la presenza, salvo eccezioni [...]. È chiaro che la satira può essere anche politica, ma se diventa solo quello, be', allora, scusate, c'è qualcosa che non funziona.[53]

La Dandini spiega di aver invitato anche Berlusconi (che naturalmente declinerà l'invito) e intervista puntualmente Prodi. Petruccioli protesta per l'assenza del «contraddittorio», come se nelle interviste fosse prevista la presenza della controparte. Gasparri si fa beffe di lui:

> Il senatore Petruccioli ha un conflitto d'interesse: spera di diventare presidente della Rai, ma siccome ci vogliono i due terzi della Vigilanza, non lo diventerà. Perché so che i commissari del Polo non lo voteranno.[54]

Il 16 febbraio Fassino si rivolge alla Vigilanza perché induca la Rai, e nella fattispecie *Conferenza Stampa* di Anna La Rosa su Rai1, a riparare alle offese lanciate da Berlusconi contro di lui e contro Prodi attribuendo all'«Unità», e indirettamente a loro, gli insulti che invece «l'Unità» aveva citato da un articolo di Paolo Guzzanti sul «Giornale». «Mascalzone bavoso» non era un epiteto rivolto dall'«Unità» al premier, ma dal quotidiano berlusconiano a Prodi. Questo però gli eventuali telespettatori del programma non possono saperlo, perché né La Rosa né Berlusconi hanno sentito il dovere di smentire la maxi-balla. La risposta di Petruccioli al segretario del suo partito è disarmante:

> Quelle di Berlusconi sono parole inconciliabili con un corretto rapporto tra governo e opposizione e, prima ancora, con un minimo auspicabile di civile rispetto reciproco [...]. Ma il mio personale giudizio non si può tradurre in alcuna presa di posizione della Vigilanza [...]. La responsabilità di ciò che dice l'esponente politico è esclusivamente sua [...]. Non è fondato il rilievo dell'on. Fassino alla conduttrice e alla direzione generale Rai. Costoro – come chiunque altro – sarebbero stati censurabili se avessero preteso di intervenire sulla registrazione. Il non averlo fatto non può essere interpretato come un avallo alle parole dell'on. Berlusconi [...]. Il diritto di rettifica c'è, ma

questo ciclo è finito. E non siamo chiamati a intervenire se un politico va in una trasmissione regolamentata da questa commissione e dice solo falsità.[55]

Così chi ha visto *Conferenza Stampa* con Berlusconi continuerà a pensare che davvero «l'Unità» abbia dato del «mascalzone bavoso» al premier, e che dunque il premier faccia bene a rifiutare qualsiasi confronto con i «mandanti» di quel giornalaccio.

Ormai ha ragione persino Gasparri: Petruccioli è pronto per il grande salto: la presidenza della Rai, cioè dell'azienda su cui vigilava. O almeno avrebbe dovuto.

Meocci, un obbediente di successo

Chi è Alfredo Meocci? Un giornalista del Tg1 in aspettativa dagli anni Ottanta, quando conduceva il tg di mezza sera. Veronese di Sommacampagna, 52 anni, ex portiere della squadra del Chievo, laureato in pedagogia, democristiano doc di obbedienza dorotea (Piccoli, Bisaglia, la scuola veneta), stile felpato, mai una dichiarazione fuori posto, anzi mai una dichiarazione. Prime esperienze all'«Avvenire», al «Gazzettino» e all'«Arena», dal '90 è consigliere comunale e assessore alla Cultura della Dc a Verona. Poi editorialista del settimanale cattolico «Verona fedele». E, dal '94 al '96, deputato del Ccd e membro della Vigilanza. È stato sposato prima con Danila Bonito del Tg1 (matrimonio annullato dalla Sacra Rota) poi con un'altra collega, la concittadina Elena Gaiardoni del «Giornale» (nozze immortalate da un imbarazzante servizio del Tg1 della notte, con grande evidenza alla partecipazione di Casini e di Follini, quest'ultimo testimone dello sposo). Trombato alle elezioni del '96, il placido Meocci torna per un po' alla Rai, ma subito dopo si rimette in aspettativa quando, nel '98, viene promosso commissario dell'Authority per le Comunicazioni. Un passaggio già allora in odore di incompatibilità, visto che un dipendente in aspettativa dell'azienda trasmigra in un organismo di garanzia chiamato a sorvegliarla, con ben scarse garanzie di imparzialità. Lì non lascia grande traccia di sé, stilando relazioni sulla tv dei ragazzi e sulla tutela dei minori su internet. L'unica volta che finisce sui giornali è quando un impiegato zelante segnala a «Libero» le sue note spese decisamente importanti per viaggi intercontinentali in prima classe e soggiorni a Capri per le vacanze di Pasqua. Ma all'Authority Meocci si guadagna la stima e l'eterna gratitudine di Berlusconi assecondando il commissario berlusconiano Antonio Pilati, indicato da molti come il vero autore della legge Gasparri. Prima lo aiuta a censurare alcune trasmissioni di Michele Santoro. Poi, come racconta Paolo Gentiloni,

> a febbraio 2005 l'Authority si preparava a sanzionare Mediaset e Rai per la loro posizione dominante nel mercato della pubblicità, e una sola luce restava accesa a tarda sera in via della mercede. Era quella dell'ufficio di Meocci che studiava le carte all'una di notte per provare a salvare il gruppo Berlusconi.[56]

Infatti, sebbene amico di Follini, l'Udc considera Meocci «in quota Forza Italia». Quanto alle sue idee in fatto di televisione, è illuminante quel che lui stesso ha scritto un giorno su «Verona Fedele», svelando i programmi che vorrebbe rivedere in Rai: «La tv dei ragazzi degli anni Sessanta, che aveva un palese intento educativo, con programmi come *Zurlì il mago del giovedì* o *Giovanna la nonna del Corsaro Nero*».

Il fatto che un vicecaposervizio della Rai ne diventi il direttore generale è un po' come se diventasse amministratore delegato della Fiat un capofficina delle Presse. Ma alla Rai può succedere di tutto. Anche il dg, come il presidente, passa senza soluzione di continuità da un organo di vigilanza al vertice dell'azienda che ha controllato (o avrebbe dovuto controllare) fino al giorno prima. «Vedere – scherza Carlo Rognoni – un caposervizio che diventa direttore generale è come assistere a un film di Frank Capra. Il sogno americano...» D'altronde è curioso che Berlusconi, se davvero considera Meocci un genio incompreso al punto da paracadutarlo al vertice della prima azienda culturale d'Italia, non abbia mai pensato di affidargli il benché minimo incarico nelle sue televisioni.

La realtà è chiara a chiunque voglia vedere: un direttore travicello che garantirà al premier una fedeltà assoluta. Non avendo alcun merito da rivendicare, Meocci sa che deve tutto a Berlusconi. E si spera che saprà ripagarlo nella campagna elettorale più drammatica della sua carriera politica.

Incompatibile, dunque direttore

Mentre tutto il centrodestra dà il benvenuto al duo Petruccioli-Meocci, i prodiani e la sinistra Ds storcono il naso e insistono per un ormai impossibile accordo su un dg di garanzia. Arturo Parisi mastica amaro: «Escludo nel modo più assoluto che il presidente della Vigilanza possa aver trattato col premier e padrone di Mediaset di ciò che il presidente della azienda vigilata deciderà della scelta del dg». In realtà, come ha ammesso Urbani, Petruccioli ha dato a Berlusconi ampie garanzie su Meocci. Anche questa è una plateale violazione della Gasparri, che non prevede affatto che sia il premier a indicare il dg, ma ne affida la scelta al Cda (che ha già indicato altri candidati, da Leone a Minoli) «d'intesa» col Tesoro. Franco Monaco, altro prodiano della Margherita, attacca: «Ci lascia perplessi la teoria con cui Petruccioli ha esordito con un assenso "a prescindere" sul dg». Giovanna Melandri chiede che il Cda «decida in autonomia, altrimenti anche su questo vertice Rai apparirebbero le impronte digitali del premier».

I prodiani non hanno ancora letto la prima intervista del neopresidente Petruccioli, rilasciata ovviamente al «Corriere». Un'intervista piena di zucchero per Berlusconi e di veleno per Prodi.

> Il mio compito sarà di evitare irrigidimenti fra gruppi. Se si ragiona solo in termini di maggioranza e opposizione, a soffrirne è soltanto l'azienda.

Dunque, sì senza condizioni al berlusconiano Meocci:

> Lo dissi in tempi non sospetti. A meno che non si tratti di un notorio delinquente, di un incapace, un presidente vota col Consiglio [...]. Meocci non lo conosco. Ho parlato con Cheli, con altra gente dell'Autorità delle Telecomunicazioni. È uscito il quadro di una persona equilibrata, serena. Le capacità? Vedremo.

Nemmeno un cenno di ripensamento sulla visita a Palazzo Grazioli, anzi:

> Pentito semmai di non esserci andato prima [...]. Berlusconi mi ha dato la netta sensazione di comprendere l'urgenza di una conclusione. Le mie riflessioni l'hanno aiutato a decidere? Probabilmente sì. Non ci vedo nulla di strano. È bello imparare qualcosa dagli altri.

Il fatto che Berlusconi, al termine dell'irrituale incontro, abbia nominato proprio lui, Petruccioli, alla presidenza della Rai, nemmeno questo è strano per l'ineffabile Petruccioli. Il quale tenta di accreditare la versione di un Berlusconi inizialmente ostile alla sua persona:

> Quando Berlusconi disse che Petruccioli non sarebbe diventato presidente perché lo proponeva l'Unione... silenzio! A parte una sacrosanta protesta di Giulietti, non ho visto altro che un grande silenzio [...]. Non ho visto una dichiarazione indignata di Prodi. E ci voleva. Non certo perché riguardasse me. Ma per la Rai.

Quanto alle prossime elezioni, «il compito del Cda è assicurare una campagna elettorale equilibrata e dignitosa». Sullo stato pietoso e vergognoso dell'informazione Rai, nemmeno una parola. Sulle censure e le epurazioni, nemmeno un sospiro.[57]

Per affiancare degnamente l'intervista a Petruccioli, il «Corriere» pensa bene di interpellare suo cugino Oreste Scalzone, ex leader di Potere Operaio condannato a 9 anni per associazione sovversiva e banda armata, latitante a Parigi dal 1981 dopo essersi sottratto alla giustizia italiana. Il noto galantuomo auspica una Rai

> in cui ci siano pure Biagi e gli urlatori Santoro e Masotti, ma non solo. Di Travaglio e di Luttazzi ne faccia a meno. Vespa? Bah, si può tenere...[58]

Petruccioli non ha ancora finito di parlare e già esplode il caso dell'incompatibilità di Meocci. La legge istitutiva delle Authority (la numero 481 del 1995) vieta «per almeno quattro anni» a chi ne ha fatto parte di «intrattenere direttamente o indirettamente rapporti di collaborazione, di consulenza o di impiego con le imprese operanti nel settore di competenza». E Meocci ha fatto parte per sette anni proprio dell'Authority per le Comunicazioni, che ha competenza sulla tv, fino a tre mesi prima di diventare dg della Rai. La questione è sempre stata chiarissima, e Petruccioli, presidente della Vigilanza, non poteva certo ignorare la legge. Ma, fino alla sua ascesa a presidente, l'ha ignorata. Ora, incassata l'elezione, la scopre all'improvviso. Anche perché la legge prevede sanzioni pesanti sia per l'ex commissario che viola l'incompatibilità («tra i 50 e i 500 milioni di lire»), sia per l'azienda che lo assume («pari allo 0,5% del fatturato, non inferiore ai 200 milioni di lire e non superiore ai 200 miliardi»), sia per gli amministratori che se ne rendono responsabili. Questi, secondo un parere legale del giurista Alessandro Pace, sono passibili di un'incriminazione per abuso d'ufficio.

Anche per evitare di finire sotto processo, infatti, Curzi, Rognoni e Rizzo Nervo annunciano voto contrario a Meocci e invitano Petruccioli quantomeno ad astenersi. Giovanna Melandri è ancor più esplicita: «Se il presidente dovesse dare un voto positivo su un dg indicato dal governo, il suo carattere di garanzia potrebbe venir meno». Ma Petruccioli giura di non conoscere neppure il nome del nuovo dg, «non so se sarà Meocci o qualcun altro, non mi son messo a fare consultazioni». Il presidente della Rai è l'unico a non sapere quel che tutt'Italia sa e tutti i giornali scrivono da settimane. Per non turbare il suo sogno di «armonia al vertice Rai», continua a non affrontare il nodo dell'incompatibilità: «È un problema del Tesoro. Non per niente al ministero ci sono fior di uffici legali». Poi, intervistato dall'ex portavoce di D'Alema, Fabrizio Rondolino, per «La Stampa», si supera. Ribadisce che la visita a casa Berlusconi «avrei dovuto farla prima». Annuncia che l'ex nemico D'Alema, a dispetto delle voci contrarie, «è stato uno dei primi a telefonarmi, e la sua è stata una fra le telefonate più cordiali». E alla domanda sulla bizzarria del proprietario di Mediaset che sceglie il presidente della Rai, risponde:

> Guardi che non è mica andata così. Berlusconi ha vinto le elezioni e governa il Paese. Secondo me, non troppo bene [...]. Dopodiché c'è una legge che richiede un consenso ampio: dunque o si collabora, oppure non si combina nulla.

Dice proprio così il diessino Petruccioli, dopo quattro anni di leggi vergogna: «non troppo bene». E Santoro e Biagi? Politichese strettissimo. Su Santoro «c'è una sentenza, ormai, e dunque dovremo discuterne seriamente con lui». Quanto a Biagi,

> sono convinto che troveremo il modo perché possa tornare a segnare una sua presenza significativa [...]. Non penso per forza a un nuovo programma, e prima di tutto dovremo discuterne con lui. Però credo sarebbe sbagliato rinunciare alla sua intelligenza.[59]

Biagi ringrazia subito per «le parole gentili», ma ricorda che «mi hanno fatto fuori dalla Rai per disposizioni superiori».

Curzi invita il neopresidente a «tenere la schiena dritta» perché

> nelle prime dichiarazioni l'ho visto un po' debole. Avrei voluto un piglio diverso, una fierezza maggiore [...]. Ho qui sul tavolo la sentenza definitiva che reintegra Santoro al suo posto di lavoro in Rai. Questa è una priorità. Quando ne parliamo, perché dobbiamo aspettare?[60]

Il diessino Rognoni, invece, difende il compagno Claudio per la visita *chez* Silvio, sostenendo che ormai bisogna convivere con il conflitto d'interessi:

> Smettiamola di fare le educande. Tutti sanno, fuori e dentro il Parlamento, che chi si occupa dei problemi legati alla televisione è Berlusconi. Con un conflitto d'interessi enorme. Ma così è. È stata una scelta di trasparenza. Sbaglia il presidente del Consiglio a ricevere le persone in casa, ma se il premier decide che la sede del governo è il suo appartamento, il presidente della Vigilanza che deve sbloccare la questione dei vertici Rai che fa, non ci va?[61]

Il 1° agosto, alla vigilia della votazione sul dg, Meocci fa sapere di non essere incompatibile perché nel 2003 l'Authority gli rilasciò un parere favorevole al suo ritorno in Rai. Ma, naturalmente, all'epoca si ipotizzava un ritorno al mestiere di prima, quello di giornalista del Tg1. Non certo una promozione al ruolo di *dominus* dell'azienda. Si scopre intanto che, da commissario dell'Authority, Meocci fu co-relatore insieme al collega Vincenzo Monaci di un provvedimento che multava la Rai per 20 milioni di euro e le imponeva una serie di obblighi antiduopolio sul digitale terrestre. La Rai fece ricorso dinanzi al Tar del Lazio. Ora Meocci, come dg, dovrebbe portare avanti quella causa contro vincoli e sanzioni da lui stesso firmati. Ma Petruccioli, prima di recarsi da Siniscalco, insiste: «Il ministro confronterà le sue opinioni con me, dopodiché tocca a lui decidere».

Il 4 agosto Parisi, intervistato dal «Corriere», attacca a tutto campo i Ds sulla «nuova questione morale». Sia per l'appoggio smaccato dei Ds alla scalata di Unipol alla Bnl. Sia per l'inciucio alla Rai, che gli fa ipotizzare «un baratto» fra la nomina di Petruccioli e il regalo dei diritti sul calcio a Mediaset:

> Come non vedere una confusione di ruoli tra maggioranza e opposizione, tra le responsabilità del vigilante e l'ente vigilato? [...] È fuori discussione il giudizio sulle qualità personali di Petruccioli. Ma che dire dei comportamenti? A cominciare dall'incontro con Berlusconi che certo è il presidente del Consiglio, ma prima ancora il padrone di Mediaset. Come meravigliarsi se un giornale sicuramente non estremista, «Avvenire», poi titola «Alla Rai Petruccioli, a Mediaset la serie A»? Come non farsi carico della sensazione di baratto che un titolo come questo non può non ingenerare nel parroco o nel ragazzo di oratorio che lo ha letto? [...] Petruccioli ha anche detto che Berlusconi al governo «non ha fatto troppo bene»! Il punto all'ordine del giorno del Cda della Rai di oggi è la nomina del direttore generale e non è certo irrilevante nel decidere chi va in video e chi no. Una nomina per la quale ho sentito Petruccioli dichiarare che avrebbe votato per qualsiasi direttore generale a patto che non fosse un delinquente o un incapace, quasi che il ruolo del presidente fosse quello del notaio o del succube e non invece quello di un protagonista attivo.[62]

Fassino difende Petruccioli e dice che l'«attacco suicida» di Parisi

> mi fa cadere le braccia. Penso che sia un'assurdità, un'affermazione originata da un pregiudizio nei confronti di un diesse, visto che nello stesso modo sono stati eletti i tre presidenti delle Authority Antitrust, Comunicazioni e Privacy senza che Parisi avesse nulla da ridire.[63]

Ecco: visto che si sono spartiti le Authority, allora va bene tutto. Il coordinatore della segreteria Ds Vannino Chiti parla di «giudizi inammissibili e irricevibili», Caldarola e Macaluso minacciano addirittura di boicottare Prodi alle primarie.

Intanto il Cda vota sul direttore generale. Udc e Forza Italia propongono Meocci, che ottiene 5 sì (quelli della Cdl) e 4 no (quelli dell'opposizione). Petruccioli, spaventato dalle possibili conseguenze della nomina di un dg incompatibile, si rimangia l'annuncio di votare a favore e vota contro. Ma, altra sorpresa, propone in alternativa Leone (Udc), invece del candidato del centrosinistra Minoli. E tutta l'opposizione vota Leone. Dalla maggioranza 4 astensioni e un no. Idem per la candidatura di Cattaneo, proposta dalla Bianchi Clerici: 4 sì, 4 astenuti e un no (la proponente leghista, in stato confusionale, ha bocciato il suo candidato). Petruccioli e il Cda si riuniscono in assemblea plenaria con i rappresentanti degli azionisti (Tesoro e Siae), per il gradimento al candidato più votato, Meocci. Ma alle 15, sorpresa: Siniscalco, a sua volta spaventato dall'incompatibilità altamente probabile secondo il suo consulente giuridico Roberto Pessi, mette per iscritto che la responsabilità della nomina del nuovo dg ricade esclusivamente sui consiglieri Rai e che la copertura assicurativa per «colpa grave» riguarda soltanto il dg e non i consiglieri che lo nominano. Panico fra gli uomini della Cdl: continuano a ripetere che non c'è incompatibilità, ma sanno che non è così e ora temono di dover rispondere personalmente del loro atto, se illegittimo. Anche il collegio sindacale chiede di valutare meglio. Urbani, furibondo con Siniscalco per lo scaricabarile che ha bloccato tutto, chiama Letta e Berlusconi: «Qui Meocci salta!». Come per miracolo, poco dopo le 17, Siniscalco cambia idea e annuncia il rinnovo della polizza anche per i consiglieri; poi esprime «consenso all'intesa sul dottor Meocci per tutti gli effetti connessi di legge». Alla Cdl tanto basta. Ma ai sindaci no. E nemmeno ai consiglieri d'opposizione, che abbandonano la seduta riservandosi azioni giudiziarie, mentre il ministero dell'Economia si affanna a smentire «ogni polemica sulla nomina del dottor Meocci». Tutto rinviato, e fine dell'unanimità del Cda, durata giusto *l'espace d'un matin*.

L'indomani, sui giornali, tiene banco il vespaio sollevato da Parisi. Mentre la Cdl difende Petruccioli come un sol uomo, il neopresidente si scaglia contro il professore prodiano con toni ed espressioni mai usati contro Berlusconi e le sue epurazioni. Per una singolare coincidenza, Petruccioli parla di «girotondismo rancido»: lo stesso aggettivo usato dal forzista Sandro Bondi («moralismo rancido»). Petruccioli aggiunge che Parisi è mosso «da totale disinformazione o da malanimo», e lo invita a «vergognarsi» di quel che ha detto. È il caso di riportare qualche brano dell'intervista petruccioliana a Paolo Conti del «Corriere»:

> *Parisi le rimprovera la visita a Berlusconi.*
> [...] Non sono certo andato da lui come candidato presidente della Rai, ma come presidente della Vigilanza. Vedevo lo scioglimento delle Camere a un passo con una Rai senza vertice e ridotta alla rovina. Spieghi Parisi se davvero sarebbe stato meglio abbandonare la tv pubblica al suo destino.
> *Ma Berlusconi, dice Parisi, è il padrone di Mediaset.*
> Eccolo, il girotondismo rancido. Spieghi ancora Parisi: che facciamo, non parliamo più con Berlusconi che fino a prova contraria è il capo del governo di questo Paese? Non lo richiamiamo alle sue responsabilità come credo di aver fatto io con la Rai? Per favore, Parisi: argomenti! [...]
> *E poi c'è il nodo del direttore generale, Meocci.*
> Io ho tentato una mediazione nel Cda proponendo di presentare al Tesoro due candidati votati da tutti. Ma la soluzione non è andata in porto. Cinque consiglieri hanno votato Meocci, quattro voti invece sono andati a Leone, il candidato che io ho proposto, e quattro a Flavio Cattaneo.[64]

Come Alice nel paese delle meraviglie, Petruccioli si accorge all'improvviso che il centrodestra, senza un accordo preventivo sul ticket presidente-dg, ha la maggioranza nel Cda e dunque fa il bello e il cattivo tempo. Davvero una grande scoperta.

Sì, anzi no, anzi nì

Dopo il *vaudeville* del giorno prima, il Cda ratifica definitivamente la nomina di Meocci. Spiega Giovanni Valentini:

> In occasione dell'investitura di Alfredo Meocci alla direzione generale, imposta da un diktat di Palazzo Chigi contro ogni ragionevole dubbio d'incompatibilità e poi rinviata eventualmente a oggi, il servizio pubblico è stato bistrattato e vilipeso come una colonia politica da sottomettere a ogni costo. Il termine «lottizzazione», da quando Alberto Ronchey lo coniò, non è mai risultato più appropriato. Con la designazione del Tesoro, si tende a completare una maxi-lottizzazione abusiva, la più grande e scandalosa che sia stata realizzata fra la prima e la seconda Repubblica. Una spartizione *bipartisan* dell'azienda di Stato, nel segno d'un consociativismo applicato alla tv pubblica [...]. Su indicazione del ministro dell'Economia, disposto ad accordare ai 9 consiglieri la copertura assicurativa sulla «colpa grave» che ormai non viene riconosciuta più a nessuna amministrazione dello Stato, il direttore incompatibile dovrebbe cambiare *status* e qualifica, entrando in un ambito di competenze e di responsabilità che confligge con la sua funzione precedente: tant'è che sarebbe chiamato a rappresentare la Rai nel ricorso contro una delibera dell'Authority sul digitale terrestre, da lui stesso in precedenza ratificata [...]. La situazione è tanto anomala da configurare, secondo i pareri d'un costituzionalista come il professor Alessandro Pace e dello studio Ripa di Meana, un'ipotesi di abuso d'ufficio a carico dei consiglieri d'amministrazione che hanno votato a favore della nomina. Con tanti abbonati che pagano il canone, c'è una sterminata platea d'utenti e consumatori che potrebbero impugnarla, col rischio di un'azione penale nei confronti dei consiglieri e di una sanzione a carico dell'azienda. Ma ancor più degli aspetti giuridici o pecuniari conta l'illegittimità d'una scelta, anzi di un'imposizione politica, che minaccia di produrre all'azienda danni morali e materiali, d'immagine e

perfino commerciali. Siamo arrivati al prolasso del servizio pubblico, alla liquidazione coatta della Rai, a vantaggio esclusivo del concorrente privato.[65]

Il 5 agosto arriva per Meocci il tanto sospirato via libera. Votano per lui i 5 consiglieri di maggioranza; contrari i 3 dell'opposizione, mentre Petruccioli – che aveva annunciato voto favorevole e nella prima tornata aveva dato voto contrario – stavolta si astiene «per la complessità della questione dell'incompatibilità che ha consistenza maggiore di quanto pensassi». L'ha scoperta, finalmente, anche lui. Ma non parla di astensione, bensì di «sospensione del mio voto positivo finché non ci saranno elementi rassicuranti in tema di incompatibilità». Sulla quale, a questo punto, la parola passa all'Authority, alla Corte dei Conti e alla magistratura ordinaria.

Meocci esordisce subito con una gaffe istituzionale: «Ringrazio il presidente del Consiglio per la fiducia». Non gli passa per l'anticamera del cervello che a nominarlo è stato il Cda e che, secondo la legge, il premier non ha alcuna voce in capitolo. Ma viva la sincerità.

Rizzo Nervo rivela di aver fatto mettere a verbale, come pure Rognoni e Curzi, le ragioni del suo no, onde evitare conseguenze:

> Io mi sono «parato», e la casa alle Eolie ce l'avrò ancora. Gli altri facciano un po' loro, sono grossi e vaccinati. Abbiamo provato a spiegare ai colleghi del centrodestra che era meglio soprassedere. Niente. Berlusconi non voleva aspettare. Non potevamo prenderli a pistolettate. Però anche loro, finché non sono stati sicuri che l'assicurazione avrebbe coperto i danni, mica lo volevano eleggere Meocci...[66]

Più morbido il diessino Rognoni, che chiede di «riaprire il dialogo con Santoro, Biagi e gli altri esclusi», ma poi aggiunge:

> Alla ripresa dei lavori vedremo dalle scelte sui palinsesti se è possibile collaborare col dg. Ha detto di volerlo fare, lo prendo in parola.[67]

Gentiloni denuncia il «piano perfetto» del Cavaliere:

> Berlusconi aveva un doppio obiettivo: intanto sistemare alla Rai un direttore generale di totale obbedienza, in vista delle elezioni politiche. Ma aveva anche bisogno di un direttore debole, a rischio di incompatibilità. La scelta di Meocci rassicura il Polo e nello stesso tempo, sul piano industriale, non impensierisce Mediaset [...]. Meocci sarà un direttore *sub judice*. La Yalta delle televisioni è finita. Una volta Mediaset perseguiva i suoi interessi, certo, macinava utili importanti, ma aveva quasi paura ad aggredire la Rai. Umiliare la tv di Stato poteva procurare un danno d'immagine e l'accusa di prepotenza. Berlusconi, avendo anche una dimensione politica, voleva fare affari senza stravincere. Adesso mette nel conto una possibile sconfitta elettorale e vuole prendere tutto, prima che sia troppo tardi. Guardiamo ai fatti. Mediaset che strappa Bonolis alla Rai. Poi si prende i diritti del calcio. La domenica di Rai1 è quasi azzerata. Intanto Mediaset vive la stagione più straordinaria della sua esistenza con una redditività che non ha pari al mondo. Basterà un Meocci, peraltro incompatibile, per competere con Berlusconi pigliatutto?[68]

Lacrime di coccodrillo. Passato Petruccioli, come aveva previsto Prodi, si sono aperte le cateratte alla piena berlusconiana. Lo spiega bene ancora Valentini:

> Questa è la logica conseguenza di una procedura imposta dal centrodestra in nome della «dittatura della maggioranza» e subito accettata dall'intero schieramento di opposizione. Una volta abbandonata l'impostazione originaria di Prodi [...], era fatale che si arrivasse a una spartizione della televisione pubblica, anzi delle sue spoglie, nella quale il governo fa la parte del leone. Per raggiungere un tale risultato, i due poli hanno virtualmente sottoscritto un patto tacito che ha prodotto una serie di errori a catena. Prima, l'assegnazione di otto consiglieri di amministrazione su nove secondo i canoni della peggiore partitocrazia: a prescindere dalla qualità delle persone, anche il centrosinistra s'è acconciato a designare figure di estrazione politica, rinunciando a esprimere candidature *super partes*. Poi, a suggellare l'accordo, è arrivata l'elezione di Claudio Petruccioli alla presidenza, trasferito dalla guida della commissione di Vigilanza sulla Rai alla guida della stessa azienda fino a quel momento sottoposta al suo controllo.

> Perché meravigliarsi più di tanto, allora, che un ex commissario dell'Authority per le Comunicazioni, già giornalista della Rai in aspettativa, venga chiamato al vertice del servizio pubblico violando la legge sull'incompatibilità? Meocci diventa direttore come Petruccioli è diventato presidente, in forza cioè della logica lottizzatrice che marchia questo Cda più di qualsiasi altro precedente [...]. Seppure a un diverso livello di illegittimità, giuridica per il primo e politica per il secondo, si tratta di due nomine viziate entrambe dallo stesso segno: un'accoppiata, insomma, decisa dal governo e avallata dall'opposizione [...]. Sulla base di queste premesse, c'è poco da farsi illusioni. Il futuro della «nuova Rai», fondata sulla famigerata legge Gasparri, è già scritto nel suo codice genetico: un'azienda così dimezzata non potrà che rendere un mezzo servizio. E quella metà, almeno fino all'apertura delle urne, sarà appannaggio dell'attuale maggioranza.[69]

Per il centrodestra, incassato Meocci, la prima missione è quella di non giocarsi Petruccioli dopo la sua tormentata astensione. Un altro diessino, per molto meno, sarebbe accusato di tradimento, di doppia morale, di inaffidabilità. Petruccioli no. Il ministro Landolfi arriva a giustificarlo, dando la colpa al collega Siniscalco: «I ritardi del ministero dell'Economia hanno finito per destabilizzare la nomina di Meocci e per far sì che il presidente Petruccioli non lo votasse. E il voto del presidente aveva un significato particolare», ma Siniscalco «ha avuto la responsabilità nel farlo perdere».[70] Poi, come già Urbani, Landolfi mette il cappello sulla presidenza Petruccioli: «Petruccioli è stato una mia intuizione, e magari qualcuno me ne farà pure una colpa. Feci il suo nome due giorni dopo essere stato nominato ministro».[71]

Petruccioli frattanto rilascia interviste su interviste. Dopo il «Corriere» e la «Stampa», tocca al «Giornale» di Berlusconi. Anche qui, attacca Prodi e Parisi («se in lui non c'è malanimo, allora ha le traveggole»). Poi rivela che il primo giorno di votazioni sul dg, aveva già fatto «la dichiarazione di voto a favore di Meocci» quando quei guastafeste dei sindaci fecero rinviare tutto all'indomani per la questione dell'incompatibilità. E solo allora, consultando «persone tecnicamente competenti in materia», ha scoperto «che il problema era più serio del previsto».

Ma è sinceramente «dispiaciuto» e non vede l'ora di votare a favore di Meocci:

> Spero che la questione si risolva presto così che io possa eliminare la mia «sospensione». Detto questo, Meocci è nel pieno esercizio dei suoi poteri e la mia volontà di collaborazione con lui è totale.[72]

La quarta intervista è ad Antonio Dipollina di «Repubblica». Pare rilasciata da uno appena atterrato da Marte. Petruccioli critica Del Noce per il pasticciaccio di *Affari tuoi*. Punta il dito sulla rinuncia della Rai alla serie A, «uno dei più grossi errori commessi dalla Rai nella sua storia». Bonolis? «Si è fatto poco per trattenerlo. Sono convinto che non sarebbe stato impossibile farlo rimanere. È stato un errore, tutti i problemi attuali sono nati da lì.» Già, ma intanto lui dov'era? Alla Vigilanza o nella galassia? Poi ricorda l'impegno, subito disatteso, di votare Meocci a scatola chiusa: «Ammetto di aver sbagliato nell'occasione. Non avevo tenuto conto della questione dell'incompatibilità». L'intervistatore ricorda che Meocci era soltanto un caposervizio del Tg1. Ma Petruccioli si offende, come se gli avessero toccato la mamma:

> Perché, quello precedente che carriera Rai aveva? Non scherziamo. Io Meocci l'ho conosciuto da poco, ho chiesto un parere a persone di mia assoluta fiducia e che ricoprono anche incarichi importanti. Mi hanno parlato tutti di una persona equilibrata, cordiale, che cerca l'incontro e non lo scontro. L'ho conosciuto, ci rivedremo presto...[73]

Ecco i requisiti per diventare dg della Rai: non ci vuole molto, basta essere cordiali, equilibrati e soprattutto cercare l'incontro e non lo scontro. Il resto è la solita perorazione per il ritorno di Biagi e Santoro, ma con la stessa determinazione che potrebbe usare un passante, come se la cosa non dipendesse dal presidente Rai, ma da qualche congiunzione astrale favorevole. Comunque Petruccioli tenta di allontanare il più possibile l'amaro calice. Con Biagi bisogna prima «parlarne e valutare con lui». Quanto a Santoro, non se ne parla fino all'anno prossimo perché

> i palinsesti fino a gennaio sono già fatti. E il ritorno di Santoro non deve andare a detrimento di altri spazi informativi già presenti. Più in generale, la Rai deve puntare a un ampliamento dell'informazione e dell'approfondimento: perché fermarsi a Santoro? Ne voglio anche altri, nomi della carta stampata, gente che sia in grado anche di innovare i linguaggi.[74]

A proposito del suo linguaggio, è singolare quel «i palinsesti fino a gennaio sono già fatti». Il giovedì su Rai2, per esempio, perderà presto il programma di Giovanni Masotti. E Santoro andava in onda proprio il giovedì su Rai2, pur avendo un contratto per Rai1. Ora su Rai1 i palinsesti prevedono tre puntate settimanali di Vespa, contro le quattro delle stagioni precedenti: Petruccioli lo ignora, ma da settimane i tre consiglieri di centrosinistra chiedono che Vespa resti fermo a tre, per non regalargli una quarta puntata pagata a parte. Dunque gli spazi per Santoro su Rai1 e su Rai2 non mancherebbero, senza «andare a detrimento» di nessuno. E a partire da ottobre 2005, non da gennaio 2006. Bisognerebbe avviare una battaglia nel Cda, rompendo l'inciucio col centrodestra. Ecco: ci vorrebbe un presidente.

Lo stanco rituale, con giaculatoria su Biagi e Santoro, si ripete quasi a ogni intervista petruccioliana. Il 20 agosto, parlando a Radio24, si replica. A Biagi «va fatta qualche proposta, si tratta di parlare con lui, di sapere se ha delle proposte...». E Santoro «deve tornare a essere uno dei pilastri dell'approfondimento dell'informazione televisiva». Ma quando? Come? Dove? Se ne riparla l'anno prossimo, cioè alle soglie della campagna elettorale: «Fino al 20 gennaio i palinsesti sono già fatti e non si possono cambiare perché esistono dei contratti pubblicitari [...]. Credo che Santoro escluda di tornare con qualcuno dei vecchi programmi». Non è vero: il giornalista ha sempre chiesto di riprendere al più presto *Sciuscià* e l'ha ribadito infinite volte in tribunale nelle cause (vinte) contro la Rai. Petruccioli propone poi per *Batti e ribatti* una «rotazione di giornalisti, inserendo anche Aldo Cazzullo che è bravissimo e somiglia fisicamente al commissario Montalbano». E sostiene che «al momento l'unica chance sarebbe togliere Floris e mettere Santoro», ma «prima ci sono problemi più urgenti come *Affari tuoi* e lo sport». Un disco rotto che fa infuriare l'Usigrai: «Dev'essere chiaro che è finita la stagione delle emarginazioni». E anche Curzi:

> Si tende a rinviare ogni decisione. In questo modo partirà un palinsesto debole, con l'informazione blindata fino al gennaio elettorale. Invece l'informazione dev'essere subito messa all'ordine del giorno del Cda, sbloccando il rientro di Santoro: è stato cacciato da Rai2 e lì deve ritornare, al più tardi a novembre o dicembre. Bisogna fargli subito una proposta. Floris non c'entra con questo discorso, è bravo, s'è guadagnato il suo spazio, basta guardare gli ascolti: il suo programma va bene, mica è Masotti.

Contro l'assurda alternativa Floris-Santoro, interviene anche Rizzo Nervo:

> Il riequilibrio dell'informazione va fatto subito, e il buco nel palinsesto per ospitare subito Santoro c'è: la quarta serata su Rai1 affidata l'anno scorso a Vespa, che nel nuovo contratto è vincolato solo per tre sere. Quanto a Biagi, proporrò nel primo Cda che sia lui ad aprire la striscia dopo il Tg1 al posto di *Batti e ribatti*, che poi è il suo posto di sempre.

Vespa, uno e quattrino

Nessuno, men che meno i consiglieri dell'Unione, chiede di epurare Bruno Vespa. L'eterno galleggiante continuerà a imperversare su gran parte delle seconde serate di Rai1 (per non parlare degli «speciali» in prima serata) e a monopolizzare il cosiddetto «approfondimento di attualità» della rete ammiraglia, come se il Tg1 non esistesse. L'unico dubbio riguarda il numero delle puntate settimanali a lui riservate: ancora quattro, oppure tre, come peraltro prevede il nuovo contratto, lasciando spazio nella quarta a qualcun altro, magari a uno dei tanti epurati? È questo il problema posto nel Cda da Rizzo Nervo, Rognoni e Curzi. Il primo chiede spiegazioni sulla frenesia con cui il consiglio morente ha rinnovato il contratto di

Vespa fino al 2010, «all'insegna del "facciamo in fretta prima che arrivi il nuovo consiglio"...».[75]

L'ultimo contratto del conduttore, dopo il suo prepensionamento volontario, risale al 2003: una collaborazione in esclusiva per due anni, in cambio di un compenso di poco inferiore ai 5 miliardi di lire (appena sotto la soglia che sfugge al controllo esclusivo del direttore generale e necessita del via libera del Cda). In base a quell'accordo, la Rai aveva tempo fino al 31 dicembre 2005 per esercitare l'opzione su Vespa e trattenerlo per altri due anni, cioè fino al 31 agosto 2007. Ed era scontato che lo facesse, visto che Vespa conta più di un direttore di rete ed è amatissimo dai politici di destra e di sinistra. Ma all'improvviso, il 12 aprile, il Cda uscente (quello dei quattro superstiti dopo le dimissioni dell'Annunziata), detta le sue ultime volontà: esercita l'opzione su Vespa con ben nove mesi di anticipo. Una mossa inusuale e assurda, che sembra rispondere più all'interesse di Vespa che a quello della Rai. Di solito un'azienda conferma le sue star a fine stagione, dopo aver valutato i dati di ascolto (fra l'altro declinanti, per *Porta a Porta*) e le eventuali alternative, esercitando l'opzione a ridosso della scadenza, non 270 giorni prima. Ma la Rai, questa volta, ha una gran fretta. E il contratto di Vespa è subito prorogato di altri due anni. Con una clausola aggiuntiva che di fatto lo proroga di cinque anni: entro il 31 dicembre 2005 la Rai e Vespa potranno esercitare un'opzione congiunta per confermare il mezzobusto fino al 31 agosto 2010. C'è pure una sottoclausola, un piccolo codicillo: l'opzione potrà essere esercitata anche dal solo Vespa (un regalo simile, secondo Rizzo Nervo, la Rai non l'ha mai fatto a nessuno, salvo a Simona Ventura, certamente più appetibile sul mercato). Nel qual caso, per la Rai varrà la regola del silenzio-assenso: se l'azienda non si opporrà entro un certo termine, l'autoconferma di Vespa diverrà definitiva. E qual è il termine concesso alla Rai per dire di no a Vespa? Il più basso mai visto in un contratto: otto giorni dal ricevimento dell'opzione. In pratica, basta che la lettera del conduttore si areni per qualche giorno su uno dei tanti tavoli dei mille uffici di Viale Mazzini, o che il dirigente incaricato a rispondere prenda l'influenza, e il gioco è fatto. Una norma ritagliata su misura del contraente privato, cioè di Vespa, a tutto scapito dell'azienda.

Occhio alle date. Il 17 maggio la Vigilanza nomina il nuovo Cda Rai, che si insedierà il giorno 31 ma, per una serie di motivi giuridici, terrà la prima riunione valida solo il 7 giugno. Occhio alle date. Il 26 maggio, con lettera raccomandata, Vespa esercita il suo diritto di opzione fino al 2010. Perché tanta fretta, visto che ha altri sette mesi di tempo, fino al 31 dicembre? Che cosa teme? Forse che il nuovo Cda, già nominato ma non ancora operativo, rimetta in discussione o addirittura impugni il suo contratto? Vespa calcola accuratamente i tempi, al millesimo. Dal 26 maggio al 3 giugno passano gli otto giorni: dalla Rai, nessuna risposta. A quel punto scatta il silenzio-assenso e l'illustre pensionato incamera il rinnovo contrattuale fino al 2010, cioè sino quasi alla fine della prossima legislatura. Il nuovo Cda, bypassato dal gioco di sponda Vespa-Cattaneo-vecchio Cda, non può farci più nulla. Non può eccepire sulla fretta forsennata della Rai, né sulla durata inusuale del contratto (5 anni), né sull'omaggio dell'opzione congiunta con silenzio-assenso entro otto giorni, né sull'aspetto economico del ragguardevole compenso concesso a un pensionato, dunque «esterno», mentre tanti «interni» sono pagati per non lavorare. Da Santoro a Beha.

Anche stavolta Vespa guadagnerà poco meno di 5 miliardi di lire a biennio. Per la precisione, 2.375.000 euro: cioè 1.187.000 all'anno. Ma attenzione: questo è il minimo garantito per 100 serate a stagione da settembre a giugno. Vale a dire tre serate alla settimana. Così prevede il contratto. Senonché, nei palinsesti di Rai1 appena presentati da Del Noce a Cannes, *Porta a Porta* è previsto per quattro sere a settimana. La quarta dunque non è contrattualizzata. Verrà pagata a parte, «fuori busta». Il calcolo è presto fatto: 1.187.000 euro diviso 100 fa 11.870 euro a puntata, da moltiplicare per le 25 «aggiuntive». Totale: quasi 300 mila euro (600 milioni di lire, da aggiungere ai 2 miliardi e mezzo di «fisso» annuo). E poi ci sono gli speciali di prima serata per i grandi eventi (nella stagione appena passata, furono pagati 20-30 mila euro ciascuno) e gli altri extra. Vespa viene pagato persino quando fa il giurato a *Ballando con le stelle* (6 mila euro, si dice). Conti alla mano, per dirla con Rizzo Nervo, l'illustre pensionato «guadagna più dei direttori del Tg1, Tg2, Tg3, Tgr, Giornale radio messi insieme».[76] Vespa non smentisce: si limita a osservare che non sta bene rivelare i suoi compensi (intanto però lui li paragona con quelli di Gad Lerner e Fabio Fazio), poi rivela che l'importo è lo stesso concordato nel 2001 «quando l'azienda era governata da un Cda di centrosinistra [...]. Nel 2004 Cattaneo s'è limitato a copiare il contratto Cappon anche nel contenuto economico». Infine aggiunge orgoglioso che «una delle più importanti reti televisive cinesi ha preparato un programma monografico sul fenomeno *Porta a Porta*».[77]

Persino Petruccioli esprime a Cattaneo le sue «perplessità» per il colpo di mano del vecchio Cda. Ma ormai l'unico spazio d'intervento per quello nuovo riguarda il numero delle serate di *Porta a Porta*. I consiglieri del centrosinistra chiedono una cura dimagrante per Vespa, da quattro a tre: quelle previste dal contratto. Con un risparmio di 600 milioni di lire all'anno che, spalmato sui 5 anni del contratto, salirebbe a 3 miliardi. Ma i consiglieri del Polo, nonché il presidente Petruccioli e i direttori Meocci e Del Noce, da quell'orecchio non ci sentono. Vespa «uno e quattrino» non si tocca. Anzi, non si tocca nulla dello *status quo*, almeno fino alle elezioni del 2006. L'unica legge vigente nella «nuova» Rai è il patto di Palazzo Grazioli.

I consiglieri unionisti non riescono neppure a far discutere la proposta di una rotazione alla guida di *Batti e ribatti*, in prima serata su Rai1, là dove un tempo c'era Biagi: anche Riccardo Berti, proveniente dall'ufficio stampa di Forza Italia, è intoccabile. E quando, come vedremo, nel giovedì sera di Rai2, là dove c'era Santoro, salterà Masotti, il suo posto verrà preso nel giro di pochi minuti da un'altra fedelissima: Anna La Rosa. Santoro, a dispetto delle sentenze e del contratto, non deve lavorare né ora né mai. A scanso di equivoci, Urbani si rimangia subito le aperture di qualche settimana prima: «Ci penserei venti volte a ridurre Vespa. E dico no al pluralismo dei pulpiti propagandistici». Biagi? «È il senatore della tv. Suoi coevi non esistono. Credo che non potrebbe reggere all'impegno fisico di una trasmissione quotidiana.» Insomma, bontà sua, Urbani, si preoccupa della salute di Biagi. E Santoro?

> Improponibile. Non vedo come ipotizzare un suo rientro in video in questa tornata elettorale. È un parlamentare. Non possiamo dargli il megafono. Troppo parziale.[78]

La lunga lista degli epurati? «Non ci sono liste, ciascuno è fuori per motivi diversi [...]. Oliviero Beha, che si cita, non è neanche di sinistra. Ma siamo disponibili ad analizzare caso per caso.» I Guzzanti? «Sono un loro fan. Ma la satira è diversa dall'insulto.» Vespa? Finalmente Urbani s'illumina: «È uno dei pochissimi a coniugare ascolto e imparzialità nelle trasmissioni politiche. Non gli toglierei una serata». Sandro Bondi mette il timbro finale: «Oggi in Rai il pluralismo è più che garantito, mentre Santoro faceva programmi faziosi. Masotti è un giornalista liberale e moderato». Vespa da quattro a tre serate? «Sarebbe ingiusto e scorretto, perché *Porta a Porta* dà veramente spazio a tutti e la sua conduzione è ineccepibile.» Garantisce Forza Italia.

Piccoli Gelli crescono

Se gli epurati non ritornano, fa il suo ingresso trionfale nel «servizio pubblico» un personaggio d'eccezione: il figlio della segretaria di Licio Gelli, passato da precario a funzionario di Rai1. È l'ultimo lascito della passata gestione, l'ultimo colpo di mano del defunto Cda. Un'altra eredità imbarazzante portata allo scoperto da Rizzo Nervo. Ecco i fatti. Nel maggio 2005, proprio allo spirare del vecchio Cda, la rete di Fabrizio Del Noce decide di assumere per chiamata diretta Gianluca Ciardelli, classe 1960, già autore e collaboratore di vari programmi, come funzionario di categoria F Super (l'ultimo gradino prima del dirigente). Secondo «Il Riformista», «il suo contratto avrebbe due mentori forzisti, su segnalazione dello stesso Cavaliere: il previtiano Gianfranco Comanducci, direttore del Personale, e il direttore di Rai1 Fabrizio Del Noce».[79] Nessuna smentita, né dal Cavaliere, né da Comanducci, né da Del Noce.

A metà luglio Rizzo Nervo chiede spiegazioni a Cattaneo. Questi, dopo qualche giorno, risponde con un'informativa molto stringata, forse troppo. Spiega che Ciardelli collabora con Rai1 sin dal 1996 come precario programmista-regista, finché il 31 maggio, proprio mentre s'insediava il nuovo Cda, il direttore delle Risorse umane Gianfranco Comanducci (il capo del Personale, amico di Previti) l'ha assunto su richiesta di Del

Noce. Per chiamata diretta. Naturalmente non è in discussione il valore professionale di Ciardelli, che sarà senz'altro bravissimo. E nessuno vuol rinfacciargli colpe non sue. Ciò che incuriosisce e allarma sono le modalità della sua assunzione, fatta alla chetichella da un Cda monco e ampiamente scaduto, proprio durante il trasloco finale. Ancor più curiosa è la laconicità della risposta di Cattaneo, che rasenta la reticenza. Così Rizzo Nervo insiste. E pone al direttore generale, anche lui in scadenza, cinque quesiti precisi:

> 1) Quali esigenze di servizio giustificavano un'assunzione tanto urgente? 2) L'assunzione di Ciardelli serviva a coprire un vuoto di organico a Rai1? 3) Quali mansioni è stato chiamato a svolgere ora il neofunzionario rispetto a prima? 4) Quante altre assunzioni per chiamata diretta di funzionari F Super sono state fatte negli ultimi 12 mesi? 5) I responsabili aziendali erano al corrente della parentela di Ciardelli con la segretaria di Gelli, e dunque del rischio che la sua assunzione facesse pensare a pressioni esterne ed esponesse la Rai all'inevitabile lesione d'immagine derivante dall'ingaggio di un personaggio legato in qualche modo al famigerato gran maestro della P2?

Cattaneo risponde al Cda il 4 agosto, proprio alla vigilia della nomina di Meocci, leggendo una scarna informativa firmata da Comanducci. Nell'ordine, quesito per quesito:

> 1) Nessuna. 2) No. 3) La nuova attività del Ciardelli è riconducibile alle mansioni precedentemente svolte. 4) Nessuna. 5) No, nessuno ne sapeva nulla.

Ricapitolando. Il figlio della segretaria di Gelli è stato assunto in fretta e furia dal Cda sul piede di partenza senza che vi fosse alcun vuoto di organico da riempire né alcuna esigenza di servizio da soddisfare, tant'è che ora da funzionario F Super continua a fare esattamente quel che faceva da precario. Il suo caso è assolutamente unico in Rai, visto che nell'ultimo anno nessun altro precario è stato ingaggiato per chiamata diretta come F Super. Ma – sempre secondo le Risorse umane Rai – la discendenza diretta dalla segretaria di Gelli non ha influito minimamente in questa strepitosa serie di colpi di fortuna, per il semplice motivo che sia Del Noce sia Comanducci la ignoravano. Anziché complimentarsi con il giovanotto, che evidentemente è nato con la camicia, Rizzo Nervo insiste. Giudica «insoddisfacenti e illogiche» le spiegazioni fornite dalle Risorse umane per bocca di Cattaneo. E lo stesso 4 agosto chiede di attivare un'indagine del Servizio ispettivo interno di Viale Mazzini. L'imbarazzo nel nuovo Cda è palpabile, al punto che nessun consigliere di maggioranza osa votare contro, per evitare l'esplodere del caso. Cattaneo ne prende atto, anche perché quello è il suo ultimo giorno, e attiva l'Auditing. La patata bollente passa nelle mani del suo successore Meocci, eletto l'indomani.

Il 26 settembre Meocci arriva con le «risposte» dell'Auditing Rai, che ha concluso l'ispezione:

> 1) Il direttore di Rai1 ha confermato che l'assunzione è stata determinata «per rinforzare l'area editoriale e autorale di Rai1». 2) Secondo i direttori Risorse umane, Organizzazione e Rai1, Gianluca Ciardelli è una risorsa strategica. In base a tale valutazione, la sua assunzione non è quindi subordinata all'esigenza di specifiche posizioni di organico vacanti. 3) Il direttore di Rai1 ha dichiarato che attualmente il neoassunto è inserito nella sua Struttura, opererà nel programma *Unomattina* e, trasversalmente, in altri programmi di Rai1. 4) Negli ultimi 12 mesi non si sono avute altre assunzioni di collaboratori per chiamata diretta presso Rai1. 5) I direttori di Rai1, Risorse umane e Organizzazione e il direttore generale all'epoca in carica hanno dichiarato di non essere a conoscenza delle ascendenze e dei profili familiari del neoassunto.

Rizzo Nervo si dice insoddisfatto. Domanda perché e soprattutto per chi questo Ciardelli sarebbe addirittura «una risorsa strategica». Parla di «comportamento omissivo» di Meocci e dei suoi informatori. E denuncia due «aspetti clientelari dell'assunzione»:

> Primo: per l'assunzione non è stato fatto l'*assestment,* cioè il colloquio preliminare da parte della commissione aziendale che valuta l'idoneità del candidato in relazione alla posizione da assumere in azienda, cioè la procedura consolidata per tutte le assunzioni. Secondo: a Ciardelli è stato attribuito il tratta-

mento economico da dirigente, 75 mila euro l'anno, contro i 45-50 mila euro di media spettanti agli F Super.

Il sospetto è che a quell'assunzione non si sia potuto dire di no perché è stata voluta da molto in alto. Direttamente, si dice, dal cavalier Berlusconi, tessera P2 numero 1816.

Il 6 settembre è all'ordine del giorno in Cda il pluralismo dell'informazione. Un ossimoro. Infatti, nonostante le ennesime richieste dei tre consiglieri di opposizione e di Articolo 21 per l'immediato reintegro degli epurati (Maurizio Mannoni ha appena offerto a Biagi la copertina di *Primo Piano*, su Rai3), non se ne fa nulla. L'indomani, alla festa della Margherita a Porto Santo Stefano, Petruccioli si confronta con Confalonieri e altri. E annuncia che il giorno 12 incontrerà Santoro. Ma sono le solite manfrine. In Cda la maggioranza è pronta alle barricate, pur di scongiurare il ritorno del pluralismo alle soglie della campagna elettorale. Anzi, mentre Petruccioli proclama che i palinsesti sono bloccati fino a gennaio, i consiglieri scoprono leggendo «La Stampa» che Rai2 lavora alla chetichella negli studi di Milano a un nuovo programma d'«informazione» per la seconda serata del lunedì, *Il Tornasole*, condotto dal disc jockey Andrea Pezzi con il contributo imperdibile di Angelo Crespi, direttore del «Domenicale» (la rivista «culturale» edita da Marcello Dell'Utri) e del sociologo Giuliano Da Empoli, vicino a Gianni De Michelis. L'8 settembre Petruccioli viene contestato alla festa dell'Unità di Milano, mentre dibatte con Furio Colombo. A innescare la polemica è Piero Ricca, il giovane avvocato che nel 2003 urlò «buffone» a Berlusconi nei corridoi del Tribunale di Milano. Ricca chiede quando tornano gli epurati. Petruccioli risponde: «Ho tre anni di tempo...». Fischi. Allora aggiunge: «Se fra un anno Santoro non sarà tornato in Rai avrete ragione a dirmi che sono un buffone».[80] È l'ennesima prova del fatto che, fino alle elezioni del 2006, alla Rai non deve muoversi una foglia.

Anche d'estate la Rai continua a perdere ascolti a vantaggio di Mediaset. In agosto si registrano i peggiori risultati dell'ultimo decennio. Regge soltanto *Il malloppo*, quiz scimmiottato da *Affari tuoi* con il redivivo Pupo, che tiene botta dopo il Tg1 contro le repliche di *Paperissima sprint* su Canale5. Ma il resto è vuoto pneumatico. Rai1, la rete ammiraglia, è costretta a riempire le seconde serate agostane con servizi balneari sull'elezione di Miss Culetto d'oro. Buio fitto fino a ferragosto sulla successione di Bonolis ad *Affari tuoi*. E per la nuova stagione l'unica vera novità in palinsesto è il ritorno di Adriano Celentano con il continuamente rinviato *Rockpolitik*: ma sono soltanto quattro puntate fra ottobre e novembre. Renzo Arbore, dopo il trattamento che gli ha usato Del Noce con ritardi continui dopo la mezzanotte, non si farà vedere per un bel po'. *Domenica In*, senza i gol di *90° minuto*, è costretta a richiamare in servizio Pippo Baudo. Nebbia fitta anche sul conduttore di Sanremo. Il fatto che Mediaset non sia poi riuscita a profittare come sperava dell'indebolimento della Rai, non vuol dire che questo non fosse stato pianificato. Come dimostra la telenovela di *Affari tuoi*.

Affari suoi

Visto che la Rai non fa nulla per trattenerlo, anzi respinge tutte le sue proposte per la nuova stagione, in primavera Bonolis firma il contratto con Mediaset. Ufficialmente percepirà 24 milioni di euro in tre anni. Ma *Affari tuoi* rimane alla Rai, in base a un contratto principesco (40 milioni all'anno) con la società titolare del format, la Endemol, fondata nel '94 in Olanda da Joop van der Ende e da John de Mol, poi ceduta nel 2004 alla spagnola Telefónica Group, rappresentata in Italia dai fratelli Paolo e Marco Bassetti (il secondo, marito di Stefania Craxi) e specializzata in *game show*, *game quiz* e *reality show*, già celebre per format di successo di Rai e Mediaset come *Il Grande Fratello*, *La Fattoria*, *Survivor*, *Passaparola*, *L'Eredità*.

Affari tuoi è la gallina dalle uova d'oro di Rai1, con 100 milioni di euro di introiti pubblicitari all'anno. Per rimpiazzare alla meno peggio Bonolis, Del Noce pensa inizialmente a Raffaella Carrà, o Antonella Clerici, o Vanessa Incontrada, o Veronica Pivetti, o Carlo Conti. Ma non se ne fa nulla. Poi si parla di Piero Chiambretti: niente. Del Noce ci prova con Claudio Bisio, che però preferisce restare con *Zelig*. Cattaneo vuole fortissimamente Fabio Fazio, d'intesa con il Cda. Del Noce invece non vuole nemmeno sentirlo nominare, ma il 25 giugno smentisce: «Che c'entra la politica con i pacchi?». Intanto però non comunica ai pubblicitari riuniti a Cannes per i nuovi palinsesti il nome del nuovo conduttore di *Affari tuoi*. E tenta con Gianni Morandi, ma anche quella trattativa sfuma. Il 28 chiama Teo Teocoli, impegnato in un programma su Canale5, lo scrittura per la Rai e annuncia che «le caratteristiche professionali di Teocoli si sposano ottimamente con il tipo di format e possono rinnovare lo straordinario successo di *Affari tuoi*. L'artista s'è già reso disponibile ad iniziare le prove la prossima settimana». Il direttore di Rai1 dimentica che, nel contratto fra la Rai e la Endemol, è previsto il gradimento di quest'ultima sul conduttore. Infatti Endemol non gradisce affatto e fa sapere che, se sarà lui il conduttore, negherà il via libera allo show.

Il 19 luglio, due mesi prima della ripresa del programma, Cattaneo ufficializza al Cda che *Affari tuoi* sarà condotto da Fazio e Teocoli, che «hanno accettato di lavorare insieme». Il 1° agosto, prima prova dei due conduttori. Ottima riuscita: programma spigliato, brillante e divertente. Ma il 2 agosto tutto torna in alto mare per un pesante intervento politico. Urbani getta la maschera: «Secondo me bisognerebbe fare una riflessione su ciò di cui la Rai dovrebbe occuparsi [...]. Perché non stabilire se i *reality show* sono o non sono servizio pubblico?». *Affari tuoi* lo è? «La mia risposta è un no grande come una casa. È proprio ciò di cui discuteremo in consiglio nei prossimi giorni.»[81]

Curzi ribatte che, senza *Affari tuoi*, la Rai subirebbe «una perdita secca di audience, di raccolta pubblicitaria e di complessiva credibilità». E anche i consiglieri di An, Udc e Lega, oltre a quelli dell'Unione, protestano contro il boicottaggio di uno degli ultimi format vincenti del servizio pubblico. Così l'incauto Urbani è costretto alla retromarcia: «Anche per me il format dei pacchi è intoccabile e incedibile». L'8 agosto, prima riunione fra Meocci, Gorla e Del Noce, tre berlusconiani doc. Poi, l'indomani, Del Noce annuncia la «rinuncia» di Fazio ad *Affari tuoi*: «Fazio non potrà, con ogni probabilità, presentare *Affari tuoi* per motivi personali. Il conduttore dovrà stare alcune settimane, decisive per le prove del programma, fuori dall'Italia». Pare quasi che una complicazione sopraggiunta a sorpresa abbia costretto il povero Del Noce a privarsi *obtorto collo* di Fazio. Così il 10 agosto Rai1 comunica ufficialmente che «con reciproco dispiacere Rai1 e Fabio Fazio decidono consensualmente di rinunciare per ora al progetto *Affari tuoi* riservandosi di riprendere il discorso in futuro». Il tutto perché «imprescindibili esigenze editoriali aziendali impongono la realizzazione di prime serate in diretta nel periodo in cui Fazio è assente». E poi *Affari tuoi* andrà in onda anche il sabato, quando Fazio conduce *Che tempo che fa* su Rai3. Ma Fazio smentisce Del Noce:

> Consensuale? Non proprio. Ho preso atto della cosa. La Rai ha queste esigenze? Va be', hanno deciso così, che devo fare? Prendo atto... Fin da giugno, quando avevo firmato il contratto con Cattaneo, che mi aveva pregato di accettare per «spirito di servizio», avevo spiegato che per un impegno familiare precedentemente assunto avrei dovuto registrare, e che al sabato non intendevo rinunciare a *Che tempo che fa*. Allora queste condizioni non erano un problema. Ora lo sono diventate. Mi ha telefonato Meocci, gentilissimo, e mi ha detto che loro hanno queste esigenze. Ne ho preso atto. Certo, fino a ieri avevo altri tipi di attese: mi aspettavo che la Rai mi comunicasse cosa fare con Teo. È cambiato di nuovo tutto. E pensare che Del Noce mi aveva detto che la prova con Teocoli era bellissima [...]. Se me lo dicevano prima, facevo una vacanza più lunga [...].[82]

Curzi conferma che Fazio non ha rinunciato consensualmente a un bel nulla:

> Ho parlato con Fabio, mi ha detto di aver appreso dai giornali degli ultimi sviluppi, era sicuro che tutto andasse avanti. Quella delle puntate registrate è una scusa che non regge: Bonolis registrò 40 puntate, che continuarono ad andare in onda quando lui era già passato a Mediaset. Il Cda aveva votato all'unanimità una delibera che impegnava Del Noce ad affidare il progetto a Fazio e Teocoli. Ora quella delibera è stata violata, il presidente dovrà spiegarci perché [...]. Le notizie sulla rinuncia di Fazio sembrano fatte apposta per preparare l'opinione pubblica a una conclusione della vicenda disastrosa per la Rai e provvidenziale per Mediaset.

Rizzo Nervo aggiunge: «Trovo strano che il 10 agosto Del Noce si accorga che Fazio il sabato conduce *Che tempo che fa*. Gli ascolti della coppia Fazio-Teocoli potevano disturbare Mediaset». Rognoni: «Mi sento preso in giro». Giulietti: «Purtroppo se n'è andato il Fazio sbagliato. In ogni caso la separazione di Fazio, a prima vista, sembra tanto consensuale quanto lo fu l'uscita di Enzo Biagi al termine di una vera e propria azione di mobbing politica e aziendale». La reazione più tiepida è quella di Petruccioli, che si affretta a escludere qualunque motivazione politica nell'ostracismo a Fazio:

> Se c'è una cosa con cui la politica non ha nulla a che fare è *Affari tuoi* [...]. I responsabili delle scelte editoriali sono i direttori di rete, che naturalmente devono rispondere di quello che fanno. E l'andamento di questa vicenda entrerà nel bilancio di Rai1, che dovrà essere fatto. Ma non vedo come si possa considerare un veto politico sulla conduzione di una trasmissione di quel tipo [...]. Non bastano le voci o i sentito dire [...]. Fazio intanto ha la sua trasmissione su Rai3, poi vedremo [...]. E comunque non spetta ai presidenti elaborare i prodotti editoriali.[83]

L'indomani, come volevasi dimostrare, è già pronto il sostituto di Fazio: il mini-cantante Enzo Ghinazzi in arte Pupo, 50 anni, toscano, trascorsi burrascosi col gioco d'azzardo, noto per capolavori come *Gelato al cioccolato*, ingaggiato in estate per *Il malloppo*. La prova che la decisione di Del Noce non è arrivata a sorpresa per gli «improvvisi impegni» di Fazio. Pupo, come lui stesso ha raccontato in un suo libro autobiografico (*Un enigma chiamato Pupo*), è stato iscritto nei primi anni Novanta alla massoneria ed è considerato vicinissimo ad An: partecipava alle feste di Azione Giovani. Anche ad *Affari tuoi*, con buona pace del soave Petruccioli, la politica conta eccome. Ma il neopresidente digerisce proprio tutto:

> Il 21 settembre si va in onda. Il conduttore? Non so. Pupo? Benissimo. Vorrei evitare che mi si ponessero delle questioni partendo da cose astruse: leggo che Pupo è di destra. Ma che ne so io? E dev'essere un problema quello?[84]

Poi, intervistato da Radio24, salva tutti i responsabili:

> Il contratto con Fazio per *Affari tuoi* fu stipulato all'inizio di luglio e Fazio aveva informato che doveva assentarsi e che quindi era necessario procedere alle registrazioni. C'era il tempo per farlo, non è stato utilizzato. Quando mi sono insediato, e il 9 agosto ho incontrato i vertici dell'azienda, le condizioni per registrare le trenta puntate non c'erano più. Partire senza Fazio non era pensabile.[85]

Ma i conti non tornano. Fazio era prontissimo a registrare le puntate necessarie ancora il 10 agosto, quando invece Meocci gli ha comunicato che non se ne faceva più niente. L'intervistatore insiste: perché è stato perso tempo? Petruccioli allarga le braccia, col solito atteggiamento di quello che passa di lì per caso:

> Si può rispondere: «per ragioni politiche», ma poi trovi mille motivazioni all'interno dell'azienda. All'opinione pubblica si presentano le cose come stanno, poi ognuno tira le sue conclusioni...[86]

Ognuno, fuorché il presidente della Rai.

Curzi accusa Del Noce di favorire Mediaset. Del Noce lo querela. Pupo, comunque, condurrà *Affari tuoi* da solo, con un successo di ascolto superiore alle aspettative. Chi sperava di svuotare i pacchi esce deluso: la forza del programma non stava nel conduttore, ma nel format. E Bonolis, a Mediaset, raccoglierà risultati meno lusinghieri del previsto, ben contrastato la domenica da *Quelli che il calcio* di Ventura & Gnocchi e da Pippo Baudo a *Domenica In*. Una vittoria, quella della Rai, del tutto involontaria. Non tutte le ciambelle riescono col buco. Anzi, col Pupo.

Prima lo scippo, poi il furto

Ma le sorprese non finiscono mai. Il 2 settembre si scopre all'improvviso che Bonolis ha iniziato ad andare in onda su Canale5 domenica 28 agosto quand'era ancora sotto contratto con la Rai (in scadenza il 31). Nessuno, nella struttura messa in piedi dal trio Cattaneo-Gorla-Bergamini, s'era accorto di nulla. Nessuno aveva informato il Cda. L'ha fatto Gorla con Meocci, ma solo il 30 agosto, a cose fatte. Poi ha spiegato che è incorso in una spiacevole «dimenticanza». Meocci ipotizza una penale di 3 milioni e 690 mila euro per Bonolis. Ma nessuno pagherà per questo ennesimo regalo a Mediaset. Il 17 settembre la sede dell'Auditing Rai, che sta indagando sull'ultimo caso Bonolis, ma anche sul contratto del figlio della segretaria di Gelli, viene visitata da misteriosi «ladri» che, indisturbati per ben tre ore, asportano copie di fascicoli e due computer, aprendo una cassaforte ma lasciandoci dentro 300 euro in contanti. Non era il denaro che cercavano.

Petruccioli intanto continua a esternare su tutto lo scibile umano. Se la prende persino con «i *maître-à-penser*, da Leo Longanesi a Pier Paolo Pasolini fino a Giovanni Sartori, che hanno sempre avuto il vezzo di erigersi a nemici giurati del video: non li ho mai sopportati»[87] (che cosa c'entri Longanesi, morto nel 1957, quando la Rai era appena nata, non è dato sapere). In compenso il 26 agosto, dopo lo scontro fra Curzi e Del Noce, invita i consiglieri a non parlare ai giornali. Rizzo Nervo risponde picche: «Forse Petruccioli ha parlato per sé, io continuerò a criticare i palinsesti informativi finché le cose non cambieranno». Intanto l'estate trascorre senza che il presidente inoltri all'Authority per le Comunicazioni la segnalazione sulla possibile incompatibilità di Meocci, indispensabile per l'apertura dell'indagine: lo farà con comodo al ritorno dalle ferie, tant'è che l'Authority riceverà la lettera di Petruccioli soltanto il 14 settembre. Ormai, visti i lunghi tempi tecnici – prima di muoversi, l'Authority deve attendere un parere del Consiglio di Stato – si dà per scontato che l'eventuale incompatibilità del dg verrà sancita soltanto a ridosso delle elezioni politiche. È l'ennesima conferma che, fino al voto del 2006, in Viale Mazzini non deve cambiare nulla. Anche perché il Consiglio di Stato passerà la palla alla Presidenza del Consiglio. Cioè a Berlusconi, che ha imposto Meocci. Intanto, come riconosce lo stesso presidente dell'Authority Corrado Calabrò, «l'incertezza sull'esistenza o meno dell'incompatibilità al vertice della Rai appare già gravemente pregiudizievole per l'azienda e indebolisce la sua efficienza».[88]

Prodi, allarmato per il sempre più smaccato squilibrio di tg e programmi di approfondimento sulle reti Rai e Mediaset, lancia l'allarme il 25 settembre: «Sono molto preoccupato, da quel che si vede in televisione, questa non sta svolgendo un ruolo imparziale. Serve una campagna di verità». Petruccioli lo liquida così, ricordando che anche Berlusconi si lamenta spesso:

> Quel che dice Prodi è interessante, ma troppo vago. Ci dia indicazioni più precise. Io di parzialità specifiche non ne ho viste, né recentemente me ne hanno segnalate. Ma non posso escludere che qualcosa ci sia sfuggito. Se c'è stato, che Prodi parli e ce ne occuperemo. Quando le critiche arrivano da più parti, vuol dire che si è stati imparziali.[89]

Tre giorni dopo illustra i dati dell'Osservatorio di Pavia nel periodo 1-23 settembre, che dimostrano l'enorme squilibrio filogovernativo della cosiddetta informazione Rai. Il Tg1 riserva il 42,8% del tempo disponibile al governo, l'11,2% alla maggioranza, il 12,6 alle altre istituzioni e solo il 32,2% all'opposizione. Cifre molto simili per il Tg2. Il dislivello aumenta se si valutano le presenze dei leader nei vari tg: Follini e Rutelli sono alla pari, anche se il primo ha un terzo dei voti del secondo; e il rapporto fra Berlusconi e Prodi in tutti i programmi Rai di una settimana-campione è di 9962 secondi contro 3376 di presenza in video. Tre a uno. Lo stesso rapporto si registra nei tg Rai: dal 17 aprile al 16 settembre Berlusconi ha avuto a disposizione 1349 minuti e Prodi 466. Petruccioli si consola con il «sostanziale equilibrio» nei programmi di approfondimento, mentre «nei tg il panorama è più diversificato». Testuale.

Gli ascolti della Rai e soprattutto di Rai1, disastrosi in estate, si riprendono un po' in settembre, almeno nel *prime time*, anche per una serie di flop inaspettati di Mediaset e di ancor più inattesi successi delle reti pubbliche. *Porta a Porta* di Vespa batte regolarmente *Matrix* di Enrico Mentana. Bonolis stenta con il calcio domenicale di Canale5 (tant'è che Piersilvio Berlusconi offre alla Rai un pezzo dei diritti sulla serie A, strappati a prezzi proibitivi soltanto due mesi prima). E si vede chiudere in faccia il programma del mercoledì sera. Persino una fiction di grande successo come *Elisa di Rivombrosa* su Canale5 non ripete i trionfi della prima serie. Ma il dibattito sul derby Rai-Mediaset trascura una tendenza sempre più marcata: quella degli «abbandoni televisivi» e del progressivo invecchiamento della popolazione teledipendente. Ormai, come osserva Aldo Grasso sul «Corriere», «nel momento di maggior affluenza di pubblico, l'audience rappresenta soltanto il 50% della popolazione». Il che significa che la metà degli italiani non guarda più la tv: il 30% non la accende mai, un altro 20% costituisce un pubblico di soli «contatti», cioè di persone che fanno un rapido zapping senza fermarsi su alcun programma.[90] E, fra chi guarda la tv, aumenta a dismisura il numero di coloro che si limitano a programmi mirati su canali satellitari (oltre 3 milioni). La televisione «generalista» perde colpi, mentre i falsi concorrenti si contendono un pubblico ancora ragguardevole – si parla pur sempre di una media di 26,5 milioni di persone – ma in continuo calo.

Fucilate i cani sciolti

Da quando, ad agosto, Petruccioli è passato alla Rai, la Vigilanza resta senza presidente per due mesi e mezzo, fino all'elezione di Gentiloni della Margherita il 12 ottobre (con i voti unanimi dell'Unione e della Cdl). È l'ultimo boccone della grande abbuffata. E tutti i partiti, sazi e felici, smettono di parlare di libertà d'informazione e conflitto d'interessi. Fortuna che c'è Enzo Biagi, almeno sul «Corriere», a riportare la questione tv sulla giusta carreggiata, anche con una tirata d'orecchi a Prodi:

> Una piccola delusione il Professore me l'ha data. Quando [...] ha letto la sua proposta [per le primarie, *N.d.A.*], non c'è stato alcun riferimento alle televisioni e al conflitto d'interessi [...]. L'informazione televisiva in Italia è drogata. Adesso Prodi dice che centellinerà le sue partecipazioni in video, e questo mi fa molto piacere [...]. Credo che il Professore abbia imparato che si può fare a meno di questo falso mondo mediatico, come fece Cofferati a Bologna (e non gli è andata poi così male), an-

che perché, se lui poco si concede, saranno i conduttori ad andarlo a cercare.[91]

Ma proprio il «Corriere» si incarica di decidere chi dovrà lavorare e chi no nella Rai che verrà. Il pretesto di questa campagna sono le polemiche intorno a un convegno di «MicroMega» sull'informazione. La posta in palio è chiara: che fare dei giornalisti e degli artisti irregolari, cani sciolti, non allineati, non omologati? Il «Corriere», interpretando i *desiderata* dell'ala sedicente «riformista» del centrosinistra, invita l'Unione a lasciarli fuori. Il vicedirettore di Via Solferino, Pierluigi Battista, mette in guardia da una non meglio precisata «inquisizione degli estremisti della purezza» e da fantomatiche «forche caudine dell'intransigentismo».[92] Tutto perché il 1° ottobre Paolo Flores d'Arcais ha organizzato un incontro all'università Roma3 dal titolo «Libera stampa in libero Stato», invitando a discutere, fra gli altri, Petruccioli, Curzi, Rizzo Nervo, Mentana, Floris, Gruber, Santoro, Beha, Massimo Fini, Norma Rangeri, Federico Orlando, Padellaro, Travaglio, Gabriele Polo e Sabina Guzzanti, che ha presentato il suo film-documentario *Viva Zapatero!*. Petruccioli, reduce dai convegni estivi con Fedele Confalonieri, dopo essersi impegnato a «confrontarsi con tutti», rifiuta sdegnosamente l'invito di «MicroMega» con una lettera aperta a Flores:

> A me i dibattiti, anche duri, piacciono. I processi no, tanto più se sommari [...]. Coloro che avviano e determinano il clima dell'incontro di «MicroMega» sono Sabina Guzzanti e Marco Travaglio. Non so se ne conosci gli scritti e le dichiarazioni; io sì. Sul mio conto, da tempo, riversano un astio e un disprezzo per me non comprensibile e – tuttavia – assolutamente autentici. Evidentemente sono per loro una icona o un totem da infangare e – se possibile – distruggere. Liberissimi di farlo. Io rivendico, però, la mia libertà di non sottomettermi a stantìe riedizioni di riti da «rivoluzione culturale»; non ci sto a farmi mettere in testa il cappello d'asino o a vedermi indicare le vie della «rieducazione».

Mentana arriva al convegno, si guarda intorno, vede sul palco la Guzzanti e, colto da repentina allergia, se la dà a gambe, spiegando poi che «non mi piace discutere con persone che sanno solo offendere».[93] Poi Rangeri e Travaglio pongono alcune domande a Floris, Curzi e Gruber. L'indomani il «Corriere» titola su una presunta «Santa Inquisizione», visto che secondo Floris il clima era quello. Un «clima da linciaggio, sembrava il tribunale dell'Inquisizione», rincara Curzi.[94] La campagna del «Corriere» prosegue con interviste a Bertinotti («Quando sento il nome di Travaglio, mi viene l'orticaria»); all'ex dg della Rai dalemiana Pierluigi Celli («L'arroccarsi di Santoro è stato un danno per tutti. Travaglio e compagni sono la gastrite della sinistra»); e a Claudio Velardi, l'ex braccio destro di D'Alema a Palazzo Chigi che ha appena avuto dalla Rai un contratto da 12 milioni di euro per una fiction. Infatti, comprensibilmente, sostiene che «un ritorno di Santoro sarebbe sbagliato» e che «questa Rai non mi pare poi così berlusconiana». «Il Riformista» scrive che giornalisti di denuncia e attori satirici sono i «foruncoli nel sedere di Marx», mentre Lucia Annunziata paventa un rischio mortale per la sinistra italiana: il ritorno in tv, «oggi come nel 2001, dei cantanti, dei comici, delle imitazioni e dei documentari di denuncia». Un fenomeno che lei giudica nefasto, perché «spaventa la classe media» come, a suo dire, ha già fatto Michael Moore col suo film sull'11 settembre, vera causa della ri-vittoria di Bush.[95] Ora, a parte il film della Guzzanti trasmesso nei cinema, in tv non si registra alcun «ritorno» di comici né di giornalisti di denuncia. In compenso, si registra il ritorno di Lucia Annunziata su Rai3, con un programma domenicale di interviste che l'8 ottobre, nella puntata di lancio con Sergio Cofferati, fa registrare un misero 6% di share. Eppure nei giorni seguenti l'ex «presidente di garanzia» seguiterà a battersi contro i comici e i giornalisti incontrollabili, con l'aria del commissario politico che presidia la Rai per controllare chi entra e chi esce.

Basta pochissimo, ormai, per urtare certe suscettibilità. È sufficiente che Rai3, nel programma antologico *La Superstoria* di Andrea Salerno, rimandi in onda l'imitazione che Corrado Guzzanti fece nel 2001 di Umberto Bossi in versione Hannibal the Cannibal, per suscitare l'ennesimo vespaio. Si scomoda financo Berlusconi in persona, per deplorare quello «spettacolo indecente che mi ha fatto rivoltare lo stomaco». Il premier, credendo che si tratti di un pezzo nuovo, sostiene addirittura trattarsi di un'offesa alla malattia del *Senatúr*, colpito nel 2003 da un ictus. Basterebbe che qualcuno gli spiegasse come sono andate le cose, visto che oltretutto Bossi, da tempo tornato con vigore alla politica attiva, non s'è neppure sognato di lamentarsi. Ma ogni desiderio del Cavaliere, anche per questo Cda, è legge. E così, il 21 settembre 2005, ecco pronto un documento di scuse ufficiali al leader leghista stilato da Petruccioli:

> Una identica parola (o una identica battuta, il ragionamento vale per qualsiasi espressione) riferita ad una persona in una circostanza o in una condizione diverse rispetto ad altre, può cambiare significato e può violare o trascurare sensibilità e rispetto umano che è sempre bene tenere in giusto conto. È quanto mi sembra sia accaduto nel caso citato. Per cui sento, come presidente di questo Cda, di dover esprimere a Umberto Bossi il mio rammarico e le mie scuse.

Alle scuse di Petruccioli si associano il dg Meocci e gli altri 8 consiglieri. Compreso Curzi, che poi telefona a un attonito Salerno per spiegargli che il documento è servito a evitare guai peggiori. Corrado Guzzanti è allibito:

> Berlusconi è disgustato? E sì che ce ne vuole per fargli rivoltare lo stomaco. Sono esterrefatto dalla polemica, quello spezzone è stato trasmesso almeno 10 volte, si trova anche su Raiclick. L'ho fatto quando Bossi non era malato, era satira purissima, fantasiosa. All'epoca Berlusconi apprezzava il mio Rutelli-Alberto Sordi. Parla lui, poi, che usa il termine metastasi [a proposito dei «ribelli» dell'Udc, *N.d.A.*]. Inopportuno ritrasmettere oggi quelle immagini? Mah. Non credo che il leader della Lega sarebbe contento di vedersi trattato da malato, con compassione. Non è in clinica, fa comizi. E comunque allora disse che certa gente, ovvero io, mia sorella e la Dandini, non doveva più mettere piede in Rai. Ora mi sento un censurato postumo [...]. Immagino che Petruccioli stia in una posizione delicata. Forse non hanno capito bene. Mai nessuno però che in Rai difenda gli artisti. Io pure mi sento offeso a sentirmi definire indecente.[96]

Persino una fiction sul Grande Torino, caduto nel 1949 a Superga, diventa pretesto di polemica politica: per il ministro delle Telecomunicazioni Landolfi, il film «trasuda comunismo». Poi c'è il caso Celentano, che si trascina da mesi, di rinvio in rinvio, perché l'artista ha ottenuto per contratto dall'ex dg Cattaneo la «totale autonomia editoriale» per il suo *Rockpolitik*, senz'alcun sindacato dei vertici di Rai1 sui temi da trattare e sugli ospiti da invitare. Ma Del Noce non ne vuole sapere. E, appena apprende che lo showman vorrebbe invitare Biagi, Santoro, Luttazzi, Grillo e altri epurati per ribaltare il diktat bulgaro, si autosospende dalla direzione di Rai1 per la durata della puntata. Alla fine partecipa soltanto Santoro e, come vedremo, si scatena il pandemonio. Anche perché il programma fa il record di ascolti per Rai1, sfiorando il 50% di share. Meocci, da vecchio democristiano, fa buon viso. Ma An chiede la sua testa. E il 23 ottobre Berlusconi detta a Vespa, curvo sul nuovo libro, una riedizione aggiornata della lista bulgara di proscrizione: «Basta guardare ogni giorni la Rai per vedere battute contro il presidente del Consiglio da parte di Serena Dandini e Sabina Guzzanti, Gene Gnocchi ed Enrico Bertolino, Dario Vergassola, Corrado Guzzanti e altri che cerco di non tenere a mente. Oltre, è ovvio, a *Rockpolitik* di Celentano».

Nella furia censoria ed epuratoria della cosiddetta Casa delle libertà e nel vuoto programmatico dell'Unione sulla libertà d'informazione, cade una proposta isolata quanto coraggiosa del consigliere Ds Carlo Rognoni: che il centrosinistra, se vincerà le elezioni, sciolga subito questo lottizzatissimo Cda Rai e, come ha fatto Zapatero in Spagna, «cambi da subito i criteri di nomina» cancellando la Gasparri e staccando «la spina che collega impropriamente le segreterie dei partiti direttamente al servizio pubblico».[97] Ma da quell'orecchio non ci sente nessuno degli altri consiglieri, nemmeno quelli del centrosinistra. Tutti decisi a restare al loro posto sino al termine del mandato. Cioè fino al 2008. Così la Rai sarà governata da un Cda superpoliticizzato, per giunta a maggioranza berlusconiana, fino a due anni dopo l'eventuale vittoria del centrosinistra. Nel 2008 il sogno di Silvio Berlusconi di controllare, oltre alle sue reti private, anche quelle dello Stato, compirà 15 anni. Quando lo enunciò ai suoi uomini riuniti ad Arcore, nel lontano 1993, lo presero per pazzo. Ma la follia, in quest'Italia, è un concetto molto relativo.

Note

1. «la Repubblica», 8 aprile 2005.
2. «Corriere della Sera», 6 aprile 2005.
3. Carlo Rognoni, *Inferno tv. Berlusconi e la legge Gasparri*, Marco Tropea, Milano 2003, pp. 70 sgg.
4. Ibidem.
5. Ibidem.
6. «La Stampa», 14 marzo 2003.
7. «Corriere della Sera», 1° agosto 2005.
8. «la Repubblica», 11 maggio 2005.
9. «il Giornale», 12 maggio 2005.
10. Ansa, 10 maggio 2005.
11. «Il Messaggero», 5 luglio 2005.
12. «Corriere della Sera», 2 agosto 2005.
13. «la Repubblica», 31 maggio 2005.
14. «L'Espresso», 3 marzo 2005.
15. «La Stampa», 2 giugno 2005.
16. «L'Espresso», 16 giugno 2005.
17. «Corriere della Sera» e «l'Unità», 1° giugno 2005.
18. Ibidem.
19. «Il Foglio», 1° giugno 2005.
20. «l'Unità», 2 giugno 2005.
21. «L'Espresso», 16 giugno 2005.
22. «la Repubblica», 3 giugno 2005.
23. Ansa, 2 giugno 2005.
24. «la Repubblica», 14 giugno 2005.
25. «Il Foglio», 17 giugno 2005.
26. «l'Unità», 26 giugno 2005.
27. «Il Messaggero», 5 luglio 2005.
28. «la Repubblica», 13 luglio 2005.
29. «L'Espresso», 7 luglio 2005.
30. Ibidem.
31. Ibidem.
32. «l'Unità», 25 luglio 2005.
33. Ibidem.
34. Lo rivelano «L'Espresso» e «La Stampa» il 28 luglio 2005, mai smentiti.
35. «la Repubblica», 30 luglio 2005.
36. «la Repubblica», 13 agosto 2005.
37. «l'Unità», 28 luglio 2005.

38. «la Repubblica», 30 luglio 2005.
39. «l'Unità», 30 luglio 2005.
40. «Corriere della Sera», 30 luglio 2005.
41. Ibidem.
42. «La Stampa» e «il Giornale», 30 luglio 2005.
43. Ibidem.
44. «La Stampa», 5 agosto 2005.
45. «l'Unità», 31 luglio 2005.
46. «il Giornale», 22 gennaio 2003.
47. «Vanity Fair», 29 settembre 2005.
48. Nel 2004 ha lasciato i Ds per dissensi sulla guerra in Irak, poi s'è candidato alle Europee nella Lista Di Pietro-Occhetto-Società Civile, ora è attivo nel gruppo occhettiano del Cantiere e s'è iscritto al gruppo misto del Senato.
49. Testimonianza raccolta dagli autori il 7 settembre 2005.
50. «L'Espresso», 16 giugno 2005.
51. Ansa, 30 gennaio 2002.
52. Dagospia, 20 giugno 2005.
53. «Corriere della Sera», 29 gennaio 2005.
54. «l'Unità», 29 gennaio 2005.
55. «l'Unità», 17 febbraio 2005.
56. «la Repubblica», 6 agosto 2005.
57. «Corriere della Sera», 31 luglio 2005.
58. Ibidem.
59. «La Stampa», 3 agosto 2005.
60. «la Repubblica», 1° agosto 2005.
61. «Corriere della Sera», 2 agosto 2005.
62. «Corriere della Sera», 4 agosto 2005.
63. «La Stampa», 8 agosto 2005.
64. «Corriere della Sera», 5 agosto 2005.
65. «la Repubblica», 5 agosto 2005.
66. «l'Unità», 7 agosto 2005.
67. Ibidem.
68. «la Repubblica», 6 agosto 2005.
69. Ibidem.
70. «Corriere della Sera», 6 agosto 2005.
71. «Il Foglio», 10 agosto 2005.
72. «il Giornale», 6 agosto 2005.
73. «la Repubblica», 13 agosto 2005.
74. Ibidem.
75. «Corriere della Sera», 28 giugno 2005.
76. Ibidem.
77. «Corriere della Sera», 29 giugno 2005
78. «Corriere della Sera», 21 agosto 2005.
79. «Il Riformista», 6 luglio 2005.

80. «l'Unità», 9 settembre 2005.
81. «Corriere della Sera», 3 agosto 2005.
82. «La Stampa», «Corriere della Sera», «la Repubblica», «l'Unità», 11 agosto 2005.
83. «La Stampa», 11 agosto 2005.
84. «la Repubblica», 13 agosto 2005.
85. Radio24, 19 agosto 2005.
86. Ibidem.
87. «Vanity Fair», 29 settembre 2005.
88. «la Repubblica», 22 settembre 2005.
89. «Corriere della Sera», 26 settembre 2005.
90. «Corriere della Sera», 12 dicembre 2004.
91. «Corriere della Sera», 9 ottobre 2005.
92. «Corriere della Sera», 4 ottobre 2005.
93. «Corriere della Sera», 3 ottobre 2005.
94. Ibidem.
95. «La Stampa», 11 ottobre 2005.
96. «Corriere della Sera», 22 settembre 2005.
97. «Il Riformista», 6 ottobre 2005.

2
Rainvest

Nun ce l'ho co' te, ce l'ho cor tuo vicino
che nun te butta de sotto.

Ettore Petrolini a uno spettatore che,
urlando da un palco del teatro,
interrompeva continuamente un suo spettacolo

Il 22 marzo 2005 per Mediaset è un giorno speciale. Si chiudono i bilanci e si tirano le somme. Basta un'occhiata ai conti per rimanere a bocca aperta. Come informa in una nota il consiglio di amministrazione, la corazzata televisiva del presidente del Consiglio ha incassato «i migliori risultati economici e finanziari dal '96, l'anno della quotazione in Borsa». L'economia italiana va a rotoli. È in piena stagnazione. Tutti i maggiori colossi industriali sono in crisi nera. Le aziende chiudono, o licenziano, o «ricollocano». Il Pil registra un misero +1.2%, che tende a scendere verso la crescita zero. Ma c'è un'isola felice, in tanta desolazione: Milano2. Nel 2004 l'utile netto di Mediaset ha toccato i 500,2 milioni di euro con un aumento del 35.3%. La raccolta pubblicitaria sulle tre reti del Biscione è aumentata del 9.1% e anche i dati d'ascolto volano. Canale5 – evidenzia con giusto orgoglio la società – «si conferma la prima rete nazionale, con uno share medio del 22.5% in *day time*». Italia1 è, per il terzo anno consecutivo, la terza rete italiana nel *prime time* con l'11.2%. Rete4 è la quinta dopo Rai3 e prima di Rai2, con l'8.9% in *prime time*, miglior risultato d'ascolto dal 1995.

Per Silvio Berlusconi, missione compiuta. Rispetto al 1994, anno fatidico della «discesa in campo», ha pure triplicato il suo patrimonio personale. Undici anni alla testa della Casa delle libertà non sono trascorsi invano. Allora il complesso dei suoi beni valeva 3,1 miliardi di euro. Oggi la sua famiglia si ritrova in tasca qualcosa come 9,6 miliardi tra azioni, proprietà e denaro liquido: 2 miliardi *cash* li ha raggranellati cedendo, nell'aprile 2005, il 16.88% del capitale di Mediaset. Soltanto in dividendi, il premier ha messo in saccoccia circa 700 milioni di euro: in pratica, riceve un modesto «stipendio» di 5,2 milioni di euro al mese. Ogni mattina, quando si sveglia, ha 170 mila euro in più della sera prima.[1] Niente male, per l'uomo che nel '93 confidava piagnucolando a Enzo Biagi e Indro Montanelli: «Se non entro in politica, vado in galera e fallisco per debiti».

Di chi è il merito di queste straordinarie performance? Del tocco magico dei suoi manager, che sono riusciti a far lievitare il prezzo delle azioni del Biscione del 187% fra il 1996 e il 2005, mentre in tutto il resto d'Europa i titoli del settore tv scendevano in media del 4%? O magari, eventualmente, dello specialissimo status del proprietario della società, l'unica azienda televisiva al mondo, insieme a quelle del presidente thailandese Thaksin Shinawatra, posseduta da un capo di governo?

Per capirlo bisogna fare un salto indietro di più di due lustri. E tornare al 1993: l'anno in cui, fra Arcore e Milano2, il Cavaliere cominciò a pensare seriamente di fondare un partito. Da un'idea di Marcello Dell'Utri.

1993, bancarotta dietro l'angolo

Il 22 gennaio 1993 è un sabato. Le prime pagine dei giornali sono invase dai titoloni sull'inchiesta Mani Pulite. Dopo il primo avviso di garanzia a Bettino Craxi, recapitato il 15 dicembre 1992, ora si parla dei comunisti. Giovanbattista Zorzoli, consigliere di amministrazione dell'Enel in quota Pci-Pds, è appena stato chiamato in causa dal collega craxiano Bartolomeo De Toma. La Quercia è in imbarazzo. Ma per i socialisti c'è poco da stare allegri. Dopo 12 anni di fuoco di sbarramento, la magistratura elvetica ha finalmente risposto alle rogatorie dei giudici milanesi e ordinato all'Ubs di consegnare tutta la documentazione sul Conto Protezione, il deposito estero del Psi sul quale nel 1980 erano confluiti 3 milioni e mezzo di dollari del Banco Ambrosiano. Uno sporco affare che coinvolge Craxi e Claudio Martelli, Licio Gelli e il defunto banchiere Roberto Calvi. La politica guarda sgomenta alla marea montante delle indagini. Ma, anziché correre ai ripari con serie norme anticorruzione, risolve il problema all'italiana: nasconde lo sporco sotto lo zerbino. «Stampa sotto tiro», titolano i giornali, raccontando come Martelli, ministro di Grazia e Giustizia del governo Amato, impegnatissimo a succedere a Craxi per «ridare l'onore al partito socialista», stia studiando un disegno di legge per mandare in galera i giornalisti che informano gli italiani sulle malefatte della classe dirigente.

Anche Berlusconi è preoccupato. Anzi, angosciato. Dirà a un suo collaboratore: «A volte mi capita perfino di mettermi a piangere sotto la doccia».[2] Non bastasse la certezza che prima o poi Mani Pulite travolgerà anche lui, i suoi cari e le sue aziende, a tenerlo in ansia ci sono i conti della Fininvest. E soprattutto i debiti. Proprio quel 22 gennaio «Il Sole 24 ore» spiega che per il Biscione anche il 1992 è stato un buon anno, con utili sostanzialmente stabili (rispetto ai 61,3 miliardi di lire del 1991) e ricavi (11 mila miliardi) in leggera crescita. Ma l'apparenza inganna.

Nelle riunioni dei Comitati Corporate al quartier generale di Milano2, manager e dirigenti del gruppo non nascondono l'allarme. Stretti intorno al capo, mentre l'ingegner Guido Possa, il segretario particolare del Cavaliere, prende diligentemente nota in accurati verbali poi finiti in mano alla magistratura, discutono per ore di numeri e prospettive. Comunque lo si guardi, il futuro si annuncia nero. Anzi, nerissimo.

Dunque, il 22 gennaio 1993 Ubaldo Livolsi, direttore finanziario della Fininvest, fa per l'ennesima volta il punto della situazione:

> Al 31 dicembre 1992 i debiti del gruppo possono essere così sintetizzati: 3300 miliardi di debiti a breve, medio e lungo termine (compresi i debiti per operazioni di leasing, con l'esclusione però di Mondadori Leasing); 700 circa per operazioni di *window dressing* [riduzione fittizia del debito, *N.d.A.*]; 200 di indebitamento di Mediolanum Factor a favore di società del gruppo; 350 circa di minor indebitamento creato mediante il blocco dei pagamenti ai fornitori Standa attivato nell'ultimo quadrimestre.[3]

Totale dei debiti Fininvest: 4550 miliardi invece dei 3300 raccontati ai giornali, 700 in più rispetto al 1991. E il quadro è ancor più drammatico se si guarda alle necessità di cassa stagionali: 1224 miliardi nei primi tre mesi dell'anno. Ancora dal verbale del 22 gennaio:

> U. Livolsi segnala che il sistema bancario italiano non è disposto ad aumentare ulteriormente l'affidamento nei nostri confronti (alcune banche, anzi, hanno chiesto a noi, come a tanti altri clienti, piccole ma significative riduzioni dell'esposizione) [...]. La situazione va considerata molto seria, conclude.[4]

Il rischio concreto si chiama fallimento. Appena un mese dopo, il 1° marzo, il direttore generale Alfredo Messina spiega:

> Quando in una società il rapporto tra indebitamento e mezzi propri supera determinati valori di soglia (intorno a 4) – il nostro gruppo ci è vicino – inevitabilmente la società si avvita sui suoi debiti.[5]

Un nonnulla e si finisce sott'acqua. Avverte Livolsi:

> Basterebbe una sia pur lieve flessione delle entrate pubblicitarie della televisione (non improbabile vista la recessione in atto e vista la presente sofferenza di qualche nostro investitore come la Curcio Editore e Ciarrapico) per porci in grosse difficoltà.[6]

Prendi Rai, salvi Fininvest

Silvio Berlusconi è un imprenditore navigato. Ascolta i suoi uomini mentre sgranano il funereo rosario di cifre, e tira conclusioni tutt'altro che rosee: «In complesso la nostra televisione è un'azienda matura, con buona redditività, che tuttavia lentamente si avvia al declino».[7]

Per evitare il peggio, bisogna inventarsi qualcosa. Ci vorrebbe un'idea. I dirigenti Fininvest suggeriscono quelle più tradizionali. Ma lui non ne vuole neppure sentir parlare. A chi propone un piano di dismissioni per raccattare i quattrini con cui rimborsare le banche, Berlusconi continua a dire di no. Il 18 gennaio '93 boccia la proposta di vendere «un'importante partecipazione» di Telepiù (che illegalmente possiede quasi per intero tramite vari prestanomi, in barba alla legge Mammì che gli consentirebbe un misero 10%): «Non è questo il momento, nonostante le difficoltà finanziarie. La tv del futuro è quella che vende programmi: anche Leo Kirch [il magnate della tv tedesca, suo socio nella pay tv, *N.d.A.*] è dello stesso avviso». Nella riunione del 22 febbraio i manager presentano un piano di riassetto societario in quattro grandi aree. Apriti cielo. L'ingegner Possa annota:

> S. Berlusconi chiede quali miglioramenti economici sarebbero prodotti dall'abbassamento dei debiti della holding nelle quattro subholding di area. Salvatore Sciascia [responsabile fiscale della Fininvest, *N.d.A.*] risponde stimando in circa 30 miliardi le minori tasse da pagare ogni anno e in circa 30 miliardi il beneficio annuale derivante dai minori crediti d'imposta [...]. Commento di S. Berlusconi: «un beneficio di 60 miliardi annui, pur non trascurabile, è poca cosa di fronte al grosso problema dell'indebitamento...». Il Presidente si chiede inoltre se abbia veramente senso fare chiarezza sulla televisione e sui suoi redditi.[8]

Berlusconi affossa pure «l'operazione Ame-Sbe così come si sta configurando», cioè il collocamento in Borsa di quote che la Silvio Berlusconi Editore detiene nella Mondadori. E il 4 marzo tornerà a bocciare quella proposta, «per non dover rinunciare al totale controllo di un gioiello». Che fare allora? Il 22 febbraio, scartata ogni ipotesi di dismissioni, espone il suo piano. Un piano, al solito, temerario. Che stupisce tutti e che diventerà la linea-guida di tutti gli anni a venire:

> L'unica, concreta, importante azione possibile a breve è quella di un accordo con la Rai: potrebbe arrivare a ridurre i costi di 300-350 miliardi l'anno. È urgente per questo intervenire nel processo in atto di ridefinizione della struttura della Rai, per far sì che le massime responsabilità siano assunte da veri manager (con i quali sarebbe più agevole raggiungere un buon accordo) e prega Roberto Spingardi [allora capo del Personale del gruppo, *N.d.A.*] di suggerirgli al riguardo alcuni nominativi di persone papabili (congiuntamente a G. Letta).[9]

Traduzione: il padrone della Fininvest vuole scegliersi i dirigenti della Rai. Imbottire il palazzo di Viale Mazzini di manager «amici», perché «tengano bassa» la programmazione della concorrenza, dando così un po' di fiato alle boccheggianti reti di Milano2.

Per legge, nella corsa contro il Biscione, il cavallo della Rai già parte con l'handicap. Visto che la tv pubblica ha il canone, il Parlamento ha fissato per le sue tre reti un tetto pubblicitario più basso di quello delle tre Fininvest. Berlusconi può inondare i suoi canali con un 18% di spot all'ora, mentre la tv di Stato non può superare il 12. A ben vedere, è un regalo al Cavaliere. Il canone Rai, infatti, è fra i più bassi d'Europa e soprattutto viene evaso da più di 3 milioni e mezzo di utenti. Se vuole aumentare gli introiti, la Rai non può aumentare la pubblicità ed è costretta a investire enormi risorse per battere la Fininvest. Solo così riesce a invogliare gli inserzionisti a pagare ogni singolo spot più a lei che a Berlusconi. Più sono i telespettatori, più alto è il prezzo di uno spot, più soldi si incassano. Non solo. Chi pianifica una campagna pubblicitaria preferisce acquistare spazi dal numero uno sul mercato. E se, per ipotesi, può permettersi un solo spot, non ha dubbi: lo prenota sulla Rai. Almeno finché batte la Fininvest.

Per questo, nel '93, la spietata guerra dell'audience finisce col dissanguare le casse del Biscione. *Ergo* – ragiona Berlusconi – non c'è che un rimedio: mettersi d'accordo con la Rai, cioè con la concorrenza. Un disarmo bilanciato che porti entrambi i contendenti ad abbassare gli investimenti, dunque la qualità, ma – quel che più conta – i costi. Per il momento il Cavaliere, essendo un privato cittadino, deve cercare un accordo con i partiti che controllano il servizio pubblico. Poi, quando diventerà lui stesso un politico, anzi il capo del governo e dunque il padrone della Rai, farà tutto da solo.

Proposta indecente

Nell'attesa, Sua Emittenza mette in moto l'uomo dei momenti difficili: Gianni Letta, il vicepresidente della Fininvest, il felpato mediatore dalle mille entrature. Al suo fianco, di supporto, c'è Angelo Codignoni, il manager Fininvest che ha seguito la sventurata campagna di Francia con La Cinq e che sarà presto protagonista della nascita di Forza Italia. Ma la missione, se non è impossibile, poco ci manca. Non perché non abbiano ottimi rapporti con i partiti di governo, e pure con qualche esponente dell'opposizione, di destra e di sinistra. Ma perché, nel guazzabuglio di Tangentopoli, con i segretari di partito e i ministri di Amato che si dimettono al ritmo di uno alla settimana, di referenti politici si stenta a trovarne. Almeno a piede libero.

Non bastasse il tracollo della prima Repubblica, quel che resta del Parlamento tenta di recuperare un minimo di decenza presso l'opinione pubblica inferocita contro la partitocrazia corrotta e invadente con una riforma del Cda Rai: è la numero 206 del 25 giugno '93, nata da un emendamento di Nando Dalla Chiesa, che affida non più ai partiti, ma ai presidenti di Camera e Senato il compito di nominare il nuovo Cda. Composto non più da 16 membri (sei Dc, quattro Pci-Pds, tre Psi, uno ciascuno per i tre laici minori), ma da cinque «persone di riconosciuto prestigio professionale e di notoria indipendenza di comportamenti». Inizia così l'èra dei «professori di area». La scelta di Giorgio Napolitano e Giovanni Spadolini cade infatti su Claudio Demattè, prorettore della Bocconi, esperto in ristrutturazioni aziendali; sull'avvocato Feliciano Benvenuti, esperto di diritto amministrativo; sull'editrice Elvira Sellerio; sul filosofo Tullio Gregory; e su Paolo Murialdi, giornalista ed ex partigiano. Il 13 luglio '93 il Cda elegge presidente Demattè, che lancia subito due parole d'ordine: «risanare i conti e delottizzare».

A Berlusconi la nuova Rai dei «professori» fa paura. Il ferreo controllo della politica s'è allentato: i partiti sono sempre più deboli, in via di estinzione. Chi avvicinare? All'improvviso sembrano avverarsi le fosche previsioni di Giuliano Ferrara, che soltanto otto mesi prima, in una delle riunioni mensili del sabato ad Arcore con i direttori di testata del gruppo Fininvest, aveva vaticinato con toni apocalittici:

> L'attuale difficoltà della Rai di rapporto con i partiti ci deve preoccupare: può darsi che in poco tempo ci troveremo a concorrere con una Rai non solo senza tetto di pubblicità, ma anche molto più libera dalla logica dei partiti e quindi rilegittimata.[10]

E infatti, pur fra mille errori e ingenuità, nella Rai dei professori trovano sempre più spazio professionisti come Angelo

Guglielmi, Carlo Freccero, Aldo Grasso, Franco Iseppi. Torna persino Beppe Grillo, per ben due serate in diretta, senza censura.

Una carta da giocare, però, il Cavaliere ce l'ha. Anche la Rai è a un passo dal fallimento. I bilanci sono in rosso per 450 miliardi di lire. Le cose vanno talmente male che a fine anno non si troveranno i soldi per pagare le tredicesime. Così, nel settembre '93, Berlusconi in persona si fa avanti con Demattè e con il neodirettore generale Gianni Locatelli e butta lì la sua proposta indecente: un accordo di cartello per spartirsi non solo la pubblicità, ma anche l'audience. Come annoterà nei sui diari il consigliere Murialdi, i rappresentanti delle due aziende ancora concorrenti cominciano a incontrarsi per discutere come «ridurre le spese degli acquisti e di produzione sia della Rai che della Fininvest».[11] Alla faccia della concorrenza. Ma il Cavaliere, mai contento, chiede di più. Vuole la «ripartizione dell'audience in parti uguali, nella misura del 45%». «A quell'epoca – ricorda Murialdi – la Rai totalizzava un'audience leggermente superiore a quella delle reti berlusconiane. E un punto di audience voleva dire all'incirca 20 miliardi di lire di introito pubblicitario.» Che la proposta sia questa, lo confermerà lo stesso Demattè:

> Tutto è partito da una necessità comune, quella di ridurre i costi. Una via per ridurli sarebbe stata indubbiamente quella di allentare la pressione concorrenziale. Per conquistare quel punto-due in più che avrebbero consentito il sorpasso nell'audience, Rai e Fininvest stavano spendendo oltre ogni ragionevole limite. Senonché la via proposta da Berlusconi era inaccettabile in un paese a economia di mercato: voleva che si raggiungesse un accordo di ferro per dividerci in partenza le quote di audience. Se uno dei due superava la quota, doveva provvedere a scaricare il palinsesto [...]: inserire programmi di bassa qualità e basso costo per permettere alla rete concorrente di riguadagnare le quote perdute. Tecnicamente è possibile, ci sono degli specialisti in grado di prevedere con esattezza millimetrica le capacità di ascolto di un certo programma. Ma tutto questo avrebbe comportato problemi sia di etica che di diritto antitrust assolutamente intollerabili.[12]

Politica pubblicitaria

Il 26 gennaio 1994 il Cavaliere svela, a reti unificate, il suo segreto di Pulcinella: «Scendo in campo», «ho deciso di bere l'amaro calice», «l'Italia è il Paese che amo» e via fiabeggiando. Il vero movente della sua improvvisa vocazione politica lo spiegheranno, molto sinceramente, i suoi uomini più fedeli e devoti.

> *Marcello Dell'Utri*: «Eravamo nel settembre 1993, Berlusconi mi convocò nella sua villa di Arcore e mi disse: "Marcello, dobbiamo fare un partito pronto a scendere in campo alle prossime elezioni [...]". Lui aveva provato in tutti i modi a convincere Segni e Martinazzoli per costruire la nuova casa dei moderati [...]. "Vi metto a disposizione le mie televisioni", aveva detto. Tutto inutile, e allora decise che il partito dovevamo farlo noi. Poi c'era l'aggressione delle Procure e la situazione della Fininvest con 5000 miliardi di debiti. Franco Tatò, che all'epoca era l'amministratore delegato del gruppo, non vedeva vie d'uscita: "Cavaliere dobbiamo portare i libri in tribunale" [...]. I fatti poi, per fortuna, ci hanno dato ragione e oggi posso dire che senza la decisione di scendere in campo con un suo partito, Berlusconi non avrebbe salvato la pelle e sarebbe finito come Angelo Rizzoli che, con l'inchiesta della P2, andò in carcere e perse l'azienda».[13]
> *Giuliano Ferrara*: «Sì, Berlusconi è entrato in politica per impedire che gli portassero via la roba».[14]
> *Fedele Confalonieri*: «La verità è che, se Berlusconi non fosse entrato in politica, se non avesse fondato Forza Italia, noi oggi saremmo sotto un ponte o in galera con l'accusa di mafia. Col cavolo che portavamo a casa il proscioglimento nel Lodo Mondadori!».[15]

Il 29 marzo, all'indomani della vittoria elettorale e alla vigilia del giuramento come presidente del Consiglio, il neopresidente del Consiglio Berlusconi s'impegna solennemente a risolvere il conflitto d'interessi (all'epoca lo riconosceva anche lui), affidando le sue aziende a un fondo cieco, un *blind trust*. Poi giura: «Alla Rai non sposterò nemmeno una pianta». Sposterà tutto, salvo le piante. Intanto lui e i suoi manager ci riprovano con

Demattè. La proposta è sempre la solita: mettiamoci d'accordo. Ma il professore resiste.

Così, appena varato il suo primo governo, il premier parte all'assalto di Viale Mazzini per costringere il Cda a dimettersi due anni prima della scadenza fissata dalla legge. Il 1° giugno attacca:

> Il Cda dovrebbe dimettersi, lì perdono miliardi e poi ne spendono altri con programmi che fanno propaganda ai comunisti. Io però non posso intervenire perché direbbero che ho un interesse personale.

Il 7 giugno rincara la dose:

> È certamente anomalo che in uno Stato democratico esista un servizio pubblico televisivo contro la maggioranza che ha espresso il governo del paese. La Rai è faziosa, è contro il governo che la gente ha voluto, e la gente è d'accordo con me. Questa Rai non le piace: me l'ha detto un sondaggio. Il governo se ne occuperà tra breve.

Due giorni dopo spiega al «Corriere» cosa c'è di sbagliato nella filosofia dei professori Rai: pretendono addirittura di fare concorrenza alla Fininvest.

> La Rai è un servizio pubblico, non dovrebbe curarsi di andare a raggiungere il massimo di ascolto, dovrebbe casomai interessarsi a coprire i vuoti che le tv commerciali lasciano aperti.[16]

Sebbene continui a raccontare che «da quando sono in politica, non mi occupo più delle mie aziende», la sua prima preoccupazione è quella di salvare il suo gruppo. Che poi è l'unica ragione sociale della sua vocazione politica. Lo racconterà Franco Tatò, amministratore delegato della Fininvest dal 1993 al '94, ai pm di Milano. Anche se è uscito formalmente dai consigli di amministrazione delle sue società, il capo del governo continua a prendere tutte le decisioni più importanti:

> Il consiglio Fininvest era tutto composto da persone legate da rapporti strettissimi e risalenti nel tempo con Berlusconi. Lui

> stesso, anche dopo l'ingresso in politica e per tutto il 1994, continuava a seguire in modo molto stretto l'attività dell'azienda. Ognuno dei vertici delle società operative [Marcello Dell'Utri e Carlo Bernasconi che seguivano la pubblicità e l'acquisto dei diritti televisivi, *N.d.A.*] aveva un rapporto diretto con Berlusconi il quale in definitiva aveva l'ultima parola su tutte le questioni di una certa rilevanza. In sostanza anche dopo l'ingresso in politica e dopo le elezioni il potere che gli derivava dal fatto di essere proprietario era rimasto intatto [...]. Un piccolo esempio può chiarire quello che intendo dire. Nel 1994, dopo le elezioni, io stavo concludendo una trattativa per la vendita della Standa, una società che ricomprendeva al suo interno anche Euromercato. Ero praticamente arrivato a trovare l'acquirente ed eravamo alle ultime battute della trattativa con l'Ifil (Fiat), nella persona di Gabriele Galateri. Io avevo concordato un prezzo, intorno ai mille miliardi di lire, e Berlusconi aveva dato il *placet*. Andai a parlare con Berlusconi, che era già presidente del Consiglio o che lo stava per diventare, e gli feci presente che la controparte accettava il prezzo. Lui però volle parlare telefonicamente con Galateri. Nel corso della telefonata chiese un prezzo superiore a quello che avevo concordato e Galateri non accettò. Dopo mi resi conto che parallelamente alle trattative da me condotte c'era un altro gruppo di dirigenti, guidati da Foscale [Giancarlo, il cugino di Berlusconi *N.d.A.*], che stava cercando un acquirente per Euromercato. E questa alla fine fu la soluzione che venne prescelta da Berlusconi.[17]

Stessa prassi nella politica televisiva. Domenica 26 giugno 1994, in gran segreto, si riuniscono ad Arcore i manager di Publitalia ed esaminano il piano triennale di risanamento della Rai elaborato da Demattè e proposto al ministro delle Poste Giuseppe Tatarella (An).[18] Il progetto, che prevede una serie di aumenti automatici del canone legati al costo dei programmi trasmessi e la crescita del 5% annuo del fatturato pubblicitario, viene confrontato con un documento *top secret* di 17 pagine elaborato dagli uffici della Fininvest. Se la Rai cresce ancora, Fininvest tracolla. Alla luce dei dati, i Publitalia Boys bocciano il piano Demattè: i vertici di Viale Mazzini – sostengono sdegnati gli uomini del Cavaliere – osano proporsi

> come un concorrente commerciale per gli operatori privati, in contraddizione con la sua funzione istituzionale di servizio pubblico [...]. Non è accettabile che la Rai si ponga un obiettivo di audience generalizzata del 45% [...]. Il piano dovrebbe invece prevedere la significativa riduzione degli investimenti e, genericamente, del livello di spesa.[19]

Quel che auspicano i manager berlusconiani per la Rai non è l'aumento dei ricavi pubblicitari, ma il loro «contenimento»: «Si potrebbe imporre un tetto tra i 100 e i 1100 miliardi di lire annui». Più precisamente: «1050 miliardi nel '95 e 1100 nel '96». Insomma i dirigenti Fininvest pianificano, alla lira, il futuro della Rai nell'abitazione privata del presidente del Consiglio.

Al resto provvedono gli altri uomini del Cavaliere: quelli che a Roma siedono sui banchi del governo, della Camera e del Senato. Ora Gianni Letta è sottosegretario alla Presidenza del Consiglio. E Giuliano Ferrara ministro dei Rapporti con il Parlamento. «Il Cda Rai – dice chiaro e tondo Ferrara il 25 giugno – non gode della fiducia del governo. La sua esperienza è in via di esaurimento.» Il presidente della Vigilanza Storace chiede, per la Rai, «una nuova Norimberga». Il 27 giugno il premier boccia il piano triennale di risanamento proposto dal Cda: «Un piano scandaloso». Ma, visto che i professori non si dimettono, il 31 giugno il governo li licenzia in tronco con un emendamento di cinque righe al decreto salva-Rai.

Il nuovo vertice di Viale Mazzini è di stretta osservanza berlusconiana. Presidente: Letizia Moratti. Direttore del Tg1, al posto di Demetrio Volcic: Carlo Rossella, proveniente da «Panorama» (Mondadori, gruppo Berlusconi). Direttore del Tg2: Clemente Mimun, proveniente dal Tg5 (Fininvest, gruppo Berlusconi). Direttori dei tg regionali e dei giornali radio, due giornalisti di Forza Italia: Piero Vigorelli e Claudio Angelini. Il Cavaliere, che ha tentato fino all'ultimo di costringere i presidenti delle Camere Pivetti e Scognamiglio a infilare nel Cda il suo amico e socio Giulio Malgara, presidente dell'Upa (Utenti pubblicitari associati), si supera: «Non c'è nessun nome indicato da Forza Italia». Ma il giornalista e deputato azzurro Fabrizio Del Noce sussurra ad Augusto Minzolini: «Se le faccio vedere il bigliettino che qualche tempo fa ho scritto sulla Rai per il *big boss*, scoprirà che quattro nomi su cinque siamo riusciti a portarli: Rossella, Angelini, Mimun e Vigorelli».[20] Nel 2002, col Berlusconi II, toccherà a lui.

La fininvestizzazione della Rai viene completata qualche mese più tardi con l'occupazione della concessionaria pubblicitaria Sipra: fuori dai piedi il direttore generale Edoardo Giliberti, che nel '93 si era permesso di lavorare così bene da aumentare del 7% il fatturato portandolo a quota 1650 miliardi (nello stesso periodo Publitalia, la concessionaria Fininvest diretta e presieduta da Dell'Utri, era cresciuta solo dell'1.5%). Il 28 aprile 1995 il Cda rimuove Giliberti per rimpiazzarlo con Antonello Perricone, ex amministratore delegato di Publitalia. Del resto, è stata la neopresidente Moratti a dichiarare il 21 luglio '94 che «la Rai dev'essere complementare alla Fininvest». Altro che concorrenza. Eloquente il commento di Demattè: «Giliberti ha ottenuto risultati straordinari, ma è una persona che non si sarebbe fatta corrompere».[21] Anche Giliberti, come Demattè e Locatelli, parla pubblicamente del patto proposto dalla Fininvest al presidente della Rai:

> Si trattava di un accordo sull'audience che avrebbe inciso sulla pubblicità. Abbassare l'audience è facilissimo: basta spostare i programmi pomeridiani in prima serata e viceversa. L'audience crolla nello spazio di un mattino.[22]

Il Polo reagisce sdegnato. Il portavoce di Palazzo Chigi Antonio Tajani tuona: «Berlusconi non si è mai sognato di proporre alla Rai né la riduzione delle risorse né tantomeno accordi di cartello. Anche perché l'accordo di cartello non fa parte della sua cultura liberale». Anche Publitalia protesta. Il nuovo amministratore delegato Giuliano Adreani, davanti alla Vigilanza, assicura:

> L'accordo è impossibile perché se fosse vero il mercato se ne sarebbe accorto. Il mercato vuole concorrenza perché ne trae vantaggio. Per Publitalia è un accordo improponibile, privo di logica, non si può fare ne adesso ne mai. I nostri clienti non ci starebbero, ci manderebbero subito al diavolo.[23]

Ma i verbali dei Comitati Corporate Fininvest confermano la proposta indecente e smentiscono le smentite.

Ma quanta bella pubblicità

Da quando Berlusconi è sceso in campo, molti dei suoi colleghi imprenditori pensano bene di dargli una mano spostando gli investimenti pubblicitari da Rai a Mediaset. Che cosa non si fa per ingraziarsi il nuovo capo del governo. A raccontarlo sarà quasi dieci anni dopo Calisto Tanzi, patròn della Parmalat, quando verrà arrestato e indagato per ordine delle Procure di Milano e Parma per il crac del suo gruppo:

> Quando è stata fondata Forza Italia, sono stato chiamato da Berlusconi e l'ho incontrato ad Arcore. Berlusconi mi chiese se volessi entrare nel gruppo dei suoi sostenitori. Aggiunse che l'impresa che voleva portare avanti, con la creazione di un partito, era piuttosto onerosa e mi chiese se il mio gruppo poteva aiutarlo sia da un punto di vista finanziario che organizzativo. Io gli risposi che non era mia intenzione schierarmi con lui ufficialmente ma che ero comunque disponibile a contribuire finanziariamente al progetto Forza Italia. Insieme concordammo di utilizzare il canale della pubblicità per finanziare occultamente il nuovo partito. In buona sostanza, in parte trasferimmo quote di pubblicità Rai a Publitalia, anche se di tale circostanza non sono sicurissimo, ma certamente l'accordo con Berlusconi prevedeva che le tariffe degli spot non godessero di particolari sconti e/o promozioni così come un'azienda come la nostra, che aveva una budget così rilevante, era in grado di ottenere. Quando tornai in Parmalat, parlai con Barili, che era il capo del settore, dicendogli di favorire Mediaset, cosa che in effetti fece prendendo accordi direttamente con Marcello Dell'Utri [...]. Questo comportamento, concordato con Berlusconi, è durato in tutti questi anni e l'accordo originale non è mai stato modificato tranne che negli ultimi due anni quando, avendo aumentato il budget per la pubblicità, pensavamo di aver diritto a qualche sconto. Credo di poter quantificare il maggior costo della pubblicità da noi sopportato in questi dieci anni in una somma pari a circa 5% di quanto

ci ha complessivamente fatturato il gruppo Mediaset per la pubblicità.[24]

Dice la verità Calisto Tanzi? Sulla questione dei mancati sconti, l'indagine non farà grossi passi avanti. Sul travaso della pubblicità da Rai a Mediaset, invece, qualcosa s'è appurato. Mediaset, interpellata nel 2004 dall'«Espresso», ha snocciolato le seguenti cifre: nel '91 Parmalat acquista pubblicità per 4,8 milioni di euro, nel '92 per 6 milioni, nel '93 per 8,5, nel '94 per 8,2. Dunque il gruppo di Collecchio comincia ad aumentare gli investimenti già prima dell'ingresso di Berlusconi in politica. Ma è fra il 1993 e il '94, quando la discesa in campo viene preparata, annunciata e attuata, che si registra il distacco dalla Rai. Secondo i dati forniti dalla Sipra, gli investimenti pubblicitari di Tanzi sulle reti pubbliche erano infatti di 5,8 milioni di euro nel '91, 5,5 nel '92, 6,6 nel '93 e 5,9 l'anno successivo.

Anche le indagini della Guardia di Finanza hanno portato più o meno allo stesso risultato. Secondo le Fiamme Gialle, il budget pubblicitario investito da Parmalat attraverso Publitalia è del 54% nel 1993, del 52% nel '94, addirittura del 68.5% nel '95. Nel '96, anno della vittoria di Prodi alle politiche, la percentuale s'inverte: il 53% passa attraverso la Sipra. Poi, con la sola eccezione del 1998, tutto torna come prima. Publitalia fa la parte del leone, arrivando a raccogliere il 64.64% del fatturato pubblicitario Parmalat nel 2001 (l'anno in cui Tanzi si schiera pubblicamente con Berlusconi e finanzia la campagna elettorale di Forza Italia con un contributo dichiarato di 400 milioni di lire) e addirittura il 74.7% nel 2003.

Per i grandi imprenditori è essenziale avere buoni rapporti con chi sta in Parlamento. Per tutti gli anni Settanta e Ottanta la benevolenza dei politici la si otteneva non solo finanziandoli lecitamente o illecitamente (lo stesso Berlusconi nel 1991 ha versato illegalmente estero su estero oltre 21 miliardi di lire a Craxi), ma anche acquistando pagine di pubblicità su giornali e riviste di partito a prezzi fuori mercato, viste le esigue tirature di quelle testate.

Da quando il Cavaliere è sceso in campo questo meccanismo s'è ulteriormente affinato. Berlusconi non è l'editore dell'«Avanti!» o del «Moderno» (il settimanale dell'area «migliorista» del Pci Pds milanese che vendeva poche centinaia di copie e incassava miliardi di pubblicità). È il proprietario di tre reti televisive nazionali che fanno il pieno di ascolti. Chi trasmette spot sui suoi canali conclude un doppio affare: da una parte fa un favore al capo del governo, dall'altra sceglie un mezzo efficacissimo per raggiungere la potenziale clientela.

Così, quando il Cavaliere torna a Palazzo Chigi con una maggioranza parlamentare schiacciante, molti grandi inserzionisti aumentano gli investimenti su Mediaset, a discapito della Rai e della carta stampata. Nel 2001 la Telecom ritira dalla Rai 77,5 miliardi di lire, la Nestlè 20, la Fiat 9. Certo, a causa della crisi seguita all'attentato dell'11 settembre alle Torri Gemelle, quasi tutti i budget sono stati ridotti. Ma a Mediaset la Telecom ha tagliato solo 40 miliardi, mentre la Fiat ha addirittura aumentato di 7 miliardi i suoi investimenti sulle reti del premier. E lo stesso ha fatto la Nestlè (più 5 miliardi).[25] Scrive Giovanni Valentini:

> Dai dati Nielsen relativi al periodo gennaio-novembre 2003, rispetto all'omologo periodo precedente, risulta che 82 aziende hanno distolto i loro investimenti dai quotidiani e 53 li hanno incrementati sulle reti del Biscione, sottraendo 100 milioni di euro ai giornali e trasferendone 50 alla tv privata. Nello stesso periodo, 72 aziende hanno distratto i loro investimenti dai periodici (per un controvalore di 65 milioni di euro) e ben 45, cioè il 62%, li hanno trasferiti in gran parte a Mediaset.[26]

Così, come segnala il Garante per le Comunicazioni, le reti Mediaset hanno visto salire i ricavi (composti esclusivamente da pubblicità) dai 1497 milioni di euro del 1998 ai 2157 del 2004, mentre nello stesso periodo gli introiti della Rai (pubblicità, canone e convenzioni) hanno avuto un singolare andamento ondivago: dai 2101 milioni del 1998 si è passati ai 2449 del 2000. Poi, col ritorno di Berlusconi a Palazzo Chigi, tutto s'è improvvisamente bloccato. I ricavi Rai sono anzi scesi, e di parecchio, nel 2001, toccando la misera quota di 2331 milioni di euro. Più o meno stabili nel 2002 (2385 milioni) e nel 2003 (2405 milioni), hanno ripreso a crescere solo nel 2004, quando hanno raggiunto il tetto 2545 milioni.

E poi c'è la pubblicità «istituzionale», quella promossa dai vari ministeri con denaro pubblico. Il governo Berlusconi finanzia le tv di Berlusconi con i soldi degli italiani. Secondo la Nielsen, per esempio, nel gennaio-marzo 2005 il governo ha speso in spot 5,3 milioni di euro. E quasi tutti (96.2%) in televisione. Cioè sulle reti Mediaset, visto che sulla Rai quegli spazi sono gratis. Il tutto in barba alla legge Gaspari, che impone di destinare il 60% delle campagne istituzionali alla carta stampata.[27]

L'amico americano

L'anno più nero per la Rai è il 2001. Da un lato vengono a mancare circa 350 miliardi di pubblicità: gli attentati di Al Qaeda e la corsa degl'inserzionisti sul carro del vincitore si fanno pesantemente sentire. Dall'altro c'è un intervento a piedi uniti del neoministro delle Telecomunicazioni Maurizio Gasparri, che il 26 ottobre costringe Viale Mazzini a restituire 724 miliardi di lire già incassati su un conto aperto presso la Chase Manhattan Bank. A versarli era stata la società americana Crown Castle, che aveva acquistato il 49% delle azioni di Raiway, la consociata della tv pubblica che gestisce ripetitori, antenne e torri di trasmissione Rai.

L'affare Raiway è nato nel 2000. Con la diffusione dei telefoni cellulari, affittare alle grandi compagnie di telecomunicazioni impianti e ponti radio è diventato un grande business. E la Rai del presidente Roberto Zaccaria ci si è tuffata a capofitto, andando in cerca di un partner privato disposto a gestire tutta la rete e a dividere con lei gli eventuali utili. Vengono pubblicati degli annunci sui principali quotidiani economici internazionali. E subito 36 società mostrano interesse per l'affare. Il ministro delle Poste Antonio Maccanico dà l'assenso alle trattative, promettendo di esprimere la «presa d'atto» definitiva entro sei mesi dalla firma del contratto. Alla fine rimangono in lizza due concorrenti: la francese Tdf e l'americana Crown Castle, la società con sede a Houston (Texas) che ha già acquistato il 100% dei ponti radio della Bbc.

Viale Mazzini, prima della gara, fa stimare il valore di Raiway. Arthur Andersen valuta l'intera rete di torri e ripetitori fra un minimo di 900 e un massimo di 1350 miliardi di lire. Ma per Crown Castle vale molto di più: almeno 1750 miliardi. Infatti, il 23 febbraio 2001, gli americani offrono circa 800 miliardi per aggiudicarsi soltanto il 49% della consociata Rai. Un prezzo record, vantaggiosissimo per la tv pubblica. La superofferta non deve stupire. La new economy è in pieno boom. Qualunque business legato al modo dell'informatica, delle nuove tecnologie e delle telecomunicazioni raggiunge in Borsa quotazioni stratosferiche.

Ovvio che il presidente Zaccaria e il direttore generale Cappon siano molto soddisfatti. Con il denaro incassato dal Tesoro, principale azionista della Rai, potranno finanziare facilmente tutti gli investimenti per il digitale terrestre e tener testa alla concorrenza di Mediaset. Il 27 aprile 2001, quando già Crown Castle ha versato il denaro sul conto corrente della Chase Manhattan Bank, il contratto viene trasmesso per la «presa d'atto» al nuovo ministro mastelliano delle Telecomunicazioni Salvatore Cardinale (subentrato a Maccanico nei governi D'Alema e Amato) e alle Authority per le Comunicazioni e per l'Antitrust. Queste ultime, nel corso dell'estate, daranno il loro benestare. Cardinale invece, eletto nel '96 nella Casa delle libertà e poi passato al centrosinistra con l'Udeur, prende tempo. Il 13 maggio si vota e lui spiega al Cda Rai che proprio non se la sente di esprimersi. Così, di fatto, diventa corresponsabile di quanto accadrà nei mesi successivi.

A primavera esplode definitivamente la «bolla» della new economy. Le società che si occupano di nuove tecnologie entrano in crisi. E in settembre, al quadro già fosco, si aggiunge l'attentato alle Twin Towers che provoca una recessione a livello mondiale. All'improvviso la Crown Castle decide che Raiway non è più un buon affare. Ma, soprattutto, lo decide il mercato. In Borsa i titoli della società texana, che ancora il 30 aprile valevano 24,49 dollari, il 1° ottobre sono precipitati a 8,88. Gli americani cercano disperatamente una via di fuga: o per rescindere l'accordo e farsi restituire i soldi già versati (724 miliardi di lire, al netto delle tasse), o per rinegoziarlo. Ma, contratto alla mano, una soluzione del genere pare oggettivamente impossibile.

A questo punto la Crown Castle trova un alleato insperato proprio nel governo italiano. A Cardinale, infatti, succede

Maurizio Gasparri, uno degli esponenti di An più vicini al Cavaliere, al quale, per sicurezza, è stato affiancato come sottosegretario Giancarlo Innocenzi, per tutti gli anni Ottanta dipendente della Finivest e poi capogruppo di Forza Italia nella commissione parlamentare Lavori pubblici e Telecomunicazioni. Un tecnico di stretta obbedienza berlusconiana.

Per tutta l'estate, sul caso Raiway, Gasparri prende tempo. Incontra il Cda Rai e il direttore Cappon una sola volta. Per il resto, esamina i documenti. A fine settembre, preoccupato per il perdurante silenzio del governo, il consigliere Vittorio Emiliani incontra Gianni Letta, sottosegretario alla Presidenza del Consiglio ed ex vicepresidente della Fininvest. Gli consegna un appunto che riepiloga l'affare Raiway. E gli spiega che, senza i soldi di Crown Castle, la Rai non avrà i fondi necessari per investire nel digitale terrestre. Letta, come sempre, sembra apertissimo al dialogo.[28] Emiliani si tranquillizza. Invece la sorte di quella montagna di miliardi è già segnata. A tutto vantaggio degli americani, a tutto scapito del servizio pubblico.

Gasparri, senz'avvertire la Rai, è entrato in contatto direttamente con i vertici della Crown Castle, comunicando la sua intenzione di bocciare l'accordo. Figurarsi la gioia dei texani. Il 26 ottobre, ultimo giorno utile per la «presa d'atto» del governo, il ministro ufficializza il suo *niet*. Subito le azioni Crown Castle s'impennano del 6%. E, quando si dice la combinazione, la stessa sensazionale performance fa registrare il titolo Mediaset, che grazie alla decisione del ministro vede improvvisamente azzoppato il suo unico, teorico, concorrente.

Impermeabile anche al ridicolo, il sottosegretario Innocenzi dichiara: «Abbiamo impedito un errore strategico». Infatti Gasparri ha inviato una lettera al Cda Rai per spiegare che il prezzo era basso (il suo portavoce parla addirittura di «svendita»). Sostiene che già nel 1991 l'Iri aveva valutato in 1700 miliardi il valore degli impianti della Rai: «Circostanza davvero inquietante», commenta il ministro. Peccato che sia tutto falso. A quell'epoca, a valutare gli impianti, era stata la stessa Rai, che voleva venderli alla Stet nel tentativo di tagliare i costi. Ma poi non se n'era fatto niente, perché l'«autostima» era stata giudicata troppo elevata. Nel '94, all'arrivo della presidente Moratti, la Stet aveva invece offerto circa 700 miliardi in cambio degli impianti. Meno di quanto pagato ora da Crown Castle per il 49% dei medesimi. Secondo punto: nelle sue copiose interviste, Gasparri dichiara che i 727 miliardi dei texani non avrebbero potuto essere utilizzati dalla Rai per gl'investimenti sul digitale: «Ci sarebbe stato da discutere con Tremonti se, trattandosi di una privatizzazione, quei soldi non dovessero andare a riduzione del debito pubblico».[29] Ma neppure questo è vero. In realtà Tremonti avrebbe avuto ben poco da discutere. La legge sulle privatizzazioni stabilisce che al fondo ammortamento del debito pubblico vadano anche gli incassi per la cessione di beni di proprietà diretta del Tesoro. Ma le azioni di Raiway sono in portafoglio alla Rai, non al Tesoro. Dunque sarebbe la Rai e non Tremonti a incassare quegli 800 miliardi di lire. A meno che il Tesoro, azionista unico della Rai, non decida di farsi consegnare il malloppo con un maxi-dividendo. Ma non c'è alcun automatismo. Tremonti avrebbe dovuto sporcarsi pubblicamente le mani, prima di spolpare l'azienda concorrente di quella del capo del suo governo.

Terzo punto: la sicurezza. Scrive Gasparri che

> la potenzialità di applicazione [degli impianti Rai, *N.d.A.*] è tale da poterli sfruttare anche per delicatissimi compiti di sicurezza che solo una gestione realmente riconducibile, anche indirettamente, alla parte pubblica ne possa garantire la piena disponibilità.

A parte la scarsa dimestichezza con la lingua italiana, anche la terza obiezione del ministro non ha senso. Roberto Zaccaria non ha difficoltà a smontarla:

> Noi vendevamo il 49% degli impianti con la clausola che in qualsiasi momento, per motivi di sicurezza, lo Stato italiano avrebbe potuto requisirli. Non per niente la Gran Bretagna che è impegnata nella guerra in Irak molto più che l'Italia ha ceduto alla Crown Castle il 100% dei suoi ripetitori.

Ma la Casa delle libertà, quando sono in ballo gli affari del capocondominio, è compatta come un sol uomo. E replica all'unisono che la vendita del 49% di Raiway era «un pessimo affare». Lo dice anche Gianfranco Fini, vicepresidente del Consiglio. Gasparri rincara la dose: «Se la Rai ha bisogno di soldi, si rivolga alle banche». Solo il leader dell'Udc Marco Follini ammette che «l'accordo andava nella direzione giusta». Più zelanti dei forzisti sono i membri di An della Vigilanza, Alessio Butti e Michele Bonatesta, che sparano a zero sulla vecchia gestione Rai e insinuano giri di mazzette con gli americani. Prendendo spunto da una vignetta di Vincino sul «Foglio» di Giuliano Ferrara, che parla di tangenti perdute per Zaccaria & C., i due adombrano una nuova Tangentopoli dietro l'affare Raiway.

In compenso il no di Gasparri suscita reazioni scandalizzate dalla stampa internazionale. Il «Financial Times Deutschland» titola: «Il signor Berlusconi aiuta se stesso». Gasparri non se ne cura. Anzi trova il tempo per telefonare al direttore del Tg3 Antonio Di Bella per lamentarsi di un servizio dedicato alla vicenda, non abbastanza elogiativo nei suoi confronti.[30] Il Cda, ormai in scadenza, ricorre contro la decisione del governo dinanzi al Tar del Lazio. Ma il 13 febbraio 2002 la II sezione del tribunale amministrativo respinge il ricorso e avalla la decisione gasparresca. Sentenza irrevocabile, visto che il nuovo Cda berlusconiano si guarderà bene dal presentare appello.

Come nasce un monopolio

Con 400 milioni di euro in meno nelle casse e il padrone di Mediaset alla guida del governo, la Rai appena berlusconizzata dovrebbe affrontare la concorrenza del Biscione. Dovrebbe, perché in quelle condizioni, con le mani legate dietro la schiena, non potrebbe farlo nemmeno volendo. E comunque non vuole. Dal 2001 la battaglia per gli ascolti e per i fatturati diventa puramente teorica. Una finzione scenica. In quel momento, nel *prime time*, la Rai è al 47.6% di share e Mediaset al 43. Basteranno meno di due anni di cura per ribaltare la situazione: nella primavera del 2003 Mediaset sorpasserà la Rai salendo al 46.4% contro il 43.6 del «servizio pubblico». Uno sbilanciamento di 4 punti, talmente plateale da indurre chi di dovere a rimpiazzare il Cda e il direttore generale Agostino Saccà a metà legislatura. Già alla fine del 2003, con l'avvento di Cattaneo e soprattutto di Paolo Bonolis, nella prima serata la Rai registrerà un ascolto medio del 44.66%, contro il 44.90 del Biscione.

È quel che sognava il Cavaliere fin dal '93, quando nessuno, nemmeno i suoi fedelissimi, sembravano credergli: spartirsi l'audience *fifty fifty* con la Rai. Inutile scannarsi a suon di miliardi per un punto di share, che in fondo oggi vale «solo» 35 milioni di euro l'anno. Molto meglio ridurre i costi, anche mandando in onda programmi di bassissima qualità come i *reality show*, e massimizzare gli utili. Il tutto a vantaggio dell'azienda privata: cioè Mediaset.

I primi ad accorgersi di questa strana concorrenza all'italiana sono i dirigenti delle major americane. Secondo loro, da quando il «liberista» Berlusconi è al governo, Rai e Mediaset fanno «cartello». Con un solo obiettivo: spendere il meno possibile. Il 13 agosto 2002 Giovanni Pedde, responsabile dell'ufficio di Roma della Paramount, scrive una e-mail a Gary Marenzi, il suo *big boss* di Los Angeles, presidente del ramo televisivo della major statunitense.[31] Come accade da qualche mese, il tono è preoccupato. In febbraio, quando il vecchio Cda Rai è stato sostituito da quello berlusconiano, Pedde ha subito temuto il peggio. L'arrivo sulla poltrona di presidente dell'ex presidente della Corte costituzionale Antonio Baldassarre, buon amico di Cesare Previti, e su quella di direttore generale di Agostino Saccà, un manager che rivela orgoglioso di «votare Forza Italia con tutta la mia famiglia»,[32] l'ha spinto a scrivere: «Entrambi sono espressione della coalizione di Berlusconi, questo potrebbe confermare che molto presto il mercato delle trasmissioni Rai si trasformerà in un monopolio».[33] Previsione azzeccata. Tanto che il 13 agosto Giovanni Pedde racconta sconsolato a Gary Marenzi quel che ha saputo durante una colazione di lavoro con i rappresentanti italiani della Warner e della Columbia:

> La Warner in particolare, ma anche la Columbia, hanno enormi difficoltà nel garantire l'approvazione dei loro contratti in Italia e, sia dalla Rai che da Mediaset, colgono chiari segnali di come i network si coordinino nei loro sforzi per abbassare il costo delle licenze e sostanzialmente diminuire il volume degli acquisti. I rappresentanti di ciascuna delle reti sono arrivati al

punto di dire, a Rosario [Ponzio, Warner] e Marco [Cingoli, Columbia], che avrebbero fatto meglio ad accettare la nuova politica delle licenze perché la loro controparte (quella che una volta era il loro «concorrente») aveva già scartato il prodotto in vendita. In altre parole Guido Barbieri [il direttore della divisione diritti e fiction di Mediaset, *N.d.A.*] e Giancarlo Leone [direttore di Rai Cinema, *N.d.A.*] prima parlano tra di loro e decidono che cosa prendere da ciascuno Studio, poi stabiliscono percentuali uniformi (e più basse) da applicare nella loro trattativa e si coordinano nella strategia delle licenze così da metter lo Studio in un angolo. La situazione che Rosario e Marco stanno segnalando ai più alti vertici delle loro società ha già avuto effetti negativi sui piani di concessione delle licenze della Warner e della Columbia. Per loro lo scopo del nostro incontro a pranzo era di proporre che tu, Jeff Schlesinger [presidente della Warner Bros International Tv, *N.d.A.*] e Michael Grindon [presidente della Sony Pictures Television International, *N.d.A.*] vi incontriate e discutiate di una possibile contro-strategia.

Ovviamente, in questo contesto, l'aiuto di Tom Rosenberg [un produttore molto legato alla tv pubblica, *N.d.A.*] potrebbe essere essenziale se lui usa la leva di una negoziazione complessiva di tutti i diritti con la Rai per spingere i nostri pacchetti tv al costo che proponiamo. Al contrario, se lui non ci riesce o rinuncia al nostro pacchetto di offerte (in favore di altre opportunità con la Rai), la Rai potrebbe non solo farci delle controfferte ridicole per le licenze di *The Dead Zone* e *Haunted*, ma addirittura arrivare al punto di non prendere del tutto la serie, avendo preconcordato con Mediaset che anche Mediaset non è interessata all'offerta.

Io non mi stancherò di dire quanto sia seria la situazione e quale impatto profondo può avere sulle nostre strategie di mercato. Mentre è in corso in tutta Europa una ritirata generale dai contratti, in particolare dalle produzioni, il controllo esercitato da Berlusconi sul mercato televisivo è così pervasivo che senza qualche tipo di leva (minacciare di ritirare i film principali dalla negoziazione complessiva dei diritti? Concertare un'azione tra gli Studios per ritirare dal mercato i prodotti chiave?) Rai e Mediaset avranno tutti i vantaggi e faranno danni che sarà impossibile recuperare. Ciao, Giovanni.[34]

A partire dal 2002, insomma, Rai e Mediaset si muovono sotto l'ombrello dell'Editore Unico: il capo del governo e di Mediaset. Che poi è il solo a giovarsi della situazione, risparmiando sugl'investimenti e aumentando a dismisura i dividendi. Gli Studios di Hollywood se ne rendono conto benissimo, tanto che nella *budget analysis* per il 2003 la Paramount descrive così la situazione italiana:

> Con l'elezione di Silvio Berlusconi a primo ministro, l'aspetto politico ed economico del mondo dei media italiano è cambiato completamente. Da allora il consiglio di amministrazione Rai e i top manager sono un'espressione delle forze politiche dominanti in Parlamento e del governo (e Berlusconi è il proprietario di Mediaset), questo sta a dimostrare che Berlusconi ora controlla tutto il panorama televisivo.
> I recenti effetti di questo monopolio si sono già manifestati visto che Rai e Mediaset stanno coordinando le loro azioni per ridurre i costi di licenza e il volume degli acquisti con un diretto impatto economico sulla capacità degli Studios di piazzare il loro prodotto attraverso pacchetti [...]. Ci dobbiamo attendere che vendite e percentuali diminuiscano nei nuovi contratti finché la coalizione politica attuale eserciterà un così pervasivo controllo sulle industrie televisive [...].

Un quadro del genere richiederebbe l'immediato intervento dell'Antitrust. Le e-mail delle major – finite agli atti della richiesta di rinvio a giudizio presentata dalla Procura di Milano contro Silvio Berlusconi per i presunti falsi in bilancio di Mediaset nell'acquisto di diritti televisivi dall'America tramite società *off-shore* – parlano chiaro. Produttori e distributori affermano che «non esistono alternative in Italia all'attuale monopolio»; che «Rai e Mediaset in questo periodo sono sostanzialmente un unico giocatore»; che è in atto una «situazione simile a un cartello». Per questo Giovanni Pedde aggiorna ciclicamente i superiori di Los Angeles sull'iter della legge Gasparri (che sarà approvata tra le polemiche nel 2004), mentre negli Studios si discute del caso Italia: un Paese in cui – scrive Gary Marenzi – «il primo ministro Berlusconi ha in mano un virtuale monopolio».

Il responsabile mondiale della divisione tv della Paramount, il 6 dicembre 2002 ne parla anche con Mark Zachary, capo dell'ufficio americano di Mediatrade e Medusa Film. «Il lavoro sta diventando molto più duro, e a quanto posso vedere l'Italia è proprio un grande cartello (i miei ringraziamenti al tuo "capo di tutti i capi")[35]». Ma per Zachary, che è un dipendente di Berlusconi, la colpa è soprattutto del mercato:

> Mi sembra che sia Rai che Mediaset abbiano a che fare con una riduzione delle entrate e per questo riducano gli acquisti (quindi spingono giù i prezzi). Perfino a noi di Medusa non mancano i problemi nella vendita dei diritti tv.[36]

Il Cavallo suicidato

Ma in quegli stessi mesi del 2002, per arrivare a un riequilibrio dell'audience a favore di Mediaset, ancora all'inseguimento della Rai, si batte anche un'altra strada. Il neodirettore generale forzista Saccà e il neodirettore forzista di Rai1 Del Noce preparano il suicidio del servizio pubblico. Dopo aver cancellato dai palinsesti, come da diktat bulgaro, *Il Fatto* di Enzo Biagi che sfiorava uno share medio del 30%, spezzettano la fondamentale fascia oraria delle 20.30-21 in tre diversi programmi. A partire dal settembre 2002 va in onda la mini-striscia comica *Max e Tux*, seguita dal breve varietà itinerante *La Zingara* e da un collage di vecchi spezzoni della cineteca Rai. *Max e Tux* è un disastro. Nel giro di pochi giorni crolla dal 27% al 18%, anche se per ora – su Canale5 – ha contro soltanto gli ultimi scampoli di un concorso estivo per nuove veline. Poi, quando parte *Striscia la notizia,* la situazione precipita. Il tg satirico di Antonio Ricci sfonda ben presto la quota record del 40%. Del Noce non fa autocritica, ma la butta in politica: «*Max e Tux* sono vittime della solidarietà a Biagi che ha provocato un accanimento senza precedenti contro il nuovo programma».

Anche Rai2, diretta allora dall'ex sottosegretario leghista alle Poste Antonio Marano, decide di farsi del male. Cancellato *Sciuscià* di Michele Santoro, con i suoi ascolti medi del 18% e i suoi lucrosissimi introiti pubblicitari, lancia una nuova promessa del piccolo schermo: Antonio Socci, giornalista ciellino ed editorialista del «Giornale» della famiglia Berlusconi. Anche *Excalibur* di Socci si rivela subito una catastrofe, con ascolti molto inferiori al 10% (ma scenderanno ancora, fino a punte minime del 4). Seguono altri flop. Risultato: fra il 1° settembre e il 9 novembre 2002, Rai2 perde 2.5 punti di share rispetto allo stesso periodo del 2001.

È chiaro, a questo punto, quale fosse il «crimine» imputato dal premier a Biagi, Santoro e Luttazzi: oltre alla qualità del loro lavoro, gli ascolti troppo alti, proibitivi per Mediaset. Ora chi ha eseguito il diktat bulgaro non fa un favore solo al Berlusconi politico. Ma anche al Berlusconi imprenditore.

Al Cavaliere però basta vincere. Stravincere potrebbe essere pericoloso. Già nel 1992-93, nelle riunioni di Arcore, il fidato Gianni Letta invitava a non esultare troppo per aver strappato alla Rai i diritti di *Beautiful* e del *Giro d'Italia*:

> Lo scoop del *Giro* e quello di *Beautiful* hanno messo in grave crisi la nostra strategia. Ci eravamo mossi in tutti questi anni con prudenza e attenzione, ed eravamo riusciti a far avallare una situazione di sostanziale duopolio televisivo, con la Rai tuttavia in prima posizione per rispetto alla centralità del servizio pubblico. Ma il nostro recente comportamento ha invece convinto la maggior parte dei parlamentari che siamo diventati troppo forti. Ci viene anche attribuita la volontà di umiliare la Rai proprio nel momento della crisi del suo rapporto con il sistema politico. Ciò non può essere tollerato. È così passata senza nessuna difficoltà l'abolizione per la Rai del tetto pubblicitario. Nemmeno gli editori hanno protestato. E sta ora per iniziare al Senato la discussione di alcuni emendamenti della legge Mammì (tra cui quello sulle sponsorizzazioni) che avrebbero per noi pesantissime conseguenze. Dobbiamo comunque renderci conto che se cade la Rai, cade inevitabilmente anche la nostra televisione. La Rai va quindi sostenuta e non umiliata.[37]

Il Cavaliere era d'accordo. Anche per lui il gruppo aveva «dato la sensazione di essere troppo forte». Negli affari, meglio essere prudenti. Una lezione che Berlusconi non dimentica dieci anni dopo, a Palazzo Chigi. Facile immaginare che cosa può aver detto domenica 23 marzo 2003, quando nella quiete di villa San Martino ad Arcore ha incontrato Flavio Cattaneo,[38] il manager proveniente dalla Fiera di Milano appena scelto per succedere a Saccà. Amicissimo di Paolo Berlusconi e legato a doppio filo al potente capogruppo di An alla Camera Ignazio La Russa, Cattaneo di televisione non capisce un bel nulla. Sa però far di conto e, soprattutto, ubbidire. È sotto la sua gestione che il nocciolo duro del potere Rai finisce nelle mani di due uomini Mediaset. Due personaggi chiave per il futuro del duopolio-monopolio: Alessio Gorla e Deborah Bergamini.

Il primo è una figura storica della Fininvest. Ha prodotto programmi su programmi, poi nel 1994 ha inventato Forza Italia con Marcello Dell'Utri. Ha seguito la prima campagna elettorale del Cavaliere e per due anni ha fatto parte del comitato di presidenza del partito azzurro. Nel '96 Gorla ha lasciato la politica per tornare a Mediaset, in Sud America. Nel 2002, con agile balzo, eccolo ai piani alti della cosiddetta «concorrenza». Cattaneo, o chi per lui, lo chiama subito accanto a sé come responsabile dei palinsesti: l'uomo giusto per risollevare (ma non troppo) gli ascolti, il cui crollo troppo repentino ed evidente ha messo la Rai nell'occhio del ciclone. Il problema (o la fortuna, a seconda dei punti di vista) è il plateale legame di Gorla con il Biscione. Nella primavera del 2003 lo toccano con mano i tre comici Aldo, Giovanni e Giacomo. Gorla, da Viale Mazzini, li contatta. Vuole sapere se sono disposti a preparare un programma dopo il Tg1 per contrastare la corazzata di *Striscia la notizia*. Il trio risponde subito di sì. Il loro produttore Paolo Guerra incontra Cattaneo:

> A Cattaneo dissi: «Lei salterà come un tappo di champagne a mettere il trio contro *Striscia*». Ma lui mi rispose: «In Rai decido io». Così cominciammo a lavorare, accantonando il progetto del film che dovevamo girare. Ma improvvisamente, a giugno, i contatti con la Rai si bloccano. Silenzio assoluto.[39]

Che cos'è accaduto? All'improvviso s'è fatta avanti Mediaset. Qualcuno ha spifferato tutto alla «concorrenza». Infatti Canale5 propone al celebre trio

> un'altra striscia quotidiana, ma in un altro orario. A noi non stava bene e dunque non se n'è fatto niente [...]. Interferenza

> tra aziende? Che dire? Quella di Mediaset aveva l'aria di una controproposta [...]. E se queste cose succedono nel piccolo orticello della melassa tv, non oso pensare cosa accade nei grandi campi di grano dell'alta finanza [...].[40]

Deborah Bergamini è da tre anni la donna più potente della Rai. Diversamente da Gorla, uomo di «prodotto», lei di alta finanza se ne intende. È stata giornalista economica a Londra, dove ha incontrato Berlusconi. Il Cavaliere ne è rimasto folgorato e l'ha scelta come segretaria personale. Poi, nel 2002, l'ha prestata volentieri alla Rai come vicedirettore del Marketing strategico. Un anno dopo era già direttore e, poco dopo, anche consigliere di amministrazione di Rai International. Il suo ruolo, già importante, si accresce di molto nell'aprile 2004, quando la Rai viene «ristrutturata». Il Cda approva il piano Cattaneo che abolisce le «divisioni» e accentra tutto il potere nelle mani del direttore generale. Sarà lui a coordinare le nove «aree staff» in cui è suddivisa l'organizzazione del potere. La gestione Rai prende la forma di un grosso imbuto. Tutte le decisioni principali passano da Cattaneo e dai suoi più stretti collaboratori. Gorla viene promosso alle Risorse tv, settore strategico che gestisce i contratti in esclusiva degli artisti e le trasmissioni in appalto esterno. La bionda Deborah invece si occupa anche dei «generi» da trasmettere sulle tre reti (decide se è meglio un poliziesco, un telequiz o un programma informativo), dei rapporti con le tv degli altri paesi, delle relazioni con l'Auditel, del Televideo, di Internet. Nulla di importante può più sfuggire alla triade Cattaneo-Gorla-Bergamini.

Ma, in agguato, c'è sempre l'imprevisto. Per esempio l'eccessivo successo di Paolo Bonolis, passato da Mediaset alla Rai dopo una stagione tutt'altro che esaltante, e tornato ai vertici dell'audience con i pacchi di *Affari tuoi*. A Mediaset era considerato in declino, tanto che gli avevano negato la conduzione di *Buona domenica*. Ma nel 2004, tornato a Rai1, si prende un'inattesa rivincita sbaragliando *Striscia la notizia*. Nessuno, in tanti anni, era mai riuscito a battere il tg satirico di Ricci, punta di diamante del *prime time* Mediaset. Bonolis mette in serio pericolo la *pax televisiva* del duo-monopolio: la Rai rischia di tornare sopra Mediaset, e di parecchio. Nel *prime time*, Viale Mazzini tocca il 46.40% (+ 1.74% rispetto al 2003), mentre il Biscione scende al 42.28%, (- 2.62) e deve accontentarsi della vittoria in seconda serata e nella fascia pomeridiana. Due punti e mezzo equivalgono a 90 milioni di euro l'anno.

In condizioni di normale concorrenza, la Rai farebbe di tutto per trattenere il suo gioiello. Invece – come abbiamo visto – se lo lascia allegramente scappare, tirando alle calende greche le trattative per il rinnovo del suo contratto biennale. Così, nella primavera del 2005, Bonolis salta un'altra volta la barricata, piuttosto bassina ultimamente. E, dall'autunno, il suo volto torna a campeggiare su Canale5, che ovviamente lo ricopre d'oro. Il perché lo spiega lui stesso a «Tv Sorrisi e Canzoni»:

> Se in Rai avessi potuto trattare fin dal dicembre scorso [2004, *N.d.A.*], sarei sicuramente rimasto lì. Il fatto è che in Rai non c'era orecchio che ascoltasse fin quando non sono cambiati gli interessi di alcune persone. Vede, ad esempio, quando parlo con un dirigente che si occupa di thè freddo, io penso che il suo interesse sia il thè freddo. Ma se il thè freddo per lui è solo uno strumento e non un fine, io allora non riesco più a capire con chi sto parlando [...]. Quello di Cattaneo è stato un atteggiamento quantomeno stravagante. Il primo anno è stato fantastico. Ma poi, nel secondo anno, quando volevo sapere qualcosa sul mio futuro, c'è stato silenzio. Stallo assoluto. Non sono riuscito a parlarci da dicembre fin oltre Sanremo. A quel punto mi è sembrato giusto sentire anche altre campane, e cioè Mediaset, e le loro proposte erano interessanti.[41]

Cattaneo si consola sfoggiando un bilancio da record. Se nel 2004 Mediaset ha raccolto 500 milioni di utili, anche Viale Mazzini ha avuto le sue soddisfazioni: Rai Spa ha portato a casa ben 113 milioni. Tanto che in maggio il direttore generale e il Cda monocolore (senza più la presidente Annunziata), hanno deciso di regalarne il 70%, circa 80 milioni di euro, all'azionista di riferimento, cioè al ministero del Tesoro. Tutti quattrini sottratti ai nuovi investimenti del servizio pubblico.

Ma anche l'euforia ufficiale dura pochi mesi. Già nel settembre 2005 i giornali parlano di uno strano buco in Viale Mazzini. Un buco da 70 milioni di euro, poco meno di quelli appena donati al Tesoro. Il nuovo dg Meocci l'ha scoperto parlando con i suoi tecnici. «Non è chiaro – scrive "La Stampa" – come si sia potuto arrivare a un tracollo del genere, dopo che il 2004 era stato strombazzato come l'anno dell'utile record». In realtà gli analisti e i (pochi) giornalisti in grado di leggere i bilanci avevano capito tutto da un pezzo. Già nel maggio 2005 Vittorio Malagutti scriveva su «L'Espresso»:

> Scorrendo il bilancio 2004, si scopre che gli sforzi dei manager sono stati agevolati da una massiccia dose di doping fiscale. Tutto regolare: non c'è trucco contabile né evasione di imposte. Il segreto è custodito nelle ultime righe del bilancio di esercizio di Rai Spa [...]. Da queste carte ufficiali emerge che più della metà degli utili 2004 sono stati realizzati grazie ai cosiddetti «proventi da eliminazione di interferenze fiscali». Questa voce di bilancio vale da sola circa 63 milioni. Una somma rilevante, che finisce per andare a gonfiare il risultato aziendale.
>
> Di che si tratta? In pratica, semplificando, si può dire che buona parte dell'utile deriva dalla rilettura dei bilanci degli ultimi esercizi. Infatti, la legge consente di recuperare accantonamenti o ammortamenti, quando negli anni precedenti erano stati decisi unicamente per motivi fiscali. Proprio questa è la manovra varata dalla Rai, che ha così fatto riemergere nei conti del 2004 circa 63 milioni grazie a una semplice operazione contabile. Insomma, senza l'aiuto del fisco Cattaneo non potrebbe sfoggiare un bilancio tanto brillante, forte addirittura di 113 milioni di profitti [...]. Molti analisti non mancano di sottolineare che anche il margine operativo lordo (Mol) nel 2004 appare in diminuzione rispetto al 2003: 384,8 milioni contro 435,4. E il Mol serve proprio a misurare l'andamento industriale, al lordo delle partite fiscali, finanziarie e degli ammortamenti. Anche in questo caso i manager di Cattaneo hanno la risposta pronta. Nel 2004, spiegano, la Rai si è dovuta sobbarcare le ingenti spese legate ai grandi eventi sportivi dell'anno: gli Europei di calcio e le Olimpiadi di Atene. In totale i costi supplementari ammonterebbero a 160 milioni, mentre l'impatto sul Mol si aggirerebbe intorno a 140 milioni. In altre parole, se non fosse stato per Olimpiadi ed Europei, Cattaneo avrebbe potuto sfoggiare un margine operativo di 484 milioni, circa 50 milioni in più rispetto al 2003. L'anno scorso il governo ha dato una mano alla Rai per pagare almeno in parte que-

> sti costi supplementari. Il canone infatti è passato 97,10 a 99,60 euro. E questa manovra ha portato nelle casse del gruppo circa 42 milioni di euro in più.[42]

Tutt'altra musica si ascolta, invece, sfogliando i bilanci di Mediaset. Negli ultimi anni il Biscione s'è trasformato in un'infernale macchina da soldi. A vederla da fuori, tutto appare di una semplicità disarmante. Da una parte ci sono i ricavi, ormai fissi intorno ai 2,5 miliardi di euro all'anno (tutta pubblicità). Dall'altra ci sono le spese per i palinsesti, e qui il segreto è non superare mai, milione più o milione meno, il miliardo di euro. Con quel che resta – 1 miliardo e mezzo – si pagano i dipendenti (pochi), le spese generali, gli ammortamenti, le tasse e gli azionisti. Il problema è che di macchine così, in un paese, ne può esistere una sola. Se ce n'è una seconda e scatta la concorrenza, tutto si blocca: perché bisogna investire, correre, rischiare. Ma è un'eventualità remota. Una pura ipotesi di scuola. Perché al volante della macchina infernale, dal 1994, siede un pilota che ha anche un posto al governo e in Parlamento. Il posto d'onore.

Note

1. «la Repubblica», 9 maggio 2005.
2. Testimonianza di Ezio Cartotto, consulente di Berlusconi e Dell'Utri per la formazione del nuovo partito della Fininvest, ai pm di Palermo, 20 giugno 1997.
3. Dai verbali dei Comitati Corporate Fininvest redatti da Guido Possa.
4. Ibidem.
5. Ibidem.
6. Ibidem.
7. Ibidem.
8. Ibidem.
9. Ibidem.
10. Ibidem.
11. Paolo Murialdi, *Maledetti professori. Diario di un anno alla Rai*, Rizzoli, Milano 1994.
12. «la Repubblica», 31 luglio 1994.
13. Marcello Dell'Utri intervistato da Antonio Galdo in *Saranno potenti?*, Sperling & Kupfer, Milano 2003.
14. «La Stampa», 25 febbraio 1994.

15. «la Repubblica», 25 giugno 2000.
16. «Corriere della Sera», 9 giugno 1994.
17. Interrogatori di Franco Tatò davanti ai pm di Milano Alfredo Robledo e Fabio De Pasquale.
18. «L'Espresso», 8 luglio 1998.
19. Ibidem.
20. «La Stampa», 18 novembre 1994.
21. «la Repubblica», 29 aprile 1994.
22. Ansa, 2 agosto 1994.
23. Ibidem.
24. Interrogatorio davanti al pm Francesco Greco, 27 gennaio 2004.
25. «Il Diario», 27 giugno 2003.
26. «la Repubblica», 7 febbraio 2004.
27. «Il Sole 24 Ore», 27 maggio 2005.
28. Vittorio Emiliani, *Affondate la Rai*, Garzanti, Milano 2002.
29. «L'Espresso», 8 novembre 2001.
30. Vittorio Emiliani, *Affondate la Rai*, cit.
31. Documenti allegati alla richiesta di rinvio a giudizio.
32. «Corriere della Sera», 11 marzo 2002.
33. E-mail di Pedde a Marenzi, 22 febbraio 2002.
34. E-mail di Pedde a Marenzi, 13 agosto 2002.
35. In italiano nel testo.
36. E-mail di Zachary a Marenzi, 6 dicembre 2002.
37. Riunione del 24 ottobre 1992, ore 17, verbalizzante Guido Possa. Documenti allegati al processo Berlusconi-Guardia di Finanza.
38. «L'Espresso», 10 aprile 2003.
39. «la Repubblica», 29 novembre 2003.
40. Ibidem.
41. «Tv Sorrisi e Canzoni», 8 agosto 2005.
42. «L'Espresso», 5 maggio 2005.

3
Querciaset

Io a Silvio Berlusconi ho fatto un discorso ineccepibile sul conflitto d'interessi. Gli ho detto: «Silvio Berlusconi, il conflitto d'interessi è tuo: risolvitelo da te!».

Sabina Guzzanti nei panni di Massimo D'Alema

«Berlusconi è entrato in politica per salvare le sue aziende. Era già pronto un piano per ridurre di due unità le nostre tv. Se i comunisti vanno a Palazzo Chigi quel piano lo attueranno. Noi non possiamo accettarlo.» È il 19 dicembre 1994. Mancano tre giorni alla caduta del primo governo Berlusconi. Ma Marcello Dell'Utri, incontrando gli studenti del master in comunicazione d'impresa, è in vena di confidenze.[1]

La discesa in campo del Cavaliere ha già assicurato alla boccheggiante Fininvest la risorsa che nel mondo degli affari si rivela spesso la più scarsa: il tempo. Nei sette mesi di governo, Berlusconi è riuscito a tamponare il pressing delle banche e ha messo in cantiere il progetto per salvare definitivamente il suo impero: la quotazione in Borsa delle televisioni. Ma i problemi all'orizzonte sono ancora tanti.

Proprio nel '94, il 7 dicembre, la Corte costituzionale ha detto che la legge Mammì, là dove permette alla Fininvest di possedere tre reti, dev'essere abrogata perché viola l'articolo 21 della Costituzione:

> Il legislatore è vincolato ad impedire la formazione di posizioni dominanti nell'emittenza privata e favorire il pluralismo delle voci nel settore televisivo [...], nel senso che l'esistenza di un'emittenza pubblica non vale a bilanciare la posizione dominante di un soggetto privato [...]. Il legislatore [...] doveva contenere e gradualmente ridimensionare la concentrazione esistente e non già legittimarla stabilmente, non potendo esimersi dal considerare che la posizione dominante data dalla titolarità di 3 reti su 9 assegna un esorbitante vantaggio nella utilizzazione delle risorse e della raccolta della pubblicità.

Per il momento tutto rimane come prima. Spetta al Parlamento tradurre in pratica quei principi. Alle Camere la Corte dà solo un limite di tempo: le nuove norme dovranno essere approvate entro e non oltre il 27 agosto 1996.

Nell'immediato, il pericolo peggiore per la Fininvest viene dalla richiesta di quattro referendum, la cui ammissibilità sarà esaminata dalla stessa Consulta l'11 gennaio 1995. I primi tre, proposti dalle Acli, l'Arci e dal Gruppo di Fiesole (un'associazione di giornalisti di sinistra), puntano a rimettere in discussione la Mammì lasciando al Biscione una sola rete, ridimensionandone la raccolta pubblicitaria e impedendo l'interruzione dei film con gli spot.[2] Il quarto, proposto dai radicali, prevede l'avvio della privatizzazione Rai.

Ad Arcore si spera che i referendum vengano bocciati dalla Corte (eventualità piuttosto improbabile), ma intanto si lavora per farli fallire. Anche quest'impresa, però, non è delle più semplici. La situazione politica, nel dicembre '94, volge al peggio. Il decreto Biondi, detto anche «salvaladri», che impedisce ai magistrati di arrestare gli indagati per concussione e corruzione (13 luglio 1994), e la riforma delle pensioni hanno gettato discredito sulla maggioranza e sul suo capo. La Lega è pronta a sfilarsi. Dopo le grandi manifestazioni contro la legge finanziaria e il progetto taglia-pensioni, Umberto Bossi ha votato con il Ppi di Rocco Buttiglione (in quel momento all'opposizione) un documento che chiede la riapertura del dialogo con i sindacati. Il 20 novembre il Polo ha perso il primo turno delle amministrative in cinque province su sette, a causa del crollo di Forza Italia, sorpassata quasi ovunque da An. Il Pds è diventato il primo partito italiano e il leader del Carroccio ha annunciato «un governo costituente». La maggioranza, di fatto, non c'è più.

Anche il fronte giudiziario fa acqua da tutte le parti. Il premier è sotto inchiesta per le tangenti alla Guardia di Finanza. E quel che è peggio – ma questo al momento lo sanno solo Berlusconi e pochi altri – la Procura di Milano sta indagando su un versamento da 10 miliardi di lire sui conti esteri di Craxi da un deposito *off-shore*, la All Iberian, sul quale la Fininvest ha fatto transitare fondi neri per centinaia di miliardi.

Il 30 novembre il governo fa marcia indietro sulle pensioni

e i sindacati revocano il nuovo sciopero generale del 2 dicembre. Il 14 dicembre Lega, Ppi e Pds approvano la mozione del presidente della Camera Irene Pivetti per istituire una commissione parlamentare speciale che, dopo la bocciatura della Mammì da parte della Corte, regoli il sistema radiotelevisivo. Il 17 dicembre Bossi, Buttiglione e D'Alema s'incontrano nella casa romana del *Senatúr*, e fra un piatto di acciughe in scatola e qualche fetta di pane, preparano due mozioni di sfiducia contro il governo: una del Pds, l'altra della Lega e del Ppi insieme. Le mozioni vengono presentate subito dopo l'approvazione della finanziaria al Senato, il 19 dicembre. Berlusconi arringa gli italiani con una videocassetta registrata, grida al «tradimento» della Lega e chiede elezioni anticipate subito. Il 22 dicembre, in Parlamento, Bossi lo scarica: «Onorevole presidente, lo Stato non è lei. E dopo di lei non c'è il diluvio. Io oggi, qui, metto fine alla prima Repubblica. La Lega, onorevole presidente, le toglie la fiducia». Poi parla Berlusconi. Nemmeno un accenno alle sue vicende giudiziarie. Un solo ritornello: «Per sette lunghi mesi l'onorevole Bossi ha messo a dura prova la pazienza mia e di tutto il governo». Se cade l'esecutivo, aggiunge il Cavaliere, è tutta colpa del segretario leghista, definito «giuda, traditore, ladro e ricettatore di voti, personalità doppia e tripla». Poi, prima che il Parlamento gli voti la sfiducia, sale al Quirinale per le dimissioni.

Caro Silvio, caro Massimo

Per tutti Silvio Berlusconi è un uomo finito. Come politico e forse, visti i debiti, anche come imprenditore. Ma il Cavaliere sa di avere ancora molte frecce al suo arco. E si prepara a scoccarle a una a una. La prima è quella di imporre un nuovo governo che non gli sia troppo ostile. Di andare subito al voto, infatti, non se ne parla. Lui lo chiede il 4 gennaio 1995, proponendo la data del 26 marzo. In cambio promette che venderà le sue tv, anche se non è disposto «ad accettare confische».

Ma il resto del Parlamento reclama un governo *super partes* che si occupi subito delle disastrate finanze del Paese. Da giorni tra i rappresentanti dei partiti fervono gli incontri a tutti i livelli. Il più singolare, e segreto, è quello fra D'Alema e Berlusconi, in casa di Gianni Letta, nel quartiere romano della Camilluccia. A parte le pressioni del segretario del Pds per indurre il Cavaliere ad accettare un governo tecnico di larghe intese, sul momento non è chiaro che cosa si siano detti i due. Il 10 gennaio, ospite di Gianfranco Funari su Rete4, il leader del Pds si limita a rivelare:

> Io ho parlato anche con Berlusconi. Sono stato anche a cena con lui, ospite del dottor Letta, ed ho discusso con lui serenamente per tutta la serata spiegandogli la nostra posizione. Berlusconi è stato amabile, ma è rimasto sulla sua posizione che io considero miope [andare subito al voto, *N.d.A.*] [...]. Forza Italia con il suo 21% dei voti può esprimere un premier, ma non può pretendere di impedire al Parlamento di dare vita a un nuovo governo.[3]

Ma Berlusconi, quando parla d'affari (i suoi), ci vede benissimo. E sa che sul momento il pericolo maggiore per il suo business è rappresentato dai giudici della Consulta: il 9 gennaio inizia la camera di consiglio per decidere sull'ammissibilità dei referendum tv. Così, il giorno 10, incontra insieme ai suoi avvocati-deputati Cesare Previti e Vittorio Dotti il ministro del Tesoro uscente, Lamberto Dini, da lui stesso indicato al presidente Scalfaro come suo successore. Poi si chiude a Palazzo Chigi nell'attesa del verdetto della Corte. Passano 24 ore e la Consulta dice sì ai referendum. Se non si va alle elezioni anticipate, gli italiani risponderanno ai quattro quesiti in primavera.

Il 13 gennaio Dini viene ufficialmente incaricato di formare il nuovo esecutivo. «È il nostro ministro più prestigioso, il suo governo tecnico garantisce la piena continuità con il nostro fino alle elezioni», esulta il Berlusconi uscendo dal Quirinale. Poi sembra cambiare idea. Chiede la riconferma anche di Letta, Martino, Tremonti, Fisichella, D'Onofrio e Fini. Un modo come un altro per alzare il prezzo invischiando sempre più a fondo gli ex-comunisti nella giungla delle trattative. Quando Dini vara un governo di soli tecnici, il Cavaliere grida al «ribaltone», al «golpe», al «tradimento». E annuncia voto contrario. Poi all'improvviso cambia ancora idea e si astiene.

In fondo non ha nulla di cui preoccuparsi. Nei ministeri che gli stanno a cuore, come vedremo, ha incassato precise garanzie per il proprio futuro. E poi, proprio in quei giorni, ha stretto un patto d'acciaio con il Pds: il nuovo governo si occuperà di tutto, fuorché dell'emittenza. A rivelarlo, il 28 febbraio 2002, sarà Luciano Violante, capogruppo dei Ds alla Camera. Nel bel mezzo del dibattito sulla legge Frattini contro (si fa per dire) il conflitto d'interessi, Violante replica così al deputato di An Gianfranco Anedda che accusa la sinistra di voler espropriare il premier:

> Ieri l'onorevole Adornato ha ringraziato il presidente del nostro partito [Massimo D'Alema, *N.d.A.*] per aver detto che non c'è un regime. Io sono d'accordo con Massimo D'Alema: non c'è un regime, sulla base dei nostri criteri. Però, cari amici e colleghi, se dovessi applicare i vostri criteri, quelli che avete applicato voi nella scorsa legislatura contro di noi che non avevamo fatto una legge sul conflitto d'interessi, non avevamo tolto le televisioni all'onorevole Berlusconi... Onorevole Anedda, la invito a consultare l'onorevole Berlusconi, perché lui sa per certo che gli è stata data la garanzia piena – non adesso, nel 1994 quando ci fu il cambio di governo – che non sarebbero state toccate le televisioni. Lo sa lui e lo sa l'onorevole Letta [...]. A parte questo, la questione è un'altra. Voi ci avete accusato di regime nonostante non avessimo fatto il conflitto d'interessi [la legge sul conflitto d'interessi, *N.d.A.*], avessimo dichiarato eleggibile Berlusconi nonostante le concessioni [...]. Durante i governi di centrosinistra il fatturato di Mediaset è aumentato di 25 volte![4]

Ascoltandolo mentre svela i contenuti del patto segreto, il segretario dei Ds Piero Fassino, seduto accanto a lui, strabuzza gli occhi e si passa nervosamente una mano sul volto. Ma non proferisce verbo. Alle sue spalle l'ex ministro delle Finanze Vincenzo Visco non muove un sopracciglio, pietrificato. Violante, del resto, non mente. La cronaca degli avvenimenti, a partire da quel cruciale gennaio '95, dimostra che l'accordo c'è stato ed è stato rispettato fin nei minimi particolari. In barba alla sentenza di un mese prima della Consulta e alle promesse di un anno dopo agli elettori.

«Affossate i referendum»

Nel governo Dini, nei due ministeri che davvero gli interessano, Berlusconi ottiene ottime garanzie. Alla Giustizia va Filippo Mancuso, un anziano ex magistrato siciliano che vede come il fumo negli occhi i pool di Milano e di Palermo. In compenso, è un fervido estimatore di Corrado Carnevale e un frequentatore del salotto di Cesare Previti. Alle Telecomunicazioni va il professor Agostino Gambino, già avvocato di Michele Sindona, poi legale della famiglia Formenton (alleata di Berlusconi) nella guerra di Segrate per il controllo della Mondadori, e infine prescelto dal Cavaliere come uno dei tre «saggi» per il fantomatico *blind trust* che nel '94 avrebbe dovuto separarlo dalla Fininvest. Subito dopo aver giurato, Gambino dichiara: «Si deve fare una legge sulle tv». Gli replica Confalonieri:

> Purché non ci sfascino l'azienda, siamo disposti ad accettare un regolamento e alcune condizioni necessarie per essere considerati più pluralisti, anche se noi crediamo di esserlo già [...]. Realizzare il pluralismo è impossibile, anzi è paradossalmente più facile potendo disporre di tre reti e tanti professionisti di culture diverse. In questo modo ciascuna rete può essere culturalmente orientata verso una diversa area cultural-politica: una di centrodestra, una cattolica e una terza laico-scalfariana.[5]

Il fatto è che Berlusconi ha ormai deciso di quotare le televisioni in Borsa per scaricare gli enormi debiti sul mercato finanziario. Ha in mano delle consulenze da cui risulta che, perdendo una rete, il valore del Biscione non si ridurrebbe di un terzo, ma della metà. È insomma essenziale, per la buona riuscita dell'operazione, non solo far fallire i referendum, ma anche evitare leggi di qualsiasi tipo sulle tv.

Già nel 1993 è partito il cosiddetto progetto Wave (allora chiamato Big Tv) per portare la società in Piazza Affari nel giro di tre anni.[6] In quelle settimane, mentre fervono i preparativi per la discesa in campo del Cavaliere, è nata Mediaset, una piccola società a responsabilità limitata. Il 15 dicembre '93 Mediaset Srl ha incamerato da Reteitalia il comparto che si occupa della compravendita di diritti televisivi. Dodici mesi dopo, al termine di una serie di fusioni per incorporazione e mutamenti di ragioni sociali, anche Rti (la società titolare delle concessioni televisive di Canale5, Italia1 e Rete4) e Publitalia entrano nel nuovo gruppo Mediaset.

L'operazione si perfeziona tra il 16 e il 22 dicembre '94, proprio in coincidenza con la caduta del governo. Berlusconi si sta preparando al futuro. Pubblicamente dice di voler vendere le sue reti per risolvere il conflitto d'interessi, in realtà sta solo cercando di portare a compimento la «fase 1» del progetto Wave, che prevede l'ingresso di tre nuovi investitori, tramite un aumento di capitale. Così, il 24 marzo 1995, Mediaset Srl si trasforma in Mediaset Spa. Aumenta il capitale sociale a 166 miliardi di lire, incamera il 100% di Elettronica Industriale, la società che si occupa dei ripetitori, e poco dopo fa entrare come nuovi azionisti gli investitori strategici.

Due hanno già forti interessi nelle tv: il magnate dei media tedesco Leo Kirch, che col Cavaliere ha più di una partecipazione incrociata, e il miliardario sudafricano Johann Rupert, che è proprietario tra l'altro di Cartier, Dunhill e Rothmans, ed è appena entrato in Telepiù. Il terzo è il principe saudita Al Waleed.

A seguire il progetto di quotazione, accanto al direttore finanziario del gruppo Ubaldo Livolsi, c'è come *international advisor* la banca d'affari Morgan Stanley di Londra. Fininvest la preferisce a Mediobanca, alla quale affida il compito di quotare solo Mondadori e Mediolanum. Il perché è semplice e verrà spiegato nel 2000 da Confalonieri:

> È vero, all'inizio l'istituto di via Filodrammatici ha avuto un ruolo nel collocamento Mediaset: quello di far saltare l'operazione. Vi fu un incontro in una sede importante nel quale i rappresentati di Mediobanca ci dissero: «Voi avete un conflitto d'interessi, dovete congelare il 60% del capitale e cambiare tutto il management».[7]

Morgan Stanley invece non crea troppi problemi e, a fine '95, riassume i retroscena dell'intera operazione in un documento destinato al Comitato d'impegno per l'investimento.

In quelle carte si legge che Kirch, Rupert e Al Waleed, dopo qualche titubanza, hanno valutato Mediaset 5500 miliardi di lire e si sono impegnati ad acquistarne il 25% (1397 miliardi). Il 31 ottobre '95 però Kirch, in grosse difficoltà finanziarie, non riuscirà a sottoscrivere per intero la sua quota azionaria. Così il gruppo di lavoro Wave di Morgan Stanley propone alla casamadre di prestargli 150 milioni di dollari. Il guaio è che Kirch non è in grado di offrire garanzie serie. Ma, se non trova i soldi, non può sottoscrivere le azioni Mediaset. E, se non le sottoscrive, l'ingresso dei nuovi soci nelle tv del Cavaliere è destinato a saltare. E questo Morgan Stanley e il Cavaliere non se lo possono proprio permettere. Così si pensa di aggirare il problema (come poi avviene nel novembre '95) prestando formalmente il denaro a Kirch, ma facendolo garantire dal Biscione. Resta il nodo di una «possibile rivelazione al pubblico» dei retroscena del finto prestito:

> Sebbene tutte le parti siano d'accordo nel ritenere che l'operazione sia puramente cosmetica e pertanto non dovrebbe essere resa pubblica, c'è sempre la possibilità di una fuga di notizie [...]. Ciò potrebbe porre a rischio la credibilità dell'intero piano.[8]

Ma le cose sono giunte a un punto tale che non ci si può più tirare indietro. Scrivono gli uomini della banca d'affari:

> È importante per la credibilità del progetto Wave, così come per la potenziale futura carriera politica del signor Berlusconi, che la «Fase 1» dell'investimento appaia completata con successo [...]. La «Fase 1» è la fase critica per lo sviluppo dell'intera operazione ed è importante manifestare la serietà del signor Berlusconi nel ridurre la propria partecipazione in attività mediatiche in Italia.

La notizia del progetto di quotazione inizia a circolare ciclicamente sui giornali a partire dal maggio '93, cioè da quando Berlusconi ha deciso segretamente, ma definitivamente, di entrare in politica. Nel 1995, appena la Corte dice sì ai referendum, il leader di Forza Italia comincia però a parlare non di un ingresso in Borsa, ma di una possibile vendita. In effetti, a fine maggio, arriva ad Arcore il tycoon australiano Rupert Murdoch.

Ma – come annota Morgan Stanley – il Cavaliere respinge l'offerta di «4500 miliardi di lire per l'intera società» perché «il signor Berlusconi non voleva perderne il controllo».

La favola della vendita ha quindi un altro scopo, tutto politico: dimostrare che il Cavaliere si libererebbe volentieri del fardello del conflitto d'interessi, ma non può farlo perché nessuno acquisterebbe tre tv sulle quali pende la spada di Damocle di una legge antitrust. Non per niente il 19 aprile '95, intervistato dal settimanale di famiglia «Panorama», Berlusconi dichiara:

> È un discorso complesso. Pur avendo dato mandato di cedere le mie televisioni, non posso vendere perché proprio chi m'invita a farlo ha creato i presupposti perché ciò non possa avvenire. Mi spiego: nel novembre del '94 ho dato mandato a Fedele Confalonieri, presidente della Fininvest, di aprire le trattative per la cessione del nostro polo televisivo. Alcune forze politiche però hanno organizzato tre referendum sulle tv con l'obiettivo solo di distruggere la Fininvest. Bisogna perciò superare con tre no questi referendum, prima che si possa concludere la vendita con un acquirente qualsiasi.[9]

Il messaggio è chiaro. Cari partiti, se volete risolvere il mio conflitto d'interessi, lasciate tutto com'è, io poi mi libererò delle mie tre reti. Naturalmente le cose non andranno così. La consultazione, a causa del disimpegno dalla campagna referendaria dei partiti di minoranza, Ds in testa, e della martellante propaganda Fininvest, segnerà una larga vittoria dei No. E un mese dopo, il 19 luglio, verrà ufficialmente annunciato il progetto Wave con l'ingresso dei tre nuovi soci, finalizzato allo sbarco di Mediaset in Piazza Affari.

Il grande bluff

Il governo Dini fissa i referendum per l'11 giugno '95, subito dopo le elezioni regionali. Ma la campagna per il Sì è quasi inesistente. Salvo rare eccezioni, nella sinistra tutti puntano a portare avanti una trattativa a oltranza col Cavaliere per arrivare a una nuova legge che faccia saltare i referendum. In Parlamento si occupa della cosa l'ex presidente della Camera, il pidiessino Giorgio Napolitano, nominato presidente della Commissione speciale per il riassetto televisivo. Berlusconi, a inizio legislatura, si era profuso in attestati di stima nei suoi confronti, arrivando a stringergli pubblicamente la mano in Parlamento. Solo pochi mesi prima Giuliano Ferrara aveva proposto il suo nome come commissario europeo. Ora però Berlusconi lo definisce alternativamente «comunista» o «ex comunista». Al resto pensa la Fininvest: le tre reti private inondano l'etere e le case degl'italiani di spot per il No. Il fronte del Sì, invece, non ha una lira per competere e informare i cittadini sulla posta in gioco.

Il Garante per l'editoria Giuseppe Santaniello, che già in occasione del giudizio di ammissibilità della Consulta aveva ammonito sul rischio che il referendum sulla Mammì non venisse adeguatamente pubblicizzato, interviene di nuovo. Secondo lui il messaggio pubblicitario («Canale5, Italia1, Rete4: meglio che ci siano») trasmesso decine di volte al giorno dalle reti del Biscione è «inesatto e ingannevole». Infatti fa credere che il referendum punti ad abolire le reti Mediaset, mentre la proposta si limita «a perseguire l'obiettivo che nessun soggetto possieda più di una rete televisiva nazionale». Santaniello ordina quindi la rettifica. Ma la Fininvest si oppone e si rivolge al Tribunale di Roma per difendere la sua libertà di pensiero: «Le opinioni non possono essere rettificate». I giudici le daranno torto. La *réclame* alla fine sarà sospesa. La Fininvest però farà di tutto per evitare di dar spazio ai contro-spot. Intanto Vittorio Sgarbi e le altre trasmissioni d'intrattenimento e «informazione» del Cavaliere picchiano duro a favore del padrone, schierando i volti più noti della tv commerciale: Rita Dalla Chiesa, Iva Zanicchi, Paola Barale, Massimo Boldi...

Lo spiegamento di forze è impressionante: sugli autobus di Roma compaiono grandi cartelloni con scritto: «Vota No per salvare la televisione privata e la tua libertà di scegliere», «No alla chiusura della tv privata. No alla riduzione dei film in tv. No alla fine della libera concorrenza».

In questo clima infuocato è la Fininvest a proporre una tregua. Confalonieri, in un'intervista al «Corriere», fa sapere che si può «trattare per passare da tre reti a due». Veltroni gli tende pubblicamente la mano con un articolo su «Repubblica»: parla di un «regime transitorio» che consenta a Rai e Fininvest di possedere solo due reti per poi gradualmente raggiungere l'obiettivo «di avere una sola rete di proprietà per ogni operatore». Aggiunge che «la gravissima esposizione debitoria della Fininvest dovrebbe spingere ad immaginare un sistema più equilibrato, meno drogato dalla concorrenza spasmodica per l'audience e la pubblicità».

La proposta al Polo delle libertà sembra piacere. Berlusconi, è vero, continua a ripetere di voler andare alle urne perché per lui i referendum equivalgono a un «giudizio di Dio».[10] Poi, quando il 23 aprile il centrodestra perde 9 regioni su 15 alle amministrative, si rabbonisce. L'immagine di Emilio Fede che, a tarda sera, stacca le bandierine azzurre dalle undici regioni frettolosamente assegnate al Polo dal sondaggista aziendale Luigi Crespi, per rimpiazzarle con quelle rosse, è dura da digerire.

Il 2 maggio il Polo sceglie i negoziatori: Gianni Letta, Giuseppe Tatarella e Clemente Mastella (che in quel momento sta con Berlusconi). Il «Corriere» rivela che tra Pds e Forza Italia c'è un accordo per chiedere agli elettori di astenersi. Botteghe Oscure smentisce. Il 16 maggio Vittorio Dotti, capogruppo di Forza Italia, presenta una proposta di legge antitrust alla commissione Napolitano. D'Alema si dice ottimista: «C'è una soluzione in cantiere, forse in arrivo».

Ma la Lega non ci sta. Per Bossi, in quel periodo, Berlusconi è «il mafioso di Arcore», il «palermitano che parla meneghino» e che avrebbe fatto i soldi «con il traffico di droga» e «il riciclaggio del denaro sporco». Il 10 febbraio, al Forum di Assago (Milano), il congresso del Carroccio si trasforma in una kermesse antiberlusconiana. Bossi definisce l'ex e futuro alleato «il Frankenstein della destra, il mostro partitocratico con una gamba fascista». Dice che le sue tv «sono nate con i soldi di Cosa Nostra». Promette: «Prima o poi gli faremo saltare i tralicci». E ancora: «Richiamo le istituzioni a verificare se, nei confronti della Fininvest, non esistano gli estremi della ricostituzione del partito fascista. Se così fosse, si proceda all'oscuramento di quelle televisioni». Insomma, vuole il referendum a tutti i costi.

Gli altri però trattano. A tappe forzate. Ma il 22 maggio Berlusconi rovescia il tavolo. Dotti annuncia in Parlamento che il tempo è scaduto. Si va al voto.

L'indomani Elio Veltri, all'epoca molto vicino ad Antonio Di Pietro, incontra D'Alema a Botteghe Oscure.[11] Mentre parlano, arriva una telefonata di Gianni Letta per annullare un nuovo incontro fissato per discutere ancora dei referendum. D'Alema definisce Letta «untuoso». Poi però se la prende con Bossi: per lui è colpa della Lega e delle sue minacce di ostruzionismo se tutto è andato all'aria. «Guarda, Bossi è matto» dice il segretario del Pds a Veltri, mostrandogli un foglio. Sopra c'è scritto che la Fininvest avrebbe dovuto rinunciare a una rete entro il 1996 e che poi il Garante avrebbe deciso se levargliene anche un'altra. «Sarebbe stata la resa di Berlusconi e invece rischiamo di perdere il referendum, ma Bossi è matto e vuole solo vendette», commenta D'Alema, seriamente convinto che Berlusconi volesse trattare davvero.

In realtà il gioco del Cavaliere è stato molto più astuto. Il tira e molla ha evitato una seria campagna referendaria della sinistra per il Sì, mentre le reti Fininvest e i comitati per il No continuavano a martellare in campo libero. Alla fine sembra rendersene conto anche Veltroni, che il 6 giugno ammette: «Berlusconi non ha mai avuto intenzione di arrivare a un accordo». Poi, quando gli chiedono perché il Pds non abbia praticamente fatto campagna elettorale, risponde: «Il Sì non ha fatto la campagna elettorale che molti si aspettavano, quella contro Berlusconi. Per il resto penso che in molti non andranno a votare perché è assurdo far decidere col referendum materie che potevano essere fissate in Parlamento».

D'Alema, la prima svolta

Ma non è solo la questione tv a riavvicinare D'Alema e il Cavaliere. C'è anche la giustizia. O meglio: l'ostilità verso i magistrati. Le indagini di Mani Pulite vanno avanti in tutta Italia. E non coinvolgono soltanto la Fininvest. Ma anche, a vario titolo, uomini legati al Pds.

Il 3 maggio 1995, a Napoli, finisce in manette il responsabile della Fininvest in Campania, Maurizio Japicca. È accusato di aver pagato tangenti e fatto favori agli onorevoli Pomicino, Di Donato e De Lorenzo, attraverso due emittenti televisive locali (Canale7 e Canale8) occultamente controllate dai tre politici. In pratica Japicca avrebbe regalato alle due tv programmi per una decina di miliardi (compreso lo scollacciato *Colpo grosso*). In cambio, i tre leader avrebbero garantito un occhio di riguardo al Biscione in sede di attuazione della legge Mammì. Nell'ufficio del manager – subito scarcerato, perché reo confesso – viene trovata una lista di 16 politici di vario colore, classificati in base alla loro presunta vicinanza alla Fininvest: «già in rapporti», «in buoni contatti», «vicini», «molto amici», «in collegamento» e così via. Gli interessati, ovviamente, negano. Il presidente della Commissione speciale sulle tv, il pidiessino Giorgio Napolitano, indicato come «vicino», minaccia querele. Uno solo ammette: è il socialista Luigi Vertemati, che però tiene a precisare di aver avuto contatti anche con la Fiat, la Pirelli, l'Eni, l'Olivetti, l'Enel e così via. Ecumenico.

Ma che la lista non sia frutto di pura fantasia lo dimostra, secondo il gip Marco Occhiofino, una lettera inviata nel 1993 da Gianni Letta al deputato democristiano Vincenzo Viti (allora presidente della commissione Cultura, che stava discutendo la nuova disciplina delle campagne elettorali in tv):

> Vorrei ricordarti che sarebbe utilissimo riuscire a emendare parzialmente il comma ter dell'articolo 7. La modifica è molto modesta, ma potrebbe incidere in maniera sostanziale sullo sviluppo delle nostre cose.

Ed ecco un'altra lettera, spedita a Letta dal deputato missino Franco Servello:

> Caro Gianni, l'allegata proposta approvata dal Senato è all'esame delle commissioni della Camera [...]. Puoi fornirci qualche indicazione?

Il 26 maggio 1995 la Procura di Torino fa arrestare Marcello Dell'Utri, l'ideatore di Forza Italia e il numero uno di Publitalia: come poi stabilirà definitivamente la Cassazione, ha orchestrato un sistema di false fatture per accantonare miliardi di fondi neri, anche per uso personale.

Berlusconi si sente assediato e riunisce lo stato maggiore del partito-azienda in via dell'Anima, a Roma: Confalonieri, Letta, Previti e Ferrara. Poi tuona contro le «toghe rosse»:

> È un'ingerenza della magistratura nella campagna referendaria. Il secondo gruppo italiano, l'azienda che le sinistre più oltranziste vogliono distruggere è stata criminalizzata per vie legali. Risponderemo con freddezza e pazienza. Vogliamo un'Italia diversa da quella delle sinistre e degli estremisti in toga del giustizialismo.

Sgarbi invita la gente a «scendere in piazza contro Bossi e contro i giudici» e annuncia «un referendum per abrogare la custodia cautelare».

D'Alema reagisce agli arresti in casa Fininvest con la massima prudenza:

> Bisogna attenersi al costume garantista, non è che essere arrestati significhi essere colpevoli. Non si può combattere Berlusconi sul piano giudiziario, sarebbe barbaro se i suoi avversari usassero questo argomento come strumento di lotta politica. Se davvero i giudici fossero in mano nostra, direi loro di lasciar stare il Cavaliere: perché lui la vittima la fa benissimo, e finiscono per favorirlo.[12]

Il pidiessino Franco Bassanini si spinge addirittura a criticare «gli arresti alla vigilia del voto [i referendum dell'11 giugno, *N.d.A.*] che rischiano di dare l'idea di un uso politico della giustizia». Il 1° giugno, nel corso di un convegno dell'Associazione nazionale costruttori, D'Alema rincara la dose:

> Occorre una netta demarcazione tra la politica e l'azione giudiziaria: è la politica che deve risolvere i problemi del Paese [...]. Un magistrato ha il dovere di perseguire chi prende tangenti, ma non l'amministratore che sceglie di costruire un ponte o una strada, perché queste scelte le giudicano gli elettori [...]. Bisogna consentire al Paese di riprendere lo svilup-

po, smettendola di criminalizzare un pezzo di economia italiana o solo la classe politica.[13]

Lanfranco Turci, ex presidente della Lega cooperative e ora deputato Pds, traduce ancor meglio il suo pensiero:

> Gli equilibri politici non possono più essere influenzati dall'azione giudiziaria. Una strada può essere quella di una sanatoria per le aziende che, come Publitalia, hanno fondi neri. Diciamoci la verità: quasi tutte le imprese italiane hanno commesso qualche peccato [...]. Bisogna uscire dall'emergenza per non vivere sotto il ricatto di un avviso di garanzia che può raggiungere chiunque. E credo che alla fine il discorso di D'Alema porti proprio a questo.[14]

Due settimane dopo, quando esce di prigione, Dell'Utri ricambia la cortesia. Con un preciso segnale politico al segretario del Pds:

> Se vogliamo uscire da questa guerra continua che avvelena il Paese, l'urto frontale deve finire. E ho la sensazione che D'Alema sia il più disponibile, quello che cerca il dialogo e lancia messaggi, il più sensibile. Sì, anche rispetto a Forza Italia o al Polo. È il politico maggiormente disponibile e responsabile, ha capito che l'urto frontale danneggia solo il Paese. Cerca il dialogo, ha rivelato una sensibilità che non mi aspettavo. Senza dialogo non usciamo da questa situazione e tutto s'incancrenisce, sempre più. Berlusconi non si deve guardare da lui, ma semmai da quelli come Bossi.[15]

La convention di Publitalia che si tiene proprio in quei giorni saluta l'imputato Dell'Utri con cartelli di «Bentornato tra noi», con un lungo applauso e infine con un caldo abbraccio di Fedele Confalonieri. Lui, l'ex detenuto, torna a ripetere:

> Considero D'Alema il migliore degli avversari, meglio di tanti altri del Polo. Perché ha capito che è ora di smetterla con lo scontro, è ora di sedersi a un tavolo e cercare, insieme, una soluzione. D'Alema ha compreso finalmente che così non si può andare avanti, e ha cambiato atteggiamento.[16]

Resta da capire se queste reciproche smancerie siano frutto di qualche altro colloquio riservato, o semplicemente di una simpatia istintiva a distanza. In ogni caso il leader della Quercia ha buon gioco nel proporre «tavolo» o un «governo per le regole» con il centrodestra: un «Dini-bis sempre tecnico, che approvi la riforma elettorale a doppio turno, anche con designazione del premier; una legge sull'uso delle televisioni; e l'Antitrust. Poi si andrà a votare, magari nella primavera del 1996». Come *captatio benevolentiae* per il Cavaliere, D'Alema torna ad attaccare i giudici:

> I partiti non devono fare strumentalizzazioni di vicende giudiziarie a fini politici. È un problema di civiltà e di riconquistare una visione equilibrata e garantista. Se si è fatto un uso magari eccessivo della custodia cautelare, siamo i primi a condannarlo, pur rilevando che per tre lustri la magistratura non ha acchiappato nessun ladrone, eppure ce n'erano tanti [...]. *Che ne dirà la società civile?* Dio ce ne scampi, dalla società civile. L'idea di sostituirla alla politica si è rivelato un errore clamoroso.[17]

La sconfitta

L'arresto di Dell'Utri non ha conseguenze sui referendum televisivi dell'11 giugno. La maggioranza degli italiani vota No, come chiedeva Berlusconi, con una maggioranza del 55-57%. Norberto Bobbio riflette: «Il motivo principale per cui Berlusconi ha vinto il referendum che tendeva a diminuire il suo potere televisivo è stato il fatto stesso che aveva questo potere». Il grande filosofo e senatore a vita aggiunge che la sconfitta referendaria non deve spegnere la lotta contro la legge Mammì, anzi «è la prova di fatto, più forte di qualsiasi discorso, che avevano ragione coloro che vi si sono opposti, seppure forse in una forma maldestra, e continueranno a opporsi con maggiore abilità, spero, per la sorte della nostra democrazia». Ma subito D'Alema rassicura il Cavaliere: «Il Pds non voterà mai una legge antitrust che non sia votata anche dal Polo». In pratica, chiede al tacchino di saltare in pentola per il pranzo di Natale.

Berlusconi distribuisce un comunicato ufficiale in sette punti. Al terzo si legge:

> Per quanto riguarda le televisioni Fininvest, confermo di essere pronto a cedere la maggioranza dell'azienda. Questo potrà realizzarsi in poco tempo, dato che ci sono trattative molto avanzate, purché non siano artatamente creati nuovi ostacoli da parte di chi, da un lato chiede che io mi liberi delle televisioni e dall'altro, come ha già fatto con i referendum, fa di tutto per non rendermelo possibile.[18]

È il solito amo per tonni: non occupatevi più delle tv in Parlamento e io garantisco che aggiusterò tutto. Qualche giorno dopo anche Letta conferma: «Le trattative procedono. La soluzione della vendita risolverebbe, per Berlusconi, la questione del conflitto d'interessi». Ma la verità è tutt'altra. I tre nuovi soci che stanno discutendo l'ingresso nella neonata Mediaset hanno funzioni esclusivamente strategiche. Servono solo a fornire il denaro fresco necessario per arrivare alla quotazione. Il Cavaliere non ha alcuna intenzione di perdere il controllo delle sue tv. Ma ha ancora bisogno di tempo prima di sbarcare in Piazza Affari.

Il 6 luglio inizia, al Palafiera di Roma, il congresso del Pds. Il primo con D'Alema segretario. Il primo con Berlusconi ospite d'onore. Il leader di Forza Italia ringrazia in anticipo per l'invito e promette agli ex comunisti un «accordo strategico per portare l'Italia al voto» e «la fine della guerra civile». Intanto si accinge a far pubblicare, dalla sua Mondadori, l'ultima fatica letteraria di D'Alema, *Un Paese normale*. L'apprezzamento degli avversari lo rende felice:

> Io non capisco perché nei confronti di certi imprenditori che sono soltanto investitori finanziari, che pagano – lo hanno anche confessato – per vendere materiale obsoleto allo Stato, che sono stati condannati dai patrii tribunali [l'allusione è a De Benedetti, condannato in primo e in secondo grado per l'Ambrosiano, poi assolto in Cassazione, *N.d.A.*], i comunisti hanno un trasporto così totale. E invece Berlusconi, che si è fatto da solo, è considerato il nemico pubblico numero uno. C'è bisogno che me lo spieghino.[19]

All'apertura del congresso, in prima fila ad applaudire D'Alema in una scenografia tutta azzurra ci sono Letta e Previti. Poi, il 7 luglio, arriva Berlusconi. Stringe la mano al segretario sul palco. Poi pronuncia un discorso conciliante con il Pds, ma sferzante con Romano Prodi («Non è ancora un leader») e con i giudici («La giustizia viene esercitata in modo sommario e disumano, occorre ripristinare la certezza del diritto»). Alla fine, pochi applausi e pochi fischi.

Valentino Parlato sul «manifesto» fiuta il pericolo. Parla apertamente di «scambi» che vanno ben al di là della riscrittura delle regole, e avverte D'Alema: «Attento, Silvio sembra Riina». Poi, in un'intervista al «Corriere», dice quello che molti pensano ma pochi dicono:

> La preoccupazione è che dalle regole si passi ad altro. Che a un certo punto D'Alema dica a Berlusconi che non andrà in galera in cambio della normalizzazione della magistratura. Che la normalità sia un'operazione di contrabbando politico.[20]

Infatti il dialogo prosegue. E così pure le grandi manovre per portare Mediaset in Borsa, trasformandola in una diabolica macchina da soldi. Il feeling destra-sinistra è ormai tale che, dopo la visita di Berlusconi al congresso del Pds, Cesare Previti viene invitato alla festa nazionale dell'Unità, in programma a fine agosto a Reggio Emilia.

Del resto, per rasserenare ulteriormente il clima, il Polo si mostra molto dialogante anche nella commissione Napolitano, che adotta come testo base la proposta di Giorgio Bogi (ex Pri, ora Pds). Prevede un disarmo bilaterale: una rete in meno sia per la Rai sia per Mediaset. Intanto però le discussioni vanno a rilento. La sabbia scende inesorabilmente nella clessidra. E le elezioni sono dietro l'angolo. Alla fine, dopo 61 sedute e 11 mesi di lavoro, la commissione speciale sull'emittenza non farà in tempo a portare al voto dell'aula un bel niente. Nel dicembre '95 cade il governo Dini. La commissione si scioglie. La riforma, come tutti i tentativi di metter mano al duopolio tv, resta un'opera incompiuta. Berlusconi ha vinto un'altra volta.

L'impero dei falsi

Mentre il governo Dini tira le cuoia, la Fininvest affianca a Morgan Stanley una banca italiana appena privatizzata, l'Imi, cui affida il compito di prendere in mano le redini del progetto Wave predisponendo tempistica e strategia di collocamento delle azioni in Borsa. Il 5 dicembre l'Imi chiede a nove banche[21] e a due compagnie di assicurazioni di acquistare azioni per 600 miliardi e di garantire un aumento di capitale di circa 1200 miliardi. Diranno di sì in cinque: Banca di Roma, San Paolo di Torino, Cariplo, Comit e Monte dei Paschi di Siena.

Per loro Mediaset è un ottimo affare. Infatti – come spiegherà l'ispettore di Bankitalia Otello Carli in una consulenza tecnica sulla quotazione, commissionatagli dalla Procura di Milano – il 29 dicembre la Fininvest e le banche «firmano dei patti parasociali particolarmente favorevoli in ordine all'esercizio dei diritti spettanti ad ogni banca quale azionista di Mediaset e all'eventuale trasferimento delle partecipazioni acquisite».

Che vuol dire? Che dal 29 dicembre 1995 in poi, anche se hanno in mano solo la minoranza delle azioni, di fatto i sei istituti di credito dirigono Mediaset. Il gruppo Berlusconi non può votare a «favore di aumenti di capitale, fusioni e scissioni con società esterne al gruppo». E mette le banche al riparo da qualsiasi rischio economico. Da una parte il Cavaliere s'impegna a ricomprare a un prezzo altissimo[22] le azioni cedute alle banche nel caso in cui decidesse di vendere a qualcun altro le sue quote prima dell'ingresso ufficiale in Borsa. Dall'altra garantisce loro dividendi record, impegnandosi a «far sì che l'ammontare complessivo dei dividendi annualmente distribuiti da Mediaset non sia inferiore al 40% degli utili netti distribuibili dal gruppo». E nel 1995 il bilancio Mediaset si chiude con un utile di oltre 550 miliardi di lire. Commenta a questo proposito l'ispettore di Bankitalia:

> Da tutto quanto precede, emerge come l'operazione Mediaset abbia rappresentato per il gruppo di banche italiane partecipanti una rilevante fonte di profitto praticamente esente da rischi (scaricati su Fininvest) e di converso, per Fininvest, una modalità per poter esibire al mercato una patente di affidabi-

> lità al progetto, derivante dalla partecipazione e sostegno all'operazione stessa dell'intero Gotha del sistema bancario italiano.[23]

Non per niente, nei mesi successivi, entrano in Mediaset anche due fondi comuni d'investimento americani, tre banche straniere e altri investitori istituzionali. Il 19 aprile '96 viene approvato un aumento di capitale gratuito, da 129 a 1036 miliardi, e l'assemblea degli azionisti conferisce al consiglio di amministrazione e al comitato esecutivo i poteri necessari per la quotazione ufficiale in Piazza Affari. L'operazione Wave sarà un successo. Come scrive Massimo Mucchetti:

> Fininvest porta a casa direttamente 980 miliardi e Mediaset ben 2600. Considerando anche gli altri collocamenti, il gruppo Fininvest azzera quei debiti che solo due anni prima minacciavano di soffocarlo e si presenta munito perfino di una certa liquidità sul palcoscenico dell'alta finanza.[24]

È dunque l'ingresso delle banche a dare la svolta. La presenza (a rischio zero) dei maggiori istituti di credito del Paese nell'azionariato Mediaset garantisce la bontà dell'intera operazione. Forse per questo il 27 settembre 2005 l'ex presidente della Repubblica Francesco Cossiga, con una lettera aperta a Berlusconi sull'«Unità», irta di allusioni[25] farà balenare il dubbio che il suo appoggio al governatore Antonio Fazio durante la scalata della Popolare di Lodi all'Antonveneta sia da collegare al ruolo avuto dalla Banca d'Italia nella quotazione di Mediaset.

Del resto, che in quel periodo il Biscione avesse bisogno di qualcuno che ne certificasse la rispettabilità agli occhi del mercato, lo dimostra la cronaca di quei mesi convulsi, a cavallo tra il 1995 e il 1996. Prima del trionfo borsistico di Berlusconi accade di tutto. A Milano il 22 novembre '95 si alza il sipario sull'intricata rete di conti esteri che, solo quattro anni prima, è servita alla Fininvest per finanziare illecitamente Craxi con 10 miliardi partiti dal conto svizzero All Iberian. Finisce in manette, tra gli altri, il responsabile del comparto estero Giorgio Vanoni. Le prove, giunte per rogatoria dalla Svizzera, sono tutte documentali. Per tentare di scagionarsi agli occhi dell'opinione pubblica – a quell'epoca il nome di Craxi è ancora sinonimo di malversazioni e ruberie – Berlusconi utilizza le sue tv. Fa intervistare da Enrico Mentana il produttore cinematografico franco-tunisino Tarak ben Ammar, il quale assicura che è tutto un gigantesco equivoco. Ben Ammar, che nell'ottobre '96 entrerà nel Cda Mediaset, sostiene falsamente (ne riparleremo più diffusamente a p. 337) che quei 10 miliardi erano sì della Fininvest, ma non erano destinati a Craxi: erano per lui, che aveva venduto al Biscione dei diritti cinematografici. Chi guarda il Tg5 può legittimamente pensare che i magistrati di Milano abbiano preso un abbaglio.

In realtà i pm ci hanno azzeccato in pieno. Ad Arcore lo sanno e temono che le indagini (per finanziamento illecito e falso in bilancio) mettano in luce altre magagne. I miliardi fuori contabilità sono centinaia. Grazie al sistema delle società *offshore* è stato gonfiato il valore dei film e dei programmi televisivi che fanno parte della cosiddetta «library», prima di Fininvest e adesso di Mediaset: vero patrimonio della società che si vuole portare in Piazza Affari. Tanto che nel 2004 i pubblici ministeri Alfredo Robledo e Fabio De Pasquale scriveranno: «Mediaset è stata quotata in Borsa sulla base di una falsa rappresentazione della consistenza patrimoniale della società».[26]

Inoltre, proprio per arrivare alla quotazione, è stata utilizzata con estrema disinvoltura la legge voluta nel '94 dal ministro Giulio Tremonti (primo governo Berlusconi) che consente la detassazione di una parte significativa degli utili reinvestiti dalle aziende. La *ratio* della legge è quella di favorire il rilancio dell'economia. Mediaset, sosterrà la Procura di Milano, per applicarla da subito ed evitare di pagare circa 243 miliardi di lire di tasse, avrebbe fatto figurare come nuovi acquisti, provenienti da rivenditori terzi, una serie di pacchetti di film che invece erano già di proprietà di società del gruppo. Ma non basta. Secondo il fisco dietro l'intricata storia delle compravendite di diritti tv ci sono state anche altre irregolarità. Tanto che negli anni seguenti l'erario contesterà al gruppo Berlusconi 197 milioni di euro di evasione complessiva. Una situazione poi sanata nel 2003 grazie al versamento di soli 35 milioni di euro in base al condono fiscale varato dal secondo governo Berlusconi (un condono di cui il premier aveva promesso di non avvalersi).

Se queste verità emergessero prima della collocazione in Borsa, l'intero progetto Wave potrebbe saltare. Il rischio è altissimo. Anche perché, contro il Gastone di Arcore, questa volta sembra accanirsi pure il destino.

A gennaio, in un clima da *spy story*, un *liaison officer* della regina Elisabetta, cioè un ufficiale di collegamento con i servizi internazionali d'intelligence, si mette in contatto con il settore «I» della Guardia di Finanza (gli 007 delle Fiamme Gialle) per segnalare ingenti movimenti bancari che coinvolgono società – così recita il rapporto – «di proprietà di Silvio Berlusconi». I magistrati arrivano a David Mills, un avvocato d'affari londinese sposato con Tessa Jowell, sottosegretario alla Cultura del governo di Tony Blair. È Mills che gestisce tutto il comparto estero del gruppo Fininvest. Martedì 16 aprile, alle 10 del mattino, gli uomini del Serious Fraud Office, investigatori finanziari che dipendono dall'Attorney General, entrano a Sceptre House, al civico 169 di Regent Street, poco lontano da Piccadilly Circus. Presenti al *raid* (perquisizione, in inglese), per conto delle autorità italiane, un dirigente della Digos di Milano e due ufficiali delle Fiamme Gialle. Mills, apparentemente, collabora. Alle 16 gli agenti del Serious Fraud Office escono da Sceptre House con 15 fascicoli pieni di documenti. Materiale che scotta. Specie per una società che sta per essere quotata. Dentro infatti c'è l'elenco delle sue società estere *off-shore*, definite *very discrete*, e c'è la prova definitiva che All Iberian è del Cavaliere.

Gli investigatori sono soddisfatti. Ignorano però che molta documentazione ancor più compromettente è stata fatta sparire da Mills e consegnata a un incaricato della Fininvest. Mancano soprattutto le carte sul mercato dei diritti tv, da cui risulta che il Cavaliere ha utilizzato società estere sue e dei suoi familiari per acquistare film e poi rivenderli al suo gruppo. Un sistema con cui, secondo l'accusa, sono stati sottratti e nascosti all'estero almeno 170 milioni di dollari che dovevano invece finire nelle casse aziendali. Una montagna di denaro «provento di reato», in parte (103 miliardi di lire) fu poi prelevata in contanti da un fiduciario, quando Berlusconi era già presidente del Consiglio.

Le carte già recuperate bastano comunque per accusare il Cavaliere di aver falsificato i bilanci per circa 1500 miliardi di lire.[27] Così i suoi avvocati si impegnano in quella che i giornali definiscono la «battaglia d'Inghilterra». Una raffica di ricorsi che riusciranno a procrastinare l'arrivo dei documenti in Italia fino all'ottobre '96, ben dopo la quotazione.

Ma il fuoco di sbarramento dei legali non può impedire che lo scandalo dei fondi neri berlusconiani tenga banco su tutta la stampa, in parallelo alle notizie sul prossimo ingresso in Borsa di Mediaset. Settimana dopo settimana, si scopre che la Fininvest è accusata di aver violato le leggi antitrust in Spagna e in Italia controllando occultamente Telecinco e Telepiù oltre i limiti consentiti dalle leggi; e soprattutto di aver usato la cassa occulta del gruppo per corrompere giudici (il caso di Renato Squillante) e per scalare segretamente società quotate senza comunicarlo alla Consob. Il 15 maggio '96 scattano sette ordinanze di custodia cautelare a carico di altrettanti uomini del Biscione per falsi in bilancio fino al 1995. E dal 31 gennaio pende contro Berlusconi e Livolsi (l'uomo che sta materialmente seguendo lo sbarco in Piazza Affari) una richiesta di rinvio a giudizio per i finanziamenti illeciti e i falsi in bilancio del caso All Iberian.

Il governissimo che fa benissimo

In queste condizioni, un imprenditore normale non sarebbe mai riuscito a ottenere le autorizzazioni necessarie per essere ammesso nel listino titoli. Ma Berlusconi non è un imprenditore normale. È anche un politico. È il capo della maggioranza parlamentare. E ha buon gioco a far pesare la sua nuova condizione. A fine '95, all'improvviso, smette di chiedere le elezioni anticipate e parla, invece, di un governo delle «grandi intese», di un «governissimo» che tiri fuori il Paese dalla difficile situazione economica. Dopo il suo rinvio a giudizio per le tangenti alla Guardia di Finanza, del resto, sono in molti a chiedere che si faccia da parte. Anche il direttore del «Corriere della Sera», Paolo Mieli:

> Il rinvio a giudizio di Berlusconi per corruzione e il processo a suo carico rendono più difficile al Cavaliere di Arcore, quan-

> tomeno per una lunga stagione, cimentarsi in prima persona nel tentativo di riconquistare Palazzo Chigi. Sarà il dibattimento a dirci se Berlusconi ha corrotto la Guardia di Finanza o è stato vittima di un'estorsione [alla fine la Cassazione stabilirà che le tangenti alla Finanza la Fininvest le pagava, ma non ci sono prove sufficienti per dimostrare che le avesse disposte Berlusconi, *N.d.A.*]. Nel frattempo dovrà però rassegnarsi a fare quel famoso passo indietro che in molti gli abbiamo suggerito di compiere da oltre un anno.[28]

Così, quando il governo Dini va in crisi, Berlusconi – che ha ormai in tasca l'assenso del Gotha bancario alla quotazione di Mediaset – è sempre più malleabile. Uno zuccherino. Non protesta nemmeno troppo quando, il 16 gennaio '96, il governo uscente approva il decreto Gambino sulla par condicio che vieta, sostanzialmente, gli spot in tv nelle campagne elettorali. Lo stesso giorno «La Stampa» scrive:

> Da quando è scoppiata la crisi del governo Dini, il Cavaliere s'è preso una «cotta» per D'Alema e lo chiama anche due o tre volte al giorno per convincerlo che «la grande intesa si può fare», e «se andiamo a votare non vinciamo né noi né voi», e che «Fini alla fine si convincerà».[29]

Il presidente della Repubblica Scalfaro, nel telemessaggio di Capodanno, ha espresso la sua «gratitudine» a Berlusconi per l'improvvisa conversione al dialogo. L'obiettivo del «governissimo» che metta intorno a un tavolo i due poteri forti divenuti deboli dopo Mani Pulite, i politici e gli imprenditori, sembra a portata di mano. Non per nulla si riparla dell'amnistia per Tangentopoli, che in fondo conviene a tutti: a Berlusconi, alla Confindustria, a diverse cooperative rosse e uomini dell'ex Pci.

Per non restare col cerino acceso fra le dita, i leader di centrodestra e centrosinistra fanno condurre le trattative da quattro «tecnici»: Giuliano Urbani di Forza Italia, Domenico Fisichella di An, Cesare Salvi e Franco Bassanini del Pds. Ciascuno s'incarica di studiare una bozza di accordo per le riforme: rispettivamente sul federalismo, sulla forma di governo, sulle nuove funzioni del Parlamento, sulla giustizia. L'emittenza e il pluralismo dell'informazione non sono all'ordine del giorno. E dire che soltanto due mesi prima D'Alema paventava il pericolo dell'«inciucione». Il lavoro inizia a metà gennaio. Il giorno 23 i quattro esploratori sono a un passo dall'accordo. Ma una parte del Polo rema contro: è quella guidata dai «falchi» di An e di Forza Italia, che si riconoscono in Previti e Ferrara.

Il 25 gennaio '96, nel salotto di Vespa, Berlusconi e D'Alema si mostrano in tv per la prima volta insieme. Una scena memorabile. Berlusconi annuncia che il conflitto d'interessi non c'è più perché «il Parlamento sta esaminando la proposta dei tre saggi» (nominati due anni prima dal suo governo e riesumati per l'occasione). Poi propone di cancellare Mani Pulite, «perché distrae gli imprenditori dalla loro missione di creare posti di lavoro». Quanto al resto delle riforme, al di fuori della giustizia è piuttosto distratto, ma assicura: «Io conosco bene il modello francese, perché ho lavorato in Francia». Infine tenta di tranquillizzare chi teme l'inciucio: «Visto che non ci danno le elezioni, tanto vale fare l'accordo». Ma D'Alema ribatte: «Guardi che, se le vuole davvero, si vota dopodomani. Ma avevo capito che lei non le volesse più...».

Il 30 gennaio il patto è cosa fatta: semipresidenzialismo alla francese con qualche correttivo, legge elettorale maggioritaria a doppio turno con quota proporzionale del 15-20%. Lega e Ppi masticano amaro. D'Alema punta su un Dini-bis, poi, di fronte al no di Fini, ripiega su altri nomi: Amato, Ciampi, Maccanico. Sui primi due An dice ancora no. Così il 1° febbraio Scalfaro incarica Antonio Maccanico di formare il nuovo governo. L'anziano *grand commis* dello Stato, di scuola azionista-repubblicana, ben visto nei circoli finanziari che contano (è stato vicepresidente di Mediobanca con Enrico Cuccia, che di lui diceva: «Sarebbe capace di mettere d'accordo due sedie vuote»), è l'uomo giusto per costruire quello che, con un lapsus freudiano, Dini ha chiamato nel suo discorso di congedo «un governo di larghe imprese».

Dei fondi neri della Fininvest nessuno in Parlamento ha più interesse a parlare. Banche, grandi industrie, istituzioni finanziarie attendono solamente il nuovo esecutivo. Per gli uomini del progetto Wave, la tregua siglata da Berlusconi e D'Alema è ossigeno puro.

Il 2 febbraio il Cavaliere annuncia: «L'accordo è fatto, di

D'Alema mi fido». Poi vieta per iscritto a tutti i club di Forza Italia di usare la parola inciucio, raccomandando la definizione di «governo dei migliori». Il 9 incontra D'Alema a cena, sempre in casa Letta. Ma An punta i piedi, Prodi anche e l'inciucio si guasta. Gasparri diffonde una dichiarazione durissima contro Berlusconi: «Noi siamo contrari ai conflitti d'interesse. E chi deve andare in galera ci vada». Il 14 Maccanico sale al Quirinale per rinunciare all'incarico. Non prima di aver accusato il Polo: «Volevano che travalicassi la Costituzione». Si va alle urne.

Tesi 51, alla memoria

Alle elezioni del 21 aprile 1996 vince l'Ulivo. In realtà, entrambi gli schieramenti raccolgono tra il 43 e il 44% dei consensi. Anzi, il centrodestra ottiene più voti del centrosinistra (50.000 nella quota maggioritaria, 210.000 nel proporzionale), ma il numero di seggi conquistati dall'Ulivo è superiore sia al Senato (157 a 116), sia alla Camera (284 a 246). A Montecitorio però sono determinanti i 35 seggi di Rifondazione comunista. La Lega nord, che ha corso da sola contro «Roma Polo e Roma Ulivo», raggiunge un buon 10%. Il Pds è il primo partito con il 21.1, mentre Forza Italia si attesta al 20.6.

Le intenzioni dell'Ulivo sulle tv sembrano chiare. Nella tesi 51 del programma di Romano Prodi, alla voce «L'informazione», si legge:

> Un sistema dell'informazione e della comunicazione libero e pluralista è una condizione essenziale per la democrazia. Per questo sono necessarie nuove regole, che evitino il riformarsi nel prossimo futuro di situazioni di assenza di regole che hanno negativamente segnato questi anni; regole, soprattutto, che siano adeguate ai nuovi sviluppi tecnologici e all'avvento delle strategie multimediali che caratterizzano la «società dell'informazione».
>
> Società dell'informazione significa innanzitutto nuove possibilità per gli individui di formarsi, divertirsi, comunicare tra loro in un ambito sempre più aperto al mondo. A questo fine è necessario il pluralismo sia delle fonti di informazione, sia

dei sistemi di comunicazione e distribuzione, liberando tutte le risorse finanziarie che sono oggi vincolate all'esistenza dei monopoli.
Il settore radiotelevisivo italiano opera in una situazione di sostanziale duopolio (Rai-Fininvest), che rende estremamente difficile l'ingresso di nuovi operatori. Un mercato, per altro, troppo piccolo per permettere la crescita di statura sul mercato globale. È pertanto necessario, da una parte, aprire il mercato interno a una maggiore concorrenza e dall'altra operare verso una sua integrazione nel mercato unico europeo ed in quello globale. Qualsiasi intervento sul settore radiotelevisivo deve essere improntato chiaramente al principio che, dato il rapidissimo mutare dello scenario tecnologico, non può essere inserita alcuna forma di cristallizzazione delle tecnologie.
Gli obiettivi di intervento sono:
– Promuovere il superamento del duopolio di fatto anche dando al Paese accesso alla più ampia offerta di servizi da tutto il mondo. Obiettivo finale è consentire a ogni editore di avere un solo canale generalista via etere terrestre e di cedere quelli in più. Su mezzi diversi dall'etere si potrà invece avere un numero illimitato di canali tematici. La situazione potrà poi essere cambiata all'avvento della tv digitale. Occorre comunque un controllo – sia sulle concentrazioni proprietarie sia sulle quote di mercato – che garantisca una situazione di effettiva concorrenza.
L'obiettivo intermedio consiste nella contestuale cessione di una delle reti generaliste da parte sia della Rai che di Fininvest e nell'apertura ad altre forme di offerta televisiva.
– Ridefinire i compiti del servizio pubblico in termini di promozione del pluralismo, della sperimentazione e della valorizzazione delle nostre identità. Una precisa motivazione del servizio pubblico va trovata nel sostenere i diritti e il pluralismo culturale e quello politico [...].
Il canone annuo coprirà i costi del servizio pubblico. In questo contesto, a regime, la rete generalista della Rai potrà competere sul libero mercato della pubblicità solo per una parte del proprio tempo nell'ambito di limitazioni specifiche sulla quantità e sul tipo di ricavo pubblicitario.
– Per il superamento del duopolio è anche necessario uno sforzo di promozione della concorrenza nel settore allargato tv-telefonia. È necessaria una Autorità che specializzi in due

direzioni: una è rappresentata dall'insieme delle infrastrutture di teleradiodiffusione e di telecomunicazione, l'altra dagli aspetti editoriali.
– Stimolare l'internazionalizzazione: tutto il sistema radiotelevisivo deve essere spinto ad operare sul mercato globale ed in particolare la Rai [...].
– Il rapporto con il sistema politico non può essere definito in termini di subordinazione e condizionamento, ma unicamente in termini di indirizzo e controllo. Perché ciò sia possibile è necessario un nuovo statuto che recepisca le linee strategiche del servizio pubblico, e le fonti di nomina degli organi di governo della Rai.
Il sistema di nomina che si sta delineando in questi giorni, adatto ai periodi di transizione che stiamo vivendo, dovrà molto probabilmente essere rivisto nel nuovo scenario qui delineato.
A regime, quando sarà superato il duopolio, il governo della nuova Rai dovrà probabilmente passare all'Autorità indipendente, cui spetterà nominare una commissione di garanti che sceglierà il presidente e i consiglieri dell'azienda che, nell'ambito degli obiettivi e delle risorse loro assegnate, dovranno poter operare in piena autonomia.

Lo stesso Prodi, il 19 gennaio '95, ha dichiarato:

> Bisogna privatizzare anche la Fininvest. Restituirla al mercato. La legge Mammì ha sancito il duopolio Rai-Fininvest, che Berlusconi al potere ha trasformato in monopolio. Quindi non solo va abolita la pessima Mammì, ma va soprattutto corretta la posizione dominante di Berlusconi, che rischia di cancellare le regole della democrazia. In nessun paese al mondo sarebbe tollerata questa situazione. Ma dove mai una persona è contemporaneamente leader politico e proprietario di un sistema tv? Ma scherziamo?[30]

Anche D'Alema ha espresso concetti simili:

> Si rimuove la legge Mammì, si fa tabula rasa, si riparte da zero. E si fa l'Antitrust assumendo come base la sentenza della Corte costituzionale che dichiara illegittima la proprietà di tre reti tv da parte di un unico soggetto.[31]

Poi però il leader del Pds ha progressivamente addolcito la sua posizione. Tanto che il 15 marzo '96, in piena campagna elettorale, Ubaldo Livolsi, neoamministratore delegato di Fininvest, spiega che il gruppo «non avverte la minaccia» di un'eventuale vittoria del centrosinistra e aggiunge:

> (In passato) i pericoli non sono mancati. Cito i referendum, anche se a D'Alema va riconosciuto l'impegno di aver cercato di evitarli fino all'ultimo [...]. Mi pare (però) che si vada diffondendo la consapevolezza che le reti Fininvest sono un patrimonio del Paese.[32]

Pellegrinaggio a Stranamore

Infatti, a due settimane dal voto, il 4 aprile '96 Massimo D'Alema rende visita agli studi della quotanda Mediaset, a Cologno Monzese. L'iniziativa è stata solennemente preannunciata con largo anticipo, come un passo storico, dallo stesso D'Alema in un'intervista a «l'Unità». Lì il leader della Quercia ha usato le stesse parole di Livolsi:

> Mediaset è un patrimonio per l'Italia, è un'impresa strategica che deve poter affrontare serenamente il futuro in un quadro di regole certe e all'altezza di un paese europeo.[33]

Gli sfugge che il patrimonio dell'Italia sono le frequenze, cioè l'etere, che è un bene pubblico. Mediaset, che ha le frequenze in concessione dallo Stato, è un patrimonio privato: il patrimonio di Berlusconi.

A Cologno Monzese il leader del maggior partito della sinistra trova ad attenderlo il vice-padrone di casa, Fedele Confalonieri. Per ironia della sorte, i Berlusconi Boys hanno deciso di far sedere i due nello studio dove si registra abitualmente *Stranamore*. Lì, per due ore, D'Alema risponde alle domande dei dirigenti Mediaset, da Confalonieri a Emilio Fede a Paolo Liguori. Il suo è un discorso «alto»:

> Chi fa televisione non può fare politica. Questo è il principio che, in linea di diritto e di fatto, regola la vita di tutte le demo-

> crazie. Detto questo, sono qui per sottolineare questo messaggio: voi non dovete avere timore del giorno dopo. Non ci sarà nessun *day after*. La tv è un altro potere rispetto alla politica. È fondamentale restituire indipendenza a questo potere. Ma voi non dovete aver timori. State tranquilli: il giorno dopo noi non avremo «Storaci» con liste di proscrizione. Avremo invece la serenità sufficiente per trovare intese.[34]

Quindi D'Alema punzecchia la sinistra. Ammette che deve liberarsi da posizioni culturali «elitarie e snobistiche». Il problema «non è lo strumento, ma il modo in cui lo si utilizza. Io sono convinto che il sistema televisivo italiano è cresciuto in modo confuso». Per risolverlo però è necessaria una «visione flessibile, non rigida, del concetto di antitrust». Il punto da cui riprendere la discussione, a suo avviso, è quello raggiunto nella commissione Napolitano: «Lì sono stati fissati alcuni paletti che ritengo essere una buona base di partenza per raggiungere intese». Il Biscione, ripete, è «una ricchezza per il Paese», una ricchezza da difendere: «Noi non puntiamo alla distruzione di questa azienda, noi siamo per fissare regole per lo sviluppo».

Una volta rassicurate la dirigenza e le maestranze, D'Alema parla di Rai: «Così com'è oggi, non ha senso». Immagina, per il futuro, una Rai con sole due reti: una generalista, l'altra regionale solo canone e niente pubblicità:

> Come è un'anomalia che un gruppo privato disponga attraverso concessioni pubbliche di tre reti televisive, così è altrettanto anomalo che la tv pubblica sia anche tv commerciale.

I dirigenti Mediaset accolgono la proposta molto favorevolmente. Ma il direttore di Canale5 Giorgio Gori fa notare al leader del Pds che il suo progetto non coincide con la Tesi 51 dell'Ulivo. D'Alema si avventura nella giungla dei distinguo:

> Riconosco che la Tesi del programma dell'Ulivo non è molto chiara. Peraltro si riferisce a una futura situazione definitiva, elaborata alla luce delle nuove possibilità tecniche che si apriranno con il satellite. Ribadisco però che quello che noi pensiamo di fare nell'immediato è quello che io ho esposto qui ora.

L'indomani Prodi, che ogni giorno assaggia sulla sua pelle i linciaggi di quel «patrimonio nazionale» chiamato Mediaset, mette i puntini sulle i:

> Gli unici che non devono essere allarmati da una maggiore concorrenza sono proprio i lavoratori, perché moltiplicherà le occasioni di lavoro e farà la gioia dei giornalisti troppe volte umiliati. Poveracci, sono vittime della par condicio, frutto della situazione anomala creata dallo strapotere e la concentrazione dei media, l'anomalia Berlusconi. Quanto detto da D'Alema a Mediaset è comunque perfettamente in linea con quanto sostengo e non è in contraddizione con la Tesi 51 del nostro programma, che parla di un settore a maggiore concorrenza e di promozione della televisione pubblica. Certo, le tecnologie mutano così in fretta da richiedere adeguamenti ogni giorno.[35]

Su un punto Prodi non sembra disposto a fare marcia indietro: il «dimagrimento» di Berlusconi da tre reti a due, come sancito dalla Consulta. E infatti, poco prima delle elezioni, torna a promettere:

> La prima cosa che faremo al governo sarà attuare la sentenza della Corte costituzionale del 1994: quella che comportava la riduzione delle reti Fininvest via etere da tre a due.[36]

Immaginabile la preoccupazione del Cavaliere dopo la sconfitta del 21 aprile '96. Santa ingenuità: nei cinque anni successivi, durante tutta la legislatura dell'Ulivo, ben pochi degli obiettivi fissati dalla Tesi 51 verranno rispettati. Del resto, che Berlusconi non abbia proprio nulla da temere dagli odiati «comunisti» lo si capisce subito, non appena circola la lista dei ministri. Al dicastero-chiave delle Poste e Telecomunicazioni va un uomo tutt'altro che sgradito al padrone di Mediaset: quel Maccanico che solo pochi mesi prima aveva apparecchiato la tavola per il governissimo Polo-Ulivo. Una scelta i cui effetti si faranno immediatamente sentire.

Arrivano gli americani

Un documento, acquisito a Londra nel 2003 dalla Procura di Milano, spiega bene l'atmosfera che si respira al ministero delle Poste e negli ambienti politico-finanziari italiani e mondiali con l'arrivo di Maccanico. Definirlo un clima favorevole a Berlusconi è poco. La quotazione di Mediaset è ormai in dirittura d'arrivo e tutti si danno da fare per accelerarla il più possibile. Persino l'Amministrazione statunitense.

Lo dimostra l'appunto, datato 28 maggio '96 e intitolato *Timetable* (tabella di marcia), trovato tra le carte di Morgan Stanley, nel quale sono anche riassunti gli «sviluppi recenti» del progetto Wave. L'anonimo estensore annota il contenuto di una telefonata tra Joseph Perella, capo della divisione finanza di Morgan Stanley a New York, e l'ambasciatore americano in Italia Reginald Bartholomew che

> sta seguendo molto da vicino la situazione. Egli ha raccolto messaggi molto positivi dalle forze politiche incluso il nuovo ministro delle Poste e Telecomunicazioni, signor Maccanico. Egli stima che la possibilità di un'inaspettata azione legale per stoppare l'offerta sia del 2%. Raccomanda con forza di procedere con la tabella di marcia originale.

Inoltre il presidente di Morgan Stanley Italia, Galeazzo Pecori Giraldi, si è incontrato

> con il presidente della Consob Berlanda. Berlanda ha confermato informalmente che egli non vedeva, al momento, nessun ostacolo alla quotazione di Mediaset.

Gli uomini della banca d'affari hanno anche visto il Garante per l'editoria Santaniello:

> Il Garante ha confermato la nostra percezione di una minima esposizione di Mediaset al rischio di una perdita di una licenza dovuta a una condanna penale o alla situazione di Telepiù.

Restano però sul tavolo altri problemi. E infatti il vicedirettore generale dell'Imi Vittorio Serafino, al telefono con Perella, ha «menzionato» due «condizioni chiave per procedere»:

> 1) un differente approccio dei magistrati verso Berlusconi; 2) dei dirigenti maggiormente indipendenti nel consiglio.

Per risolvere la prima questione la Fininvest smette per qualche mese di attaccare frontalmente la Procura di Milano. I suoi manager accettano di rispondere alle domande dei pm, tanto che in aula Alfredo Messina ammette pubblicamente che la Fininvest ha finanziato, senza pretendere garanzie, i soci di Telepiù (che quindi non erano più tali: erano semplici prestanomi di Berlusconi).

Il presidente della Consob Enzo Berlanda, del resto, di fronte al montare dello scandalo delle società estere della Fininvest, non ha trovato niente di meglio da fare che scaricare il problema sui pubblici ministeri. «Se avete qualcosa da dirci, per cortesia ditecelo subito. Non tardi», ha dichiarato il 17 maggio, a margine di un convegno. Qualche tempo dopo si presentano alla Procura di Milano due ispettori della Consob. Chiedono le carte dei processi sui fondi neri Fininvest. «Chissà quanto resteranno qui, a leggere quelle migliaia di pagine», si dicono i magistrati. Invece, di fronte a quella montagna di carte, i due ispettori se ne vanno dopo un paio d'ore.

Il difensore di Berlusconi, avvocato Ennio Amodio, da sempre fautore della linea morbida con la Procura, il giorno 23 annuncia: «L'onorevole Berlusconi e tutti i manager della Fininvest sono disponibili a incontrare i magistrati nell'ambito dell'inchiesta sui conti esteri». Dal Cda Mediaset esce chi è sotto inchiesta. E la Fininvest «accetta di rilasciare un'indennità ombrello per atti illeciti compiuti da Mediaset o Fininvest» prima della quotazione.

Sul tavolo però, ricorda Morgan Stanley, restano altri «fattori chiave di rischio». Il principale è legato alla scadenza ormai vicinissima del 28 agosto 1996, giorno entro il quale, secondo la Corte costituzionale, il Parlamento dovrà licenziare la nuova legge sull'emittenza. Ma finora la normativa non è stata approvata. Che potrebbe accadere? La banca d'affari prospetta una serie di scenari. Considera «irrealistica» l'eventualità di una riforma votata in meno di due mesi e ipotizza che il Parlamento congeli la situazione per 3 o 6 mesi, durante i quali esaminare la riforma.

Se non arriva la proroga, però, le cose si complicano. Il Garante, ricorda Morgan Stanley, potrebbe ordinare a Mediaset di vendere una rete nel giro di un anno (a meno che il Parlamento non intervenga nei 12 mesi successivi); qualsiasi giudice potrebbe emettere un'ordinanza per bloccare uno dei tre canali oppure «il ministro delle Poste e Telecomunicazioni potrebbe ordinare a Mediaset, ma questo è improbabile, di sbarazzarsi di una rete».

Ma ormai le conseguenze dell'eventuale perdita di un canale, secondo la banca londinese, non sarebbero però così negative quanto lo erano prima. All'inizio dell'avventura di Wave, si stimava che una Fininvest ridotta di un terzo avrebbe perso metà del suo valore. Adesso, con Mediaset in Borsa, i tecnici della merchant bank parlano di un danno più limitato: il 5-10% di entrate in meno, un calo della pubblicità superiore al 10% (a seconda di quale rete verrà venduta) e qualche problema nell'ammortamento del magazzino programmi. Niente rispetto al disastro del 1993-94, quando il Biscione era ancora dissanguato dai debiti.

In ogni caso nessuna tra queste pessimistiche previsioni si avvererà. Mediaset ottiene l'ok della Consob e, dopo un trionfale *road show*, colloca in un battibaleno tutti i suoi titoli sul mercato. Chi compra le azioni di Berlusconi, che mantiene saldamente il controllo della società con il 52.2% del capitale, fa l'affare del secolo. Già il 15 luglio, primo giorno di contrattazioni, il valore dei titoli aumenta di 315 lire rispetto a quello del collocamento (7000 lire).

Il 29 luglio, alla festa dell'Unità di Gallipoli, D'Alema festeggia a distanza con l'amico Silvio:

> Credo che abbiamo fatto benissimo ad aiutare Mediaset ad andare in Borsa. Tra l'altro, se una grande azienda va in Borsa è tenuta per legge a una maggiore trasparenza del bilancio e a sottoporsi al controllo della Consob. Ho tutto l'interesse che Mediaset diventi un'azienda più trasparente e che si riduca la partecipazione di Berlusconi. Tutte queste dicerie dell'untore

nascono in ambienti che a me cominciano a dare un certo fastidio, perché c'è qualcosa di più che non il normale pettegolezzo giornalistico che tende ad alterare la verità. Ci sono lobby, interessi, gruppi che pensano che spetti a loro dirigere la sinistra italiana. Invece spetta a noi che siamo stati eletti. Un grande partito non si dà da fare per far fallire Mediaset.

Forse però dovrebbe darsi da fare per approvare una seria legge antitrust e per rispettare le sentenze della Consulta, come peraltro ha promesso ai suoi elettori.

Proprio nel luglio '96 il Garante Santaniello esce di scena. Lo sostituisce Francesco Paolo Casavola. Il quale, per cominciare, ricorda pubblicamente che dopo il 28 agosto il sistema televisivo italiano galleggerà in un assoluto vuoto normativo.

Maccanico Riparazioni

Come promesso in campagna elettorale, il governo Prodi tenta da subito di riformare il sistema delle tv. Il 25 giugno 1996 Maccanico illustra al Parlamento le linee-guida del suo progetto, che ricalca i principi stabiliti dalla commissione Napolitano, con Mediaset costretta a vendere una rete o a mandarla sul satellite. Poi però tutto si complica. Il centrodestra si mette di traverso e paralizza le Camere, con continui ostruzionismi a base di emendamenti e richieste di verifica del numero legale. Ai primi di luglio ci si mette anche Rifondazione comunista. Il segretario Fausto Bertinotti demolisce la manovra economica del governo Prodi, boccia la riforma dei criteri di nomina del Cda Rai e non vuole la nuova Authority per le Comunicazioni (indispensabile per privatizzare la Stet, il colosso telefonico di Stato). Per il governo è un problema spinoso. Quella della Stet dovrebbe essere la madre di tutte le privatizzazioni, la vendita decisiva per fare cassa e rimettere a posto i conti dell'Iri, ormai sull'orlo della bancarotta. Ma, senza i voti di Rifondazione, l'Ulivo non è autosufficiente.

In questo clima si apre il mercato delle vacche. Il 14 luglio Maccanico, con un'intervista al «Corriere», proprone un «accordo col Polo, altrimenti sarà impossibile governare». E, tre giorni dopo, presenta la sua riforma delle tv, suddivisa – come abbiamo visto – in due disegni di legge. Il primo (numero 1138) prevede il riordino del sistema radiotelevisivo con tanto di norme antitrust da applicare a partire dal 28 agosto 1997. Il secondo (numero 1021) disegna i contorni dell'Authority per le Comunicazioni, che dev'essere varata subito per mettere la Stet sul mercato.

Lo stesso giorno, ironia della sorte, nasce la commissione Bicamerale per le riforme istituzionali. Proprio il 17 luglio Berlusconi e D'Alema si accordano per riscrivere insieme la seconda parte della Costituzione. I giornali cominciano a raccontare di un inciucio parlamentare fra Polo e Ulivo che scavalca il governo Prodi: merce di scambio, il futuro delle tv (e anche i processi penali) del Cavaliere.

La prima accoglienza di Mediaset alle proposte Maccanico non è però delle migliori. Il ministro delle Poste – spiega «la Repubblica» il 19 luglio – si è sentito più volte con Confalonieri e Letta, e ha fornito precise garanzie. Ma, quando il disegno di legge è arrivato al Consiglio dei ministri, è stato modificato in qualche dettaglio: per volontà di Prodi e Veltroni, s'è deciso di inasprire le soglie antitrust, pur consentendo a Mediaset di allargarsi al mercato della telefonia mobile. Così ricominciano i mugugni e le proteste. Ubaldo Livolsi, appena nominato anche consigliere delegato di Mediaset, parlando alla festa del Secolo d'Italia, attacca il governo e sostiene che la proposta di riforma avrebbe già spinto alcuni investitori americani a decidere di vendere le proprie quote nella società.[37] Ma le polemiche durano poco. La maggioranza va in ferie lasciando inevasa la pratica tv.

Alla ripresa dei lavori parlamentari, la grande incognita è la sentenza della Consulta. Che cosa accadrà dalla mezzanotte del 27 agosto, quando scadrà la proroga che permette a Mediaset di continuare a trasmettere con tre reti? Come aveva previsto Morgan Stanley, non accade un bel niente. Perché Maccanico ha già in tasca un decreto salva-Rete4. «È senz'altro opportuno, il testo è già pronto», assicura il ministro al rientro dalle vacanze:

> In questa situazione ricorrono tutti i motivi per un intervento d'urgenza, in modo da impedire che la normativa sulle tv resti

scoperta dopo il 28 agosto ed evitare così il rischio che qualche pretore possa oscurare di colpo le antenne private.[38]

Una spada di Damocle che – ricorda Maccanico – non minaccia «soltanto le reti Mediaset, ma anche altre emittenti come Rete Capri, Retemia e Tele Elefante». E almeno altri 700 canali privati che finora hanno trasmesso sulla base di semplici autorizzazioni e non di concessioni. Ecco perché il ministro è preoccupato: per Elefante Tv.

Ma, nel governo, il vicepremier Veltroni non è d'accordo:

> Per le tv oggi non ravviso requisiti di urgenza. Se scaduti i termini entro i quali la ripartizione delle frequenze avrebbe dovuto essere modificata, come chiesto dalla Corte costituzionale, qualche pretore dovesse intervenire oscurando un'emittente, vedremo il da farsi. Non abbiamo certo interesse a vedere spenta una tv Fininvest.[39]

A metter le cose a posto provvede il solito ambasciatore di Berlusconi, l'uomo dei momenti difficili: Gianni Letta, che fa la spola tra i palazzi del potere, facendo balenare l'appoggio del Polo alla vendita della Stet, osteggiata da Bertinotti. Alla fine il decreto salva-Rete4 arriva, senza una sola parola sul problema delle concentrazioni televisive. Il governo garantisce altri cinque mesi di trasmissione a tutte e tre le reti Mediaset, in attesa della «grande riforma». Maccanico assicura: «Il provvedimento è un atto autonomo del governo, preso all'unanimità e non è frutto di un accordo tra maggioranza e opposizione». Poi spiega che s'è deciso di non inserire la normativa antitrust per rispettare il ruolo del Parlamento: «Ci è sembrato scorretto anticipare in un provvedimento d'urgenza una normativa così delicata». Così si perde un'occasione unica per cominciare a regolare l'intero sistema. Ezio Mauro, su «Repubblica», è molto duro:

> Una sentenza della Consulta, che non è precisamente un organo eversivo, nel 1994 giudicava incompatibile con il principio del pluralismo la concentrazione nelle mani di un unico soggetto privato di tre concessioni televisive sulle dodici esistenti.

La Corte, dichiarata così l'incostituzionalità di una parte della legge Mammì, fissava un termine per correggerla: tre anni di tempo per regolare finalmente il sistema televisivo, tre anni per ridare in sostanza un po' di pluralismo al duopolio televisivo italiano. Due anni dopo, dimostrando una ormai perfetta padronanza della vecchia sceneggiatura democristiana per le grandi vigilie, il governo dell'Ulivo ha deciso all'ultima ora dell'ultimo giorno che non si può. Prima, mesi e mesi di dibattito politico sugli usi e gli abusi della televisione in Italia; poi, al momento di decidere una regola conforme alla sentenza della Corte, il ricorso allo strumento andreottiano del decreto-tampone, che congela l'attuale stato di cose per cinque mesi (senza nessuna correzione antitrust) in attesa che il Parlamento vari la riforma Maccanico del sistema televisivo. L'auto argentata su cui Gianni Letta ha fatto la spola tra l'abitazione romana di Berlusconi e Palazzo Chigi può dunque meritatamente rientrare in garage, almeno per il momento. Ci saranno altre corse a gennaio, per «aggiustare» secondo gli interessi Fininvest questa benedetta riforma Maccanico. Ma la politica è più facile da maneggiare della Consulta, che procede per termini perentori e per sentenze. Letta ce l'ha fatta questa volta, perché non dovrebbe ripetersi? [...]. L'impressione è che siamo ormai ben oltre il conflitto d'interessi che per tre anni ha strangolato politicamente Berlusconi e ancora resiste, intatto. È come se Berlusconi fosse riuscito a mettere politicamente in Borsa i suoi guai convincendo, da bravo venditore qual è, soci e avversari ad acquistarne almeno qualche quota. Incredibilmente, la cosa sta avvenendo. L'ingorgo che soffocava il Cavaliere, nei mesi scorsi, era un triplo nodo aziendale: di tipo imprenditoriale e finanziario (l'operazione Mediaset), di tipo giudiziario (l'inchiesta dei giudici di Milano), di tipo normativo-costituzionale (la sentenza della Corte sulle concessioni tv). Passo dopo passo, dal grande negoziato con D'Alema sulle riforme in poi, il leader della Fininvest sta decongestionando il suo percorso, che come si vede ha inizio e fine unicamente nei problemi dell'azienda, centro e motore di tutto l'universo berlusconiano.[40]

La legge non c'è più

E lo spettacolo di quei giorni non è niente, rispetto a quello che riserva il futuro. I due ddl Maccanico approdano alla commissione Lavori pubblici e Telecomunicazioni del Senato, presieduta dal pidiessino Claudio Petruccioli. Lì – l'abbiamo visto – il centrodestra gioca pesante fin dall'inizio. Ostruzionismo all'arma bianca. Migliaia di emendamenti. Continue richieste di rinvio. Battaglia quotidiana. La logica è sempre la stessa: fare la guerra per fare la pace. In una sola notte dell'autunno '96, i senatori polisti Riccardo De Corato, Renato Meduri, Salvatore Ragno e Giorgio Bornacin mettono insieme più di mille emendamenti a testa. L'obiettivo è paralizzare i lavori. Quella riforma non deve passare né ora né mai. Emendamenti su tutto: dai mesi dell'anno ai nomi di città. Il disegno di legge Maccanico prevede 60 giorni di tempo per nominare la Consulta nazionale sulle telecomunicazioni? I quattro preparano un prestampato che dice «sostituire la parola... con la parola...». E i 60 giorni diventano in un emendamento 61, in un altro 62, poi 63, 64, 65 e così via. Spettacolari anche gli interventi sui nomi delle città. In un emendamento di De Corato l'Authority deve avere sede a Roma, in altri cento lo stesso senatore di An si rivolge a se stesso per proporre di spostarla a Viterbo, Napoli, Bolzano eccetera. L'inverecconda melina prosegue sino a dicembre, quando Gianfranco Fini ordina di ritirare le proposte di modifica agli articoli che riguardano l'Authority. Ma non a quelli attinenti il versante televisivo: cioè alle norme che regolano l'antitrust tv e l'affollamento pubblicitario, quelle che interessano le aziende del Cavaliere.

I lavori in commissione non decollano e intanto anche la proroga concessa ad agosto sta per scadere. Persino Bertinotti, facendo confusione tra l'obbligo di vedere un canale e la sua eliminazione, avverte: «L'oscuramento di una rete non sarebbe capito».[41] Il governo è impantanato: ha problemi sulla finanziaria, non è sicuro di avere i voti per convertire 14 importanti decreti e anche la tanto agognata Bicamerale sembra in forse. Tutto traballa. Ma c'è almeno un uomo che, nel caos generale, ha ben chiaro che cosa fare: il ministro Maccanico. Per lui, non resta che siglare un patto col Polo, senza dare troppo nell'occhio. Così, il 15 dicembre, dichiara:

> Il termine inciucio mi pare ripugnante. Quando sento questo termine mi sdegno. L'iniziativa in corso non è affatto uno scambio di basso profilo, ma è il tentativo di un accordo per normalizzare la vita parlamentare italiana che in questo momento è bloccata.[42]

Due giorni dopo il ministro capitola, per iscritto, davanti al capogruppo di Forza Italia alla Camera, Beppe Pisanu. In venti righe su carta intestata del ministero, viene sancito quello che Curzio Maltese chiama il «Trattato di Versailles delle tv»:

> Il ministro Maccanico per il governo e l'onorevole Pisanu per il Polo, nel concedere l'emendamento al disegno di legge di conversione del decreto di legge 23 ottobre 1996, n. 545 [cioè la proroga per le tre reti Mediaset, *N.d.A.*], si sono impegnati a favorire la votazione finale di tutti i decreti legge all'esame del Parlamento [...]. Cioè: il centrodestra mette fine all'ostruzionismo. Seguono le altre clausole del patto. Polo e Ulivo «s'impegnano altresì» a mandar avanti dopo le vacanze di Natale:
> 1) i disegni di legge collegati alla finaziaria '97 [...] e l'istituzione della Bicamerale e la proposta a di legge Rebuffa [per abrogare alle elezioni la quota proporzionale, *N.d.A.*]
> 2) l'esame della riforma delle telecomunicazioni e del sistema televisivo [...]
> 3) l'esame dei provvedimenti della giustizia.[43]

Tutto in un unico, incomprensibile calderone. O forse fin troppo comprensibile. Con la Bicamerale, il centrosinistra è andato all'abbraccio con il Cavaliere, l'ha legittimato nel momento per lui più difficile, l'ha consacrato addirittura come «padre costituente» mentre i suoi stessi alleati andavano alla ricerca di un leader alternativo, possibilmente vincente. Nel dicembre '96 il governo dell'Ulivo regala a Mediaset l'ennesima proroga. E dal febbraio '97, grazie anche ai voti di Forza Italia, Massimo D'Alema diventa presidente dell'insigne sinedrio che riscriverà la seconda parte della Costituzione. Le sue dichiarazioni degli ultimi mesi sono musica per le orecchie del Cavaliere e dei suoi cari:

> A me non importa se Berlusconi vuole l'accordo sulle riforme per interesse personale. Se gli interessi di Mediaset coincido-

> no con quelli del Paese, a me va bene ugualmente (*31 dicembre 1995*).
> Io di Berlusconi mi fido: credo proprio che sia sincero, quando dice di volere le riforme (*23 gennaio 1996*).
> La caduta della sua leadership mi preoccupa, potrebbe bloccare il processo di costruzione di una democrazia dell'alternanza in Italia (*31 maggio 1996*).
> Con Berlusconi dobbiamo riscrivere le regole dello Stato democratico (*3 giugno 1996*).
> Umanamente, Berlusconi mi è proprio simpatico (*25 luglio 1996*).

In questo clima idilliaco, pare brutto approvare una normativa sulle televisioni che regali anche all'Italia una seria legge antitrust. Infatti, alla fine, la montagna della Grande Riforma partorisce il classico topolino. I due ddl sulle tv approdano all'aula del Senato. Ma qui, nel luglio '97, viene approvato soltanto quello gradito al Polo, cioè alla minoranza: il 1021 che istituisce l'Authority. Dal cappuccio del ministro delle Poste, emendamento dopo emendamento, salta fuori, almeno sulla carta, anche un abbozzo di antitrust. Ma è fumo negli occhi: di fatto, fotografa la situazione esistente, come faceva la vecchia e incostituzionale Mammì.

La nuova legge (n. 249 del 24 luglio 1997) impone, sì, che nessuno possa raccogliere più del 30% delle risorse del mercato televisivo, cioè della pubblicità, e che gli operatori non possano detenere più del 20% delle frequenze nazionali disponibili. Ma a far rispettare quelle barriere deve pensarci la nuova Authority, che potrà entrare in azione solo quando esisterà in Italia «un effettivo e congruo sviluppo dell'utenza dei programmi televisivi via satellite o via cavo». Soltanto in quel momento la norma diverrà efficace, mandando Rete4 sul satellite e imponendo alla Rai di trasmettere i programmi di Rai3 senza spot. «Cioè mai», prevede Aldo Grasso sul «Corriere».

Che diavolo vuol dire «congruo sviluppo» del satellite? Nessuno lo sa. Ecco perché anche il partito-azienda di Berlusconi dice sì alla riforma. Ed ecco perché, dopo mille discussioni e rinvii, la Corte costituzionale sarà costretta a intervenire di nuovo nel 2002, per dichiarare incostituzionale anche la legge Maccanico e fissare il 31 dicembre 2003 come termine ultimo per la spedizione di Rete4 sul satellite.

All'estero si capisce subito che la mini-Maccanico – come scrive il «Financial Times» – «è una vittoria per Berlusconi». Gli italiani possono solo consolarsi con l'approvazione di una norma (la Veltroni-Vita) che attua le direttive europee sulle quote di produzione e sull'affollamento pubblicitario. Il resto della «grande riforma» delle tv annunciata con grandi squilli di tromba nell'estate '96, cioè il ddl 1138, ritorna mestamente alla commissione Lavori Pubblici, e lì resterà impantanata nelle sabbie mobili per tre anni, sotto lo sguardo sonnacchioso del presidente Petruccioli e sotto il fuoco concentrico degli emendameni berlusconiani. Non vedrà mai la luce.

L'uomo che credeva nella concorrenza

L'Authority per le Comunicazioni si mette all'opera soltanto nel 1998. E fra mille difficoltà, anche perché la legge Maccanico l'ha creata zoppa. I suoi componenti, infatti, sono tutti di nomina politica, nella più classica delle lottizzazioni. Il presidente Enzo Cheli, giurista di fama, vicino a Giuliano Amato, già consigliere Rai e giudice costituzionale, troneggiava nell'Assemblea socialista degli anni Ottanta (quella dei «nani e ballerine»). Al suo fianco siedono quattro uomini del centrosinistra: Vincenzo Monaci (indicato da Rifondazione), il popolare Giuseppe Sangiorgi (ex collaboratore di De Mita e marito della giornalista Rai Anna Scalfati), il diniano Silvio Traversa e la diessina Paola Manacorda. E quattro del centrodestra: Alfredo Meocci (amico di Casini, giornalista del Tg1 in aspettativa), Antonio Pilati (vicino a Forza Italia), Mario Lari e Alessandro Luciano (gradito ad An). Il vecchio manuale Cencelli non avrebbe saputo far di meglio. La libertà d'azione di questa che eufemisticamente viene chiamata Authority nel campo minato delle televisioni è facilmente immaginabile.

Nell'ottobre '98 cade il governo Prodi rovesciato da Rifondazione e da una congiura di palazzo, e gli subentra D'Alema con una pattuglia di transfughi del Polo al seguito di Cossiga, Mastella e Buttiglione. È la morte dell'Ulivo. La commissione Bicamerale è un pallido ricordo (Berlusconi l'ha fatta saltare in giugno). Intanto la nuova Authority mette mano al nuovo piano per le frequenze e indìce la gara per rilasciare otto concessioni televisive nazionali. Finalmente si stabilisce quali emittenti avranno il diritto di trasmettere sull'intero territorio italiano. A loro, e solo a loro, verrà data la licenza. In lizza i soliti gruppi, quelli che trasmettono da anni: Rai, Mediaset, Telemontecarlo. Finché non decide di partecipare anche un signore abruzzese di 46 anni, Francesco Di Stefano. Opera nel settore dagli anni Settanta, quando a Roma rilevò la Tvr Voxon. Poi, passo dopo passo, si è allargato. Ha creato un network di tv locali che per 8 ore al giorno mandano in onda gli stessi programmi sotto il simbolo di Europa7.

Quando l'Authority pubblica sulla Gazzetta Ufficiale il regolamento della gara, Di Stefano versa il capitale richiesto di 12 miliardi di lire. Dal punto di vista economico, ha le spalle coperte. L'Unipol, la compagnia d'assicurazioni delle coop rosse, gli fornisce tutte le garanzie.[44] Qualche mese più tardi, l'8 marzo '99, il ministero delle Poste stabilisce i termini esatti per il rilascio delle concessioni nazionali. La valutazione avverrà sulla base di un punteggio. Saranno esaminati i vari progetti e i voti verranno dati secondo criteri precisi: 1) qualità dei programmi (totale massimo: 200 punti); 2) piano d'impresa, investimenti e sviluppo della rete (260 punti); 3) occupazione (350); 4) esperienze maturate nel settore radiotelevisivo e in altri settori (190 punti).

Di Stefano chiede due concessioni: una per Europa7 e una per un'altra emittente, 7 Plus. La commissione di esperti del ministero esamina tutta la documentazione e approva una graduatoria ufficiale. Ai primi tre posti risultano Canale5 (774 punti), Italia1 (604 punti) e Rete4 (565 punti). Seguono, nell'ordine, Telepiù bianco, Tmc, Tmc2 e Telepiù nero. Europa7 si piazza all'ottavo con 347 punti, ma sale al sesto perché Rete4 e Telepiù nero – secondo la pur blanda normativa antitrust della mini-Maccanico – dovrebbero trasferirsi sul satellite, almeno dopo il famoso «congruo sviluppo» delle parabole. La 7 Plus viene invece esclusa in base a un cavillo (Di Stefano farà ricorso e otterrà ragione dal Consiglio di Stato).

Avere subito diritto a una rete nazionale è comunque un bel colpo per il nuovo arrivato. Soprattutto perché la commissione ha classificato Europa7 al primo posto dal punto di vista della qualità dei programmi. Di Stefano festeggia: non sa che da quel momento inizia il suo calvario. Il 28 luglio 1999 il ministero gli assegna ufficialmente per decreto una concessione e, come stabilisce la legge, gli ricorda che deve cominciare a trasmettere entro sei mesi, cioè entro il 31 gennaio 2000, pena la decadenza.

Ma diversamente dalle altre reti, che hanno occupato una fetta dell'etere e sono già operative da anni, il decreto ministeriale non indica le frequenze su cui la nuova emittente potrà trasmettere: si limita a parlare genericamente di «un raggruppamento di tre canali di cui uno del gruppo A, uno del gruppo B e uno del gruppo C». Il fatto è che le frequenze di Europa7 sono occupate abusivamente da Berlusconi & C. (Rete4 e Telepiù nero). Di Stefano trascorre il suo tempo a presentare denunce e ricorsi: al Tar, al Consiglio di Stato, alla Corte costituzionale. La situazione è paradossale: ha vinto una gara, ha le concessioni, ma il ministero gli nega le frequenze. Uno scandalo. Ma nessuno ne parla. Con l'eccezione di Giovanni Valentini su «Repubblica» e pochi altri. A rompere il muro della compiacente omertà proveranno il premio Nobel Dario Fo e la moglie Franca Rame con un esilarante racconto («Il signore che rubò una televisione, anzi due») diffuso su internet nel maggio 2003, mentre il Parlamento discuteva la legge Gasparri che sancirà il definitivo salvataggio di Rete4.

> Berlusconi nel 1985 aveva solo una rete di televisioni locali che trasmettevano non contemporaneamente gli stessi programmi. Era una furbata che permetteva di violare la legge, visto che allora era vietato a soggetti privati di possedere televisioni nazionali. Ma Berlusconi si mette d'accordo con Craxi che gli fa un decreto legge apposta. Così Berlusconi ha finalmente tre televisioni nazionali vere. Ma molti storcono il naso perché, essendo possibili solo 11 reti nazionali, è un po' anomalo che un solo imprenditore se ne prenda tre. Non siamo nel Far West che il primo che arriva si prende tutto [...].
> Nel 1994 la Corte costituzionale con la sentenza 420 stabiliva, in difesa del pluralismo, che un unico soggetto privato non potesse detenere tre reti nazionali, concedendo un periodo di transizione e rimettendo il problema al legislatore per una soluzione definitiva entro e non oltre l'agosto 1996.

Arriva il 1996, scade nell'indifferenza generale la decisione della Corte costituzionale e Berlusconi continua ad avere tre tv.
Nel 1997 la legge Maccanico stabiliva che un soggetto non potesse detenere più di due reti e che, finché non ci fosse stato un «congruo sviluppo» via satellite e cavo, Rete4 avrebbe potuto continuare a trasmettere via etere, quest'ultima decisione in palese contrasto con le decisioni della Corte costituzionale che aveva deciso per un termine definitivo entro l'agosto 1996.
D'Alema, una volta diventato capo del governo, decide di risolvere la questione e indìce una gara per l'assegnazione delle concessioni delle reti nazionali.
La commissione nominata dal ministero è presieduta da un avvocato di Mediaset. Berlusconi si aspetta che finalmente possa detenere legittimamente, con un regolare mandato dello Stato, le sue tre reti e relative frequenze. Nel luglio 1999 si svolge questa gara d'appalto, per partecipare si richiedono requisiti spaventosi e sembra chiaro che nessuno riuscirà a scombinare i giochi.
Invece, colpo di scena. Arriva un tipo con uno scatolone enorme pieno di documenti e dice: «Buongiorno sono Francesco Di Stefano di Europa7, vorrei due reti nazionali, grazie». Panico! E chi è questo? È pazzo? No, non è pazzo, è il loro peggior incubo. Iniziano a mettergli i bastoni tra le ruote: «Le manca il certificato 3457!». «No è qui!» «Il modulo 13 bis compilato in otto lingue?» «Ne ho due copie, bastano?» Ma poi trovano la furbata: «Il bando di gara richiede di avere 12 miliardi di capitale versato per rete, lei ne ha solo 12, può chiedere una sola tv».
«Balle!», risponde il signor Di Stefano, «dodici miliardi sono per concorrere, non per ognuna delle due frequenze».
Ricorre al Tar e poi al Consiglio di Stato e vince. Insomma alla fine gli devono dare una concessione per una rete nazionale e presto anche una seconda, perché ne ha diritto e a Berlusconi ne tolgono una, non che la debba chiudere, deve traslocarla sul satellite che comunque è ricevuto da 18 milioni di italiani.
Ma a questo Di Stefano non vogliono dare proprio niente. Deve essere uno che da piccolo lo allenavano ad abbattere i muri con la cerbottana, perché avvia una serie di procedimenti giudiziari spaventosa. Ingiunzioni, diffide, cause penali, civili, regionali, Commissione europea. E vince tutti i ricorsi, tutti gli appelli, tutte le perizie. Alla fine arriva alla Corte costituziona-

le, che nel novembre 2002, sentenza numero 466-2002, stabilisce inequivocabilmente che:
- Rete4, dal 1° gennaio 2004 dovrà emigrare sul satellite.
- Le frequenze resesi disponibili dovranno essere assegnate a Di Stefano.

L'avete sentito dire al telegiornale?
Abbiamo chiesto a Di Stefano come si sentisse in questa storia e ci ha risposto con un lieve sorriso: «Nonostante siano trascorsi ben nove anni dalla decisione della Corte costituzionale, Mediaset continua a detenere e utilizzare appieno tre reti nazionali su un totale di sette concessioni assegnate sulle undici assegnabili (comprese quelle Rai). Il fatto che un soggetto, cui è stata data una concessione (in concessione si dà un bene pubblico, in questo caso le frequenze), non riceva poi materialmente il bene è un avvenimento che non ha precedenti al mondo».
Nel luglio 1999 Centro Europa7 aveva fatto richiesta di due concessioni, una (Europa7) l'ha ottenuta, per l'altra (7 Plus) c'è stato un diniego, in quanto non ritenuta idonea per la mancanza del requisito del capitale sociale. Una sentenza del Consiglio di Stato ha riconosciuto esistente il requisito del capitale sociale, per cui siamo in attesa di una seconda concessione, anche se il ministro Gasparri prende tempo.
Nel frattempo Centro Europa7 per iniziare le trasmissioni, si è dotata di una struttura di oltre 20.000 metri quadrati, di otto grandi studi di registrazione per le proprie eventuali produzioni, di una library di oltre 3000 ore di programmi e di tutto ciò che è necessario per una rete televisiva nazionale con 700 dipendenti.
Questa preparazione è stata necessaria poiché la legge stabilisce che, entro sei mesi dall'ottenimento della concessione, la neo-emittente ha l'obbligo di iniziare le trasmissioni.
Attualmente Centro Europa7 è una società praticamente ferma, non ha alcun introito, poiché non è stata messa in condizione di operare, ma ha avuto, e continua ad avere, pesanti oneri per la gestione della struttura, l'adeguamento della library, l'adeguamento tecnologico, le ingenti spese legali, i costi dei dipendenti [...].
Ma ora altro colpo di scena. Gasparri si sta muovendo per salvare Rete4. Il ddl Gasparri, art. 20 comma 5 e art. 23 comma 1, realizza in pratica un condono, riconoscendo il diritto di

trasmettere a «soggetti privi di titolo» che occupano frequenze in virtù di provvedimenti temporanei, discriminando così le imprese come Europa7 che hanno legittima concessione, il tutto sempre al fine di salvaguardare Rete4.
Infatti, quest'ultima potrà continuare a trasmettere, in barba alla sentenza del '94 e del 2002 della Corte costituzionale e della legge 249/97, pur non avendo ormai da quasi quattro anni la concessione, mentre Europa7 non potrà mai trasmettere, dimenticando che nel luglio 1999 c'è stata una regolare gara dello Stato per assegnare le concessioni, gara persa da Rete4 e vinta da Europa7.
Si realizza quindi un ennesimo gravissimo stravolgimento del diritto. In pratica, chi ha perso la gara (Rete4) può continuare tranquillamente a trasmettere, e chi l'ha vinta (Europa7), perde definitivamente tale diritto. Non vi sembra straordinario? [...]
Un conto è fare una legge per non finire in galera [...] un conto è fare una legge per prendersi qualche cosa che appartiene a un altro. Si comincia così e poi si pretende lo *jus primae noctis*. Quindi, cara cittadina, caro cittadino, sappi che in questo momento si sta giocando una partita incredibile. Se questa legge passa: quello che è tuo è suo!

L'odissea di Francesco Di Stefano non è ancora finita. Nel 2004 viene persino trascinato in tribunale da Confalonieri, che gli chiede – udite, udite – 20 milioni di euro di danni. Il mondo alla rovescia. Ma intanto, come quelle piccole crepe che, alla lunga, fanno far crollare altissime e potentissime dighe, l'imprenditore approda in Europa: alla Corte di Giustizia del Lussemburgo. Nel luglio 2005, dopo che il Tar del Lazio ha respinto l'ennesimo ricorso di Europa7 contro il ministero delle Telecomunicazioni, il Consiglio di Stato ha chiesto ai giudici dell'Unione europea di rispondere a 10 diversi quesiti in cui si mette in discussione tutta la normativa italiana in materia di televisioni. E in ballo non c'è più soltanto il sistema delle tv, ma anche una richiesta di risarcimento record allo Stato di parecchi miliardi di euro.

Interessi di conflitto

La legislatura dell'Ulivo si chiude nel 2001 senza una legge di riordino delle televisioni. Ma anche senza una legge sul conflitto d'interessi: pure questa, come la 1138 sulle tv, viene approvata *in extremis*, in piena campagna elettorale, in un solo ramo del Parlamento, quando ormai è certo che non ci sarà tempo per votarla nell'altro.

Anche la storia del conflitto d'interessi sembra un romanzo horror. A far approvare la legge ha provato inutilmente il deputato dipietrista Elio Veltri, che il 23 aprile 1997 ha presentato una proposta che riprende, con alcune modifiche, il testo già avanzato dai progressisti nella legislatura precedente (1994-96). Il presidente della Camera Luciano Violante assegna l'esame dell'articolato alla commissione Anticorruzione, un organismo nato nel '96, subito dopo il grande scandalo di Tangentopoli 2, cioè l'indagine del Gico della Guardia di Finanza sugli affari sporchi del banchiere Pierfrancesco Pacini Battaglia.

Il presidente dell'Anticorruzione, il deputato di Rifondazione Giovanni Meloni, sceglie Veltri come relatore sul conflitto di interessi. Ma subito il Cavaliere corre ai ripari. Racconta Veltri nel suo libro *Le toghe rosse*:

> Poco tempo dopo, Berlusconi in un'intervista annunciò la presentazione di una proposta di legge, con la sua firma e quella di Franco Frattini, sollecitandone l'immediata discussione. Non erano passati che pochi giorni quando il presidente della Camera (Violante) ha trasferito il conflitto di interessi alla commissione Affari Costituzionali presieduta da Rosa Russo Jervolino, considerata più «affidabile» rispetto alla commissione Anticorruzione. Io sono stato destituito da relatore ed è stato nominato Frattini, sodale, consigliere e intimo del Cavaliere. Quando le proposte di legge riguardavano interessi personali del Cavaliere e dei suoi amici, chissà perché, i relatori erano scelti sempre tra i deputati del Polo.

Nella commissione Affari costituzionali, dove pure siede, Veltri tenta di fare chiarezza sull'intera materia con alcuni quesiti inoltrati alla Presidenza del Consiglio, alla Consob e all'Antitrust. Lo scopo è quello di

> raccogliere pareri tecnici qualificati e capire come approvare una legge decente, su un problema che si poneva per la prima volta in Italia. Presidenza del Consiglio e Consob hanno dato risposte chiare. Più ambigua quella dell'Antitrust di Giuliano Amato. In sintesi ci è stato detto che l'unica soluzione seria era la vendita delle aziende. Frattini si è opposto, sostenendo l'incostituzionalità della vendita e cercando di dimostrare che anche con un *blind trust* all'italiana si poteva ottenere la separazione tra la proprietà e la gestione.[45]

Il 23 aprile 1998, in piena Bicamerale, la Camera vota con 461 voti a favore e un solo astenuto il testo di Frattini. Ulivo e Polo, tutti insieme appassionatamente. È una norma all'acqua di rose, che riguarda il presidente del Consiglio, i ministri, i sottosegretari, i commissari straordinari, gli amministratori di società a maggioranza pubblica o d'interesse nazionale e i componenti delle Authority di garanzia. Ma nemmeno quella riforma – che comunque mette i politici proprietari di mass-media di fronte all'alternativa di vendere tutto o affidare le proprie aziende ad amministratori scelti dall'Authority Antitrust – entrerà mai in vigore.

Peraltro non sarebbe cambiato molto. Infatti il sistema del gestore fiduciario o del *blind trust* funziona quando il politico in conflitto d'interessi è proprietario di azioni o di titoli finanziari che possono essere comprati o venduti a sua insaputa. Ma chi è padrone di una grande azienda e si trova al governo sa benissimo quali decisioni possono influire sul futuro dei suoi beni, indipendentemente da chi materialmente li gestisce.

Fatto sta che, dopo il passaggio alla Camera, la legge si arena. E l'iter parlamentare riprende solo in zona Cesarini, nel 2001, a meno di cinque mesi dal voto. Troppo pochi perché la riforma, inasprita all'ultimo momento dall'Ulivo in più punti, possa essere approvata dal Senato e definitivamente dalla Camera. Anche perché la Casa delle libertà esplode il consueto fuoco di sbarramento con oltre 1200 emendamenti di puro ostruzionismo.

La legislatura si chiude in un clima di *mea culpa* generale. Il 28 febbraio Oliviero Diliberto dice:

> Bisognava avere il coraggio di approvare una legge rigorosa parecchi anni fa, adesso tutto è in salita. Bisognava approvarla quando c'era il governo Prodi. È stato un errore non averlo fatto.

Sulla stessa lunghezza d'onda il presidente del Consiglio Giuliano Amato: «Il centrosinistra ha le sue responsabilità nel non aver risolto questo problema». Il candidato premier Francesco Rutelli – che nel '95, quando era sindaco di Roma, non aveva voluto schierarsi a favore dei referendum anti-Mammì – ora accusa la maggioranza uscente di «ingenuità» (lui, nel 1996-2001, non era in Parlamento). Fassino e D'Alema si difendono col dire che la legge sul conflitto d'interessi avrebbe consentito al Cavaliere di «fare la vittima». Ma poi lo stesso D'Alema riconosce candidamente che «Berlusconi era ed è ineleggibile».[46] Una norma del '57 impedisce infatti ai titolari di concessioni dello Stato di diventare parlamentari. Peccato però che sia nel '94 (maggioranza Polo) sia nel '96 (maggioranza Ulivo) la giunta per le elezioni della Camera abbia deciso di non applicarla. Sempre con il voto favorevole dei commissari del centrosinistra (eccetto, nel '94, Luigi Saraceni).[47] Ineleggibile, invece, è stato dichiarato Confalonieri, che peraltro non ha mai chiesto di essere eletto. Quel voto – riconosce ora D'Alema – è stato «una finzione»[48] giuridica. E pensarci prima?

E lui si fa un'altra tv

Per rasserenare gli animi, Berlusconi riparte con la sceneggiata della vendita delle sue reti. Per qualche settimana, poco prima delle elezioni politiche, si riparla dell'arrivo di Rupert Murdoch. Poi il 5 maggio 2001 Confalonieri esclude ufficialmente «annunci a breve scadenza». E due giorni dopo il Cavaliere conferma. Tutto resta come prima.

Da settimane il leader di Forza Italia sente di avere la vittoria in tasca. Perché mai dovrebbe privarsi delle sue tv? L'ha detto, papale papale, il 7 febbraio 2001, al *Maurizio Costanzo Show*:

> Sono certo che si può fare il primo ministro anche rimanendo azionista di tre televisioni. Del resto non penso certo di andare a Palazzo Chigi per aumentare le mie già cospicue fortune. Per quanto mi riguarda, credo che grazie alla libera stampa, alla giustizia amministrativa del Tar e della Corte dei Conti, ogni mio eventuale atto contro gli interessi generali sarebbe scoperto e non passerebbe.[49]

Ma, all'insaputa di tutti, proprio in quei mesi si sta consumando, l'ennesimo scempio. L'ennesima prova su strada del monopolio tv. Anziché ridurre il suo monopolio, il Cavaliere lo allarga ancor di più. Sul network televisivo Italia7 Gold, un circuito di cinque emittenti locali al primo posto negli ascolti in Liguria, Piemonte, Triveneto e Emilia Romagna e al secondo posto in Lombardia, va in onda una martellante campagna a favore di Forza Italia. L'ex dirigente di Publitalia Massimo Momigliano si è infatti accordato con Italia7 Gold per fornirle sottocosto programmi della library Mediaset in cambio dell'appoggio politico delle cinque tv. La vicenda è tutta riassunta in un memorandum consegnato alla stampa dal sondaggista Luigi Crespi, l'inventore del Contratto con gli italiani, arrestato nel settembre 2005 per bancarotta fraudolenta. In quell'appunto si legge:

> Nel gennaio del 1999 nasce il progetto di Italia7 Gold. È previsto che a fronte di un'importante fornitura di programmi di qualità a un prezzo politico Italia7 Gold mandi in onda una trasmissione tipo *Porta a Porta* cui dare un indirizzo favorevole alle nostre idee. Inoltre si prevedono particolari condizioni favorevoli per tutte le aziende del «gruppo» [Berlusconi, *N.d.A.*]. Su consiglio dell'avvocato Bonomo [Aldo Bonomo, presidente Fininvest, *N.d.A.*] la fornitura deve essere limitata a non più di 500 ore in ragione di anno per evitare possibili accuse di ingerenza nelle tv stesse. Il giorno 23 giugno alle 23.30 rientrando dalla cena all'Hotel Martinez, M.M. [Massimo Momigliano, *N.d.A.*] propone a S.B. [Silvio Berlusconi, *N.d.A.*] di sostituire la trasmissione con un commento dei fatti del giorno affidata ai giornalisti de «il Giornale». S.B. dà l'assoluto benestare, chiedendo di attivare l'operazione il prima possibile e garantendo di parlare con P.Silvio [Piersilvio Berlusconi, *N.d.A.*] perché siano fornite le ore di programma concordate.

Il memorandum prosegue ricordando «quello che è accaduto fino ad oggi»:

> Da parte delle emittenti sono state effettuate le seguenti prestazioni:
> 1) Dal primo febbraio va in onda in orario di massimo ascolto la rubrica *Il fatto de «il Giornale»* per cinque giorni la settimana dal lunedì al venerdì. Per ora è previsto che ciò avvenga sino al 30 giugno, salvo ripresa da settembre in poi. Notevole il coro di consensi e di gradimento della trasmissione.
> 2) È stata effettuata una campagna gratuita a favore di «Pagine Utili» e per tutte le campagne del gruppo sono state praticate condizioni di assoluto favore
> 3) Tutte le richieste del dottor Crespi per trasmissioni politiche sono state accolte, praticando condizioni anche migliori di quelle accordate dallo stesso dottor Crespi
> 4) Da fine settembre si prevede una trasmissioni tipo *Porta a Porta* che abbia la caratteristica di cui all'inizio di questa nota.
> A fronte di ciò sono state concesse 300 ore circa di programmi di buona qualità ad un prezzo mediamente inferiore al prezzo di mercato di un 30-35% [...]. È da tenere presente che probabilmente entro la fine del prossimo anno Italia7 Gold potrebbe espandersi in altre regioni diventando un supporto interessante in tutto il territorio nazionale.
> Si ribadisce il concetto che per M.M. è importante una contropartita minima (i programmi) per poter mantenere la necessaria autorità sulle emittenti e far loro eseguire quelle prestazioni che si ritengono interessanti ai fini comuni che insieme auspichiamo e ci prefiggiamo.

Nel 2000 le tv locali concorrenti si sono rese conto che, grazie ai programmi forniti da Mediaset, Italia7 Gold rischia di sbaragliare il campo. Così Telelombardia e Antenna3 hanno chiesto i danni. Ne è nata una vertenza legale, poi chiusa con il versamento di circa mezzo miliardo di lire. La storia sembrava morta e sepolta. Invece riprende quota nel 2004, quando il gruppo Hdc di Crespi fallisce sotto il peso di 22 milioni di euro di debiti. A versare il denaro per risarcire le due tv concorrenti non è stata Mediaset: è stato Crespi, il superconsulente di Berlusconi, prelevandolo dalle casse delle sue società. Il Biscione, insomma, è debitore della fallita Hdc. Codice alla mano, dovrebbe estinguere il debito, versando il dovuto al curatore fallimentare.

Il problema è che l'intera faccenda è segreta. E, soprattutto, molto imbarazzante. Crespi così utilizza il caso Italia7 Gold per ottenere nuovi contratti di lavoro da Mediaset. La Guardia di Finanza lo ascolta mentre discute la cosa al telefono con Alfredo Messina, ex direttore finanziario della Fininvest, ora amministratore delegato di Mediolanum Vita, e con Deborah Bergamini, l'ex segretaria particolare del Cavaliere, dal 2002 responsabile del Marketing Rai. Con la Bergamini il discorso è brutale. «Io non finisco mica in galera per tutelare una verità che nessuno vuole tutelare», le dice il sondaggista il 3 giugno 2005. Il messaggio arriva a destinazione. Sebbene lavori per Viale Mazzini, la bionda Deborah è ancora il canale giusto per comunicare con Mediaset. Infatti, a fine luglio, Crespi riceve un bonifico.

Gasparri, una legge tinta di giallo

Il 18 maggio 2001 il neopremier Silvio Berlusconi si presenta alle Camere con il suo secondo governo. E promette solennemente un disegno di legge sul conflitto d'interessi prima della pausa estiva. Anche se, aggiunge, «la situazione in cui mi trovo era ben nota ai 18 milioni d'italiani che mi hanno votato». Rispetto a quanto ha garantito solo sette giorni prima al *Costanzo Show* («Farò una legge entro 100 giorni»), è una mezza marcia indietro ma sul momento nessuno sottilizza troppo. Poi per far approvare le nuove norme, talmente blande da impedirgli solo di essere il presidente del Milan, di giorni ne impiegherà ben 1153. Sulla sua agenda vengono prima una serie di leggi *ad personam* per garantire l'impunità a lui e ai suoi cari, e per lasciare intatto il suo monopolio televisivo. La prima, la più urgente, è quella sul falso in bilancio, per metà depenalizzato di fatto, per metà ridotto a pena talmente bassa da rendere impossibili i processi e sicura la prescrizione. Anche stavolta arriva il soccorso rosso: nel settembre 2001 il capogruppo Ds alla Camera Luciano Violante chiede addirittura la procedura d'urgenza per quella vergognosa controriforma, che emenda in peggio quella avviata dall'Ulivo. Il Parlamento la approva in tre mesi. Un altro «errore»?

Con il controllo del governo sulla Rai, il duopolio berlusconiano diventa anche ufficialmente monopolio. E a denunciarlo non è soltanto l'opposizione. Il presidente della Repubblica Carlo Azeglio Ciampi, il 23 luglio 2002, invia un messaggio al Parlamento per chiedere una riforma del sistema televisivo. Ciampi afferma chiaramente che il sistema in vigore non è pluralista. Da destra a sinistra è tutto un coro di consensi. Berlusconi, che per legge ha dovuto controfirmare il messaggio, applaude: «È quello che dico io». Solo Bossi va controcorrente: «Ciampi poteva parlare prima, quando al governo c'era l'Ulivo».

Quattro mesi dopo, il 20 novembre 2002, arriva la sentenza n. 466 della Corte costituzionale che dichiara incostituzionale la legge Maccanico del '97 e ribadisce:

> La situazione di ristrettezza delle frequenze disponibili per la televisione analogica si è accentuata, con effetti ulteriormente negativi sui principi di pluralismo. L'attuale sistema non garantisce l'attuazione del principio del pluralismo informativo.

Non si può indugiare oltre. Per la Consulta, entro il 31 dicembre 2003 Rete4 deve andare sul satellite. Ma nel frattempo si è già messo alacremente al lavoro il ministro delle Telecomunicazioni Gasparri. Il 10 maggio ha annunciato di aver incaricato un'apposita commissione di nove esperti, presieduta dal docente di Diritto privato Guido Alpa, per «approfondire le problematiche relative al settore della radiodiffusione ed elaborare proposte». Obiettivo dichiarato dal ministro: arrivare a un disegno di legge entro l'autunno. «Andrò in vacanza con il computer e la lima per lavorare al testo della legge di sistema della televisione», promette Gasparri il 31 luglio.

Alpa e gli altri otto membri della commissione hanno pochissimo tempo. Ma non c'è problema. Ci pensa Gasparri a venir loro incontro. Durante l'estate il testo della riforma non viene sottoposto ai tecnici appena nominati. Passa direttamente dal ministero al Consiglio dei ministri: tanto che il professor Alpa si dimetterà dopo aver scoperto, leggendo i giornali, che

Gasparri ha già addirittura presentato la legge.[50] Replica testuale del ministro: «I tempi della politica non sono quelli dei tecnici».[51]

Alle 9 di venerdì 6 settembre il Consiglio dei ministri si tinge così di giallo. Non appena Gasparri si alza per illustrare il suo disegno di legge, Berlusconi e Letta lasciano la riunione: non vogliono incorrere in un possibile caso di conflitto d'interessi. E, per dare solennità alla cosa, fanno mettere a verbale la notizia della loro momentanea uscita. Attendono fuori dalla porta che i ministri facciano il loro dovere.

Poi però, dopo aver dato un'occhiata al lungo articolato e una alla faccia del ministro, più o meno tutti cominciano a chiedersi chi diavolo abbia scritto la legge Gasparri. Persino il suo compagno di partito Francesco Storace dubita che sia farina del sacco del ministro omonimo.

Che il ddl sia un regalo a Berlusconi è fuori di dubbio. Approvato dal Parlamento il 5 dicembre 2003, dieci giorni dopo viene bocciato da Ciampi, che rifiuta di firmarlo e lo rimanda alle Camere perché palesemente incostituzionale in diversi punti. Sul momento colpisce soprattutto la trovata che consente a tutte e tre le reti Mediaset di continuare a trasmettere sul «terrestre» in barba alle norme antitrust, e persino di aumentare a dismisura la raccolta pubblicitaria. Infatti i punti forti della Gasparri sono essenzialmente due.

Il primo: come già accadeva in passato, il ministro stabilisce che nessun editore può controllare più del 20% dei canali nazionali. Solo che fino al 2003 le reti «nazionali» (quelle capaci di raggiugere col loro segnale l'80% della popolazione) erano dieci: le tre della Rai, due di Mediaset (Rete4 infatti è fuorilegge), La7, Mtv, Telepiù bianco, Telemarket e la fantomatica Europa7 di Di Stefano.[52] Con la Gasparri, da subito, diventano quindici. Ma in che modo? Il ministro vara una sorta di condono. La legge mantiene in vita tutte le emittenti nazionali «ancorché prive di titolo abilitativo». Così rientrano nella partita alcune stazioni minori come Rete Mia, Rete A e Rete Capri, fino a quel momento destinate allo spegnimento. E non è tutto. Gasparri impone pure alla Rai di varare, entro il 10 luglio 2003, due canali digitali sperimentali. Ma la nuova tecnologia (che permette di trasmettere in contemporanea su ciascun canale fino a cinque diversi palinsesti) è molto costosa. Così la legge stabilisce che i canali digitali, per potersi definire nazionali, non devono raggiungere l'80% della popolazione come quelli analogici. Basta che il 50% degli italiani li possa in teoria ricevere, anche se poi non è in grado di vederli. Il risultato di questa spericolata operazione è semplice: le emittenti nazionali diventano all'improvviso 15 (o molte di più, calcolando i diversi palinsesti tematici mandati in onda dalla Rai sul digitale). E il 20% di 15 è uguale a tre. Il numero perfetto: Canale5, Italia1 e Rete4. Che si salva ancora una volta.

Il secondo caposaldo della Gasparri riguarda i limiti antitrust per la raccolta pubblicitaria. Qui il ministro dà il meglio di sé. A prima vista la nuova norma è più rigorosa della vecchia. Il tetto di raccolta scende dal 30% (peraltro regolarmente sforato da Rai e Mediaset) al 20. Ma c'è il trucco. La legge stabilisce che la barriera del 20% non si calcoli in base a quello che il mercato radiotelevisivo è in grado di incassare (pubblicità per Mediaset e pubblicità più canone per la Rai). Il 20% va calcolato su un paniere molto più ampio. Visto che la Gasparri permette, pur con qualche limitazione, ai proprietari delle tv di possedere anche giornali, radio, imprese editoriali, siti internet, sale cinematografiche, case di produzione e così via, nasce il Sic (Sistema integrato delle comunicazioni), che ingloba tutto, e anche qualcosa di più.

Mediaset non deve quindi rispettare un limite antitrust calcolato sul valore del mercato radiotelevisivo. Deve farlo sulla base del Sic: cioè restare sotto il 20% delle entrate totali derivanti da un contenitore enorme, di cui fanno parte canone, pubblicità nazionale e locale, sponsorizzazioni, televendite, offerte televisive, vendite di beni, produzioni, abbonamenti e molto altro. Il problema è che nessuno sa a quanto ammonti esattamente questo Sic. Spiega Giovanni Sartori sul «Corriere»:

> La legge Maccanico stabiliva un tetto del 30% del mercato per ciascun operatore. La Gasparri fa scendere a 20% questo tetto, ma (ecco il trucco) amplia a dismisura il paniere delle risorse che lo vanno a determinare. Per illustrare: il 30% di 100, è 30; ma il 20% di 200, è 40. Così Berlusconi si tiene tutto e può anche crescere in pubblicità.

Di quanto? Le stime degli esperti divergono. Per «Il Sole 24 Ore», «il Sic consente al gruppo Mediaset una crescita valutabile attorno a 1,2-1,7 miliardi di euro». Confalonieri è ancora più ottimista. Inizialmente finge di lamentarsi perché il tetto sarebbe troppo basso. Poi, quando la legge sarà approvata e firmata dal Quirinale nella seconda versione (e il Sic addirittura ridotto dall'intervento di Ciampi), dice finalmente la verità: «Le prospettive di ricavi in più sono nell'ordine di uno-due miliardi di euro».[53]

C'è poco da meravigliarsi. L'idea del Sic, infatti, non è di Gasparri. È degli avvocati Cesare Previti e Aldo Bonomo (presidente della Fininvest). I due già nel 1988, come rivelerà alla Camera il diessino Antonio Soda, sostenevano in una memoria inviata alla Corte costituzionale per conto di Publitalia, che

> per misurare il vero grado di concentrazione del gruppo Fininvest non ci si può limitare a considerare il mercato della pubblicità televisiva; occorre assumere a parametro l'intero mercato della comunicazione commerciale.

A poco a poco, il giallo intorno al vero autore della Gasparri si risolve. Anche perché il 27 agosto 2002, dieci giorni prima della presentazione del suo disegno di legge, il ministro è stato segnalato da vari cronisti a villa La Certosa.[54] Altri sospettano che il padre della legge sia Antonio Pilati: uno dei membri dell'Authority per le Comunicazioni che, nel 2004, Casini e Pera sistemeranno all'Antitrust.

Già negli anni Ottanta, quando collaborava col settimanale «Pubblicità Domani», Pilati era considerato dal suo direttore Lillo Perri «un consulente della Fininvest».[55] È in quel periodo che comincia a parlare del sistema integrato delle comunicazioni in due libri (*Il nuovo sistema dei media* e *L'industria dei media*). Poi approda alla Fondazione Rosselli con Giuliano Urbani. Finché, nel luglio '95, partecipa alle riunioni di coordinamento per il programma elettorale di Forza Italia. Anche se ormai è targato politicamente, nel '96 il governo Prodi lo invita a far parte di un gruppo di lavoro presso la Presidenza del Consiglio, dedicato alla crisi dell'editoria. Lui però continua a bazzicare il Polo. Scrive sul «Foglio». Siede nel comitato scientifico della rivista «IdeAzione», fondata dal forzista Domenico Mennitti. Tra i suoi migliori amici – spiegherà «Europa», il quotidiano della Margherita – Pilati annovera la dirigente Mediaset Gina Nieri e il di lei marito, il «filosofo» di Forza Italia Paolo Del Debbio. Particolare curioso: la Nieri in Mediaset si occupa anche di digitale terrestre, la cui diffusione è uno dei punti cardine della legge Gasparri. E Pilati, come rappresentante dell'Authority, fa parte dal novembre 2001 della commissione ministeriale voluta da Gasparri per lo sviluppo del digitale.

È dunque Pilati il tecnico che ha scritto materialmente la legge? Dopo mesi di voci, quando la questione esplode per la sua nomina all'Antitrust, lui smentisce ufficialmente: «Con questa legge non ho vincoli di parentela» (31 dicembre 2004). Ma poi aggiunge sornione: «Certo in questi anni, nei miei saggi, ho sostenuto certe tesi. Se qualcuno nel governo li ha letti, la cosa mi fa piacere».

Fatto sta che la legge Gasparri è in contrasto con la Costituzione. Per questo Ciampi non la firma e la rinvia alle Camere il 16 dicembre 2003. Mancano 14 giorni alla spedizione di Rete4 sul satellite, prevista dalla Consulta per il 1° gennaio 2004. Il ministro, o chi per lui, appronta subito un decreto per prorogare la scadenza di qualche altro mese, giusto il tempo necessario per varare la Gasparri-2. Così, per decreto del governo Berlusconi, si salva una tv dell'imprenditore Berlusconi. Poi, in tutta fretta, il ministro fa qualche piccolo ritocco alla legge appena bocciata da Ciampi e la rimanda al Parlamento. Qui il centrosinistra perde l'ennesima occasione per frenare lo strapotere mediatico del premier e mandare in crisi il governo. Il 3 febbraio 2004 si vota la pregiudiziale di costituzionalità della Gasparri-2. La maggioranza è divisa un po' su tutto e il Cavaliere teme i franchi tiratori. Infatti, nella votazione decisiva per il prosieguo della legge, almeno 40 deputati della Cdl votano contro. Ma a salvare le tv berlusconiane provvede il centrosinistra, con i suoi ben 30 assenti che neutralizzano i franchi tiratori. Mancano, fra gli altri, cinque segretari di partito (Bertinotti, Diliberto, Pecoraro Scanio, Mastella e Boselli). La pregiudiziale passa per soli 2 voti. Bastava un niente e della Gasparri non si sarebbe riparlato mai più. D'Alema, giustamente, ironizza: «Dov'erano i nostri rivoluzionari?».

Tra la Gasparri-1 e la Gasparri-2 le differenze sono davvero minime. Il Quirinale chiedeva di verificare l'effettiva diffusione della tv digitale terrestre, prima di permettere a Rete4 di continuare a trasmettere. Gasparri risponde fissando un nuovo D-Day: al 30 aprile 2004. Entro quella data almeno il 50% degli italiani dovranno poter ricevere i segnali in digitale. Poi però scattano i controlli. E si scopre che solo il 18% della popolazione, al 30 aprile, riceve in digitale tutti i canali che solitamente occupano i primi sette tasti del telecomando: Rai1, Rai2, Rai3, Canale5, Italia1, Rete4, La7.

Se davvero le cose stanno così, Rete4 è spacciata. Inevitabile la spedizione su satellite, con un danno di mancata pubblicità per Mediaset di 192 milioni di euro. Ma questa volta, a tappare l'ennesima falla, provvede non una legge, ma l'Authority per le Comunicazioni (dove, fra gli altri, siede Pilati). L'insigne consesso dà un'interpretazione molto estensiva della norma:

> L'accertamento della copertura richiesto dalla legge non appare riferirsi a una specifica rete, ma piuttosto all'insieme delle reti digitali.

Che cosa vuol dire? Basta che a Voghera arrivi il segnale di un solo canale digitale, per esempio quello della Rai, perché tutti i vogheresi siano considerati digitalizzati. E lo stesso accade a Genova, anche se accendendo il decoder si vedono solo le reti Mediaset, ma non quelle pubbliche e nemmeno La7.

Il presidente del Consiglio può essere soddisfatto. Sono trascorsi 14 anni dalla vecchia legge Mammì, ma sembra passato un secolo. Allora, per ottenere la «legge Polaroid» che fotografava l'esistente, l'imprenditore Berlusconi aveva fatto di tutto. Per mesi Gianni Letta e i lobbisti del Biscione avevano avvicinato parlamentari su parlamentari. Avevano discusso ogni virgola, ogni comma, ogni articolo. Alla fine si era mosso anche lui, il Cavaliere, che alla vigilia della presentazione della legge era andato a piangere dal ministro delle Poste Oscar Mammì. L'ha raccontato quest'ultimo, di recente:

> Lo ricevetti mantenendo un atteggiamento doverosamente istituzionale. Lui invece non smise un attimo di scherzare e far battute, cercando in ogni modo di accattivarsi la mia simpatia.

Alla fine, con sguardo impassibile, gli dissi solo che avrei tenuto in debito conto le sue parole. Un commesso aveva appena aperto la porta per accompagnarlo all'uscita, quando accadde l'incredibile. Berlusconi mi s'inginocchiò davanti e, baciandomi la mano, mi disse: «La prego, ministro, non rovini me e le mie due famiglie!».[56]

Indro Montanelli, che lo conosceva bene, aveva avvertito gli italiani alla vigilia delle elezioni del 2001: «Nulla riesce tanto bene a Berlusconi quanto la parte di vittima e perseguitato. "Chiagne e fotte" dicono a Napoli dei tipi come lui. E si prepara a farlo per cinque anni di seguito».[57]

Note

1. «L'Espresso», 5 gennaio 1995. Pochi giorni dopo la pubblicazione dell'articolo Dell'Utri ha sostenuto che il settimanale aveva fatto un uso «strumentale di una frase estrapolata dal contesto di una conversazione privata».
2. La proposta dei referendum sulla Mammì è del 12 gennaio 1994, prima della discesa in campo del Cavaliere. Il 13 aprile aderiscono anche Pds e Rifondazione comunista.
3. Ansa, 10 gennaio 1994.
4. Luciano Violante, Camera dei deputati, 28 febbraio 2002.
5. «la Repubblica», 21 gennaio 1995.
6. Consulenza tecnica del dottor Otello Carli, nell'ambito dell'inchiesta della Procura di Milano sul mercato dei diritti televisivi di Mediaset, 11 maggio 2004.
7. «Corriere della Sera», 1 aprile 2000.
8. Comitato d'impegno per l'investimento.
9. «Panorama», 19 aprile 1995.
10. Ansa, 8 maggio 1995.
11. Elio Veltri, *Il topino intrappolato. Legalità, questione morale e centrosinistra*, Editori Riuniti, Roma 2005.
12. G. Barbacetto, P. Gomez, M. Travaglio, *Mani Pulite, la vera storia*, Editori Riuniti, Roma 2002.
13. Ibidem.
14. Ibidem.
15. «Corriere della Sera», 19 giugno 1995.
16. Ansa, 19 giugno 1995.
17. «La Stampa», 21 giugno 1995.
18. Ansa, 12 giugno 1995.

19. «La Stampa», 7 luglio 1995.
20. «il manifesto», 9 luglio 1995.
21. Massimo Mucchetti, *Licenziare i padroni?*, Feltrinelli, Milano 2003, pp. 144 sgg.
22. La clausola recita: «A un prezzo pari al più alto tra il prezzo di cessione da parte della Fininvest e il prezzo determinato calcolando il prezzo di acquisto della azioni Mediaset corrisposto dalle banche, maggiorato dagli interessi».
23. Relazione del consulente tecnico Otello Carli, 15 maggio 2004.
24. Massimo Mucchetti, *Licenziare i padroni?*, cit., pp. 144 sgg.
25. Nella missiva, pubblicata da «l'Unità», Cossiga scrive: «Oggi ho ricevuto la estemporanea visita di un giornalista economico-finanziario straniero... ed egli mi ha chiesto se dietro la difesa... di Antonio Fazio... non ci sia qualcosa che abbia a che vedere con la fortunata collocazione in Borsa di Mediaset e con il modo nel quale tu voglia, come è tuo diritto, investirne il ricavato in settori strategici per il Paese... Non credo lontanamente a queste insinuazioni, ma... gli ambienti internazionali molto meno» («l'Unità», 27 settembre 2005).
26. Commissione Rogatoria dell'11 novembre 2003 della Procura di Milano all'Attorney General di Guernsey.
27. Il processo per falso in bilancio si è concluso con un proscioglimento per prescrizione dopo che Berlusconi, tornato al governo, ha modificato la legge sui reati societari abbassando le pene.
28. «Corriere della Sera», 15 ottobre 1995.
29. «La Stampa», 16 gennaio 1996.
30. G. Barbacetto, P. Gomez, M. Travaglio, *Mani pulite*, cit.
31. «La Stampa», 21 maggio 1995.
32. Intervista di Massimo Mucchetti a Ubaldo Livolsi, «L'Espresso», 15 marzo 1996.
33. «l'Unità», 23 marzo 1996.
34. Ansa, 4 aprile 1996.
35. Ansa, 5 aprile 1996.
36. G. Barbacetto, P. Gomez, M. Travaglio, *Mani pulite*, cit.
37. Ansa, 26 luglio 1996.
38. «la Repubblica», 26 agosto 1993.
39. Ibidem.
40. «la Repubblica», 28 agosto 1996.
41. Ansa, 15 dicembre 1996.
42. Ibidem.
43. «la Repubblica», 21 dicembre 1996.
44. Intervista di Antonello Caporale a Di Stefano, «la Repubblica», 20 dicembre 2003.
45. Elio Veltri, *Le toghe rosse*, Baldini & Castoldi, Milano 2002.
46. Dichiarazione di Massimo D'Alema alla festa dell'Unità di Bologna, 15 settembre 2000.

47. Ansa, 5 febbraio 2001.
48. Ibidem.
49. Ansa, 24 febbraio 2001.
50. Intervista di Claudio Sabelli Fioretti al diessino Carlo Rognoni, «Sette», 18 dicembre 2003.
51. Carlo Rognoni, *Inferno tv. Berlusconi e la legge Gasparri*, Marco Tropea, Milano 2003, p. 34.
52. «la Repubblica», 7 settembre 2002.
53. Ansa, 24 maggio 2004.
54. Gasparri smentirà ridendo: «Qualcuno mi ha visto? Io sono a Marettimo. Si tratta di uno scambio di persona».
55. Carlo Rognoni, *Inferno tv. Berlusconi e la legge Gasparri*, cit., p. 42.
56. Intervista di Vittorio Pezzuto a Oscar Mammì, «Vanity Fair», 7 luglio 2005.
57. «Corriere della Sera», 25 marzo 2001.

Le mani sulla libertà

4
CensuRai

Prima essi attaccarono l'opposizione,
ma io non ero l'opposizione, così non li difesi.
Poi essi attaccarono gli ebrei, ma io non ero un ebreo,
così non li difesi.
Poi essi attaccarono gli studenti militanti,
ma io non ero uno studente militante, così non li difesi.
Poi essi attaccarono i sindacati,
ma io non ero un attivista sindacale, così non li difesi.
Poi essi attaccarono gli insegnanti e gli intellettuali,
ma io non ero uno di loro, così non li difesi.
E quando essi attaccarono me, non era rimasto
più nessuno a difendermi.

Bertolt Brecht

Quando non si può attaccare il ragionamento,
si attacca il ragionatore.

Paul Valéry

Mentre destra e sinistra si spartiscono allegramente le spoglie della televisione pubblica, proseguono senza sosta le censure e le epurazioni. Il diktat bulgaro contro Biagi, Santoro e Luttazzi – esteso anche ai loro collaboratori – resta in vigore, più inossidabile di una norma costituzionale. Anche se tre anni dopo l'esecuzione l'autore della *fatwa* di Sofia, il presidente del Consiglio Silvio Berlusconi, comunica che lui quel giorno non parlava sul serio: «Si stava ridendo e scherzando con gli imprenditori bulgari. Non era prevista la presenza di giornalisti» (balle: era una conferenza stampa con tanto di telecamere e rappresentanti delle testate di mezzo mondo). «Altrimenti – aggiunge – mi sarei assolutamente attenuto a un linguaggio ufficiale.»[1] Purtroppo Saccà, Del Noce, Marano, Baldassarre, e poi Cattaneo e tutti gli altri epuratori succedutisi negli anni l'han sempre preso terribilmente sul serio. E seguitano a farlo ancor oggi, visto che a quasi quattro anni dal diktat i tre «criminosi» non possono metter piede in Rai. Anche gli epurati successivi restano fuori della porta. E alla lista di proscrizione si aggiungono continuamente altre *new entry*.

All'ombra delle grandi censure dilagano in tutta la Penisola quelle medio-piccole, le censure spicciole, perché ormai, visto l'esempio che viene dall'alto, qualunque politicuzzo di quart'ordine si ritiene in diritto di censurare. Tanto, «si può». Così fan tutti. Nel 2002 il governatore forzista del Veneto Giancarlo Galan attacca su «Libero» due giornalisti della sede Rai di Venezia, il caporedattore Giuseppe Casagrande e il suo vice Roberto Reale: li accusa fra l'altro di gestire il servizio pubblico come un «soviet», e giù insulti. Poi, denunciato, si difende sostenendo che «soviet» è un complimento. Puntualmente ai vertici della sede Rai arriva un nuovo capo: Maurizio Crovato, che si era guadagnato ampi meriti come inviato al G8 di Genova, evitando di trasmettere le immagini più crude dei pestaggi della polizia su inermi manifestanti. Nel 2005 Galan viene condannato dal Tribunale di Venezia a risarcire con 260 mila euro i due diffamati (proteste furibonde della Casa delle libertà), ma nel frattempo questi sono stati trasferiti altrove.

Girone di ritorno

Giornalisti nel mirino, ma anche attori. E non solo satirici. A Treviso il prosindaco-sceriffo Giancarlo Gentilini, leghista trinariciuto, mette al bando l'attore Marco Paolini che anni prima l'aveva preso in giro per l'ordinanza che smantellava le panchine dai giardinetti della città onde evitare che ci si sedessero gli immigrati: «Se quel Paolini non chiede scusa per quel che ha detto e fatto, Treviso se la scorda».[2] La Lega nord, che un tempo era il partito anti-regime per antonomasia, appena sedutasi a tavola ha scoperto un gusto sadico per la censura. Il tipico zelo dei neofiti. Nel gennaio 2005 una giornalista della «Provincia» di Como, Antonia Marsetti, viene allontanata da una conferenza stampa della Lega a Sondrio perché è «persona non gradita al partito». In febbraio il ministro della Giustizia Roberto Castelli riesce persino a «chiedere provvedimenti» contro Simona Ventura e Gene Gnocchi, «rei» di aver ospitato a *Quelli che il calcio* Fabio Rustico, calciatore dell'Atalanta e assessore ai Giovani e allo Sport nella giunta di centrosinistra a Bergamo e, quel che è peggio, simpatizzante no global. Avendo partecipato a una manifestazione dei centri sociali per le vie della sua città, Rustico dev'essere bandito dalla tv pubblica. Castelli è lo stesso che ha denunciato Franca Rame per avergli dato del «pirla», ottenendo ben 3 mila euro di risarcimento. Lo stesso che fa pubblicare sul sito del ministero una vignetta sulla giudice Clementina Forleo, dipinta come amica di Bin Laden.

Ma c'è pure chi, come Mediaset e le sue svariate proiezioni politiche, preferisce intimidire parlando poco e denunciando molto, con cause civili miliardarie. Trascinando in tribunale anche chi non è più in televisione da anni luce, come Beppe Grillo, denunciato dalla Fininvest per 500 mila euro per un articolo pubblicato su «Internazionale» sul caso Parmalat. Da un anno il comico genovese alterna le sue oceaniche serate a un blog (*beppegrillo.it*) che attira ogni giorno dai 100 ai 110 mila contatti. È il ventitreesimo al mondo su 18 milioni di siti, l'unico italiano nei primi cento. La gente si fida di lui: è stato lui ad anticipare il crac Parmalat, un anno prima che ci arrivasse la Guardia di Finanza. Il «Time», nel settembre 2005, l'ha eletto fra gli «eroi d'Europa» per l'ultimo anno, insieme a un'imprenditrice che guida il movimento anti-racket a Napoli. Con l'esercito del suo blog («siamo una P2 buona») Grillo ha acquistato una pagina di «Repubblica» per chiedere le dimissioni di Antonio Fazio da Bankitalia e ha spedito 170 mila e-mail al presidente della Commissione europea per segnalare i condannati che siedono nel Parlamento italiano (campagna «Parlamento pulito»). «Più che il comico – ha scritto il "Time" – Grillo avrebbe forse dovuto fare il revisore dei conti. È uno di quei rari buffoni che in classe, oltre a far ridere, riesce anche a fare i compiti con cura.» Lui, nei suoi spettacoli, lo ripete sempre: «Possibile che mi intervistino le tv e i giornali di tutto il mondo e io non riesca più a fare due minuti alla tv del mio Paese?».

Oltre ai motivi politici, imperversa la «sindrome di Salieri», la paura del talento, la soggezione verso chi è bravo, dunque autorevole, dunque popolare, dunque libero. Quando, nel febbraio 2005, l'Università di Bari conferisce la laurea *honoris causa* a Giorgio Bocca, ecco pronto il locale onorevole forzista, tale Antonio Leone, prendere carta e penna e inondare i giornali di vibrate proteste. Fabrizio Del Noce, direttore di Rai1, è riuscito negli anni non solo a licenziare Enzo Biagi, ma persino a litigare con Celentano e Arbore (maltrattato dalla rete e confinato in orari per nottambuli). Pippo Baudo, democristiano doc, è stato protagonista di un'epica rissa con Cattaneo, a colpi di accuse e denunce in tribunale, prima di fumare un faticoso calumet della pace. E poi c'è Dario Fo. Quando Rai2 affida a lui e a Giorgio Albertazzi otto puntate di storia del teatro in Italia, in terza serata, la pubblicità è talmente scarsa che i due grandi attori, nel gennaio 2005, dovranno acquistare a proprie spese una pagina sull'«Unità» e una su «Repubblica» per far sapere che vanno in onda, e quando. Un mese dopo, lo storico Carnevale di Fano scarica il premio Nobel da direttore artistico dopo tre edizioni e chiama al suo posto Cristina D'Avena e le gemelle Lecciso. Insomma, anche i mostri sacri della televisione vengono trattati come pezze da piedi, in un clima talebano dove si abbattono le statue secolari delle divinità altrui. Per affermare il principio che «si può» fare tutto. E per destrutturare la Rai anche nei suoi volti più popolari e politicamente innocui, nel tentativo disperato di rubarle la storia e l'anima. Una tendenza analoga, sulle reti Mediaset, ha detronizzato Costanzo dalla seconda serata e Mentana dal Tg5. Per spostarli altrove, d'accordo, ma comunque in collocazioni meno «centrali». Destra e sinistra qui c'entrano poco. E c'entra poco anche il ricambio generazionale. C'entra l'insofferenza di una politica debole verso i professionisti «forti».

Poi ci sono le censure che non si spiegano altrimenti che con l'ignoranza e la stupidità. La «prevalenza del cretino», per dirla con Fruttero & Lucentini. Perfino la fiction nazionalpopolare è divenuta oggetto di bagarre politica. La sinistra attacca quelle sulle foibe titine (*Il cuore nel pozzo*) e sui delitti dei partigiani dopo la Liberazione (*Il sangue dei vinti*, dal romanzo di Pansa). La destra riesce a prendersela persino con la storia del Grande Torino e con le inchieste del commissario Montalbano («trasudano comunismo» secondo Landolfi & C.). Persino la biografia di Alcide De Gasperi, campione della Dc centrista, diretta da Liliana Cavani, pare non piaccia a Berlusconi e dunque viene bloccata per settimane da Rai1. Un po' perché la regista è «di sinistra». Un po' perché dipinge lo statista trentino così com'era: allergico tanto ai comunisti quanto ai fascisti, e talmente cristallino da rendere impossibile qualunque appropriazione indebita della sua eredità. Idem, lo vedremo tra poco, per *La meglio gioventù* di Giordana.

Qui ci occupiamo prevalentemente della Rai, ma quel che accade a Mediaset meriterebbe un libro intero. Un inviato come Mimmo Lombezzi, a Studio Aperto, non viene utilizzato da anni perché non allineato. Intanto il tg di Italia1 apre con notizie del tipo: «L'influenza che ha colpito il nostro premier ha costretto a letto anche il pontefice».[3] Ed Emilio Fede, al Tg4, riesce persino ad attaccare Giuliana Sgrena, la giornalista del «manifesto» rapita in Irak, provocando proteste persino nel suo Cdr.

Oltre alle conseguenze dirette, il diktat bulgaro ha prodotto vari effetti collaterali. Ormai, per la politica, la censura è un bene di consumo. Qualcosa che fa parte del paesaggio e non indigna più di tanto. Una roba brutta, per carità, ma che c'è sempre stata e sempre ci sarà. Oltreché con la mafia, bisogna convivere pure con la censura. E molti politici, anche di sinistra, ci riescono benissimo. Resta da educare i censurati, che non ne vogliono sapere. Per meglio erudirli, non ci si accontenta più di censurarli una volta. Li si ricensura una seconda. È accaduto a Massimo Fini, a Oliviero Beha, a Paolo Rossi. Dopo il girone d'andata, che abbiamo descritto in *Regime*, è iniziato il girone di ritorno.

1. *Enzo Biagi si è cacciato da solo*

È il simbolo vivente del giornalismo televisivo. Il volto più noto dell'informazione alla Rai, dove del resto ha lavorato per 42 anni. Poi il diktat bulgaro, addì 18 aprile 2002, prontamente eseguito dall'apposito Agostino Saccà. Da allora *Il Fatto*, che da otto anni accompagnava gli italiani dopo il Tg1, il programma più visto della tv, che raccoglieva ogni sera quasi un terzo del pubblico, è scomparso. E, con esso, il suo conduttore. Ultima puntata, il 31 maggio 2002. «Io dalla Rai non ho più sentito nessuno», ha detto Biagi a Sabina Guzzanti che lo intervistava per *Viva Zapatero!*: «Da quando il dottor Saccà mi ha licenziato con ricevuta di ritorno (casomai non me ne accorgessi), non s'è più fatto vivo nessuno». Poi aggiunge, con amarezza: «Ci vorrebbe un'opposizione che si opponga...».

Al suo posto Del Noce ha schierato prima le comiche di *Max e Tux*, poi *La Zingara*, poi *Il castello*: un flop via l'altro. Allora il geniale direttore ha inventato un nuovo spazio giornalistico, *Batti e ribatti*, affidato a due fedelissimi del Cavaliere che non raggiungeranno mai le medie di ascolto di Biagi, nonostante l'abolizione dello stacco pubblicitario fra il Tg1 e il nuovo programma. Il primo è Pierluigi Battista, già vicedirettore del «Panorama» più berlusconiano mai visto, quello diretto da Giuliano Ferrara, poi giornalista della «Stampa», oggi vicedirettore del «Corriere». Il secondo, e per ora ultimo, è un azzimato ex giornalista della «Nazione»: Riccardo Berti, già direttore di Isoradio (quella delle notizie sul traffico in autostrada), ma soprattutto proveniente dall'ufficio stampa di Forza Italia. Impossibile descriverlo a chi non abbia mai avuto la fortuna di vederlo all'opera, fasciato da improbabili gessati modello Chicago anni Trenta, la chioma biancheggiante ingiallita dalla brillantina Linetti, un eloquio che sarebbe parso antiquato a Ippolito Nievo. Quando intervista un esponente della maggioranza, il che gli accade piuttosto spesso, Berti gli chiede dei successi del governo. Le rare volte che incappa in qualcuno dell'opposizione, lo interroga corrucciato sulle divisioni del centrosinistra. E – come ha scritto Edmondo Berselli – «se l'intervistato di centrosinistra risponde che l'Unione ha votato unanime, lui chiede imperterrito, come seguendo un suo copione ossessivo: "Quindi permangono le divisioni?"...».[4] Superbo.

Intanto Biagi trascorre le sue giornate nel suo ufficetto di galleria Vittorio Emanuele, a Milano. Non frequenta salotti. Solo pochi amici, fra i quali gli avvocati Cesare Rimini e Vittorio D'Aiello, gloriosi colleghi come Lamberto Sechi, e l'ex capostruttura del *Fatto* Loris Mazzetti, col quale ha scritto un libro di memorie appena uscito per Rizzoli, *Era ieri*. E poi la famiglia, funestata da gravi lutti (la perdita della moglie e di una figlia), ma allietata da quattro nipoti.

Sui teleschermi Biagi è riapparso tre volte per pochi minuti: sempre ospite dal meteo-varietà di Fabio Fazio su Rai3, *Che tempo che fa*. La prima volta il 3 ottobre 2004, collegato da casa sua («Che cosa mi manca della Rai? *Max e Tux*...»). Idem la seconda, un mese dopo, il 5 novembre. La terza invece, il 22 maggio 2005, per l'ultima puntata del programma di Fazio, è negli storici studi Rai alla Fiera a Milano. Non ci metteva piede da quel 31 maggio 2002, cioè da tre anni. Lo accompagnano la figlia Bice, i nipoti Lucia, Marina e Pietro, e la segretaria Pierangela. Quando entra nello studio, tutto il pubblico scatta in piedi ad applaudire. Ci sono decine di suoi ex collaboratori. Lui si emoziona. E quando ricorda la morte improvvisa della figlia Anna, che ha donato le cornee, scoppia in lacrime. Ma si riprende subito:

> Rifarei da capo tutto quello che ho fatto. Ti sono molto grato, Fabio, per avermi concesso questo spazio, perché io a suo tempo, insieme a Santoro, avrei fatto una televisione criminosa. Ma credo che, se fosse stata criminosa, i milioni di italiani che la guardavano avrebbero espresso un giudizio. E non capisco perché i giudici non mi abbiano mai chiamato a rendere conto dei miei crimini. Anche perché sono un recidivo, non avendo nel frattempo cambiato idea su tutto quel che ho fatto e detto [...]. Ho fiducia nel mio Paese perché amo la mia gente. Ma adesso mi sembra di vivere l'ora del dilettante, perché il fratello di Romolo non si chiamava Remolo... Non si fa politica con la morale, ma non si fa neanche senza. L'ha detto Mauriac. Nel nostro mestiere ci sono uomini buoni per tutte le stagioni, quelli che hanno il senso del tempo. Io non ce l'ho. Ogni mattina leggo i necrologi del «Corriere della Sera» e mi dico: meno male, non ci sono.

Di televisione parla il meno possibile. Quella «raccomandata di Saccà con ricevuta di ritorno» è il suo chiodo fisso, la sua ossessione. Il modo ancor l'offende. Un'eccezione, in tanto pudore, è una preziosa intervista che gli ha strappato Loris Mazzetti per un convegno di Articolo 21 sull'informazione:

> Io devo tanto alla televisione, devo tanto alla Rai, sono di quelli che si compromettono sentimentalmente: io voglio bene alla Rai, credo che abbia grandissimi meriti – oltre a dei difetti ovviamente – nella vita dei cittadini [...]. La cosa peggiore che può fare uno che lavora in Rai è non rispettare gli ascoltatori. Chi controlla un mezzo di diffusione dominante ha una grande parte di democrazia. Una notizia la si può raccontare in tantissimi modi. L'importante è che si abbia un punto di vista, un punto di vista onesto [...]. Oggi non farei più *Il Fatto*, farei un viaggio in Italia per vedere come vive certa gente, la vita di un piccolo paese, la storia di un farmacista di provincia, i caffè, una famiglia operaia, una famiglia media. Io non so far altro che raccontare le storie della gente, vedere le condizioni

sociali in cui vivono molte persone [...]. Con la Rai non ho più nessun rapporto. Per tanti anni ho fatto la tv che volevo fare, non posso dire di censure o altro. Poi sono stato accusato di un'intervista a Benigni, che rifarei tranquillamente domani mattina [...]. Quando ho cominciato a fare televisione non c'erano gli appalti. Credo che più della metà dei programmi siano fatti fuori. Eppure sono 10 mila i dipendenti della tv: la percentuale dei bischeri c'è anche dentro la Rai, ma non sono tutti imbecilli, non ci sarebbe bisogno di andare a cercare in giro. E invece è tutto scopiazzato, troppi appalti, format, *royalties*. Lo trovo veramente offensivo per quei 10 mila dipendenti della Rai, tra cui c'è gente di primissimo ordine [...]. Una televisione di qualità dovrebbe essere lo specchio del Paese, nel bene e nel male. Non uno strumento di propaganda per una causa o per un'altra, ma storie di uomini senza demagogia, con rispetto delle persone e con la sensazione che ci si rivolge a milioni di individui. La televisione deve essere una buona compagna per la gente, all'educazione provvedono la scuola, i genitori. E una società pulita dove la legge sta al di sopra di tutto [...]. La televisione è un grande mezzo di comunicazione, lo dimostra il fatto che un signore che non era votato alla politica, disponendo delle televisioni è diventato il nostro presidente del Consiglio. Siamo l'unico Paese al mondo che ha questo tipo di fenomeni. Non c'è mica stato un colpo di Stato: il presidente del Consiglio è democraticamente alla guida di questo Paese, rispecchia la volontà degli italiani [...]. Al cimitero, quando è morto Indro Montanelli, ho chiesto se potevo restare con lui due minuti perché dovevo dirgli due cose. Se ne sono andati molto rispettosamente e io gli ho detto: «Indro, dicevi che certi personaggi dovevamo provarli. Ho l'impressione che abbiano sbagliato la dose».

Ma nel regime berlusconiano non basta epurare e umiliare un signore di 80 anni che ha fatto la storia del giornalismo italiano, tenendolo lontano dal suo pubblico. Il sogno, anzi l'obiettivo, è quello di seppellirlo, cancellarlo, impedirgli anche di scrivere sul «Corriere della Sera». E ogni pretesto è buono. Il 29 maggio il premier tiene un comizio a Bolzano. Alcuni giovani lo contestano, interrompendolo di continuo al grido «Inter, Inter». Berlusconi alza il dito medio raccontando che sua madre, un giorno, vide qualcuno salutarlo con quel gesto e gliene chiese il significato. Lui rispose: «Non preoccuparti, mamma, quel saluto vuol dire che sono il numero uno». La scena viene ripresa da tv e fotoreporter. E non è un bello spettacolo. Il 5 giugno 2005 Biagi ironizza, nella sua rubrica «Strettamente personale», intitolata: «Il prestigio del varietà».

> Domenica a Bolzano Berlusconi è stato fischiato in piazza. E lui come risposta ha fatto ricorso a un gesto volgare: ha alzato il dito medio. Potete immaginare un De Gasperi, un Nenni, un Togliatti impegnati in questa sceneggiata? Il Cavaliere con il dito medio alzato, accanto a una biondona, la coordinatrice provinciale degli azzurri, che ride di quel gesto degno forse dell'avanspettacolo, ha fatto anche una bella battuta. Dice che con lui l'Italia ha ritrovato ruolo e prestigio sul piano internazionale. Infatti...[5]

Non l'avesse mai scritto. Bastano quelle poche righe per scatenare, quella stessa domenica pomeriggio, una canea di insulti e minacce. Stavolta l'imputazione è l'uso criminoso della carta stampata, su uno dei pochi quotidiani che ancora osano non appartenere al premier. Fabrizio Cicchitto, vicecoordinatore forzista, spara la prima raffica:

> Non ci sembra che tramutare una battuta autoironica in una truculenta e volgare sfida alla piazza sia il massimo della corretta informazione. Purtroppo è quello che fa oggi Enzo Biagi sul «Corriere della Sera». Il tutto condito anche da una battuta grevemente maschilista nei confronti della coordinatrice provinciale di Bolzano di Forza Italia che, avendo il grave torto di avere i capelli biondi, diventa una «biondona». Se oggi ci fosse un festival del cattivo gusto e della disinformazione, questa volta Biagi avrebbe vinto il primo premio.[6]

È il segnale convenuto. Appena si sa della dichiarazione di Cicchitto, tutti i forzisti di prima, seconda e terza fila accorrono come un sol uomo. Breve antologia.

> *Giampiero Cantoni, parlamentare Forza Italia*: «L'ironia di Berlusconi è nota a tutti, forse non lo è a Biagi che continua ad avere nei confronti del presidente del Consiglio un livore senza pari».
> *Gabriele Boscetto, vicepresidente senatori Forza Italia*: «Il dot-

tor Biagi si lancia in un attacco poco elegante e assolutamente ingiustificato contro il presidente del Consiglio. Forse Biagi non apprezza l'ironia del premier, o più probabilmente si tratta di una posizione che nasce da antichi livori e da immotivati accanimenti, lontani anni luce dalla realtà dei fatti. Un altro esempio di cattiva informazione».
Francesco Giro, responsabile nazionale dei rapporti col mondo cattolico, Forza Italia: «Perché mai il "Corriere della Sera" mette a repentaglio la sua credibilità con simili passi falsi? Che sia iniziata la campagna elettorale? Che abbia ragione Sandro Bondi a lanciare l'allarme sui ripetuti attacchi del "Corriere della Sera" a una sola parte politica?».
Giorgio Lainati, commissione di Vigilanza, Forza Italia: «Le parole di Biagi sono frutto di una incredibile carica di odio e livore personale che porta quello che è stato un autorevole e prestigioso giornalista italiano a manifestare un assoluto e irreversibile disprezzo per il capo del governo del proprio Paese».
Giorgio Jannone, direttivo nazionale Forza Italia: «Da un giornalista di lungo corso come Biagi sarebbe maggiormente apprezzata la dote dell'obiettività che invece manca in ogni corsivo e a scapito (*sic*) di un odio ormai atavico e improduttivo verso Silvio Berlusconi».
Antonio Martusciello, viceministro per i Beni Culturali, Forza Italia: «Sconcerta e amareggia il livore con cui, ormai ogni settimana, un opinionista della statura di Enzo Biagi, dalle colonne del primo quotidiano d'Italia, prende di mira con un linguaggio irriverente Silvio Berlusconi, dimenticando che il suo bersaglio è il presidente del Consiglio di tutto il Paese. Quanto alle critiche al governo Berlusconi, esse sono ingiuste e soprattutto non in sintonia con il Paese reale. Se non fosse accecato dall'odio ideologico, Enzo Biagi dovrebbe ammettere che in quattro anni di legislatura i posti di lavoro sono aumentati, che la riforma delle pensioni ha ottenuto il plauso dell'Europa, che certamente non è la piazza di Bolzano, e che, proprio grazie al presidente Berlusconi, l'Italia ha acquisito credito e prestigio a livello internazionale».

Enzo Biagi si dice «esterrefatto»:

Faccio questo mestiere da quando avevo 17 anni. Mi rifaccio solo ai fatti. Quelli riportati nel mio pezzo sul «Corriere» sono riferiti dalle cronache. Ci sono addirittura le fotografie uscite su tutti i giornali. Il presidente del Consiglio dovrebbe controllare i gesti che fa più che i liberi commenti dei giornalisti. La verità è che io non faccio parte della squadra.[7]

Due giorni dopo Berlusconi in persona pensa di dargli anche lui una ripassatina. Lo fa parlando all'Associazione nazionale costruttori. Prima se la prende con il «Corriere»:

> Il primo quotidiano nazionale, una volta il più autorevole, fa mistificazioni e domenica ha scritto il contrario di quel che è accaduto a Bolzano. Ovvio, poi, che mi caschino le braccia. Noi lavoriamo tantissimo, facciamo una vita veramente dura, e poi leggendo i giornali non ci vediamo riconosciuto nulla.[8]

Ma soprattutto il «Corriere» osa far scrivere Biagi:

> Come se non bastasse l'articolo di Biagi, il giorno dopo c'è stato un corsivo attribuito al direttore Paolo Mieli per difenderlo. Passi per «l'Unità», che ogni volta scrive che grondo cerone, ma il «Corriere»...[9]

Poi, con un guizzo fulmineo, prende le mani del presidente dell'Ance, se le passa sul volto e le mostra alla platea allibita: «Ecco, nessun cerone. Non c'è trucco e non c'è inganno!». A quel punto, ai costruttori venuti lì per sapere qualcosa degli investimenti nell'edilizia, spiega che «il dito a Bolzano non era rivolto agli amici dell'opposizione», cosa che peraltro nessuno ha mai sostenuto, «ma si riferiva a un fatto accaduto, quando mia madre mi chiese se quel dito medio alzato nei miei confronti volesse dire che sono il numero uno...». Infine, rimangiandosi subito la bugia dello «scherzo» di Sofia, passa a Biagi:

> Io avevo già detto in un'altra occasione che un certo uso della televisione pubblica non è concepibile né consentito. Lo avevo detto e lo ribadisco ora: sono convinto ancora oggi di avere ragione.[10]

Al seguito del capo, esternano contro Biagi i pochi forzisti rimasti silenti la domenica: Renato Schifani e Antonio Leone.

Biagi, in alcune interviste, risponde con orgoglio, centrando in pieno il doppio obiettivo della campagna contro di lui: da un lato un avvertimento al «Corriere» che si permette troppe critiche al governo ed è sotto assalto dei «furbetti» amici del Cavaliere, dall'altro un messaggio al nuovo Cda Rai, perché non dimentichi che il diktat bulgaro resta più che mai in vigore.

> Non riconosco Berlusconi come giudice. Io non sono entrato in politica per fare affari. Sono un vecchio cronista che ha fatto i suoi mesi di praticantato e in più di 60 anni non ho mai avuto una querela per diffamazione. Ci provò un prefetto, ma perse. Mi attaccano perché intorno a Berlusconi c'è un coro di sì e allora chi ha qualche obiezione e non crede tanto alla sua vocazione politica, ma piuttosto a una soluzione dei problemi personali, certamente è contrastato dal coro [...]. Per quanto riguarda poi queste manovre, credo che il «Corriere» rappresenti per qualcuno un ambizioso traguardo. Chi ha in mano il «Corriere» ha in mano il più grande quotidiano italiano e forse la mia lettera di licenziamento. Insomma, quel dito alzato a Bolzano c'era o no? Mi pare che ci siano le foto a dimostrarlo. Questo ho raccontato. L'ennesimo attacco di Berlusconi a me, con tutti i problemi che dovrebbe avere, la dice lunga sulla grandezza dello statista. Ve lo immaginate Giolitti che risponde a un articolo di qualche gazzetta nello stesso modo? Con la sceneggiata penosa che ha fatto ieri davanti agli imprenditori edili [...]. Lui vorrebbe che io venissi licenziato anche dal «Corriere della Sera». Con la Rai è stato più facile. Lì ha trovato uomini come il dottor Saccà, disposti ad applicare immediatamente i suoi ordini. Sono stato fatto fuori con ricevuta di ritorno. Ma con il «Corriere» è un po' più complicato [...]. Ho letto di operazioni in corso, Berlusconi può tentare di comprare il «Corriere», ma non la mia coscienza [...]. Pare che in una domenica si siano messi in nove esponenti di Forza Italia ad attaccarmi. Ma devo confessare che la mia salute non ne ha risentito affatto. Attaccano me per attaccare tutti i giornali e tutti i giornalisti. E avvertirli. Ma non basterà. Berlusconi per diventare uno statista non è all'altezza, anche se porta i doppi tacchi... La storia del cerone non l'ho mica tirata fuori io. Sono diverse le persone che hanno visto benissimo che ce l'ha. Come hanno visto i capelli ricrescere in un colpo. E il lifting non è vero che lo ha fatto? Mi sembra una polemica davvero

> ridicola. Ci sarebbe da ridere, se non fosse il capo del governo. Il vero sogno di Berlusconi è fare un regime, questa è la verità. Uno di quelli che mi attaccano di più si chiama Cicchitto, ovvero «l'itala gente dalle molte vite» come dice il poeta. Parte lombardiano e approda a Forza Italia. Chissà che tormentato percorso morale e ideologico. Provo per lui una sincera compassione. È difficile reggere molte parti in commedia. Certo fra Riccardo Lombardi e Silvio Berlusconi c'è molta differenza. Berlusconi è straordinario. La sua è una storia meravigliosa per chi cerca un soggetto per la televisione. Come, raccontando una montagna di balle, uno diventa presidente del Consiglio. Un caso così non c'è in tutto il mondo. D'altra parte tutti i Paesi hanno i governi che si meritano.[11]

A questo punto arriva la vendetta di Saccà, che scrive a Curzi e a Cattaneo per sostenere che Biagi dalla Rai s'è fatto fuori da solo, «per sua scelta e con sua soddisfazione».[12] Questa almeno l'interpretazione della sua lettera, finita puntualmente sulla prima pagina del «Giornale», sotto i titoli: «Sorpresa: fu Biagi a lasciare la Rai. Non fu cacciato: prese tre miliardi» e «Una bufala la cacciata di Biagi. È stato lui a chiedere di lasciare».

Pare di sognare. Il 18 aprile 2002 Berlusconi chiede di cacciare Biagi, Santoro e Luttazzi. Nell'estate 2002 Saccà, d'intesa con i direttori di rete Del Noce e Marano, cancella *Il Fatto* e *Sciuscià* dai palinsesti di Rai1 e Rai2 (Luttazzi ne era già sparito prima). Il 26 settembre Saccà invia a Biagi la lettera di licenziamento – cioè la disdetta del suo contratto che veniva rinnovato di anno in anno – per raccomandata «RR». A quel punto Biagi si affida all'avvocato Salvatore Trifirò per fare causa all'azienda. Una causa vinta in partenza. Ma l'avvocato la sconsiglia: i processi civili, in Italia, durano in media dai 10 ai 15 anni, e Biagi ne ha 82. Si arriva così a una transazione con la Rai, diversi mesi dopo che l'azienda aveva fatto fuori il giornalista. Alla fine la Rai sborsa molto meno di quel che prevedibilmente avrebbe dovuto liquidare a risarcimento dei danni inferti a Biagi dopo 42 anni di onorato servizio. La «piena soddisfazione» del giornalista riguarda la conclusione della vertenza, non la sua uscita forzata dal servizio pubblico, decisa molti mesi prima dal padrone di Mediaset in Bulgaria. Questa, in sintesi, la vera storia del caso Biagi. Altro che bufala. Come direbbe autorevolmente il Cavaliere, qui «si ribalta completamente la realtà». La Rai caccia Biagi, ma per i *berluscones* è Biagi che s'è cacciato da solo. Poi, in agosto, il vertice Rai cambia di nuovo. Arriva il presidente Petruccioli, che non fa che ripetere: «Biagi deve tornare in Rai», «parlerò con Biagi», «andrò a trovare Biagi». Ma dimentica di fare una cosa: avvertire Biagi. Il quale, ancora il 12 ottobre 2005, confida agli autori di questo libro: «Vedo che Petruccioli parla continuamente di me. Ma io non l'ho mai sentito...».

2. *Oliviero Beha: mai in Rai, neanche se paga*

Questa è la storia di un vicedirettore della Rai che da un anno e mezzo non può lavorare, né alla tv né alla radio. E non può comparire sul cosiddetto «servizio pubblico» nemmeno in uno spot a pagamento. Il suo nome è Oliviero Beha. Non stiamo parlando di un «comunista». Ma di un giornalista totalmente estraneo al «terrore, miseria e morte» spesso evocati dal cavalier Berlusconi nei suoi rigurgiti maccartisti. Tant'è che nel 2002 fu il professor Antonio Baldassarre, appena insediato dalla Casa delle libertà alla presidenza di Viale Mazzini, ad assumerlo come vicedirettore di RaiSport. «Fosse per me la farei direttore», gli disse amabile, «ma visto che lei non ha un partito alle spalle posso farla solo vicedirettore vicario. Comunque cambia poco: lei dovrà rifondare lo sport della Rai. Poi vedrà che da cosa nasce cosa».

Giornalista di «Repubblica» fin dal 1976, cioè dalla fondazione, fra i più brillanti cronisti sportivi e di costume, fece esplodere nel 1980 lo scandalo del calcioscommesse. Nel 1984 entrò in polemica con la direzione quando pubblicò il celebre scoop sulla presunta «combine» di Italia-Camerun ai mondiali di Spagna del 1982, e l'anno seguente lasciò il quotidiano di Piazza Indipendenza. Da allora diviene un primatista mondiale della censura subìta. Nel 1987 inventa, con Andrea Barbato, *Va' pensiero*, durato due stagioni, poi inspiegabilmente chiuso da Angelo Guglielmi e infine «clonato» – nella parte sul pallone – da *Quelli che il calcio*. Nel 1988 inventa *Deus ex machina*, molto simile al successivo *Blob*. Nel 1989-90 vara *Telefono giallo sport*, ma Rai3 glielo blocca: ci sono i mondiali di Italia 90, meglio non disturbare il manovratore. Nel '92 lancia *Radio Zorro* e, nel '95, *Video Zorro* su Rai3. Ma appena arriva Enzo Siciliano alla presidenza, con la vittoria dell'Ulivo nel '96, sopprime entrambi i programmi nonostante il successo di pubblico. Nel '98 Mimun lo chiama come commentatore sportivo del Tg2, ma nel 2002, appena arriva Mazza (ex Psi, ora An), lo rimpiazza con Italo Cucci (An), facendoglielo dire dal segretario di redazione.

Riprende *Radio Zorro* alla radio, ribattezzandola *Radio a colori*: 50 minuti al giorno di denunce su scandali, malversazioni, ingiustizie, soprusi ai danni dei cittadini. Il programma diventa ben presto il più ascoltato di tutta Radio1. E, per le denunce in difesa dei consumatori, non dispiace alla Lega nord. Per questo nel 2002 Baldassarre assume Beha a RaiSport: fin dal '94, quando doveva diventare direttore di Rai2 (il suo nome sparì dalla lista dalla sera alla mattina), nella Cdl c'è chi è convinto che sia «uno dei loro». Lo studiano, lo sondano, lo annusano per un po'. Ma poi scoprono che è semplicemente un uomo libero, privo di collare. Allora lo scaricano. A RaiSport gli lasciano fare poco o nulla: comanda An, prima con Paolo Francia poi con Fabrizio Maffei. Con quest'ultimo Beha si scontra infinite volte. Prima gli fanno curare qualche programma, poi gli affidano il notiziario sportivo del pomeriggio, ma a giorni alterni, a mezzadria con Andrea Giubilo. Gli rimane la radio, anche se *Radio a colori* viene ridotta da 50 a 20 minuti. Ma anche lì dura poco.

L'inizio della fine ha una data precisa: l'11 novembre 2003. Quel giorno l'ex direttore di RaiSport Paolo Francia (già biografo di Gianfranco Fini, ma soprattutto persona perbene) denuncia alla Vigilanza gli sprechi, gli scandali, le marchette e le pubblicità occulte delle dirette sportive. Beha, che di quel settore – almeno sulla carta – è il numero due, chiede urgentemente di parlare con Cattaneo. Questi lo riceve nel suo ufficio il 17 dicembre. Gli dice Beha: «Caro dottor Cattaneo, ho letto le parole di Francia, e qui i casi sono due: o lei lo denuncia per calunnia a nome dell'azienda, o apre un'inchiesta per vedere se le sue accuse sono vere». Cattaneo minimizza: «Guardi che non ce l'hanno mica con lei. Comunque non si preoccupi, lasci perdere, le inchieste interne non sono mai servite a nulla. Ci rivediamo dopo le feste». Dopo le feste Beha non viene più ricevuto. Muro di gomma. Allora, a febbraio 2004, chiede udienza ai consiglieri d'amministrazione. L'unico che risponde no è il forzista Petroni, con questa formidabile motivazione: «Io sono un amministratore, lei è un giornalista, che vuole da me?». Veneziani è gentilissimo: «Hai ragione, Beha, qui ci vuole più efficienza». Ma poi sparisce. Rumi, appena Beha comincia a raccontare, lo ferma: «Abbia pazienza, sono un uomo anziano...». Alberoni, ancor prima di ascoltarlo, domanda: «Dimmi la verità, Oliviero: è una censura politica?». Beha: «Non so, vedi tu». Alberoni: «Non ti preoccupare: ora chiamo Tarak ben Ammar che è un mio amico, vedrai che ti prende lui a Eurosport». Beha: «Ma io sono un vicedirettore della Rai e vorrei lavorare per l'azienda che mi stipendia, e di cui tu sei un consigliere. Che c'entra ben Ammar?».

L'ultimo appuntamento è con Lucia Annunziata, «presidente di garanzia». Anche lei gentilissima. Un'ora di chiacchierata sulla situazione generale, su tutto lo scibile umano. Poi Beha viene al dunque: «Sono un vicedirettore di questa azienda, ma non mi fanno lavorare». Annunziata: «Senti ammé, l'importante in televisione è apparire, andare in onda. Facciamo così: tu restituisci la vicedirezione, che tanto non te ne fai niente, e vedrai che ti fanno un bel contratto come ospite fisso a *Quelli che il calcio*. Poi vediamo». Beha trasecola: «Ospite della Ventura? Ma non lo sai che quel programma l'hanno copiato dal mio *Va' pensiero*? E poi che c'entra l'ospite fisso con il mio incarico di vicedirettore?». Discorso chiuso.

Intanto, a denunciare pubblicamente gli spot occulti della Rai, ci pensa *Striscia la notizia*. Cattaneo vince il tapiro d'oro e ringrazia Antonio Ricci per la denuncia. Assicura che, ora, la Rai presenterà un esposto contro ignoti alla Procura di Roma. E telefona pure a Ricci, che lo racconterà ai pm romani titolari dell'inchiesta: «Mi disse che, per ripulire la Rai da tutti gli scandali, ci vorrebbe una denuncia al giorno». Beha è sconcertato: se le cose le dice *Striscia* su Mediaset, Cattaneo ringrazia e denuncia; se le dicono Francia e Beha, porte e bocche chiuse. Non solo. Nel maggio 2004 Beha viene deposto da vicedirettore di RaiSport, degradato a caporedattore con stipendio decurtato. Poi, con la scusa dell'estate, gli chiudono pure *Radio a colori*. Non ripartirà più.

Jimmy Ghione di *Striscia* va a intervistarlo. Beha racconta il suo faccia a faccia con Cattaneo e soprattutto il risultato finale: «Io una settimana fa sono stato deposto da vicedirettore: traete voi le conclusioni...». Per quella frase e per altre dichiarazioni ai giornali, in giugno la Rai gli intenta un «processo» disciplinare. Ci sono gli avvocati della Rai, c'è il rappresentante dell'Usigrai, c'è l'avvocato Domenico D'Amati che difende Beha, e c'è Beha. Il quale domanda: «Mi state processando per le cose che ho detto a Cattaneo. Ma Cattaneo dov'è?». E gli avvocati Rai: «Non c'è, non è venuto». Beha: «Alla fine chi decide se ho ragione o torto, se sono passibile di sanzione disciplinare o no?». Avvocati Rai: «Il dottor Cattaneo». Verdetto finale: Beha è condannato a quattro giorni di sospensione dallo stipendio. L'Ansa lo chiama per un commento: «Se parlo – dice lui – mi prendo un'altra sospensione». Domanda: «Ma non c'è l'articolo 21 della Costituzione?». Risposta: «Mah, forse mi sono distratto: dev'essere decaduto». Per queste parole, nuovo procedimento disciplinare e nuova condanna ad altri sette giorni. Totale: 11 giorni di sospensione, record di tutti i tempi.

Avendo molto tempo libero, Beha scrive un libro, *Sono stato io*: mezzo diario, mezzo romanzo autobiografico intorno all'idea semiseria di un attentato a Berlusconi. Lo pubblica, nel settembre 2004, l'editore milanese Marco Tropea: 10 mila copie bruciate in poche settimane. Intanto, il 5 ottobre, il Tribunale di Roma accoglie il ricorso di Beha e ordina alla Rai, con provvedimento d'urgenza, di reintegrarlo immediatamente al suo posto di lavoro, come da contratto. La Rai ricorre e gli fa una proposta indecente: seguire i «rapporti con i new media» e le «iniziative editoriali legate alle nuove tecnologie» (proposta che il Tribunale di Roma, il 13 gennaio 2005, giudicherà inadeguata, «generica e non di natura giornalistica», respingendo il ricorso della Rai e ordinandole di impiegare Beha come giornalista. L'azienda, nell'ottobre 2005, gli farà una nuova proposta indecente: una rubrica di 5 minuti a mezzanotte dal titolo *Cronache dall'esilio*).

A fine novembre 2004, l'editore firma un contratto con la Sipra per pubblicizzare il libro su Radio1. Visto che da maggio Beha non va più in onda, il suo pubblico potrà riascoltare la sua voce in uno spot di 30 secondi. Dice così:

> Sono Oliviero Beha. Al momento non vado in onda, ma sono in libreria con un romanzo autobiografico che si intitola *Sono stato io*, Marco Tropea Editore. Naturalmente, dentro, ci siete anche voi. Per non dimenticare: *Sono stato io*. Buona lettura.

Niente di eversivo, come si può vedere. La prima emissione, per contratto, è prevista per il 13 dicembre. Ma alla vigilia l'ufficio marketing della Sipra telefona alle edizioni Tropea: «Spiacenti, ma lo spot non può andare in onda. Il vertice Rai l'ha bloccato. Hanno telefonato da molto in alto...». L'editore è allibito: «Ma come, avete firmato un contratto! Così fate un danno a noi, ma anche alla Rai». La direzione generale Rai invoca l'articolo 11 dei contratti pubblicitari: quello che le consente il «diritto di rifiuto» degli spot per «esigenze connesse alla natura di servizio pubblico». La clausola che tutela l'azienda da spot pornografici o blasfemi. Ecco: anche Beha lo è. Non può andare in onda nemmeno dopo aver vinto due cause in tribunale. Nemmeno a pagamento, sotto forma di spot. Non gli resta che la pubblicità occulta. Quella che lui aveva denunciato, rimettendoci il posto. Quella, pare, si può.

Post scriptum. Non è il solo caso, quello di Beha, di «censura pubblicitaria». Il 20 aprile 2005 anche la Chiesa Valdese si vede rifiutare dalla Rai uno spot radiofonico a pagamento per la campagna dell'«otto per mille». Il cosiddetto servizio pubblico pretende di intervenire sul testo degli slogan. Quelli scelti dalla Tavola Valdese sono «Molte scuole, nessuna Chiesa» e «Nemmeno un euro per le attività di culto», per sottolineare che i contributi vengono utilizzati esclusivamente in progetti di solidarietà e assistenza (come del resto prevede la legge che ratifica l'accordo fra Stato italiano e Tavola Valdese). Ma quelle espressioni non piacciono alla Sipra né a Rai Trade. Le due società Rai prima firmano un regolare contratto per gli spot, poi rifiutano di mandarli in onda citando un «Codice deontologico», con questa comica motivazione: «La pubblicità non deve esprimere o comunque contenere valutazioni o apprezzamenti su problemi aventi natura o implicazioni di carattere ideologico, religioso, politico, sindacale o giudiziario». In realtà in Rai si sussurra che gli slogan fossero ritenuti «troppo polemici con la Chiesa cattolica», peraltro nemmeno nominata. I valdesi rifiutano di modificarli, anche perché è difficile per una confessione religiosa evitare «valutazioni o apprezzamenti di carattere religioso». In una lettera al direttore Cattaneo, la pastora Maria Bonafede, vicemoderatrice della Tavola, parla di «censura», «violazione di un fondamentale diritto alla comunicazione» e «discriminazione di una minoranza religiosa». E aggiunge: «Quello che non volete trasmettere è il richiamo a una legge dello Stato». Amen.

3. *Massimo Fini, apolide e lebbroso*

Nel 2003 Massimo Fini doveva interpretare *Cyrano* in un programma settimanale di costume su Rai2, all'una di notte. Ma all'ultimo momento, prim'ancora di vedere la registrazione della prima puntata, l'allora direttore leghista Antonio Marano (ora «promosso» a RaiSport) ricevette un diktat dai piani alti di Viale Mazzini: un «veto politico», disse lui stesso molto sinceramente al giornalista più anarchico della stampa italiana. Poi, dinanzi alla commissione di Vigilanza, negò tutto. E il caso fu insabbiato. Fini non piegò la schiena, denunciò subito la Rai per i danni economici e morali subìti. E nel 2004 portò il suo pensiero urticante in giro per i teatri d'Italia (da Milano a Torino, da Bologna a Firenze a Modena), sotto forma di spettacolo intitolato *Cyrano, se vi pare...*

Ma una censura non basta. Così Fini, già censurato, viene ricensurato. A fine marzo del 2005 gli telefona Gigi Moncalvo, capostruttura di Rai2 e conduttore di *Confronti*: il venerdì sera a mezzanotte lo vuole in studio con Vittorio Feltri per discutere di Oriana Fallaci. Feltri, entusiasta dell'ultima reincarnazione della scrittrice, raccoglie firme per promuoverla senatrice a vita. Fini – che l'ha conosciuta bene ai tempi belli dell'«Europeo» – la considera ormai la caricatura di se stessa, contesta le sue invettive guerrafondaie e anti-islamiche, e per averla descritta per quel che è s'è beccato una citazione civile con richiesta di danni per 1,5 milioni di euro. Il confronto, che andrà in onda il 1° aprile, si annuncia pepato. Ma la mattina del 30 marzo, poche ore prima della registrazione, arriva il solito *ukase*. Questa volta è il successore di Marano: il ragionier Massimo

Ferrario, pure lui leghista, già presidente della provincia di Varese, protagonista di leggendari flop come *Star Flash* (costato miliardi e chiuso dopo una sola puntata per mancanza di pubblico), artefice insieme a Marano del crollo di ascolti di Rai2 (la rete meno vista delle sei del duopolio Rai-Mediaset). Ferrario convoca Moncalvo: «Non puoi invitarlo, Fini non può più comparire in Rai perché ha fatto causa all'azienda per la faccenda di *Cyrano*. E poi non sai cos'ha fatto al povero Marano: ha addirittura registrato di nascosto un colloquio con lui...». Moncalvo trasecola: Fini, sul terminale dell'azienda, non risulta in causa (l'addetto s'è dimenticato di inserirlo) e in ogni caso Pippo Baudo, quando aveva fatto causa alla Rai, era stato ospite di Fiorello alla radio. Moncalvo chiede al direttore di mettere il veto per iscritto. Poi telefona a Fini: «Hai fatto causa? Perché non me l'hai detto?». Fini: «Non credevo fosse un problema. Dopo la causa, sono stato invitato a un programma della radio, a *Cominciamo bene* su Rai3 e poi a *Ballarò*». Moncalvo chiede spiegazioni a Ferrario. Che non risponde. Qualche sera dopo Fini compare su Rai2, ospite di Giovanni Minoli che lo intervista sul delitto Tobagi. E poi su RaiSatExtra, nel programma di Gene Gnocchi. Moncalvo scrive un'altra volta a Ferrario: «Fini va in onda persino sulla nostra rete: perché da Minoli sì e da me no?». Silenzio di tomba. Allora si rivolge al presidente della Vigilanza, Petruccioli, che ne prende nota e atto. Morta lì.

Al dibattito con Feltri sulla Fallaci, intanto, Fini è stato sostituito da Paolo Liguori. Insomma, commenta Fini:

> ormai è un tiro al bersaglio. Sono come l'orso dei baracconi. Colpirmi è facilissimo, tanto io non sono infeudato né nella destra, né nella sinistra e quindi non c'è un cane che mi difenda. Devo farlo da solo [...]. In Rai ci possono andare i serial killer come Bilancia, i carcerati come Adriano Sofri, gli ex terroristi in gita premio, ma un professionista incensurato, con trent'anni di carriera alle spalle, lui no. È un reprobo. *Ecrasez l'infame!*[13]

Anziché tacere, magari nell'attesa che il veto antropologico sulla sua persona prima o poi cada, Fini racconta tutto sulla prima pagina dell'«Unità», che talvolta ospita i suoi articoli controcorrente. Riepiloga i casi *Cyrano* e *Confronti*, poi conclude:

> Effettivamente ho citato la Rai per la precedente censura alla trasmissione *Cyrano*, ritenendomi danneggiato economicamente e moralmente. Ma, evidentemente, non si possono difendere i propri diritti civili e di lavoro – si tenga presente che io non sono un dipendente Rai e non ho quindi fatto causa alla mia azienda – senza subire il ricatto: se difendi i tuoi diritti non solo non avrai più contratti in Rai – che peraltro io non ho mai avuto se non in quell'unica occasione in cui fui bloccato – ma non potrai nemmeno più apparirvi occasionalmente. Ora, la Rai è un Ente di Stato e un servizio pubblico. Se io faccio causa alle Poste, ciò le autorizza a non distribuire più la mia corrispondenza? Che l'argomento del dottor Massimo Ferrario, in quota Lega, sia pretestuoso, lo dice il fatto che, sia pure in modo assai scarno, io ho partecipato ad alcune trasmissioni televisive e radiofoniche della Rai (*Ballarò*, *Baobab*, *Fahrenheit*) anche dopo che l'avevo citata in giudizio. La ragione sostanziale, lo sappiamo tutti, è un'altra. I partiti, di destra e di sinistra, con la preminenza degli uni o degli altri a seconda dei risultati elettorali, hanno occupato del tutto arbitrariamente e illecitamente la Rai, Ente di Stato, cioè di tutti i cittadini, come altre e amplissime porzioni della vita pubblica e privata. Oggi, come ai tempi del fascismo, per lavorare ci vuole la «tessera del pane» o, per dirla con Ignazio Silone, «bisogna vendere l'anima». Solo che il fascismo era in un certo senso più onesto, perché la censura e le emarginazioni erano dichiarate, mentre la democrazia se le può permettere in modo subdolo, silenzioso e coperto, senza smettere d'essere definita tale. Diciamo pure che la democrazia, almeno in questa Italia, è un fascismo mascherato ed è quindi peggiore del fascismo, che ti concedeva almeno l'orgoglio di essere antifascista.
> Quanto a me, non credevo di essere così pericoloso: però, a furia di abusi, di soprusi, di violenze, di *conventio ad excludendum*, potrei anche diventarlo.[14]

In un altro articolo, Fini sintetizza in poche righe la sua vita di cane sciolto del giornalismo e i prezzi che per questo ha dovuto pagare:

Se in questo Paese, e in particolare nel giornalismo, uno ha la pretesa di conservare un certo gusto all'indipendenza, viene emarginato in modo felpato, sornione, ammiccante, persino sorridente e, per carità, democratico – quindi inattaccabile – e resta perciò isolato [...]. Certo, io ho molte colpe. Non ho partecipato al Sessantotto, non ho mai civettato con la violenza e col terrorismo nostrano, non ho nemmeno assassinato un commissario di polizia (per cui mi sono vietate le tribune d'onore), non mi sono intruppato in partiti, *lobbies*, clan, non sono omosessuale, femminista e nemmeno donna, non faccio parte di alcuna «minoranza organizzata», appartengo a quei «quattro gatti» della maggioranza, cioè a quegli individui che, se sommati, sarebbero la maggioranza ma siccome non fan lega fra loro non contano nulla. Inoltre ho sempre pagato le tasse e rispettato le leggi [...]. Non c'è direttore, da quelli che mi hanno voluto bene, come Zucconi o Magnaschi o Montanelli o Feltri o Belpietro o Bacialli, a quelli che mi hanno solo sopportato, che non abbia espresso apprezzamento per il mio lavoro.

Non pianto grane. Se una situazione non mi va, me ne vado. Come feci con «L'Europeo» occupato dai socialisti di Martelli e la Rizzoli devastata da Tassan Din e col «Giorno» diretto da Damato. Il libro *I giganti di carta* mi mette fra i settanta più importanti giornalisti italiani. Nel 2002 un mio libro, *Il vizio oscuro dell'Occidente*, è stato in testa alla saggistica degli autori italiani preceduto solo da *Stupid white man* di Moore. Eppure non ho mercato. Nessun giornale nazionale mi vuole (e quindi sono particolarmente grato al «Gazzettino» che mi lascia la libertà che mi lascia, nonostante ci siano dei lettori che mi dan del «comunista» così come, altrove, mi dan del «fascista»). Con la tv di Stato, come con Fininvest-Mediaset, non ho mai avuto rapporti, nemmeno uno di quei contratti di consulenza, in genere fasulli, su cui vive tutta la Roma intellettuale. [...]. Potrebbe essere un vanto, però a furia di essere escluso di qua e di là, di su e di giù, la mia situazione comincia a farsi critica sotto ogni punto di vista, anche economico. Per questo mi sono dato al teatro. Ho sessant'anni, mi guardo indietro e cerco di capire dove è cominciato l'errore. Nel *Settimo sigillo* di Bergman il Cavaliere, tornato al suo castello dopo dieci anni di guerra in Terra Santa, vi trova solo la sposa, gli altri sono fuggiti per paura della peste. I due a malapena si riconoscono.

Il Cavaliere: «Sono tornato. E sono un po' stanco». Lei, temendo che tutto quel sacrificio non sia servito a nulla, nemmeno ad appagare i sogni di lui, gli chiede con un tremito nella voce: «Dimmi, sei pentito di ciò che hai fatto?». «No. Sono solo un po' stanco.» Anch'io non sono pentito di aver tenuto fede ai miei sogni di ragazzo. Solo, dopo 40 anni di vita «contro», sono un po' stanco. Molto stanco.[15]

4. *Carlo Freccero e i desaparecidos*

Il più famoso è lui, Carlo Freccero, studioso di cinema, inventore di Canale5 nel 1979, artefice del rilancio di Italia1, consigliere a Parigi del presidente di France Television e responsabile dei programmi delle reti pubbliche France2 e France3, creatore della nuova Rai2 che dal '96 al 2001 sforna il *Pippo Chennedy Show*, l'*Ottavo Nano*, *Satyricon*, *Anima mia*, *Chiambretti c'è*, ma anche il teatro impegnato di Marco Paolini (*Vajont*) e la grande informazione di Santoro (*Il raggio verde* e *Sciuscià*). Nel marzo 2002 il nuovo Cda berlusconiano nomina al suo posto il padano Antonio Marano. Freccero viene trasferito dal settimo al secondo piano, in un ufficio senza segreteria. Gli lasciano solo un computer, rotto.

È un «direttore a disposizione del direttore generale». Ma è pagato da quasi quattro anni per non lavorare. Negli ultimi mesi dà una mano al suo amico Adriano Celentano, che l'ha voluto come autore di *Rockpolitik*. Nel resto della settimana, trascorre l'orario d'ufficio a leggere i giornali, a preparare le sue lezioni di linguaggio televisivo alle Università di Genova e Roma, a immaginare programmi che nessuno realizzerà. Ma non è il solo. Negli ultimi quattro anni la Rai ha perso ben 161 cause con altrettanti dipendenti emarginati (in tutto il contenzioso ammonta a 1100 cause su circa 10 mila dipendenti: più del 10% ha denunciato l'azienda).

Paolo Conti, sul «Corriere»[16] ha pubblicato la lista dei *desaparecidos* Rai, approssimata per difetto. Una lunga fila di dirigenti e *peones* che vorrebbero rendersi utili all'azienda che li stipendia, ma non possono. C'è, l'abbiamo visto, Beha. C'è Santoro. C'è Francia. Ci sono i dirigenti dell'èra ulivista Luca

Balestrieri (già capo delle strategie tecnologiche), Franco Modugno (ex capo dell'immobiliare interna), Maurizio Ardito (già capo centrale della produzione, poi nello staff dell'Annunziata), Enrico Giampaoli (ex capo della divisione 2), Luigi Ferrari (ex capo dello staff di Pierluigi Celli). Non lavora e ha vinto una causa con ordine di reintegro Stefano Gigotti, «uomo di centro», da 31 anni alla Rai, già direttore del giornale radio e di Televideo. Al quarto piano di Viale Mazzini, nel «corridoio dei sogni perduti», vagano come nel limbo delle anime perse Alberto Severi, ulivista, in Rai dal 1962, già direttore di Televideo, vicedirettore del Tg1, condirettore del Tg3 e della Tgr; e Renato Parascandolo, ulivista, ex direttore di Rai Educational. Senza lavoro anche Federico Pirro e Stefano Marcelli, ex capi delle sedi regionali di Bari e di Firenze (Pirro ha vinto una causa al Tribunale di Bari, che ne ha ordinato alla Rai l'immediato reintegro). Invece l'ulivista Ennio Chiodi, ex direttore del Tg3, della Tgr, del centro di produzione di Milano, un incarico ce l'ha: quello, nientemeno, di «assistente del direttore della Tgr Angela Buttiglione per la programmazione in lingua ladina»: cinque minuti al giorno per la provincia di Bolzano e la Val di Fassa. In compenso Claudio Angelini, nominato direttore dell'Istituto italiano di Cultura a New York (è stato candidato per Forza Italia) conserva la conduzione di un programma (*Zoom*) su Rai International.

Poi ci sono le star pagate per non far nulla, o più semplicemente inutilizzate. Da Raffaella Carrà a Enza Sampò, da Carmen Lasorella a Lorenza Foschini, da Alda D'Eusanio a Lorella Cuccarini e Teo Teocoli, gli ultimi due strappati a Mediaset a suon di milioni di euro per lasciarli in panchina.

5. *Sabina Guzzanti, viva Zapatera!*

Quando Sabina Guzzanti cominciò a lavorare a *Viva Zapatero!*, dubitava che il suo film sarebbe mai riuscito a entrare in una sala cinematografica. Il clima era quello plumbeo della censura postbulgara che aveva portato alla chiusura di *RaiOt*, il programma satirico andato in onda su Rai3 domenica 16 novembre 2003 con enorme successo di pubblico. E dunque, fin dall'indomani, «sospeso» dal Cda Rai all'unanimità, compresa la «presidente di garanzia» Annunziata, e chiuso alla chetichella qualche mese dopo senza più nemmeno passare dal Cda, nel silenzio del direttore di rete Paolo Ruffini (Margherita) che l'aveva voluto.

Sdegnata per la censura subìta, incredula dinanzi ai pretesti usati per giustificarla (i morti di Nassiriya, le proteste di Mediaset, una frase anti-antisemita giudicata antisemita, la «satira che non è satira ma informazione» e via delirando), allibita per la doppia denuncia civile e penale sporta dallo studio Previti per conto di Confalonieri, amareggiata per la glaciale indifferenza dei partiti di opposizione dopo i rituali comunicati di solidarietà, Sabina aveva persino pensato di smettere. Fortunatamente per poco.

> Sono andata in giro per l'Europa a chiedere cos'è la satira. La verità è che i nostri governanti non hanno la più pallida idea di cosa sia. Da destra e da sinistra, quando in tv fu soppresso *RaiOt*, ci fu l'invito, espresso anche in Vigilanza Rai, a ricordarsi che gli artisti non devono occuparsi di politica, che dovevo fare la comica e basta. Mi sono trovata in una vicenda psicologicamente devastante, ho ricevuto insulti di ogni tipo. Mi hanno dato persino della tossicodipendente. Per un periodo ho pensato di smettere. Poi ho elaborato il trauma e ho reagito. E da tutto questo è venuto fuori quello che considero il mio spettacolo migliore: *Reperto RaiOt*.[17]

Un anno di tournée per l'Italia, cento repliche, 250 mila spettatori. A dispetto dei tanti che, anziché denunciare la censura, preferivano domandarsi se Sabina fa ancora ridere o non più. Lei, fra una tappa e l'altra del tour, comincia a girare un film documentario. Sulle prime vorrebbe limitarsi a raccontare il caso *RaiOt*, perché nulla rimanga impunito. Raccoglie interviste e testimonianze di censori e censurati. I censurati parlano: Biagi, Santoro, de Bortoli, Luttazzi, Fo, Grillo, Freccero, Paolo Rossi. I censori non ne vogliono sapere. Alle richieste di intervista rispondono picche, o non rispondono proprio. Allora li va a stanare lei per la strada, armata di telecamera, davanti alla commissione di Vigilanza. L'autista di Cattaneo sgomma via e rischia di arrotarla con la Mercedes, dopodiché il direttore generale, per farsi perdonare, la invita a salire in ufficio ed espone il suo curioso concetto di satira senza politica. Anche Gasparri le spiega che, per fare satira politica, «ci vuole il contraddittorio». E lei: «Infatti io la sto contraddicendo con tutte le mie forze!». I commissari della Vigilanza della cosiddetta Casa delle libertà rivendicano orgogliosamente, senza pudore, il dovere di censurare. Davide Caparini della Lega è assiomatico: «Se *RaiOt* è stato chiuso, un motivo ci sarà...». Giorgio Lainati di Forza Italia le spiega che «ne ho parlato con suo padre, che è un senatore del centrodestra...». E lei: «Guardi, ho una certa età, non chiedo mica a mio padre quel che devo fare...». Bonatesta di An le suggerisce di farsi eleggere in Parlamento. Un altro, Gino Moncada Lo Giudice dell'Udc, durante la seduta a porte chiuse, spiega che

> ha fatto malissimo la Guzzanti a fare i comizi, invece di fare la satira per la quale era stata pagata. È un'attrice! Se poi vuole fare un altro mestiere... vuol fare il deputato... ecco, allora c'è un ampio spazio e devo dire che il livello medio dei deputati, senatori italiano è tale per cui la Guzzanti farebbe un ampio successo... Questo magari non lo mettiamo a verbale...

Petroni fa scena muta con lo sguardo fisso, senza muovere un muscolo, mentre l'attrice lo bersaglia di domande, come Enrico Cuccia con il vicegabibbo di *Striscia la notizia*. Alberoni non ha tempo, «devo fare una cosa» e sguscia via. Idem Veneziani: «Peccato, se me l'avesse chiesto cinque minuti fa, le avrei dato l'intervista...». Gli unici politici che le danno ragione sono il Ds Beppe Giulietti ed Elio Veltri. Lucia Annunziata è nervosetta:

> *Guzzanti*: Tu non hai detto: no, questo programma non si può sospendere. Questa è la cosa che uno avrebbe fatto in una democrazia, o no?
> *Annunziata*: No no no no no no...
> *G.*: Non era firmare una cosa che di fatto l'ha fatto sospendere.
> *A.*: Sabrina (*sic*), noi abbiamo... dovevamo anche trovare un... se dicevamo non si sospende venivi chiusa comunque... allora...
> *G.*: Perché mai, con quale motivazione?
> *A.*: Perché erano quattro a uno!

> *G.*: Sì, ma non si può legalmente...
> *A.*: Sabrina, tu mi hai raccontato come una persona che parla napoletano, c'ha gli occhi storti e non conta un cazzo... la tua opinione su di me non cambia.

A parte il fatto che la Guzzanti si chiama Sabina, miglior autoritratto l'Annunziata non poteva fare. Petruccioli è ancora presidente della Vigilanza: intervistato da Alberto Nerazzini, un ex di *Sciuscià* che collabora al film, riesce a non pronunciare mai la parola censura. E, messo alle strette sul clima plumbeo della Rai di regime, impiega un quarto d'ora, fra una pausa e una smorfia, per dire:

> Mah, diciamo... che in questo momento... la Rai registra... una qualche... restrizione... del pluralismo, ma dovrei precisare meglio...

Ruffini rifiuta l'intervista. Poi parlano i giornalisti e gli scrittori: il direttore dell'«Economist» Bill Emmott, Alexander Stille, Furio Colombo, Marcelle Padovani, Eric Jozsef, Udo Gumpel. Il direttore di «Repubblica» Ezio Mauro riconosce che la stampa sbagliò a concentrarsi più sulla critica qualitativa di *RaiOt* che sulla censura che stava per abbattersi sul programma. Antonio Polito, che aveva magnificato la censura come cosa buona e giusta, si arrampica sugli specchi per spiegare che «non è che siccome l'informazione televisiva è comica, i comici possono fare informazione». Quanto a *RaiOt*, «più che il diritto di chiuderlo, la Rai aveva il diritto di non mandarlo in onda...».

La svolta arriva quando Sabina va a prendere una boccata d'aria nelle democrazie vere, dove la satira non solo è lecita, ma quasi protetta. Incontrando i colleghi degli altri Paesi, da quelli spagnoli agli olandesi, dal francese Bruno Gaccio dei *Guignoles de l'info* (Canal Plus) all'inglese Rory Bremner che impersona Blair e altri politici su Channel Four, ha la conferma del fatto che quanto accade in Italia sarebbe inimmaginabile nel resto d'Europa e in America. In Francia, quando il programma *Nul par ailleurs* di Karl Zero inscenò una parodia di *Pulp Fiction*, «Peuple fiction» (la finzione del popolo), con il killer che rinfaccia a Chirac le bugie raccontate agli elettori e lo giustizia a colpi di mitra, la trasmissione fu sospesa per un giorno, poi tornò in onda. In Olanda la regina s'è lagnata per l'imitazione che le faceva un'attrice, ma il programma è continuato a furor di popolo. A Londra Bremner ha presentato così Sabina alla sua troupe:

> Per chi non lo sapesse, Sabina aveva un programma di satira che è stato soppresso dopo una puntata perché Berlusconi li ha querelati. In Italia non si può fare satira. Per questo Sabina è qui. Il suo show era bellissimo.

Da quel momento, racconta lei, «mi si è stretto il cuore». E il documentario è diventato un'altra cosa, molto più grande. Un film dal titolo *Viva Zapatero!*, un omaggio al premier spagnolo che, appena andato al potere, ha mantenuto le promesse fatte agli elettori. Compresa quella di cambiare la legge sulla tv pubblica per svincolarla dal controllo del governo: il suo governo. Un documentario alla Michael Moore sulla satira e sulla censura. Perché – come spiega lo storico Luciano Canfora nel film – la satira è esattamente ciò che politici italiani affermano non essere:

> Che la satira non debba dare informazione non ha senso. Aristofane inserisce dei comizi interi nelle sue commedie. Si chiamava «paràbasi»: il più bravo del coro, il corifeo, si staccava dagli altri, andava in primissima fila, si faceva vedere da tutti quanti e diceva: «Ora parlo alla città». E diceva tutto quello che gli passava per la testa sulla guerra, la politica, su qualunque argomento.

Contro ogni aspettativa, il film riesce a entrare nelle sale cinematografiche, bucando il muro della censura grazie alla Lucky Red, che decide di distribuirlo. E grazie a Marco Muller, direttore della Mostra del Cinema di Venezia, e a Citto Maselli (presidente dell'Anac), che inseriscono di soppiatto *Viva Zapatero!* tra i film fuori concorso, all'insaputa dello stesso presidente Davide Croff. Alla proiezione, sul Lido, la sala è gremita come per nessun'altra pellicola in concorso. In platea, Mario Monicelli, Citto Maselli, Sandro Curzi e Michele Santoro che si commuove. Alla fine un quarto d'ora di *standing ovation*. Più applausi di quelli che hanno salutato il film più apprezzato, quello di Cristina Comencini. Roman Polanski tenta di infilarsi tra la folla per stringere le mani a Sabina, ma deve rinunciare.

Le richieste dei cinema, pressoché zero (11 copie) fino al giorno prima, si moltiplicano in tutt'Italia al punto da mettere in imbarazzo la produzione e la distribuzione, che per tre settimane dovranno stampare a tamburo battente 80 copie per soddisfare tutte le prenotazioni. Sabina riprende il giro d'Italia per presentare *Viva Zapatero!* nelle sale (ma anche al Parlamento europeo a Bruxelles e in Spagna, al Festival del Cinema di San Sebastian). Il pubblico, ai titoli di coda, applaude spontaneamente anche quando lei non c'è. Anche quando gli applausi rimbalzano contro lo schermo. Poi, all'uscita, tutti a firmare l'appello di un gruppo di intellettuali, giornalisti, politici, attori e cantanti per sciogliere la televisione dal guinzaglio dei partiti (vedi pp. 561 sgg.). Parte anche qualche fischio, qualche esterrefatto «oooohhhhh», quando parlano i politici di destra e di sinistra. Non c'è solo Petruccioli. Ma anche Fabrizio Morri, della segreteria Ds, che spiega la mancata legge contro il conflitto d'interessi:

> In tutte le attività umane capita di sbagliare. Sembrava di volersi accanire verso un uomo che era stato sconfitto politicamente, tant'è che stava all'opposizione. A casa sua si cominciava a mormorare che dovevano cambiare cavallo e che Berlusconi era cotto dal punto di vista politico. In quella fase, dargli una botta con una legge peraltro normale e civile sul conflitto d'interessi sembrava... è sembrato allora una misura da non... un rischio da non correre, diciamo... Si è sbagliato.

E poi Luciano Violante che risponde alla Camera all'accusa di An di voler espropriare le tv di Berlusconi, rivendicando i «meriti» dell'Ulivo che non ha fatto la legge sul conflitto d'interessi, anzi s'impegnò con Berlusconi fin dal 1994 a non toccargli le televisioni, e quando andò al governo moltiplicò per 25 i guadagni di Mediaset.[18] Sconosciuta ai più, quella frase di Violante suscita sconcerto in moltissimi elettori, che cominciano a discuterne attoniti anche sul web. Qualcuno chiede spiegazioni via mail al diretto interessato:

> Egr. on. Violante, sono un simpatizzante torinese dell'Unione. Ho visto ieri il film di Sabina Guzzanti *Viva Zapatero!* che consiglio caldamente a chiunque abbia a cuore le sorti della nostra democrazia. È stato per me agghiacciante (anche se il sospetto c'era da tempo) sentirla, on. Violante, alla Camera rivendicare con orgoglio di NON avere fatto la legge sul conflitto di interessi, NON avere regolamentato il macroscopico monopolio di Berlusconi nella tv, non aver toccato le televisioni Fininvest nonostante le sentenze della Corte costituzionale che prevedevano il trasferimento di Rete4 sul satellite e infine consentito il macroscopico e illegittimo arricchimento di Berlusconi originato dal conflitto di interessi in base a un PATTO CON FORZA ITALIA sul cui contenuto gli elettori del centrosinistra credo dovrebbero essere informati adeguatamente prima del prossimo voto. È stato ancora più agghiacciante (ma anche su questo il sospetto c'era) scoprire che la messa al bando di Paolo Rossi, Sabina Guzzanti, Daniela Tagliafico, Luttazzi, Biagi, Beha e tanti altri meno noti dalla tv si è realizzata con la vergognosa complicità di uomini portati alla Rai dal centrosinistra, in particolare l'attuale presidente della Rai Petruccioli e l'ex presidente Annunziata. NON C'È DUNQUE NESSUNA DIFFERENZA fra la destra che sta distruggendo la nostra democrazia e la coalizione di centrosinistra da lei presieduta che (forse) si prepara a sostituirla? [...] Da ultimo vorrei chiederle, on. Violante, una chiara presa di posizione in merito all'appello lanciato da Sabina Guzzanti e già sottoscritto da moltissime personalità eminenti del nostro Paese. Con stima, A.P.

Violante risponde così:

> Gentile Signor P., [...] sarò franco anch'io nell'esprimere lo sconcerto, e anche l'amarezza, per una clamorosa alterazione dei fatti, prima ancora che delle posizioni politiche mie e del gruppo parlamentare che rappresento. I fatti, anzitutto. Il 28 febbraio 2002 erano in corso le dichiarazioni di voto sulla legge-farsa relativa al conflitto di interessi avanzata dalla maggioranza. L'on. Anedda, capogruppo An, che parlava immediatamente prima di me, aveva accusato la sinistra di voler «portare via le televisioni al gruppo creato dall'on. Berlusconi», di voler «spazzare via il gruppo Mediaset». Replicai ricordando che dopo la caduta del governo Berlusconi, nel 1994, avevamo avver-

tito che non ci sarebbero state leggi vendetta contro l'ex presidente del Consiglio. Inoltre, a dimostrazione dell'infondatezza delle affermazioni dell'on. Anedda, poiché questi ci aveva accusato anche di aver criminalizzato l'on. Berlusconi, feci l'elenco, naturalmente rammaricandomi, delle cose non fatte dal centrosinistra e che invece avrebbero dovuto essere fatte. Proprio queste omissioni, però, smentivano la tesi del mio interlocutore. Era, la mia, una replica ironica, collocabile, in tutta evidenza, nella normale dialettica politica e parlamentare.
Quale sarebbe stato il «patto con Forza Italia» che mi sarebbe addebitato dal film? Non ci fu nessun accordo segreto. Ci furono invece assicurazioni pubbliche, precedenti le elezioni che segnarono la vittoria dell'Ulivo, che, essendo noi una forza democratica, non avremmo coltivato vendette ma perseguito soluzioni politiche e istituzionali nell'interesse generale del Paese. Naturalmente, cosa del tutto diversa sarebbe stata l'applicazione della sentenza della Corte costituzionale [...]. Mi rincresce che quelle mie dichiarazioni siano state distorte. Tanto più che quando un rappresentante della produzione del film aveva chiesto il nulla osta alla trasmissione di quella parte del mio intervento, la mia segreteria aveva offerto tutta la documentazione del caso. Avevo invece rifiutato l'autorizzazione a un montaggio arbitrario, al limite della diffamazione, di frasi estrapolate dal contesto di replica ad un avversario politico. Naturalmente sarei stato del tutto favorevole, prescindendo dal commento dei giornalisti che è libero, se la comunicazione della mia posizione fosse stata corretta. Purtroppo alla mia disponibilità si è risposto con il silenzio; non c'è stata correttezza e non sono stato neanche informato che le mie dichiarazioni sarebbero state trasmesse nonostante il mio dissenso.
Giudichi Lei se così in questo modo si renda un servizio alla chiarezza dello stesso dibattito sulle scelte compiute e da compiere nella battaglia politica in cui ci sentiamo tutti impegnati. Con viva cordialità e resto a Sua disposizione per ogni ulteriore chiarimento. Luciano Violante

Ma l'autore della lettera non è soddisfatto:

Egr. on. Violante, a mia volta la ringrazio [...], ma quello che, francamente, non mi pare condivisibile del suo ragionamento è che una legge che regoli l'eleggibilità dei possessori di mezzi

comunicazione (che già esisteva ed è stata disattesa), una regolamentazione del sistema radiotelevisivo e della stampa che assicuri un reale pluralismo (una regola semplice: nessuno può, direttamente o indirettamente, controllare più di un canale televisivo), delle regole chiare e trasparenti sulla Rai o l'applicazione di una sentenza della magistratura possano essere definite (se non dallo stesso Berlusconi) delle vendette verso qualcuno. Forse perché danneggerebbero economicamente Berlusconi? Forse che il suo colossale arricchimento non è stato fondato sull'illegittimità? [...] Un arricchimento illegittimo e in danno (oltre che dell'interesse comune) di centinaia e migliaia di altri operatori dell'informazione che sono stati stritolati dal perdurare di una situazione di illegittimità e monopolio? L'interesse dei cittadini deve essere sempre e comunque in subordine a quello dell'attuale presidente del Consiglio? [...] Come cittadino mi ribolle il sangue quando leggo che Claudio Petruccioli si è recato nella residenza privata di Berlusconi dove ha ricevuto l'«investitura» a presidente della Rai [...]. Chi deve garantire Petruccioli, esimio esponente del suo partito: i cittadini che hanno diritto ad essere informati con correttezza o il prosieguo del deliberato sfascio della Rai che tanti miliardi ha illegittimamente portato nella casse della Fininvest?
Credo che l'Unione debba inserire tra suoi primissimi impegni di governo, non le vendette, ma il ristabilimento di un quadro normativo che garantisca la libertà di informazione. Il superamento della Gasparri, una Rai che torni a fare servizio pubblico e che dia spazio a tutte le voci [...]. Sarebbe da parte sua un gesto apprezzabile e una tangibile manifestazione di disponibilità al dialogo firmare l'appello della Guzzanti al prossimo governo in favore della libertà di informazione già sottoscritto da moltissimi autorevoli personaggi (e da molte migliaia di consapevoli cittadini) che le allego. Sperando di avere occasione di incontrarla di persona, la saluto cordialmente. A.P.

Questo vivace scambio di lettere fra un elettore e un eletto del centrosinistra illustra meglio di qualsiasi commento l'effetto dirompente di una satira politica ben fatta. E soprattutto l'imbarazzante reticenza a cui è costretto chi rivelò quel patto segreto come «voce dal sen fuggita» e ora lo riduce a una civile garanzia contro non meglio identificate «leggi vendetta».

Appena il film circola per l'Italia, riempiendo le sale (150 mila spettatori nel primo mese), la polemica tracima sui giornali. Luca Telese del «Giornale» scopre che Violante aveva diffidato per iscritto, con una lettera della sua segreteria, la produzione del film (che per scrupolo lo aveva avvertito dell'intenzione di riprodurre il filmato) dal trasmettere le immagini del suo intervento alla Camera, ravvisandovi «un montaggio arbitrario, al limite della diffamazione, di frasi estrapolate dal contesto». In realtà le frasi sono state montate senza tagli interni, nell'esatto contesto in cui furono pronunciate. L'unica «diffamazione» possibile è quella che Violante eventualmente fa a se stesso rendendo, per la prima volta, pubblico quell'accordo segreto fra i vertici Ds da una parte e Berlusconi e Letta dall'altra. Un'autodiffamazione. Per questo, consultato uno studio legale, Sabina decide di inserire quelle immagini scioccanti anche senza il consenso dell'interessato. Che non parlava al bar con un amico, ma nell'aula di Montecitorio nelle vesti ufficiali di capogruppo Ds. Il «Corriere della Sera» la intervista:

> *Se persino uno spesso definito giustizialista come Violante si risente, non è che forse ha esagerato lei?*
> Io ho fatto un film. Per fortuna va bene, la gente nei cinema piange, ride, urla, ha una reazione, finalmente. Non ho ingiuriato nessuno, ogni parola è pesata al milligrammo. Violante risponda alle mie domande, invece. Ci spieghi quel discorso. E se c'è diffamazione, vuol dire che si è autodiffamato. E pure gli altri hanno solo reazioni minacciose.
> *Chi?*
> Il direttore di Rai3, Paolo Ruffini, dice che il film è ingiurioso e che lui non ha chiuso *RaiOt*. E chi è stato? Marcello Veneziani, allora nel Cda Rai, non entra nel merito, risponde che sono raccomandata e ho le labbra siliconate.
> *Claudio Petruccioli, presidente Rai, ha disertato il dibattito di «MicroMega» con lei e Travaglio. Temeva trappole. Dice che non vuole indossare il cappello dell'asino.*
> [...] Petruccioli ai tempi di *RaiOt* presiedeva la Vigilanza. Poteva impedire un abuso, non l'ha fatto. Ora potrebbe far tornare Santoro, ma capirai, si è preso tre anni di tempo.
> *Non lo aspettavate come alle forche caudine per trattarlo da collaborazionista?*

Lui lamenta tentativi di linciaggio, ma sono io ad aver perso il lavoro. Non è che nel film gli ho messo le corna per ridicolizzarlo. Se sentirlo parlare di pluralismo fa ridere gli spettatori, non se la prenda con me.
Non le sembra che alla fine, più che far male alla destra, Viva Zapatero! *danneggi il centrosinistra?*
Io sono in punizione, non punisco nessuno. Certo critico una parte della sinistra che ci ha lasciato nelle mani di chi ha distrutto la libertà di espressione. Tribunale del Popolo? Ma quando mai. Io non mando nessuno in galera, sono stata cacciata.
La sua non è per caso nostalgia dei girotondi? Non hanno portato voti al centrosinistra...
A parte il nome insopportabile, erano manifestazioni spontanee che i leader del centrosinistra hanno osteggiato, invece di approfittarne per cambiare.
Non è che è solo una vendetta per la chiusura di RaiOt*?*
Oh sì, l'ho sempre detto che avrei fatto di tutto perché i responsabili di quella censura sfacciata facessero la figuraccia che meritano. Petruccioli ha permesso che accadesse, anzi l'ha pure giustificato dicendo che quella non era satira.
Se vincesse l'Unione dovrebbero tenere Vespa?
Lui, furbo, ha già firmato il contratto milionario. E poi al centrosinistra piace, ce l'hanno messo loro, se lo tengono perché dà visibilità, non fa domande.
E Giovanni Floris, con il suo Ballarò*?*
Come Vespa. Invita più spesso Rutelli, ma consente ai politici dei comizi senza contraddittorio. Finge di farlo.
Anna La Rosa?
Per piacere. In generale la tv italiana è indecente.
Dopo le elezioni si augura di non ritrovare Petruccioli e questo Cda?
Certo, se Petruccioli non fosse così non sarebbe presidente. Mi accontenterei che la Rai fosse svincolata dai partiti.
Viva Zapatero! *ad ogni costo, anche se danneggia il centrosinistra?*
Io faccio satira, chi ne beneficia non importa.[19]

L'indomani il portavoce di Violante, Pasquale Cascella, scrive al «Corriere» una lettera tragicomica, tornando ad accusare Sabina Guzzanti di aver operato, sul discorso del capogruppo Ds, un montaggio arbitrario, al limite della diffamazione, di frasi al di fuori del contesto politico-parlamentare che le avevano determinate e, per di più, pronunciate in diversi momenti dialettici. L'autorizzazione non sarebbe certamente mancata a una comunicazione corretta delle posizioni dell'onorevole Violante, ovviamente a prescindere dal libero commento degli autori del film. Ma, nonostante la disponibilità manifestata, l'onorevole Violante non è stato nemmeno informato della scelta degli autori di procedere comunque.[20]

Si continua a girare intorno al fatto principale: nessuno spiega perché, nel dicembre '94, dopo la sentenza della Corte costituzionale che imponeva il dimagrimento della Fininvest da tre a due reti «terrestri», i vertici del Pds garantirono a Berlusconi «che non sarebbero state toccate le sue televisioni», cioè che sarebbe stata calpestata la sentenza della Consulta. Un patto segreto taciuto agli elettori anche nel '96, quando ufficialmente i leader dell'Ulivo promisero una legge antitrust sulle televisioni e una legge sul conflitto d'interessi. Salvo poi, come abbiamo visto, non approvare né l'una né l'altra. Infatti Sabina Guzzanti così risponde, sempre sul «Corriere»:

> Caro Direttore, sorprende che il «Corriere» dia ancora spazio alla polemica sull'intervento alla Camera di Luciano Violante inserito nel film *Viva Zapatero!*, senza che un giornalista si prenda la briga di prendere il testo integrale del discorso di Violante e verificare se sia stato manipolato o meno. Il discorso integrale dell'onorevole Violante è disponibile alla Camera, io ce l'ho sotto gli occhi e ribadisco che le frasi montate sono state pronunciate nella esatta sequenza in cui le ho mostrate e che non è stato fatto nessun taglio interno. Nel contesto di una discussione con l'onorevole Anedda, Violante parla di un accordo con Berlusconi. Si tratta di una rivelazione scioccante che non è mai stata approfondita né sui giornali né tanto meno in televisione. Mi sembra evidente che dal punto di vista giornalistico sarebbe ben più interessante indagare su cosa ci fosse dietro quelle dichiarazioni piuttosto che sull'intenzione o meno dell'onorevole Violante di querelare me e la produzione. La lettera di Pasquale Cascella si conclude con un'obiezione sulla correttezza mia e della produzione e si domanda co-

> me e perché sia circolata la voce di una querela che non esiste. Ebbene non l'abbiamo certo messa in giro noi questa voce, mi risulta che dovreste cercare tra i Ds stessi. Però insisto, non è questa la domanda che i cittadini si fanno ascoltando le dichiarazioni di Violante.[21]

A questo punto interviene Lucia Annunziata, che il 19 novembre 2003 si assunse la responsabilità di siglare col resto del Cda la fine di *RaiOt*. Con una telefonata a *Rai 21.15* condotto da Pierluigi Diaco su RaiNews24, l'ex presidente Rai tenta di riscrivere a suo piacimento quella storia:

> Il direttore di rete Ruffini chiese lo spostamento del programma per il lutto nazionale, erano appena morti 19 carabinieri a Nassiriya. Era un momento molto drammatico. C'era stato anche un appello per essere attenti allo spirito della Nazione. Presi su di me la responsabilità e feci andare comunque in onda il programma. Presi la responsabilità per Ruffini. Ma era un programma devastante, anche per la sinistra... Poi ci fu un Cda che decise per la chiusura immediata.

E anche lei votò a favore:

> Saremmo andati sul quattro a uno, perché io sarei andata ovviamente in minoranza. A quel punto decisi di mediare e dissi: «Prendiamoci una sospensione per riaprire il programma tra un po', intanto troviamo una mediazione». Ovviamente la mediazione non ci fu, ma lavorai con tutti, chiamai anche Santoro e la Dandini per avere consigli su cosa fare. Dopodiché il programma fu chiuso dal direttore generale, indipendentemente perfino da qualsiasi altro voto in Cda. Poco tempo fa ho anche consigliato informalmente all'attuale Cda di aprire un'inchiesta...[22]

La verità è tutt'altra, come abbiamo ricostruito in *Regime*. La strage di Nassiriya avviene il 12 novembre 2003. Il 13, come se nulla fosse, Ruffini presenta ufficialmente alla stampa *RaiOt* con Sabina e conferma che la prima puntata sarà domenica 16. Per tutta la settimana vanno in onda gli spot con quella data. La Rai fra l'altro, in barba al lutto, manda in onda programmi ridanciani e sguaiati a tutte le ore, dall'*Isola dei famosi* (il venerdì) ad *Affari tuoi* (ogni sera) a *Domenica In*, e il sabato sera copre con la pubblicità il minuto di silenzio prima della partita della Nazionale. Quello stesso sabato Ruffini assiste alla registrazione del programma e alla fine abbraccia la Guzzanti complimentandosi per l'ottimo lavoro. L'indomani pomeriggio, durante il montaggio e a poche ore dalla messa in onda, il direttore di Rai3 cambia improvvisamente idea. Chiama Andrea Salerno, capostruttura del settore satira, e gli annuncia la soppressione del programma *sine die*. Dice di averla concordata con la Annunziata: «Lucia – dice a Salerno – suggerisce di dire che è per i morti di Nassiriya, ma io a te non me la sento di raccontarlo. È perché il programma non è in linea con lo spirito di Rai3. Se proprio devo, preferisco morire per *Ballarò*. Per la Guzzanti no».[23] In ogni caso, è certo che la strage di Nassiriya non c'entra nulla: che cosa può contenere di offensivo per i militari caduti un programma di satira sulla legge Gasparri? E poi, se fosse stato questo il motivo, il programma sarebbe stato semplicemente rinviato di una settimana, alla domenica successiva. Invece venne soppresso. Salerno parlò subito di «notizia sconcertante e fortemente censoria».[24] E Ruffini dichiarò ufficialmente, insieme alla scusa di Nassiriya, che il programma che l'aveva entusiasmato meno di 24 ore prima non rispettava la «sobrietà a cui vorrei si improntasse sempre la rete».[25] A quel punto Sabina denunciò la cosa in una conferenza stampa e il direttore di Rai3 tornò sui suoi passi. Ma il programma, dopo la prima puntata, fu sospeso. E non risultano proteste dell'Annunziata né di Ruffini quando, da «sospeso» che era, *RaiOt* fu definitivamente chiuso.

Ora, a due anni di distanza, si cerca di riscrivere quella storia. Per trasformare i censori in vittime, e viceversa. È quel che fa quella sera Diaco, commentando l'intervento dell'Annunziata:

> In Italia c'è anche l'anomalia di un parterre di comici e di giornalisti che elemosinano posti, e soprattutto spazi in televisione, partendo dal fatto che Berlusconi è il loro unico e indiscutibile nemico...[26]

Ecco scovato finalmente il colpevole della censura. Paolo Ruffini chiama Sabina Guzzanti a fare un programma di satira su

Rai3, lei ci lavora per un anno, dopo mille rinvii il programma va in onda, ottiene uno share medio del 18% alle 23.30 (con punte massime del 27%, quasi il triplo della media di Rai3), poi se lo vede chiudere in faccia l'indomani senza uno straccio di motivazione seria. E la colpa di chi è? Di Sabina Guzzanti che «elemosina posti e spazi in televisione». Si vergogni e chieda scusa.

6. *Hendel e Guerritore, censura doppia*

Il 30 ottobre 2004 è un'altra data da segnare a caratteri dorati nell'album di famiglia del regime. Perché quel sabato sera, in una sola puntata di un solo programma, la Rai riesce a censurare ben due artisti: il comico Paolo Hendel e l'attrice Monica Guerritore. Il programma è *Ma il cielo è sempre più blu*, il varietà condotto su Rai1 dal comico toscano Giorgio Panariello. Racconta Hendel:

> Un giorno di fine ottobre del 2004 mi chiama il mio amico Giampiero Solari, regista un tempo «di sinistra che più di sinistra non si può». Mi invita, come ospite, al programma di Panariello, di cui è anche autore. Dice che Giorgio è entusiasta della mia partecipazione. E mi dà appuntamento per martedì 26 ottobre alle ore 13 al grande Teatro Tenda di Montecatini, dove si gira la trasmissione.[27]

Mancano pochi giorni alla puntata: è martedì, e il programma va in onda sabato 30. Hendel si presenta con una decina di cartelle dattiloscritte, dove ha raccolto un ampio ventaglio di battute e sketch da proporre.

> Gli presento un canovaccio molto aperto, con battute su vari temi di attualità politica, ma anche sul costume, la televisione, la pubblicità. Dico che sono disponibilissimo a qualunque proposta e suggerimento, il duetto con Panariello è tutto da costruire, c'è ampia possibilità di scelta. Mentre pranziamo, mi chiede di recitare una selezione delle battute migliori. Per tastare il terreno, ne faccio una su Buttiglione: «La fecondazione assistita è un tema delicato, complesso e difficile, non

possiamo certo parlarne in tv. Mi limito a informare chi non conoscesse la legge sulla fecondazione che l'articolo 1 recita: dicesi fecondazione assistita quel rapporto fra uomo e donna finalizzato alla procreazione a cui, per garantirne la correttezza, assista l'onorevole Buttiglione in persona con accanto qualcuno più vispo di lui che gli spieghi via via quel che succede, altrimenti chissà cosa capisce. Ecco, questa è l'unica fecondazione assistita consentita oggi in Italia...». Aggiungo subito che mi sembra un tantino audace, per un varietà del sabato sera. Ma Solari è molto divertito: «No, no, questa mi piace molto, la lascerei senz'altro. Solo leverei l'accenno a quel qualcuno più vispo di Buttiglione, che potrebbe essere un po' offensivo. Il resto va bene». Sulle altre, nessuna obiezione. Tantomeno su quelle a proposito di Bruno Vespa e Sandro Bondi («una straordinaria creatura bionica, risultato di un audace esperimento di combinazione genetica fra Braccobaldo Bau, un panda gigante e don Abbondio»). «Bellissimo, bellissimo!», continua a ripetere Solari, tutto contento.[28]

L'attore e il regista si lasciano con l'intesa di rivedersi entro un paio di giorni con Panariello per mettere a punto lo sketch, che dovrà durare poco meno di dieci minuti. Hendel non potrebbe essere più tranquillo: Berlusconi nel canovaccio non è nemmeno citato, e poi le battute più mirate all'attualità politica le ha appena recitate a *Mai dire lunedì* su Italia1 e non è successo nulla. Ma, da quel momento, nessuno si farà più vivo con lui. L'indomani, mercoledì 27 ottobre, alle 14.05, l'attore manda via mail a Solari un secondo, possibile copione, che sintetizza il canovaccio già sottoposto al regista, preceduto da una nota del mittente.

Giampiero, ti mando un'altra ipotesi di inizio seguendo le tue indicazioni. Per il resto ho tagliato il pezzo su Buttiglione nel punto che dicevi tu e cambiato qualcos'altro qua e là [...]. Ovviamente in questa nuova ipotesi ti ho messo dentro troppa roba, ma meglio averne troppa che poca! A togliere, si sa, siamo sempre in tempo. Vediamo cosa ci funziona e cosa no e poi si decide insieme cosa utilizzare. Buon lavoro e fatemi sapere, che devo memorizzare (l'età...)! Paolo Hendel.

Sono battute spiritose e pungenti, ma bonarie, garbate, tutt'altro che eversive. Tanto basta però a seminare il terrore alla Rai.

Passa il mercoledì, passa il giovedì e il telefono di Hendel continua a tacere. Una chiamata la riceve il suo agente Paolo Guerra: è del produttore del programma, Bibi Ballandi, democristiano fino al midollo, asso pigliatutto nella Rai1 di Del Noce. Racconta Guerra, uno dei più famosi manager teatrali (da anni segue, fra gli altri, Paolo Rossi e Aldo Giovanni e Giacomo):

> Il mercoledì mi chiama Ballandi. Fa il vago, parla di «problemi», dice che «c'è un sovraffollamento di artisti nella puntata di sabato e forse dobbiamo far slittare Hendel di una settimana. Sempre che siate d'accordo». Dico che va benissimo, risponde che mi farà sapere al più presto. Invece non mi richiama più. Penso che sperasse che Paolo il sabato successivo fosse impegnato.[29]

Ormai è venerdì mattina. Manca un giorno alla messa in onda. E ancora nessuno s'è fatto vivo. Hendel è sulle spine. Guerra richiama Ballandi: «Allora, Bibi, che si fa? Che avete deciso per domani sera?». Ballandi, racconta Guerra,

> la prende da lontano: «Sai, Paolo, non fraintendermi, sia chiaro che questa non è censura, ma devi spiegare a Paolo che in questo momento non può presentarsi in Rai a parlare di politica o di satira sociale». Trasecolo: «Ma perché l'avete invitato, visto che sa fare solo satira politica e sociale?». Lui: «Ma cerca di capire, non è il momento. Non deve assolutamente parlare di politica o di attualità». Sbotto: «E, di grazia, di che dovrebbe parlare?». Giuro che mi risponde testualmente: «Perché non racconta qualche barzelletta sui carabinieri?». Resto senza parole. Poi mi riprendo: «Bibi, ma ti rendi conto di cosa mi stai chiedendo? Le barzellette sui carabinieri? E perché non i canti dell'osteria? Ma ti sei bevuto il cervello?». A quel punto chiamo Solari: «Giampiero – gli dico –, ma ti sei venduto l'anima? Altrimenti, se conti qualcosa in questa storia, come puoi accettare una cosa del genere? Sei stato tu, su mandato di Panariello, a cercare Hendel. E ora né tu né lui avete il coraggio di difendere un piccolo monologo che non contiene nulla di eversivo, violento, pornografico?». Qualche settimana dopo, Solari è andato al *Grande Talk* a dire che Hendel si era inventato la censura per fare il martire e pubblicizzare la sua prossima tournée...[30]

Ancor oggi Paolo Hendel è sconcertato:

> Da allora non ho più sentito nessuno. Evidentemente in questi mesi Panariello è stato molto impegnato e non ha potuto chiamarmi. E dire che abbiamo sempre avuto ottimi rapporti. Magari un giorno o l'altro ne riparleremo, ridendoci sopra insieme. E magari mi spiegherà che cosa si aspettava da me, invitandomi al suo programma, visto che potevo parlare di tutto fuorché di politica, sesso, religione, guerra e pace. E non nominare il nome di Bruno Vespa invano... È come chiamare un idraulico e chiedergli di aggiustare una lampadina, chiamare un elettricista e pregarlo di non toccare fili della luce. Evidentemente ritengono che il sabato sera le famiglie debbano essere tenute lontane dalla realtà, come in una gigantesca fascia protetta, perché non s'impressionino con quello che accade intorno a loro.[31]

Il bello però deve ancora venire. I giornali danno ampio risalto al caso. Protesta Articolo 21. Politici del centrosinistra chiedono l'intervento della Vigilanza e pretendono spiegazioni da Cattaneo. Ballandi risponde che la sua è stata una «scelta artistica», pienamente «legittima»: quella di dire «no a momenti di satira incentrata sul mondo della politica e dei partiti, e sì a temi sociali come occasione per riflettere su questioni etiche che coinvolgono quanto di più alto è rappresentato dal termine "politica"».[32] Testuale. Poi scende in campo Fabrizio Del Noce, che si assume tutta la responsabilità della censura, anzi se ne vanta. Anche se la chiama «linea editoriale»:

> Rai1 ha una «linea editoriale» che prevede il divieto di satira politica «contro chiunque sia indirizzata: anche i produttori esterni lo sanno e si attengono correttamente a questa linea»: a parlare, intervenendo sul caso Hendel, è il direttore di Rai1, Fabrizio Del Noce. «Di solito intervengo sul programma del sabato il giovedì o il venerdì. Stavolta Ballandi mi ha anticipato, ma per un semplice motivo: conosce la linea editoriale della rete e la applica.» Non solo i comici, «ma chiunque intervenga in un programma – spiega Del Noce – non può fare satira politica perché si tratta di un mezzo improprio per fare politica. Questa è una linea editoriale che in tre anni Rai1 ha sempre rispettato e non è censura».[33]

L'indomani, al «Corriere», Del Noce aggiunge che il divieto di satira politica «è una garanzia per tutti, destra e sinistra. In tre anni Rai1 non ha mai parlato male di nessuno». Fino a poco tempo prima, per mascherare le loro censure, gli scudieri berlusconiani alla Rai dicevano di amare la satira, ma spiegavano che «quella dei Luttazzi, delle Guzzanti, dei Paolo Rossi non è satira, ma informazione, invettiva, insulto, comizio». Poi confermarono di amare la satira, purché dotata di «contraddittorio» e rispettosa della par condicio. Ora gettano la maschera: «Rai1 ha una linea editoriale che prevede il divieto di satira politica». Persino la Spagna di Franco e la Serbia di Milosevic tolleravano la satira politica. Nell'Italia di Berlusconi è vietata dalla «linea editoriale». Ma, beninteso, non c'è un regime.

Mentre Serena Dandini dà asilo al monologo censurato di Hendel a *Parla con me*, si attendono notizie dalla commissione di Vigilanza. Sia sulla censura a Hendel, sia sulle stupefacenti dichiarazioni di Del Noce. Ma qui c'è Petruccioli, che riesce a fare e a dire addirittura peggio di Del Noce: «Per valutare il caso Hendel – dichiara – bisogna conoscere i testi dello sketch che il comico avrebbe potuto proporre». Ecco: se i testi, una volta letti, non dovessero piacergli, la censura sarebbe sacrosanta. Se invece le battute gli piacciono, o magari le capisce, allora non sarebbero censurabili: decide lui. Comunque non se ne saprà mai più nulla.

Poi c'è Monica Guerritore. Avrebbe dovuto esserci anche lei, quella sera del 30 ottobre 2004, da Panariello. Pareva che il programma non potesse prescindere da lei.

> Panariello mi aveva telefonato fin dall'estate. Venne a incontrarmi in vacanza, a Forte dei Marmi, con gli autori e un assistente di Ballandi. Mi disse: «Voglio fare una cosa nuova, tu ci devi essere assolutamente. Ti vorrei in tutte e sette le puntate». Ci accordammo su una puntata, anche con Del Noce. Poi venne Solari. Gli proposi un monologo molto bello di Franca Rame e Dario Fo, *Il risveglio*: la storia esilarante dell'incubo di una donna che si sveglia la mattina e, al momento di uscire di casa, non trova più le chiavi, così è costretta a ripercorrere freneticamente, passo passo, tutti i gesti compiuti la sera prima e si accorge di aver messo i pannolini nel frigo, il figlio nella la-

> vatrice. Franca, quando sono andata a casa sua a provare il pezzo, era felicissima. Diceva: «Torno in Rai attraverso di te. Che dici, mi inviteranno?». Panariello voleva che aprissi la serata, ancor prima della sigla. Poi, per dedicare quel pezzo di teatro alle donne, avrei dovuto cantare *Dedicato* di Ivano Fossati. Lo provai al pianoforte in casa mia a Roma, col maestro di musica, il direttore d'orchestra e lo stesso Solari. Provai anche il monologo, che durava 2 minuti e 50 secondi. Tutto a posto, tutti d'accordo, appuntamento a Montecatini.[34]

Quelli, per Monica, sono giorni particolari. Il suo compagno, l'ex presidente della Rai Roberto Zaccaria, è stato eletto deputato per il centrosinistra a Milano, alle «suppletive» nel collegio di Umberto Bossi (passato al Parlamento europeo). Giovedì 28 la Guerritore è a Montecatini: le prove finali sono fissate per l'indomani.

> Andiamo a cena con gli autori e con Solari, e lì salta fuori la prima grana. Mi dicono che Panariello ha trovato «divino» il monologo, ma pensa di spostarlo alla fine della puntata, proprio in chiusura. Replico che non sono d'accordo: mettere un pezzo di Franca Rame a mezzanotte significa buttarlo via, sarebbe un peccato. Decidiamo di dormirci sopra. L'indomani, venerdì, vado alle prove molto presto. Attendo il mio turno, che non arriva mai. Clima surreale. Nessuno della Rai che si faccia vivo. Finalmente vengo microfonata e comincio il monologo. Tecnici e operatori sono piegati in due: sono ragazzi giovani, non l'hanno mai visto. Poi arriva Panariello: «Sai, secondo me è un po' lungo». Rispondo che dura 2 minuti e 50 ma, se proprio vuole, si possono comprimere le pause, aumentando ancora il ritmo. Provo e riprovo, alla fine scendiamo a un minuto e 40. Ma Panariello vuole «limare ancora qualcosina. Magari lasciamo due battute, una la faccio io, una la fai tu». Inaccettabile. Intanto proviamo la canzone di Fossati. Tutto bene. Alla fine Panariello si avvicina: «Sai, forse è meglio se la cantiamo insieme». Dico che mi sta bene, una strofa per ciascuno. Lui non ha le parole. Gli do il mio testo, con tanto di copyright di Ivano Fossati. In poco tempo lo mettono sul rullo del «gobbo». Mentre proviamo, mi accorgo che hanno cambiato una frase: al posto di «ai politici da fiera», c'è «alla faccia che ho stasera». Faccio notare l'errore: chi ha avuto la

> bella idea di censurare proprio quella frase sui politici da fiera? Mi dicono: «Ci siamo sbagliati, scusa». Panariello si avvicina agli autori parlando sottovoce, ma è microfonato e si sente quel che dice: «Tanto poi la canzone la faccio fare al coro...». A quel punto sbotto: «Senti, non c'è bisogno di fare sotterfugi, non sono venuta qui per fare due battute. Non capisco perché mi abbiate chiamata». A quel punto, intorno a me, si crea il vuoto pneumatico. Nessuno risponde, tutti restano in attesa di una mia mossa. Tutti impauriti, nessun dirigente Rai che assista alle prove e si prenda la responsabilità. Panariello è verde di paura. Mi son detta: che faccio? Rimango in balìa di un attore terrorizzato, che scende sempre più in basso, o vado via? Conoscendo il mio carattere, facevano di tutto per mettermi in condizione di andarmene. Li ho subito accontentati e me ne sono tornata in albergo. Ma, nella speranza che fosse tutto un equivoco, sono rimasta lì fino all'indomani, in attesa che si schiarissero le idee e mi facessero sapere qualcosa... Quel che invece accadde è la conferma dei miei sospetti: nessuna telefonata, nessun tentativo di trattenermi. Ma, dico io, perché mai mi avevano chiamata?[35]

Monica Guerritore non è riuscita a darsi una spiegazione di quell'incredibile episodio di censura.

> Non so se fosse legato alla vittoria elettorale di Roberto [Zaccaria, *N.d.A.*], ma bastava dirmi che era più opportuno rinviare la mia partecipazione e non avrei fatto questioni. O forse Panariello s'è reso conto dello scarto artistico fra il pezzo di Franca Rame e i suoi testi. O più semplicemente qualcuno s'è spaventato per il nome «proibito» della Rame. O magari hanno temuto che quell'accenno ai «politici da fiera» di Fossati provocasse chissà quale reazione. Non lo so. Quel che so è che i servi sono molto peggio degli schiavi. Uno schiavo mi avrebbe detto: «Rivediamoci fra due settimane». Invece i servi non danno spiegazioni: subiscono e obbediscono in silenzio.[36]

Il 30 ottobre Del Noce fa sapere che «non c'è stato nessun veto da parte di Rai1. Anzi, la signora Monica Guerritore sarà sempre nostra gradita ospite nei programmi della rete».[37] Poi intervengono anche gli autori del programma, dicendosi «sbalorditi», negando ogni censura e accusando addirittura l'attrice di averli messi in difficoltà fuggendo alla vigilia della messa in onda con il pretesto di falsi motivi di salute. Quanto al ritocco del testo di Fossati, è stato soltanto uno spiacevole equivoco:

> È vero che sul gobbo era presente un testo diverso da quello a cui fa riferimento la Guerritore, ma semplicemente perché si trattava di una versione scaricata da internet utilizzata per fare una prima prova. Era ovvia intenzione degli autori utilizzare la versione originale, come è stato peraltro assicurato all'attrice.[38]

Il sabato seguente Panariello apre la trasmissione con una lunga tirata contro Monica Guerritore, accusandola di essersi inventata tutto. Come sempre accade in questi casi, il fatto centrale viene spostato su un particolare trascurabile: si parla della canzone di Fossati (una versione diversa, interpretata da Loredana Bertè), e si dimenticano i continui tentativi di tagliare il monologo della Rame, e soprattutto la contemporanea censura ai danni di Paolo Hendel.

L'ultimo atto, nella migliore tradizione, è il tentativo di trasformare il censore in vittima e il censurato in carnefice. È il censurato, infatti, che «la censura se la va a cercare per farsi pubblicità». Dell'operazione si incarica uno degli showman più conformisti d'Italia: Fiorello, già celebre per aver reso simpatico Ignazio La Russa e per aver baciato sulla bocca Del Noce. Ora, mentre il direttore di Rai1 è nei guai, Fiorello accorre in suo soccorso, ironizzando a Radio Rai su Paolo Hendel:

> Tutti questi comici censurati mi fanno una tenerezza, poverini... Mi sa tanto che ogni tanto perdono di vista l'obiettivo dei comici, quello di far ridere. È un po' come i calciatori quando entrano in area e cercano la gamba dell'avversario: quello è fallo. A un comico basta non andare in una trasmissione per ritrovarsi sui giornali per tre giorni di fila: buttalo via... Ai comici suggerirei di prendersi le proprie responsabilità e di dire tutto quello che passa loro per la testa in diretta.[39]

Piccolo particolare: bisogna arrivarci, sul palco, per dire quello che passa per la testa. E Hendel l'hanno bloccato a qualche chilometro di distanza. Poi Fiorello se la prende con Monica Guerritore:

> Voleva fare in apertura di puntata un monologo neanche suo, ma di Franca Rame: otto minuti all'inizio della puntata... Se lo fa Franca Rame è un conto, ma se lo fa la Guerritore... Per carità, magari lo avrebbe fatto benissimo, ma se avessi avuto in mano la scaletta avrei proposto di spostarlo un po' più in là. E poi perché prendersela sempre con Berlusconi, con Buttiglione? Prendetevela con qualcun altro... Standomene qui, da solo, ho provato a dire tutte le male parole, me la sono presa con il governo, ma non mi hanno censurato.[40]

Ora, come abbiamo visto, né Hendel né la Guerritore se la sono presa con Berlusconi. Il monologo della Guerritore sarebbe durato meno di 2 minuti e non 8. E, altro minuscolo dettaglio: è stata Rai1 a invitare i due attori in trasmissione, salvo poi cacciarne uno e mettere in condizione l'altra di andarsene.

Comica finale. Un mese dopo, il 28 novembre, *Domenica In* apre i battenti con un lungo monologo di Mariano Apicella, l'ex posteggiatore napoletano divenuto il menestrello personale del presidente del Consiglio, che infatti canta alcuni brani scritti con un paroliere d'eccezione: Silvio Berlusconi. Questi sì che sono artisti. Questa sì che è satira politica.

7. *Daniele Luttazzi, o muto o niente*

Di tanto in tanto, sui giornali, compare la notizia che il cavalier Silvio Berlusconi ha intrattenuto qualche leader straniero, qualche alleato, qualche famiglio, con una fulminante freddura nuova di zecca. Il più delle volte, non è nuova. E non è neppure sua. È di Daniele Luttazzi. Il battutista di Palazzo Chigi, non contento di aver fatto radiare il comico romagnolo da tutte le televisioni fin dal 2002, ora gli ruba anche le battute. Le ultime due riguardano il figlio Piersilvio e Gianfranco Fini:

> Gianfranco Fini è stato in pellegrinaggio ad Auschwitz a rendere omaggio a un suo parente, che in quel campo morì. Cadendo da una torretta.[41]
> Piersilvio ha avuto un'infanzia difficile. Già da bambino suo padre gli domandava: «Quanti anni hai, figliolo?». «Cinque, papà.» «Vergognati, io alla tua età ne avevo già sei.»[42]

Dall'estate 2002, se si escludono una comparsata pluricensurata nella puntata dedicata alla censura (!) del programma di Pippo Baudo *Cinquanta* (Rai3), e una breve intervista a *Primo piano* (sempre su Rai3), nessuna delle sette reti nazionali ha mai più ospitato Luttazzi. Bonolis lo voleva a *Domenica In*, ma a patto che stesse zitto. E dire che proprio uno sconosciuto non è, a giudicare dai pienoni raccolti nei teatri di tutta Italia. Lui, anziché lamentarsi, ha fatto di necessità virtù. Ha scritto e interpretato quattro *one man show*, uno per stagione: *Satyricon* (2002), *Adenoidi* (2003), *Sesso con Luttazzi* (2004), *Bollito misto con mostarda* (2005). Qui, nel carrello dei bolliti, ci sono «i ministri e i gerarchi del centrodestra, cucinati a puntino per lo scempio che fanno ogni giorno dello Stato, della Costituzione, della legge», ma anche «i bolliti di sinistra; per quel che non hanno fatto e continuano a non fare: per ogni catastrofe del governo, c'è un errore corrispondente dell'opposizione». La battuta più applaudita riguarda proprio le tragicomiche vicende del centrosinistra, dopo la vittoria alle elezioni regionali:

> È la quarta volta che votiamo dal 2001 ed è la quarta volta che Berlusconi perde. I leader dell'Ulivo sentono che qualcosa sta cambiando. «Ma sei sicuro – dice un leader dell'Ulivo a un altro – che il vento stia cambiando?» E l'altro: «Certo, non vedi che ci votano anche senza programma? Sono disperati».
> Il popolo dell'Ulivo è già al traguardo da un pezzo: sta aspettando i leader.

Poi, certo, quelle su Berlusconi e Bush:

> Due settimane fa Berlusconi aveva l'influenza. Non è influenza, è scolo: non puoi fottere per anni un intero Paese e beccarti solo l'influenza.
> Bush è stato rieletto. «Il mondo adesso è più al sicuro», ha dichiarato Dick Cheney da un bunker.

Ora prepara il nuovo monologo per la stagione 2005-2006. S'intitola *Come uccidere causando inutili sofferenze*: lo Stato italiano decide di spedire Luttazzi in Irak per risollevare il morale delle truppe italiane, avvilite perché continuano a prendere le cannonate sebbene siano in «missione di pace». Con i teatri, soprattutto con quelli dei comuni amministrati dal centrodestra, i problemi sono sempre più pesanti. Qualcuno gli viene negato, per altri gli fanno storie, pongono condizioni. Poi c'è il caso di Milano, dove i più grandi palcoscenici privati (Smeraldo, Nazionale, Ciak e Lirico) sono gestiti da una società che ha indicato Marcello Dell'Utri come direttore artistico del Teatro Lirico, aggiudicandosene così l'appalto. Così, proprio a Milano, per non aver a che fare con certa gente, Daniele si è rivolto a un organizzatore che gli affittasse per due sere una discoteca da migliaia di posti, l'Alcatraz. A Roma ha preso in affitto, sempre a sue spese, la Sala Sinopoli dell'auditorium Parco della Musica:

> Avevo l'opzione per alcune sere al Teatro Olimpico. Poi mi vengono a dire che il teatro deve fare dei lavori e che le mie serate sono state cancellate. Voci non ufficiali, in realtà, mi fanno sapere che la direzione non mi voleva. *Sesso con Luttazzi*, lo spettacolo dell'anno scorso, era stato giudicato troppo forte. A quel punto ho fatto da me.[43]

Intanto ha pubblicato quattro libri per Feltrinelli: *Benvenuto in Italia*, *La castrazione e altri metodi infallibili per prevenire l'acne*, *Capolavori*, *Bollito misto con mostarda*. E ha scritto, cantato e inciso su cd un musical su un'amica che morì di overdose negli anni Settanta, *Money for Dope*.

Un bel po' del suo tempo libero lo regala al Tribunale di Roma, dov'è stato trascinato da Berlusconi & C. con ben quattro cause civili, in solido con Freccero, Travaglio e la Rai, per aver presentato *L'odore dei soldi* a *Satyricon*. Due le ha già vinte: prima quella intentata da Forza Italia per 11 miliardi di lire, e poi (ottobre 2005) la madre di tutti i processi: quello nato dalla denuncia di Silvio Berlusconi in persona. Il premier chiedeva 20 miliardi di lire ma il tribunale gli ha dato torto: ora dovrà sborsare 100 mila euro di spese legali agli avvocati dei denunciati. Le altre due cause sono in corso: la Fininvest pretende 5 miliardi e Mediaset altri 5 («Sono due cose diverse, Fininvest e Mediaset, quando devono incassare»).

Da tre anni Luttazzi propone alla Rai «una striscia satirica quotidiana di battute sui fatti appena letti dal telegiornale, ma

Berlusconi ha messo i suoi uomini dappertutto: non mi rispondono neanche». In compenso il Tg2 ha affidato una rubrica analoga a Gene Gnocchi. Per Luttazzi nessuno spazio, nemmeno nella «democratica» Rai3: «Mi voleva Giovanni Floris a *Ballarò*, nel prologo satirico che apre ogni puntata. Ma pretendevano che registrassi lo sketch, senz'andare in diretta come invece è accaduto ad altri colleghi. Niente da fare, ho risposto: se registrano, poi si spaventano e tagliano».

Eppure c'è ancora qualcuno che non sa della censura ai suoi danni.

> Mi ha intervistato Alain Elkann per La7. Non mi sono mai divertito tanto. «Cosa si aspetta dal 2005?», mi domanda. «Be', con quel che sta facendo questo governo», rispondo io. «Ah no, qui non si parla di politica», fa lui che notoriamente è consulente del governo. La troupe non riesce a trattenere le risate. «Perché ridete?», domanda Elkann. Mi intrometto: «Forse perché sanno che io non posso parlare di politica da nessuna parte, in tv, da quando ho fatto *Satyricon*». Lui, candido: «Neanche su La7?». «Neanche.» «Perché, cos'è successo?» A quel punto gli racconto di *Satyricon* e dell'*ukase* bulgaro di Berlusconi. Lui cade dalle nuvole: «Mi scusi, non sapevo nulla, adesso non vorrei che lei pensasse che io prima la volevo censurare. Ero all'oscuro di tutto, che brutta storia». Sembra proprio sincero. Ma se nemmeno lui, che fa il giornalista in tv e in radio, di quotidiani e settimanali, sa nulla di quel che è accaduto, forse siamo mal messi.[44]

Come è accaduto a Biagi, Santoro & C., anche per Luttazzi il pestaggio è proseguito. Anche da sinistra. Nell'estate 2005 l'ancora presidente della Vigilanza Petruccioli lo paragona a Masotti (vedi p. 247). Poi ecco gli attacchi di Mentana e del coautore di *Matrix* Davide Parenti, il «padre» delle *Iene*. In un'intervista congiunta a «Io Donna», i due sostengono che la censura bulgara è stata una manna per Luttazzi, il quale l'ha «cavalcata» per «fare l'eroe civile» e lucrarne miliardi. Luttazzi risponde allibito:

> È tipico dei mascalzoni farsi beffe di una vittima sostenendo che il sopruso le è convenuto, ed è patognomonico della mo-

> rale corrente che in questi cinque anni in tanti abbiano usato questo argomento per mettersi in luce presso il Grande Prepotente di cui essi sono a libro paga, ma le calunnie dette contro di me da Parenti e Mentana raggiungono un nuovo zenit di carognaggine. Secondo costoro, che non mi conoscono affatto, la mia intervista a Marco Travaglio nel 2001 a *Satyricon* fu un accidente nel quale incappai per caso, «anche se poi Luttazzi ha capito che tanto valeva cavalcarlo e fare l'eroe civile». Parenti: «È così attaccato ai soldi che se avesse capito che ci rimetteva anche solo 100 mila lire [...]» (a differenza, par di capire, di Parenti e Mentana che, se da anni macinano miliardi sulle reti di Berlusconi, evidentemente è perché non sono né tirchi, né sprovveduti, né opportunisti come il sottoscritto). Ai due conviene ignorare che c'è anche chi certe cose le fa, pur consapevole dei danni che dovrà subire, solo perché la sua coscienza glielo impone. È bello averne una.[45]

Parenti si scusa per iscritto: voleva dire che «ti si fa un torto descrivendoti come un comico arruolato da questo o quel partito nella campagna elettorale».[46] Mentana tace.

Il diktat bulgaro non coinvolge soltanto i personaggi citati a Sofia, ma anche i loro collaboratori. Franza Di Rosa è una delle più brave registe televisive italiane. Esordì in Rai giovanissima, assistente alla regia di maestri come Sandro Bolchi, Giovanna Berlinguer (*Nero Wolfe*), Orazio Costa, Mario Ferrero, Luigi Squarzina. Ha diretto *La tv delle ragazze*, *Tunnel*, *Avanzi*, *Satyricon* e altri programmi Rai di grande successo. Da quando è stato cancellato Luttazzi dalla tv, non ha più avuto un contratto neanche lei. Da quattro anni non riesce più a lavorare. Dirige qualche manifestazione, oltre ai monologhi teatrali di Luttazzi, e basta. Per chiunque abbia sfiorato un epurato, terra bruciata.

8. *Masotti, il censore censurato*

Qui si racconta della vita difficile di Giovanni Masotti, detto anche il Teddy Reno dei mezzibusti. Un giornalista anfibio, quasi transgenico, che riesce a essere contemporaneamente vicedirettore di Rai2, autore e conduttore di uno o due programmi, corrispondente del Tg2 a Bruxelles in trasferta a Roma con rimborsi in entrambe le sedi, riparatore di trasmissioni altrui, prima censore e poi censurato, epuratore ed epurato (o quasi). Giornalista della «Nazione» e, dal 1988, della Rai al craxianissimo Tg2, nella seconda Repubblica si avvicina ad An, ma con un occhio di riguardo per Forza Italia. «Forza An», lo chiamano i colleghi. Nel 2002, quando il finiano Mauro Mazza va a dirigere il Tg2, lo promuove da caporedattore degli Interni a vicedirettore «per il coordinamento politico e parlamentare»: nomina riequilibrata con un altro vicedirettore in quota Ds, Stefano Marroni, ex di «Repubblica». Ma nel giugno 2003, alla vigilia del semestre di presidenza italiana dell'Ue, Masotti viene paracadutato a Bruxelles come corrispondente di fiducia del Cavaliere, a disposizione non solo del Tg2, ma anche del Tg1. L'esordio, a fine giugno, è da antologia. Denuncia Roberto Giachetti della Margherita:

> Lunedì Masotti, in partenza per Strasburgo e in forze al Tg2, definiva il semestre berlusconiano «una svolta epocale» che «darà nuovo slancio» e «garantirà» la ripresa dell'«economia» mentre «tutti i partner aspettano Berlusconi». Ieri, martedì, Masotti era già in prestito al Tg1, per il quale ci informava che «il premier illustrerà le grandi opere e la lotta all'immigrazione clandestina».[47]

Invece Berlusconi dà del «kapò nazista» al socialdemocratico Martin Schulz e dei «turisti della democrazia» a tutti gli eurodeputati. Masotti edulcora il più possibile l'agghiacciante gaffe. Poi usa come proprie le stesse parole che poco dopo gli dirà il capogruppo forzista Tajani per giustificare il principale.

Nel maggio 2004, di ritorno dalla campagna del Belgio, Masotti ottiene il premio che spetta ai generali vittoriosi. Diventa vicedirettore di Rai2, responsabile dell'informazione al posto di Antonio Socci (rimosso a causa degli ascolti da prefisso telefonico dei suoi *Excalibur* e *Luned'Italia*, e dunque promosso presidente della scuola di giornalismo Rai di Perugia). E ottiene in omaggio due programmi tutti per sé: una striscia quotidiana di «approfondimento» alle 18.40 (*10 minuti*) e una trasmissione in seconda serata il venerdì sera (*Italia sì Italia no*).

La striscia comincia subito con un inno al «governo più lungo»: quello di Silvio Berlusconi.

A sostituire Santoro, nello spazio lasciato vuoto da Socci, dovrà essere invece Gigi Moncalvo, vecchia volpe delle tv private lombarde, con esperienze al «Corriere della Sera», al «Giorno» e a Canale5. Dipietrista prima e bossiano poi, a lungo disoccupato, Moncalvo è tornato a lavorare nel 2001 grazie a Bossi. Prima il *Senatúr* lo chiama come intervistatore personale su Tele Padania. Memorabile la sera in cui, nel bel mezzo dell'intervista in diretta, l'Umberto risponde al cellulare ed esce dallo studio parlottando sottovoce. Nei lunghi minuti d'attesa, Moncalvo ripete: «Una telefonata delicatissima, un'emergenza da Palazzo Chigi, dev'essere Berlusconi che, come sempre, lo cerca nel momento del bisogno...». Ma Bossi, rientrando, sbotta: «Ma valà, quale Berlusconi! L'era mio figlio Eridanio, che ha segnato tre gol al calcetto...». Dal 2002 al 2004 Gigi è direttore della «Padania» finché, profittando della malattia del *Senatúr*, Bobo Maroni lo fa cacciare col più classico dei *promoveatur ut amoveatur*: un posto di capostruttura a Rai2 – la rete leghista – nel settore informazione. Lo stesso orticello di Masotti. I due fanno subito scintille, anche perché il *lumbard* Ferrario sceglie proprio Moncalvo per la prima serata del giovedì.

Quando la coppia scoppia

In luglio Gigi comincia a lavorare nello studio di Saxa Rubra. Ricicla le faraoniche scenografie di Socci. Ingaggia Charlie Gnocchi, fratello di Gene, e diversi giornalisti della squadra di Santoro rimasti a spasso, compreso il regista Andrea Soldani. Mancano due mesi a settembre, cioè al varo della trasmissione, che si chiamerà *Due come noi*. Un *talk show* con soli due politici, uno di destra uno di sinistra, che dovranno superare una serie di prove di credibilità, esaminati sul lettino da uno psicanalista e poi interrogati dai giornalisti in studio, dalla gente in piazza e infine dal pubblico a casa col televoto. Senonché – racconta Moncalvo – «in agosto mi chiamano alcuni pezzi grossi della Cdl, ministri compresi, per dirmi che Gianfranco Fini non mi vuole. Non gli è andata giù la mia campagna sulla "Padania" contro la sua proposta sul voto agl'immigrati. Devono "coprirmi su An" affiancandomi Daniela Vergara».[48]

Moncalvo recalcitra un po'. Neppure la Vergara è entusiasta della coabitazione forzata. E alla fine si fa da parte. Così Cattaneo chiama l'ex socialista Anna La Rosa, che già dirige *Rai Parlamento* e conduce tre programmi: *Conferenza Stampa* su Rai1, *Telecamere* e *Telecamere Salute* su Rai3. Le manca soltanto Rai2.

La coppia non potrebbe esser peggio assortita: il ruspante *conduttùr* della Padania e la salottista del Garofano che ora naviga tra Forza Italia e An con ampio gradimento a sinistra. Si annunciano fuochi d'artificio. Sulla strana coppia vigila un altro ex socialista, Gianvito Lomaglio, già braccio destro di Paolo Pillitteri, che ora è in quota An e, pur essendo capostruttura di Rai1, assiste il direttore di Rai2 Ferrario. È estate inoltrata e si perdono giorni e giorni a discutere del doppio staff. Moncalvo ha il suo. La Rosa pretende lo stesso numero di autori e redattori, oltre a chiedere di poter trasmettere da un altro studio, quello di *Telecamere*, che però è un programma di Rai3 e sta in Via Teulada, mentre Moncalvo è a Saxa Rubra. Cambia anche il titolo: non più *Due come noi*, ma *Due punti*, frutto di una lunga pensata del duo Ferrario-Lomaglio. Un bailamme. «Intanto – ricorda Moncalvo – nessun dirigente mi chiede mai che cosa voglio fare in quelle due ore di prima serata. Interessano solo i nomi e gli equilibri politici.»[49]

A nove giorni dalla messa in onda, martedì 28 settembre, la prima riunione plenaria per concordare la «prima», in programma nove giorni dopo, il 7 ottobre. È una sorta di sfida all'OK Corral, con i due conduttori accompagnati dai rispettivi staff. Una cinquantina di persone in tutto. Giunge notizia della liberazione delle due Simona in Irak. Anna La Rosa propone di dedicarvi la prima puntata. Moncalvo osserva che, di lì a nove giorni, la notizia sarà bruciata. E propone di parlare di giustizia: nello studio La Rosa ci saranno i politici; nel suo gente comune, avvocati, e magistrati. Tutti d'accordo. Si parte, o almeno così pare. «Ma – prosegue Moncalvo – uno dei miei autori s'era portato dietro un libro dell'ultrà berlusconiano Giancarlo Lehner sul processo a Previti. La Rosa l'ha notato sul tavolo e ha subito cominciato a telefonare a questo e a quello dicendo che io volevo occuparmi di Previti. Figuriamoci: Previti lo stavano per condannare, solo un fesso avrebbe fatto un programma su quel tema, su Rai2 per giunta! Ma in poco tempo l'allarme rosso raggiunse Berlusconi, Previti, Castelli e altri.» Chiamate di Ferrario, riunioni da Cattaneo, tensione alle stelle. Moncalvo rompe: «Non trasmetto né dallo studio di Saxa né da quello di Via Teulada. Ma dallo studio di un legale». Va dall'avvocato Giorgio Assumma e con lui scrive una lettera pepata a Rai2, denunciando le interferenze della direzione sul programma. Poche ore dopo viene sostituito da Masotti & Vergara e parcheggiato al venerdì sera a mezzanotte. Qui al posto di *Italia sì Italia no*, s'inventa un programma di faccia a faccia: *Confronti*, che in 29 puntate (dicembre 2004-giugno 2005) raccoglierà un onesto share medio dell'8.5%. Notevole il segno della croce con cui Moncalvo apre e chiude la trasmissione.

Il *talk show* del giovedì cambia di nuovo nome: non più *Due come noi*, e nemmeno *Due punti*, ma *Punto e a capo*. Masotti ne è contemporaneamente il conduttore, l'autore e il controllore (nella veste di vicedirettore di rete). Senza contare che mantiene le funzioni di corrispondente a Bruxelles, con indennità di trasferta a Roma. Non si sa mai. Interessanti anche le sue assunzioni: Giancarlo Lehner, collaboratore del «Giornale», di «Panorama» e di «Libero», autore di vari libelli diffamatori (puntualmente condannati da vari tribunali) contro Borrelli e il pool di Milano; l'ex direttore di Tele Padania Max Parisi, già autore di un libro su Berlusconi, Dell'Utri e la mafia per la casa editrice della Lega nord;[50] e, come inviato di punta, Gennaro Sangiuliano, ex direttore del «Roma» di Napoli, ex caporedattore di «Libero», ex candidato di Forza Italia non eletto, ultimamente alla redazione centrale dei tg regionali, molto vicino al ministro Gasparri. Poi, come consulente, l'ex direttore del «Messaggero» Paolo Graldi. Nei mesi successivi arriveranno ancora l'«esperto» onnipresente Klaus Davi e, come autore, Aldo Sarullo, già portavoce di Forza Italia in Sicilia e poi del gruppo forzista al Senato, infine presidente dell'Accademia di Belle Arti a Palermo. In studio, commentatori fissi, il direttore dell'«Opinione» Arturo Diaconale e Barbara Palombelli, moglie di Rutelli e collaboratrice del «Corriere», per un compenso di 3700 euro a puntata.

Il 4 novembre 2004 si parte con le elezioni americane: rivince Bush, la Cdl esulta e Masotti con lei. Per l'occasione intervista Berlusconi nel suo studio dorato, aggredendolo con domande del tipo: «Presidente, questa vittoria di Bush è anche una lezione per la sinistra italiana?». E il premier, lui stesso imbarazzato: «Be', sì... volesse il cielo...». Poi, per soprammercato, intervista anche Fini. Com'è, come non è, gli ascolti dell'esordio sono penosi (6.65% di share con 1.793.000 telespettatori: quasi un milione in meno della «prima» di Socci con *Excalibur* un anno prima). Ma peggioreranno.

Ultimo round

Nelle sue multiformi attività, l'infaticabile Masotti è pure responsabile di *XII Round*, il programma di Paolo Martini che va in onda intorno alla mezzanotte. Un ospite seduto su un ring e intorno quattro giornalisti in maniche di camicia che lo interrogano. Sono Stefano Zurlo, caposervizio del «Giornale», Fausto Carioti, caporedattore di «Libero» Roma, Walter Mariotti, vicedirettore di «Class», e Vittorio Zincone, collaboratore di «Sette». I primi tre, dunque, di centrodestra. Ma qui il problema è che le domande sono vere, aggressive. E Masotti non sopporta la libertà d'azione che si sono guadagnati i ragazzi di *XII Round* nella stagione precedente. Così, dall'alto del suo incarico di vicedirettore responsabile dell'informazione, comincia a telefonare direttamente in sala di montaggio per far saltare interi brani di interviste all'insaputa degli autori.

Le prime polemiche arrivano nel novembre 2004, quando i giornalisti e gli autori scrivono a Cattaneo, al presidente *pro tempore* Alberoni, alla Vigilanza e all'Ordine dei giornalisti per denunciare «la pretesa di Masotti di visionare il girato e non il prodotto finale», «l'effettuazione di vere e proprie censure», «il divieto preventivo di rivolgere singole precise domande agli ospiti». Nell'esposto all'Ordine, una sfilza di censure in occasione delle interviste a Chiara Moroni, a Nando e Rita Dalla Chiesa, a Socci, a Ferrara, a Funari (vietato ospitarlo), persino a Platinette. E poi un presunto mobbing contro la regista Arnalda Canali, sospettata di simpatie per Rifondazione. Un giorno gli autori scoprono che la produttrice di *XII Round*, con la cassetta in mano pronta per la messa in onda, ha telefonato a Ferrario, a Milano, per fargliene ascoltare ampi brani e chiedergli quali volesse tagliare: l'intervista era a Chiara Moroni e Zurlo aveva osato domandarle come facesse a restare alleata della Lega nord che l'aveva appena insultata in piena Camera con pesanti allusioni al padre, coinvolto in Tangentopoli e morto suicida nel 1992. I firmatari della lettera segnalano poi

> il perdurante clima di fastidio generalizzato, spesso di insopportazione e ormai ancora più spesso di aperta ostilità che respiriamo nello svolgimento del nostro lavoro. Un atteggiamento ostile che a noi sembra emanare in primis dalla struttura Rai che dovrebbe essere invece il nostro punto di riferimento, la competente vicedirezione di Rai2 [cioè Masotti, *N.d.A.*]. Una lunga serie di episodi disdicevoli, a partire dalle surreali telefonate dei primi contatti fino alle ultime comunicazioni «di richiamo» [...]. La richiesta esplicita di censurare singole domande sulla base di appunti sottratti dal produttore e consegnati alla vicedirezione senza la nostra autorizzazione di autori; l'interpretazione univoca e assolutista del rapporto tra autori e direzione di rete relativamente alla scelta degli ospiti [...].[51]

Replica a stretto giro il direttore Ferrario: nessuna «ostilità» contro *XII Round*, ma piena «approvazione» dell'operato di Masotti Manidiforbice, uomo dalla proverbiale «correttezza e professionalità», e dei suoi «interventi per garantire il rispetto delle linee editoriali del programma». E il *cahier de doléances* di giornalisti e autori? «Accuse denigratorie e offensive per tutta Rai2»: ma ora, fortunatamente, Masotti ha promosso una «indagine interna» che «farà piena luce».[52] A sua volta Masotti nega ogni «censura preventiva»: semplici «controlli di qualità».[53] Poi, il 13 novembre, scrive una lettera di richiamo ai contestatori per non aver risolto «in una serena ottica redazionale interna all'Azienda le problematiche emerse e impropriamente portate al di fuori dell'Azienda stessa». I panni sporchi si lavano in famiglia. Negli stessi giorni cancella addirittura una puntata di *XII Round*. E subito dopo cancella direttamente il programma, per sempre.

La puntata incriminata, l'ultima, prevedeva due ospiti in

studio: la bionda soubrette Flavia Vento, reduce da una comparsata alla festa estiva della Margherita, e Alessandra Mussolini, leader di Alternativa sociale, reduce dal burrascoso divorzio da An con strascico di feroci invettive contro Fini e l'intera Cdl. Da quel momento, per la Rai, la «ducia» è un volto proibito. E dire che solo poche settimane prima troneggiava a *Porta a Porta* con gli altri reduci della famiglia Mussolini, riuniti al gran completo sotto gli occhi tumidi di Vespa per celebrare la buonanima di Benito, padre e nonno esemplare. Ma ora corre da sola alle regionali del Lazio, minacciando l'orticello di Storace. Le elezioni si terranno solo sei mesi dopo. Ma fin da subito la parola d'ordine è «Mussolini chi?».

La puntata è stata registrata l'8 novembre negli studi Dear della Rai. Gli ospiti sono stati tutti autorizzati: Flavia Vento ha firmato un contratto per ricevere un compenso e la Mussolini è stata accompagnata da un'auto di servizio pagata dalla Rai. Cose impensabili senza l'avallo preventivo della vicedirezione per l'informazione, che fa capo a Masotti. La Mussolini doveva già partecipare alla puntata precedente, insieme a Bobo Craxi, poi per un imprevisto era slittata di una settimana. Ora, alla fine della registrazione, si lamenta con gli intervistatori per la durezza del trattamento subìto. Nessun rappresentante della Rai ha nulla da obiettare. Anzi, Masotti fa sapere che, diversamente dalle altre volte, non visionerà il «girato». Poi però fa il contrario. Visiona la cassetta e la porta di corsa al capo dell'Ufficio legale Rubens Esposito (vicino ad An pure lui), segnalandogli presunte «violazioni delle direttive impartite dalla commissione parlamentare di Vigilanza». Lo scriveranno i legali Rai nel loro rapporto finale, a proposito del sospetto «ruolo politico» di Flavia Vento: «Secondo quanto da Voi [Masotti, *N.d.A.*] precisato per le vie brevi, la signora Vento ha attivamente partecipato a diverse manifestazioni pubbliche organizzate dalla Margherita, accreditandosi, appunto, come esponente di tale partito». Dunque, secondo i legali Rai, Flavia Vento sarebbe equiparabile a Rutelli e a Parisi.

Ma il pezzo forte delle contestazioni dell'Ufficio legale contro *XII Round* riguarda la Mussolini, che ha parlato male di Marrazzo e Storace. L'intervista, spiega Masotti,

> non rispettava le regole del servizio pubblico, in grossa parte era un comizio elettorale senza contraddittorio, con espressioni pesantissime nei confronti degli altri due candidati alla Regione Lazio, Storace e Marrazzo. Una cosa fuori dal mondo. La Mussolini è stata presentata come candidata alle elezioni regionali e richiesta di pareri sugli altri due candidati, come fosse una tribuna elettorale impropria. Comunque io ho solo avvertito che potevano esserci dei problemi, la decisione è stata presa dall'azienda dopo il parere dell'Ufficio legale.[54]

Anche qui, però, il discorso non regge. Come farà notare l'autore Paolo Martini a Petruccioli, nella vana speranza che la Vigilanza sanzioni Masotti, gli attacchi della Mussolini ai due futuri candidati nel Lazio occupano «pochissimi minuti del girato, e quindi parti minime dei 40 minuti registrati: parti, queste come tante altre, che potevano benissimo essere scartate nel montato definitivo del programma, previsto di circa 30 minuti». Insomma, si potevano tagliare quelle due frasi e salvare tranquillamente la puntata. Ma il fatto è che la Mussolini, su Rai2, non deve proprio comparire.

Restano, sublime monumento al ridicolo, le 13 cartelle dell'Ufficio legale, con dotte disquisizioni e pensosi paragrafi dedicati alla «qualificabilità della signorina Vento come esponente politico» e alla conseguente violazione della par condicio. Poi le inappellabili conclusioni:

> In conclusione riteniamo che il programma così come da noi esaminato non possa essere trasmesso in quanto la presenza degli esponenti politici intervistati [la Vento e la Mussolini, *N.d.A.*] risulta [...] illegittima in sé anche a prescindere dalle conseguenze di carattere sanzionatorio cui l'Azienda e i dirigenti responsabili della stessa sarebbero esposti in caso di diffusione.

Quando scoppia il caso, Masotti si rammarica con se stesso per la «decisione dolorosa» che ha dovuto assumere per «riparare a una violazione clamorosa». Perché ha fatto tutto lui. E non ha ancora finito. Il 12 novembre lo staff di *XII Round* sta preparando la nuova puntata, che prevede sul ring Nando e Rita Dalla Chiesa, invitati per ricordare la figura del padre assassinato dalla mafia. Masotti scrive a Martini che

> intervistare i fratelli Dalla Chiesa insieme contrasta con le direttive della commissione parlamentare di Vigilanza sulla Rai. Le soluzioni sono dunque: o affiancare all'on. Dalla Chiesa un esponente del centrodestra, oppure invitare la sig.ra Rita Dalla Chiesa assieme a un altro esponente della società civile non etichettabile politicamente.

È chiaro che il problema non sono i Dalla Chiesa, ma il programma in sé. Martini rifiuta l'ennesima interferenza, non conoscendo esponenti della società civile «non etichettabili politicamente» e facendo osservare che Rita Dalla Chiesa da sempre lavora a Mediaset ed è notoriamente vicina a Forza Italia e a Berlusconi. Niente da fare. *XII Round* finisce qui. Ufficialmente «sospeso» *sine die*. In realtà, chiuso per sempre.

Le proteste dal centrosinistra per l'ennesima censura sono molto flebili (Giulietti, Bertinotti, Pecoraro Scanio, alcuni consiglieri della Vigilanza, Articolo 21 e pochi altri), mentre dal centrodestra si levano inni e ovazioni all'ottimo Masotti. «Decisione ineccepibile a difesa della legge e della Rai», turibola l'infaticabile Michele Bonatesta di An. La Mussolini invece parla di «censura preventiva», ricorda di aver dovuto rispondere «a domande severe e provocatorie» e annuncia una pittoresca protesta in Viale Mazzini con il volto coperto da un «burka tricolore». Ma Masotti replica ancora: «È un caso montato ad arte. Per alcune persone il contradditorio, anziché una regola, è un optional».[55]

Punto e kappaò

Fulminato *XII Round*, il foltocrinito conduttore può dedicarsi a tempo pieno al ring di *Punto e a capo*, con ascolti da microscopio elettronico. Santoro, il giovedì sera, sfiorava il 20% di share e spesso lo superava. Il suo nuovo sostituto colleziona il 6.65 nella prima puntata e il 7.21 nella seconda. Ma non si scompone:

> Dopo la prima puntata alcuni giornali ci hanno liquidati parlando subito di flop. È chiaro, solo per motivi politici. Sono stato vittima di linciaggio da almeno quattro quotidiani: non si

> vuole consentire che ci possa essere un'informazione in Rai non omologata a sinistra, ma fatta da gente che ragiona con la propria testa. Personalmente ho idee di centrodestra, ma lavorando in Rai da 20 anni so benissimo che le regole del servizio pubblico sono pluralistiche. Abbiamo già capito che con *Punto e a capo* diamo fastidio. Ma ci debbono sopportare. Stiamo aggiustando il format della trasmissione.[56]

Anche la sua metà televisiva, Daniela Vergara, si fa i complimenti da sola: «Puntata vivace, con ottimi servizi e ottima discussione». Infatti, nella terza, lo share scende al 5.56%. Le successive, fino a Natale, faranno registrare il 7.01, il 7.26, il 7.68, il 9.21 e il 7.93. Abbondantemente sotto l'8% di media. Strepitosa, a metà dicembre, la puntata per magnificare le norme anti-fumo del ministro Sirchia proprio nel giorno della bocciatura, da parte del Quirinale, di una legge lievemente più importante: quella di Castelli sull'ordinamento giudiziario. Di giustizia, d'altronde, il programma s'era già occupato il 25 novembre, provocando un esposto alla Vigilanza da parte del presidente dell'Associazione magistrati Edmondo Bruti Liberati, ospite in studio col ministro Castelli. Bruti denuncia proprio ciò che Masotti rimproverava a *XII Round*: la mancanza di «pluralismo e di contraddittorio»: servizi e tabelle – spiega – erano tutti orientati a fornire «un'immagine negativa della magistratura», senza possibilità di correggerli e smentirli.

Sempre in dicembre, il vignettista del «manifesto» Vauro disegna un frate che ammonisce Masotti alla maniera dei conventi cistercensi, dove i confratelli vengono invitati ogni sera alla modestia: «Ricòrdati che devi morire» (*memento mori*). Apriti cielo. Insorge l'azzurro Schifani: «Vignetta incivile». E Cicchitto: «Inqualificabile ed intimidatoria». E Caparini, leghista: «Tutta la mia solidarietà a Masotti, serio professionista». Vauro tenta di spiegare che il monito fratesco era dedicato ai vanitosi, e Masotti «è l'emblema di un nuovo tipo di vanità: la vanità servile». Masotti risponde: «Vauro è il simbolo dello stalinismo puro, ha completamente perso la testa. Povero piccolo uomo». Il vignettista, convocato e «ammonito» dall'Ordine dei giornalisti del Lazio, si presenta alla convocazione vestito da frate, con un abito noleggiato per 80 euro. È lui stesso a raccontarlo:

> Il presidente Bruno Tucci all'inizio non mi ha riconosciuto e mi ha chiesto «lei chi è?». «Sono fratello Vauro dell'Ordine dei giornalisti», ho risposto. D'altronde c'è l'ordine dei cistercensi, cui risale il *memento mori*. Dopodiché si è comportato come se fossi in giacca e cravatta. Io lo chiamavo padre superiore. Alla fine mi ha consegnato per iscritto un «ammonimento orale»! Una specie di pagina 777 del televideo per non udenti... Io sono un umile frate, l'obbedienza è dovuta, quindi d'ora in poi la mia dichiarazione è che, visto che non posso ricordare a Masotti che deve morire, o se ne scorda e campa in eterno (buon per lui), o sennò deve ricordarselo da solo, facendosi un nodo al fazzoletto. Io non ce l'ho con lui. Ma è l'emblema della vanità: conduce una trasmissione in *prime time*, e le prime reazioni dei lettori alla mia vignetta sono state: «Chi è Masotti?». Come si dice, buca lo schermo! Ho preso lui perché, essendo un personaggio insignificante ma dotato di grande vanità, mi sembrava l'obiettivo giusto. Ma era un atto umanitario, per ricordargli che tutti dobbiamo morire e quindi in questo lasso di tempo ci risparmiasse la montagna di cretinate che dice sullo schermo. Ha fregato Emilio Fede in corsa. Fede perlomeno è un servile divertente.[57]

Anno nuovo, ascolti vecchi. Per ripicca contro Vauro, Masotti ingaggia Giorgio Forattini («ci siamo piaciuti molto, per me è un maestro, sono anni che lo seguo, e io sono piaciuto a lui»). Mostra in trasmissione una sua vignetta esclusiva e poi la spiega al pubblico. Come quelli che spiegano le barzellette. Una ritrae Prodi che, inseguito da Nichi Vendola e Pecoraro Scanio, urla: «Avevo chiesto delle donne!». Nonostante l'effetto altamente comico, accresciuto anche dalla *new entry* di Klaus Davi, il pubblico seguita pervicacemente a boicottare *Punto e a capo*. La prima puntata nel 2005 fa il 5.68% di share. La seconda, nonostante il *battage* giornalistico (è quella anti-antimafia per «riparare» al *Report* troppo antimafioso), non va oltre il 5.72. La successiva tocca il minimo storico del 4.95. Poi una serie negativa da paura: 5.99, 5.37, 5.25, 7.14, 5.49, 5.72, 6.41. Finché, a interrompere l'agonia, provvede il 15 aprile Daniela Vergara dando l'addio a Giovanni Masotti, che prosegue da solo. Da un paio di mesi i due sono «separati in casa», nel senso che non si parlano più. Lei, il 10 febbraio, s'è data malata (quella sera si discute di terroristi rossi, foibe rosse e toghe rosse, e Masotti ne approfitta per mettere a segno un'idea geniale: far chiudere la trasmissione da un certo professor Pazzaglia che legge i numeri del Lotto). Poi si son divisi il programma a metà: alle 21 *Punto e a capo prima parte* con lui, alle 22 *Punto e a capo seconda parte* con lei. Telecamere separate. Poi il definitivo divorzio.

Finalmente *single*, Masotti si scatena sparandole grosse per far parlare di sé (non importa come) e recuperare qualche punto. Il 24 febbraio, ospite come di consueto l'amico Gasparri, allestisce un processo in diretta al movimento No Global e per estensione a tutto il centrosinistra colluso con i violenti, trasmettendo alcune intercettazioni telefoniche di Luca Casarini e Francesco Caruso, disposte nel 2001 dalla Procura di Cosenza durante il G8 di Genova. Vittorio Agnoletto, invitato, rifiuta di partecipare, ricordando al conduttore «il divieto di divulgare materiale di indagini preliminari» e di «fare i processi in tv ancor prima che nei tribunali». Caruso preannuncia querela. Arrivano invece in studio, oltre a Gasparri, Marco Rizzo dei Comunisti italiani e gli opinionisti fissi Palombelli e Diaconale. Dalle telefonate non emerge alcun reato, né alcuna novità: i disobbedienti si dicono cose molto meno forti di quelle dichiarate a suo tempo in decine di interviste. E cioè che avrebbero tentato di forzare i blocchi e di invadere la zona rossa proibita. Sai che novità.

Il tutto è una plateale violazione delle (assurde) regole fissate dalla Vigilanza, che vietano alla Rai di occuparsi di processi in corso. Tantopiù che le intercettazioni non sono mai state depositate a disposizione dei difensori. In compenso non viene trasmessa alcuna immagine dei pestaggi della polizia, delle prove false fabbricate da alcuni agenti, del processo contro vari dirigenti e uomini delle forze dell'ordine accusati di falso e lesioni gravi. Ogni tanto, ai filmati delle devastazioni di Genova, si alternano quelli della recente manifestazione di Roma per la liberazione di Giuliana Sgrena in Irak. La Palombelli «si dissocia» dal programma, anche perché «dovremmo pensare alla salute del Santo Padre». Ma resta incollata alla poltrona. Chiude Gasparri con un attacco a Cofferati, a Furio Colombo e all'«Unità»: «Qui parliamo di violenza e toni di violenza vengono usati dall'"Unità" e dal suo direttore, che dopo una vita passata come dipendente della Fiat nei Cda e nei paradisi fiscali, quasi per farsi perdonare, è diventato estremista». Sigla.

Ormai Masotti è talmente imbarazzante che lo scarica persino An: pochi minuti dopo Ignazio La Russa, sponsor politico di Cattaneo, dichiara a Telelombardia che, certo, Santoro era molto bravo. E ammette che il centrodestra «non ha ancora trovato gli uomini giusti per l'approfondimento televisivo». Poi propone di promuovere in prima serata Moncalvo, la bestia nera di Masotti. L'associazione Articolo 21 domanda: «Perché allora la Rai non trasmette le intercettazioni, fra l'altro pubbliche e depositate da anni, dei processi a Berlusconi, Previti, Dell'Utri, che sono già in fase di appello?». Nessuna risposta. Quella del pubblico invece arriva: l'ultima impresa masottiana ha raccolto il 5.97 di share. Protesta, una volta tanto unanime, il centrosinistra. E si sveglia persino Petruccioli. Ma alla sua maniera: riesce a paragonare *Punto e a capo* alla «tv militante» di *Sciuscià* quando «fu ospite Marco Travaglio che espose le tesi di un suo libro sulle indagini relative a Silvio Berlusconi».[58] Tocca a Giulietti rammentare al presidente della Vigilanza, suo compagno di partito, che

> Luttazzi, nella trasmissione *Satyricon* [che Petruccioli o l'intervistatore hanno confuso con *Sciuscià*, *N.d.A.*] nella quale fu ospite anche Travaglio, non trasmise alcuna intercettazione telefonica, né rivelò atti ancora coperti dal segreto istruttorio, ma fece un'intervista su un libro regolarmente nelle edicole, con una larghissima diffusione, e che riportava vicende ampiamente note, anche se semiclandestine sui grandi media. Qualsiasi parallelismo, dunque, fra Santoro, Luttazzi o Travaglio e l'ultima trasmissione di *Punto e a capo* è assolutamente improprio.[59]

Il 28 aprile, reduce dal premio «Pagine» per la Cultura, Masotti ci riprova. Stavolta manda in onda, con ampio *battage* preventivo, un filmato amatoriale che riprende il calciatore juventino Fabio Cannavaro mentre, quando militava nel Parma, si pratica un'endovena negli spogliatoi, poco prima di scendere in campo. Una copia del filmato, girato con la videocamera dello stesso Cannavaro, è rimasta in possesso di un suo anonimo compagno che l'ha passata a Masotti. Cannavaro lo diffida formalmente dal trasmettere quelle immagini. Ma il vicedirettore-conduttore-autore non fa una piega. Trasmette tutto. E finalmente ottiene ciò che cercava: l'ascolto balza al 13.12%.

Ai primi di maggio Masotti annuncia che trasmetterà il film anti-islamico *Submission* di Theo van Gogh, il regista olandese ucciso a coltellate da un musulmano fanatico nel 2004. Il leghista friulano Eduard Ballaman, entusiasta, partecipa al *battage* rivelando che l'impavido conduttore ha subìto «minacce di morte». Il 12 maggio, invece del film, va in onda un *trailer* di cinque minuti. Segue rissa fra Ballaman e l'ultrà islamico Adel Smith. Share del 10.45. «Da quando lo conduco da solo – esulta Masotti – *Punto e a capo* ha una media del 10% di share, superiore di 3 punti a quella registrata nella precedente fase "condominiale"».[60] Un modo elegante per dire che la Vergara era una palla al piede. Ora che se n'è liberato, lui riesce financo a fare la metà degli ascolti di Santoro. Peccato che la stagione sia finita.

In estate, Nino Rizzo Nervo polemizza sui suoi compensi: «Masotti percepisce 4 mila euro ogni puntata in più rispetto al suo stipendio».[61] Masotti risponde: «Sono 1500, al massimo 1800». Ma, alla ripresa autunnale, il grintoso vicedirettore-conduttore-autore si presenta più in forma che mai. Il programma ha cambiato nome: ora si chiama *Kalimero*, a sottolineare la sua estrema «scomodità» («sono brutto, sporco e cattivo, piccolo e nero come Calimero, ma con gli attributi, infatti ho la K»). Opinionisti in studio, gli onorevoli Vittorio Sgarbi e Alessandra Mussolini (quella che *XII Round* non poteva intervistare), in barba all'espresso divieto della Vigilanza di usare parlamentari in carica come opinionisti. Il 15 settembre, mentre presenta *Kalimero* alla stampa alla vigilia della prima puntata, Masotti non trova di meglio che attaccare *coram populo* i vertici della Rai che lo rimandano in prima serata. A cominciare dal neopresidente:

> Petruccioli mi ha dato il preavviso di sfratto. I vertici dell'azienda mi hanno dato un mandato a termine ed è la prima volta che viene usato un metro di questo tipo nei confronti di un giornalista: questo è un preavviso di sfratto, una cosa mai accaduta. Sono un perseguitato politico.[62]

Poi se la prende con Curzi e Rizzo Nervo che l'hanno criticato:

> Il Cda ha parlato per il mio nuovo programma di un obiettivo pari alla media di rete in prima serata, che quest'anno è il 12%, ma io non lo farò mai. Comunque mi impegnerò al massimo, anche se ho la pistola puntata alla tempia. Mi devono rimuovere con la forza. Basti pensare che nei primi quattro giovedì vado contro *Elisa di Rivombrosa* e Montalbano, e i secondi contro Celentano. È chiaro che quella dello share è solo una scusa, ma si tratta di una persecuzione politica.[63]

Ecco: al complotto partecipano tutte le altre reti Rai e Mediaset, che proprio il giovedì sera hanno deciso inopinatamente di mandare in onda dei programmi apposta per fregarlo. Insomma,

> ho il destino segnato: sono come un kamikaze palestinese, ma il mio rispetto per l'Azienda rimane. Sono un perseguitato politico fin dall'ultima fase di Cattaneo. Se vogliono mi devono proprio cacciare via, epurare [...]. An fa un discorso di riequilibrio nella programmazione delle reti. Loro considerano Berti in quota Forza Italia, così come Vespa, anche se per me in questo caso è semplicistico. Anch'io sono per loro in quota Forza Italia, mentre Moncalvo sarebbe leghista. Io non sono un incapace. Ma non posso lavorare, non posso crescere. Mi sembra una cosa barbara che nasconde altri intenti per i quali io prenderò le mie contromisure. Ma lavorerò fino all'ultima puntata come fosse quella di una lunga serie.[64]

Sono le sue prime e ultime parole da conduttore di *Kalimero*. Finisce così la triste storia di un programma mai nato e di un conduttore che, a furia di censurare, viene censurato. Sfiduciato in tempo reale dal Cda unanime per «le dichiarazioni lesive dell'immagine aziendale, offensive nei confronti dei suoi organi istituzionali e in palese contrasto con i doveri di ogni dipendente», Masotti viene rimosso. Tenta un disperato recupero, scrivendo a Meocci: «Non intendevo offendere nessuno, volevo soltanto descrivere un clima, le mie dichiarazioni non sono state riprese in modo completo, spero tu sostenga il mio sforzo leale e sincero, provo grande amarezza...».[65] Ma nessuno sostiene lo sforzo: il Teddy Reno dei mezzibusti viene rimpiazzato in poche ore dalla straripante Anna La Rosa. Decide tutto Meocci, scavalcando il Cda e il direttore di rete, il ragionier Ferrario. Vauro dedica all'ex nemico una vignetta delle sue, intitolata «Rai, scompare Masotti», con il frate cistercense che punta il dito nella sua direzione: «Te l'avevo detto!».

Vaselino Diaco

Già una settimana dopo, il 22 settembre, Anna dei Miracoli è pronta per debuttare con *Alice*, versione allargata del salottino di *Telecamere*. Petruccioli si affretta a tributarle la «gratitudine» della Rai per la prontezza di riflessi. «È una dipendente capace», la elogia Curzi. Per imperscrutabili «equilibri» politici, corre voce che vogliano affiancarle il giovane e scattante ex disc jockey Pierluigi Diaco, quello che secondo Filippo Facci «ha la vaselina nel sangue». Diaco iniziò la carriera raccogliendo l'*opera omnia* di Curzi e bazzicando dalle parti di Claudio Martelli. Negli ultimi tre anni è riuscito a presentare una dozzina di programmi su cinque o sei canali televisivi e radiofonici, pubblici e privati (Radio Dj, Sky, Radio Rai, Radio24, RaiNews24) e contemporaneamente a collaborare (con rubrica fissa) al «Foglio» di Giuliano Ferrara, poi all'«Indipendente», poi saltuariamente all'«Unità», poi di nuovo al «Foglio», senza contare che ha rifiutato un'offerta di Emilio Fede per vicedirigere il Tg4 e ha condotto dibattiti all'ultimo congresso Ds e alle ultime feste nazionali dell'Unità e della Margherita, e conduce su un network radiofonico (Area) vicino ai Ds una rubrica d'intervista settimanale con Piero Fassino, del quale peraltro scrive sempre un gran bene sul «Foglio». Insomma, un ragazzo sveglio che piace a tutti i partiti, dai più grandi ai più piccini. Breve carrellata dei politici che il 19 settembre hanno riversato sull'Ansa commenti entusiastici alla semplice ipotesi di un approdo di Diaco al fianco di Anna La Rosa: Bobo Craxi (Nuovo Psi), «La Padania» (Lega nord), Paolo Gentiloni (Margherita), Enzo Carra (Margherita), Alessandra Mussolini (Alternativa sociale), Luca Volontè (Udc), Stefano Caldoro (Nuovo Psi), Ugo Intini (Sdi), Stefano Boco (Verdi), Paolo Cento (Verdi), Carlo Taormina (Forza Italia), Maurizio Gasparri (An). Tutti a caldeggiare, auspicare, magnificare, garantire l'assoluta indipendenza di Diaco. Un trasporto spontaneo, un empito corale e prorompente. A nessuno viene in mente che i politici sono le ultime persone al mondo a poter garantire sull'obiettività o meno di un giornalista. E che non tocca ai politici scegliere i conduttori tv. E che nelle democrazie sono gli intervistatori che scelgono i politici, non viceversa. Alla fine esterna lo stesso Diaco, con prosa eloquente:

> Sono contento della stima manifestatami dal direttore delle Tsp e auguro a lei e alla sua redazione un buon lavoro. Del resto Anna La Rosa non ha bisogno del mio apprezzamento e del mio sostegno per «surfare» nel giornalismo politico italiano. Questa mattina ho avuto un lungo colloquio con Anna La Rosa di cui mi riservo di comunicare il contenuto poiché sono un giornalista in forza a RaiNews24 e una decisione sulla proposta di co-conduzione insieme al direttore La Rosa deve avere il *placet* del mio direttore Roberto Morrione, che in tempi non sospetti è stato il primo direttore Rai a investire su di me.

Ma per ora non se ne fa nulla. Diaco rimane a RaiNews24. Anna La Rosa invece ha poco tempo per «surfare»: dopo sole quattro puntate, *Alice* viene chiuso per mancanza di pubblico e per le epiche risse che vi si sono consumate. A nessuno viene in mente un piccolo particolare: da due anni una sentenza del Tribunale di Roma ordina l'immediato reintegro di Michele Santoro nel posto che gli spetta per contratto: la prima serata del giovedì sera su Rai2. Un rientro che il neopresidente Petruccioli definisce impossibile, almeno a breve, perché «fino a gennaio i palinsesti sono fatti e bloccati». Ora si scopre all'improvviso che non sono affatto bloccati: s'è liberata proprio la prima serata del giovedì sera su Rai2. Prima con la cacciata di Masotti, poi con quella di La Rosa. Eppure l'unico nome che viene in mente ai politici di destra e di sinistra è quello di Diaco, che peraltro già conduce ogni sera *Rai 21.15*. Nessuno invece si ricorda di Santoro. Chissà come mai.

Anna La Garofana

La storia di Anna La Rosa, detta La Garofana per i suoi trascorsi socialisti alla corte di Gianni De Michelis, è ancor più avvincente. A lungo inviata del Tg2 in quota Psi, esordì nel '94 con il *talk show Stazione Centrale*, in cui appariva in pelliccia fra i binari di Termini (programma subito chiuso). Si vanta spesso di «non entrare mai nel merito, e non aizzare i politici».[66] Si dipinge continuamente come un'ex «epurata» da Carlo Freccero, ma non è mai rimasta un solo giorno senza un programma (nella scorsa legislatura fu semplicemente spostata da Rai2 a Rai3 con *Telecamere*). E dipinge Santoro come «fazioso». Lei, in compenso, nel 2000, accettò una consulenza da 6 milioni al mese dall'assessorato al Turismo della giunta polista della Calabria (vi rinunciò solo quando la notizia divenne pubblica). I suoi trasporti berlusconiani sono talmente evidenti che il suo nome, nella primavera del 2005, finisce *d'emblée* prima in una lista di possibili candidati alla presidenza della stessa regione, poi in un appello al voto per il medico personale del premier, Umberto Scapagnini, sindaco ricandidato di Catania. Ma lei, questa volta, smentisce inorridita: Scapagnini, vista l'aria che tira, pare destinato a sicura sconfitta. Invece rivince. Allora Anna fa subito pace intervistandolo affettuosamente su «Libero». Poi però, per coprirsi a sinistra, tiene a precisare in un'intervista a «Parioli Pocket» di avere «l'effigie di Che Guevara nel salotto di casa» e di esser reduce da un fantastico «quasi-pellegrinaggio a Cuba».[67]

Unica giornalista televisiva a condurre quattro programmi su tre diverse reti, nonché direttrice dei servizi parlamentari Rai, la signora è da due anni sotto inchiesta. Le indagini, avviate dalla Procura di Potenza, sono poi passate per competenza a Roma e a Perugia (ne parliamo ampiamente, con corredo di intercettazioni telefoniche, in *Regime*). La prima, quella romana, è stata archiviata. La seconda invece è entrata nel vivo nel giugno-luglio 2005, quando il pm perugino Sergio Sottani ha interrogato la conduttrice come indagata per istigazione alla corruzione. Ma al di là delle conclusioni che trarrà la magistratura, è interessante ricordare i fatti. La Rosa è sospettata di aver tentato di corrompere il giudice fallimentare Tommaso

Marvasi, che si occupa del crac Federconsorzi. Un caso di presunta «corruzione televisiva». Anna invita a *Telecamere Salute* un andrologo cugino di Marvasi. In cambio dell'invito – secondo l'accusa – il giudice avrebbe dovuto dare il via libera alla vendita di un credito che avrebbe portato milioni di euro nelle tasche di alcuni imprenditori amici della telegiornalista. I quali, per sdebitarsi, le pagarono un servizio di catering gratuito per i suoi party con la Roma che conta: un omaggio da 12 mila euro che, per la Procura di Potenza, «non ha niente a che vedere con uno spontaneo e grazioso atto di liberalità».[68] Quello che già la magistratura umbra ha accertato è che Anna La Rosa ha incontrato Marvasi (l'ha confermato lei stessa); ha invitato il cugino in trasmissione (pur sostenendo che gli ospiti del suo programma non li sceglie lei, ma altre persone); ha ottenuto il catering gratis per una grande festa con decine di vip. Gli unici rimasti con un pugno di mosche sono proprio gli amici imprenditori, che hanno scucito i 12 mila euro per il party, ma non hanno visto un quattrino dall'affare Federconsorzi, perché il giudice non ha ceduto alle profferte. Cornuti e mazziati: indagati anche loro.

È una vicenda ormai stranota e molto imbarazzante, che investe il possibile uso privato di trasmissioni della tv pubblica. Ma la Rai non se ne cura, e Anna dai capelli rossi prosegue la sua resistibile ascesa. D'altronde non ha subìto alcuna conseguenza nemmeno per un altro episodio di «privatizzazione» del suo salotto televisivo, che le ha fruttato un orologio tempestato di brillanti: gentile omaggio del re delle cliniche romane Gianpaolo Angelucci, editore di «Libero» e socio del «Riformista», sempre molto citato, e in termini molto lusinghieri, a *Telecamere Salute*. Anche qui il problema non è se ci sia reato oppure no. Ci sono i fatti documentati dalle intercettazioni telefoniche, ormai ampiamente pubbliche. Il 7 ottobre 2003 Anna La Rosa chiede ad Angelucci: «Come stai?». L'imprenditore la investe: «Bene, levato il fatto che mandi i servizi del Santa Lucia de Faroni e il mio non lo mandi». Angelucci non ha gradito la messa in onda di un servizio sulla clinica del concorrente Faroni. La giornalista del cosiddetto servizio pubblico lo rassicura: la domenica seguente tocca a lui e alla sua clinica:

> La tua va domenica perché, come saprai, tu che sei un ragazzo molto più intelligente perfino di me, ovviamente più andiamo in là con il palinsesto autunnale e più aumenta l'ascolto. Per cui la tua va domenica questa [...]. L'altra sera ero a cena con molti banchieri, imprenditori e a un certo punto mi sono messa, come faccio sempre, a fare il comizio delle tue lodi.

Una passione ricambiata, peraltro, come Anna confida a un amico: «Lo sai cosa m'aveva regalato lui per il 23 luglio? Un orologio rosa con i brillanti».

Nel 2004 la signora inizia a scrivere per la carta stampata, grazie a una speciale autorizzazione della Rai concessa finora soltanto a Vespa (che scrive dappertutto) e a Pionati (che collabora a «Panorama»). E su quale giornale si esibisce la telegiornalista? Su «Libero», diretto da Feltri, ma soprattutto edito da Angelucci. Quello dell'orologio rosa. Si comprende così il titolo della sua ultima trasmissione, *Alice*: l'Ispettorato, il Cda e la Vigilanza Rai si ispirano direttamente ad *Alice nel paese delle meraviglie*.

9. *Report, la mafia non si tocca*

Il vero tabù della tv di regime si chiama mafia. Chiunque se ne sia occupato a tutto tondo, senza reticenze, andando cioè a toccare i rapporti fra Cosa Nostra e la politica, è stato epurato. Per questo Santoro e Luttazzi sono scomparsi dal video. Non perché «di sinistra» o «faziosi», ma perché parlavano anche di mafia, dunque di mafia e politica. Chi è rimasto ha capito la lezione e s'è tenuto alla larga da quel tabù. Cosa Nostra è scomparsa dai palinsesti di tutti i programmi. Latitante come Bernardo Provenzano. Qualche fiction, qualche telefilm, una puntata storica di *Blu notte* di Carlo Lucarelli sulle stragi del '92 (replica bloccata nella primavera del 2004 perché non rispettava la par condicio: infatti, in studio, mancava un rappresentante dei boss). Ma niente inchieste di attualità. Con un'eccezione: *Report* di Milena Gabanelli, l'unico programma di vera informazione scampato alla grande epurazione. Già nel mirino delle polemiche e delle denunce per le puntate sul terrorismo filo-

Usa in Sud America, sui veleni annidati nelle acque minerali, sui pedaggi autostradali e sullo sfascio delle Ferrovie dello Stato, *Report* dedica a Cosa Nostra una lunga inchiesta vecchio stile dell'inviata Maria Grazia Mazzola.

La mafia che non spara va in onda il 15 gennaio 2005 su Rai3, in prima serata. Si parla dell'inabissamento dei clan, dopo le stragi del 1992-93. Si parla di Provenzano, «ricercato» (si fa per dire) da 42 anni. Si parla del racket del pizzo, che tutti pagano e nessuno denuncia. Si vedono Falcone e Borsellino che danno per certi i rapporti fra mafia e politica. E anche i magistrati vivi che denunciano lo svuotamento del 41-bis, i tagli delle scorte e dei mezzi per indagare. E poi imprenditori bersagliati da attentati che lasciano la Sicilia. Il sindaco di Gela Rosario Crocetta dice che il 70% degli appalti è nelle mani delle cosche. Insomma si capisce tutto, anche se le collusioni fra Stato e cosiddetto Antistato restano sullo sfondo. Non si parla di Andreotti, Berlusconi, Dell'Utri e altri «intoccabili». Solo qualche accenno al governatore Totò Cuffaro, da poco rinviato a giudizio per favoreggiamento alla mafia. Ma è sufficiente mostrare il volto «militare» di Cosa Nostra per seminare il panico tra le file della maggioranza: erano quattro anni che la parola mafia non risuonava più in tv. L'imputato Cuffaro si rivolge al presidente Ciampi per protestare contro «l'ennesimo caso di sciacallaggio mediatico ai danni del sistema produttivo siciliano». Chiede l'intervento della Vigilanza, annuncia «azioni di protesta eclatanti», minaccia che «la Sicilia non tollererà oltre», chiede che «qualcuno risponda per questo devastante danno d'immagine per la regione». Il forzista Schifani pretende che Cattaneo rimedi «a un nuovo danno per la Sicilia, che scoraggia chi vuole investire nella regione». Ecco: non è la mafia, ma chi parla di mafia, a scoraggiare gli investimenti. E poi Francesco d'Onofrio dell'Udc, il ministro azzurro Enrico La Loggia, il ministro Udc Carlo Giovanardi, il senatore Udc Melchiorre Cirami, quello dell'omonima legge-vergogna, il forzista Paolo Guzzanti. Il sindaco di Catania Scapagnini comunica di aver «sospeso ogni rapporto ufficiale con il servizio pubblico». Incredibilmente si associa il vicepresidente di Confindustria con delega al Sud, Ettore Artioli. Nessuno trova nulla di falso o di impreciso nell'inchiesta della Mazzola: semplicemente non si deve parlare di mafia.

Risultato finale: la Rai trasmetterà un programma di «riparazione», a gentile richiesta dell'imputato Cuffaro. E, ad annunciarlo per primo, non è qualche responsabile di Viale Mazzini: è lo stesso Cuffaro, che il 17 gennaio si improvvisa portavoce del servizio pubblico e informa tutto gongolante: «Il direttore generale Cattaneo mi ha promesso che manderà in onda un programma riparatore delle enormi falsità dette da *Report*». Poi racconta di aver minacciato lo sciopero del canone: «Non dirò mai ai siciliani di non pagarlo, ma mi rendo conto che dopo la trasmissione faranno un grosso sforzo nel continuare a pagare il servizio pubblico», perché *Report* «fa il gioco della mafia». E il racket? «Quelli che pagano il pizzo saranno il 5-10%...»

Chi si offre per riparare al «danno» arrecato a Cuffaro? Gli ottimi Masotti & Vergara, che mettono a disposizione *Punto e a capo*. È il bipolarismo all'italiana: una rete parla di mafia, un'altra difende l'onore ferito della Sicilia. Una cosa «vergognosa», denunciano l'Usigrai e il Cdr del Tg3. Il Cda si divide. I forzisti Alberoni e Petroni fanno fronte comune con Cuffaro. Veneziani si arrampica sugli specchi:

> è giusto affrontare gli argomenti usando l'inchiesta giornalistica per parlare della mafia in Sicilia, ma ciò non toglie che altri programmi possano affrontare la questione da un altro punto di vista nella logica del servizio pubblico con programmi che si fondino su dati di fatto e non su posizioni ideologiche.[69]

Ma il professor Rumi (Udc) taglia corto:

> Guarderò con attenzione questo programma di Rai2 che riparerà non so quali errori di *Report*. Non vorrei che Rai2 ci proponesse ora una specie di cartolina illustrata della Sicilia, un quadretto idilliaco. La mafia è un problema che esiste da 150 anni, mi pare. Un programma Rai ha diritto di parlarne. Gli unici limiti che possiamo invocare sono la volgarità, la diffamazione, la menzogna. È di questo che *Report* si è macchiato? Il problema è che se trasmetti una fiction su San Marino, il giorno dopo San Marino dichiara guerra alla Rai invocando una riparazione. Il guaio è la mentalità un po' censoria di alcuni partiti e di singoli politici, che esercitano una sorveglianza impropria. Pensano alla don Rodrigo.[70]

Infatti l'indomani anche la Regione Calabria protesta contro Rai3 per la puntata di *Ballarò* dedicata allo scandalo dei forestali. Ma ecco Cattaneo:

> La Rai vuole solo che un altro programma parli della Sicilia che funziona e produce, altrimenti si rischia di dare una visione distorta di una regione importante [...]. La nostra azienda è come l'agorà greca. Tutti hanno diritto ad alzarsi e a parlare.[71]

Infatti due giorni prima Rai2 ha censurato il *Molière* di Paolo Rossi. Non c'è spazio per lui, nell'agorà di Cattaneo. E nemmeno per un certo Pericle.

In Vigilanza, è la corrida. I commissari del centrosinistra lasciano San Macuto per protesta contro Ferrario e Masotti che rivendicano la censura. Il *Punto e a capo* di riparazione va in onda il 27 gennaio. Ds e Margherita lo disertano, ma Marco Boato accetta l'invito e di conseguenza anche Di Pietro, che riesce a pronunciare i nomi di Cuffaro e Dell'Utri (appena condannato in tribunale per mafia a 9 anni): ma, quando ne chiede le dimissioni, viene stoppato. Masotti illustra poi i trionfi siciliani del governo Berlusconi su occupazione e sviluppo. Una marmellata incolore e insapore a base di Palombelli, Piero Grasso, Schifani, Nania e Cirino Pomicino. Chiude il caso un illuminante commento del «Riformista» contro «la tv tifosa che fa male all'antimafia».[72] Quella di *Report* e di Santoro, naturalmente.

10. *Paolo Rossi e le parolacce di Molière*

Sabato 8 gennaio 2005, a mezzanotte e 50 minuti, Rai2 trasmette nello spazio Palcoscenico il primo atto di *Questa sera si recita Molière*, lo spettacolo di Paolo Rossi liberamente ispirato alle farse minori del grande drammaturgo francese, che ha girato i teatri di tutta Italia (e non solo) nella stagione 2002-03 (92 repliche nel 2002, 64.656 spettatori). I dati d'ascolto, nonostante l'orario e la collocazione di nicchia, sono travolgenti: il 14.28% di share con 1.609.000 telespettatori, a fronte di una media di 200-300 mila nelle altre serate teatrali. Un record assoluto per la prosa in tv. Il sabato seguente, 15 gennaio 2005, è in programma il secondo atto.

Il venerdì pomeriggio Paolo Rossi, impegnato a Monza nelle prove del suo nuovo spettacolo *Il signor Rossi contro l'Impero del Male*, riceve una telefonata del suo agente Paolo Guerra: «Paolino, ti ricordi il primo atto di *Molière*?». Lui risponde con una battuta: «Hanno annullato il secondo?». E Guerra: «Come hai fatto a indovinare?». L'attore pensa a uno scherzo. In fondo è stata la Rai a chiedere di acquistare i diritti tv dell'opera. Invece, alle 19.04, l'Ansa ufficializza il tutto:

> La seconda puntata del programma di Paolo Rossi *Questa sera si recita Molière* che sarebbe dovuta andare in onda domani notte (0.50) su Rai2 per Palcoscenico è stata sospesa. Secondo una nota di Rai2, il direttore della rete Massimo Ferrario ha preso questa decisione «dopo aver visionato il programma che è risultato fuori dalle linee editoriali della rete, per problemi di linguaggio e non certo di contenuti». «Non si tratta di "censura politica" – afferma la nota di Rai2 – ma di rispetto per il pubblico della rete.» Secondo il produttore di Paolo Rossi, Paolo Guerra, invece «è un problema di censura che parte dal presidente del Consiglio che, come unico proprietario di sette reti televisive, mal sopporta che qualcuno, nella fattispecie Paolo Rossi, utilizzando Molière, racconti la vera storia della sua ascesa al potere».

Al posto del secondo atto, Rai2 manda in onda uno spettacolo di Fred Buscaglione, *Guarda che luna*.

È la seconda volta in pochi mesi che la Rai censura Paolo Rossi. Prima, nell'autunno del 2003, perché pretendeva addirittura di leggere un discorso di Pericle sulla democrazia a *Domenica In*. Ora perché si permette di recitare Molière: è «fuori dalle linee editoriali di Rai2», insiste il direttore leghista Ferrario, che avendo i riflessi un po' lenti ha «visionato la cassetta» soltanto del secondo atto, senza far caso al primo. È una questione – spiega in un'altra dichiarazione – di «pulizia linguistica: nel secondo atto ho contato ben dieci parolacce». La verità, secondo il «Corriere», è che «i dirigenti Rai non avrebbero gradito le possibili allusioni al Re Sole-Berlusconi e il soprannome di un servitore chiamato "Previto"».[73] Ma non potevano accorgersene prima? Lo spettacolo è stato acquistato dalla Rai il 15 dicembre 2003 e ancora prima – ricorda Rossi – «le cassette con la registrazione dello spettacolo erano state consegnate alla Rai per la visione e l'approvazione. Nessuno trovò nulla da ridire, tant'è che la Rai ci ha poi corrisposto il compenso pattuito: chi risponde di questo spreco del denaro degli abbonati?». Il fatto poi che Ferrario si premuri di precisare che «non è censura politica» prima che qualcuno abbia il tempo di contestargliela, la dice lunga sulla sua coda di paglia. Proprio di censura parleranno i pochi politici che protesteranno: Beppe Giulietti (Ds), Giorgio Merlo (Dl) e Gabriella Pistone (Prc). Paolo Rossi non sa se ridere o piangere:

> Siamo governati da persone che hanno paura della loro ombra anche quando c'è il black-out. Qui c'è qualcuno più realista del re. Non è un problema di destra o di sinistra, la verità è che non ci sono più persone intelligenti. Il mio «linguaggio»? Ma è il linguaggio di Molière! Certo, è un testo di satira politica. La faceva lo stesso Molière che irrideva e denunciava in farsa la prepotenza e le trappole che il potere tende al popolo. Siamo l'unico Paese in cui la satira politica è proibita. Sono reduce da una tournée in Albania: lì i teatri li aprono, da noi li chiudono. E se li lasciano aperti, tagliano i fondi agli artisti liberi, per darli solo a chi piace al potere. L'altro giorno, quando ho visto i dati d'ascolto del primo atto, ho avuto un cattivo pensiero: non vorrei che, fra quel milione di persone, ci fosse qualcuno che ora ci rompe le balle... Infatti c'era. Ferrario dice che ho violato la «linea editoriale della rete», parla di linguaggio sconveniente, di blasfemia: ma figuriamoci! Qualche parolaccia, come in ogni commedia. Ma vorrei ricordare l'orario, dopo la mezzanotte, e poi il contesto della finzione teatrale. È stupefacente che si ponga questo problema il direttore di Rai2, la rete dell'*Isola dei famosi*, la rete dove già alle 2 del pomeriggio senti la gente insultarsi, mandarsi vaffanculo o a moriammazzata, e per davvero, nella realtà, non nella finzione. Oddio, non vorrei che l'accusa di blasfemia riguardasse l'Imperatore-Dio, l'Unto del Signore... Nel 2002-03, quando è andato in scena in tutt'Italia, il mio *Molière* ha avuto recensioni dai migliori critici, e non uno ha trovato da ridire sul linguaggio. L'abbiamo rappresentato persino nel teatro parrocchiale

> di un prete veneto mio amico. E due anni fa l'abbiamo replicato per una settimana in Polonia, il Paese del Papa, al festival internazionale di Molière. Eravamo proprio a Cracovia, la città di Wojtyla. Un grande successo, tant'è che l'ha trasmesso persino la tv polacca. Ma in Polonia la satira politica è consentita, come in Albania. In Italia no...[74]

Il *Molière* proibito è uno spettacolo liberamente tratto dalle prime farse del grande commediografo francese, quelle dedicate al mondo della medicina, soprattutto il *Medico per forza*. Il protagonista è il dottor Sganarelli, il medico-ciarlatano che nel suo ambulatorio seicentesco vende pozioni e miracoli un tanto al chilo.

> L'abbiamo soltanto vestito in abiti italiani. Non c'è stato bisogno di troppe modifiche perché la gente pensasse a Berlusconi. Ma in Polonia i giornali hanno scritto che era chiaro il riferimento a Lech Walesa. Cosa che assolutamente non era nelle mie intenzioni. Il merito è di Molière, della sua satira universale, senza tempo, contro tutti gli uomini di potere che truffano chi non ha potere, promettendo guarigioni prodigiose e alla fine persino la felicità, guadagnando un sacco di soldi alle spalle della povera gente. In tutto lo spettacolo Berlusconi non è mai nominato. Ma è automatico che il pubblico di ogni Paese pensi ai ciarlatani di casa sua.[75]

Peggio il caso Pericle o il caso *Molière*? Da *habitué* della censura, l'attore risponde:

> Peggio il caso *Molière*, non c'è dubbio. L'altro era inquietante, questo è ridicolo, anzi oltre il ridicolo. Ne han mandato in onda mezzo, poi se ne sono accorti e hanno annullato l'altro mezzo. C'è un milione e mezzo di persone che han visto il primo atto, ma non vedranno il secondo.[76]

Il caso è talmente grottesco che persino nel Cda Rai qualcuno si alza a protestare: Veneziani. Che definisce la chiusura del programma «non felice e deprecabile: se chiamiamo Paolo Rossi, poi non possiamo meravigliarci se lui fa Paolo Rossi». Cattaneo, che peraltro ha condiviso il *niet* di Ferrario, parrebbe d'accordo con lui. Tant'è che ipotizza di trasmettere il secondo atto su Rai3. Si risente persino la voce di Petruccioli, che ricorre all'aggettivo più duro del suo repertorio: definisce il caso «deprimente» e lo spiega col fatto che «sulla Rai si scarica un deficit di pluralismo del sistema che c'è in Italia». Poi il 9 marzo, dopo tre settimane, prega Cattaneo «caldamente e personalmente di mettere riparo a questa situazione e trasmettere integralmente il *Molière* di Paolo Rossi». Una preghiera «da ascoltatore» più che da presidente della Vigilanza: è vero che «ci sono altre vicende più gravi, ma questa è davvero inutile, immotivata».[77] Cattaneo rassicura:

> Non c'è nessuna avversione: non c'è la disponibilità di Rai2, ma se Rai3 vuole mandare in onda Rossi è assolutamente libera di farlo. Lasciamo ai direttori la libertà di scegliere e insieme di assumersene le responsabilità: l'azienda, da parte sua, deve garantire che non ci siano preclusioni o ostacoli.[78]

Naturalmente il secondo atto non andrà mai più in onda, né su Rai3 né su nessun'altra rete. Il pubblico dovrà aspettare l'uscita del dvd per la collana Bur-Senzafiltro.

Facendo tesoro dell'esperienza sua e di tanti colleghi, Paolo Rossi decide di «rompere il circolo vizioso che sempre s'innesca ad ogni censura: il censurato protesta, i censori inventano un diversivo, poi passa qualche giorno e calano il silenzio e l'oblio, in attesa della prossima censura». E lo fa denunciando subito la Rai, civilmente per danni e penalmente per diffamazione, chiedendo 5 milioni di euro di risarcimento da devolvere in beneficienza. Nella citazione civile, gli avvocati Giorgio Giusti ed Enrico Pamphili denunciano

> il danno procurato all'artista per l'ingiusto pregiudizio recato alla reputazione, all'onore e all'immagine pubblica [...] e la violazione delle norme sul diritto d'autore e del contratto stipulato tra Backstage [la casa di produzione, *N.d.A.*] e Rai Trade [la società Rai che aveva acquistato il programma, *N.d.A.*], il quale prevedeva espressamente la trasmissione della intera opera ancorché in due parti separate, nel rispetto del diritto morale degli autori, con suddivisione da concordarsi con gli autori stessi e in ogni caso tali da non arrecare pregiudizio alcuno ai contenuti artistici e alla integrità dell'opera.

Poi ricordano che, la Rai, è riuscita a violare financo la legge Gasparri:

> La legge 3 maggio 2004, n. 112, in materia di assetto del sistema radiotelevisivo e della Rai riconosce essere principio fondamentale del sistema radiotelevisivo «la tutela della libertà di espressione di ogni individuo, inclusa la libertà di opinione e quella di ricevere o di comunicare informazioni o idee senza limiti di frontiere, l'obiettività, la completezza, la lealtà e l'imparzialità dell'informazione, l'apertura alle diverse opinioni e tendenze politiche, sociali, culturali e religiose e la salvaguardia delle diversità etniche e del patrimonio culturale, artistico e ambientale» (art. 3), sottolineando che tra i compiti essenziali del servizio pubblico radiotelevisivo vi è quello di garantire ampio spazio «alla promozione culturale, con particolare riguardo alla valorizzazione delle opere teatrali, cinematografiche, televisive e musicali riconosciute di alto livello artistico o maggiormente innovative». Nel contratto di servizio tra il ministero delle Telecomunicazioni e la Rai del 23 gennaio 2003 vengono riconosciuti quali compiti prioritari del servizio pubblico, quelli di «garantire la libertà, il pluralismo, l'obiettività, la completezza, l'imparzialità e la correttezza dell'informazione; favorire la crescita civile ed il progresso sociale e di promuovere la cultura», prevedendo severi controlli, anche preventivi, sulla qualità dei programmi e sulla loro idoneità ad un pubblico minorenne.

A questo punto si apre una lunga, ma spassosa digressione sulla «pulizia del linguaggio» di Rai2, che il ragionier Ferrario ha contrapposto alla presunta «scurrilità» di Rossi e Molière.

> Il direttore ha motivato la «sospensione» della seconda parte dopo aver sentito e constatato il «linguaggio volgare usato dal comico», rassicurando l'opinione pubblica sul fatto che non si tratterebbe di censura politica ma di censura «grammaticale», in quanto il testo dello spettacolo sarebbe risultato incompatibile con quello di Rai2 ed inadatto al suo pubblico, nonostante l'orario notturno. L'affermazione è a dir poco sconcertante, in quanto gli spettatori della televisione pubblica sono stati giudicati dalla Direzione adattissimi a programmi che i commentatori definiscono «tv spazzatura», che, seppure trasmessi

a ogni orario, risultano evidentemente essere più consoni allo spirito ed agli spettatori della Seconda Rete.
A mero titolo esemplificativo, si ricorda che la Rai negli ultimi mesi ha mandato in onda quotidianamente ed all'interno della cosiddetta «fascia protetta» programmi come *Il ristorante* e l'*Isola dei famosi*, senza che la Dirigenza adottasse alcun provvedimento «sospensivo», nemmeno quando Pamela Prati ha accusato Serena Grandi di aver vinto «l'Oscar della mondezza», né quando Antonella Elia ha detto a Totò Schillaci «tu sei ignorante e puzzi», a Patrizia Pellegrino «ti puzza il fiato» oppure descriveva Aida Yespica come «tutta tette, culo e calendario», costringendo la soubrette a replicarle «sì, io ci ho culo e ci ho le tette, e allora?» ed infine, «sei una merda! Dovresti andare dallo psicologo», il tutto in un clima talmente infuocato da indurre Ana Laura Ribas a pensare che «è la produzione che fa la cacca vicino alla tenda per mettere zizzania».
D'altronde, sempre lo scorso anno e sempre su Rai2, Patrizia De Blanck non ha potuto fare a meno di dire a Carmen Russo «sei una stronza!» e ad Adriano Pappalardo «ma vaffanculo», mentre nel programma *La Talpa*, anch'esso con striscia quotidiana in fascia protetta, il pubblico della rete ha potuto gustarsi Don Backy che definisce «vecchia befana» Marina Ripa di Meana, che immediatamente gli dà del «cialtrone», mentre prontamente in difesa del cantante interviene Samantha De Grenet ricordandoci che la contessa «ha dedicato tutta la sua vita alla pornografia» e, di conseguenza, si prende della «sgallettata», così che, tra un «ma vai al gabinetto!» e un «se apri la bocca ti si accavallano le gambe!», chiude il dibattito l'attrice Nadia Rinaldi che consiglia a tutti di «alzare le chiappe», anche se bisogna ammettere che sin dalla prima puntata l'ospite Vittorio Sgarbi aveva già avvertito in diretta gli spettatori che il programma era una «cagata», ma Amanda Lear era di tutt'altra opinione avendogli risposto «cagata, tua sorella!».
Così, se il pubblico si fosse mai perso i «vaffanculo» della contessina Giada, i «figlio di...» di *Al posto tuo*, i «cazzi» di *Quelli che il calcio*, gli «sfiga» e «sfigato» pronunciati durante il programma *L'Italia sul Due* alle ore 14, o qualche bestemmia sulle reti concorrenti, potrà sempre sintonizzarsi su qualche nuova produzione della Seconda Rete e imbattersi in volgarità gratuite, non traslate bensì dirette alle persone, tanto che non c'è da stupirsi che Loredana Bertè abbia esclamato «e vadano

a prendere per il culo qualcun altro!» durante la scorsa primavera su Rai2 (*Music Farm*).
Ciononostante, tutto questo risulta evidentemente nulla a confronto delle «dieci parolacce» che Massimo Ferrario dice di aver contato nello spettacolo di Paolo Rossi, ancorché forse sarebbe opportuno che tali conteggi li lasciasse all'Osservatorio sui diritti dei minori che quotidianamente ne «conta» ben di più («quarantuno» soltanto nella *sit-com Casa Pappalardo*, trasmessa da Rai2 alle ore 19 in fascia protetta rafforzata).
Il comitato ministeriale di Vigilanza sui «piccoli telespettatori» si è sempre dimostrato attento e attivo nel segnalare, spesso invano, all'Autorità per le Garanzie nelle Comunicazioni eventuali violazioni del codice suggerendo lo slittamento in seconda serata dei predetti *reality show* e segnalando, ad esempio, fiction come *Omicidio al club* e i film *Trappola criminale* e *Sex Crime-Giochi pericolosi*, accertando, soltanto nel corso del 2004, 53 violazioni, con «maglia nera» per Rai2.
Tutti i programmi finora citati (a eccezione di quello di Paolo Rossi), infatti, sono andati in onda sulla Seconda Rete durante la cosiddetta «fascia protetta» regolata dal Codice di autoregolamentazione Tv e minori emanato il 29/11/2002 dal ministero per le Telecomunicazioni (doc. 8), che impone di dedicare nei propri palinsesti, tra le ore 16.00 e le ore 19.00, «programmazioni idonee ai minori con un controllo particolare sia sulla programmazione sia sui promo, i trailer e la pubblicità trasmessi», nonché di usare particolari cautele tra le 19.30 e le 22.30 [...].
Eppure nemmeno all'una di notte pare consono al pubblico della rete lo spettacolo teatrale di Rossi, che parrebbe talmente volgare che un «bollino rosso», un semplice avvertimento a un orario da «adulti nottambuli», non sarebbero sufficienti a proteggere gli spettatori, evidentemente inadatti ad ascoltare per una decina di volte la parola «cazzo» e, in un paio di occasioni, il suo derivato «cazzata», termini peraltro già sdoganati alla Rai da Cesare Zavattini fin dall'ottobre 1976 e già allora qualificati dai commentatori come esternazioni della libera espressività individuale [...]. Dette parole, pronunciate in numero assolutamente irrilevante rispetto al contesto di uno spettacolo completamente «parlato» di tale durata, sono ormai entrate a far parte di un uso quotidiano, che con il passare del tempo, è divenuto esso stesso «lingua», tanto da entrare

nei vocabolari della lingua italiana, almeno dal 1971 (Devoto Oli, Firenze 1971), ovvero all'interno di testi e strumenti didattici in uso nelle nostre scuole e fin da quelle elementari. La parola, come noto, è entrata nel linguaggio comune in modo talmente preponderante che già nel 1993 nel *Lessico di frequenza dell'italiano parlato* (De Mauro, Mancini, Vedovelli, Voghera, Etas Libri, Milano 1993) occupava il posto numero 722 tra le parole più pronunciate, tanto per intenderci prima di «faccia» (874° posto), «amare» (975°), «professoressa» (1073°) o «pomodoro», tanto che in tutte le lingue del mondo esistono parole simili, usate in senso traslato, e nessuno si è mai sognato di censurarle in televisione, si pensi al tedesco «Scheisse!», al francese «merde!», anch'esse prive di valore semantico se non quello di rafforzare la frase in cui è inserita. Non si dimentichi che lo spettacolo doveva andare in onda a mezzanotte e 50, ovvero a un orario nel quale è quasi impossibile cambiare canale senza vedere film erotici o particolarmente violenti oppure signorine discinte in atteggiamenti pornografici ovvero che invitano a chiamare numeri telefonici a pagamento per le finalità enunciate espressamente nel testo parlato e scritto.

Come peraltro il resto del pubblico di Rai2, può venire il dubbio che il direttore non abbia neppure preso visione della seconda parte dello spettacolo teatrale, in quanto le «parole incriminate» sono in numero ancora inferiore di quelle poche presenti nella prima, e per di più sempre utilizzate in senso traslato, rafforzativo e «innocente». Eppure Ferrario ha ritenuto di insistere nella propria assurda *excusatio non petita*, affermando che si tratta di «problemi di linguaggio non di contenuto», ovvero di fronte al rischio (inevitabile) di creare un nuovo caso giornalistico e sociale [...] e non sentirsi accusato di «censura politica» a uno spettacolo teatrale, ha preferito il male «minore» (per lui), cioè quello della diffamazione gratuita ai danni dell'autore, accusandolo a sua volta di pronunciare «troppe parolacce» e di usare un «linguaggio scurrile».

La richiesta di danni deriva proprio dalla grave accusa a Paolo Rossi di essere triviale, volgare, blasfemo, offensivo:

Le dichiarazioni rese alla stampa [da Ferrario, *N.d.A.*] sono gravissime, in quanto offendono la reputazione dell'attore e

> della sua opera, accusati il primo di pronunciare «parolacce» tali da offendere persino il pubblico «notturno» e la seconda di essere talmente volgare da non meritare spazio nemmeno all'una della notte, integrando una vera e propria diffamazione [...]. A conferma della loro falsità, si sottolinea che mai nessuna accusa di volgarità è stata avanzata nei confronti di Paolo Rossi, né mai uno dei suoi spettacoli, né dei suoi film sono stati vietati al pubblico minorile, tra i quali l'artista gode di un amplissimo consenso. Non a caso il copione, inviato alla Siae come previsto dalla legge, non ha dato adito ad alcuna censura né a limitazioni anagrafiche, e anzi è sempre stato rappresentato «in prima serata» centinaia di volte in teatri italiani ed internazionali.

Quel che accade in Italia – dimostrano gli avvocati di Paolo Rossi – sarebbe impensabile negli Stati Uniti:

> Il fenomeno della censura televisiva, anche nei paesi più tradizionalisti, è giudicato illegittimo, tanto che recentemente (8.12.2004) la Authority di controllo americana, rigettando decine di ricorsi per preteso turpiloquio televisivo, peraltro di tenore assai peggiore rispetto alle parole utilizzate da Paolo Rossi, ha dichiarato che «il ruolo della commissione (cioè del governo) è limitato dal Primo Emendamento della Costituzione e della legge costitutiva della commissione, che proibisce di interferire sulla libertà di espressione di chi trasmette e di censurare il materiale dei programmi. La libertà di espressione è protetta e ci impone di procedere con cautela e con prudenza nell'imporre i nostri controlli», così «smentendo» il presidente della Federal Communications Commission, Michael Powell, che aveva fatto della moralizzazione televisiva «via antenna» il proprio manifesto.

Il 13 marzo Paolino ne fa un'altra delle sue: un blitz a *Parla con me*, ospite di Dandini e Vergassola su Rai3, per leggere un altro brano classico, questa volta dalla *Tirannide* di Vittorio Alfieri. Musiche di Lou Reed, testo di Alfieri, interpretazione di Paolo Rossi:

> Tirannide: indistintamente appellare si debbe ogni qualunque governo, in cui chi è preposto alla esecuzion delle leggi può

farle, distruggerle, infrangerle, interpretarle, impedirle, sospenderle; od anche soltanto eluderle, con sicurezza d'impunità. E quindi, o questo infrangi-legge sia ereditario, o sia elettivo; usurpatore, o legittimo; buono, o tristo; uno, o molti; a ogni modo, chiunque ha una forza effettiva, che basti a ciò fare, è tiranno; ogni società, che lo ammette, è tirannide; ogni popolo, che lo sopporta, è schiavo (Vittorio Alfieri, 1777).

11. *Michele Santoro: scusate se esiste*

Ogni tanto qualcuno dice che «Santoro deve tornare», o «può tornare» o comunque «se ne può parlare». Lui ogni volta dice di essere pronto a dimettersi l'indomani mattina dal Parlamento europeo, dove nel 2004 – scelta legittima, di cui peraltro s'è ampiamente pentito – s'è candidato «per portare in Europa lo scandalo dell'informazione in Italia» ed è stato eletto con 729.656 preferenze: il candidato non capolista più votato d'Italia. Ma il problema non si pone mai, perché le parole restano parole. Come quelle dei Baldassarre e dei Saccà che, all'indomani del diktat bulgaro, giuravano che Santoro «è una grande risorsa» di cui Viale Mazzini «non si priverà mai». Intanto provvedevano a cancellare *Sciuscià* dai palinsesti e a smembrare e disperdere la sua squadra. Che è un po' come chiudere un giornale per motivi politici. La realtà è una sola: finché Berlusconi è al governo, non c'è «presidente di garanzia» che tenga: Santoro non deve lavorare. L'unico che, prima di assumere la presidenza della Rai, pose la condizione del rientro immediato di Biagi e Santoro, fu Paolo Mieli. Infatti non diventò presidente della Rai. Lucia Annunziata e Claudio Petruccioli quella condizione non la posero. Infatti diventarono presidenti della Rai.

L'ostracismo a Santoro, oltreché odioso e antidemocratico, è anche illegale: il giornalista (come del resto Beha) ha vinto tutte le cause in tribunale e i giudici hanno ordinato il suo immediato reintegro nel posto che gli spetta per contratto. L'ultima sentenza, quella «di merito», è del 26 gennaio 2005. L'ha emessa il giudice del lavoro Stefania Billi della IV sezione del Tribunale di Roma, con 33 pagine di motivazioni depositate il

15 febbraio. In estrema sintesi, il verdetto dice che la Rai ha torto e Santoro ha ragione. La Rai, rappresentata da ben tre avvocati (il capo dell'ufficio legale Rubens Esposito, Matteo Dall'Olio e Oberdan Scozzafava), aveva presentato ricorso contro la sentenza d'appello del Tribunale di Roma che, come il giudice di prima istanza, aveva disposto l'immediato ritorno del giornalista in prima serata. Ma quel ricorso non stava in piedi. Scrive infatti il giudice di merito che si è

> accertato l'inadempimento della società convenuta [Rai, *N.d.A.*] all'obbligo di adibire il ricorrente [Santoro, *N.d.A.*] all'attività lavorativa come realizzatore e conduttore di programmi televisivi di approfondimento dell'informazione di attualità di prima serata, di programmi di reportage di seconda serata e in particolare *Sciuscià Edizione Straordinaria* e *Sciuscià*.

Perciò

> condanna la società convenuta ad adibire – alla cessazione dell'attuale causa di sospensione dal servizio [per il mandato di europarlamentare, *N.d.A.*] – il ricorrente alle indicate mansioni così come svolte ed esercitate in concreto sino alla stagione televisiva 2001-2002.

Cioè sino alla *fatwa* bulgara. Segue la quantificazione del «danno da lucro cessante» (743.682 euro), del «danno» semplice (643.419 euro) e delle «spese di lite» (9000 euro) che la Rai dovrà rimborsare a Santoro, oltre all'annullamento per «illegittimità» della «sanzione disciplinare di quattro giorni di sospensione dal lavoro e dalla retribuzione» (con restituzione del maltolto) e della «decurtazione della retribuzione» (22.034,27 euro da restituire). Tutti soldi che andrebbero defalcati dallo stipendio di Cattaneo, di Saccà e del penultimo e terzultimo Cda, non certo dalle tasche di chi paga il canone, visto che è grazie a costoro se la Rai – come scrive il giudice – «è venuta meno agli obblighi assunti per contratto», peggiorando le cose con «dichiarazioni a organi di stampa» che hanno «fornito all'esterno un'immagine professionale del ricorrente non rispondente al vero». Dichiarazioni «di per sé gravi» e «ancor più aggravate dall'attività della società convenuta, detentrice del servizio pubblico televisivo, a fronte delle quali il ricorrente non aveva lo stesso potere di replica».

Casomai i vertici aziendali pensassero che il giudice – come hanno ripetuto in questi anni decine di censori – «pretende di fare i palinsesti» violando «la libertà di impresa», ora devono rassegnarsi. Perché – scrive il tribunale – la sentenza ricalca pari pari «il contratto stipulato tra le parti». Diversamente dal Contratto con gli italiani, stipulato da Berlusconi in casa Vespa senza gli italiani, questo è stato regolarmente sottoscritto dalla Rai e da Santoro. Dunque è valido. *Ergo* la Rai deve rimandare in onda Santoro con «mansioni equivalenti» e «collocazioni nel palinsesto» non «diverse da quelle pattuite». Osserva il giudice – con sottile umorismo – che «nessun imprenditore televisivo collocherebbe in prima serata, ove c'è il più alto indice di ascolto, un professionista che nessuno vuole o ama ascoltare, oppure un principiante». Possibile allusione ai vari Socci, Masotti, La Rosa. Santoro vantava «una media di share del 18%». E sottrarlo «al proprio pubblico», oltreché violare «gli obblighi contrattuali, significa diminuire la sua capacità professionale».

Il giudice fa piazza pulita anche delle sanzioni disciplinari a suo tempo inflitte dalla Rai a Santoro (sospensione per alcuni giorni dello stipendio e minaccia di licenziamento) per due famose puntate di *Sciuscià*: quella sull'editto bulgaro, quando Maurizio Costanzo disse che Mediaset è più libera della Rai (24 maggio 2002); e quella sullo scandalo d'acqua in Sicilia (16 luglio 2002). Secondo la Rai, in entrambe le trasmissioni Santoro «disattese i criteri di pluralismo, imparzialità, correttezza e obiettività». Tutte balle, secondo il tribunale, che cancella le sanzioni giudicandole «illegittime e infondate». E spiega che, nella prima trasmissione incriminata, Santoro «assicurò un dibattito sereno» tra «persone di diversa estrazione culturale e politica, quali lo stesso Costanzo, Mentana, Adornato, Belpietro, Veneziani», tant'è che Adornato «alla fine si congratulò con Santoro per il comportamento da lui tenuto». E anche la seconda trasmissione sulla Sicilia «non è passibile di rimprovero», visto che «conteneva interviste al presidente della Regione Cuffaro», a «un consigliere del Cdu» e a «un senatore del Polo delle libertà», garantendo così «la completezza dell'informazione» e il «diritto al contraddittorio». Anche la presunta «faziosità» di Santoro è una bufala. La Rai, dispone il giudice, non ha che da fare una cosa molto semplice, anzi due: «risarcire il danno» e «ripristinare la situazione originaria». Cioè riportare Santoro in tv con *Sciuscià*. E al più presto, onde evitare di causare al giornalista altri danni.

Tutto questo, ripetiamo, avviene tra gennaio e febbraio 2005. Ma nei mesi successivi non accade nulla. Cambia il Cda, arriva un nuovo presidente con un nuovo dg, ma il «servizio pubblico» continua a ignorare i contratti, le leggi e le sentenze.

Subito dopo il verdetto si ripete il solito minuetto. Santoro si dice «pronto a rientrare anche subito», visto che «sono soltanto in prestito alla politica e i miei elettori mi han votato perché tornassi al più presto in televisione a fare il mio mestiere». La Rai annuncia l'ennesimo appello (il terzo) e fa notare che il giudice «non ordina di assegnare a Santoro la realizzazione e la conduzione di *Sciuscià*», dunque «né Santoro né l'autorità giudiziaria possono sostituirsi alla Rai nelle determinazioni editoriali e di impresa». Tutto questo è semplicemente falso: il giudice ordina all'azienda proprio di

> adibire il ricorrente all'attività lavorativa come realizzatore e conduttore di programmi televisivi di approfondimento dell'informazione di attualità in prima serata, di programmi di reportage in seconda serata, in particolare *Sciuscià Edizione Straordinaria* e *Sciuscià*.

Quanto ai danni da liquidare, aggiunge la Rai, «Santoro in campagna elettorale ha dimostrato di non aver subìto alcun pregiudizio alla sua integrità psicofisica». Come se si trattasse di danni biologici e non – come prevede la sentenza – professionali e morali.

Gli avvocati del giornalista Domenico e Nicoletta D'Amati annunciano un esposto alla Corte dei Conti contro gli ultimi due direttori generali, Saccà e Cattaneo, per i danni che hanno provocato all'azienda chiudendo *Sciuscià* ed esponendola a una così onerosa pena pecuniaria. Alcuni esponenti del centrosinistra esultano per la sentenza. I sindacati dei giornalisti pure. I polisti invece la contestano, ripetendo che «un giudice non può fare i palinsesti» e che ormai «Santoro è un politico», dunque «un ex giornalista», *ergo* «non deve tornare». Come se Santoro fosse stato epurato perché s'è candidato, e non viceversa.

Il 22 febbraio Santoro prende carta e penna per scrivere una lettera molto conciliante a Cattaneo e mettersi «a disposizione della Rai»:

> Lei sa che il giudice ha condannato la Rai a reintegrarmi nelle funzioni di autore, conduttore e giornalista televisivo e a rimettere in onda programmi come *Sciuscià* e *Sciuscià Edizione Straordinaria*. Le confermo che sono pronto a tornare al mio lavoro rinunciando alla carica di deputato europeo. Ciò non potrà che giovare all'Azienda perché il mio allontanamento non nasce da ragioni editoriali: i miei programmi, infatti, realizzavano gli ascolti più alti e i maggiori introiti pubblicitari della rete che li ospitava. Ritengo che sarebbe importante per il servizio pubblico riprendere a trasmettere *Il Fatto* di Enzo Biagi, il *Satyricon* di Daniele Luttazzi o *RaiOt* di Sabina Guzzanti. Ma la mia squadra aveva la particolarità di rappresentare una struttura interna alla Rai, un patrimonio umano e professionale, un potenziale produttivo interamente di proprietà dell'Azienda. Disperderla è stato un grave errore e non si è riusciti a sostituirla.
>
> Non è stato lei ad assumere quelle decisioni. Ne ha però ereditato le conseguenze, che bene avrebbero potuto essere evitate applicando normali criteri di gestione. Si sarebbero così evitati i costi economici e di immagine prodotti da una vicenda giudiziaria infinita ed estenuante. Non è mai stata in discussione la libertà di impresa, ma essa non può certo cancellare la dignità personale di chi lavora e accordi o contratti che solo consensualmente possono essere modificati. Spesso sono stato costretto a subire, soprattutto da parte di esponenti di partito, considerazioni in contrasto con questi principi elementari che sono espressi a chiare lettere nella nostra Costituzione. Si è obiettato che ascolti e profitti non sono sufficienti quando sono realizzati attraverso comportamenti scorretti. Finalmente un giudice indipendente ha potuto valutare in profondità i provvedimenti disciplinari di cui ero stato fatto oggetto e li ha completamente cancellati. Ciò non potrà e non dovrà certo impedire agli onorevoli membri della commissione parlamentare di Vigilanza, come a chiunque altro, di rivol-

> gere critiche anche feroci al mio operato; ma le opinioni politiche e i gusti personali non possono intralciare il corso della giustizia e ignorare le sentenze di un magistrato terzo [...]. La mia candidatura è stata una protesta e un'azione di legittima difesa anche nei confronti del pubblico e della funzione della Rai. Io sono e resto un giornalista che aspetta di poter riprendere il «suo» posto nella «sua» azienda. Spero voglia cogliere l'occasione per riaprire un colloquio, per avviare una discussione serena sulle modalità del mio rientro e sui nuovi obiettivi produttivi. Sappia che la mia disponibilità sarà completa e la mia collaborazione totale. Michele Santoro.

L'indomani, 23 febbraio 2005, Cattaneo dichiara:

> Ho apprezzato la lettera di Santoro e i toni concilianti. Non c'è stato licenziamento, dunque non si pone il problema del reintegro. Vedremo se sarà riconosciuta da parte sua la potestà della Rai. Affronteremo la questione in modo franco, ma prima attendo di leggere le motivazioni della sentenza.

Peraltro le motivazioni sono state depositate otto giorni prima. Passerà marzo, passerà aprile, passerà maggio, passerà giugno, passerà luglio e Cattaneo non farà più sapere nulla: in cinque mesi non è riuscito a leggere 33 pagine di sentenza? Ad agosto cambia il direttore generale. Arriva Meocci, al quale pure bisogna dar tempo di procedere a quel complesso esercizio di lettura.

Purtroppo Meocci non è la persona più adatta per compulsare serenamente la questione. Perché, nella sua precedente incarnazione di membro dell'Authority per le Comunicazioni, l'ex deputato del Ccd si era occupato personalmente dei cinque esposti scagliati da Berlusconi e dai suoi cari nel 2001 contro *Il raggio verde* e aveva partecipato alla stesura della sentenza di condanna della Rai, di cui ora è direttore generale. La sanzione a carico di Viale Mazzini, decisa dall'Authority a fine maggio del 2001, subito dopo la vittoria elettorale berlusconiana, era di 40 milioni di lire: «La società Rai – recitava la motivazione – nel ciclo di trasmissioni *Il raggio verde* [...] non ha ripristinato la completezza e l'imparzialità dell'informazione».

Non una frase, un'affermazione, una battuta di Santoro venivano citate dall'Authority a suffragio delle sue apodittiche conclusioni. E venivano bellamente ignorati i dati dell'Osservatorio di Pavia sullo spazio garantito da Santoro in quel cruciale periodo pre-elettorale al centrodestra e al centrosinistra, il primo largamente preponderante sul secondo. Sì, proprio così: nel mese di fuoco che va dal 10 marzo al 20 aprile 2001 gli esponenti della Cdl parlarono, al *Raggio verde*, il doppio di quelli dell'Ulivo: 163 minuti e 12 secondi contro 85 minuti e 43 secondi, vale a dire il 49% del tempo disponibile contro il 26%. Una prevalenza schiacciante del centrodestra, che non si riequilibra nemmeno se si aggiungono all'Ulivo due formazioni affini, anche se non alleate e concorrenti: Rifondazione comunista (18 minuti e 18 secondi, pari al 5.6%) e Lista Di Pietro (34 minuti e 56 secondi, 10.6%), mentre la Lista Bonino-Pannella fa storia a sé (27 minuti 47 secondi, 8.4%). Anziché pagare la multa e chiudere subito la partita, l'allora presidente Roberto Zaccaria s'impuntò, rifiutò il «patteggiamento» che consentiva alla Rai di versare subito i 40 milioni, decise di difendere l'equilibrio di *Sciuscià* per una questione di principio e si appellò al Tar del Lazio. L'Authority, sfumata la transazione, quintuplicò la multa portandola a 200 milioni. La causa si trascinò per mesi, anche perché a rappresentare Forza Italia era l'avvocato Romano Vaccarella, il civilista di Previti e Berlusconi, che nel 2002 fu promosso giudice costituzionale dal Parlamento (anche coi voti del centrosinistra) e non poté più occuparsi della faccenda né ricevere le notifiche del tribunale. Così, la causa si interruppe. Perché ricominciasse, doveva essere «riassunta». Intanto la Rai cambiò gestione con l'arrivo del centrodestra, e nessuno più si occupò di riassumerla davanti al Tar. Così Santoro, non essendo parte in causa, non ha mai potuto difendersi né il Tar pronunciarsi sulla correttezza o meno della sanzione dell'Authority. Non si saprà mai chi aveva ragione e chi torto. Ma resta il fatto che l'ultima presa di posizione della Rai era a difesa di Santoro. Se poi, cambiando le gestioni, fosse cambiata anche quella, l'azienda avrebbe dovuto muovere al giornalista qualche contestazione. Il che non è mai avvenuto. Potevano eventualmente licenziarlo, ma per farlo avrebbero dovuto motivare. Così hanno preferito tenerlo a bagnomaria, prigioniero del suo contratto. Intanto i vari Gasparri hanno continuato a ripetere che, «essendo stato condannato dall'Authority», Santoro non deve lavorare. Ora l'uomo che aveva condannato la Rai per i programmi di Santoro è divenuto il massimo dirigente della stessa Rai. Venendosi a trovare nella scomoda posizione di controparte di se stesso. Scomoda per Santoro, s'intende.

In autunno, alla ripresa dell'attività politica, ricomincia la manfrina. Alla festa della Margherita di Porto Santo Stefano, di fianco all'amico Confalonieri, il presidente della Rai Petruccioli annuncia: «Incontrerò presto Santoro, per discutere delle sue idee, delle sue attese, delle intenzioni della Rai. Lui deve tornare a essere uno dei pilastri dell'approfondimento dell'informazione Rai». Il faccia a faccia Santoro-Petruccioli avviene il 12 settembre in Viale Mazzini. Incontro interlocutorio. Santoro è pronto a rientrare subito. Petruccioli che fa notare come i palinsesti siano «bloccati fino a gennaio». Senonché, l'abbiamo visto, subito dopo si scopre che il giovedì sera su Rai2, il «suo» giovedì sera, è libero. Ma viene subito affidato ad Anna La Rosa. Se ne riparla a gennaio. Ma poi c'è la campagna elettorale. Diciamo che non si sa quando se ne riparla. Il fatto nuovo arriva grazie a Celentano. Il 20 ottobre invita Michele a *Rockpolitik*. «Non può andare, è un politico», tuonano i polisti. Lui, alla vigilia, spiazza tutti annunciando le dimissioni da europarlamentare per tornare in Rai come da sentenza. Allora il coro cambia musica: «Ecco, ha tradito l'Europa». Celentano gli consegna simbolicamente il microfono. Santoro ricorda che «questo non è ancora il mio microfono». Ma annuncia: «I miei ragazzi si tengano pronti: sono tornato e questa volta andrò fino in fondo». E saluta con un pizzico di retorica e di commozione: «Viva la fratellanza, l'uguaglianza, la libertà». L'indomani si scatena il putiferio. Anche perché si scopre che *Rockpolitik* è stato visto da 11,6 milioni di italiani (47.1% di share), che sono saliti a 14,9 milioni (49.9%) quando nel grande studio di Adriano è entrato Santoro. «È il mio pubblico che mi rivuole in tv. Mi avevano votato per questo. Aspetto che la Rai rispetti le sentenze». Il Polo alza il solito fuoco di sbarramento. E anche «Liberazione», organo di Rifondazione, scrive che «Michele non deve tornare alla Rai». Petruccioli, che aveva pregato incredibilmente Santoro di non dimettersi da Bruxelles, ora ha una grana in più. Se la cava con un'ambigua intervista a «Repubblica»:

> Mi auguro che Santoro possa fare Telesogno qui da noi, una nuova tv, innovativa, d'autore. D'altra parte lui non pensa a una ripetizione automatica dei suoi programmi del passato [...]. Immagina di dedicarsi all'approfondimento giornalistico, ma con un'impronta diversa. Guarderà alle novità tecnologiche, al digitale, a possibili impegni produttivi. Un'ipotesi di contratto è pronta al 95%.[79]

Fumisterie tecnologiche e digitali a parte (in realtà a Santoro è stato proposto un documentario, ancora da girare, su Tommaso Buscetta, prodotto dalla società di Giorgio Gori), Petruccioli ignora persino che non c'è nessuna «ipotesi di contratto» da preparare. Santoro ha già un contratto: quello del 1999, che la Rai sta violando dal 2002. Però, a parole, sono quasi tutti d'accordo. Santoro deve rientrare, è un «patrimonio», un «pilastro». Lo dice Petruccioli. Lo dicevano già Baldassarre e Saccà.

12. *Tg1, la Pravda del Cavaliere*

Sul Tg1 di Clemente J. Mimun c'è poco da commentare: basta guardarlo. Una serie infinita e imbarazzante di panini, pastoni, bidoni e tanti buchi. Una scorpacciata di notizie affogate nella vaselina del regime e di non-notizie condite con la panna montata del gossip e dell'enogastronomia. Col risultato di dipingere un paese di fantasia, un'Italia virtuale dove tutto va bene, nessuno protesta, tutti mangiano, bevono, festeggiano, si scambiano regali costosissimi e passano da una vacanza «esclusiva» all'altra. La stessa Italia che vede, o almeno descrive, Berlusconi: tutta telefonini, auto di lusso, code in autostrada. Altro che nuove povertà. Altro che scomparsa dei ceti medi. Altro che crisi industriale. Altro che crescita zero, anzi sottozero. Non c'è solo il Tg1, intendiamoci. Basta scorrere il televideo, o ascoltare quel che resta di Radio Rai e Gr (notevole anche *Zapping* di Aldo Forbice, *nomen-omen*, che ogni sera sbatte il telefono in faccia a chiunque osi criticare il governo o pronunciare nomi proibiti) per rendersene conto.

Impermeabile a tutto, anche al ridicolo, Clemente J. Mimun tira diritto per la strada che gli è stata tracciata. «Io sono consapevole di essere il migliore», dice modesto all'«Espresso».[80] Poi, con scarsa considerazione per l'Italia, aggiunge: «La Rai e il Tg1 sono lo specchio del Paese».[81] E quando qualcuno obietta che il Tg1 non è proprio un modello d'informazione libera perché mancano le notizie, risponde sbandierando immancabilmente il primato di ascolto. «Il Tg1 – ripete ancora il 7 giugno 2005 – è leader da tre anni di fila, in un rapporto di collaborazione positivo e reciproco con Rai1.» Purtroppo per lui, proprio quel giorno il comitato di redazione ha denunciato un calo di ascolti senza precedenti: il Tg1 delle 20 ha raccolto il 25.65% di share e il concorrente Tg5 il 32.89%. Oltre sette punti di distacco. Il giorno prima, 6 giugno, è finita 26.33 contro 32.02. Sei punti di distanza. E nei tre giorni seguenti, cinque punti di differenza. Un record negativo preceduto da un mese orribile. In maggio il Tg1 delle 20 ha battuto Tg5 solo 11 giorni su 31. Giugno apre peggio. Ma il piano inclinato è iniziato già a marzo e aprile, con l'eccezione del periodo della lunga malattia e poi della morte di papa Giovanni Paolo II, e dell'elezione di Benedetto XVI: eventi seguiti, grazie all'impegno eccezionale della redazione, con decine e decine di ore di programmazione in diretta e in «straordinaria». A conferma del fatto che negli eventi eccezionali, là dove i diktat politici non arrivano, il Tg1 vince sempre, perché il pubblico ne apprezza la qualità, la competenza e la professionalità. Ma è nella quotidianità della politica, della cronaca e dell'economia che il notiziario perde continuamente colpi. E non perché il Tg5, con il cambio della guardia fra Mentana e Rossella, sia migliorato e riscuota più ascolti. Ma perché il Tg1 ne fa meno di prima. A quel punto Mimun, non potendo più invocare il primato incontrastato del suo «tg leader», si lamenta per la perdita estiva del «traino» anteriore di *Quiz Show* con Amadeus e di quello posteriore di *Affari tuoi* con Bonolis. Ma l'alibi non regge: il calo d'ascolti inizia a marzo, quando Bonolis e Amadeus erano al loro posto. E i numeri parlano chiaro: il sorpasso sempre più frequente del Tg5 avviene in retromarcia. Rossella stabile, Mimun in caduta libera. C'è dunque dell'altro. Che cosa?

Sorrisi e bidoni tv

Una risposta scientifica arriva da una ricerca dell'Isimm, commissionata dalla Vigilanza e realizzata dal professor Paolo Mancini dell'Università di Perugia, che analizza i tre telegiornali Rai dal punto di vista della qualità complessiva dell'informazione, e non solo del «minutaggio» riservato a questa o quella forza politica (metro largamente insufficiente per misurare il pluralismo di un prodotto giornalistico). L'indagine esamina Tg1, Tg2 e Tg3 in un mese campione, dal 18 ottobre al 18 novembre 2004; e tre rubriche di approfondimento (*Porta a Porta*, *Punto e a capo*, *Ballarò*, una per rete) in due mesi campione, dal 18 ottobre al 18 dicembre 2004. I risultati vengono presentati il 14 febbraio 2005. L'analisi è spietata, ma tutti quanti possono toccarla con mano ogni sera:

> La maggior parte delle notizie politiche dei tg italiani nasce dalle dichiarazioni degli attori politici, singoli o partiti e gruppi; seguono poi gli eventi istituzionali; visite e incontri del capo dello Stato e attività dei presidenti di Camera e Senato [...]. La rappresentazione della politica in televisione sembra ridursi al racconto delle prese di posizione. Le dichiarazioni degli attori della politica vengono grandemente privilegiate rispetto ai fatti e ai contenuti. Si può dubitare che, seppure questa modalità possa corrispondere ad una certa interpretazione del pluralismo, essa sia utile per avvicinare i cittadini alla politica stessa e contribuisca alla costruzione di un cittadino realmente informato sui fatti.

La sproporzione tra fatti e parole è impressionante. Se in Francia il 54% dello spazio d'informazione politica è sui contenuti, il 21% sulle notizie e il 23% sulle dichiarazioni; se in Spagna la proporzione è rispettivamente del 35, 45, 20 e in Germania del 19, 49, 32, in Italia

> il 62% dei servizi dei tg Rai dedicati alla politica verte esclusivamente sulle dichiarazioni. Nei notiziari del servizio pubblico regna sovrana l'omologazione dei temi trattati, mentre si spinge l'acceleratore sulla conflittualità e sulla spettacolarizzazione [...]. Il Tg1 e il Tg3 rappresentano la politica in modo

> quasi diametralmente opposto: il primo esalta gli elementi di scontro all'interno dell'opposizione (100%), il secondo esalta quelli all'interno della maggioranza (84%). Il più equilibrato da questo punto di vista è il Tg2 (50%). In ogni caso la maggior parte delle notizie dei tg Rai nasce da dichiarazioni dei politici: solo lo 0.2% delle notizie nasce da inchieste. I servizi sono incentrati per il 62.4% nell'illustrare le posizioni dei politici, solo il 28.2% è per l'esposizione dei fatti, il 9.4% per i contenuti. Su questo punto i tre tg si equivalgono. Quanto allo spazio dato alle forze politiche: al governo e al centrodestra il Tg1 ha dedicato il 47%, il Tg2 il 49.9%, il Tg3 il 44.1%. All'opposizione, il Tg1 il 34%, il Tg2 il 28.8%, il Tg3 il 28.3%.

Anche l'analisi di *Porta a Porta*, *Punto e a capo* e *Ballarò* è illuminante: notizie poche, confusione tanta.

> Anche nel caso delle rubriche ci si può chiedere se l'esasperazione dei punti di vista, cedendo ai bisogni della spettacolarizzazione, faciliti il contatto tra i cittadini e i partiti e se il compito non debba anche essere quello di stimolo continuo, di controllo e di facilitatore di una corretta partecipazione politica. Se l'esasperazione del conflitto può essere una buona occasione per vincere la competizione tra reti, c'è da chiedersi se così si renda anche un buon servizio alla società.

Lo stesso presidente della Vigilanza Petruccioli, presentando la ricerca, sostiene che i programmi di approfondimento si sono ridotti a

> girandole di opinioni, esposte da ciascuno con l'intento di farle prevalere e con scarsissimo interesse per il procedere di una riflessione condivisa su questo o quell'argomento; e prova nostalgia per i vecchi «faccia a faccia».[82]

Mimun gli dà subito sulla voce, dimostrando di aver capito poco dello studio:

> È un vecchio vezzo del presidente Petruccioli quello di sognare la pagina della politica diversa da quella che è, anche se non gli sfuggiranno le difficoltà. I politici conoscono solo i tg delle 19, delle 20 e delle 20.30, quindi è difficile pensare a spazi di

approfondimento in tempi diversi. Questa ricerca è inutile se non si supera il sospetto delle forze politiche rispetto ai giornalisti. Io ad esempio sono dipinto come un mostro, mentre non ho mai fatto politica: ho votato per il Psi, ma non ho mai avuto la tessera, mentre in passato il Tg1 è stato diretto da un candidato dell'Ulivo, un senatore dell'Ulivo, un ufficio stampa di Prodi e uno *spin doctor* di Prodi.[83]

Mauro Mazza, direttore del Tg2, entra invece nel vivo del tema:

> Quanto all'osservazione secondo cui i tg Rai danno troppo spazio alle voci e troppo poco al racconto dei fatti, rispondo che sono i politici a pretendere la messa in onda delle loro dichiarazioni in voce, convinti che dieci secondi della loro voce valgano più di ogni nostra spiegazione [...]. Egoisticamente potrei essere soddisfatto di alcuni elementi della ricerca in quanto il Tg2 risulta essere il più equilibrato. Io certo non predico la faziosità, ma la mia missione editoriale non è la neutralità, che in Italia non è data, quanto un racconto guidato dal senso di responsabilità. Nella storia Rai non è dato un tg asettico e neutrale: l'editore è il Parlamento. Io non sono soddisfatto di come i tg trattano la politica perché c'è troppo spazio per i personaggi e poco per le storie: ma i politici vogliono apparire, sono convinti che dieci secondi di immagini valgono più di un intero servizio. Dovremmo ricostruire al computer per il video i retroscena politici descritti dai giornali.[84]

Anche Antonio Di Bella, direttore del Tg3, ammette sincero che

> la nostra ossessione è dare voce ai politici, ma bisogna andare oltre il minutaggio. È anche vero però che i primi titoli dei tg della sera, fatti su dichiarazioni di politici, sono quelli dei giornali del giorno dopo. Sarebbe interessante una ricerca anche sul rapporto tra politica e carta stampata. In ogni caso sono la politica e la realtà a essere conflittuali: un tg che cerca di dimostrare come lavorano bene i poli al loro interno sarebbe poco interessante.[85]

Tre tg, tre direttori: tutti d'accordo nel rivendicare, magari a malincuore, la loro totale obbedienza ai «politici». Chissà, magari è per questo se le confessioni di Calisto Tanzi sui finanziamenti elargiti a politici di destra e di sinistra, ministri, cariche istituzionali dalla sua Parmalat riempiono per giorni e giorni le pagine di molti giornali, ma non vengono citate nemmeno per un nanosecondo da alcun tg della Rai (per non parlare di Mediaset). Ciascun partito che conta ha i suoi uomini in tutte le reti e in tutti i notiziari. Al Tg1, il forzista Mimun è affiancato da vari vicedirettori dai colori variopinti: Alberto Maccari, Claudio Fico e Francesco Pionati di centrodestra e Fabrizio Ferragni della Margherita. Al Tg2, di fianco a Mauro Mazza (An), siedono Mauro Masi (An), Mario De Scalzi (Forza Italia), Rocco Tolfa e Luciano Onder (vicini alla Margherita), Stefano Marroni (Ds). Al Tg3, insieme al direttore Antonio Di Bella (vicino ai Ds), ci sono Stefano Gentiloni e Pierluca Terzulli (Margherita) e Angelo Belmonte (An). Il 3 febbraio 2005, senza scrupolo alcuno, Mimun, Mazza e Rossella (Tg5) partecipano alla cena elettorale del governatore del Lazio Francesco Storace; ospiti d'onore, Berlusconi e Fini.

Quanto poi al «minutaggio», che pure è indicativo delle tendenze generali, nello stesso febbraio 2005 «Il Sole 24 Ore» ha pubblicato una rielaborazione dei dati dell'osservatorio di Pavia con le medie degli spazi riservati ai vari schieramenti e istituzioni dai sei tg più diffusi, i tre della Rai e i tre di Mediaset. Il Tg1 dedica al governo il 42% degli spazi politici e un altro 17.1% alla maggioranza di centrodestra; al centrosinistra va il 20.5%, il 12.9 al presidente della Repubblica e il 7.5 ad «altri». Tg2: 44.8 al governo, 17.8 alla maggioranza, 17.1 all'opposizione, 11.9 a Ciampi, 8.4 ad altri. Tg3: 36 al governo, 19.5 alla maggioranza, 26.8 all'opposizione, 11.3 a Ciampi, 6.4 ad altri. Tg5: 41.2 al governo, 17.7 alla maggioranza, 23.7 all'opposizione, 11.2 a Ciampi, 6.2 ad altri. Tg4: 61.7 al governo, 17.9 alla maggioranza, 10.3 all'opposizione, 8.5 a Ciampi, 1.6 ad altri. Studio Aperto: 53.5 al governo, 25 alla maggioranza, 14.6 all'opposizione, 6 a Ciampi, 0.9 ad altri.

Panini e bidoni tv

Dunque Mimun tira diritto per la sua strada, anzi per quella di Berlusconi. Ha le spalle più che coperte da un fuoco di sbarramento politico che incenerisce anche il più timido tentativo di critica. Leggendaria la dichiarazione del ministro Giovanardi, il più berlusconiano dell'Udc, che difende non solo Clemente J., ma anche il «panino» che riserva sempre l'ultima parola alla maggioranza:

> Il governo può intervenire quando lo ritiene opportuno e l'ultima parola spetta sempre al gruppo parlamentare più forte. Le accuse a Mimun sono sollevate da giornalisti militanti e denunciano l'ignoranza delle regole parlamentari.[86]

Replica la Federazione della stampa: «Forse Giovanardi confonde la democrazia con la dittatura».[87] E persino il consigliere Rumi, indicato proprio dall'Udc, lo rimbecca:

> Non entro nelle linee editoriali dei direttori dei tg. Ma è un po' pesante questa formula delle tre quote: una alla maggioranza, una all'opposizione, una al governo. Non è facile per chi è al potere autolimitarsi, ma le notizie non possono finire sempre con il sigillo notarile del governo. Non è elegante.[88]

Due mesi dopo Mimun risponde sul «Corriere» alle critiche di Carlo Rognoni, neoconsigliere Rai:

> Per l'esattezza il cosiddetto «panino» è antico come la Rai, ma l'aneddotica del giornalismo televisivo segnala anche i «bidoni» (servizi dedicati a ciascun schieramento) e più recentemente persino le «frittelle» [da Marco Frittella, il giornalista politico del Tg1 che con una lettera in bacheca stigmatizzò il «panino», salvo poi continuare a farlo, *N.d.A.*]. Spesso, e non solo al Tg1, accade che su un fatto si ascoltino le posizioni di maggioranza, opposizioni e governo. Affermare, come fa Rognoni, che così si fa male alla democrazia è proditorio, ovviamente con la p minuscola.[89]

Clemente J. ama sostenere che il «panino», cioè quello schema di servizio politico – che riserva la prima fetta di pane alla maggioranza, una fettina di prosciutto alle opposizioni, l'altra fetta di pane al governo – non è una sua invenzione, anzi. Premesso che Francesco Pionati – il paninaro ufficiale – «racconta bene la giornata politica», il direttore tiene a precisare che «il panino l'ha inventato il professor Zaccaria».[90] Cioè l'ultimo presidente della Rai dell'Ulivo. La notizia è largamente inesatta. Zaccaria si limitò ad applicare, per misurare ogni tre mesi l'equilibrio degli spazi assegnati ai vari schieramenti, il modello dei «tre terzi» della tv pubblica francese: un terzo al governo e alle altre istituzioni (compreso il capo dello Stato), un terzo alla maggioranza, un terzo all'opposizione. Ma mai si era sognato di fissare questa regola per ciascun servizio politico quotidiano. In ogni caso – come abbiamo visto dai dati del «Sole 24 Ore» – il panino del Tg1 non garantisce affatto all'opposizione un terzo degli spazi: infatti governo e maggioranza totalizzano, sul Tg1, quasi i due terzi (59.1%), ma secondo il modello francese i due terzi dovrebbero ricomprendere pure il Quirinale, che invece è fuori (con il 12.9); e all'opposizione va appena il 20.5. I due terzi, insomma, esistono solo sulla carta e nelle parole. Nei fatti, mai.

Ogni giorno, sui divani della sala stampa di Montecitorio, bivaccano decine di troupe pubbliche e private, prive di giornalisti, in attesa che i politici scendano a fare una dichiarazione. Senza domande: a piacere. Decidono i partiti quali personaggi mandare, e decidono i politici di che parlare. Sono loro a dettare la scaletta ai tg. Poi quella gran marmellata finisce in mano ai giornalisti, che devono limitarsi a «montare», cioè a cucire insieme le dichiarazioni secondo lo schema del panino. Quel che è accaduto in Parlamento non conta. Contano i commenti dei politici, che se la cantano e se la suonano a proprio piacimento. E se i telespettatori non capiscono nulla, tanto meglio.

Nella primavera-estate del 2005, dopo la vittoria schiacciante del centrosinistra alle regionali, in concomitanza con le transumanze di star, starlet e mezzibusti da destra a sinistra (notevole il caso di Francesco Giorgino che critica Mimun in un'intervista a «Libero» e viene subito cancellato dalla conduzione del Tg1), il panino sparisce per qualche settimana. Ma poi, in autunno, con la riscossa quantomeno mediatica del Cavaliere, i paninari si rimettono all'opera.

La redazione è sempre in subbuglio, le proteste del Cdr contro la direzione si susseguono, ma non trovano sbocchi: la commissione di Vigilanza, anche sul Tg1, dorme sonni profondi. Così, ai redattori che vorrebbero semplicemente raccontare i fatti, non rimane che prender nota giorno per giorno delle notizie taciute, o manipolate, o edulcorate. Un *cahier de doléances*, un'infinita galleria degli orrori che abbiamo pubblicato, fino all'autunno del 2004, in *Regime*. E che ora riprendiamo con i casi più recenti.

29.9.2004 Berlusconi con l'autoscatto
A Roma si firma la Costituzione europea. La Presidenza del Consiglio affida l'esclusiva delle immagini a una società privata di sua fiducia, la Euroscena. Nessun'altra telecamera, nemmeno della Rai «servizio pubblico», è autorizzata a entrare. Il governo fa vedere agli italiani soltanto ciò che vuole. Ma la Rai non solo non protesta: ritiene la cosa del tutto normale. «L'uso di un *service* esterno è per garantire la sicurezza dei partecipanti», spiega Cattaneo (infatti i giornalisti e i cameraman della Rai sono tutti terroristi di Al Qaeda in incognito). Non era mai successo. Come può un telegiornale, dove le immagini valgono tanto quanto le parole, affidare metà del suo lavoro al governo? Nelle edizioni principali di Tg1, Tg2, Tg3, RaiNews24 e Servizi parlamentari va in onda un comunicato dell'Usigrai in cui si avverte tra l'altro che: «per un giorno un'attività del servizio pubblico è stata privatizzata. È un attacco alle capacità operative della Rai ma anche al diritto di voi cittadini di avere un'informazione corretta e affidabile». Ma la Rai gira la frittata e contro-comunica: «L'informazione della firma della Costituzione è stata realizzata da giornalisti della Rai che con grande professionalità hanno raccontato l'evento [...]. L'azienda esprime apprezzamento per il loro lavoro e giudica offensivo il comunicato dell'Usigrai che li accusa di non aver fornito un'informazione corretta e affidabile solo perché le immagini sono state fornite dalla società incaricata dalla Presidenza del Consiglio di documentare l'evento».

3.11.2004 Inviati «à la carte»
Il Cdr della sede Rai di Milano scrive al Tg1: «Si stanno intensificando da parte delle testate nazionali Rai pressioni sui colleghi che si occupano dei processi milanesi eccellenti». Cioè dei processi a Berlusconi e Previti per corruzione di alcuni giudici romani. Il primo allarme di una lunga serie. Nel febbraio 2005 Enrico Rotondi, che da Milano segue da sempre i processi «toghe sporche», viene dirottato su altri servizi.

E un giornalista del Tg2, Maurizio Martinelli, viene «distaccato» da Roma a Milano per seguire le vicende giudiziarie del premier di cui non s'è mai occupato. Decisione del neo-caporedattore della Rai lombarda Gianvito Lomaglio (ex socialista, ora passato ad An), d'intesa con Mimun e Mazza. Infatti Tg1 e Tg2 mandano in onda i pezzi di Martinelli. Solo il Tg3 non obbedisce. Così, con un piccolo escamotage, tutto finisce nelle mani di un solo cronista, considerato gradito a Previti. E il Tg1 rinuncia a far seguire i processi più importanti da un suo inviato.

25.11.2004 Magnifiche tasse e progressive

Il Tg1 annuncia: «Domani la Casa delle libertà deciderà all'unanimità il taglio delle tasse». Primo servizio: Pionati illustra la portata dell'evento, definito «epocale». Secondo servizio, a cura del caporedattore dell'economia Dino Sorgonà, tono e stile da Cinegiornale Luce: «La manovra è pienamente coperta dal punto di vista finanziario e quindi il governo intende così dare un segnale di giusta attenzione nei confronti del mercato». Sorgonà elenca le nuove aliquote e aggiunge: «I benefici possono andare da 570-580 euro per i redditi fino a 25 mila euro e 860 euro per i redditi fino a 35 mila euro». All'anno? Lordi? Netti? Boh. «Un lavoratore dipendente con moglie e due figli a carico può arrivare a una soglia di esenzione fino a 14 mila euro.» Ma quanto guadagna quest'uomo fortunatissimo per avere un'esenzione di 14 mila euro? E poi all'anno? lordi? Netti? Non si sa. «Per le aziende del Sud si raddoppiano i benefici nel caso di una nuova assunzione. Assumendone uno, se ne sgravano due.» Che vuol dire? Mistero. «I tagli delle aliquote garantiranno più reddito disponibile a famiglie e imprese che dovrebbero tradursi in uno stimolo alla crescita e al consumo». Dopo la non-spiegazione del taglio delle tasse, ecco i commenti. Solito panino: Berlusconi in testa, poi spezzatino con le voci di Fassino, Pecoraro Scanio, Bertinotti, Boselli, Mastella, Lusetti, chiudono immancabilmente Follini, Calderoli, Schifani e Fini. In ben tre pezzi, il Tg1 riesce a non dire nulla sulle migliaia di posti di lavoro tagliati nel pubblico impiego, sulla riduzione dei servizi pubblici e sugli aumenti delle tariffe, sul blocco del *turn over*, sulle proteste del ministro Moratti che minaccia le dimissioni per i tagli alla scuola.

26.11.2004 Taglio delle notizie, notizie col taglio
Il Tg1 torna a «spiegare» il presunto taglio delle tasse. Sorgonà parla delle aliquote (23, 33 e 39%), ma non dice a quali redditi si applicano. Poi, come il giorno prima, ripete: «I benefici vanno da 570-580 euro per i redditi fino a 25mila euro...», senza precisare che le cifre sono lorde e annue. Infine estrae dal cilindro un nuovo, misterioso beneficio: «1062 euro per i redditi fino a 50 mila euro». Conclusione: «I benefici sono mirati per il medio e basso ceto dei contribuenti».

30.11.2004 Sciopero, che brutta parola
Sciopero generale dei lavoratori contro i tagli della legge finanziaria. La Federazione nazionale della stampa esprime la solidarietà dei giornalisti alla protesta con un comunicato. La direzione del Tg1 vieta al conduttore di leggerlo, sebbene – a norma di legge – l'azienda ne avesse approvato il testo e la lettura integrale nei vari tg. Il comunicato viene riassunto in un testo di una sola riga (!) dal vicedirettore di turno. Lo stesso avviene al Tg2. Fatto mai accaduto prima. I due Cdr protestano, la Fnsi denuncia la Rai per comportamento antisindacale.

2.12.2004 Latte pastonizzato
La riforma dell'ordinamento giudiziario, di competenza della redazione Cronaca, passa interamente a quella più «affidabile» del Politico. Il 17 gennaio 2005 la stessa sorte toccherà all'attività del ministro degli Esteri: da sempre di competenza della redazione Esteri, verrà trasferita al Politico. Via via altri argomenti usciranno dalle redazioni competenti per confluire nel Politico. È la «pastonizzazione» del Tg1. Il «pastone» politico assorbe ormai qualunque notizia e la annacqua in una sfilza di dichiarazioni di maggioranza e opposizione che non danno alcuna informazione. Di ogni fatto, l'aspetto fondamentale da raccontare è il contesto politico in cui nasce e che cosa ne pensano la maggioranza e l'opposizione. Intanto, del fatto, si dice poco o nulla.

2.12.2004 Censis e Incensis
Il rapporto del Censis dipinge un'Italia drammaticamente impaurita dalla criminalità e dal carovita. Ma il Tg1 ha letto un altro rapporto. La notizia non è l'apertura dell'edizione delle 20, ma il quindicesimo servizio dopo gli esteri, la cronaca, la politi-

ca, il maltempo. Il settimo titolo in sommario su nove: «Censis: l'Italia reagisce. Gli italiani reagiscono alla crisi. Preoccupati dal futuro e dall'aumento dei prezzi, puntano su risparmio e casa». L'indomani, in edicola, il rapporto del Censis «apre» le prime pagine dei maggiori quotidiani. «Corriere della Sera»: «L'Italia ha paura del futuro. Più insicurezza, timori sui prezzi. Il governatore Fazio: ineludibile la riforma del Welfare, lo dobbiamo ai giovani». «la Repubblica»: «Italia, il Paese della paura. Insicurezza sul futuro e timore della criminalità».

4.12.2004 Liti nel governo? Top secret

Il ministro delle Infrastrutture Pietro Lunardi annuncia: «Quanto al condono edilizio, ne abbiamo discusso ieri al Consiglio dei ministri. Stiamo vedendo se si può dare una proroga». Palazzo Chigi non gradisce: «L'ipotesi di una riapertura dei termini del condono edilizio è assolutamente destituita di ogni fondamento». Anche il ministero dell'Economia fa sapere che «il governo è contrario alla riapertura dei termini». Insomma, come scriveranno i giornali dell'indomani, nel governo si litiga di brutto. Ma il Tg1 non se ne accorge: nell'edizione delle 20 nessun servizio, solo una notizia letta da studio: «Nessuna proroga per il condono edilizio. Lo ribadisce una nota di Palazzo Chigi, nella quale si ribadisce che l'ipotesi di una riapertura dei termini è destituita di ogni fondamento. I termini per la presentazione delle domande scadono – lo ricordiamo – il 10 dicembre». *The End.* La nota del governo viene spacciata per notizia.

6.12.2004 Calderoli, l'Innominabile

In visita a Pechino, il presidente Ciampi dà il via libera all'eliminazione dell'embargo sulle armi alla Cina. Fini, ministro degli Esteri, si dice d'accordo. Ma Calderoli, ministro leghista delle Riforme, spara a zero: «Sono allibito per le dichiarazioni del presidente della Repubblica, lui non può assumere decisioni che non siano state discusse nelle sedi preposte dalla Costituzione. Il suo discorso è assolutamente discutibile nella forma e assolutamente condannabile nella sostanza». Poi rilancia la proposta di «dazi sui prodotti dall'Oriente». Il Tg1, per nascondere il durissimo scontro istituzionale in atto, si supera. Titolo: «Sì alla revoca dell'embargo alle armi dalla Cina, dicono Ciampi e Fini. Calderoli: dazi ai paesi orientali. Ed è

polemica in Italia». In realtà la polemica è solo nel governo. Ottimo anche il pezzo politico di Pionati: «Follini boccia l'idea di mettere dazi sui prodotti». E di chi era l'idea? Di Calderoli. Ma ha attaccato Ciampi, dunque è innominabile.
Il secondo ceffone della giornata il governo lo prende dal commissario Ue agli Affari economici, Joaquin Almunia, che dichiara: «Sono preoccupato perché non sono sicuro che gli annunciati tagli alle tasse siano adeguatamente coperti dal punto di vista finanziario». Risponde il ministero dell'Economia: «La riforma è e sarà coperta». Al Tg1, nemmeno una parola.

7.12.2004 L'Europa questa sconosciuta
Tutti i giornali parlano dei dubbi dell'Europa sui mirabolanti «tagli alle tasse». E costringono il Tg1 a parlarne, ma solo per tranquillizzare il popolo. Titolo del Tg1 delle 20: «Conti pubblici: non c'è un caso Italia, dice il commissario Almunia; tra noi e Bruxelles divergenze minime, assicura Siniscalco». Nel pezzo da Bruxelles, Giovanni Bocco riferisce una frase di Almunia che replica al Tesoro: «Non ci stiamo inventando un caso Italia. L'Italia deve semplicemente rispondere ad altre domande». Ma come fanno i telespettatori a capire di che si sta parlando, visto che il giorno prima il Tg1 non ha dato la notizia? In ogni caso, anche il secondo giorno il Tg1 riesce a tacerla. Come dimostra il confronto con i giornali dell'indomani, che raccontano tutt'altra storia. «Corriere della Sera»: «Deficit e tasse, Italia sotto tiro. Incontro Siniscalco-Almunia a Bruxelles, preoccupazione per il debito». «la Repubblica»: «I conti dell'Italia nel mirino Ue, il deficit a rischio. Bundesbank, evitare un altro caso Grecia. Le difficoltà del nostro Paese al centro del dibattito all'Ecofin. Sì agli sgravi fiscali solo se coperti al 100%».
Nella stessa edizione delle 20 salta un servizio, ufficialmente per mancanza di spazio: quello sull'arresto, per corruzione in atti giudiziari, del giudice fallimentare Pierluigi Baccarini e di tre noti commercialisti; indagato anche Vincenzo Vitalone, nipote dell'ex ministro andreottiano. Che cosa c'è di così importante da far saltare la notizia dei clamorosi arresti? Tenetevi forte: un grande servizio di «società» sul tema «Le donne hanno difficoltà a conciliare lavoro e famiglia. Ma quello del figlio resta un desiderio a cui non vogliono rinunciare. Ecco perché si diventa mamme a 40 anni». Una scoperta sensazionale.

8.12.2004 Calderoli chi?

È il gran giorno del ministro Calderoli. In poche ore chiede le taglie per catturare i criminali (dure repliche di Verdi e Margherita) e torna ad attaccare Ciampi e Fini sull'embargo alla Cina, annunciando una clamorosa indiscrezione: «L'Ue si prepara a bloccare la revoca dell'embargo di vendita di armi alla Cina, mandando a carte e quarantotto i sogni di Ciampi e Fini. Nessun presidente della Repubblica o ministro può farsi portavoce di alcunché in assenza di un pronunciamento parlamentare». Ma, per il Tg1, Calderoli non ha detto una parola.

10.12.2004 Prescritto, dunque assolto

Il Tribunale di Milano emette la sentenza nel processo-stralcio Sme-Ariosto: per Berlusconi, una prescrizione e tre assoluzioni. A Milano non c'è un inviato del Tg1 a seguire un processo così importante. Non c'è un servizio che spieghi cos'è il processo Sme. C'è invece un pezzo di cronaca giudiziaria della redazione regionale di Milano, seguìto da una raffica di reazioni politiche. Il telespettatore non può capire nulla di quanto è accaduto. Il Tg1 delle 20 infatti si apre così: «Buonasera dal Tg1. Dunque si chiude dopo molti anni la vicenda giudiziaria sul caso della vendita Sme. Silvio Berlusconi è stato assolto a Milano per la vicenda della finanziaria alimentare dell'Iri e per le accuse dell'Ariosto. Prosciolto per prescrizione anche dall'accusa di corruzione semplice». Cos'è questa vicenda Sme? Cos'è la corruzione «semplice» per cui il capo del governo s'è salvato soltanto per prescrizione (grazie alle attenuanti generiche)? Mistero. Il pezzo sulle reazioni politiche riesce a infilare nel panino la bellezza di 21 commenti: Finocchiaro, Violante, Di Pietro, Diliberto, Mastella, Pecoraro Scanio, Boselli, Castagnetti, Cento, Fini, La Russa, Calderoli, segreteria di Forza Italia, Craxi, Follini, Bondi, Schifani, Vito, Andreotti, Pera, Casini. Un record assoluto (il precedente ammontava a 17 dichiarazioni in un solo panino).

11.12.2004 Dell'Utri e la mafia, che sarà mai

Altra sentenza devastante per un big del centrodestra: Marcello Dell'Utri, inventore e senatore di Forza Italia, condannato dal Tribunale di Palermo a 9 anni per concorso esterno in associazione mafiosa. Anche stavolta il Tg1 non ha un inviato sul posto, né trasmette un servizio che illustri perché Dell'Utri è considerato dai giudici «l'ambasciatore della mafia» prima in casa Berlusconi, poi nella Fininvest, infine in Forza Italia. Nemmeno una parola per spiegare come mai è stato condannato. Mimun può permettersi un inviato permanente (Massimo Mignanelli, da lui stesso assunto) su tutte le piste da sci e le spiagge del Paese per cantare le festose e fastose vacanze degli italiani, ma non manda nessuno ai processi Berlusconi e Dell'Utri. Mentre Dell'Utri viene condannato per mafia, Mignanelli sta seguendo la fondamentale iniziativa delle Ferrovie dello Stato «Treno ok», il Roma-Milano a 9 euro, di cui dà ampio conto nell'edizione della sera. A seguire la sentenza Dell'Utri c'è la redazione di Palermo, con la cronaca dell'ultima udienza. Poi, immancabile, il panino con le reazioni politiche. Soltanto 12, stavolta: Pera, Violante, Boselli, Franceschini, Rizzo, Bertinotti, Pecoraro Scanio, Di Pietro, Follini, Bondi, Calderoli, Mantovano.

11.12.2004 Maroni chi?
Il Tg1 magnifica l'intesa tra governo e sindacati sui forestali in Calabria: 160 milioni di euro in due anni. L'immagine è di una serenità olimpica: al tavolo, sorridenti e distesi, i ministri La Loggia e Alemanno con i leader sindacali. Purtroppo i 160 milioni non sono ancora stati decisi: sono soltanto una proposta per il maxiemendamento alla finanziaria da discutere in una riunione di maggioranza dell'indomani. Al ministro Maroni, non invitato al tavolo (ma il Tg1 non lo dice), l'accordo non piace perché – afferma – non ci sono i soldi: e «se i soldi non ci sono, non ci sono». Ma al Tg1 di Maroni non si parla. Oggi Maroni, ieri Follini, domani Fini o Calderoli, o magari un forzista anomalo. Quando si tratta di tutelare il buon nome del governo, anzi del premier, Mimun non guarda in faccia nessuno. Nel governo, per il Tg1, non si litiga mai: al massimo, quando proprio volano gli stracci, «ci si confronta». Mai una notizia sulle liti, in compenso grande risalto alle paci: «Torna il sereno», «crisi superata», «pace fatta», «è bastata una telefonata di Berlusconi...». Pionati *docet*.

13.12.2004 Ciampi chi?
Premio Saint-Vincent per il giornalismo al Quirinale. Il presidente invita di nuovo i giornalisti a «tenere le schiene dritte». Della Rai dice: «Qualunque sia il suo assetto societario, la Rai deve conservare, rafforzare e migliorare sempre la sua attività

di servizio pubblico». L'appello di Ciampi sarà l'apertura di «Repubblica» e «Corriere» dell'indomani. Il Tg1 lo sminuisce come sesto servizio.

Precedenza assoluta al pezzo di Pionati, costruito in modo da non far capire nulla. Tema: le polemiche sulla giustizia. Testo letterale: «Forza Italia vorrebbe discutere gli strumenti, come l'immunità, che impediscano di utilizzare la giustizia come arma politica contro gli avversari. No dell'opposizione [...]. La maggioranza trova l'accordo sui tempi di approvazione della legge che cambia il meccanismo della prescrizione e aggancia il provvedimento a una serie di norme anticrimine. L'opposizione è contraria alla legge sulla prescrizione ma soprattutto all'abbinamento alle norme anticrimine». Voce di Anna Finocchiaro (Ds), voce del ministro Castelli. Fine. Chi ci capisce qualcosa è bravo. Pionati non spiega cos'è l'immunità e come verrebbe usata, in compenso illustra il punto di vista di Forza Italia. Non dice che la maggioranza vuole accorciare i tempi della prescrizione, né precisa per quali reati, né illustra cos'è la prescrizione. Altro mistero: perché mai la maggioranza vuol agganciare quel provvedimento a un altro di segno contrario? In compenso si lascia intendere che l'opposizione – sempre dalla parte dei delinquenti – sia contraria alle norme anticrimine. Il tutto per non dire che si tratta della norma salva-Previti, infilata all'ultimo momento nel pacchetto anticrimine Cirielli e scritta apposta per garantire la prescrizione al braccio destro del premier che, se le sue condanne diventassero definitive, finirebbe in carcere.

13.12.2004 L'Apologia di Dell'Utri

Al Teatro Valle, a Roma, va in scena l'*Apologia di Socrate* di Platone, a cura del Circolo di Dell'Utri, appena condannato per mafia e presente in prima fila. Lo spettacolo diventa una grande passerella per il neocondannato, che ne approfitta per attaccare i magistrati. L'attore Carlo Rivolta, che da mesi impersona Socrate nella rappresentazione, si rifiuta di recitare e chiede di leggere un comunicato. Spiega che Dell'Utri sta tenendo un comizio con i giornalisti e si sta appropriando dell'*Apologia*, facendone l'apologia di se stesso: «Io non sono carne da cannone», dice l'artista. Lo spettacolo salta, sostituito da un comizio di Dell'Utri e del senatore Domenico Contestabile. «la Repubblica» e il «Corriere» danno la notizia in prima pagina. Tutti i giornali raccontano la tragicomica serata al Valle. Il Tg1 niente, nemmeno una riga.

14.12.2004 Tutto va ben, madama la Finanziaria

Pronto il maxiemendamento per la finanziaria 2005. Il 16 si vota la fiducia. Ecco i punti riportati il giorno dopo da tutti i giornali, «Sole 24 Ore» in testa.
1) Banche. Stangata da 650 milioni di euro: aumentano le percentuali che le banche verseranno alla Stato a titolo di cauzione sulle somme riscosse per conto dell'erario.
2) Aumentano gli acconti che il fisco chiede sulle imposte da pagare per l'anno in corso. Per Irap e Ires l'aumento corrisponderà in pratica all'imposta integrale.
3) Stanziati 20 milioni di euro nel 2005 e 23 nel 2006 per finanziare un progetto europeo contro l'immigrazione clandestina.
4) Manifesti elettorali. Basterà pagare 100 euro per sanare le affissioni selvagge che in periodo elettorale imbrattano le città.
5) Stanziamenti per i lavoratori socialmente utili e per lotta al terrorismo.

Ma il Tg1 ha letto un'altra finanziaria. Titoli: «Finanziaria: il governo pone la fiducia. Giovedì il voto. Novità su sanità e famiglia, ma anche su bolli e tasse locali». E gli aumenti? Niente. Il servizio dà spazio solo agli stanziamenti, tralasciando aumenti e stangate. Parla dell'assunzione di 2724 uomini delle forze dell'ordine, dei 160 milioni di euro ai forestali calabresi, dell'eliminazione dei tagli di 70 milioni ai braccianti agricoli (in realtà viene loro doverosamente restituita l'indennità di disoccupazione e maternità che era stata loro tolta). Dice dello stanziamento per il terremoto a Brescia, per l'editoria e per le regioni. Non dice che, se le regioni sforano, aumenteranno le tasse locali. Accenna a «maggiori aumenti per importi fissi delle imposte dirette. I ritocchi daranno un gettito di 1120 milioni di euro nel 2005 e 1320 nel 2007». Ritocchi? I quotidiani del giorno dopo parlano di «stangata». E aggiungono altro. «Corriere della Sera»: «Allarme di Confindustria: siamo nella crisi peggiore del dopoguerra». «la Repubblica»: «Maroni: "Non so se votiamo la fiducia, siamo a disagio con questa maggioranza". Forestali: scontro Lega-An su Calderoli commissario. Montezemolo: "È la crisi strutturale più grave del dopoguerra"». «La Stampa»: «Il presidente di Confindustria: problemi strutturali rinviati da almeno 15 anni. Nella manovra spunta l'Ici sui capannoni industriali. Montezemolo: è la fase più critica dal dopoguerra». Sull'allarme di Montezemolo, il Tg1 aveva detto: «Confindustria, Montezemolo: fuori dalla stagnazione, ma ci troviamo di fronte a problemi strutturali». Senza parole.

15.12.2004 Salva-Previti? Non pervenuta

Titolo del Tg1: «Giustizia, bagarre alla Camera. Mastella si dimette dopo le contestazioni dai banchi del centrosinistra. Prescrizione: passa la riforma». Ma nel servizio di Pionati l'annunciata riforma della prescrizione (la salva-Previti) sparisce: nemmeno una parola. Si parla solo della bagarre alla Camera. Eppure è stata proprio la salva-Previti, con le accuse del centrosinistra a Mastella di favorire smaccatamente il centrodestra, a scatenare la rissa in aula. «Una scarica di insulti del centrosinistra su Mastella, presidente di turno che si dimette», spiega sdegnato Pionati. Ma tace sul resto, cioè sulla notizia: di che si stava parlando quando è scoppiata la lite? Ci sarebbe una dichiarazione di Violante che spiega cos'è successo, ma il Tg1 non ha spazio per l'opposizione. Bisogna leggere i giornali dell'indomani per scoprire gli effetti devastanti di una legge che annienterà decine di migliaia di processi, salvando altrettanti colpevoli con la prescrizione. Infatti l'Anm protesta duramente, ma il Tg1 non ne parla. «Corriere»: «Passa il Salvaprevìti, accuse tra Ulivo e premier». «la Repubblica»: «Varata la norma Salvaprevìti». «La Stampa»: «Passa il Salvaprevìti, Berlusconi frena le polemiche». «Il Messaggero»: «Salvaprevìti, sì della Camera». L'unico quotidiano senza la notizia in prima pagina è «il Giornale» di Paolo Berlusconi: il Tg1 ci ha azzeccato un'altra volta. In compenso lo stesso giorno, nella stessa edizione, il Tg1 si è finalmente accorto che Alemanno e Maroni litigano furiosamente da giorni sui forestali calabresi. Ora che hanno fatto pace, se ne può finalmente parlare: «Torna il sereno nel governo dopo una telefonata da Washington di Berlusconi che pone fine alla questione tra Maroni e Alemanno». Ma che bisogno c'era di metter d'accordo due ministri che, stando al Tg1, non avevano mai litigato? Mistero.

16.12.2004 Oscurato Berlusconi, se perde

Ciampi boccia la riforma della giustizia e la rinvia alle Camere per ben quattro profili di incostituzionalità. Ma al Tg1 le parole «incostituzionalità» e «bocciatura» sono vietate. Titolo:

«Ciampi rinvia alle Camere la riforma della giustizia. A Pera e Casini il messaggio con le motivazioni. Rilievi su quattro punti della legge». Per la prima volta non c'è la voce di Berlusconi a commentare. Alle lamentele della redazione, il direttore Mimun risponde: «Non posso mettere Berlusconi in tutto il tg. La voce di Berlusconi va sulla questione dell'ingresso della Turchia in Europa». Meglio non mostrarlo quando perde. Come ai tempi del fascismo, quando le veline del Minculpop vietavano ai giornali di «pubblicare foto di Carnera a terra».

24.1.2005 La vittoria mutilata

Alle suppletive per il Senato, nei collegi di Rovigo e Bari, stravince l'Ulivo. Titolo del Tg1. «Gad: suppletive ok. Primarie: è bagarre». Pionati riesce a non dire chi ha vinto le elezioni, né con quali percentuali di voto: «Centrosinistra, gioie e dolori. Le gioie arrivano dalle suppletive, dove il centrosinistra prevale in un quadro di forte astensionismo». Voce di Fassino, voce di Cicchitto. «I dolori invece arrivano dalle primarie...» Insomma, pari e patta, vittoria dimezzata. Non dagli elettori, ma da Pionati.

3.2.2005 Follini chi?

Si tiene a Roma il congresso Ds. Nel pezzo del Tg1 sulle reazioni politiche, manca il messaggio inviato a Fassino da Follini: «Continueremo a contrastarci e ascoltarci con la consapevolezza che il tempo delle reciproche delegittimazioni e demonizzazioni è alle nostre spalle, una volta per sempre». Troppo conciliante. È l'esatto opposto di quel che ha detto Berlusconi sullo spauracchio comunista («miseria, terrore e morte»). Follini protesta per la censura subìta sul Tg1. La sua dichiarazione viene trasmessa nell'edizione di mezza sera. Il giorno dopo lo intervista il «Corriere della Sera»: «L'anticomunismo è un disco rotto».

5.2.2005 La contestazione c'è ma non si vede

Congresso del Partito repubblicano. Berlusconi, assente, invia un messaggio che viene letto ai congressisti da Sandro Bondi. Ma Bondi viene fischiato e contestato, al grido di «Fuori, fuori, basta, basta!», «Noi non siamo mai stati anticomunisti!». La Malfa è costretto a intervenire per evitare che il suo congresso cominci con una rissa. Il Tg3 manda in onda il sonoro delle proteste. Il Tg1 agisce d'astuzia per cavarsi d'impaccio. Pionati non mostra il filmato di Bondi contestato, ma quello di Berlusconi al consiglio nazionale forzista del giorno prima. E su queste placide immagini ripete pari pari il messaggio del premier al Pri. Geniale. Poi la patata bollente della contestazione a Bondi passa ad Angelo Polimeno, incaricato di cucinare il panino delle reazioni. Un capolavoro di equilibrismo. Servizio (ripreso dai giornali) su Follini che archivia l'anticomunimo; gli rispondono per le rime due ministri, Giovanardi e Gasparri, e Follini è sistemato. Poi l'imbarazzante congresso Pri. Come fare? Semplice, nemmeno qui si mostra la contestazione a Bondi: si dice semplicemente – mentre le telecamere indugiano sui rari momenti lieti delle assise lamalfiane – che Bondi è stato contestato e subito difeso da La Malfa. Segue intervista a Bondi, ma attenzione: nessuna domanda sulla contestazione appena subìta per mano di un partito alleato; le domande riguardano tutte l'avvincente tema della lotta al comunismo, cosicché l'ex comunista Bondi può concludere lapidario: «I comunisti come Fassino non sono come prima, sono peggio di prima». Fine del capolavoro. Bilancio: la pagina politica del Tg1 ha nascosto la contestazione a Bondi, ha riferito integralmente ogni parola di Berlusconi e ha fatto massaggiare il dissidente Follini. Missione compiuta.

11.2.2005 Speedy Mimun

Berlusconi, a letto con l'influenza, interviene al telefono a un convegno forzista e si scatena: dice che «la parola Unione ricorda l'Unione sovietica» e accusa le sinistre di «continuare a occupare la televisione». Prodi risponde che «non c'è solo l'Urss, c'è anche l'Unione europea». Qualsiasi giornale degno di questo nome riporterebbe l'attacco del premier e la replica del leader dell'opposizione. Ma il Tg1 no. Anche il botta a risposta fra i due finisce nel panino, e diventa un dialogo a tre: così l'ultima parola non spetta a Prodi, ma a Renato Schifani: «La sinistra è sempre stata contro l'Europa». E non è finita, perché alle 20.03, quando Mimun compila di suo pugno la sequenza Berlusconi-Prodi-Schifani per il conduttore di turno, la replica di Schifani non è ancora uscita su alcuna agenzia (l'Ansa la diramerà solo alle 20.13). Eppure il profetico direttore la conosceva già, tant'è che l'ha scritta nero su bianco. Il Cdr chiede spiegazioni. Mimun però non risponde. Replica direttamente Schifani, molto informato sugli affari interni del Tg1: «Non c'è nulla di sbalorditivo se non l'efficienza dell'ufficio stampa del presidente Schifani e della redazione politica del Tg1. La dichiarazione è stata inviata via e-mail prima e per maggior sicurezza con un sms sul cellulare del caporedattore del Politico». Un caso più unico che raro di solerzia e tempestività, purtroppo destinato a non ripetersi in frangenti ben più seri.

12.2.2005 Mimun For Migoni

Indagato a Milano un consulente del governatore forzista della Lombardia, Roberto Formigoni, per presunte tangenti dal regime irakeno di Saddam Hussein. È lo scandalo internazionale «Oil for Food». La notizia è uno scoop del «Sole 24 Ore», giornale della Confindustria. Il Tg1 non vi fa alcun cenno. Però dà spazio a una dichiarazione di Formigoni contro la Confindustria. Senz'alcuna replica e, soprattutto, senza spiegare come mai il governatore lombardo ce l'abbia tanto con Montezemolo. Per spiegarlo, bisognerebbe parlare delle tangenti. Ma non si può.

13.2.2005 La Fiat, questa sconosciuta

Nessun servizio, al Tg1 delle 20, sul Cda straordinario domenicale della Fiat che prelude a una svolta clamorosa: il divorzio da General Motors. È la notizia del giorno e l'apertura di tutti i quotidiani dell'indomani. Ma il tg di Mimun la ignora, a parte due parole burocratiche da studio. Il Cdr protesta: è un clamoroso «buco». Il direttore risponde che «il Tg1 era naturalmente al corrente del fatto che Fiat e Gm erano alla stretta finale. Molte le voci che si rincorrevano, così come si davano cifre all'impazzata, senza trovare conferme. Poiché ho ben presente il senso di responsabilità che deve presiedere la diffusione delle notizie da parte nostra, abbiamo dato conto di fatti certi di cui avevamo autorevolissime conferme. Non abbiamo dato i numeri». Dunque tutti i giornali dell'indomani hanno dato i numeri, solo Mimun ha la verità in tasca. Resta da capire perché con tutti i fatti importanti che elenca nella sua risposta – dicendo di esserne stato a conoscenza – il Tg1 non abbia confezionato un servizio nell'edizione delle 20.

13.2.2005 Ministro offende un giudice, che sarà mai
Marcia della Lega nord a Verona contro la «giustizia ingiusta». In prima fila il ministro Calderoli. Slogan e bara simbolica contro il procuratore Guido Papalia, con urla «via via Papalia, il più terrone che ci sia» e minacce dell'eurodeputato Borghezio al magistrato. Insulti anche per il gip di Milano Clementina Forleo. Il Tg1 manda in onda un servizio con la voce di Calderoli e di un altro leghista. L'indomani, 14 febbraio, si scatena un putiferio politico. Il vicepresidente del Csm Virginio Rognoni: «Solidarietà a Papalia, attacchi umilianti». Il ministro Castelli: «È stata una manifestazione politica, su Papalia non faccio commenti». Da sinistra si chiedono le dimissioni di Calderoli. Ciampi è furibondo. Berlusconi in imbarazzo: «Non ho visto la manifestazione, non condivido il modo né il sistema, condivido che in Italia c'è un problema, quello della magistratura». Protestano perfino le Camere Penali: «Le critiche non possono trascendere nell'insulto e negli attacchi personali». Per il Tg1 non c'è materia per un servizio. Il vicedirettore Alberto Maccari scrive una notizia di 30 secondi da leggere in studio alle 20: «Il vicepresidente del Csm, Virginio Rognoni, ha espresso la sua solidarietà al procuratore Guido Papalia per gli attacchi di ieri durante una manifestazione della Lega a Verona. Rognoni parla di "attacchi inqualificabili, frutto di comportamenti umilianti". A Rognoni replica il ministro Calderoli, cioè la parte in causa: "Alle critiche e alle manifestazioni di piazza, soprattutto quelle così partecipate come quella di ieri, non si può rispondere con un contrattacco, ma con i fatti, riconoscendo gli errori dei giudici"». Panino perfetto (ma da studio), incidente chiuso. Sui giornali dell'indomani, ampi servizi e commenti.

24.2.2005 Gianni Letta, il medico del Papa
Papa Giovanni Paolo II viene operato con tracheotomia al Policlinico Gemelli. Va a trovarlo, fra gli altri, il sottosegretario alla Presidenza del Consiglio Gianni Letta che, di ritorno, occupa abbondantemente l'edizione del Tg1 della notte con un lunghissimo racconto della sua brevissima visita: il Papa è «sereno e tranquillo», soprattutto dopo che lui gli ha portato «il saluto del governo italiano», tant'è che scherzava a gesti con i medici. «Un caso di paternalismo palese – domanda due giorni dopo Edmondo Berselli su "Repubblica" – o di occupazione informale dello spazio televisivo?»

28.2.2005 Il bianchetto che non esiste
Al processo d'appello Imi-Sir/Mondadori, i difensori di Previti accusano la Procura di Milano di avere «sbianchettato» alcuni documenti che proverebbero l'innocenza dell'illustre imputato, per incastrare lui e coprire i cosiddetti «veri colpevoli». Si tratta di un falso macroscopico, come sostiene in aula la Procura generale e soprattutto come dimostrano le carte pubblicate l'indomani da alcuni quotidiani, a cominciare dal «Corriere»: nessuna traccia di manipolazione, originali timbrati e perfettamente conservati. Ma i servizi del Tg1 (come pure del Tg2), affidati al nuovo «esperto» Martinelli, fra le proteste del Cdr e dell'Usigrai si dilungano per giorni e giorni sulla versione difensiva, come se la bufala dello «sbianchettamento» fosse verità di fede, senza premurarsi di verificare sui documenti originali e informare il pubblico che nessuno ha sbianchettato nulla.

4.3.2005 Spari su Calipari, buco al Tg1
Liberata in Irak la giornalista del «manifesto» Giuliana Sgrena, ucciso dagli americani l'agente del Sisde Nicola Calipari. Alle 19.10, cioè 50 minuti prima del Tg1 delle 20, Mimun riceve una telefonata dall'inviato degli Esteri Duilio Gianmaria, che lo avvisa: «Attenzione, durante la liberazione della Sgrena c'è stata una sparatoria a Baghdad e un italiano è morto». Ma il direttore non comunica la notizia ai caporedattori né al conduttore. Come spiegherà poi al Cdr, prova a verificare la notizia da solo, ma invano: non ottiene conferme. Alle 19.58, con due minuti di anticipo, il Tg5 apre puntualmente con la morte di Calipari, anche Sky e La7 sono sulla notizia. Il Tg1 no: va in onda così com'era stato preparato, con l'enfasi e la gioia per la liberazione della Sgrena. Il servizio sul funzionario del Sismi ucciso dagli alleati Usa viene trasmesso verso la fine del tg. Eppure il primo flash Ansa sul ferimento della Sgrena è delle 19.58, quello sulla morte dello 007 è delle 20.04. Ad aggravare la situazione – come denuncerà il Cdr – c'è il rifiuto del vicedirettore di turno Maccari di mandare in onda una dichiarazione del direttore del «manifesto» Gabriele Polo che, avendo appena incontrato Berlusconi e Letta, è l'unica fonte giornalistica completa e attendibile del momento: l'unico, in quell'ora, a sapere cos'è successo a Baghdad. La cassetta con la voce di Polo arriva al Tg1 alle 20.18. Il Tg1 è in pieno corso. Ma non viene trasmesso. Il giorno dopo Mimun dirà ai quotidiani: «Non mi

interessa quello che dice "il manifesto", è un partito politico». Il Cdr protesta, l'assemblea del Tg1 sottolinea l'inadeguatezza della direzione. Mimun scrive alla redazione: «C'è stato un corto circuito. Nei prossimi giorni la direzione esaminerà con i capiredattori nuove modalità di dialogo e interazione tra i diversi settori nel corso della messa in onda». Lettera morta. Non se ne saprà più nulla.

8.3.2005 L'auto-spot di Clemente J.
Dopo il disastroso tg su Calipari e le molte critiche sui giornali, Mimun tenta di riscattarsi con un piccolo scoop: le fotografie di una fiancata della Toyota su cui viaggiavano l'agente e la Sgrena. Il Tg1 le mostra in diretta e alla fine il conduttore Attilio Romita, l'uomo che deve a Mimun il coronamento del sogno di condurre il Tg1 delle 20, commenta trionfante: «Siamo stati in grado di mostrarvi questo documento, così come accade sempre quando abbiamo prove, conferme, immagini di qualsiasi notizia, avendo ben presente il dovere di correttezza e completezza del più grande tg italiano, rispetto a voi cari telespettatori». Il Cdr protesta per il grottesco auto-spot: «Il direttore sente solo la necessità di difendersi dalle critiche subite. È un'*excusatio non petita*». Che bisogno c'è, infatti, di comunicare all'improvviso ai telespettatori che il Tg1 cerca le notizie le verifica e racconta la verità? Qualcuno potrebbe perfino pensare che sia una novità delle ultime ore...

17.3.2005 Berlusconi ha sempre ragione
Al Senato manca più volte il numero legale mentre si vota la *devolution* voluta dalla Lega. Calderoli presenta le dimissioni a Bossi, lo stesso minaccia di fare il ministro Maroni. L'indomani, è l'apertura di tutti i giornali. «Corriere della Sera»: «Lega, la carta delle dimissioni. Scontro sulle riforme». «la Repubblica»: «L'ira della Lega dopo i rinvii del Senato». «La Stampa»: «Calderoli si dimette, riforme in ritardo». Il Tg1 invece, sempre originale, apre con le polemiche sul ritiro delle truppe italiane dall'Irak. Ribadendo che il presidente del Consiglio non lo ha mai annunciato, ma solo auspicato. Falso: l'ha annunciato esplicitamente qualche sera prima a *Porta a Porta* e persino sul sito ufficiale di Palazzo Chigi, salvo poi rimangiarsi tutto dinanzi ai diktat di Bush e Blair. Ma il Tg1 abbraccia affettuosamente la versione del premier. Pri-

mo titolo: «Berlusconi: confermo tutto, sull'Irak ho auspicato un ritiro graduale delle truppe». L'annuncio delle dimissioni di Calderoli è solo il terzo titolo, cucinato nel solito panino. Commenti di Calderoli, Angius, Di Pietro, Lusetti, Diliberto, Gasparri, Giovanardi e, per finire, Berlusconi: «Approveremo le riforme nei tempi previsti nonostante l'ostruzionismo dell'opposizione». Ecco: la colpa della mancata approvazione delle riforme è dell'ostruzionismo della sinistra, non della mancanza del numero legale, cioè delle ampie defezioni nella maggioranza. Anche la protesta dei ministri leghisti contro la Cdl perde importanza, di fronte all'ostruzionismo delle opposizioni.

17.3.2005 Rissa Mussolini-Storace, colpa della sinistra
Alessandra Mussolini si presenta alle regionali con una lista tutta sua, Alternativa sociale, candidandosi nel Lazio contro l'uomo della Cdl Francesco Storace. Emerge subito che un'agenzia della Regione, la Laziomatica, ha violato i computer dell'anagrafe del Comune di Roma e ha scoperto che quasi il 95% delle firme raccolte dalla lista Mussolini è falso. Si attende la pronuncia del Tar. La Mussolini inizia uno sciopero della fame per protesta. Il Tg1 riesce a dare la colpa del pasticcio alla sinistra. Successioni di voci: Mussolini, Storace, D'Alema, Bertinotti, Rutelli, Verdi, Landolfi e Giovanardi che chiude così: «La sinistra tenta di difendere i falsari». Capito chi è il colpevole?

1.4.2005 Lutto dell'Ulivo, merito del premier
Due giorni prima delle regionali, vista l'agonia del Papa, Prodi sospende anzitempo la campagna elettorale (Ansa, ore 9.31). Alle 9.40 Fini annuncia che la Cdl farà altrettanto. Il Tg1 inverte l'ordine dei fattori e presenta l'iniziativa di Prodi come una conseguenza di quella del governo. Che però è arrivata dopo.

23.4.2005 Gasparri cacciato? No, l'ha chiesto lui
I ministri del governo Berlusconi-bis giurano al Quirinale. Il Tg1 riesce a riportare le opinioni di 18 politici: Caldoro, Scajola, La Malfa, Storace, Baccini, Prodi, Fassino, Rutelli, Boselli, Parisi, Mastella, Pecoraro Scanio, Diliberto, Bertinotti, De Michelis, Bossi, Gasparri, Cesa. Polemiche nella maggioranza per

il cambio della guardia alla Salute fra Sirchia e Storace, appena trombato alle regionali. Il Tg1 non ne parla. Clamorosa, poi, l'esclusione dalle Telecomunicazioni di Maurizio Gasparri, silurato da Fini dopo un'epica rissa che ha lambito anche il Quirinale, e rimpiazzato da Mario Landolfi. Pionati la racconta così: «Convinto che il governo farà bene anche Gasparri, che lascia per dedicarsi al partito». Una scelta spontanea.

24.4.2005 Polemiche nel governo? Meglio il Papa

Vigilia del 60° anniversario della Liberazione. Panino anche su questo. Il Tg1 riporta le posizioni di Fassino, Castagnetti, Boselli, Pecoraro Scanio, Bertinotti, Prodi, Bondi, Cicchitto, Martusciello, Malan, Albertini, Calderoli, i Verdi, Mastella, Ronconi, Nania, Gasparri. Sinistra, destra, sinistra, destra: 18 politici. Questa è la pagina politica del primo telegiornale d'Italia. Spiegare magari ai giovani che cos'è il 25 aprile, e perché 60 anni dopo è ancora pietra dello scandalo fra destra e sinistra, e perché Berlusconi non l'ha mai festeggiato? Nemmeno a parlarne. Il Tg1 serve a sfornare ogni giorno ai politici il loro pane quotidiano: 10-15 secondi a testa per pontificare su un fatto che nessuno racconta. È il primo giorno del Berlusconi-bis e nella maggioranza è scontro aperto sul programma, ancora da presentare, e sulla lista dei ministri, sgradita a molti. Il Tg1 apre con cinque servizi sul nuovo Papa e ignora ogni polemica sul governo: nemmeno una riga. Il giorno dopo i quotidiani aprono non sul Papa, ma sullo scontro Prodi-Berlusconi sul 25 aprile (mai festeggiato dal premier) e dedicano almeno tre pagine alle scintille sul nuovo governo. «Corriere»: «Programmi e alleati, i timori del Cavaliere», «La Russa, restano problemi, era meglio andare a votare subito», «I fumatori di sinistra sperano in Storace», «Tremonti, basta scontri con Fini. Il Sud ora è più forte», «Il caso Gasparri divide An, Alemanno chiede un vertice», «Francesco e Maurizio eterni rivali, su Di Canio l'ultima lite».

25.4.2005 Svastiche e legalità pari sono

Il Tg1 racconta così le celebrazioni del 25 aprile in tutta Italia: «A Palermo momenti di tensione per una svastica sulla lapide di un partigiano e per alcuni manifestanti con la scritta "Salviamo la Costituzione"». Ma come si può accostare la tensione per una svastica sulla tomba di un partigiano con la manifestazione civile e pacifica di dieci persone in giacca e cravatta con i cartelli «Salviamo la Costituzione», per la quale nessuno ha protestato? Il Tg1 continua a ignorare le risse nella maggioranza sul programma di governo e sulla spartizione di ministri e sottosegretari.

2.5.2005 Antonveneta? Meglio la pastasciutta
Altro epico «buco» del Tg1, come risulta dalle prime pagine dei giornali dell'indomani. «la Repubblica»: «Antonveneta, inchiesta per aggiotaggio. E la Consob indaga su Lodi e alleati». «Corriere»: «Antonveneta, inchiesta sulla scalata. La Procura di Milano indaga per aggiotaggio, la Finanza nella sede della popolare di Lodi». «La Stampa»: «Antonveneta, ipotesi di aggiotaggio. La Procura di Milano indaga sulla scalata alla banca». È l'inizio del terremoto giudiziario che movimenterà per mesi le cronache giudiziarie, economiche e politiche fino a coinvolgere il governatore di Bankitalia Antonio Fazio. Ma il Tg1, con i suoi potenti mezzi e il suo turbodirettore, non ha detto niente. Nemmeno una riga. Eppure la notizia era sulle agenzie fin dal pomeriggio del 2 maggio (la prima Ansa è delle ore 18.06). Forse non c'era spazio? In effetti, dopo la lunga pagina politica, quella sera il Tg1 aveva in serbo dieci pezzi, uno più decisivo dell'altro. Un crescendo rossiniano. 1) Le punizioni a scuola. 2) La piaga dell'obesità: «Obesità, si cerca di mettere a punto le strategie utili a evitare i danni provocati dagli eccessi di peso». 3) La pastasciutta: «E c'è un modo semplice e piacevole per mantenersi in forma... mangiare pasta... nutre, è leggera e dà buonumore. Aumentano i consumi in Italia e all'estero. A Sorrento l'ha celebrata l'Accademia della cucina». 4) Caldo e spiagge. 5) Un'anatra, negli Stati Uniti, ha deposto le uova sotto un albero del Dipartimento del Tesoro. 6) Calcio. 7) La nuova campagna del governo contro la pirateria musicale. 8) Il nuovo film di Batman. 9) Scoperto un nuovo pianeta. 10) Lancio della nuova fiction Rai *L'uomo sbagliato*. Altro che Antonveneta e Bankitalia.

19.6.2005 Pubblicità Regresso
Cultura al Tg1. Edizione delle 13.30. Servizio sul premio letterario Forte Village 2005, nell'esclusivo resort di Santa Margherita di Pula, che omaggerà i suoi ospiti con le mille copie del romanzo vincitore, acquistate al prezzo di cinquemila euro. Informazione o pubblicità gratuita?

28.6.2005 Giustizia, dunque niente giudici

Il Senato approva la nuova versione della riforma della giustizia voluta da Berlusconi e Castelli. Il Tg1 non spiega quali sono i contenuti: ne annuncia l'approvazione, ma non dice che cos'è. Va in onda solo un panino extralarge di reazioni politiche, a firma del solito Pionati, con i commenti di Angius, Schifani, Villetti, Consolo, Lusetti, Alemanno e Castelli. Il fatto non conta, conta il significato politico che assume. Nemmeno un istante di quei 2 minuti e 22 secondi (la durata media di un servizio del tg è di 1 minuto e 15 secondi) è dedicato ai magistrati. Nemmeno un accenno sulle proteste del Csm e dell'Anm. Pionati però assicura che la riforma «è stata riveduta e corretta sulla base dei rilievi di Ciampi, dice la maggioranza». Il giorno dopo i quotidiani scrivono tutt'altro, a cominciare dall'insoddisfazione di Ciampi, debitamente ignorata dal Tg1. «Corriere»: «L'imbarazzo di Ciampi», «Borrelli, vendetta contro Mani Pulite». «la Repubblica»: «Rognoni, Csm: hanno eluso i richiami di Ciampi». «La Stampa»: «Anm: è un attacco ai magistrati». «Il Messaggero»: «Colle insoddisfatto, non sono stati accolti tutti i rilievi», «Amarezza delle toghe».

1.7.2005 Follini attacca, Berlusconi fugge, Pionati dorme

Si apre a Roma il congresso Udc. La relazione di Follini dura 75 minuti e sono 75 minuti di attacchi a Berlusconi. Il quale, presente in sala, a un certo punto sbotta e se ne va infuriato. Gli inviati del Tg1 Pionati e Polimeno non s'accorgono né degli attacchi al Cavaliere, né della sua fuga furente. Pionati spiega la relazione di Follini senza mai collegarne le parole al premier, mai citato. Polimeno, a ruota, cucina un panino mettendo il fila le reazioni di Fassino, Mastella, Boselli, Cossutta, Di Pietro, Pecoraro, Mussolini, Franceschini, Urso, Castelli e Cicchitto, che chiude minimizzando: «la relazione di Follini era diretta al pubblico dell'Udc». Che bella scoperta. Per sapere cos'ha detto Follini e cos'ha fatto Berlusconi bisogna attendere, come al solito, l'uscita dei giornali. «Corriere»: «Scontro tra Follini e Berlusconi. Il Cavaliere lascia l'aula e dice: "Vuole farci perdere"». «la Repubblica»: «Follini attacca Berlusconi. Il Cavaliere non parla e abbandona la sala». «La Stampa»: «Gelo al congresso Udc tra Berlusconi e gli alleati». «Il Messaggero»: «L'ira del premier». «Libero»: «Follini ha schiaffeggiato Berlusconi». «il Giornale»: «Follini punta su

Berlusconi. Per farlo cadere». Ecco, il Tg1 scavalca in zelo persino l'*house organ* della famiglia Berlusconi. Un trionfo.

2.7.2005 L'ordine regna a Fini City
Infuocata assemblea di An. Le agenzie parlano di «insulti in aula tra i colonnelli Alemanno, Urso e Storace», ironie di Storace su Fini e sulla nomina di Matteoli a responsabile organizzativo del partito, platea in fiamme, parole grosse, contestazioni, fischi, «buffone!», «finitela!». Il giorno dopo i quotidiani raccontano tutto per filo e per segno. «Corriere»: «An si spacca, Alemanno e Storace accusano il leader. Da Berlusconi elogi per Gianfranco». «la Repubblica»: «Fini, resa dei conti in An. Scontro con i colonnelli». «La Stampa»: «Fini sfida i colonnelli. Alemanno e Storace all'attacco». «il Giornale»: «Il giorno più nero di Alleanza nazionale». E il Tg1? Non che non si fosse accorto dell'assemblea di An, anzi: ci ha mandato perfino Pionati. Ma quest'ultimo racconta un'assemblea di fantasia, surrealismo puro. Titolo: «Assemblea di An. Fini: basta con le correnti, il governo ha operato bene. Alemanno, Storace e Mantovano critici, aspettano la replica». Pionati dà voce a Fini quando dice che il bilancio del governo non è magro, che il leader Berlusconi non è in discussione, che le correnti in An non esistono. Poi il giornalista commenta: «L'analisi di Fini non piace ad Alemanno, Storace e Mantovano». Seguono le voci di Alemanno, Mantovano e Storace, critiche con Fini. E poi quelle di Gasparri, La Russa, Matteoli, Urso e Nania, tutti d'accordo con Fini. Così anche An è cucinata a panino. Di contestazioni, scontri, insulti, rese dei conti, nemmeno a parlarne. Nemmeno un accenno alle reazioni di Berlusconi.

E la Vigilanza? Dorme

Per evitare che i comunicati e le proteste rimangano confinati sui diari privati di chi li scrive, il comitato di redazione del Tg1 e l'Usigrai le provano tutte per investirne la Vigilanza. Il 16 febbraio, dopo il tragicomico caso Schifani e la voragine su Fiat-Gm, i tre rappresentanti sindacali del Tg1 Paolo Giuntella, Elisa Anzaldo e Rossella Alimenti contattano il presidente Petruccioli. Questi li invita a mandargli un po' di materiale. I tre inoltrano i loro ultimi comunicati di denuncia, seguiti dalle sgarbate repliche del direttore. L'indomani Petruccioli risponde per iscritto:

> Vi ringrazio per la documentazione sulle vostre recenti prese di posizione [...]. Penso che in generale lo schema che prevede la posizione del governo, seguita da quelle della maggioranza e dell'opposizione (o viceversa), pur non irrigidito nella ripartizione temporale dei cosiddetti «tre terzi», abbia una logica quando si tratta di atti del governo stesso. Può però accadere, soprattutto in periodi elettorali, che anche membri del governo prendano posizioni che attengono all'ordinaria polemica politica e non hanno nulla a che vedere con l'attività dell'esecutivo. In questo caso penso che una volta registrata la battuta iniziale e la replica dell'altra parte, non ci sia bisogno di altre aggiunte. A me sembra evidente che la dichiarazione dell'on. Berlusconi da cui è scaturito il servizio del Tg1 dell'11 febbraio [«la parola Unione ricorda l'Unione sovietica», *N.d.A.*] fosse di quest'ultimo tipo; e che, quindi la completezza dell'informazione e l'esigenza del contraddittorio fossero soddisfatte con la replica dell'on. Prodi. La successiva dichiarazione [di Schifani, *N.d.A.*], non aggiungendo nulla né su un piano né sull'altro, è risultata pleonastica e burocratica. Il direttore Mimun conosce queste mie valutazioni. Questa lettera non ha nulla di riservato; potete farne l'uso che ritenete più opportuno.

Insoddisfatto per questa risposta burocratica del presidente dell'organo istituzionalmente preposto a vigilare sulla correttezza del servizio pubblico, l'indomani il Cdr torna alla carica con una nuova, più incalzante, missiva. Contestando soprattutto la sostanziale difesa del panino fatta da Petruccioli:

> Egregio Presidente, la ringraziamo della lettera [...]. Nel rispetto del suo ruolo istituzionale, cogliamo l'occasione per esprimere alcune brevi osservazioni che si inseriscono in un dibattito più ampio sul ruolo dell'informazione pubblica. Come giornalisti, e come giornalisti del servizio pubblico in particolare, non crediamo che ci sia altro modo per raccontare i fatti se non come essi si svolgono nella realtà e nel dibattito politico. Ci sembra che uno schema predefinito sia una regola impraticabile che potrebbe prestarsi addirittura a favorire una manipolazione degli avvenimenti. La confezione dei servizi non può ri-

spondere a rigide logiche di ripartizione, di precedenze, di repliche e controrepliche, ma deve avvenire, di volta in volta, raccontando quello che è accaduto e come si è sviluppato il dibattito e il contraddittorio. Altra cosa è invece il dovere di rappresentare le posizioni di tutti. Uno schema fisso predefinito, inoltre, che prescinde da come i fatti si sono svolti, rischierebbe di stravolgere la realtà. Se mettessimo prima la risposta di un magistrato a una critica sollevata dal ministro della Giustizia, per esempio, stravolgeremmo il senso della polemica. E ai telespettatori sarebbe impossibile comprendere le diverse ragioni. Come prescindere da una sintesi che è propria del lavoro giornalistico? Ridurre il racconto della politica ad una serie successiva di dichiarazioni, con repliche e controrepliche che si susseguono all'infinito, magari de-contestualizzate non è lavoro giornalistico. Il dibattito è certamente aperto e continuare il confronto tra giornalismo e politica sul ruolo del servizio pubblico è auspicabile perché è interesse di tutti che la Rai offra un'informazione pluralista [...]. Restiamo a sua disposizione.

Ma anche nella seconda risposta Petruccioli, il 21 febbraio, si guarda bene dall'annunciare un intervento della Vigilanza sulle continue censure e manipolazioni al Tg1. Si limita a commentare le denunce come se non fossero affar suo, con il distacco svagato di uno che passa di lì per caso, di un massmediologo che segue la tv per motivi di studio.

[...] Da quanto scrivete, arguisco che la mia precedente lettera possa aver alimentato qualche equivoco a proposito dei «tre terzi» e del cosiddetto «panino»; artifizi evidentemente connessi essendo il «panino» composto appunto da tre elementi: il sopra, il sotto e l'«in mezzo». In realtà, io intendevo sottolineare che anche chi assume quei riferimenti non poteva applicarli all'episodio del Tg1 dell'11 febbraio da voi segnalato. Quanto all'aspetto generale [...], io sono del tutto concorde con voi nel rifiutare ogni standardizzazione e ogni schema precostituito. L'ho ripetuto una quantità di volte, nel corso dei lavori in commissione o in altre occasioni. Ancora lunedì scorso [...] il direttore Mimun ha ricordato le mie critiche verso le pratiche oggi in vigore. Naturalmente, questa «idiosincrasia» non basta, tanto più che il tema della informazione politica è uno dei più complicati e controversi della attività giornalistica, della carta

> stampata prima ancora che della televisione. Il pendolo ha oscillato e continua a oscillare: pastone o servizi? Informazione «ufficiale» o retroscena? Interviste o interpretazioni? E così via. Di suo la tv ci aggiunge la potenza del «montaggio» [vedi, ancora, il «panino»]. E il servizio pubblico (ha) l'obbligo della «oggettività». Obbligo sacrosanto, beninteso; ma che spesso travalica nel rifiuto di ogni scelta e delle relative responsabilità e nella giustapposizione burocratica di voci e volti. Cosicché la Rai, che pure fa «informazione politica» in misura maggiore rispetto alle altre consorelle europee, offre un prodotto scadente sia dal punto di vista giornalistico, sia ai fini della comprensione dei fatti della politica da parte dei cittadini [...]. A confronto di altre esperienze europee (francese, spagnola e tedesca) l'informazione politica italiana viene, ad esempio, innescata in un numero di casi molto più alto da «dichiarazioni», piuttosto che da fatti o problemi. Ma non la faccio lunga. Questa mia nota, oltre a consentirmi di precisare che non sono fautore dei «tre terzi» [...] mi dà la possibilità di formulare un auspicio: spero che su questi argomenti con la spinta e l'impegno anzitutto dei giornalisti, si sviluppi un'ampia e approfondita discussione pubblica. Ce n'è un gran bisogno.

A questo punto, autorevolmente stabilito che il prodotto è «scadente», che il pubblico non ci capisce nulla, che all'estero le tv pubbliche informano tutte molto meglio della Rai e che ciascuno deve assumersi le sue «responsabilità», ci si attenderebbe un'iniziativa concreta, un'idea, qualcosa. Per esempio, visto il mittente, una convocazione immediata in Vigilanza del direttore o dei direttori responsabili di questa catastrofe per cambiare al più presto le cose. Invece la lettera finisce lì. Se la sbrighino i giornalisti, con un'«ampia e approfondita discussione pubblica». Di fronte a tanta, sconcertante inerzia, i tre redattori rinunciano a proseguire. Il loro interlocutore, infatti, non è un giornalista. È un senatore della Repubblica che, mentre «vigila» sulla Rai, aspira a diventare presidente della Rai. Partita persa. Anzi, inutile.

Note

1. *Porta a Porta*, Rai1, 31 marzo 2005.
2. «la Repubblica», 7 maggio 2005.

3. Studio Aperto, 26 marzo 2005.
4. «la Repubblica», 26 febbraio 2005.
5. «Corriere della Sera», 5 giugno 2005.
6. Ansa, 5 giugno 2005.
7. «Corriere della Sera», 6 giugno 2005.
8. «la Repubblica» e «Corriere della Sera», 8 giugno 2005,
9. Ibidem.
10. Ibidem.
11. «Articolo 21» e «la Repubblica», 8 giugno 2005.
12. «il Giornale», 2 luglio 2005.
13. «Il Gazzettino», 1° aprile 2005.
14. «l'Unità», 31 marzo 2005.
15. «Il Gazzettino», 26 agosto 2005.
16. «Corriere della Sera», 30 maggio 2005.
17. «Corriere della Sera», 24 marzo 2005.
18. La citazione completa è a p. 124.
19. «Corriere della Sera», 5 ottobre 2005.
20. «Corriere della Sera», 6 ottobre 2005.
21. «Corriere della Sera», 7 ottobre 2005.
22. *Rai 21.15*, RaiNews24, 6 ottobre 2005.
23. Testimonianza di Salerno raccolta dagli autori il 7 ottobre 2005.
24. Ansa, 16 novembre 2003, ore 17.20.
25. Ansa, 16 novembre 2003, ore 19.19.
26. *Rai 21.15*, RaiNews24, 6 ottobre 2005.
27. Testimonianza raccolta dagli autori il 20 settembre 2005.
28. Ibidem.
29. Ibidem.
30. Ibidem.
31. Ibidem.
32. Ansa, 29 ottobre 2004.
33. Ibidem.
34. Testimonianza raccolta dagli autori il 21 settembre 2005.
35. Ibidem.
36. Ibidem.
37. Ansa, 30 ottobre 2004.
38. Ansa, 31 ottobre 2004.
39. Ansa, 1° novembre 2004.
40. Ibidem.
41. Daniele Luttazzi, *Satyricon*, 2001.
42. Daniele Luttazzi, *Satyricon*, 2001.
43. «la Repubblica», 24 marzo 2005.
44. «la Repubblica» (Torino), 11 marzo 2005.
45. «Io Donna» - «Corriere della Sera», 27 agosto 2005.
46. Ibidem.
47. Ansa, 2 luglio 2003.

48. Testimonianza raccolta dagli autori il 22 settembre 2005.
49. Ibidem.
50. Max Parisi, *Soldi sporchi al Nord*, Editoriale Nord, Milano 1996.
51. Ansa, 3 novembre 2004.
52. Ibidem.
53. Ibidem.
54. Ansa, 11 novembre 2004.
55. Ansa, 12 novembre 2004.
56. Ibidem.
57. Ansa, 12 gennaio 2005.
58. «Corriere della Sera», 27 febbraio 2005.
59. Ansa, 27 febbraio 2005.
60. Ansa, 20 maggio 2005.
61. «Corriere della Sera», 28 giugno 2005.
62. Ansa, 15 settembre 2005.
63. Ibidem.
64. Ibidem.
65. «Corriere della Sera», 16 settembre 2005.
66. «Il Gazzettino», 15 febbraio 2005.
67. Dagospia, 21 febbraio 2005.
68. Dalla richiesta di arresto per Lancella Carlo +75 avanzata dal pm di Potenza Henry John Woodcock nel 2003.
69. «l'Unità», 19 gennaio 2005.
70. «la Repubblica», 19 gennaio 2005.
71. «la Repubblica», 18 gennaio 2005.
72. «Il Riformista», 1° febbraio 2005.
73. «Corriere della Sera», 15 gennaio 2005.
74. Ansa, 14 gennaio e «l'Unità», 15 gennaio 2005.
75. Ibidem.
76. Ibidem.
77. Ansa, 9 marzo 2005.
78. Ibidem.
79. «la Repubblica», 22 ottobre 2005.
80. «L'Espresso», 16 dicembre 2004.
81. «La Stampa», 15 febbraio 2005.
82. Ansa, 12 febbraio 2005.
83. Ibidem.
84. Ibidem.
85. Ibidem.
86. Ansa, 29 gennaio 2004.
87. Ibidem.
88. «Corriere della Sera», 30 giugno 2004.
89. «Corriere della Sera», 21 maggio 2005.
90. «L'Espresso», 16 dicembre 2004.

5
Inciucio Boys

Che ho io a che fare con i servi?
Piero Gobetti

Pregate Dio di trovarvi dalla parte dove si vince.
Francesco Guicciardini

Entra piatto ed esce completamente piegato.
Pubblicità su una rivista di meccanica

Mentre gli uomini liberi vengono espulsi dalla tv e quelli semiliberi vanno e vengono, c'è un manipolo di sugheri galleggianti che non saltano mai nemmeno un giro. Al massimo, cambiano programma, rete, orario. Ma, cascasse il mondo, sono sempre lì. Muta il clima, crollano le prime e le seconde Repubbliche, ma gli immarcescibili sempreverdi non li sposta nessuno. Tetragoni, inchiodati alle poltrone, impermeabili a tutte le intemperie, fanno parte dell'arredamento della Televisione Unica. Non basterebbe Gondrand per smuoverli. L'età può variare: ci sono i patriarchi, come Bruno Vespa e Maurizio Costanzo (ultimamente in disarmo per questioni di share, ma ben rappresentato dalla sua signora); quelli di mezza età, come Enrico Mentana e Giuliano Ferrara; le signore di tutte le età e per tutte le stagioni come Barbara Palombelli in Rutelli, Lucia Annunziata e Ritanna Armeni; e la nuova generazione dei Giovanni Floris, dei Klaus Davi, tallonati dai Pierluigi Diaco, che hanno imparato presto la lezione con corsi accelerati di galleggiamento. Poi c'è il caso tutto speciale di Agostino Saccà, il dirigente che cade sempre in piedi perché riesce a essere contemporaneamente berlusconiano e dalemiano, e a rendere favori a destra e manca.

Non che siano equidistanti: essi, come dice Gian Antonio Stella, sono «equivicini». Creature anfibie, quasi mitologiche, come le sirene e i centauri, piacciono tanto alla destra quanto alla sinistra. Perché sono di tutti: della destra e della sinistra. Infatti molti di loro sono *habitués* alle feste estive dei partiti, chiamati a intervistare il leader di turno, il più delle volte in posizione orizzontale. Nessuno li ha mai censurati, perché, anche cercando, non c'è niente da censurare. Ne abbiamo scelti cinque, fra i tanti, per capire da dove viene e dove va la televisione italiana. E con lei la politica, che ormai è la prosecuzione della tv con altri mezzi. Anzi, con gli stessi.

1. *Bruno Vespa, l'insetto portaportese*

È il capostipite degli Inciucio Boys. Il gran ciambellano delle larghe intese. Il cerimoniere di tutte le bicamerali e i governissimi, palesi e occulti. Se l'inciucio avesse una faccia, sarebbe la sua. Se avesse un programma, si chiamerebbe *Porta a Porta*. Anzi ce l'ha e si chiama *Porta a Porta*. Infatti è con sommo orgoglio che il mezzobusto dell'Aquila (intesa come capoluogo d'Abruzzo), 61 anni, esordi al «Tempo» e poi sempre al Tg1 e a Rai1, si proclama «allievo di Gianni Letta». Lo stesso orgoglio con cui uno normale si direbbe allievo di Montanelli, di Biagi, di Bocca, di Scalfari, di Pintor. Ma lui assicura che «Montanelli, senza saperlo, è stato un altro mio maestro».[1] Ecco, non l'ha mai avvertito, forse per evitare querele. L'altro suo punto d'onore è quello di aver ospitato, nella seconda puntata della storia di *Porta a Porta* (correva il gennaio 1996), il primo faccia a faccia, fra Silvio Berlusconi e Massimo D'Alema. È una vita che tenta di metterli d'accordo, peraltro con eccellenti risultati. Quella volta cercava di convincerli a unirsi in matrimonio nel governissimo Maccanico, poi la cosa naufragò. Ma lui, a scanso d'equivoci, nella prima puntata aveva invitato Romano Prodi: quattro mesi prima delle elezioni, aveva fiutato che avrebbe vinto lui. Come nel 2001, quando – non ci voleva molto – annusò il trionfo del Cavaliere e gli prestò una scrivania di ciliegio per l'immortale Contratto con gli italiani: il primo contratto della storia firmato da uno solo dei contraenti. Gli italiani non c'erano. Non erano stati avvertiti. Come Montanelli.

Senonché Montanelli insegnava che «un giornalista con i politici non deve mangiare neppure una pastasciutta». Vespa invece ci mangia anche l'antipasto, il secondo e il dessert. Durante la campagna elettorale del 2001, quando la Cdl tentava di far digerire agli elettori meridionali il ritorno della Lega all'ovile, Bossi fu aviotrasportato a Napoli da Berlusconi, Fini e Buttiglione per una convention speciale. I quattro leader cenarono poi in una pizzeria caratteristica. E chi c'era al tavolo con loro? Bruno Vespa.

> Al pranzo fra Berlusconi e Bossi, al piano superiore della pizzeria, partecipano anche Rocco Buttiglione, Gianfranco Fini e Bruno Vespa. Questo il menù: antipasto di salumi e formaggi campani, pizza margherita, contorni di verdure cotte, torta decorata con la riproduzione della copertina dell'ultimo libro di Berlusconi *L'Italia che ho in mente*.[2]

Nell'estate del 2005 il «Giornale di Sicilia» lo descrive mentre, in vacanza a Pantelleria, «faceva tuffi nelle acque di Cala Levante insieme all'ex ministro Calogero Mannino», imputato per mafia a Palermo. Poi, «nella casa che l'ex ministro ha in affitto, hanno mangiato un'insalata accompagnata da un bicchiere di vino della produzione pantesca di Mannino».[3] Qualche settimana dopo, nelle pagine gastronomiche di «Panorama», compare un'entusiastica recensione dei vini *made in Mannino*. Firmata da chi? Da Vespa, naturalmente, che ne approfitta anche per rammentare agli enogastronomi l'ingiusta «persecuzione» giudiziaria subìta dall'ex ministro viticultore.

Ecco perché di Vespa parlano bene tutti. Tutti quelli dotati di un minimo di potere, s'intende. Perché, come ha scritto Aldo Grasso,

> è il sistema politico che ha creato questo modo di fare politica in tv, forgiato questi conduttori, imposto questi dibattiti politici. A destra come a sinistra, inutile fare distinzioni. Il politico che si rifiuta di andare da Bruno Vespa è solo ridicolo, perché ha in Vespa un suo fratello, un suo simile, un suo non ipocrita affine.[4]

Vespa fiuta il potere a distanza, come il rabdomante l'acqua. Secondo Curzio Maltese,

> Vespa non è fazioso contro l'uno o per l'altro. Vespa è comunque e a prescindere «a favore» di qualsiasi uomo di potere gli capiti di ospitare nel suo salotto. Grande o piccolo potere, politico o industriale, editoriale o spettacolare. Quanto maggiore è il potere, tanto meglio viene lo show. Se poi è di grandissimo potere, in tutti i settori elencati, allora Vespa tocca il sublime.[5]

Ma, oltre a fiutarlo negli altri, Vespa detiene anche un potere smisurato per sé (come dimostrano le quattro-sere-quattro che da anni, ogni settimana, ha in appalto su Rai1). Riceve potere dai suoi ospiti, ma contemporaneamente lo trasmette ai suoi ospiti. È un vaso comunicante di potere. In politica, come nello spettacolo, chi fa parte della compagnia di giro di *Porta a Porta* «esiste». Chi è tagliato fuori, non esiste. E chi vuole esistere deve attendere il fatidico gong e varcare l'uscio di casa Vespa accompagnato dal maggiordomo. Persino gli imputati si dividono in due categorie: quelli che hanno accesso *chez* Bruno, e quelli che no. Annamaria Franzoni, Scattone e Ferraro, Previti, Contrada, Mannino, gli amanti di Montecastrilli e altri fortunati hanno potuto discutere del loro processo in corso, attaccare i loro pm e i loro giudici, portare i loro avvocati sulle poltrone bianche di *Porta a Porta*. Altre migliaia di imputati, invece, no. Decide lui, insindacabilmente. E se qualcuno, per un attimo, si mette di traverso sulla sua strada, magari semplicemente per discutere il suo contratto miliardario, come fece Lucia Annunziata, parte la *macumba*: «La vita – scrive Vespa il 21 marzo 2004 all'allora presidente della Rai – mi ha insegnato che chiunque mi abbia fatto del male alla fine non ne ha tratto benefici». L'Annunziata si dice costernata per quelle parole «insinuanti e minacciose». Ma Vespa, ospite di Ferrara, rincara la dose con un particolare davvero delizioso: «Nella lettera mi riferivo a uno che poi è morto».

È anche per questo, ma soprattutto per non perdere il pass d'ingresso a *Porta a Porta*, che nessun politico – salvo rarissime eccezioni – ha mai osato criticare Vespa o rifiutare una sua chiamata. Lo dice lui stesso, col consueto orgoglio: «Se qualcuno ha mai rifiutato un mio invito? Tra quelli che contano, direi di no».[6]

Per Berlusconi, Vespa «è il migliore». Per don Gianni Baget-Bozzo, il cappellano di Forza Italia, *Porta a Porta* «è la cosa più utile che ci sia per il centrodestra».[7] Ma anche Rutelli apprezza molto: il 13 maggio 2001, con la moglie Barbara, decise addirittura di attendere i risultati delle elezioni politiche, dov'era candidato premier, nell'abitazione privata di Vespa e signora. E Fassino, a un lettore dell'«Unità» che lo implorava di non andare più da Bruno e di non presentare più i suoi libri, rispose picche:

> Vado da Vespa per dire le mie ragioni. Non credo che boicottando le presentazioni dei libri di Vespa o le sue trasmissioni tv si ottenga una qualità televisiva migliore [...]. Perché dovrei rinunciare a manifestare le mie idee?[8]

Anche D'Alema, oltre ad accomodarsi spesso sulle morbide poltrone bianche, ha più volte presentato i libri di Vespa. Anche in tandem con il Cavaliere. Ma soprattutto considera *Porta a Porta* un tramite ideale per comunicare con gli eventuali elettori. L'ha detto lui stesso in una celebre intervista alla Annunziata:

> I giornali? Lasciarli in edicola è un segno di civiltà. Tutti giocano per qualcuno, per certi interessi, per certi poteri. Fanno un'informazione pettegola, furbesca, superficiale. Se devo dire qualcosa, la vado a dire in tv, non ai giornali. Mi metto davanti a una telecamera con la mia faccia, senza un mediatore...[9]

Ecco: D'Alema è convinto che la tv sia un medium neutro, un tubo vuoto nel quale soffiare qualcosa. E allora è sufficiente un conduttore che non faccia troppe domande e regga il microfono: come Vespa e Costanzo, i suoi prediletti. Non coglie l'importanza del contesto da cui si dicono certe cose. Non avverte l'inquinamento ambientale. Non vede i trucchi nascosti dietro il belletto dell'apparente (molto apparente) neutralità. Tutto questo non lo nota nessuno, almeno fra gli *aficionados* di *Porta a Porta*. A cominciare dal primatista nazionale: Fausto Bertinotti, addirittura più presente di Berlusconi. Infatti il leader neocomunista adora Bruno e lo difende da ogni più pallida critica:

> Noi siamo sopravvissuti anche perché qualche uomo autorevole ci ha tenuto aperto uno spazio quando, dopo la rottura con Prodi, con una operazione da regime siamo stati massacrati sistematicamente dalla televisione del centrosinistra. Per questo sento di dire grazie a Vespa che si è attenuto a elementi di deontologia professionale.[10]

Dunque, secondo il leader rifondarolo, se Vespa invita sempre colui che ha fatto cadere Prodi, è per la sua squisita «deontologia professionale» e la sua grande «autorevolezza». Non per altri motivi. Vespa ricambia con gl'interessi:

> Negli anni, dal 1996, ho consolidato l'amicizia con Fausto Bertinotti.[11]
> Bertinotti è una persona di straordinaria cortesia personale, un intellettuale molto raffinato, una persona deliziosa e un leader politico di grande acume. Penso che avrà un ruolo decisivo anche in questa fase politica.[12]

Ecco la classifica dei politici più assidui a *Porta a Porta* dal 1° gennaio 1999 al 31 dicembre 2004, stilata dal «Magazine» del «Corriere»:

> Bertinotti (74 presenze), Berlusconi (69), Mastella (55), Rutelli (54), Fassino (51), Fini (47), Gasparri (44), La Russa (43), Pecoraro Scanio (43), Bossi (40), Castagnetti (40), Andreotti (39), Boselli (37), Casini (37), Livia Turco (36), Buttiglione (36), Diliberto (34), Angius (34), Di Pietro (29), Martino (26), Veltroni (26), Alessandra Mussolini (25), Frattini (25), Sirchia (25), D'Alema (25), Prestigiacomo (25), Enrico Letta (24), Sgarbi (24), Tremonti (23), Franceschini (23), Follini (22), Schifani (21), Giovanardi (21), Marzano (20), Cossiga (20), Pivetti (19), Maroni (19), Salvi (18), Bersani (17), Minniti (17), Marida Bolognesi (16), Marini (16), Enzo Bianco (15), Alemanno (15), Francescato (15), Castelli (15), Storace (15), Violante (14), Bordon (14), Selva (14), Cè (14), Ranieri (13), Prodi (13), Finocchiaro (12), Formigoni (12), Cossutta (11), Urbani (11), Scajola (11), Parisi (11), Calderoli (10), Bonino (10), Bassolino (9), Amato (9), Pannella (9), De Michelis (9), Occhetto (9), Brutti (9), Taormina (9) [...].[13]

La Cdl prevale sull'Ulivo. Il partito più rappresentato è Forza Italia (375 presenze), seguito da Ds (331), Margherita (244) e An (209). La Lega è molto distanziata. Prodi, che non ama Vespa e ne è ricambiato, è fermo a quota 13. Interessante anche il gioco del «chi c'è e chi non c'è». Perché la dice lunga sul «sistema Vespa». C'è, e moltissimo, la diessina Livia Turco: addirittura quindicesima, la seconda dei Ds, molto più invitata dei capigruppo parlamentari del suo partito, più di molti segretari del centrosinistra. Rosi Bindi (Margherita), invece, non pervenuta. Eppure sono pari grado: entrambe ministre dell'Ulivo, entrambe parlamentari, entrambe responsabili del settore Sanità dei rispettivi partiti. Già, ma la Turco è una fedelissima dalemiana. La Bindi è una prodiana sciolta. La prima è «riformista», la seconda «movimentista». Dunque Livia «esiste» perché è spesso da Vespa, Rosi «non esiste» perché è raramente da Vespa. Una sola volta la Turco dovette declinare un invito portaportese: fu quando Ds e Margherita decisero di disertare il Dopofestival di Sanremo del 2004, immancabilmente presentato da Vespa, per una questione di sobrietà e per le polemiche sul direttore artistico Tony Renis, amico intimo del Cavaliere e di alcuni boss mafiosi. Ma quella volta la Turco sentì il bisogno di scusarsi preventivamente con Bruno:

> Ero stata amabilmente invitata un mese fa e mi era parsa un'idea molto carina, per nulla in contraddizione con le mie funzioni e il mio rigore [...]. Non mi piace la sinistra snobista, io mi occupo di sanità, ma posso parlare anche di canzoni. Però c'è un limite, siamo in campagna elettorale. I luoghi di intrattenimento devono restare tali, come ha indicato l'opposizione in Vigilanza [...]. Stimo Bruno Vespa e non ho obiezioni da fare quando dice che il suo non è un programma di intrattenimento. Sono sempre andata a *Porta a Porta* e spero di tornarci.[14]

Non sia mai che non la inviti più.

Il trucco c'è, e si vede

Basterebbero questi pochi elementi per smascherare la finta imparzialità del salotto che molti definiscono «la terza Camera del Parlamento italiano». Cioè per scoprirne il trucco più evidente: gli alleati più imbarazzanti di Berlusconi, i leghisti, vengono invitati di rado, mentre l'alleato più imbarazzante di Prodi, cioè Bertinotti, supera di 5 ospitate il Cavaliere e di 61 il Professore. Ma questo enorme squilibrio dai calcoli della par condicio non risulta mai, perché l'imparzialità di un programma si misura di solito dalla proporzione fra gl'invitati di destra e di sinistra. Che poi vadano da Vespa a dire cose sensate e responsabili o a spaventare la gente promettendo l'abolizione della proprietà privata, come Bertinotti in un memorabile *Porta a Porta*, non conta.

L'altro trucco è l'impostazione del dibattito in studio. Prim'ancora di cominciare, Vespa ha già scelto la tesi giusta: la sua, cioè quella del governo. A rappresentarla con varie sfumature ci sono gli esponenti dell'esecutivo e della maggioranza, e alcuni «moderati» dell'opposizione, che sostanzialmente la condividono, pur con qualche pallido distinguo. A rappresentare la tesi «sbagliata» c'è invece un solo esponente dell'opposizione «radicale», che viene bersagliato sia dagli alleati «moderati», sia dagli uomini del governo. Scopo del programma non è assicurare un dibattito ad armi pari, ma avvicinare il più possibile la posizione del reprobo a quella dei saggi. Alla fine Vespa, dopo avere rudemente interrogato il ribelle che non si allinea, chiede ai saggi di dargli il voto per stabilire se ha superato l'esame di moderazione oppure no.

Accade per la giustizia, quando di solito Di Pietro è solo a difendere la magistratura, attaccata furiosamente da tre ospiti di destra (meglio se imputati) e da due «moderati» di centrosinistra anch'essi critici con i giudici (Boato, Boselli, Del Turco, Intini, Finocchiaro, Mastella... c'è solo l'imbarazzo della scelta). Idem per la «missione di pace» in Irak, che per definizione non si discute: sacrosanta per il governo e dunque per Vespa, quasi giusta con qualche distinguo per il diessino o il margheritico di turno (regolarmente affiliati alla segreteria Ds o alla corrente di Rutelli). Poi c'è quello che dice no (Pecoraro Scanio o Diliberto), insultato come disfattista dai governativi e amorevolmente ammonito dagli alleati a «non esagerare» e a «non dire sempre no».

La par condicio, in studio, è formalmente assicurata: infatti destra e sinistra sono equamente rappresentate, anche se i sostenitori della tesi «giusta» sono cinque e quello della tesi «sbagliata» è uno solo. Il risultato finale è che il centrosinistra risulta immancabilmente diviso, mentre il centrodestra compatto come una falange macedone.

Quando poi le divisioni nella maggioranza rischiano di esplodere, Vespa le scongiura preventivamente, evitando di invitare uno dei due litiganti, di solito il meno rassicurante. È quel che accade, per esempio, nell'ottobre 2003, quando Bossi e Fini si insultano sui giornali per la proposta del leader di An sul voto agl'immigrati. Vespa invita Fini e non Bossi. Che protesta:

> Se da Vespa c'è andato Fini, ci sarei dovuto essere anch'io. Occorreva un bel dibattito. Ma Vespa è il grande sacerdote di una trasmissione televisiva che nessuno segue più: è il cerimoniere dei palazzi romani.[15]

Vespa lascia sbollire gli animi, poi invita Bossi due settimane dopo, il 29 ottobre. «La Padania», maliziosamente, domanda: perché *Porta a Porta* ha rinunciato a un bel confronto-scontro fra i due ministri sul tema del giorno? La risposta è strepitosa: l'ho fatto – spiega – per non compromettere «la stabilità del governo». Come se un giornalista dovesse preoccuparsi di salvare il governo quando traballa. Più che un giornalista, Vespa è un estintore quando il governo va a fuoco e un piromane quando in fiamme è l'opposizione.

Ogni tanto qualcuno lancia l'idea di disertare il suo salotto. L'«Unità» di Colombo e Padellaro lo ripete da cinque anni, inascoltata («Colombo è il mio unico nemico», dice infatti l'interessato). Una volta ci provò anche Giuliano Amato, celebre peraltro per un leggendario palleggio a tennis in studio fra le poltrone bianche con Adriano Panatta: «Più rapporti con i movimenti, meno con Vespa», dice il Dottor Sottile all'«Unità». Gli rispondono immantinente due *habitués*, Angius e Franceschini: «Se si viene invitati, si va».[16] E Amato telefona subito a Vespa «per chiarirgli di essere stato frainteso».[17]

Purtroppo non esistono classifiche dei giornalisti invitati a far da spalla agli ospiti di turno. Ma, per esperienza visiva, se ne conoscono i requisiti fondamentali: non fare mai domande scomode e, possibilmente, dirigere giornali a cui collabora Vespa. Già, perché il nostro – in deroga a una regola generale che impedisce ai dipendenti Rai di scrivere sui giornali – ha sempre pubblicato editoriali e interviste su quotidiani e settimanali, anche prima di andare in pensione: da «Panorama» al «Giornale di Sicilia», dal «Messaggero» al «Mattino», dal «Secolo XIX» al «Gazzettino», dalla «Gazzetta del Mezzogiorno» al trio «Giorno»-«Carlino»-«Nazione», senza dimenticare «Grazia» e «Class». Vespa conduce persino, sulla satellitare SnaiSat, un programma prodotto dall'Unione incremento razze equine dove discute – anche lì con grande affollamento di politici – di temi quali «il futuro degli allevamenti in Italia». Inoltre, dal 13 novembre 2004 (anno dell'autopensionamento dalla Rai), è socio al 21%, insieme a vari famigliari, delle Edizioni Fotogramma che pubblicano fra l'altro la «Guida d'Italia» della Bmw, in collaborazione con la casa automobilistica tedesca.

A parte quando si dà all'ippica o ai fornelli, Vespa è un conflitto d'interessi ambulante. Anzitutto per i suoi libri, pubblicati dalla Eri (la casa editrice della Rai) in tandem con Mondadori (la casa editrice di Berlusconi). Ma soprattutto per gli spottoni gratuiti che la Rai gli regala (a lui e alla Mondadori) in tutti i programmi immaginabili e inimmaginabili. Nel 2000 qualcuno calcolò che in un mese e mezzo Vespa era riuscito a piazzare l'ultimo capolavoro letterario in ben 15 trasmissioni del «servizio pubblico» (*Linea Verde* compresa). Una pubblicità che il consigliere Rai Stefano Balassone stimò in un valore di 1,5-1,8 miliardi di lire. Ma nel 2003 Vespa ha stracciato tutti i precedenti record, con 25 marchette gratuite, quasi tutte in Rai, per un totale di quasi tre ore. Il libro era *Il Cavaliere e il Professore*, quello che recava in appendice i preziosi «schemi di gioco del Milan» che Vespa giurava di aver visto personalmente disegnare da Berlusconi insieme all'allenatore Carlo Ancelotti per la vittoriosa finale di Champions League. Peccato che Ancelotti avesse fatto tutto da solo, come lo stesso allenatore precisò stizzito, smentendo platealmente lo zelante storico abruzzese.

L'anno seguente – secondo calcoli di *Italia che balla* su Radio2 – soltanto fra il novembre 2004 e il gennaio 2005 Vespa stabilisce un nuovo primato: riesce a presentare la sua *Storia d'Italia da Mussolini a Berlusconi* in 34 programmi tv, perlopiù Rai. Nell'ordine: *Tv Sette*, *Otto e mezzo*, *Batti e ribatti*, *Unomattina* (due volte), *Mattina in famiglia*, *L'Isola dei famosi*, Tg1, Tg2, Tg4, Tg5, Studio Aperto, *Severgnini alle dieci* (su Sky), *Piazza Grande*, *Domenica In*, *Parlamento In*, *Punto e a capo*, *Telecamere* (con Cossiga e Andreotti), *Italia sul Due*, *La vita in diretta* (con Michele Cucuzza), *Minerva*, *Sereno Variabile*, *Seguirà Buffet*, *Italia che vai*, *Mezzogiorno in famiglia*, *L'Intervista* (su La7), *L'Antipatico*. Poi nei programmi sportivi RaiSport Sera su Rai3, Tg2 Dribbling e il *Processo di Biscardi* (in veste di «tifoso juventino»). E infine la strepitosa tripletta piazzata domenica 19 dicembre, quando in rapida successione Vespa ronza a *Quelli che il calcio*, plana su *Elisir* e infine si posa nei pressi di

Marzullo a *Sottovoce*. A *Elisir*, con Michele Mirabella, si parla della tiroide e delle sue disfunzioni, ma a un certo punto, sul divanetto riservato a medici, paramedici e casi patologici, si materializza Bruno col libro sottobraccio: anche lì, fra una ghiandola e l'altra, riesce a trovare un aggancio con Mussolini e Berlusconi. Poi l'immortale Marzullo. Prima domanda: «Quanto di bambino c'è in Bruno Vespa?». Risposta: «Tre quarti. Sono molto bambino». Mancano sei giorni al Natale.

Poi naturalmente c'è la radio, dove Vespa si autopromuove in una cinquantina di programmi, fra cui spiccano quelli di casa Rai come *Comunicattivo* e (due volte in due settimane) *28 minuti* della Palombelli, molto riconoscente per le continue ospitate a *Porta a Porta*.

Il libro ha un unico filo conduttore: i governi hanno sempre ragione e le opposizioni sempre torto (memorabile il revisionismo all'amatriciana sulla Resistenza). Infatti è molto elogiato da Francesco Alberoni («un'opera che veramente mancava»), da Pierluigi Battista («un'essenzialità narrativa più marcata che nei precedenti libri») e dal «Riformista» («una monumentale storia d'Italia vista e raccontata molto da vicino e, va detto, molto molto bene»). Ma fa storcere il naso agli storici veri. Come Giovanni De Luna, che lo liquida con un solo aggettivo: «accidentata ricostruzione».[18] E segnala alcuni formidabili svarioni, come una certa qual confusione fra il 25 luglio e l'8 settembre 1943. Complice il «testimone» interessato Andreotti («il mio faro nei viaggi della politica»),[19] l'autore svela persino uno «zampino dei servizi segreti sovietici» nella strage di Capaci. Poi lascia dire al senatore che Carlo Alberto Dalla Chiesa gli manifestò sovente «affetto» (peccato che, nei suoi diari privati, il generale assassinato dalla mafia definisse la corrente andreottiana in Sicilia «la più inquinata dell'isola» e annotasse una frase minacciosa che Andreotti gli aveva rivolto prima della sua fatale missione a Palermo). Il presunto storico attribuisce poi la caduta del primo governo Berlusconi non tanto a Bossi, quanto al «diabolico» Scalfaro alleato con l'orrido procuratore Borrelli. Accusa la Rai dell'Ulivo, quella che gli quadruplicò le serate settimanali, di aver «scatenato contro il Cavaliere la più spettacolare campagna mediatica che si ricordi». E alla fine deplora «l'odio fisico nei confronti del presidente del Consiglio» da parte di chi, incredibilmente, pensa «che il Cavaliere sia andato a Palazzo Chigi per sistemare i propri affari in ambito giudiziario e televisivo». La solita cultura del sospetto.

L'eroe dei due mondi

Sempre a proposito di conflitti d'interessi, è particolarmente imbarazzante la collaborazione di Vespa con «Panorama» (di proprietà della famiglia Berlusconi), dov'è impiegato anche il fratello Stefano come caposervizio: uno dei simboli del «servizio pubblico» riceve compensi dal presidente del Consiglio per sé e famiglia. Senza contare che il premier è anche il datore di lavoro della moglie Augusta Iannini, giudice fuori ruolo ingaggiata come direttore generale al ministero della Giustizia da Roberto Castelli, anche lui assiduo di *Porta a Porta* e più volte intervistato da Vespa su «Panorama». Negli ultimi tempi, è comparsa un paio di volte anche la moglie di Castelli, signora Sara Fumagalli, nella sua qualità di presidentessa della Umanitaria Padana Onlus: la prima volta il 16 maggio 2005, in collegamento da Kabul; la seconda solo 72 ore dopo, appena rientrata in patria, per decantare le virtù domestiche del marito ministro, il principale della signora Vespa (quest'ultima inspiegabilmente assente in studio).

In compenso, da quando è rinata nel 2001, «l'Unità» non ha mai avuto inviti per i suoi direttori. Salvo una volta, alla fine del 2003, quando Vespa lasciò dire a Giuliano Ferrara che «l'Unità» è giornale «omicida», dopodiché invitò Colombo a rispondere. Colombo, ovviamente, rifiutò. Preferì querelare, essendo impossibile replicare a un'accusa tanto grave quanto marziana. Colombo è il direttore di giornale che più spesso ha criticato Vespa, destrutturando i suoi schemi fissi e smascherandone la finta imparzialità:

> Io non ho mai messo in dubbio le sue qualità giornalistiche. Ma appare a tutti chiaro che simpatizza per il centrodestra. Perché non lo ammette? Ovviamente non dovrebbe fare alcuna confessione, ma comportarsi come tanti giornalisti americani che non nascondono il loro orientamento politico. Sareb-

> be tutto più facile, alla luce del sole [...]. *Porta a Porta* è una roulette truccata che porta sempre acqua a un unico mulino. I telespettatori hanno il diritto di saperlo e anche gli stessi ospiti devono potersi regolare di conseguenza. La mia è un'obiezione politica, non giornalistica o personale. Non capisco perché chi ha fatto firmare il Contratto con gli italiani in un'apposita scrivania crea sempre un *parterre* con ospiti compiacenti e scrive libri con materiali che gli mette direttamente a disposizione il suo amico premier debba continuare nella finzione dell'imparzialità.[20]

Vespa risponde che «Colombo è vittima della fucina di odio in cui ha trasformato in pochi anni "l'Unità"» e condisce il tutto con insulti («era la guida Michelin dell'avvocato Agnelli a New York»). Ma, avendo girato il mondo e vissuto a lungo in America, Colombo sa bene che un programma come *Porta a Porta* non potrebbe mai andare in onda fuori dall'Italia. Come dice Marcelle Padovani, corrispondente del «Nouvel Observateur»,

> io sono incapace di raccontare *Porta a Porta*. Mi hanno chiesto dal mio giornale di fare un pezzo sulle trasmissioni televisive, la libertà di stampa. Non riesco a sintetizzare che cos'è *Porta a Porta* per il pubblico francese, perché non c'è l'equivalente, non c'è un personaggio che gestisce una tale quantità d'informazione di potere, non esiste...[21]

E il «Financial Times» ha scritto scandalizzato:

> I tg sono una cosa. Lo show *Porta a Porta* e l'ammiccante Vespa un'altra. Contro lo sfondo e la suggestiva colonna sonora di *Via col Vento*, Vespa si prodiga in un affettuoso benvenuto a Berlusconi e lo guida fino a una semplice sedia da intervistato. Fa un'introduzione, quindi invita Berlusconi ad accomodarsi a un'ampia scrivania da premier in legno di ciliegio, in mezzo allo studio tv. A quella stessa scrivania, durante lo show di Vespa, nel maggio 2001, proprio prima delle elezioni che lo hanno portato tanto vittoriosamente al potere, Berlusconi aveva firmato il Contratto con gli italiani promettendo tagli alle tasse, più posti di lavoro, più opere pubbliche, l'aumento delle pensioni e maggiore sicurezza [...]. Vespa manda in onda una cassetta di quella scena di teatro politico vecchia di due anni. Poi,

> chinandosi sulla scrivania, chiede a Berlusconi come se l'è cavata, permettendogli di parlare per ben 15 minuti e di elencare i successi del suo governo. Lo show corre il rischio di diventare noioso quando Vespa arriva alla questione che pende sul capo di Berlusconi sin dalla sua ascesa al potere: il processo di Milano, in cui è imputato di aver corrotto i giudici: «Allora, presidente, parliamo un attimo della giustizia. Si sente di escludere che qualcuno della sua cerchia possa aver corrotto uno dei 15 magistrati che sono coinvolti nel processo Sme?». Strano modo di porre la domanda, che non mette neanche in chiaro che l'imputato è Berlusconi. La nebbia si addensa quando il premier risponde a Vespa con una battuta delle sue: «Vuoi che ti metta le mani addosso adesso, o devo aspettarti fuori?» [...]. In alcuni Paesi, in tv i politici devono sottostare a uno stile giornalistico «da mastini», interviste sospettose e indagatorie che non solo sono poco rispettose ma finiscono, alla lunga, col corrodere la fiducia dell'elettorato nei leader democraticamente eletti. Ma lo show *Porta a Porta* si muove decisamente in un'altra direzione. Praticamente, è uno spot elettorale di 90 minuti in onda su un canale della tv di Stato.[22]

Ora questo esemplare di informazione «pubblica» tanto apprezzato nel mondo ha trovato persino il modo di dare lezioni ai colleghi americani. È stato quando Dan Rather, storico conduttore della Cbs americana, s'è dimesso per una notizia inesatta trasmessa dalla sua rete sul servizio militare del presidente Bush:

> Sono rimasto molto colpito dalla posizione marcatamente filodemocratica che Rather ha assunto negli ultimi anni [...]. L'immagine di Rather si era ormai appannata.[23]

Parola di Bruno Vespa, convinto che *Porta a Porta* sia «la trasmissione più imparziale». Ma, quando lo criticano, non risponde che lui non è amico di nessun politico. Risponde che è amico di tutti. Da Bertinotti a Bossi.

> Il trattamento riservato a Berlusconi a *Porta a Porta* è esattamente lo stesso riservato a Prodi e a Fassino, a D'Alema e a Rutelli. Gli «ospiti compiacenti» del presidente del Consiglio sono scelti esattamente con lo stesso criterio gradito ai leader dell'opposizione.[24]

> Fassino negli ultimi quattro anni è venuto 31 volte contro le 7 di Berlusconi e le 27 di Rutelli [...]. Siamo noi a scegliere i giornalisti. Ma i politici, di destra come di sinistra, dicono sì e no: nella stessa percentuale, lo assicuro.[25]

Tutto vero, intendiamoci. Ma non si vede che cosa ci sia da vantarsi. Tutti i maggiori leader sono chiamati gentilmente a esprimere il loro gradimento su chi deve affiancarli in studio per intervistarli (si fa per dire). Né Berlusconi, né D'Alema, né Fassino, né Rutelli hanno da temere una domanda impertinente, perché conoscono in anticipo gli intervistatori, e talvolta anche le domande. E poi su tutto veglia Vespa, che è amico personale di tutti. Li incontra nel salotto romano di Maria Angiolillo. Presenta i loro libri e si fa presentare i suoi. Il che non dimostra l'imparzialità di *Porta a Porta*: dimostra il contrario. L'imparzialità dipende dalla fedeltà ai fatti, non ai politici ospiti. E Vespa, appena un fatto può rivelarsi compromettente, se la dà a gambe.

Del processo di Palermo ad Andreotti per mafia ha parlato copiosamente a *Porta a Porta* solo dopo la sentenza di primo grado, che lo assolveva (peraltro per insufficienza di prove). Poi, quando la Corte d'appello ribaltò quel verdetto dichiarando il senatore a vita colpevole di mafia fino al 1980 ma prescritto, e la Cassazione confermò, lui smise accuratamente di parlarne. Ma continuò a invitare Andreotti per discettare di tutto lo scibile umano, dalla gastronomia allo spettacolo, dal calcio al Papa.

Sempre sulla notizia, dopo la condanna di Previti al processo Sme, Vespa si occupava del Viagra. Quando condannarono Dell'Utri per estorsione, a *Porta a Porta* si parlava di calcioscommesse. Quando condannarono l'amico Mannino in appello per mafia, puntatona sul delitto di Cogne (una saga *evergreen* giunta ormai alla trentesima puntata). Quando l'Europa espulse Buttiglione col foglio di via, Bruno convocò Alba Parietti e alcuni malati in stato comatoso per raccontare il loro improbabile risveglio dal coma. Quando il centrosinistra fece cappotto – 7 a zero – alle suppletive del 2004, da Vespa si discuteva dell'*Isola dei famosi*, con la Ventura & C. Quando Dell'Utri venne condannato a 9 anni per mafia e Berlusconi prescritto per corruzione del giudice Squillante, ecco un bel dibattito Fassino-Tremonti sul finto «taglio delle tasse» del governo, seguito l'indomani da una fondamentale puntata sui *reality show* con Del Noce, don Mazzi, Crepet, Zecchi, Paola Perego, Carmen Di Pietro e le gemelle Lecciso. La sera in cui Ciampi bocciò la riforma dell'ordinamento giudiziario di Castelli come «palesemente incostituzionale», *Porta a Porta* approfondiva l'ultimo film della coppia Boldi-De Sica, *Christmas in love*. E da quando Berlusconi, varando il suo governo-bis, ha cestinato ufficialmente il Contratto con gli italiani, Vespa si è ben guardato dal tener fede all'impegno preso l'8 maggio 2001 sulla scrivania di ciliegio: «Cavaliere, lei sa che io d'ora in poi la tallonerò per verificare, punto per punto, il rispetto di queste cinque promesse». Anche perché è ormai evidente che il premier non ne ha rispettata nemmeno una, e ora dovrebbe tener fede almeno alla postilla:

> Nel caso in cui al termine dei cinque anni di governo almeno 4 su 5 di questi traguardi non fossero stati raggiunti, Silvio Berlusconi si impegna formalmente a non ripresentare la propria candidatura alle successive elezioni politiche.

Memorabile la puntata del 2004 con l'allora ministro degli Esteri Frattini e con i parenti di tre dei quattro *bodyguard* rapiti in Irak, conclusa con l'annuncio in diretta della morte del quarto, Fabrizio Quattrocchi, prim'ancora che fosse avvertita la famiglia.

Ma forse il meglio di sé Vespa l'ha dato nella primavera del 2005, durante la lunga agonia di Giovanni Paolo II e i preparativi per l'elezione di Benedetto XVI. Spuntava a tutte le ore e in tutti i programmi, tracimando sul Tg1 e sui vaticanisti ufficiali, quasi che avesse un'esclusiva pontificia (e infatti ce l'ha, secondo una circolare dell'apposito Alessio Gorla). Una lunga, interminabile Vespa-non stop in cui l'Ubiquo si sovrapponeva addirittura al Papa uscente e a quello entrante. In quei giorni un lettore di «Repubblica» scriveva a Corrado Augias queste poche, disperate righe:

> Un mio nipotino, vedendolo ininterrottamente, credeva che il Papa fosse Bruno Vespa. Come convincerlo che non è vero? Forse scrivendo a Vespa e dicendogli che è ora che si sposti?[26]

Ma nei momenti topici della saga vaticana, per un motivo o per l'altro, Vespa non c'era. Il 31 marzo, la sera in cui papa Wojtyla entra in agonia, tutte le televisioni del mondo, Cnn in testa, interrompono la programmazione per collegarsi a oltranza con Piazza San Pietro. Tutte tranne una: Rai1, occupata da un *Porta a Porta* di due ore registrato nel pomeriggio con il consueto soliloquio di Berlusconi, a chiusura della campagna elettorale delle regionali. Il sito Dagospia racconterà che quella sera Vespa è a Firenze per una tavola rotonda, mentre Cattaneo e Del Noce sono a cena a casa di Mimun per godersi il comizio del Cavaliere. Quando, alle 22, giunge notizia dell'aggravarsi del Papa, parte un frenetico giro di telefonate per valutare se interrompere *Porta a Porta*, visto l'incalzare degli eventi. Vengono chiamati sia Vespa sia Carlo Rossella, direttore del Tg5, per sapere cos'avrebbe fatto la «concorrenza» (impegnata peraltro in una memorabile puntata di *Amici* con Maria De Filippi). Poi la decisione unanime: *Porta a Porta* non si tocca, anzi prosegue sino alla fine, compresa la parte in cui il premier racconta una barzelletta su se stesso. Solo dopo un'ora di comizio compare una scritta in sovrimpressione per avvertire i telespettatori che il programma è registrato. Come a dire: non siamo impazziti, ma qualcuno lassù non vuole disturbare il Cavaliere. Il Cdr del Tg3 denuncia:

> I vertici aziendali hanno chiamato il direttore del Tg3 Antonio Di Bella, chiedendogli di togliere la scritta in sovrimpressione «Il Papa è grave!», poi hanno imposto di chiudere frettolosamente la nostra diretta per lasciare il posto a un programma di rete, per giunta in replica. Siamo indignati e sgomenti per quanto è accaduto.[27]

Il tutto per non far sfigurare Rai1, dove intanto proseguivano gli sproloqui del premier. Vespa ricompare alle tre di notte, in diretta da Piazza San Pietro, in lacrime per la sorte del Santo Padre. Il pubblico punisce *Porta a Porta* con un misero 17% di share. Quando poi dal camino vaticano esce la fumata bianca e viene eletto Joseph Ratzinger, in Piazza San Pietro a raccontarlo per Rai1 c'è David Sassoli. Vespa arriva più tardi, trafelato e contrariato: hanno eletto il Papa senza di lui. Ancor peggio andranno le successive, noiosissime edizioni di casa Vespa, anche in prima serata, sul nuovo Pontefice: bocciate dal pubblico esausto con uno share che scende fino al 12%. Minimo storico.

Vespa tenta di risollevarsi nell'ultimo appuntamento della stagione 2004-2005, quello «antologico» che autocelebra la millesima puntata di *Porta a Porta*. Ha addirittura litigato con l'amico Del Noce, per strappare una prima serata, e alla fine l'ha ottenuta. Ma il risultato è un misero 14.49%, che regala la vittoria a Canale5 con *Paperissima Sprint* (25.64) e con l'ennesima replica di *Mrs Doubtfire* (22.32).

Dopo nove anni e mille puntate, *Porta a Porta* mostra chiaramente la corda. Ma i suoi dati erano «drogati» anche quando gli ascolti erano più alti, visto che Vespa non s'è mai misurato con concorrenti diretti. Alla Rai, sotto l'Ulivo come sotto il Polo, è sempre riuscito a bloccare la nascita sulle altre reti Rai di programmi d'informazione in contemporanea ai suoi (eccetto *Primo Piano*, che però dura pochi minuti). Per non dargli ombra, gli ottimi speciali di Giovanni Minoli su Rai Educational sono confinati a ore notturne o antelucane («per Vespa – dice Minoli – dovrei occuparmi solo dell'antica Roma...»). Quanto a Canale5, la fascia della seconda serata è stata sempre appannaggio dello show di Costanzo. Poi, nel settembre 2005, arriva *Matrix*. Che quantomeno costringe Vespa alla diretta stabile. Ma anziché aggredirlo sul fronte dell'informazione, a colpi di notizie, Mentana gli risponde con un'overdose di *infotainment*: il genere in cui il rivale è maestro, alternando i parlamentari con le bellone, i temi politici con la cronaca nera e rosa. Così *Porta a Porta* batte regolarmente *Matrix*.

Ogni tanto, visto che non ci crede nessuno, Vespa si intervista da solo per accreditarsi come «ex epurato» e per lamentarsi di due dei rarissimi critici che osano criticarlo: Norma Rangeri e Aldo Grasso. L'ha fatto due volte, sull'ospitale «Panorama» del Cavaliere, il 22 febbraio 2001 e il 9 giugno 2005. Si è posto una serie di domande e, dopo lunga riflessione, si è raccontato che nel '93 «mi dimisi da direttore del Tg1 senza chiedere altro che lavorare da semplice inviato», ma «mi fu ridotto lo stipendio e venni messo in un angolo» e «nessuna vestale della libertà di stampa protestò». Forse perché non ce ne fu il tempo: infatti di lì a pochi mesi la Rai dei professori gli affidò «una rubrichetta pomeridiana». Poi, nella Rai della Moratti, minacciò di andarsene e ottenne due seconde serate. Che, nella terribile Rai dell'Ulivo, diventarono tre e poi quattro. Un vero calvario.

Ora qualcuno ipotizza di ridurlo da quattro a tre, come peraltro prevede il suo contratto miliardario da pensionato Rai. Ma la proposta viene subito accantonata. Non se ne parla proprio. Del Noce non vuole: «Nessuno scipperà una serata a Vespa».[28] Il forzo-democristiano Meocci, figurarsi. Gli altri consiglieri del Polo, nemmeno a parlarne: «Vespa non si tocca». E Petruccioli? «Sarà un ottimo presidente», dice subito Vespa di lui appena nominato. Petruccioli contraccambia: «Vorrei schierare sempre Vespa contro Mentana, ma purtroppo non si può». Cioè vorrebbe schierarlo anche il venerdì, non bastando i primi quattro giorni della settimana. Anche il compagno Curzi sparge incenso:

> Vespa è bravo nella continuità. Nel garantire una certa equidistanza. Qualche volte l'ho criticato, ma non sempre. E mi pare che in questo inizio di stagione l'equilibrio sia mantenuto bene. Filoberlusconiano? No, Vespa mi è parso ineccepibile [...]. La Rai è grata a Vespa per i risultati che sta ottenendo [...]. Né io né altri consiglieri abbiamo mai immaginato una censura a Vespa. Io avrei preferito tre puntate di Vespa tutte contro Mentana. Poi una quarta serata diversa, di grandi inchieste.[29]

Purtroppo però, fuori dalla Rai, circolano ancora persone libere. Vespa, presentando a Venezia il premio Campiello, incappa in una di queste: il giovane scrittore e massmediologo Antonio Scurati, vincitore dell'edizione 2005. Prima di essere premiato per il romanzo *Il sopravvissuto*, che racconta la storia di un ragazzo killer, Scurati scopre che Vespa non ha letto il libro. E lo stuzzica: «Ma lo sa che nel mio libro c'è una satira del suo *Porta a Porta*? Ah, quel modellino della villetta di Cogne...». Poi lancia un forte messaggio contro la tv violenta, di cui considera *Porta a Porta* il simbolo. Vespa, a denti stretti, fa lo spiritoso: «Mi raccomando, ora per vincere il Campiello non faccia ammazzare dal suo killer tutti gli altri finalisti...». Scurati, sorridendo, ribatte: «Se proprio dovessi scegliere qualcuno da uccidere in questa sala, non sarebbe nessuno dei finalisti». Poi indica Vespa, fra le risate generali. Il giornalista, davanti alle telecamere di Rai1, incassa e abbozza un tentativo di battuta. Ma l'indomani si scatena contro lo scrittore:

> Aveva lo sguardo carico d'odio, è un fatto gravissimo, è lui a essere violento nell'animo. Evidentemente Scurati non conosce la storia altrimenti saprebbe che l'odio lascia sempre una scia di sangue. Sto scrivendo un libro sull'odio dalle leggi razziali a oggi, ma non farò a Scurati l'onore di una citazione.[30]

Scurati, tempestato di «messaggi di giubilo», spiega:

> Mi è venuto spontaneo dire quelle cose [...]. Non sono stato io ad andare da Vespa, è stato Vespa a venire da me. Pensavo di andare al Campiello, invece mi sono trovato a *Porta a Porta* [...]. Non provo alcun odio per Vespa, la mia avversione non è contro di lui, ma contro la sua televisione: lui è il più abile e dunque il più pericoloso artefice di quel fenomeno di ibridazione in cui informazione e intrattenimento si mescolano e si confondono. Anche quando affronta casi terribili, *Porta a Porta* vira verso il ludico, verso una dimensione in cui non è più possibile distinguere il vero dal falso, ma lo spettatore ha la sensazione che la distinzione sia irrilevante.[31]

Nemmeno un mese dopo, la cronaca s'incaricherà di fornire una prova su strada della bontà dell'analisi di Scurati. Il 10 ottobre il giovane vicepresidente della Fiat Lapo Elkann viene ricoverato d'urgenza a Torino per un'overdose da droga e farmaci. Poche ore dopo Vespa telefona al padre, il giornalista Alain, per invitare lui o qualcuno a sua scelta al *Porta a Porta* di quella sera, dedicato a suo figlio. Elkann, che sta assistendo in ospedale il ragazzo in coma, sbotta indignato: «Mi vergogno di essere italiano». Più che un commento, un epitaffio.

2. *Enrico Mentana, lo scomodino da notte*

Il 25 settembre 1993 Silvio Berlusconi riunisce i suoi direttori ad Arcore. E annuncia loro la nuova missione in vista della sua «discesa in campo»:

> La prima cosa per fare politica è che dobbiamo sentirci squadra. Ogni direttore, nella sua autonomia (*sic*), deve suonare una stessa musica.[32]

Ai vertici dell'ultimo sabato del mese partecipano sempre una quarantina di persone: gli alti dirigenti Letta, Confalonieri e Dell'Utri, e poi i giornalisti-opinionisti Costanzo, Ferrara, Mentana e Sgarbi per Canale5, Fede del Tg4, Nini Briglia direttore di «Epoca», Andrea Monti di «Panorama», Federico Orlando condirettore del «Giornale». Letta, Confalonieri, Orlando e Mentana sono contrari alla discesa in campo, ma ormai l'unico che si oppone – anche con vivaci battibecchi con i *pasdaràn* Berlusconi, Dell'Utri e Ferrara – è Orlando. Fedele alla linea concordata con Montanelli, che sarà l'unico a tener fermo il suo no e a scriverlo a chiare lettere sul «Giornale». Per questo, tre mesi dopo, Montanelli e Orlando devono andarsene a fondare un nuovo quotidiano, «La Voce». Gli altri invece rimangono felicemente al loro posto. Uno di questi è Mentana.

Eppure «Chicco» passa per quello «di sinistra», quello «scomodo», una sorta di partigiano che fa la resistenza dall'interno del Biscione. Anche se dal 1992 è sempre lì a Canale5, assiso su poltrone sempre più alte: prima direttore del Tg5 per 12 anni, poi dal 2004 direttore editoriale di tutti i telegiornali del gruppo, infine conduttore di tre seconde serate settimanali di «approfondimento» con *Matrix*.

Nato a Milano il 15 gennaio 1955, figlio d'arte (il padre Franco è un inviato della «Gazzetta dello Sport»), Mentana ha fatto carriera con in tasca la tessera del Garofano, al quale aderì ai tempi del liceo diventando direttore della rivista «Giovane Sinistra», organo ufficiale della Federazione dei Giovani Socialisti di cui diventa vicepresidente dal 1977 al '79. Nel 1980 esce dall'università ed entra fulmineamente alla Rai. Tg1, redazione Esteri. Un anno appena e nel 1981, a 26 anni, viene promosso inviato speciale a Londra. Nel 1989 è vicedirettore del Tg2. Nel 1991 lascia la tv pubblica perché l'ha chiamato Berlusconi – su raccomandazione di Craxi – a dirigere il Tg5: all'epoca il Cavaliere assume solo direttori socialisti (Mentana al Tg5, Fede al Tg4, Liguori a Studio Aperto). Mentre fa le valigie, Chicco trova il modo di definire il Tg2 «una suburra» in un'intervista a «Epoca» (gruppo Berlusconi). Il Cdr gli risponde a tono:

> Siamo convinti che, se Mentana ha detto suburra, non ne conosce il significato, anche perché l'autorevole collega continua a considerare il Tg2 un posto confortevole: lo usa ancora per le telefonate e per il disbrigo della posta.[33]

Il varo del Tg5 porta la data del 13 gennaio 1992, ore 13. Telegiornale moderno, spigliato, rapido, dinamico, «giovane», il tg di Mentana scala gli ascolti del paludato Tg1 di Vespa (la prima sera cattura 3000 spettatori più dell'ammiraglia di Rai1). Anche perché ha la fortuna di incappare subito in Mani Pulite: il 17 febbraio arrestano Mario Chiesa, esplode Tangentopoli e lui fa incetta di telespettatori cavalcando lo scandalo e sparando ogni giorno la sua brava raffica di arresti e avvisi di garanzia. Il suo uomo al Palazzo di giustizia di Milano è Andrea Pamparana, cronista di razza e (all'epoca) fan sfegatato di Di Pietro. La Rai ammuffita fatica a stargli dietro e «Mitraglia» – come lo chiamano i critici – raggiunge una media di 7 milioni di telespettatori. Riuscendo di nuovo a sorpassare il Tg1 con l'edizione straordinaria del 23 maggio '92 sulla strage di Capaci.

Quando il Cavaliere fa la sua prima uscita «politica» ufficiale, il 24 novembre '93, dall'ipermercato Standa di Casalecchio di Reno («Se votassi per il sindaco di Roma, sceglierei Fini contro Rutelli»), Mentana prende le distanze: «Se qualcosa sta cambiando, ne trarremo le conseguenze». E lo stesso proposito annunciano alle agenzie di stampa i direttori dei due settimanali mondadoriani, Monti di «Panorama» e Briglia di «Epoca». «Montanelli – ricorda Orlando – li chiama tutti e si congratula con loro. Nasce un patto non scritto: se uno dei direttori viene estromesso, tutti gli altri si dimettono».[34] Poi, cacciato Montanelli, Mentana, Briglia e Monti rimangono.

Il 6 gennaio '94 Fede chiede in diretta, al Tg4, le dimissioni di Montanelli, reo di non essere servo. Mentana annuncia: «Sto cominciando a sentirmi a disagio». Gli passerà in fretta. Nel gennaio '95, quando «La Voce» di Montanelli dedica una copertina alla tv berlusconizzata – il fotomontaggio di una sfilata nazista costellata di televisori con le facce dei direttori dei tg – Mentana spara a palle incatenate contro il più grande giornalista italiano: «Montanelli a suo tempo si è turato il naso. Ora, davanti alla tv, può anche chiudersi gli occhi». Poi lo accusa addirittura di «antisemitismo da Gestapo» (come se la critica fosse rivolta alle sue origini ebraiche):

> Spero che ieri Montanelli fosse assente dal giornale e che ai suoi danni sia stato perpetrato un piccolo golpe editoriale. Diversamente dovrei pensare che l'insuccesso, come diceva Flaiano, gli abbia dato alla testa. Quel montaggio fotografico infatti è così oltraggiosamente fuori misura da non lasciare spazio a nessun possibile commento o interpretazione. Non c'è neanche bisogno di essere ebrei, come Mimun o come me, per sentirsene francamente amareggiati. Guidare in mezzo a mille insidie un giornale che viene giudicato il più obiettivo in tempi difficili come questi e poi trovarsi in effigie in una sfilata nazista fa veramente mozzare il fiato. Quando il giornalismo cede lo spazio ai fotomontaggi, purtroppo non c'è nessuna penna, neanche quella di Montanelli, che tenga. Un anno fa il Tg5 diede voce in diretta a Montanelli che lasciava proprio questa casa editoriale. Tornando indietro lo rifarei. Ma proprio per questo spero che oggi Montanelli chieda, senza mezzi termini, scusa per questa operazione, essa sì, da Gestapo dell'informazione.[35]

Naturalmente Montanelli non chiederà mai scusa per quella copertina. E seguiterà finché avrà fiato in gola a mettere in guardia gli italiani dal «regime» di Berlusconi e dei suoi attendenti. Alla morte del grande Indro, il piccolo Enrico che l'aveva accostato alla Gestapo detterà all'Ansa uno dei necrologi più ipocriti:

> Era il cavallo di razza del giornalismo italiano, il più grande di tutti, il grande inviato per definizione, la più straordinaria penna della professione che in piccolo facciamo anche noi del Tg5.[36]

Figlinvest

Per capire Mentana, amico di tutti i potenti di destra, di centro e di sinistra, basta scorrere i nomi di molti giornalisti assunti negli anni al Tg5. Lella Confalonieri, nipote del presidente Fininvest, Fedele. Lucrezia Agnes, figlia dell'ex presidente della Stet e direttore generale della Rai, Biagio. Chiara Geronzi, figlia del patròn della Banca di Roma, Cesare. Veronica Gervaso, figlia del giornalista Roberto, l'uomo che presentò Berlusconi a Licio Gelli. Donata Scalfari, figlia del fondatore di «Repubblica», Eugenio. Giancarlo Mazzucchelli, figlio della moglie di Claudio Petruccioli. Fabio Tricoli, nipote di uno degli avvocati di Dell'Utri, Roberto. Barbara Parodi, ex moglie di Luca di Montezemolo e attuale consorte di Paolo Mieli. Valentina Loiero, figlia di Agazio (Udeur), presidente della regione Calabria. La vaticanista Marina Ricci, sorella del ministro Rocco Buttiglione (Udc) nonché di Angela ex vaticanista del Tg1 e ultimamente direttore dei tg regionali: tutti ciellini doc (compreso il marito Tommaso Ricci, giornalista del Tg2). Giulio De Gennaro, figlio del capo della Polizia Gianni. Sebastiano Sterpa, figlio del deputato forzista Egidio. Chiara Puri Purini, figlia dell'ambasciatore Antonio. Salvo Sottile, figlio di Giuseppe, ex vicedirettore di Studio Aperto, ora vice di Ferrara al «Foglio». Luca Rigoni, figlio di Mario, l'ex direttore della Rai di Trento legato alla Dc e poi a Forza Italia. Benedetta Corbi, ex fidanzata di Claudio Martelli, poi praticante all'«Avanti!». Elena Caputo, figlia del giornalista e poi sottosegretario forzista Livio. Silvia Reviglio, figlia dell'ex ministro socialista Franco. Giuliano Torlontano, figlio di Glauco, parlamentare Ds, già all'ufficio stampa di Spadolini. Tutti validissimi professionisti, ci mancherebbe. Ma tutti parenti di qualcuno che conta: ne abbiamo contati oltre una ventina su una redazione di un'ottantina di persone.[37]

Mentana non è un censore. Nessuno in redazione, neppure i molti che non lo sopportano, ricorda ordini preventivi per sminuire, manipolare o tacere una notizia. Ma l'autocensura, in Fininvest come in Rai, è molto forte. E di certi comandi non c'è neppure bisogno. In ogni caso il Tg5 mantiene la sua dignità, grazie anche al confronto con i due notiziari-marchetta Rete4 e

Studio Aperto. Alle pressioni della proprietà, sempre più pesanti col passare degli anni, fa da parafulmine lui, il direttore, con la spavalderia di chi si crede il più furbo e il più forte di tutti. «A certe pressioni, quando ne andava del futuro dell'azienda – ricorda un suo redattore – Enrico cedeva. Ma dopo aver fatto ballare i padroni per un bel po'. E sempre con l'aria di quello che lo fa perché ne è convinto lui, non perché gliel'hanno imposto.» «Mentana – aggiunge un altro – è come i bambini. È capriccioso ed egocentrico, pensa di mettere sempre nel sacco tutti, compresi i potenti e gli editori. Di poterli sempre usare per i suoi scopi. E questo, se ci ha salvati da una deriva "alla Tg4", è quello che alla fine gli è costato il posto. Il suo tirare sempre la corda e la sua ridanciana arroganza hanno finito col renderlo inaffidabile.»[38]

Ogni mattina, puntualmente, Chicco entrava in redazione nel bel palazzotto Fininvest di Viale Aventino a Roma e, salendo le scale, urlava a squarciagola il grido di battaglia: «A frociiiii!». Per i redattori, i capi e i capetti, era vivamente consigliato ridere. In riunione, poi, interrogava colleghi o colleghe con domande anche molto intime, o raccontava le sue cene con questo o quel vip, o le sue puntate in Borsa. Sesso, soldi e Inter sono i suoi argomenti di conversazione. Il tutto condito dalle sue proverbiali battute, seguite da risate corali quanto obbligatorie. Primo comandamento al Tg5: «Non contraddire mai il direttore». È molto suscettibile.

Le frizioni più aspre sono quelle con il Cdr. Mentana, come tutti i direttori, non ama gli scioperi e nemmeno le vertenze sindacali interne. Quando i rappresentanti della redazione provano a scrivere all'azienda per questioni contrattuali, lui li fulmina: «E chi vi credete di essere?». Poi, in coro col fedele vice Lamberto Sposini: «E chi siete, Spartacus? E che è, la rivolta degli schiavi?». Nel dicembre 2002 decide di rompere la solidarietà sindacale e di mandare in onda il tg nonostante lo sciopero nazionale della Fnsi, «così gli altri scioperano e tutti gli ascolti ce li prendiamo noi». Chiama a casa, di notte, i vicedirettori e qualche redattore fedelissimo e mette insieme un'edizione quasi completa del Tg5. Il Cdr si dimette e i due rappresentanti sindacali, Sandro Provvisionato e Paolo Di Mizio, spiegano il perché con una lettera ai colleghi. Ricordano di esser stati eletti per affrontare il problema della «mancanza di democrazia interna», lamentano che solo 48 giornalisti su 100 hanno scioperato, accusano Mentana di aver diviso la redazione «al solo scopo di sferrare un attacco alla Rai». «Quest'ultimo aspetto – aggiungono – acquista anche un valore quantomai deleterio, tutto interno ai giochi della politica.» Mentana risponde accusando il Cdr di «linguaggio stalinista o fascista»; aggiunge: «figurarsi se possono far paura i deliri di qualche giornalista frustrato». La Fnsi si rivolge al Tribunale del lavoro denunciando gli insulti e le minacce di Mentana ai giornalisti e anche le «pressioni» su diversi redattori per convincerli a lavorare durante lo sciopero. Secondo il sindacato, Mentana non se l'è presa solo col Cdr, ma anche con un gruppo di colleghi «rei» di aver sottoscritto una lettera con cui chiedevano ai rappresentanti sindacali di ritirare le dimissioni. Pure Mentana ricorre al giudice: il 9 gennaio 2003 denuncia la Fnsi e l'Associazione Stampa Romana per diffamazione. Insomma se la prende con i colleghi. L'inviato Toni Capuozzo lo difende a spada tratta con una lettera aperta appesa nell'ascensore: «Ragazzi, se volete fare i duri e puri andate al "manifesto". Qui siamo a Mediaset».

E il Tg5 salvò Dell'Utri

La campagna elettorale del '94 è scandita più che mai dall'avanzata di Mani Pulite. Mentana propone una tregua: «I giudici non diano pubblicità alle inchieste negli ultimi 15 giorni di campagna elettorale». Ma poi, 16 giorni prima delle elezioni, la fuga di notizie la fa lui. Riguarda, che combinazione, Dell'Utri.

Il 9 marzo il Tg5 delle 13.30 si apre con una notizia bomba, letta con voce concitata da Pamparana: «La Procura ha chiesto al gip l'ordine di custodia cautelare per alcuni personaggi del nostro gruppo: Marcello Dell'Utri e altri cinque manager». Il pool ha appena scoperto a Publitalia fatture false e gonfiate per svariati miliardi di fondi neri. Le richieste di cattura per il gruppo dirigente di Publitalia giacciono sul tavolo del gip dal 7 marzo. A nessuno viene in mente di anticiparle. Salvo a Mentana. Borrelli perde il suo *aplomb*: «Non è possibile che accadano cose del genere, è stupefacente! Siamo ai limiti del favoreggiamento! Non so chi sia stato a parlare, ma la Procura no di certo. Se si anticipa una richiesta di cattura, è ovvio chi se ne avvantaggia»: l'imputato, che potrà fuggire o anticipare l'arresto presentandosi spontaneamente ai giudici. Infatti nel pomeriggio Dell'Utri si presenta in procura accompagnato dall'avvocato Oreste Dominioni. Intanto la Guardia di Finanza gli perquisisce case e uffici, ma ormai l'indagato, volendo, avrebbe già potuto far sparire tutto.

Mentana viene indagato per favoreggiamento e rivelazione di segreto insieme a Pamparana (i due verranno assolti dalla prima accusa, ma pagheranno un'oblazione di 250.000 lire per la seconda). «Abbiamo voluto fare un'opera di verità, anche se sappiamo di aver nuociuto agli indagati», si difende il direttore. In realtà ha favorito Dell'Utri, annullando l'effetto-sorpresa e dunque le esigenze cautelari: infatti proprio con questa motivazione il gip respingerà le richieste di cattura, che saranno invece accolte dal Tribunale del riesame. «Devo ancora ringraziare il Tg5 – dirà Dell'Utri – se non sono andato in carcere...»

Anche Cesare Previti esprimerà presto il suo apprezzamento a Mentana:

> In questo Paese, per cinquant'anni, chi non la pensava come la sinistra ha dovuto tacere. Una Rai monocorde e antigovernativa è un'anomalia. Il servizio pubblico dovrà dare un'informazione nuda e cruda, non filtrata. Come quella che fa Enrico Mentana sul Tg5, per capirci: quello sì che è un vero servizio pubblico.[39]

Alla vigilia delle elezioni, Berlusconi e Occhetto si confrontano in un solo faccia a faccia televisivo: il prescelto è Mentana. Il Cavaliere stravince confronto ed elezioni. Va al potere all'insegna di Mani Pulite, della politica «nuova e pulita», contro «la vecchia Repubblica» dei «ladri». E tenta di annettere al suo primo governo i pm Di Pietro e Davigo. Nel maggio '94, mentre nasce il Berlusconi I, il suo settimanale «Epoca» offre ai lettori due videocassette a cura del Tg5 con tutto il processo Enimont minuto per minuto: la bava di Forlani, la boria di Craxi, i silenzi di Cusani, la macchietta di Pomicino, lo zainetto di Martelli, le risse fra Di Pietro e Spazzali. I vhs sono accompagnati da un libretto di Pamparana, con prefazione di Mentana. Che scrive enfatico:

> Il crac della Ferruzzi, la bancarotta politica della Dc e del Psi, il fallimento di tutta la «prima fila» della nostra classe dirigente: uomini d'affari intrecciati alla politica, uomini politici dediti agli affari [...]. L'affare Enimont: sicuramente la vicenda più grave ed esplosiva della lunga stagione di tangentopoli [...]. Mostruosa per le sue cifre ma ancor di più per il suo potere distruttivo, c'era lei, la madre di tutte le tangenti. Una storia orrenda e affascinante [...]. È un feroce contrappasso del decisionismo, questo dibattimento che porta in pochi mesi al verdetto, come una campana a morto per tanti protagonisti [...]. Di Pietro non poteva essere per nessuno una scoperta, anche se un'innata, sanguigna carica istrionica lo conferma come il vero «primattore» della scena processuale.[40]

Un Mentana che oggi lui stesso definirebbe «giustizialista». Giuliano Spazzali, difensore di Cusani, racconterà di essersi recato alla vigilia del processo, nel settembre '93, ad Arcore per chiedere a Berlusconi un po' di attenzione per le ragioni del suo cliente. Le tv Fininvest, infatti, erano tutte sdraiate ai piedi del pool. Ma il Cavaliere non lo stette neppure a sentire: «Sa – gli disse – nell'altra stanza stiamo preparando un nuovo partito...». E lo liquidò.[41] Poi il vento è girato. E Mentana pure.

Il suo trasporto per Mani Pulite finisce presto. Come quello del suo editore, s'interrompe il 21 novembre '94, giorno dell'invito a comparire a Berlusconi per le mazzette alla Guardia di Finanza. La fuga da Mani Pulite di Mentana e degli altri giornalisti al seguito è comunque graduale: è ancora presto, nel '94-95, per riabilitare tutti gli imputati e i condannti. Craxi, per dire, è ancora un nome impronunciabile.

Se ne accorgono «in diretta» gli uomini del pool nell'estate '95, intercettando il latitante di Hammamet mentre tenta di organizzare la riscossa dalla Tunisia parlando con politici e giornalisti amici. Fra questi, Mentana. Sono le ore 20 del 21 luglio '95. La polizia riassume così la conversazione fra i due:

> Craxi e Mentana discutono in merito a un servizio ed eventuali responsabilità di alcune affermazioni. Craxi dice: «Enrico,

però se in questo momento non mi date una mano...». Mentana: «Nel rispetto della verità, dici...». Craxi: «Riportando le cose che dico, Santa Madonna, nient'altro». La conversazione prosegue su temi di politica nazionale. Craxi dice che i giovani di Giovine Italia [l'associazione neocraxiana fondata da alcuni suoi amici a Roma, *N.d.A.*] hanno fatto una cosa stamattina. Mentana: «Non so niente». Craxi: «Pensa, non ci è andato nessuno, non ci è andata una televisione, adesso devi dare le notizie, dai la notizia almeno, erano 100, sono bravi... io ho mandato una memoria storica, una cosa sulla Giovine Italia di Mazzini però». Mentana chiede a Craxi delle sue attività editoriali. Craxi: «Continuano, vedrete che sorpresina». Si salutano.

Il vecchio leader mendica un po' di spazio sul Tg5. Ma Mentana cambia subito discorso e gli chiede dei suoi libri.

Passano meno di quattro mesi e il pool mette le mani su una maxitangente di 15 miliardi versata a Craxi sul suo conto svizzero Northern Holding dalla All Iberian, società occulta della Fininvest (anche se Berlusconi nega financo di conoscerla). Il 23 novembre '95 i pm chiedono la cattura di una serie di manager berlusconiani. Il Cavaliere, in una conferenza stampa, sostiene che il caso All Iberian è frutto di un equivoco. Il comparto estero del gruppo gli ha confermato l'esistenza di un contratto per la commercializzazione in Francia di diritti televisivi tra una società Fininvest, la Principal Communication, e la olandese Accent Investment del produttore cinematografico franco-tunisino Tarak ben Ammar. All Iberian, che a suo dire non c'entra nulla con la Fininvest, si è limitata a versare alla Accent dei soldi Fininvest destinati a ben Ammar. Ma purtroppo la Accent e ben Ammar «hanno lo stesso avvocato del Psi»: un certo Zuhair al Kateeb legato a Craxi e all'Olp, che per ricevere il denaro «ha utilizzato un conto aperto da più soggetti» (il Northern Holding). Dunque i soldi erano per al Kateeb, non per Craxi. La sera del 24 novembre il Tg5 titola in apertura: «Miliardi Fininvest a Craxi: falso, ecco le prove».[42] Uno scoop sensazionale: Mentana ha scovato Tarak ben Ammar a Parigi e lo intervista in diretta. Il finanziere, prossimo a entrare nel Cda Mediaset, racconta più o meno la stessa versione di Berlusconi. Ma, dopo l'intervista al Tg5, rifiuterà sempre di farsi interrogare dai magistrati italiani: convocato tre volte dal tribunale al processo All Iberian, eviterà sempre di presentarsi. L'Olp si dichiara totalmente estranea alla vicenda. E anche al Kateeb cade dalle nuvole: «Io di quei 15 miliardi non so nulla». La pista araba è una montatura. Il «falso» non è della Procura. È di Tarak, che proprio in quei mesi sta partecipando attivamente alla quotazione di Mediaset, un'operazione che rischia di saltare proprio per le notizie sui conti esteri Fininvest. Infatti sia Craxi sia Berlusconi verranno giudicati colpevoli di finanziamento illecito dalla Cassazione (reato commesso, ma prescritto).

Qualche settimana dopo «L'Espresso» pubblica uno studio sull'atteggiamento dei tg di fronte alle inchieste su politica e corruzione. Il ritratto del Tg5 è significativo:

> Ha ragione chi ha chiamato Rainvest la tv italiana. Basta guardare come i telegiornali hanno riferito la notizia dell'invito a comparire inviato dal pool Mani Pulite a Silvio Berlusconi e ai massimi dirigenti della Fininvest per presunti finanziamenti illeciti al Psi di Bettino Craxi. Tutti i notiziari pubblici e privati hanno dato la precedenza alla difesa dell'ex presidente del Consiglio. Con l'eccezione del Tg1 e del Tg3, nessuno ha riferito le ragioni dei magistrati. I commenti più favorevoli a Berlusconi sono stati pronunciati dai conduttori della Fininvest, Tg5 in testa [...]. I dati sono tratti dall'analisi dell'edizione principale della sera dei sei tg Rai e Fininvest dal 23 novembre al 4 dicembre. La ricerca è stata curata in esclusiva per «L'Espresso» dai ricercatori dello Studio Frasi di Milano. Vediamola nel dettaglio.
> Il 23 novembre arriva la notizia della nuova richiesta dei magistrati milanesi. Il Tg5 di Enrico Mentana titola: «Miliardi Fininvest a Craxi. Falso, ecco le prove». La notizia è al primo posto. Lo stesso giorno Emilio Fede non la inserisce neppure nel sommario del Tg4. Paolo Liguori va oltre e scandisce i tempi dell'inchiesta con questa sequenza di titoli, uno al giorno a partire dal 23 novembre: «L'offensiva del pool», «La balla del pool», «Macché tangenti», «Scacco al pool», «L'abbaglio Fininvest», «I nuovi persecutori». I titoli dei tg della Rai sono più neutrali, ma non il contenuto dei servizi. I tre quarti delle persone citate dal Tg1 e l'81% delle interviste sono pro-Berlusconi. Il Tg3 ha dato il microfono solo a chi difendeva la Fininvest. E insieme al Tg2 non ha ospitato nessuna voce fa-

vorevole ai magistrati. E chi sono gli intervistati? Tutti i tg hanno sentito il parere di Berlusconi [...].
Ma è il Tg5 ad avere dedicato più tempo e attenzione ai personaggi dell'inchiesta. In 12 serate Mentana ha consumato con le interviste un quarto d'ora del suo tempo. Il più lungo è stato il colloquio con il produttore Tarak ben Ammar [...]. Il 24 novembre gli sono stati dedicati più di sette minuti. Il giorno dopo lo stesso Mentana ha ridimensionato quello scoop: «Ma è proprio ben Ammar il personaggio chiave di questa inchiesta? Secondo noi, anche se può sembrare paradossale, visto che l'abbiamo stanato proprio noi del Tg5, no. Il personaggio chiave di questa inchiesta dovrebbe essere il fantomatico avvocato egiziano, ma forse giordano, ma forse iracheno, al Kateeb». E ha poi concluso: «Vedrete che ne riparleremo, eccome ne riparleremo di questo avvocato». Gli spettatori del Tg5 non ne hanno saputo più nulla.[43]

Il 12 marzo '96 vengono arrestati a Roma, per ordine dei giudici milanesi, il giudice Renato Squillante e l'avvocato Attilio Pacifico: «corruzione giudiziaria». Berlusconi e Previti sono indagati a piede libero con la stessa accusa. È lo scandalo toghe sporche, che arroventa la campagna elettorale: il 21 aprile si vota. I media Fininvest trovano subito un diversivo per spostare il tiro altrove e giocare, ancora una volta, d'anticipo. Il 15 marzo «Il Foglio» e il Tg5 annunciano all'unisono che a Palermo i nomi di Berlusconi e Dell'Utri sono iscritti nel registro degli indagati, sia pure sotto sigle di copertura (XXXXX e YYYYY), per concorso esterno in associazione mafiosa e riciclaggio di denaro sporco. La notizia è vera, la fuga di notizie è precisa. Così il 16 marzo Berlusconi può cogliere la palla al balzo degli «scoop» aziendali per buttare tutto in politica, distrarre l'attenzione dallo scandalo delle toghe sporche e tuonare contro

l'ennesima interferenza giudiziaria a orologeria nella campagna elettorale, una manovra a tenaglia che da nord a sud punta a distruggere la mia immagine. Altro che conflitto d'interessi: ci vorrebbe una legge per tutelare la Fininvest da tutti i danni che ha avuto da quando sono entrato in politica...

Nei casi All Iberian e toghe sporche, come nelle due inchieste su Dell'Utri & C., emerge chiaramente il ruolo del Tg5: un telegiornale che mantiene un'immagine di completezza e imparzialità, scevro dalle smaccate genuflessioni e dagli imbarazzanti maccartismi di un Fede e di un Liguori, per essere utilizzato nei momenti cruciali, quando l'azienda si gioca la pelle. I tre tg del Biscione marciano divisi per colpire uniti, rivolgendosi a pubblici diversi con linguaggi diversi: ciò che manda in visibilio le casalinghe del Tg4 e i trinariciuti di Studio Aperto non sarebbe gradito dal pubblico più acculturato del Tg5. Ma è nel momento del bisogno che si vedono gli amici. E nelle fasi decisive per la vita del gruppo i tre tg si rivelano immancabilmente «amici» dell'editore, ognuno a suo modo. Proprio quel che aveva chiesto Berlusconi nella riunione del settembre '93: una grande orchestra in cui «ogni direttore deve suonare una stessa musica», ciascuno con il suo strumento.

Chicco si astiene, il Tg5 no

Passano gli anni e nel 2001 il Cavaliere ridà l'assalto a Palazzo Chigi dopo cinque anni di opposizione. Se Mentana era «a disagio» già nel gennaio '94, figurarsi ora. Ma, scomodamente e disagiatamente, è sempre lì a dirigere il Tg5. Anche stavolta, come prima e più di prima, le reti Mediaset sono uno strumento politico del padrone di casa, un corpo contundente contro il governo di centrosinistra e soprattutto contro la magistratura: un gigantesco collegio difensivo del Cavaliere e della sua corte dei miracolati e degli imputati. Mentana è sempre al suo posto.

Tra la fine del 2000 e i primi mesi del 2001, la campagna elettorale del Tg5 è da antologia: sbarchi di clandestini, rapine e omicidi nelle ville del Triveneto, emergenza criminalità in ogni edizione. La prova generale è in occasione del delitto di Novi Ligure, nel febbraio 2001, quando vengono trovati orrendamente assassinati una giovane donna, Susy Cassini, e il figlioletto Gianluca De Nardo. Sulle prime il Tg5, come pure il leghista Mario Borghezio, puntano il dito sulla criminalità albanese. Poi, il 23 febbraio, si scopre che il duplice omicidio è opera della figlia Erika e del suo fidanzatino Omar, entrambi di 17 anni.

Ma la psicosi dell'«emergenza sicurezza» diventa una rubrica fissa su tutti i cinegiornali berlusconiani, Tg5 compreso. Poi – appena il Cavaliere rivince le elezioni con il governo delle «città più sicure» – gli sbarchi, le rapine e gli omicidi scompaiono o quasi. Non dall'Italia (dove, anzi, la criminalità non farà che aumentare). Ma dalla copertina dei notiziari. Scrive Vittorio Emiliani, consigliere della Rai in quella tormentata stagione:

> Breve conclusione sull'uso politico dei telegiornali: dalla seconda metà del 2001 nei tg di Mediaset e in quelli della Rai più «omologati» cala in modo drastico l'attenzione sui fatti di «nera» e di criminalità. Secondo l'Osservatorio di Pavia [...], le ore dedicate dai tg ai temi dell'insicurezza sono crollate: per la criminalità organizzata da oltre 16 ore a meno di 6. Quando erano all'opposizione, i partiti e i telegiornali del Polo si comportavano da «imprenditori della paura»; ora che quegli «imprenditori» sono al governo hanno cambiato linea, pur tenendo sempre a portata di mano la micidiale arma mediatica.[44]

In quella campagna elettorale si svolgono pure le prove tecniche di epurazione alla Rai. Daniele Luttazzi viene linciato dai *berluscones* e da diversi esponenti del centrosinistra per aver osato parlare di mafia e politica, cioè di Berlusconi, Dell'Utri e Mangano, citati nell'ultima intervista di Paolo Borsellino prima della strage di Via D'Amelio. Il Tg5 si precipita a rimediare, con un doppio maquillage a Berlusconi e Dell'Utri.

A Berlusconi pensa Mentana in persona. Abbiamo raccontato l'episodio – dalla viva voce di Sabina Guzzanti – nel libro *Regime*. Qui ci limitiamo a riassumerlo. Accusato di censura e allergia alla satira Berlusconi corre ai ripari con un'operazione simpatia: vuole dimostrare che lui la satira l'ha sempre amata, tant'è che è un grande fan dei fratelli Guzzanti, mentre quella di Luttazzi non è satira, è informazione distorta, diffamazione, «odio». Da un lato la satira «buona», dall'altro quella «cattiva». Il 21 marzo Mentana fa intervistare Sabina. Lei accetta, ma a una precisa condizione: che i suoi attestati di stima e solidarietà a Luttazzi non vengano tagliati. Altrimenti, niente intervista. Mentana promette non una, ma tre volte, in altrettante telefonate. A scanso di equivoci, l'attrice dissemina tutta l'intervista di frasi pro-Luttazzi. «Così – dice – se anche vogliono censurarmi, non ci riescono.» Ma sottovaluta il direttore del Tg5. Che riesce a depurare il suo discorso da tutti gli accenni a Luttazzi. Così dall'intervista traspare che Sabina accetta la rappresentanza della satira «buona», contro quella «cattiva» del collega. Missione compiuta. Mentana manda in onda il pezzo addirittura in apertura del Tg5, subito dopo gli elogi di Berlusconi alla satira buona, con un commento che dice: «Il Cavaliere ha sempre amato la satira, ma un conto è quella dei fratelli Guzzanti che è ben fatta e imparziale, un conto sono le scorrettezze di Luttazzi». Sabina chiama Mentana furibonda. Lui fa il simpatico: «Sei venuta molto carina, sei contenta? Ora non andrai mica a dire che ti ho censurata...». Cosa che lei puntualmente farà, qualche sera dopo, ospite di Michele Santoro.

A salvare la faccia a Dell'Utri provvede invece Toni Capuozzo sul settimanale del Tg5 *Terra!*, sabato 24 marzo. Lo scopo del programma è chiaro: tentare di depotenziare l'ultima intervista di Borsellino. Capuozzo – ex di Lotta Continua passato alla Fininvest – lancia un'intervista a Dell'Utri e una al tenente Carmelo Canale, già collaboratore di Borsellino, imputato per fatti di mafia (in primo grado sarà poi assolto per insufficienza di prove, sentenza impugnata in appello dalla Procura). Dell'Utri mente, sostenendo che nel 1974, quando assunse Mangano come «fattore» ad Arcore, questi era incensurato. Poi aggiunge che il «cavallo» di cui gli parlò il boss in una famosa telefonata intercettata non era, come sembra ipotizzare Borsellino, una partita di droga, ma un equino vero, di nome Epoca. Infine spiega che l'intervista al giudice è stata sicuramente manipolata. Canale spiega che Borsellino non gli parlò mai di Dell'Utri e non conosceva Berlusconi: dinanzi alle domande dei giornalisti francesi era molto «imbarazzato» e «impreparato». Segue una breve intervista ad Antonio Ingroia, pm del processo Dell'Utri. Da un'inchiesta della Procura di Palermo sulle denunce del colonnello Michele Riccio contro alcuni ufficiali del Ros per la mancata cattura di Bernardo Provenzano, si scoprirà un interessante retroscena di quella puntata di *Terra!*. Prima di farsi intervistare da Canale5, il tenente Canale passò nello studio romano del suo avvocato Carlo Taormina, dove incontrò anche Riccio e Dell'Utri. «L'incontro era organizzato – racconta Riccio – apertamente per poter dare una mano al dottor Dell'Utri.» Sia per il caso *Satyricon*, sia per il processo per mafia a Palermo. Riccio, di lì a una settimana, doveva testimoniare al processo di Palermo su quanto gli aveva riferito il pentito Luigi Ilardo a proposito dei rapporti fra Dell'Utri e Cosa Nostra, poco prima di morire ammazzato. E nello studio Taormina – racconta – gli fu fatta balenare una proposta allettante: se avesse smentito che Ilardo gli aveva parlato di Dell'Utri, avrebbe avuto un aiuto per rientrare nei Carabinieri dopo la sospensione subìta per un processo in corso. «Ma io glissai», racconta. Alla fine – aggiunge – il tenente Canale promise di rintracciare in Sicilia una persona che poteva tornare utile a Dell'Utri per scagionarlo dalle accuse di mafia («la riunione serviva a procurare a Dell'Utri prove false a suo favore», accuseranno i pm palermitani). Poi andò a farsi intervistare da *Terra!*.

Mentana completa la campagna elettorale invitando gli italiani all'astensionismo, col suo bel faccione sulla copertina dell'«Espresso» sotto il titolo cubitale: «L'Italia degli astenuti».[45]

Dopo la vittoria di Berlusconi, nel luglio 2001 il Tg5 mette a segno un ottimo scoop: le sequenze esclusive degli ultimi attimi di vita di Carlo Giuliani, ucciso da un carabiniere mentre brandiva un estintore durante gli scontri al G8 di Genova. Il colpo giornalistico è un colpo al cuore del governo, contestatissimo per la feroce repressione. Berlusconi non gradisce. Ma proprio in quei giorni si parla insistentemente di un passaggio di Mentana (con Sposini e Capuozzo) a La7. Sarà lo stesso Mentana a confermare le lunghe trattative con il nascente «terzo polo» televisivo. Ma quando ormai il trasloco sembra imminente, Confalonieri e Piersilvio si precipitano a trattenerlo, con un sontuoso rilancio a suon di abbracci e di miliardi (cosa della quale «Fidel» si lamenterà spesso, anche in pubblico). Chicco rimane dov'è.

Il 24 maggio 2002 Mentana è a *Sciuscià*, ospite di Santoro a discutere del diktat bulgaro di Berlusconi, con Adornato, Veneziani, Maltese, Costanzo, Pecoraro Scanio, Belpietro e altri. Epurazioni in vista? Macché, minimizza sorridente Chicco:

> Biagi è uno dei giornalisti più potenti d'Italia. Per Sergio Zavoli, nonostante fosse stato marginalizzato, tutta questa levata di scudi non c'è mai stata. Nel mondo dell'informazione nessuno può avallare la presenza di qualcuno che dice «tu scom-

> pari». Ma, nonostante l'attacco di Berlusconi, Biagi e Santoro ora sono regolarmente in Rai e, se qualcuno volesse toglierli, dopo il discorso di Berlusconi a Sofia sarebbe più difficile. Al massimo ci saranno altri programmi, più contrappesi... Meglio più programmi che meno programmi. Non vorrei che il problema fosse la collocazione alle 20.40, che è una cosa completamente diversa. Se invece di cinque minuti ogni sera, Biagi facesse una prima serata di due ore, che facciamo, scendiamo in piazza? Biagi è il giornalista più forte d'Italia. Comunque io non voglio che si tolgano le persone. Se tolgono Biagi e Santoro non resteremo certo indifferenti. Se vogliono togliere Biagi e Santoro noi ci mettiamo qui, ci mettiamo qui!

«E non ci muoviamo più!», chiosa Costanzo. Insomma Mentana minaccia un presidio permanente alla Rai in caso di epurazione. Alla quale, peraltro, non crede. E fa la faccia offesa quando Maltese fa notare la stranezza di una compagnia di «stipendiati da Berlusconi che difendono Berlusconi».

Poi, puntualmente, Saccà e Del Noce eseguono la *fatwa* bulgara ed eliminano Biagi e Santoro. Lungi dal presidiare Viale Mazzini, Mentana la prende con filosofia: «Non potrò più vedere Biagi, ma per fortuna potrò ancora leggerlo. La sua è una scelta che va compresa e rispettata. Se ci fossero altri risvolti andrebbero segnalati. Ma se è vero che dietro questa scelta, che impoverisce l'azienda, ci sono ragioni personali, queste vanno assolutamente rispettate». Ecco, se Biagi non c'è più è per ragioni personali. E soprattutto spontanee. Ma se poi si dovesse scoprire qualche «altro risvolto», tipo che c'entrano Berlusconi e Saccà, basta fargli un fischio e lui s'incatena al cavallo di Viale Mazzini. Quanto a Santoro, Mentana si diverte molto a sbeffeggiarlo in redazione. Un giorno racconta di averlo visto per strada con la moglie, e ridacchia: «È in astinenza da video, infatti gira con la psichiatra al fianco».

Mentre Biagi e Santoro vengono epurati, Mentana dilaga dalla tv alla carta stampata. Per esempio, scrive editoriali sui quotidiani del gruppo Riffeser-Monti («Il Giorno», «Il Resto del Carlino», «La Nazione»). Uno fra i tanti è davvero esemplare: quello del 26 maggio 2003, in cui difende il Cavaliere perseguitato dai giudici e addirittura la campagna sulle false tangenti di Telekom Serbia:

> Berlusconi si è stufato di subire ed è uscito dall'angolo, colpendo d'incontro i suoi avversari. Ha usato i loro stessi guantoni, quelli giudiziari. Come a far provare anche ai Prodi e ai Fassino la scomodità del ruolo di accusato.

Dal che gli eventuali lettori deducono che Prodi e Fassino hanno combattuto Berlusconi con «guantoni giudiziari». E che è colpa loro se il Cavaliere è imputato di corruzione e altri reati. Naturalmente è tutto falso, ma Mentana insiste: «Nell'agenda politica è entrata, proprio alla vigilia delle elezioni amministrative e del semestre europeo, una voce insidiosa: Sme». Altra ciclopica bugia, visto che l'inchiesta Sme è iniziata nel '96 e il processo nel 2000. Ma scrive ancora Chicco:

> Quella vicenda di 18 anni fa si presta almeno a una doppia lettura e l'ipotesi che sta alla base del processo di Milano (corrotti i giudici che dissero no alla vendita del gruppo alimentare a De Benedetti) non pesa certo di più di quella che Berlusconi vorrebbe consegnare a una commissione d'inchiesta (che il vero scandalo fosse il tentativo di De Benedetti di comprare sottocosto la Sme dall'Iri di Prodi).

Ennesima panzana: non ci fu alcuna tentata svendita della Sme (all'epoca, Berlusconi e i suoi alleati nella scalata Sme valutavano l'azienda meno di quanto offriva De Benedetti). Ma se anche ci fosse stata, non sarebbe paragonabile con la corruzione di due giudici: accusa basata sui conti svizzeri dei giudici medesimi, comunicanti con quelli degli avvocati Fininvest. Ma Mentana prosegue nell'incredibile equazione:

> Io – sembra dire Berlusconi – devo stare buono in balìa dei pm, dei giornali e dei libri che mi dipingono come un usurpatore politico e un delinquente matricolato, mentre agli altri, quando vengono raggiunti da un'accusa o da un sospetto come nel caso Sme e soprattutto nella vicenda Telekom Serbia, basta dire «Non ci sto!» sull'esempio di quanto fece Scalfaro dieci anni fa sui fondi neri del Sisde.

Tre bugie in tre righe. Scalfaro fu regolarmente indagato per abuso d'ufficio e prosciolto al termine del mandato (era presidente della Repubblica, non del Consiglio, e disse «non ci sto» alle calunnie di alcuni dirigenti infedeli del Sisde, non all'inchiesta della Procura di Roma). Berlusconi è imputato di corruzione sulla base di rogatorie bancarie. Gli «altri», cioè Prodi e Fassino, non sono imputati di nulla (Prodi lo fu più volte, ma venne sempre prosciolto per non aver fatto nulla di illecito). Contro di loro c'è solo la parola di un piccolo truffatore, Igor Marini. Ma per Mentana i bonifici di Previti e deliri di Marini pari sono.

Un altro dei suoi sport preferiti è lo slalom. Non volendo sdraiarsi ai piedi del Cavaliere, né incappare in denunce per censure politiche, si tiene lontano dai guai e fa il possibile per parlar d'altro. Infatti il Tg5 è infarcito di cronaca nera, bianca e rosa. Con l'eccezione del tema mafia: insistere su Cosa Nostra nelle tv di Berlusconi è come parlar di corda in casa dell'impiccato. È lo stesso Mentana a confessarlo, quando viene sentito come testimone al processo Dell'Utri. I difensori del senatore lo fanno convocare dal Tribunale di Palermo il 14 aprile 2003 per dimostrare che mai Dell'Utri fece pressioni su tg e giornali del gruppo. Mentana conferma. Poi però si lascia sfuggire una frase che spiega il perché: Mentana non crede ai rapporti fra Dell'Utri e Cosa Nostra, nemmeno dinanzi all'evidenza, e dunque ci scherza su. Decide di ignorare quel processo (peraltro seguitissimo dalla stampa internazionale). E se ne vanta. A questo punto non si vede perché Dell'Utri dovrebbe fare pressioni, visto che il risultato è acquisito in partenza. Quello che segue è uno stralcio della deposizione di Mentana, che risponde all'avvocato Enzo Trantino, difensore di Dell'Utri.

> *Trantino*: Si è mai intrattenuto con lei il dottore Dell'Utri occupandosi del suo processo, invitandola o suggerendo le scelte di qualunque natura?
> *Mentana*: No, e come forse saprete, visto che seguite il processo direttamente, noi ci siamo occupati pochissimo del processo... Credo che il dottor Dell'Utri... l'Onorevole Dell'Utri non mi abbia mai telefonato da quando... è sotto processo, da quando è imput... da quando è indagato per questa vicenda. L'unico rapporto che ho annualmente, ed è epistolare, da parte dell'Onorevole Dell'Utri, che mi invita, forse lo farà anche a

voi, alla mostra del Libro antico, però non ho mai avuto occasione di andarci.

Il pm Ingroia gli domanda se, prima del processo, avesse mai sentito parlare dei rapporti fra Dell'Utri e Cosa Nostra.

> *Mentana*: Sapevo che c'era una pubblicistica, come si dice in questi casi, che diceva: «Dell'Utri...», come lo si diceva nelle conoscenze siciliane [...]. Ci siamo conosciuti in quegli anni, si parlava già del... di alcuni libri che dipingevano la nascita dell'impero economico berlusconiano come avvolta da elementi misteriosi e si facevano insinuazioni, eccetera, e in questi racconti molto ruotava attorno al ruolo di Dell'Utri. Io posso dire che tutte queste cose non le ho viste.
> *Pm Ingroia*: Quindi erano notizie apprese dalla pubblicistica corrente...
> *Mentana*: Certo.
> *Pm Ingroia*: E non discorsi all'interno del vostro gruppo.
> *Mentana*: No, assolutamente.
> *Pm Ingroia*: Senta, in questo senso dicevo che era poco chiara la sua frase...
> *Mentana*: No, ma guardi, io le posso dire che si poteva anche scherzare su queste cose, proprio perché, appunto, come sempre accade, quando le cose... le insinuazioni si vivono dall'esterno non trovano risposta, all'interno si scherzava, si poteva scherzare anche su queste cose, tanto può essere...
> *Pm Ingroia*: Prima...
> *Mentana*: ...distante la realtà...
> *Pm Ingroia*: ...o dopo l'inizio, prima o anche dopo l'inizio del processo?
> *Mentana*: Guardi, se vuole scherziamo anche durante questo processo, non c'è nessun problema!

Se Mentana si tiene a distanza di sicurezza dal processo Dell'Utri, anzi scherza sui suoi rapporti con i boss, Canale5 garantisce invece massima copertura mediatica a eventi ben più fondamentali: come per esempio le celebrazioni per il decennale della discesa in campo del Cavaliere, nella convention hollywoodiana al Palaeur di Roma. Il 26 gennaio 2004 salta dal palinsesto la rubrica *Terra!*, dedicata alle vittime dei gulag, per essere sostituita con il lungo monologo autocelebrativo di Berlusconi, intervallato dai commenti del turboforzista Piero Vigorelli. Il Cdr protesta vibratamente con l'azienda, parlando di «scelta grave e lesiva del prestigio del Tg5». Mentana tace.

Il pacifista guerrafondaio

L'ultima campagna elettorale al volante del Tg5 è quella, lunghissima, per le europee e le regionali della primavera 2004. Nemmeno stavolta il Cavaliere ha di che lamentarsi. Alla vigilia del voto, vengono liberati in Irak i *bodyguard* italiani Stefio, Agliana e Cupertino. E lui approfitta dell'occasione per imperversare in perfetta solitudine a ogni ora del pomeriggio e della sera su tutti i canali. Secondo i calcoli di Sebastiano Messina su «Repubblica», le reti Rai e Mediaset sono rimaste in ostaggio del premier solitario per un'ora, 3 minuti e 2 secondi sulle otto dedicate al ritorno dei prigionieri. Nelle altre sette il presidente del Consiglio ha ceduto il passo ad altri uomini fiducia: Frattini, Martino, Gasparri e Ferrara. Il record spetta al Tg5 e a Studio Aperto, che hanno riservato al premier il 100% degli spazi politici a disposizione.

Sulla guerra in Irak, Chicco parte pacifista e arriva guerrafondaio. Il 15 febbraio 2003, alla vigilia dell'attacco angloamericano, grande manifestazione per la pace a Roma. Dalla terrazza dell'ufficio di Mentana in Viale Aventino garrisce un mega-striscione iridato con scritto «No alla guerra». I manifestanti, sfilando sotto le sue finestre, scandiscono: «Mentana, vieni con noi!». Lui si affaccia, sorride e saluta.[46] Poi però – ricorda un redattore – «riceve una telefonata». E, per misteriosi motivi, fa ritirare lo striscione.

Un mese dopo, alla vigilia dell'attacco, Mentana dichiara:

> Se ci sarà una situazione di pericolo, mi prenderò la responsabilità di richiamare l'inviato. A me non piacciono gli eroismi inutili. Se ci sarà una situazione di guerra chiederò a Capuozzo di spostarsi dal territorio irakeno.[47]

Piccolo particolare: in quel momento Capuozzo non è a Baghdad, e nemmeno in Irak, non essendo riuscito a ottenere il visto. È ad Amman. Il Tg5 si appoggia su Gabriella Simoni di Studio Aperto. Capuozzo arriverà a Baghdad solo il 12 aprile, preceduto però da Mimosa Martini. Ma Mentana, fra i due, preferisce Toni, fedelissimo di Giuliano Ferrara, apertamente schierato a favore dell'invasione dell'Irak. Sarà lui a seguire la guerra. La Martini sparisce. Poco dopo se ne andrà a lavorare con Costanzo.

Ora la linea del Tg5 è smaccatamente bellicista. Mentana è l'unico direttore di tg a mostrare (nella rubrica *Terra!*) le immagini raccapriccianti di un ostaggio occidentale decapitato dai terroristi iracheni, in perfetta sintonia con Ferrara e Feltri, che sbattono in prima pagina sul «Foglio» e su «Libero» le teste mozzate sgocciolanti di sangue. Sull'«Unità» Furio Colombo osserva che è proprio ciò che vogliono i terroristi: massima visibilità per seminare il panico. Replica Mentana con rara pacatezza:

> Le parole di Furio Colombo meritano la stessa silenziosa commiserazione che va dedicata a tutte le sue altre strampalate uscite [...]. Non è comprensibile né giustificabile la sua criminalizzazione di chi ha opinioni diverse dalle sue. O la si pensa come Colombo, o si è servi di Al Qaeda. Come dire: o con un terrorista o con un arteriosclerotico.[48]

Nel luglio 2004 il mensile «Prima Comunicazione» annuncia in copertina che Mentana ha i giorni contati. L'interessato smentisce: «Dalla poltrona di direttore del Tg5 non mi schiodate neanche a colpi di giavellotto. Sono dieci anni che a intervalli regolari tornano queste voci». Ed è vero. Dal 2001 i *boatos* lo danno in partenza per andare a dirigere un po' di tutto: dalle news di Sky a quelle di La7, dal «Corriere» alla «Gazzetta dello Sport», da qualche rete o tg Rai alla «Stampa». Lui infatti è amico di tutti quelli che contano: da Luca di Montezemolo, presidente della Fiat, editore della «Stampa» e azionista del «Corriere», a Diego Della Valle (altro socio del gruppo Rcs). Ma, ancora una volta, le voci si placano e tutto sembra stabilizzarsi. Fino alla sera dell'11 novembre 2004 quando, all'improvviso, nell'edizione del Tg5 delle 20, Mentana annuncia in diretta le sue dimissioni da direttore: «Questa sera termino il mio lavoro al Tg5, non l'ho detto a nessuno, era giusto dirlo prima ai telespettatori». Che, in quel momento, sono 9 milioni.

L'indomani, intervistato da «Repubblica», il direttore uscente spiega l'accaduto con «un'esigenza politica superiore»:

> Ero troppo vecchio? Ragionando così, si offenderebbe Rossella. Non facevo ascolto? Siamo stati per l'intera stagione fino a oggi il programma più visto di tutta Mediaset. Anzi, Canale5 l'abbiamo sorretta noi: alle 8, alle 13 e alle 20. Proseguiamo: sono interista? Sì, ma anche Galliani è juventino...[49]

Solidarietà da tutto l'arco costituzionale, Forza Italia e Lega nord escluse. Commento della moglie Michela Rocco di Torrepadula: «Rossella sarà un grande professionista, ma è un amico di merda». Commento di Santoro: «Mentana non credeva al regime, e ci è rimasto sotto». Lui, intervistato da Pino Corrias per «Vanity Fair», dice:

> Che sia stato Berlusconi a cacciarmi è il segreto di Pulcinella. È un gesto difensivo. Regime? Non scherziamo.
> *Come lo chiama questo cambiamento?*
> Lo chiamo: marcia di avvicinamento alle elezioni.
> *Carlo Rossella fa parte di questa marcia?*
> Ovvio.[50]

Insomma, protesta. Ma fino a un certo punto. Anche perché è un po' imbarazzante scoprire, a undici anni dalla discesa in campo del Cavaliere, un eventuale conflitto d'interessi fra il padrone di Mediaset e il padrone del governo. C'è chi, come Montanelli, l'aveva già capito nel 1993. Comunque Mentana assicura che «in questi tredici anni Berlusconi non mi ha mai chiesto nulla». Faceva tutto lui, spontaneamente.

Le dimissioni sono più «spintanee» che spontanee. «Politiche», come sottolinea allarmato il Cdr. Ma perché proprio ora? Incassato l'ok di Ciampi alla legge Gasparri-2 dopo la drammatica bocciatura della prima versione, e sistemata dunque Rete4 per sempre, in barba a due sentenze della Corte costituzionale, Berlusconi può liberarsi anche dell'ultima foglia di fico (per i detrattori di Mentana) o dell'ultimo fiore all'occhiello (per gli amici di Mentana). Che bisogno c'è, ormai, di ripetere l'eterna litania di Canale5 in mano ai «comunisti» Costanzo e Mentana? Non a caso, nel breve volgere di qualche mese, entrambi gli uomini-simbolo dell'ammiraglia Mediaset vengono declassati: Costanzo dalla seconda serata al primo mattino, Enrico dalla prima serata alla seconda e mezza.

Per i giornalisti del Tg5 non è affatto un fulmine a ciel sereno. Da mesi, in redazione, si rincorrevano i *boatos* sulle trattative di Mentana con la proprietà. Ma, conoscendolo bene, tutti i colleghi avevano capito che ben difficilmente il direttore avrebbe traslocato a La7 o a Sky. Puntava invece a trattare il suo futuro in Mediaset da posizioni di forza. Di rilancio in rilancio, il suo obiettivo era condurre un *Letterman Show* italiano, ma conservando il Tg5 e aggiungendoci pure la direzione editoriale. Alla fine Confalonieri, che sempre meno lo sopporta, gli ha dato la prima e la terza cosa, ma gli ha levato il tg. I due non si parlarono per mesi, dopo la finta fuga a La7 del 2001. Paolo Guzzanti, senatore forzista e condirettore del «Giornale», aveva chiesto più volte la testa di Mentana. Poi, quando Fidel gli fece da testimone di nozze nel sontuoso matrimonio del 2002 con Michela, in redazione tornò il sereno: «Avranno fatto pace, Chicco ce l'ha fatta un'altra volta», pensarono i suoi. Invece era solo pace armata.

Chi conosce bene le strategie e i circuiti mentali del Cavaliere è Luigi Crespi, il suo ex sondaggista, poi caduto in disgrazia e coinvolto in una brutta storia di bancarotta. Dopo l'addio di Mentana, traccia quest'analisi controcorrente che ha il pregio dell'originalità e, soprattutto, della conoscenza «dall'interno»:

> Fiumi di parole, commenti e testimonianze hanno segnato il divorzio tra Mentana e il suo Tg5. Rimosso o promosso? I ragionamenti e le analisi sono sempre girati su «per chi» e perché Piersilvio e i suoi abbiano assunto tale decisione. Quindi sul passato, sempre e comunque su ciò che è già accaduto. Noi vorremmo occuparci di un altro aspetto. Cioè del futuro dei protagonisti di questa vicenda. Primo: [...] Berlusconi come politico ha bisogno più di Mentana che di Fede. Secondo: ma veramente qualcuno crede che Mentana abbia mai potuto far perdere un solo voto al premier? Se qualcuno lo pensa o lo crede, è stupido o in cattiva fede. Poiché Mentana non solo non

ha mai fatto perdere voti, ma è stato un elemento fondamentale nella creazione del consenso intorno a Berlusconi. Il Chicco nazionale sapeva costruire la sua credibilità ai danni del suo editore, pizzicandolo e innervosendolo in periodi lontani dal voto, ma restituendogli il maltolto nel periodo elettorale in modo sapiente, intelligente, capace. Altro che Fede e Giordano! I pilastri del consenso a Berlusconi sono stati prima Mentana e poi Mimun e Mentana, le due emme. Terzo: veramente qualcuno può pensare che quanto abbiamo appena detto non sia a conoscenza del premier? Quindi la sostituzione di Mentana non dovrebbe essere stata fatta per motivi politici e forse o i mediatori fra i due non hanno saputo trovare la quadra...[51]

In vista della campagna elettorale più difficile della sua carriera politica, Berlusconi ha bisogno di un Tg5 d'attacco. Questa volta tocca a lui, non al centrosinistra, la parte dell'inseguitore. Non può più permettersi un Tg5 istituzionale, un «fiore all'occhiello» dall'aspetto prestigioso e accattivante, utile per diffondere la falsa immagine di un editore «liberale» ma anche per assecondare le ambizioni e i capricci di un direttore ancora giovane e rampante, pronto ad appoggiare il padrone soltanto nelle grandi occasioni. Occorre uno strumento che mantenga il più possibile un'eleganza esteriore, ma che nelle scelte che contano sia molto più smaccato di prima, con un direttore che obbedisca e giochi soltanto la partita del Cavaliere, non anche la propria. E chi meglio del fedelissimo e dandyssimo Carlo Rossella, già brillante direttore del Tg1?

L'ex cossuttiano convertito al più fervente berlusconismo s'è appena prodotto con «Panorama» in un esercizio di piaggeria davvero notevole: è stata ritoccata al computer una foto di copertina del Cavaliere, rinfoltendogli l'ampia pelata con una ricrescita artificiale degna di Little Tony. Appena assurto alla direzione del Tg5, Rossella manderà a seguire l'ultima fase del processo Dell'Utri, quella che precede la condanna a 9 anni per mafia, nientemeno che Fabio Tricoli, nipote dell'avvocato del senatore imputato. Uno di quei servizi tanto plateali quanto inutili che Mentana non si sarebbe mai abbassato a fare. Un padrone – diceva il maggiordomo Jeeves nei romanzi di Woodehouse – lo si giudica dai servitori che si sceglie. E viceversa.

Talis Matrix, talis Silvius

La polemica di Mentana con Berlusconi dura qualche giorno, non di più. Nel dicembre 2004 i vertici Ds gli offrono addirittura la direzione dell'«Unità» al posto di Furio Colombo: ci sono direttori, un vero club esclusivo, che piacciono tanto al Cavaliere quanto ai suoi «oppositori». Chicco comunque declina l'offerta e conferma che resterà nel gruppo che l'ha appena promosso-rimosso, con un ruolo tutto da scoprire: direttore editoriale, una specie di supervisore sui tre tg del Biscione. «Vigilerò», promette fra i risolini ironici di Fede e la disarmante imperturbabilità di Rossella. Intanto apre una rubrica di corrispondenza su «Vanity Fair». E, per Mediaset, prepara un *talk show* in seconda serata, destinato a rimpiazzare lo spazio liberato dal decotto *Costanzo Show* e a scontrarsi con *Porta a Porta*. Il suo pubblico lo rivede in onda il 3 marzo 2005, in contemporanea col Festival di Sanremo, con uno speciale su Oriana Fallaci, divenuta l'idolo del centrodestra, soprattutto della Lega nord (Mentana ha pure firmato l'appello di Feltri per farla senatore a vita). Ma raccoglie appena l'8.21% di share.

Alle 23.30 del 5 settembre 2005, dopo dieci mesi di astinenza da video, rieccolo al nuovo debutto: il programma si chiama *Matrix* e va in onda tre sere la settimana intorno alle 23. «Sarò scomodo»,[52] promette Mentana in decine di interviste da copertina. Ma il gioco di *Matrix* è quello di sempre. Il genere, comodissimo, si chiama *infotainment*: mezzo informazione, mezzo intrattenimento, garantito dalla presenza come coautore di Davide Parenti, il padre delle *Iene*, che s'è portato dietro alcuni incursori con gessato e occhiali neri, i quali si alterneranno nei servizi con alcuni giornalisti «rubati» al Tg5.

L'esordio, «Guerra per banche», è dedicato al caso Fazio. Per metter subito le cose in chiaro, lo scomodo Mentana omaggia altri due scomodi per definizione: Costanzo e Vespa. Poi auspica il pronto rientro in Rai degli epurati. Nell'ordine (suo): «Socci, Biagi, Santoro e Vigorelli». Resta da capire chi mai abbia epurato Socci (a parte il pubblico, s'intende) e Vigorelli (che dirige *Parlamento In* su Canale5). Il pubblico applaude commosso. In studio Mentana ha invitato Pierluigi Bersani, il presidente della Bnl Luigi Abete e il mattatore Tremonti, l'unico su due dozzine di ministri che è da sempre nemico di Fazio. Chi guarda *Matrix* e non ha letto i giornali, cioè la maggioranza dei telespettatori, ascoltando Tremonti può legittimamente credere che gli amici di Fazio stiano tutti a sinistra. Poi appare il sondaggista Nicola Piepoli, che è socio di Chicco Gnutti, uno dei protagonisti delle scalate bancarie (ma nessuno lo fa notare), e che fa i sondaggi per il governo Berlusconi.

Tutt'intorno è perfetto. Studio ipertecnologico, scenografia rutilante, grafica hi-tech, luci e fotografia impeccabili, musiche e siglette giuste, colori sgargianti, ritmo arrembante, unico residuo di *Porta a Porta* le poltroncine bianche. Mancano solo le notizie. Il pubblico si mette davanti alla tv, trascorre due ore liete, gli pare di capire tutto e invece alla fine ne sa quanto prima. Cioè nulla. L'unico scoop della prima puntata è una domanda di Mentana: «Chi c'è dietro Berlusconi?». Ma è un lapsus: voleva dire Ricucci. L'ascolto è discreto, ma non esaltante: 24% di share, tre punti in più della media di *Porta a Porta* della passata stagione. Ma quella sera, su Rai1, Vespa non c'è ancora. Una rondine non fa primavera.

Vittorio Feltri, su «Libero», maramaldeggia: «La caduta del piccolo Dio», titola perfido. Mentana, nervoso, risponde che lui non legge «Libero», ma se Feltri scrive certe cose è perché «ha le emorroidi». La leggiadra polemica prosegue con l'altrettanto elegante risposta feltriana: «Nemmeno Mentana deve soffrire di emorroidi, altrimenti avrebbe l'emicrania».[53]

Poi, il 12 settembre, arriva la concorrenza. Cioè Vespa. Che, per non regalare punti al dirimpettaio, decide di trasmettere in diretta (di solito registrava). Sceglie il tema del caro-vita, mentre Mentana opta per il delitto di una ragazza a Como. Da allora, almeno sino a metà ottobre, *Porta a Porta* vince tutti i confronti diretti, addirittura con distacchi da doppiaggio (26 a 12). *Matrix* si attesta sotto uno share medio del 15%, con punte minime che precipitano fino al 6.45%. Salvo quando, per tirare un po' il fiato, si riduce a mostrare i rantoli dell'allenatore Franco Scoglio, che muore in diretta negli studi di una tv privata, o a dedicare un'intera puntata alla separazione fra Al Bano e la Lecciso.

Come scrive Giovanni Valentini, fra i pochissimi a rompere il plumbeo conformismo dei peana a Mentana, un doppio merito bisogna riconoscere all'ex direttore del Tg5: quello di avere rivalutato in un colpo solo la nomina di Carlo Rossella alla sua successione e perfino la professionalità di Bruno Vespa con il suo *Porta a Porta.* Valuteremo meglio dopo che *Matrix*, per una puntata sulla riforma elettorale o sulla crisi economica, avrà mandato le sue candid camera ad Arcore o nel bunker sardo di villa La Certosa, a bordo di qualche yacht dove si fanno i grandi affari, negli spogliatoi del Milan o ai cancelli della Fiat; oppure avrà proposto le imitazioni di Berlusconi, di Casini o di Montezemolo. Se qualcuno sentiva il bisogno di superare i confini del genere cosiddetto *infotainment*, di distinguere cioè fra informazione e spettacolo, di separare il giornalismo dall'intrattenimento, eccolo accontentato. Qui, finalmente, l'informazione e il giornalismo cedono definitivamente il passo all'*entertainment*, al gossip, al voyeurismo, per dirla volgarmente al «cazzeggio».[54]

Un'occasione d'oro per smentire i detrattori Mentana l'avrebbe nella puntata dedicata ai raccomandati. Ma il tema è scivoloso. Difficile denunciare la piaga di quelli che fanno carriera grazie alle raccomandazioni e non parlare del giornalismo televisivo. Mentana, imbarazzato, lo capisce e tenta di levarsi d'impaccio ammettendo: «Anch'io ho cominciato grazie a una raccomandazione». Poi però non fa il nome dello sponsor. Così Emilio Fede, ospite in studio, lo mette in difficoltà: «Io, caro Enrico, sono arrivato a Mediaset grazie a Craxi». Mentana non raccoglie. O meglio si lancia, all'unisono con Fede, in un fondamentale distinguo: è vero, nei giornali e nelle tv si entra anche per meriti famigliari e politici, poi però vanno avanti solo quelli bravi. Nell'imbarazzo generale, Gian Antonio Stella dice le cose come stanno: «In provincia ci sono decine di giornalisti bravissimi che non hanno accesso alla grande stampa nazionale perché i loro posti sono occupati da chi è arrivato e fa carriera per raccomandazione». La situazione si complica quando va in onda un servizio su uno scoop del giornalista dell'«Espresso» Riccardo Bocca che ha scovato un elenco di migliaia di raccomandati alle Poste. Accanto a ogni nome, nel database c'è quello dello sponsor politico. Quasi tutti esponenti del centrodestra. In due casi compare Veltroni. Uscito l'articolo, il sindaco ha scritto a «Repubblica» per spiegare di aver segnalato due nomi:

i parenti di un vigile del fuoco e di un dipendente comunale morti in servizio. Trovare loro un lavoro, era più che doveroso. A Mentana però quella lettera è «sfuggita», anzi, nel servizio di *Matrix* sulle raccomandazioni Veltroni fa la parte del leone. Per un puro caso le telecamere riprendono il nipote del sindaco di Roma mentre entra alle Poste, e il giornalista gli fa anche qualche domanda. Insomma i telespettatori si convincono che in questa brutta storia il «cattivo» sia l'esponente Ds. Veltroni telefona in diretta imbufalito e dice di aver capito il giochetto. Mentana si scusa cospargendosi il capo di cenere.

Il 19 settembre *Matrix* si occupa del distacco fra Prodi e Berlusconi nei sondaggi. E sfodera un grande scoop: dai rilevamenti dei suoi «esperti» il divario risulta minimo. Non più del 3%, un'incollatura. Nemmeno gli alleati più devoti del Cavaliere sono così ottimisti. Casini, qualche giorno prima, ha ammesso che la Cdl è in ritardo sull'Unione di una decina di punti. Prodi fa passare una settimana, poi si dice «molto preoccupato perché la tv non sta svolgendo un ruolo imparziale». Non cita espressamente *Matrix*, ma poi si viene a sapere che è stata la moglie Flavia a segnalargli quella puntata a senso unico. Mentana non la prende bene e usa contro Prodi parole che non ha usato nemmeno contro chi l'ha allontanato dal Tg5:

> Vorrà mica che risponda alla signora Flavia? [...]. Non credo che Flavia Prodi sia un soggetto politico. Quindi non mi sento in dovere di replicare. A quando una battuta della signora Follini? [...]. Forse il nostro errore è stato quello di invitare Ivan Scalfarotto [candidato alternativo alle primarie dell'Unione, *N.d.A.*]. Come tutti i politici, Prodi farebbe meglio a parlar chiaro [...]. Sa cosa sono le sue? Pressioni preventive [...]. La politica tenta di condizionare l'informazione tv e poi si lamenta quando vede le alterazioni. Tengano le mani bene in alto, siano d'esempio. E la smettano di fare le vergini spaurite.[55]

Poi però si scopre che sul sito della Presidenza del Consiglio, dove per legge devono essere pubblicati tutti i sondaggi perché i cittadini possano controllarne i dati completi e le tecniche d'intervista, quello di *Matrix* non c'è. E chi erano, nella puntata incriminata, i sondaggisti ospiti in studio? Due professionisti che lavorano entrambi per Berlusconi. Il primo è il solito Piepoli, che sforna sondaggi per conto del governo («Quella che ha realizzato per *Matrix* – si giustifica il 26 settembre – non era una ricerca elettorale. Per questo non è sul sito di Palazzo Chigi, ma ora la manderemo alla Presidenza del Consiglio»). L'altra è Alessandra Ghisleri, già assistente di Luigi Crespi, che dopo il crac di Datamedia s'è messa in proprio e fa sondaggi personali per il premier. Quando l'ha presentata al pubblico, Mentana le ha domandato per chi lavorasse. Lei ha fatto la vaga: «Per vari politici». Lui ha lasciato correre. Lei, per tutta la puntata, ha spalleggiato Piepoli nel sostenere che il distacco fra Silvio e Romano è minimo, assolutamente recuperabile. E Piepoli? Su «.Com» Remo De Vincenzo, che ha assistito fra il pubblico in studio alla puntata, racconta di aver avvicinato Piepoli:

> «Dottore, perché tutti i suoi colleghi dicono che il centrosinistra è a oltre 10 punti di vantaggio sul centrodestra, mentre secondo i suoi sondaggi c'è solo un distacco di 4 punti?» «È evidente – mi ha risposto stupito Piepoli – il mio miglior cliente è il governo! E perché gli dovrei sparare contro?»[56]

E perché Mentana dovrebbe sparare contro chi gli paga da tredici anni uno stipendio miliardario? «Sarò scomodo», aveva promesso. Ma non bisogna esagerare. Diciamo scomodino.

3. *Giovanni Floris, il Vespino «de sinistra»*

Quando, un giorno, si farà l'inventario dei danni causati da *Porta a Porta*, alla voce «effetti collaterali» bisognerà dedicare un apposito capitolo a Giovanni Floris e al suo *Ballarò*. La bravura e la professionalità del conduttore non sono in discussione. Del resto ha fatto in tempo a uscire dalla Scuola di giornalismo radiotelevisivo di Perugia prima che arrivasse a dirigerla Antonio Socci. Alla Rai collabora fin da giovanissimo. Comincia alla radio. Nel '96, a 28 anni, viene assunto alla redazione economica del gr. Poi conduce *Radio anch'io*, *Senza rete* e *Baobab*. Nel 2001 lo mandano a New York pochi mesi prima dell'attentato dell'11 settembre. E passa alla televisione, corrispondente per tutti e tre i tg, ma in forze al Tg3. Scrive anche alcuni libri: l'ultimo s'intitola *Qualcosa di (centro) sinistra*, pubblicato da Mondadori, cioè da Berlusconi.

Floris non ha tessere, ma è vicino alla Margherita, il partito del direttore di Rai3 Paolo Ruffini. Che nel 2002, l'anno delle grandi epurazioni, lo richiama a Roma per affidargli un programma d'informazione il martedì sera. Si chiamerà *Ballarò*, come il mercato popolare di Palermo (dove Ruffini è nato). Questa è la quarta edizione. Gli ascolti sono discreti, ma tutt'altro che travolgenti. Media dell'11% di share. Poco sopra i livelli della rete, che peraltro non se la passa bene, ma abbondantemente sotto quelli dei grandi epurati. Se, come molti sostengono, *Ballarò* fosse «l'unico programma libero di approfondimento», dovrebbe sfondare ben oltre i risultati di Santoro (vicino al 20%). Perché Santoro trasmetteva in un panorama molto vario, insieme a Biagi, Montanelli, Zavoli, Lerner, Minoli, Vespa, Costanzo, Riotta, Deaglio, Beha, Annunziata, Ferrara e così via. Floris invece è solo, insieme a Vespa e – ultimamente – Mentana. Possibile che gl'italiani affamati d'informazione libera siano scesi all'11%?

E allora, delle due l'una: o anche *Porta a Porta* e *Matrix* sono due vessilli di libertà, o non lo è neppure *Ballarò*. Vediamo.

Anzitutto il format, lo schema della trasmissione. È identico – salvo colori, scenografie e volto del conduttore – agli altri. Sempre due o tre politici di destra che si confrontano con due o tre politici di sinistra, più qualche esperto vero o presunto. L'unica vera novità era, nelle prime edizioni, la corrosiva rubrica «Il Corsivo», curata da due irregolari come Alessandro Robecchi e Peter Freeman. Aveva la funzione del sasso nello stagno, controbilanciando quell'aria da infermeria sterilizzata che il conduttore, campioncino del *politically correct*, dà a tutto il programma. Infatti suscitava più polemiche che tutto il resto della trasmissione. Floris l'ha puntualmente abolita nel 2004. Ora invita un comico per ogni puntata. Satira in diretta, dice. Ma non per Luttazzi: o registrato o niente. Luttazzi, esperto in censure, preferisce niente.

Secondo: gli argomenti. Grande prevalenza dell'economia. Lunghe batracomiomachie sui numeri, sulle cifre, sui conti che non tornano mai perché ciascuno li interpreta come vuole. Non accadrebbe così con una puntata sul Contratto con gli italiani, sepolto dal premier nelle nebbie della propaganda quando è nato il governo-bis e s'è capito che nessuna delle cinque promesse sarebbe stata realizzata. Perché non portarne in studio una gigantografia e chiederne conto, punto per punto, a qualche rappresentante del governo inchiodandolo alle nude cifre?

Per un aspirante programma «libero», ci sarebbe poi un altro tema vincente e avvincente, certo più dei soliti balletti di numeri, non foss'altro che perché nessun altro ne parla: i rapporti fra la politica e la criminalità, mafiosa e tangentara. Non sono astruserie, fissazioni giustizialiste. Sono gli argomenti più trattati dal governo e dalla maggioranza a suon di leggi *ad personam*, i temi più dibattuti in Parlamento e sui giornali fra le forze politiche, più presenti nelle proteste di piazza di milioni di persone raccolte dai movimenti e dai girotondi. Perché in tv nessuno ne parla? Perché gli ultimi che ne parlarono non sono più fra noi. In televisione, almeno. Floris, è comprensibile, non aspira a fare la stessa fine. Dunque a *Ballarò*, di questi temi, si parla raramente. E per linee generali. Sempre politici che si scambiano opinioni contrapposte: visto da destra, visto da sinistra. Mai una volta che il conduttore s'inserisca nella manfrina per dire: signori, i fatti sono questi, le sentenze dicono questo, le vostre sono balle. E quando, infilandosi nella batracomiomachìa, qualche ospite tenta di farlo, viene prontamente stoppato. Accade a Gianni Barbacetto del «Diario», invitato a *Ballarò* nel dicembre 2004 a parlare della sentenza Sme su Berlusconi e della condanna di Dell'Utri per mafia. Quando Francesco D'Onofrio (Udc) sostiene che Berlusconi è una vittima della mafia e che «la sentenza Dell'Utri lascia il premier fuori da ogni sospetto», Barbacetto tenta di smentirlo, fatti e carte alla mano. Ma appena accenna al «piano politico-morale», Floris lo stoppa: «Di questo ne parliamo in studio, grazie». E ricomincia la chiacchiera.

La scena si ripete il 27 settembre 2005. Il Cavaliere è stato appena assolto per la All Iberian perché il suo reato (il falso in bilancio) non è più reato, essendo stato depenalizzato dall'imputato medesimo. Luca Fazzo, cronista giudiziario di «Repubblica», prova a spiegare che il premier non è innocente: è colpevole, ma ha cancellato il suo reato. In studio, i polisti intemperanti di turno, il ministro Matteoli e il viceministro Sacconi, cominciano a urlare: «Basta! Garantismo! Non se ne può più! Chi non è stato condannato è innocente!». Floris ci dà dentro con l'estintore: «Ma sì, Matteoli, ha ragione: Berlusconi è stato sette volte prescritto e quattro assolto, ma mai condannato. Dunque è innocente». Farla franca ed essere innocenti, per Floris e per Matteoli, sono la stessa cosa.

Qui siamo al terzo aspetto: il conduttore, o meglio semiconduttore. Nelle tv dei paesi democratici, il giornalista televisivo è un soggetto temutissimo. In studio è il padrone di casa, e tale si sente e dimostra di essere, scarnificando gli ospiti politici con domande scomode e urticanti. In Italia il padrone di casa è l'ospite politico. Che infatti, di solito, dà del tu al conduttore e siede nella sua confortevole poltrona perfettamente a suo agio, tranquillo e rilassato, ben sapendo di non aver nulla da temere. O di avere comunque tutte le armi a disposizione per intimidire. Una sera è ospite di *Ballarò* Totò Cuffaro, imputato per favoreggiamento alla mafia. Floris prende il coraggio a quattro mani: «Lei è imputato?». E quello: «Sì, ma chiarirò tutto». Floris: «Perché non si dimette?». E quello: «Perché non ho nulla da nascondere, c'è la presunzione di innocenza» e le solite cose. A questo punto si potrebbe introdurre nel dibattito un fatto certo, indiscutibile, emerso nelle telefonate intercettate: il ruolo di Cuffaro come informatore di mafiosi e amici dei mafiosi. Ma il semiconduttore passa a un altro argomento.

Un'altra sera Tremonti, ospite semifisso a *Ballarò*, intimidisce Floris: «Senti, non fare comizi!». E lui zitto. Allora il ministro comincia a insolentire il professor Franco Bruni, economista della Bocconi, che ha il torto di conoscere i numeri e dunque di contraddirlo: «Non si occupi di tasse, lei che è un esperto di monete! Queste sono sue opinioni personali! Lei è pagato dalla Rai per fare comizi politici!». Un conduttore che si rispetti prenderebbe per il bavero il ministro, elencandogli i titoli scientifici dell'ospite che lui stesso ha invitato, poi gli intimerebbe di chiedere scusa, infine lo farebbe scortare all'uscita dalla vigilanza. Invece Floris balbetta che lui gli ospiti non li paga, e morta lì.

Già, gli ospiti. Quarto punto: chi sceglie i politici da invitare? Cesare Salvi, della sinistra Ds, non ha dubbi:

> Gli ospiti della sua trasmissione sono indicati dalle segreterie dei partiti. Non ha mai invitato né me né altri esponenti di primo piano della sinistra Ds come Mussi, mentre in tutte le altre trasmissioni non si opera questa preclusione.[57]

Antonio Di Pietro, assente da *Ballarò* da tre anni, è più preciso:

> Sono un leader di partito e vengo ignorato sistematicamente da Floris. Non ho potuto dire la mia a *Ballarò* né per le europee, né per le regionali, né per il referendum, né ora per le primarie dell'Unione. Quando protesto, Floris mi fa dire che gli interlocutori se li sceglie lui. Ma poi, per il centrosinistra, vengono interpellate solo le segreterie dei Ds e della Margherita.[58]

La straordinaria preponderanza di Rutelli, Fassino e Tremonti a *Ballarò* la dice lunga. Ma non basta. Nel 2002, Floris allestisce un faccia a faccia tra Sergio Cofferati, segretario uscente della Cgil e (allora) simbolo della sinistra «movimentista», e il suo acerrimo rivale Massimo D'Alema. Fra i giornalisti invitati a intervistarli c'è Curzio Maltese, penna acuminata di «Repubblica». Ma a D'Alema non piace Maltese. Così, anche se in studio sono invitati altri giornalisti molto più vicini a D'Alema che a Cofferati, Maltese viene pregato di starsene a casa. Nel 2004 si replica: *Ballarò* chiude la campagna elettorale per le europee con una puntata che prevede la presenza dei rappresentanti di tutti i partiti in lizza. La Lista Di Pietro-Occhetto-Società civile designa Occhetto, ma D'Alema non lo vuole. Dalla redazione, chiedono a Di Pietro un altro nome. L'ex pm indica Giulietto Chiesa. Ma nemmeno Chiesa è gradito. Invece di lasciare a casa D'Alema, da *Ballarò* chiedono un terzo nome. Di Pietro, pur di non perdere quel po' di rara visibilità che gli è consentita, indica Tana de Zulueta. D'Alema (e dunque Floris) accetta. In due ore, la candidata verrà fatta parlare per meno di un minuto.

Il 5 aprile 2005 accade un fatto unico nella storia dell'informazione televisiva. Il capo del governo irrompe in una trasmissione del servizio pubblico e si accomoda sulla poltrona dell'ospite, che era riservata a un altro, mentre il conduttore sorride al settimo cielo per la gioia. Il capo del governo è Berlusconi, la trasmissione è *Ballarò*, il conduttore sorridente è Floris, l'ospite spodestato è il ministro La Loggia. È accaduto questo. La domenica la maggioranza ha perduto sonoramente le elezioni regionali. Il lunedì il vicepremier Fini è andato a *Porta a Porta* a dire che la sconfitta è anche di Berlusconi, e non ha mosso un sopracciglio quando Bruno Tabacci dell'Udc ha detto, per la prima volta, che la Cdl deve cambiare leader se non vuole perdere anche le politiche. L'indomani, martedì, il Cavaliere decide di rimettere in riga i riottosi alleati, riconquistare il centro della scena politica e punire Vespa per l'atto di insubordinazione commesso (non l'ha avvertito della presenza dei due «ribelli» nel suo programma). Tre obiettivi centrati con una mossa sola. Il premier chiama La Loggia, designato da Forza Italia a partecipare a *Ballarò* (insieme a D'Alema, Rutelli e Alemanno) e gli dice di andare pure al cinema. Da Floris ci va lui. Ma non ritiene neppure di avvertirlo strada facendo. Quando arriva negli studi Rai, incontra Floris. Che gli domanda: «Presidente, sta andando da Vespa?». «No, sto venendo da lei.» Sarà lo stesso Floris a raccontare la scena ai giornali dell'indomani. Senza un cenno d'imbarazzo, con gli occhi che ancora luccicano per la contentezza.

Intendiamoci. Per un giornalista, ospitare lo scoop del premier che, dopo anni di monologhi, si confronta con due leader dell'opposizione è un gran colpo (la puntata farà registrare il 24% di share). E nessuno, al posto suo, avrebbe rimandato indietro Berlusconi. Altri però avrebbero denunciato l'anomalia di quel che stava accadendo in studio: il capo del governo si era autoinvitato all'ultimo momento. E nei paesi democratici sono i conduttori che scelgono gli ospiti, non viceversa.

Quinto: le domande. «Noi facciamo sempre le domande giuste», dice Floris nelle interviste e negli spot di *Ballarò*. Peccato che spesso non conosca le risposte. Consentendo all'ospite di turno di replicare anche con le menzogne più plateali, senza smentirlo con dati di fatto inconfutabili né metterlo alle strette con la seconda domanda. È una delle regole basilari del giornalismo. Dopo la prima domanda, se l'interlocutore mente o svicola, lo si incalza con la seconda e, nel caso, pure con la terza. Certo, per reggere il ritmo bisogna prepararsi. E preparare la redazione a ogni evenienza. Come avveniva nei programmi di Santoro, che infatti non vanno più in onda. Non perché Santoro fosse di sinistra (lo è anche Floris). Ma perché metteva i piedi nel piatto, sciorinava i fatti, poi inchiodava i protagonisti a discuterne. E, quando mentivano, il pubblico se ne accorgeva subito. Infatti gli ospiti di Santoro erano nervosi, a disagio, mentre quelli dei *talk show* di oggi sono molto distesi e rilassati. E questo perché il programma è precotto: al punto che gli ospiti vengono «preparati» con l'elenco delle domande a cui dovranno rispondere e pregati di anticipare quello che intendono dire. Lo rivela, fra i tanti, il deputato di An Edmondo Cirielli:

> mi hanno inviato un fax con le domande che mi avrebbero rivolto e le risposte che avrei dovuto dare. E quando, in trasmissione, ho espresso il mio pensiero senza rispettare il canovaccio, Floris ha interrotto il collegamento...[59]

Quando qualcuno azzarda un confronto con Santoro, Floris risponde: «Stimo Santoro, ma non voglio fare Santoro. Ognuno dev'essere se stesso. Comunque auspico il suo rientro, e quello di Biagi. C'è spazio per tutti». Intanto non è vero che c'è spazio per tutti, visto che Biagi, Santoro e tanti altri non lavorano da quattro anni. E poi il mestiere del giornalista è uno solo. E chi, come Floris, è stato in America dovrebbe saperlo. Quanti candidati sono usciti a pezzi da un'intervista televisiva! È immaginabile un epilogo del genere a *Porta a Porta* o a *Matrix*? No. Ma nemmeno a *Ballarò*. Lo era fino al 2001? Non dappertutto, ma sì, lo era. Dell'Utri ricorda ancora con terrore l'accoglienza glaciale che gli riservò il Cavaliere quando rincasò dopo aver partecipato al *Raggio verde* dedicato ai suoi rapporti con la mafia nell'aprile 2001. In uno studio ampiamente pluralista, anzi notevolmente sbilanciato a suo favore, ma con tutti ospiti che conoscevano il processo di Palermo, Santoro gli sciorinò sotto il naso alcuni fatti incontestabili. A cominciare dall'assunzione del mafioso Mangano, nel 1974, come «fattore» a villa Berlusconi. Dell'Utri provò a raccontare che, in quel momento, Mangano non era ancora un mafioso, anzi era incensurato. Santoro diede la parola alla redazione, cioè a Sandro Ruotolo e Luisella Costamagna, che lessero in diretta la fedina penale di

Mangano, sporca sin dalla fine degli anni Sessanta. A quel punto si dovette passare oltre, essendo impensabile aprire un dibattito su un dato di fatto. È esattamente quel che manca, oggi, nel format unico che accomuna Vespa, Mentana e Floris. Poi, certo, ciascuno ha le sue idee. Ma lo schema è fisso, valido per tutti. Così come il ruolo del conduttore: un vigile che, più o meno bene, più o meno equilibrato, dirige il traffico delle opposte opinioni; non certo un arbitro che custodisce le regole e i fatti per conto del pubblico. Le opinioni, anche le più estreme, non fanno male a nessuno. I fatti, invece, possono rivelarsi dolorosissimi. Perché la verità fa male. Ricordare questi principi elementari, quando si parla di *Ballarò*, non è facile. Se qualcuno ci prova, puntualmente salta su qualche politico a garantire sull'assoluta indipendenza di Floris. Una scena piuttosto curiosa visto che, a garantire sull'indipendenza di un giornalista dalla politica, non possono essere i politici.

Il 14 marzo 2005 uno degli autori di questo libro risponde così, sul canale satellitare Planet, a una domanda su *Ballarò*:

> Floris fa una trasmissione a sovranità limitata, certi argomenti li tratta e altri no, non invita quelli che sono fuori del recinto. Sto ancora aspettando che si accorga che l'11 dicembre scorso è stato condannato per mafia il braccio destro di Berlusconi e ci faccia una puntata. Ma sono certo che, se la facesse, salterebbe. Santoro è saltato per la prima volta a Mediaset e la seconda in Rai per aver nominato Dell'Utri. Lo stesso accadde a Luttazzi. Perché non avevano recinti. Floris invece li ha, eccome.

L'indomani Floris non risponde. Replica, in sua vece, Paolo Gentiloni, capogruppo della Margherita in Vigilanza. Con argomenti tutti politici, che nulla hanno a che vedere con la libera informazione.

> Con tanti bersagli disponibili nel monopolio mediatico che l'Italia subisce è buffo che superTravaglio se la prenda con una delle poche trasmissioni libere della Rai. Il tribunale Travaglio è francamente insopportabile [...]. Floris è vittima del fuoco amico. Questa uscita di Travaglio giustifica il famoso motto per cui c'è sempre qualcuno più puro che ti epura. Rispetto e apprezzo le sue inchieste per denunciare il «regime», che io

scrivo tra virgolette. Ma questo lavoro non lo autorizza ad arruolare tra i complici del «regime» tutti quelli che hanno opinioni diverse dalle sue, a ergersi a giudice e censore anche di chi si muove nella sua stessa direzione [...]. Santoro? Ha inventato un vero e proprio stile televisivo con straordinarie capacità di montaggio dei servizi e conduzione teatrale dello studio. Floris è più sobrio. Certo, in una Rai giusta ci dovrebbe essere posto per tutti, ma la realtà è che gli spazi di informazione e giornalismo si sono ridotti. Resistono poche trasmissioni libere, soprattutto su Rai3, come *Ballarò* e *Report*.[60]

«Bersagli disponibili», «fuoco amico», «stessa direzione». Tradotto in italiano: siamo tutti di centrosinistra, non facciamoci del male. L'idea che esistano giornalisti-giornalisti, che quando lavorano sono «di parte» solo in quanto stanno dalla parte dei fatti e non di questo o quel partito o schieramento, in Italia non ha più cittadinanza.

Interviene anche Michele Santoro:

Rai3 è libera di fare ciò che vuole? No, è evidente: Rai3 non è libera di fare ciò che vuole [...]. Il livello di libertà dell'informazione continua ad abbassarsi: c'è un duopolio tv alterato, di fatto un monopolio. Non si può fare vera concorrenza alle reti di Berlusconi né sviluppare argomenti concorrenti a lui. Dieci anni fa dedicai una intera puntata ai debiti della Fininvest: erano tempi in cui Berlusconi ci telefonava in diretta per dire la sua. Oggi parlare di Mediaset in un contenitore televisivo sarebbe semplicemente impensabile. Rai3 risente del clima e degli equilibri generali. I direttori di rete Rai hanno perso l'autonomia di un tempo, incluso chi dirige Rai3. Per non parlare del direttore generale Rai: oggi i suoi interventi sul prodotto sono un'abitudine. Dieci anni fa erano impossibili.

Dice Travaglio: Floris dovrebbe parlare di Dell'Utri come Santoro.

Io non mi sento di suggerirglielo. Perché so cosa significa trovarsi, dopo, nell'impossibilità di esercitare la propria professione. Per me è una grande ferita, una violenza...

Ci sarà pure qualche isola di libertà di espressione...

L'unico che può toccare quando e come vuole ogni argomento è Giuliano Ferrara. Ed è anche quasi l'unico esponente della prima Repubblica televisiva ancora in onda. C'è un altro elemento nel calo della libertà di informazione: la scomparsa delle

> star. Niente più Mentana, Costanzo, Santoro... Tutti personaggi capaci di trattare col potere politico da un punto di forza.[61]

La replica di Floris è molto simile a quella di Gentiloni:

> Mi sento un giornalista libero, che lavora senza vincoli in modo serio, limpido [...]. Si è eroi solo se si muore, si è codardi se si sopravvive? Non accetto questa linea. È chiaro che una Rai con Biagi, Santoro, Beha sarebbe più ricca di una Rai dove questi personaggi non lavorano. Ma è sbagliato dividere il mondo tra puri e impuri [...]. Rai3 è una rete liberissima [...]. Ci dirige un giornalista, Paolo Ruffini. E facciamo i giornalisti [...]. Se sopravviviamo, un motivo ci sarà. Credo che sia il rispetto del pubblico conquistato in tre anni.[62]

E, bisogna aggiungere, il rispetto dei politici. Con l'andare del tempo, Floris comincia a piacere molto anche a Fassino. Basta scorrere i programmi delle feste dell'Unità del 2005 per trovarlo ovunque, nelle vesti di intervistatore di D'Alema e Fassino a Roma, di Veltroni a Genova, di Rutelli a Bologna, di D'Alema a Milano, nonché di Bertinotti alla festa di Liberazione. «Il Foglio», che lo chiama «Gdr, Giornalista di Riferimento», osserva:

> Nelle manifestazioni democratiche sparpagliate qua e là per la penisola, affiorano anche altri preziosi elementi di Saxa Rubra, da Di Bella a Mannoni a Sassoli, ma niente al confronto con Floris. Ché, appena un capo Ds ce l'ha, l'altro subito lo vuole. Un giro di domande con Floris, quasi una certificazione di leadership.[63]

«Il Riformista» assicura che Fassino l'ha ormai adottato e pensa a lui per affiancare Vespa su Rai1 nella Rai che verrà. Del resto Floris è il Vespino «de sinistra». Il suo posto a Rai3 – è sempre «Il Riformista» che annuncia – potrebbe essere preso dal vicevespino Pierluigi Diaco, già parcheggiato dai Ds a RaiNews24, in attesa di ancor più prestigiose collocazioni.[64]

Floris viene chiamato persino a una comparsata nell'ultimo film prodotto da Anna Falchi in Ricucci, *Nessun messaggio in segreteria*. Tutti lo vogliono. Il «Giornale» lo ribattezza «il prezzemolino dei palinsesti» e fa la conta delle ospitate di qua e di là dopo che il Cavaliere l'ha scelto come intervistatore: un passaggio a *Cominciamo bene* su Rai3, una puntatina da Maurizio Costanzo a *Tutte le mattine* su Canale5, e così via. Il tutto condito da tante telefonate, tante mail, tante proposte di matrimonio. «Floris – commenta Costanzo – va via come il pane.»

Ma, alla ripresa autunnale di *Ballarò*, ricominciano le polemiche. Il 27 settembre Floris si avventura per un quarto d'ora sul terreno, per lui impervio, della sentenza All Iberian. E, come abbiamo visto, dà ragione al ministro Matteoli che zittisce il giornalista Fazzo. Sul forum del suo sito fioccano i messaggi di protesta. Sull'«Unità», Travaglio torna a criticarlo. Giorgio Bocca dice: «Floris? Altro bravo professionista come Vespa: rimesta la zuppa a favore della sua parte. Se invita qualcuno di destra o è cretino o è antipatico».[65] Ma, ancora una volta, rispondono i politici di centrosinistra. Il solito Gentiloni, Margherita: «La sinistra si guardi dal correre dietro a tentazioni bolsceviche, considerando i vicini più pericolosi dei nemici». Caldarola, Ds: «Critiche ingiustificate e stucchevoli, io quello spazio sull'"Unità" a Travaglio non l'avrei dato». Livia Turco, Ds: «Non mi piacciono le invettive morali e le demonizzazioni». L'indomani Floris è ospite a Roma del convegno di «MicroMega» «Libera stampa in libero Stato». E risponde alle domande di Norma Rangeri e di Travaglio. Poi però fa la vittima:

> Non so se era Santa, però il clima da Inquisizione c'era. Il processo c'è stato, ma sono stato assolto. Sono contento di essere andato, perché è giusto confrontarsi, anche con chi non la pensa come te. Però è stata dura [...]. Le intenzioni corrispondevano ai titoli dei dibattiti, un po' aggressivi e inquisitori. Gli organizzatori erano determinati a dire la loro, definendo cosa è universalmente giusto e cosa è sbagliato.[66]

Ed eccoli, i titoli «aggressivi e inquisitori» del convegno: «Giornalisti o lottizzati? Imparziali o equidistanti?», «Il mestiere di giornalista: etica e informazione», «La verità è rivoluzionaria? Giornalismo e stampa di parte». Domande semplici semplici. Ma c'è chi non è abituato a farle. Figurarsi a riceverle.

4. *Barbara Palombelli si porta su tutto*

Per raccontare Barbara Palombelli, ma anche il principe consorte Francesco Rutelli e tante altre cose, si può partire da una fotografia. Quella che il principe dei paparazzi Umberto Pizzi ha scattato a Palazzo Venezia, luogo simbolo del Ventennio, martedì 12 ottobre 2004 durante il Gran Galà della Telecom. L'immagine ritrae Barbara sorridente, seduta con il marito Francesco allo stesso tavolo del ministro Gasparri e del direttore della Rai Cattaneo. Sembra una spensierata occasione conviviale. In realtà è una cena di lavoro. Perché, come rivelerà – senza mai ricevere smentite – il quotidiano «.Com», la moglie del leader della Margherita, ha appena raggiunto un accordo con Cattaneo. Il quale ha allargato i cordoni della borsa del suo «fondo personale», quello destinato a spese che non passano al vaglio del Cda e dunque rimangono riservate, e ha fatto firmare alla signora Rutelli

> un ricco contratto (300 mila euro?), spalmato su quattro attività: un programma radiofonico quotidiano, alcune comparsate in vari programmi a cominciare da *Porta a Porta*, essere autrice e ospite del nuovo programma di Rai2, condotto da Masotti e Vergara, *Punto e a capo*.[67]

Un contratto d'oro. Anche perché, stando ai budget che circolano in Rai, a ogni ospitata a *Punto e a capo*, la Palombelli guadagnerebbe 3500 euro: un compenso secondo solo a quello del regista (4500 euro). E pensare che, solo tre anni prima, Barbara si lamentava: avere un marito in politica «sicuramente mi ha fatto perdere delle occasioni di lavoro».[68]

Naturale che in quella foto a Palazzo Venezia la coppia regina del centrosinistra e i due padroni delle telecomunicazioni del centrodestra sorridano e chiacchierino giulivi, tra un filetto di manzo al rosmarino e un contorno di porcini e verdurine. E dire che almeno Rutelli e Gasparri, in un passato non tanto remoto, se l'erano date di santa ragione. Il 26 settembre 1997 Gasparri aveva accusato Rutelli di essersi fatto fare gratuitamente la campagna per la rielezione a sindaco di Roma da un'agenzia di pubblicità, la Saatchi & Saatchi, «beneficiata di incarichi ricchissimi dalla sua amministrazione». Roba che «se fossimo in America, Rutelli sarebbe già stato arrestato». Il sindaco annunciò querela «per diffamazione aggravata». Ma Gasparri rispose con una controquerela:

> Denuncerò Rutelli per tutti i reati commessi come sindaco di Roma. Intanto paghi la pubblicità che gli fa la Saatchi & Saatchi. Avere campagne gratuite dai propri beneficiati è un reato.[69]

Altri tempi, altri battaglie. Ora, a tavola – secondo il sito Dagospia, curato da un grande amico di Barbara, Roberto D'Agostino – si parla solo dell'*Isola dei famosi*, il *reality show* di cui la Palombelli sarà di lì a poco ospite come opinionista. «Come lo vedete l'avvocato Taormina in mutande sull'isola?», dice uno dei commensali. Gli altri ascoltano, sorridono e aprono il dibattito. A giudicare dal clima idilliaco, nessuno fa cenno agli attacchi di Rutelli alla Rai di Cattaneo. Eppure, salvo casi d'omonimia, il Rutelli che affonda garrulo e felice il coltello nel filetto davanti al direttore generale e al suo ministro di riferimento è lo stesso Rutelli che appena un anno prima aveva inviato un messaggio alle migliaia di manifestanti accorsi all'auditorium di Roma per protestare contro la chiusura di *RaiOt* di Sabina Guzzanti: «Sono con voi, per il rispetto della libertà di tutti. Mettere a tacere la vostra voce sarebbe una nuova limitazione degli spazi di libertà in Rai già colpiti con l'esclusione di Biagi e Santoro». E poco dopo aveva arringato i manifestanti davanti al Senato contro la legge Gasparri (lo stesso Gasparri della cena): «Questo provvedimento è un modo per aggravare il monopolio nell'informazione italiana! Ma voi siete qui anche per fare una battaglia contro la censura!».

Acqua passata anche quella. È bastato poco per far tornare il pluralismo e cancellare tutte le censure. Dopo quella cena e quel contratto alla sua signora, Rutelli diraderà le denunce contro la Rai: salvo un paio di accenni, l'archivio dell'Ansa non ne riporta più.

Nel 2002 e nel 2004, ogni volta che deve nominare il nuovo presidente di Viale Mazzini, Berlusconi sospira con i suoi: «Barbara Palombelli sarebbe perfetta». Ma è proprio Gasparri a mettersi di traverso:

> Non mi ero mai accorto che accanto a Ferrara, nella sua trasmissione, ci fosse qualcun altro. Ora cercherò di farci caso [...]. Ne hanno parlato, a un certo punto, anche come una possibile presidente della Rai. Credevo fossimo caduti in basso, ma evidentemente al peggio non c'è mai fine.[70]

Poi è bastata una cena. E, appena quattro mesi dopo, il 16 febbraio 2005, ecco Gasparri atterrare morbidamente su una poltrona di Radio2, per una simpatica intervista a *28 minuti*. Condotto da chi? Da Barbara Palombelli, naturalmente.

Ha ragione Berlusconi: lei è sempre «perfetta». Per tutti i ruoli e tutte le stagioni. Dove la metti, sta. È la brunavespa in gonnella, la madrina del *politically correct*, la zarina del banalconformismo sottovuotospinto, la regina dell'inciucio alla romana. Si porta su tutto. Infatti negli anni è riuscita ad affiancare in tv, con la stessa aria assente e la stessa indifferenza congenita, Barbato e Masotti, Santoro e Ferrara, Galeazzi e Vespa.

Romana «de Roma», 53 anni, famiglia di costruttori, liceo scientifico al Righi, sessantottina nel movimento studentesco, poi

> mi convinsi che le idee vanno accompagnate dai comportamenti e cominciai a lavorare: segretaria di una scuola di danza, commessa, standista, animatrice turistica, ricercatrice per l'università e per la Rai [...]. Porte sbattute in faccia, tantissime. Anni e anni di calci nel sedere.[71]

Una vita difficile. Strana, per una figlia della Roma bene («io ho dei Papi in famiglia»: fra i quali Pio XII), sempre alla corte dei politici e dei potenti, amica di tutti quelli che contano a destra e a sinistra. Poi nel '77 il giornalismo, a Radio2 e dal 1979 all'«Europeo», dov'era entrata come dattilografa. Se per gli anglosassoni la stampa è il cane da guardia del potere, per lei ne è il cane da compagnia. Il buonismo applicato al giornalismo. Non per opportunismo, per carità. Perché bisogna essere buoni con tutti e amici di tutti, almeno quelli muniti di un briciolo di potere, in un *embrassons-nous* che rende impossibile qualsiasi distinzione fra soggetto e oggetto della cronaca, fra domanda e risposta, e diventa difficile capire dove finisca l'intervistatore e dove cominci l'intervistato. Per lei giornalismo e potere appartengono alla stessa famiglia: la sua. Lei infatti i politici che contano li chiama per nome, come se fossero tutti parenti suoi: non solo Francesco, ma anche Giulio, Claudio, Bettino, Cesare, Massimo. Eppure, assicura, «non credo nelle raccomandazioni, nel fidanzarsi con il potente».[72]

A «Repubblica» ancora ricordano una scena indimenticabile dei primissimi anni Novanta. Era stato organizzato uno «storico» incontro fra Scalfari e Andreotti, che non si parlavano da tempo. Andreotti fu accolto all'ingresso, in Piazza Indipendenza, da tutto lo stato maggiore del quotidiano in un clima di solenne tensione: direttore, vicedirettori, prime firme della politica in fila, in ordine di importanza. «Buongiorno, presidente»: stretta di mano. «Buongiorno, presidente»: stretta di mano. Poi venne il turno della Palombelli: «Giulioooo!»: abbraccio. Imbarazzo generale. Ecco: lei è così. Non finge, è il suo Dna. E non fa nulla per nasconderlo, anzi le sembra la cosa più naturale di questo mondo. La sua prima intervista importante, all'«Europeo», fu a Giuliano Ferrara che, lasciato il Pci, stava convertendosi al craxismo: «Non me la potrò mai dimenticare, perché si scrisse domande e risposte da solo. Si presentò con l'intervista già confezionata».[73] E lei la pubblicò così com'era. Eppure si sente terribilmente scomoda:

> Mastella mi licenziò da *Domenica In* dopo un articolo su De Mita che non gradì. Letizia Moratti mi tolse il programma che facevo per Angelo Guglielmi negli stessi giorni in cui alcuni consiglieri di amministrazione della Rai di nomina berlusconiana mi chiedevano se volevo la direzione del Tg3.[74]

Ma lei niente. Tetragona, rifiutò: «Quando mi dai un paio di jeans, una camicetta, un pezzo di pizza al taglio e un po' di sole in una piazza di Roma, mi basta e mi avanza».[75]

Con l'ex radicale mangiapreti Francesco s'è sposata due volte: la prima con rito civile, nel 1982; la seconda in chiesa, nel 1995, officiante il cardinale Achille Silvestrini. Con largo anticipo sul Giubileo del 2000. Ne ha sorriso mezza Roma. Ma lei, ferma:

> Io mi sono riavvicinata alla Chiesa tanto tempo fa, quando Paolo Ojetti, redattore capo dell'«Europeo», mi mandò a fare il

pezzo sul funerale di Bachelet. Vidi Giovanni Bachelet davanti alla bara del padre dire: «Noi perdoniamo gli assassini di nostro padre». Mi colpì. Da allora è stato un lungo percorso che mi ha fatto riavvicinare alla Chiesa. Peraltro sia io che Francesco veniamo da famiglie molto cattoliche, Francesco aveva una madre che era una donna di grande fede.[76]

W Craxi, M i giudici

Anche per Barbara la cartina al tornasole è Tangentopoli. Mentre infuriavano le inchieste, gli avvisi di garanzia e gli arresti, zitta e buona. Quando poi si capì chi vinceva (i ladri) e chi perdeva (i magistrati), allora si schierò. Da quale parte, è superfluo specificarlo. «Mi sarei aspettata – lamenterà Stefania Craxi – che Barbara Palombelli andasse a trovare mio padre ad Hammamet. Mi risulta che fosse sua amica.»[77] In compenso, quando il fu Bettino verrà idolatrato postumo, Barbara parteciperà a una cerimonia in suo onore alla Camera dei deputati, il 2 febbraio 2001. Da allora il latitante diventa «esule». Le mazzette, le condanne, i 50 miliardi in Svizzera sono dettagli trascurabili. I giudici, ecco la vera piaga d'Italia:

> Non mi è mai piaciuto Di Pietro [...]. Non mi ha mai convinto questa «rivoluzione» dove uno, Craxi, va in esilio e l'altro, Berlusconi, va al governo. Uno dei due è finito nel posto sbagliato.[78]

Chi dei due? Risposta: «Mi ha colpito la crudeltà con cui la politica si è liberata di Craxi».[79] Dunque è Craxi a esser finito nel posto sbagliato (Hammamet anziché il Pantheon), non Berlusconi.

È proprio dopo la vittoria berlusconiana del 2001 che la Palombelli è colta da questo irrefrenabile revisionismo su Tangentopoli. Uno dei capitoli più strazianti del suo *Diario di una mamma giornalista* è dedicato proprio a Bettino: «Ancora oggi credo che a Craxi siano stati fatti pagare come mortali peccati veniali [...], e chi scagliò tante pietre dovrebbe farsi un esame di coscienza». Presentando l'opera nel 2001, aggiunge:

Cosa sia successo in quegli anni questo ancora noi non lo sappiamo. Vorrei avere sette vite per rileggere gli atti di quegli interrogatori e capire come mai alcuni personaggi siano stati così pesantemente e personalmente maltrattati. Nel nostro, che è un paese civile, un certo tipo di condotta si definisce «tortura». La necessità di scrivere questo libro nasceva anche dal fatto che, nei confronti dei miei figli, provavo la paura che potessero pensare che la loro madre fino a quel momento era andata in giro con la «banda bassotti» e che poi a un certo punto erano arrivati «i buoni».

Nel 2003, su «Sette», inaugura una lunga serie di colloqui con i protagonisti di Tangentopoli, significativamente intitolata «1993, l'anno del Grande Terrore», per celebrare degnamente il decennale dell'inchiesta dalla parte dei tangentari. In una dozzina di interviste lacrimose, riesce a non parlare mai dell'oggetto dello scandalo: le tangenti. Per il semplice motivo che non ne sa nulla. Così, «a prescindere» dalle bustarelle e dagli elettori derubati e inferociti, Mani Pulite ne vien fuori come un orrendo «colpo di Stato», che «distrusse un'intera classe politica», messa «alla gogna» dalla «magistratura politicizzata» e dalla «stampa giustizialista». Eppure, a proposito dei «peccati veniali di Craxi» e di quanti scagliavano pietre e oggi dovrebbero farsi un esame di coscienza, basterebbe fare due chiacchiere col marito Francesco, che nel 1992 augurava a Craxi di «mangiare il rancio in galera».

Ma, di questi temi, in famiglia non si parla: «Come moglie, con Francesco, di politica ho cercato di parlare sempre il meno possibile. Anche perché non siamo quasi mai d'accordo».[80] Riserva la primizia ai suoi lettori. Un giorno intervista sul «Corriere» l'amico Claudio Martelli, scrivendo che è stato riconosciuto «totalmente innocente» dai giudici nel caso Ambrosiano-P2-Conto Protezione. Ora, Martelli ha strappato la prescrizione in Cassazione grazie alle attenuanti concesse dopo che ha risarcito la banca con 800 milioni di lire sull'unghia: strano comportamento per un innocente. Ma tutto questo Barbara non lo sa. Ed eccola magnificare un video anti-Mani Pulite di Andrea Pamparana:

> Rivedendo quelle immagini e il numero enorme di persone che non ci sono più, da Raul Gardini a Sergio Moroni, da Gabriele Cagliari a Bettino Craxi, non si può non provare un senso di colpa. Valeva la pena massacrare decine di persone? Ho sempre pensato di no, sono felice di vedere che adesso questa sensazione è diffusa e maggioritaria.[81]

Ed eccola intervistare con gran trasporto Cesare Previti, in tempi non sospetti, su «Repubblica». Struggente l'*incipit* del primo faccia a faccia Barbara-Cesare l'11 maggio '94, agli albori del Berlusconi I:

> «Quanto sei bravo, Silvio. Ci hai guidato in questa cavalcata indimenticabile: tre mesi di passione, di impegno, di battaglie... È la nostra rivoluzione, Silvio, e l'abbiamo vinta!» Sono le 19.30 di ieri sera. L'uomo che guarda fisso il piccolo Sony trinitron ha le lacrime agli occhi, appena nascoste dalle lenti spesse. Si chiama Cesare Previti, ha 59 anni, è nato a Reggio Calabria ma vive a Roma dal 1951, è avvocato civilista, ha una moglie bionda e bella, quattro figli, una nipotina di pochi mesi. Berlusconi legge la lista, lui lo guarda nel video come se fosse la madonna [...]. Cesarone in realtà ha un fisico asciutto grazie al calcetto e alla ginnastica fissa al mattino...[82]

Barbara torna da «Cesarone» nella lunga estate calda del decreto Biondi e l'amico le confida che «il caso della signora Poggiolini somiglia a quello di Tortora».[83] Poi lo scandalo toghe sporche, con l'arresto di Squillante e l'accusa a Silvio e Cesare di averlo corrotto. È ancora Barbara, affranta, a raccogliere lo sfogo del leone ferito:

> È pazzesco. Sono metodi che fanno impallidire il Kgb e la Gestapo: persone spiate e pedinate per mesi, nella vita pubblica e privata. È incredibile [...]. Sono state violate tutte le norme sulla custodia cautelare appena varate dal Parlamento. I giudici di Milano vanno dietro alle dichiarazioni di questa signora, di questo personaggio [Stefania Ariosto, *N.d.A.*]. E arrestano due persone perbene, stimate e stimabili come Squillante e Pacifico [...]. Noi del gruppo Berlusconi siamo abituati alle campagne elettorali diciamo così, giudiziarie, ma questa volta han-

no passato il segno... Ieri sera alle sette, nello studio romano dell'avvocato-senatore Cesare Previti, guardando al Tg3 la faccia dell'avvocato-deputato Vittorio Dotti, che si dichiara estraneo alle accuse pronunciate dalla sua compagna Stefania Ariosto, si sente sibilare un «vigliacco... getta il sasso e nasconde la mano, oppure fa gettare il sasso e sta a guardare...» (credo di avere sentito anche altre parole, sussurrate fra i denti da Previti, ma forse è meglio non chiedere conferma...). Il senatore sorride nonostante la notte in bianco e la mazzata ricevuta, come chi sa che il testimone d'accusa si sgonfierà in fretta.[84]

A quel punto l'intervistatrice incalza il neoindagato con una domanda-killer: «La spaventa iniziare una campagna elettorale così? La Procura di Milano e quella di Roma sono sempre state in guerra...». Dal che si deduce che le indagini sono campagna elettorale, fors'anche una guerra intestina fra toghe. Previti, ormai al tappeto, esala:

> Oggi ho incontrato Gianfranco Fini. Mi ha detto di organizzare un grande calcetto, quando sarà chiarita questa storia, in onore del nostro decano calcistico Renato Squillante.[85]

Molto gradite a Previti, molto meno ai lettori di «Repubblica», le interviste palombelliane s'interrompono qui. Pochi mesi dopo Barbara viene dirottata dalla politica alla rubrica delle lettere.

Nel febbraio 2002, appena Berlusconi mette la Rai nelle mani di Antonio Baldassarre, da sinistra c'è chi ricorda che il neopresidente è amicone di Previti. La replica di Baldassarre, in una letterina a «Repubblica», è lancinante:

> Per amore della verità, devo dire che in vita mia non ho mai giocato al calcetto o al calciotto, ma solo al calcio (e non con l'on. Previti); che è vero che ho frequentato l'on. Previti essendo stato invitato a cena a casa sua più volte in una multiforme e stimata compagnia (fu nell'occasione, infatti, che conobbi l'on. Rutelli e signora).[86]

Ma Barbara – va detto a suo onore – ha continuato a parlar bene di Previti anche dopo che i giudici avevano scoperto i suoi conti in Svizzera e le mazzette ai magistrati:

> Mi piacciono le persone chiare. Preferisco trovarmi di fronte Previti, il falco, il cattivo, piuttosto che tanti amici finti che sono diventati dei falchi facendo finta di essere colombe [...]. Non ero sua amica]di Previti, *N.d.A.*]. Gli ho fatto molte interviste. Previti abitava a 50 metri da casa mia ed era una delle mie migliori fonti di informazione. A me i cattivi non dispiacciono. Le persone che dichiaratamente hanno una cattiva immagine mi incuriosiscono. Ho visto tanti «buoni» fare danni più dei «cattivi»...[87]

Inevitabile l'amicizia con Giuliano Ferrara, al quale farà da spalla per un anno intero – senza lasciare alcuna traccia al suo passaggio – a *Otto e mezzo*, su La7, dal 2003 al 2004. Una bella scenetta: la consorte di uno dei leader dell'opposizione che affianca il manganellatore capo del regime berlusconiano. *Mutatis mutandis*, è come se ai tempi del Ventennio la moglie di Turati o di Amendola avesse fatto da spalla a Mario Appelius. La cosa ovviamente non le impedisce di partecipare nelle ore libere – presenza fissa insieme a Paolo Crepet, al criminologo Francesco Bruno e al plastico dello chalet di Cogne – a una trentina di *Porta a Porta* sul delitto del povero Samuele Lorenzi.

Anche Ferrara «è un "cattivo" vero» e dunque «ho stima di lui. Voltagabbana? No. Ha pagato il suo prezzo. Non aveva nemmeno i soldi per comprarsi i libri per l'università». Il figlio del direttore di «Rinascita» e della segretaria di Togliatti, famiglia borghese se ce n'era una, non aveva di che comprarsi l'abbecedario, come Pinocchio. Infatti lui gliela raccontava così, e lei ci credeva.

> A me piacciono i cattivi e passo sopra a qualunque cosa pur di godermi una serata con una persona intelligente. Quindi mi va bene Cossiga perché è diabolico. Purtroppo il mondo è fatto di gente prevedibile [...]. C'è un filone che a me è molto simpatico, quello del libertinaggio intellettuale, Giulio Savelli, Lino Jannuzzi, Lucio Colletti, Paolo Guzzanti, Vittorio Sgarbi, Vittorio Feltri. Mi stanno simpatici perché sono persone terrorizzate dalla noia.[88]

Il marito Francesco, invece, è buono. Troppo buono. E fra i primi a intuire che non ha speranze alle elezioni del 2001 è proprio lei, la gentil consorte. Che rilascia una beneaugurante intervista a «Panorama»: «Le elezioni politiche? Le vincerà sicuramente il Polo».[89] Che cosa accada in famiglia un istante dopo, non è dato di sapere. Si sa però che Barbara tenta subito di smentire tutto:

> Non ho mai rilasciato interviste a «Panorama», e alle domande che riguardavano la «first lady» ho replicato: «Ma perché mi fate queste domande se i sondaggi dicono che vince Berlusconi? Le faccia a Veronica Lario».[90]

«Panorama» comunque

> conferma che non solo Barbara Palombelli ha rilasciato un'intervista al giornale, ma che il testo di tale intervista rispecchia fedelmente quanto dichiarato. Non solo. Sul sito www.barbarapalombelli.com nel diario di ieri si può leggere: «Ieri pomeriggio Antonella Piperno, di "Panorama", mi ha incastrato per un'intervista. È una collega corretta, speriamo bene».[91]

Intanto però, sullo scorcio del 2000, ha lasciato «Repubblica»:

> È una mia decisione, maturata durante l'estate scorsa, alla luce della candidatura di Rutelli alla guida del governo. Voglio che il giornale, i lettori e le lettrici, i miei colleghi tutti si sentano completamente liberi di esprimersi su tutti i temi della campagna elettorale. Voglio evitare chiacchiere e/o polemiche. È un passo avanti, a difesa del giornale e della mia credibilità professionale. Tornerò a scrivere. Di cosa e dove, sarà deciso nelle prossime settimane...[92]

In realtà è già tutto deciso: emigra subito al «Corriere» con un sontuoso contratto di collaborazione, fra le vane proteste del Cdr di Via Solferino: se la signora Rutelli è un problema per «Repubblica», non lo è anche per il «Corriere»?

Nel 2001, col ritorno del Cavaliere al governo e dunque alla Rai, Barbara non ha nulla da temere. Così, quando il premier epura Biagi, Santoro e gli altri, lei suggerisce loro di non lamentarsi, di prenderla con filosofia: «L'epurazione dalla Rai capita a tutti, è capitata anche a me, ma non è un dramma se si rimane fermi un giro», dichiara presentando la seconda edizione del suo programma quotidiano su Radio Rai:

> Capita a tutti, ma non è una tragedia. A quella parte della sinistra scesa in campo per difendere i giornalisti faccio osservare che non dovrebbe occuparsi solo dei grandi campioni, ma anche di quelle centinaia e centinaia di giornalisti che tutti i giorni rendono la Rai un servizio pubblico.[93]

Una vita difficile

Breve curriculum di una sedicente epurata. Giornalista professionista dal 1981, è assunta all'«Europeo» e tiene una rubrica alla radio della Rai. Nel 1984-86 collabora al «Giornale». Nell'86 passa a «Panorama» come caporedattore. Nel 1987 è ospite fissa di *Domenica In* e nell'88 di *Samarcanda* con Santoro, ma collabora pure con *Italia Domanda*, a cura di Gianni Letta (Fininvest). Nel 1989 è al «Corriere». Nel '91 trasloca a «Repubblica». Nel '92 presenta *Italiani*, su Rai3, con Barbato. Nel '94 la vuole Funari come vicedirettore dell'«Indipendente» e come spalla in un programma su Rete4. Lei nicchia, Scalfari tenta di trattenerla e lei si lascia trattenere in cambio dell'autorizzazione a scrivere su «Repubblica» e a fare televisione (agli altri redattori è vietato). Così, durante il primo governo Berlusconi, conduce *Speciale Tre* fra le proteste del Cdr del Tg3, che ricorda invano «la circolare che vieta le collaborazioni esterne, fatti salvi i casi eccezionali». Dura solo due puntate, poi il programma passa a Barbato. Nel 1995 è fissa a *Temporeale*, sempre con Santoro. Nel '96 entra nella giuria del Festival di Sanremo e inaugura una rubrica su Radio Capital. Nel '98, da redattrice diventa collaboratrice di «Repubblica», occupandosi solo delle lettere, e plana sul *Costanzo Show*, per una serie di speciali in tandem con Emilio Fede. Intanto avvia una rubrica su Radio2, *Se telefonando*, e un'altra di corrispondenza sul giornale dell'Aci «L'Automobile». Nel '99 pubblica un libro per Mondadori, *C'era una ragazza*, avvincente autobiografia narrata ai figli. Vince il premio Penne Pulite e infatti riceve un'offerta da Fede per il Tg4. Lei è lusingata: «Lavorare con

Emilio Fede? Perché no? Magari... Ma sto per riprendere il mio programma radiofonico alla Rai, poi si vedrà».[94] Purtroppo non se ne fa nulla.

In compenso, dal 2000, Barbara si dà al quiz, la riedizione de *Il Gambero* su Radio2. E prepara «una storia d'Italia raccontata dagli ascoltatori, che porteranno testimonianze e materiali privati. Niente tv, insomma». Infatti, tre mesi dopo, riapproda a *Domenica In* con Amadeus e Giampiero Galeazzi. A fine 2000, col marito candidato premier, Landolfi le chiede di interrompere *28 minuti* per «una questione di opportunità e di *bon ton*». La Rai la sospende. «Pensavano che muovessi milioni di voti parlando di ricette e di trattorie?», osserva giustamente lei.[95] Questione di pochi mesi, comunque, durante i quali passa a Stream nella squadra del *Grande fratello*. E scrive un altro libro, *Diario di una mamma giornalista*.[96] Poi entra nella giuria di Miss Italia, con Mimun e Marrazzo. Nel settembre 2001, l'abbiamo visto, riparte alla radio *28 minuti* e nel 2002 entra nella commissione artistica del Festival di Sanremo, da lei ribattezzata «la Bocconi dei cantanti». Nel 2003-04 è con Ferrara a *Otto e mezzo*, nella parte del mezzo, su La7. Nel 2004-05 è con Masotti a *Punto e a capo* e riapre la rubrica radiofonica. Ma non fa mancare i suoi pareri a *Porta a Porta*, spaziando dal delitto di Cogne all'*Isola dei famosi* alle Lecciso. Notevoli anche le ospitate a *Domenica In* e, soprattuto, al *Processo di Biscardi* per parlare della Roma. Beppe Grillo, nel suo ultimo spettacolo, la fulmina:

> Barbara Palombelli, parlando del caso di Cogne, si è chiesta come ha fatto la madre del piccolo Samuele a non accorgersi che al figlio mancava parte del cervello. Parla proprio lei che non s'è mai accorta di stare con uno completamente lobotomizzato.[97]

Non bastassero i giornali, i rotocalchi, la radio, la tv, i libri, un bel giorno Barbara scopre Internet. Nel 2000 è fra i primi vip ad aprire un sito tutto suo, o meglio «un portale interattivo» (*www.barbarapalombelli.com*) superaccessoriato:

> Forum, chat, fili diretti on-line, creazione di eventi-incontro sui grandi temi della società. La principale novità del portale è

> una speciale guida, in parte costruita nei tanti anni di esperienze sul campo, in parte da costruire con gli spunti che arriveranno, che fornirà on-line il meglio del made in Italy. Dalle vacanze in monastero ai siti per la solidarietà sociale, dalla ricerca di una baby sitter alle scuole di lingue estive all'estero, sezioni sulla salute e sulla ricerca di un partner, consulenza legale a chi vuole investire in Italia, il chi è del buon cibo nazionale e i libri da non perdere. Ci sono anche sezioni dedicate alla solidarietà e alla «solitudine», aperte alle storie, agli annunci e agli eventi per sentirsi meno soli; la dieta di stagione, l'oroscopo mensile di Branko, recensioni e libri a puntate. «Ho creduto fin dal primo momento in Internet», spiega Barbara Palombelli, «una piazza unica, infinita, un luogo dove le persone si incontrano e coltivano i rapporti».[98]

Più che un sito, un *reality show* della sua vita di «giornalista e madre», come la sbeffeggia Sabina Guzzanti. Vi si racconta di quando Barbara va a fare la spesa, accompagna i figli a scuola, cucina, rassetta, va a trovare gli amici, legge e scrive libri, va al cinema e a teatro, fa la fila all'ufficio postale, incontra potenti, telefona al cellulare, avventure così. Il suo punto di riferimento retorico è «il signor Rossi», l'uomo della strada, peraltro mai visto né conosciuto.

Un giorno dà consigli al brigatista Valerio Morucci, che ha appena scritto una sceneggiatura: «Gli ho consigliato di mandarla in lettura alla coraggiosa produttrice Rita Rusic».[99] Un'altra volta, sempre con lo stesso tono, comunica i suoi dolori di stomaco: teme di essersi «intossicata alla cena di gala del Gambero Rosso di domenica scorsa». Subito Stefano Bonilli, patròn del Gambero Rosso e organizzatore della cena, la rassicura via e-mail: «La tua malattia con la cena non c'entra proprio nulla».

Insomma un chissenefrega imperiale, che tende a tracimare nelle rubriche «intime» con cui Barbara alluviona riviste e rotocalchi. Quella su «Eva Tremila», «Il piccolo punto di Sora Barbara», è ai confini della realtà: si inaugura con un commento dal titolo «Diete e fame nel mondo». Ma anche quella su «Sette», poi ribattezzato «Magazine», è un capolavoro. Il titolo «Le idee» non deve ingannare: la pagina palombelliana è un affastellarsi di sviolinate all'amico che presenta un libro o un film o un salotto, o promuove un cocktail o spalanca una terrazza. Esempio:

> Giovannino Malagò, imprenditore romano, è uno straordinario organizzatore. A dirigere il cerimoniale del circolo, una *new entry* preziosa: il maggiordomo storico di casa Agnelli, Domenico Buso. Davanti al suo sguardo indulgente, molti soci del sodalizio sportivo sono costretti a rigare dritto.[100]

E poi discorsi scombiccherati e contraddittori, che sembrano scritti da persone diverse non solo da una settimana all'altra, ma anche da una riga all'altra. Infatti Barbara s'è convinta che, per essere anticonformista, una giornalista «de sinistra» debba sempre dare ragione a Berlusconi & C. E, visto che Berlusconi & C. oscillano parecchio, oscilla anche lei di conseguenza. Per inerzia.

Gli ambientalisti e gran parte della sinistra si oppongono al ponte sullo stretto di Messina? Lei si domanda subito, «una volta per tutte»: «perché mai il ponte sullo stretto dovrebbe essere di destra?».[101] Per la verità c'è il sospetto che il ponte, più che di destra, sia di mafia. Dettagli.

Ciampi dà il laticlavio al grande poeta Mario Luzi? Lei si precipita a scrivere che «il seggio di senatore a vita spettava alla grandissima Oriana Fallaci»: non perché condivida una sola delle sue filippiche contro l'Islam, ma perché

> Oriana non si discute, magari si odia, ma sempre si fa leggere. Giudico il suo furore benvenuto – nella noia del tutto-uguale che sta uccidendo i media – e in grado di accendere dibattiti e discussioni [...]. Milioni di lettrici e lettori la pensano come me. Peccato.[102]

Una lettrice contesta i suoi deliri sul «Grande Terrore» di Mani Pulite? Lei risponde serafica:

> Dovremmo capire e perdonare chi ha fatto parte di un sistema politico che ha garantito a questo Paese tanti anni di democrazia e di libertà. I 45 morti del biennio del terrore italiano (o della cosiddetta rivoluzione) pesano su molte coscienze.[103]

Non le passa neanche per la testa che le indagini e gli arresti, previsti da leggi scritte dagli stessi politici che le violavano, fossero atti dovuti in un paese dove l'azione penale è ancora obbligatoria e la legge uguale per tutti. Né che certi gesti pesino sulle coscienze di chi ha costruito un sistema di malaffare, non di chi l'ha scoperto e raccontato. Sarebbe poi interessante conoscere i nomi e i cognomi dei «45 morti» di cui favoleggia, visto non c'è un solo indagato fatto arrestare dal pool di Mani Pulite che si sia suicidato in carcere.

Su quello stesso numero di «Magazine», qualche pagina più avanti, la stessa Palombelli si domanda, con encomiabile smemoratezza di quel che ha scritto qualche pagina prima, perché l'Italia sia infestata da questa «illegalità ovunque»:

> Nel calcio si cambia campo per denaro, nel ciclismo ci si dopa come e più di prima, a scuola si vendono i diplomi, ci si può comprare una patente senza esami, si possono convincere centinaia di medici con le bustarelle, ci sono i furbi che vendono alla tv la pubblicità occulta, quelli che imbrogliano ai concorsi [...]. È difficile spiegare il valore dell'onestà, se si vive in una società così.

Un'altra volta, sempre dimentica di quel che ha scritto su Tangentopoli, attacca il «garantismo totale» e invita il centrosinistra alla linea dura sulla «microcriminalità» e contro le «scarcerazioni» facili, in nome del «garantismo nei confronti dei più deboli» (*sic*): «È un bel tema da affrontare senza la paura di apparire reazionari o fuori linea».[104]

Dice di non condividere i furori fallaciani, ma poi scrive – restando seria – che «moltissimi cittadini italiani considerano gli extracomunitari dei privilegiati, liberi dalle incombenze fiscali, burocratiche e identitarie con cui noi indigeni dobbiamo scontrarci nel quotidiano. Forse non hanno tutti i torti». Per esempio quei poveri commercianti che «non riescono a competere con il clandestino davanti alla vetrina stanno per perdere la pazienza» e gli «automobilisti vessati da multe per la minima distrazione stanno per avventarsi sui questuanti sempre più aggressivi». Una «disparità» che «diventerà insostenibile»: da un lato gli «extracomunitari privilegiati» e dall'altra noi poveri «indigeni sempre con la paura nel cuore di essere aggrediti dai kamikaze di mezzo mondo».[105] A questo punto, tutto è chiaro: fuori i ladri di Stato, dentro i vucumprà.

Con lo stesso tono parla della Lecciso, che le ispira una sconfinata solidarietà femminile:

> Che cosa hanno in comune Loredana Lecciso, Simona Ventura e milioni di donne che le seguono in tv in questi giorni? Cosa unisce persone così discusse a ragazze, signore e femmine «normali»?

Questo l'angosciante interrogativo che attanaglia il Paese. Ed ecco, illuminante, la risposta di Barbara, sempre convinta che la «gente» abbia gli stessi problemi dello star system che lei frequenta sulle terrazze romane e negli studi tv:

> Le sfide di Loredana e Simona [...] sono sfide che conosciamo bene. Le due star televisive chiedono ai loro uomini di poter essere, insieme, donne di spettacolo e madri di famiglia. Loredana rischia la separazione, il disprezzo sociale, rivendicando il suo affetto e la sua dedizione ai piccoli figli che ha messo al mondo con Al Bano. Simona vede messa in pericolo la sua dignità di madre [...]. O la carriera o i figli. Due partite difficili, due donne del nostro tempo che – a volto scoperto e teso – incarnano un problema diffuso. Imporre un impegno fuori dalla famiglia, convincere mariti, genitori e suoceri che si può continuare a essere madri anche inseguendo le proprie ambizioni [...]. Questa partita la stanno giocando milioni di italiane. Forse, tutti gli uomini che hanno scritto di loro l'hanno rimossa. A me è ben presente. Per questo, ovunque posso, prendo le loro difese.[106]

Nel 2004, appiedata dall'amico Ferrara e sostituita a *Otto e mezzo* con Ritanna Armeni, sempre nella parte del mezzo, la Palombelli torna a tempo pieno alla Rai, grazie al sontuoso contratto siglato a metà ottobre dopo la famosa cena. E, nel suo piccolo, dà il suo contributo al fiasco di *Punto e a capo*. L'8 marzo 2005, festa della donna, è la puntata delle intercettazioni segretate e non depositate di Casarini e Caruso. Barbara «si dissocia» in diretta, ma rimane irremovibile in studio, anche nelle puntate successive. Così, il 14 giugno 2005, dà una dimostrazione plastica del conflitto d'interessi epidemico che ammorba l'Italia. Masotti, accucciato sul balconcino della sede della Margherita in Piazza Santi Apostoli, intervista Rutelli in pieno scontro con Prodi («Io ho mangiato pane e cicoria per la causa di Prodi...»). Segue dibattito in studio sul caso Rutelli. E chi c'è in studio, perfetta come sempre, a dibattere? Barbara Palombelli, la signora Rutelli.

5. *Agostino Saccà, il forzista dalemiano*

Il 24 marzo 2003 è un giorno come un altro. Ma non per Agostino Saccà, all'epoca direttore generale della Rai, l'uomo che ha cancellato Biagi e Santoro e ha portato la Rai ai minimi storici di ascolto in prima serata. La sua poltrona traballa. Non gli è bastato eseguire pedissequamente il diktat bulgaro e nemmeno garantire che lui e tutta la sua famiglia hanno votato compatti Forza Italia. Appena un anno dopo la nomina, è cambiato il Cda. E si dice che quello nuovo, capitanato dalla Annunziata, sostituirà anche lui. An, la Lega e l'Udc sono insoddisfatte e chiedono un nuovo dg. I suoi sponsor – a destra Forza Italia, a sinistra gli amici dell'amico Claudio Velardi – non hanno la forza sufficiente per salvargli la poltrona. Si parla di un tecnico, di un manager «esterno»: Francesco Mengozzi, amministratore di Alitalia, o il direttore generale di Confindustria Stefano Parisi, o Mauro Masi, responsabile del dipartimento editoria della Presidenza del Consiglio. Proprio il 25 marzo il nuovo Cda dovrebbe decidere la sorte di Saccà. Il quale, la sera prima, gioca l'ultima carta: un intervento diretto sul Cavaliere.

Se ne incarica il suo assistente Carmelo Messina, 56 anni, manager siracusano, una vita al gruppo Eni, poi boiardo all'Italstat, all'Iritecna e alle Fs, direttore generale di Datamedia, consulente di vari gruppi e infine al fianco di «don» Agostino sulla poltrona più alta di Viale Mazzini. È stato lui, Messina, nel 2003 a presentare a Saccà una bella ragazza bulgara di trent'anni, Michelle Bonev, che si definisce «modella, pittrice, scrittrice, attrice, esperta di moda e consulente internazionale di vip» e che, come per incanto, è stata subito promossa «opinionista» al Dopofestival di Sanremo «per giudicare – annuncia imbarazzato Pippo Baudo – il look dei nostri cantanti». Ma soprattutto Messina è intimo di Tony Renis: cantante e paroliere di successo,

Renis è stato molto amico di boss mafiosi del calibro di Frank «Tre Dita» Coppola, Joe Adonis e dei Gambino, e ora lo è di Silvio Berlusconi. Tant'è che nel 2004 diventerà direttore artistico del Festival di Sanremo.

Così, quando Saccà traballa, Messina contatta Tony, che lo chiama «zio Carmelo», perché a sua volta telefoni immediatamente a Berlusconi. Gli ricordi che Agostino «ha fatto per te tutto quello che doveva fare», «ha dato troppe cose senza chiedere in cambio nulla». E gli metta pure un po' di paura. Deve dirgli che Messina ha appena sentito casualmente una conversazione al ristorante fra Michele Santoro e l'inseparabile Sandro Ruotolo. I due, parlando del possibile ribaltone alla direzione generale, avrebbero detto che senza Saccà si sarebbe aperto uno spiraglio per il loro ritorno in Rai. Ecco: Tony dovrà sventolare sotto il naso del Cavaliere il nome di Santoro. Il premier vuole scongiurare il rientro del giornalista «criminoso»? Non ha che un modo: salvare la poltrona di Saccà. Per invogliarlo a telefonare ad Arcore, Messina annuncia a Tony che, grazie al suo intervento, il Tg3 sta per mandare in onda un bel servizio sul libro *La mia vita sulle punte*, scritto dalla moglie, l'ex ballerina Elettra Morini, *étoile* della Scala negli anni Settanta (i due si sposarono a Milano nel '92 a bordo della Packard anni Trenta che fu di Al Capone e che ha ancora le portiere traforate dai colpi di mitra; officiante Bobo Craxi, testimoni Anna Craxi e Julio Iglesias, presenti anche Bettino e il Cavaliere).

Quello che «zio Carmelo» non può sapere è che il cellulare di Renis è sotto controllo per ordine del pm Henry John Woodcock della Procura di Potenza, che sta indagando su una presunta lobby dedita alla compravendita di cariche pubbliche. Ecco dunque Tony e Carmelo al telefono, il 24 marzo 2003, ore 21.35.

Tony: Zio Carmelo...
Carmelo: Domani va il Tg3, va bene?
T. Ah... che carino.
C. Senti gioia... però fanno un servizio... siccome non hanno il giornalista... fanno tutto il pezzo, lo riportano con la voce, parlano dicono che cosa hanno fatto che cosa non hanno fatto... perché i giornalisti sono tutti fuori...

T. Sì.
C. Però ti fanno un bel servizio.
T. Eh... grazie zio Carmelo... bellissimo, adesso sai dove siamo! Siamo su...
C. Dove siete...
T. Siamo al ristorante dell'hotel Excelsior dove... vediamo... tutta Napoli, è bello [...]. Siamo soli io e Elettra.
C. Senti, fammi una cortesia [...]. Non è per rompere... l'idillio... Perché non provi a chiamare l'amico tuo ad Arcore? Prova a fargli una telefonata.
T. Eh... sì...
C. Capito?
T. Sì certo...
C. E digli: «Silvio... mi raccomando per domani... corriamo il rischio di rimanere con una mano davanti e una di dietro...».
T. Sì.
C. È importante!
T. Ok.
C. Basta che gli dici così corriamo il rischio...
T. Corriamo il rischio di rimanere con una mano davanti una di dietro... Perché è domani che lo fanno eh [il nuovo dg Rai, *N.d.A.*]?
C. E gli dici: «Guarda Silvio, stai attento a chi segnali, perché c'è il rischio che non gli fanno toccar palla fino a 5 minuti dalla fine partita quando sarà irrimediabilmente tardi».
T. (*ride*) Bella questa.
C. Eh digli così: [...] «Tutti questi esterni che hai pensato... Guarda che Fini lo vuol sentire da te... che vuoi quello [Saccà, *N.d.A.*]».
T. Sì e... certo...
C. «Capito?... Non puoi pensare... che esce dal cilindro... della divina provvidenza il nome di Saccà... te ne devi far carico te... perché questo ha fatto per te tutto quello che doveva fare... Santoro...».
T. Certo... certo...
C. Sai cosa diceva oggi Santoro da Nello [un ristorante di Roma, *N.d.A.*]?... Lui non mi conosce, né lui né Ruotolo. Io ero con un mio amico [...]. E Ruotolo diceva: «Certo che, se non fanno Saccà, rientriamo a lavorare».
T. Certo.
C. E lui [Berlusconi, *N.d.A.*] resta contento e gabbato! [...]

Comunque io ti posso garantire che siccome non mi fido di lui... guarda stasera lo chiama Confalonieri, Nicolò Querci [segretario di Berlusconi, *N.d.A.*], Cicchetto [Fabrizio Cicchitto, di Forza Italia, *N.d.A.*]...
T. Ma Cicchetto non sponsorizzava Masi?
C. Ma non ci credere neanche morto chi te l'ha detta 'sta cazzata?
T. Chi me l'ha detta... me l'ha detta guarda adesso non mi ricordo più... ma qualcuno mi ha detto...
C. Ma non esiste guarda...
T. Che Cicchetto sponsorizzava Masi.
C. Guarda, è più facile che tu mi dica che Cicchetto... ha conquistato... alla conquista dell'Everest...
T. (*ride*) Hanno sparso, ti giuro, hanno dette queste cose, hanno sparso, ti giuro mi hanno detto, hanno sparso questa... sto cercando di ricordare che non mi ricordo... chi me l'ha detto...
C. Ho un'altra telefonata, ché sono in piena campagna elettorale. Vedi se puoi far qualcosa...

Meno di due ore dopo, alle 23.16, Renis richiama Messina.

C. Pronto.
T. Zio Carmelo.
C. Oh... Tony.
T. Ciao, senti... dimmi in succinto che cosa... cosa gli devo dire che me lo segno, così vado giù tranquillo... mi faccio un promemoria... eh!
C. Senti... niente gli devi dire: «Passati la mano per la coscienza...»
T. Aspetta che me lo segno... (*ripete quello che gli detta*).
C. «Se tu molli... se tu lasci che venga un esterno in Rai, la rovini.»
T. (*ripete quello che gli detta*) «Ci ritroveremmo con... una mano davanti e due di dietro...»
C. «Perché non gli faranno toccar palla fino alla fine del secondo tempo.»
T. Ma questi chi?
C. I dirigenti della Rai.
T. Ah sì... gli interni... eh...
C. Hai capito, sono tutti all'80% di centrosinistra [...]. Cioè non lo faranno muovere, siccome all'80% sono di sinistra.

T. Certo.
C. La saldatura tra questi e la presidentessa [Lucia Annunziata, *N.d.A.*] e abbiamo fatto un bel capolavoro!
T. E poi mi avevi detto un'altra cosa prima... mi avevi detto un'altra cosa prima che adesso me la sono scordata...
C. Che t'avevo detto? [...] Che non gli faranno toccar palla: l'unico che è in grado di imbrigliarli è Saccà...
T. Sì... sì va bene.
C. Capito?
T. Tu hai parlato con qualcuno?
C. Sono intervenuti... Confalonieri...
T. Sì.
C. Querci, Fabrizio Cicchetto, Paolo Bonaiuti...
T. Bisognava far intervenire Adriani... [probabilmente Giuliano Adreani, amministratore delegato di Mediaset, *N.d.A.*] anche.
C. Piersilvio Berlusconi...
T. Eh?
C. Piersilvio Berlusconi...
T. Ah il figlio?
C. Sì sì...
T. Eh lo so... mi avevi detto...
C. Carlo Rossella, Clemente Mimun...
T. Che Fini... che Fini lo vuole sentire...
C. Ah ecco.
T. Mi hanno detto che Fini lo vuole sentire da lui [Berlusconi, *N.d.A.*]...
C. (*indica le parole che Tony deve usare con Berlusconi*) «Fini lo vuole sentire da te... Guarda che Fini – dice – non è che poi alla fine [Saccà, *N.d.A.*] esce come un fungo... Tu gli devi dire a Fini: sono io che lo voglio... perché da qui alla fine dell'anno... perché alla fine dell'anno c'è la nuova legge [Gasparri, *N.d.A.*]...»
T. Certo.
C. Questo è il punto...
T. Sì... senti, ma il candidato chi sarebbe, Carmelo? Il candidato che dovrebbe sostituirlo chi sarebbe?
C. Non si sa, un esterno...
T. Eh ma chi?
C. Potrebbe essere anche Masi!
T. Eh certo.
C. Eh con quello lì io me ne devo andare... perché non lo sopporto.

T. E ma io... per venire lì...
C. Come?
T. Mi ha chiamato la settimana scorsa.
C. Per dirti?
T. Per dirmi che lui mi vuole bene... che io devo aver fiducia in lui... che lui ci tiene a me, che mi ha dato la sua parola d'onore la manterrà... questo è quello che mi ha detto, capisci...
C. Posso dirti che è un grande imbroglione.
T. Eh, lo so, ma d'altra parte mi ha detto: «Tony, ti prego, io voglio vederti, stiamo insieme... vediamoci...».
C. È un imbroglione quello... e fai quello che ti pare, non voglio condizionare nessuno...
T. No, ma figurati.
C. Quanti anni sono passati?... per...
T. Eh lo so...
C. E allora?
T. Lo so.
C. Ma come puoi pensare che ti creda...
T. Ma lui mi ha detto: «Sai c'è... non credere nella politica... ci sono i problemi, io ho passato un brutto momento perché volevano farmi fuori, nel senso che io quando ho fatto il contratto all'amico mi sono trovato tutti contro... il Ministro...»
C. Sono passati due anni.
T. Mi ha detto: «Tu non hai idea, Tony, ho avuto momenti anche di grande paura... mi facevano delle minacce... quindi»...
C. Scusa, perché ad Agostino non gliele hanno fatte? [...] Sai quante minacce ha avuto? Per Santoro... per...
T. Ah ecco, a proposito di Santoro... sì... ecco di Santoro mi avevi detto qualcosa...
C. Ti avevo detto che oggi... Per cui gli dici che oggi un tuo amico ha sentito al ristorante Santoro e Ruotolo che se lo fanno fuori rientriamo in Rai [...]. Se fanno fuori Saccà [...] dicevano: «Forse domani mattina domani fanno fuori Saccà e a questo punto l'Annunziata ci fa rientrare immediatamente [...] perché l'Annunziata ce lo ha promesso».
T. Tu non mi avevi detto che Annunziata aveva un bel rapporto con Saccà?
C. Cosa vuol dire, glielo devono dire: intanto lei è di sinistra... Quindi se gli danno un altro nome tanto di guadagnato, lei recepisce i nomi dalla maggioranza... no?
T. Certo, chiaro... ok gioia... adesso spero [Berlusconi, *N.d.A.*]

mi risponda eh... perché l'ho chiamato un paio... gli ho lasciato il messaggio e non mi ha risposto... la settimana scorsa...
C. Parla con la segretaria, gli dici: «È molto urgente... devo riferire una circostanza molto importante»...
T. Sì certo.
C. Digli solo questo.
T. E adesso lo chiamo... sì.
C. Va bene?
T. Ok!
C. Va bene.
T. Dopo ti faccio sapere qualcosa.
C. ... Che quello diceva: «Domani Berlusconi farà fuori Saccà e il giorno dopo l'Annunziata ci prende».
T. Be' ecco... io adesso...
C. Ruotolo.
T. Sì certo, Ruotolo... certo.

Passa un'altra mezz'ora e alle 23.45 Renis richiama Messina.

C. Sì?
T. Signor Carmelo.
C. Tony!
T. Ho appena attaccato adesso con Silvio...
C. Veramente!
T. Eh... guarda... ho... io... io... penso perdonami... te lo devo dire, neanche un fratello avrebbe fatto... per Saccà... quello che ho fatto io adesso...
C. ... Ma che gli hai detto? Gli ha detto la cosa... per il Grande Fratello.
T. Gli ho detto Silvio... Appena ho chiamato... il... mi ha detto: «È in una riunione... non ha finito»... «Dica che il suo amico Tony Renis ha urgente bisogno di parlargli»... eh... «Adesso vedo signor Renis»... Coso... e lui arriva subito mi fa: «Tony!» e subito ho detto: «Silvio... io ti ho chiamato dieci volte tu non mi rispondi»... «Tony, perdonami, guarda ero imbarazzato, non sapevo che cosa dirti... perché sto passando un momento difficile.» «Sì, ma io ti chiamo... tu non mi rispondi, io penso che tu non voglia parlarmi.» «Ma cosa dici... ma figurati, tu sei un mio amico... Tony... hai visto adesso l'ho presa subito la cornetta, ti ho risposto»... Gli ho detto: «Va be'... – dico – Silvio eh... ti rubo tre secondi, so che sei molto preso [...]. Silvio,

passati la mano per la coscienza... Se tu lasci che vengono in esterna...». «Tony, so già cosa mi vuoi dire... Mi vuoi parlare di Saccà» dice. «Sì, ma lasciamelo finire però... Se tu lasci entrare un esterno in Rai la rovini, ci ritroveremo con una mano e due di dietro.» «Tony, so già tutto quello che mi vuoi dire.» «Ma lasciami finire, Silvio, perché non gli faranno toccare palla fino alla fine del secondo tempo... e non solo. Ti voglio dire un'altra cosa, Silvio... che oggi un amico mio [...] da Nello l'Abruzzese ha sentito Ruotolo e Santoro che dicevano: "se domani Berlusconi fa fuori Saccà, la presidentessa ci ha promesso che ci farà rientrare immediatamente"»... Silvio dice «Tony, ascoltami»...

C. Pronto?... Pronto?

T. Sì.

C. Dimmi.

T. «Tony... Fini e Bossi sono contrari»... Allora gli ho detto: «Ma Silvio, il presidente sei tu... ma le elezioni le hai vinte tu... non le hanno vinte loro». «Sì ma sono gli alleati.» «Ma Silvio, tu sei il presidente... tu sei l'uomo che ha vinto... tu sei l'uomo che ha conquistato l'Italia... non sono questi qui... tu lo [Saccà, *N.d.A.*] devi difendere fino in fondo.» «Tony... Tony... faccio tutto quello che posso Tony... Certo io lo difendo, Tony... ma questi qui sono contrari. C'ho Fini e anche Bossi.» Questo è quello che gli ho detto: «Silvio...». «Tony, guarda, ti chiamo domani, ti parlo domani.»... Ma io dico: «Silvio, noi contiamo su di te... l'uomo giusto al posto giusto... Tu credimi, io non mi sarei permesso di disturbarti... so che sei impegnato tra la guerra... tra i problemi... io... io non ti voglio rompere i coglioni, io sono un amico tuo vero...». «Tony, ma lo so, ma figurati... ti parlo domani, Tony, ti parlo domani, guarda faccio tutto quello che posso.» Questo è quello che mi ha detto...

C. Vabbò.

T. Dico, Carmelo, un amico che fa quello che ho fatto io sono pochi...

C. Lo so... lo so...

T. Zio Carmelo.

C. Sono preoccupato per la reazione, capito?

T. Ma la reazione che lui mi ha detto: «Tony... Fini e Bossi non sono d'accordo, non lo vogliono». Gli ho detto: «Ma tu decidi! [...] Tu non puoi mollare, tu non devi mollare... Tu sei più forte tu, è... l'uomo giusto al posto giusto... devi difenderlo fi-

no alla fine». «Tony, io faccio tutto quello che posso.» Oltre questo, no, io ho timore...
C. Che lo molla... lo molla... lo molla...
T. Ho timore che lo molla, capísci, perché io... guarda l'intervento mio è stato tremendo, te lo giuro... zio Carmelo...
C. Ti conosco, ti conosco.
T. Tu sai quando io sono...
C. Ti avrebbe potuto dire una cosa... invece non ti ha mentito...
T. Ma l'ho aggredito... come tu...
C. Lo so.
T. Mi ha detto [...]: «Tony, ti chiamo domani... ti parlo domani adesso devo andare... perché sono a cena»... È a cena con Fini e Bossi.
C. Lo so... lo so...
T. Hai capito? Non gli avevo ancora detto... «So già tutto quello che mi vuoi dire», mi ha detto... perché è intelligente, furbo... io, io ho fatto [...]. L'intervento che ho fatto guarda... zio Carmelo penso che probabilmente neanche a mio padre l'avrei fatto ma... ma...
C. Ma comunque... ha fatto rumore.
T. Io ti devo dire che comunque la mia telefonata pensi che lasci il segno?
C. Io dico che l'ha fatto fuori.
T. Fino a che punto non lo so... ma da come lui mi ha detto... «Tony, Fini e Bossi non lo vogliono», gli ho detto: «Sei tu che lo devi volere... Non loro». «Tony, loro sono i miei alleati»... Ed ho capito che... che ho timore che domani lo fanno fuori.
C. Appunto, io ne sono convinto.
T. Ho timore... a meno che – io non voglio prendermi dei meriti, zio Carmelo (*ride*) – non è che Silvio Berlusconi decide perché l'ho chiamato io...
C. No no.
T. Ma penso che la mia telefonata lo ha... lo ha toccato perché mi rispondeva come... come se si dovesse scusare di qualche cosa con me...
C. Comunque io questa sera ho saputo la verità punto e basta... allora.
T. L'hai saputa da me perché a me l'ha detta lui.
C. E ho capito e questo m'interessava sapere.
T. E ho timore che [...] che passa Masi!

C. Ma te l'ha detto lui?
T. No! No, ma Fini è quello che porta Masi... e Fini non lo vuole e Fini porta Masi e Bossi li si scambieranno... io ti do una cosa a te tu mi dai una cosa a me... no! È la polit... io ti devo dire che avrei preferito fare la telefonata per qualche cosa di mio... ma l'ho fatto per Saccà... avrei preferito farla per una cosa mia, l'ho fatto per Saccà...
C. Perché secondo me sta dormendo... comunque adesso provo a chiamarlo.
T. Diglielo.
C. Sì sì, glielo dico.
T. Non essere duro con lui... Di'... che, mah, in effetti, alla fine mi ha detto: «Tony, farò tutto quello che posso»...
C. Vabbò.
T. Eh.
C. Un abbraccione.
T. Io sono stato violentissimo... eh...
C. Ma figurati.
T. E devo dire mi ha ascoltato fino alla fine [...].
C. Mi è servito per avere un quadro della situazione.
T. Questo e quello [...]. Lui mi ha detto Fini e Bossi e se sono Fini e Bossi, gioia, oltretutto Casini è un altro che non lo vuole... i suoi alleati non lo vogliono... e sono Fini, Bossi, Casini, sono i tre alleati suoi e non capisco perché Fini non lo voglia e Bossi non lo voglia, per quale motivo zio Carmelo? Quali possono essere i motivi? Eh?
C. È fesso... perché è fesso Berlusconi... è lui scusa, è fesso. Agostino gli ha dato troppe cose senza chiedere in cambio nulla...
T. Eh... sì eh...
C. Compreso lo spostamento della Rai a Milano [Rai2, su richiesta della Lega, *N.d.A.*].

Se davvero Tony Renis ha telefonato al Cavaliere, come sembra dal suo dettagliato resoconto, non ha usato il cellulare (controllato), ma il telefono dell'albergo dov'era alloggiato (non intercettato). Comunque siano andate le cose, ciò che qui interessa è che il clan di Saccà tenta di usare il «merito» di aver epurato Santoro come merce di scambio per conservare il posto. Ma, alla fine, perde la partita. Anche perché al posto di don Agostino viene nominato un altro fedelissimo del premier: Flavio Cattaneo, legato a filo doppio a La Russa, amico di Paolo Berlusconi e, per le sue origini «padane», gradito alla Lega.

Una vita da fiction

Ma chi è Saccà? Calabrese di Taurianova, socialista, esordisce come giornalista al «Giornale di Calabria» e poi a «Panorama». Nel 1976 approda alla Rai. Negli anni Ottanta è caposervizio e poi caporedattore del Tg3, sempre in quota Garofano. A tempo perso dà una mano al deputato Psi Sisinio Zito, suo conterraneo. Quando Craxi sistema Luigi Locatelli a Rai2, Saccà diventa il suo assistente. Poi, nel '94, è capo della segreteria di Letizia Moratti, presidente della prima Rai berlusconizzata. Intanto D'Alema diventa segretario del Pds e Saccà fa amicizia col suo assistente per l'informazione, Claudio Velardi. Un'amicizia inossidabile, quasi un patto di sangue. Da quel momento don Agostino diventa un forzista dalemiano, la quintessenza della trasversalità. La prima fase della Rai dell'Ulivo, dal '96 al '98, presidente Enzo Siciliano e dg Franco Iseppi, è dominata dai veltroniani: Saccà entra nel cono d'ombra e va a occuparsi di spot, addetto alle «strategie di comunicazione» aziendali. A nulla valgono le pressioni della Quercia su Siciliano perché gli trovi un buon posto. Ma quando D'Alema subentra a Prodi a Palazzo Chigi e insedia i suoi uomini, pilotati dall'onnipresente Velardi, in Viale Mazzini, Saccà viene risarcito con gl'interessi. Il nuovo dg Pierluigi Celli, imposto da D'Alema, lo nomina direttore di Rai1. Lui guida la rete ammiraglia, dove comincia a imperversare Bruno Vespa, dal '99 al 2000. Torna anche Santoro, che era passato a Mediaset, ma per trovare uno spazio settimanale dovrà emigrare su Rai2 con Carlo Freccero. Saccà fa parte del governo-ombra che fa il bello e il cattivo tempo in Rai: un triumvirato con il dalemiano Marcello Del Bosco e l'ex socialista ora forzista Giuliana Del Bufalo. Nel 2000 Celli lo silura e lo rimpiazza con Maurizio Beretta. Saccà salta un giro, anzi mezzo, giusto in tempo per vedere l'amico Berlusconi tornare al governo. Il 1° agosto 2001 è di nuovo direttore di Rai1. E, dopo il diktat bulgaro, direttore generale. Fuori Biagi, fuori Santoro. Obbedienza cieca al capo (di Mediaset). La Rai crolla negli ascolti del *prime time*, sorpassata dal Biscione. Un tracollo eccessivo: troppo visibile. Fini chiede la sua testa. Lui resiste fino alla fine, come dimostra la telefonata di «zio Carmelo» a Tony Renis. Si dice che lo sposteranno a Rai Fiction, ma lui dichiara: «In una casa dove si è stati padroni, non si può tornare a fare i maggiordomi».

Ma poi, scalzato da Cattaneo, afferra al volo Rai Fiction, un posto tutt'altro che da maggiordomo. La fiction è uno dei settori più lucrosi e strategici del «servizio pubblico»: 200 milioni di euro all'anno di investimenti. Un centro di potere enorme, visto che la Rai non produce nulla in proprio. Tutti appalti esterni, affidati a produttori che consegnano pacchetti «chiavi in mano». Da quando comanda Saccà, prima come dg, poi come direttore della Fiction, nasce in Italia una nuova fiorentissima industria: quella del telefilm e del serial. Basta dare un'occhiata all'albo dei fornitori Rai e al numero impressionante di nuove iscrizioni: una miriade di società spuntate dal nulla.

Rai Fiction, con Saccà, diventa un sultanato personale. Esautorata *de facto* la struttura collegiale che affiancava la direzione, abolite le riunioni con i funzionari e i responsabili per discutere i piani editoriali, decide tutto lui. Una sola figura può metter becco nelle sue decisioni: il dg Cattaneo. Baruffe epiche.

In teoria tutti i produttori possono lavorare per Rai Fiction. Di fatto, com'è ovvio, vengono privilegiati i progetti presentati da società collaudate, con vasta esperienza nel settore (come la Lux Vide di Ettore Bernabei, Angelo Rizzoli, la Endemol dei fratelli Bassetti, la multinazionale Grundy, la Palomar di Carlo Degli Esposti famosa per il commissario Montalbano e così via). Invece, sempre più spesso, si affacciano nuove società legate a vario titolo a uomini o partiti politici. La Titania di Ida Di Benedetto, fidanzata del ministro Urbani. La Goodtime di Gabriella Buontempo, moglie del deputato di An Italo Bocchino (è lei che ha prodotto *Il Grande Torino*, che secondo Mario Landolfi – pure lui di An, ma nemico di Bocchino – «trasuda comunismo»). La Casanova Film dell'attore Luca Barbareschi, vicino ad An. Eccetera.

In Rai si è molto chiacchierato della prima esperienza della Di Benedetto: una fiction in due puntate nel 2002, *Chiaroscuro*, e poi un tv movie intitolato *Madre come me*, prodotto dalla Rai nel 2003 ma scritto nel lontano 1981 (dopo l'approvazione e il primo finanziamento, si scopre che è talmente datato da descrivere un'Italia senza computer né cellulari così viene riscritto e aggiornato in fretta e furia).

E poi c'è Francesca Dellera, un tempo molto vicina al Cavaliere. Ai tempi del duopolio era la Fininvest a produrle le fiction. Ora, con il monopolio, provvede la Rai. Da anni giace in magazzino, sempre sul punto di andare in onda, un suo imbarazzante sceneggiato sulla contessa di Castiglione, prodotto dalla Rai e realizzato dalla Cosmoproduction, società di Elide Melli, moglie dell'ex boiardo craxiano Massimo Pini (ora di area An). Anche questa società ha avuto da Rai Fiction sei anticipi per altrettante sceneggiature d'epoca, scritte 15 anni fa, prima approvate e finanziate e poi bocciate alla vigilia della produzione.

Ma il caso più clamoroso è quello della Paypermoon Italia Srl, non foss'altro che per il nome del suo vicepresidente: Claudio Velardi. E per l'importo dell'affare: 11.756.268 euro per 26 puntate da 50 minuti ciascuna. È la prima volta che Rai Fiction si impegna per una cifra così alta con una società esordiente. La Paypermoon viene costituita il 28 giugno 2001, un mese prima del ritorno di Saccà a Rai1, con un capitale sociale di 100 mila euro così ripartito: 97% di Paypermoon Holding Bv e 3% di Paypermoon Limited. Presidente un certo Mario Mauri, napoletano come il vicepresidente Velardi. Il quale, intervistato dal «Corriere della Sera», spiegherà che «non esiste operazione più chiara per la Rai»; ma «l'azionista di maggioranza è espressione di un fondo d'investimento». Quindi non ha un nome e un cognome. In compenso – assicura Velardi – «Saccà è un grande professionista della tv», Petruccioli ha «una posizione molto limpida», questa Rai «non mi pare poi così berlusconiana», «un ritorno in tv di Santoro sarebbe sbagliato, l'ennesima dimostrazione di un paese che non guarda al futuro. Ma perché c'è tanta voglia di tornare sul luogo del delitto?».[107]

Il futuro, per lui, è la Paypermoon. Nel 2002 il fatturato della società è zero, l'esperienza nel settore idem, i dipendenti tre. Ma il 6 ottobre 2003 la Rai la iscrive subito nell'Albo fornitori. Primo incarico: produzione di 30 «corti» da 8 minuti per Rai2, regia di Maurizio Nichetti. Poi, nel febbraio 2005, il grande salto: Saccà fa approvare dal Cda uscente, il monocolore orfano dell'Annunziata, l'affidamento alla Paypermoon della mega-fiction *Raccontami*, destinata alla prima serata di Rai1. Un format acquistato dalla Spagna che riprende lo sceneggiato *Cuéntame cómo pasó* e lo adatta all'Italia degli anni Sessanta. Sceneggiatore Stefano Rulli, protagonista Massimo Ghini. Valore del contratto: quasi 25 miliardi di lire, poco meno di un miliardo a puntata. Di solito le società esordienti ricevono dalla Rai incarichi per serie brevi con anticipi di 100-200 mila euro per la prima bozza di sceneggiatura (il cosiddetto «affidamento»). La Srl di Velardi invece, per la sua prima fiction, ottiene un appalto da 26 puntate e un anticipo di 790 mila euro. Quanto basta per attrezzare la società che, prima, era poco più di una scatola vuota. Saccà sembra proprio aver adottato la Paypermoon. Lì, per produrre la mega-serie, lavorano come consulenti due ex dirigenti Rai da lui stesso segnalati: l'ex capostruttura Giandrea Pecorelli e Rosita Marchesi, napoletana, ex collaboratrice di Giorgio Napolitano. Il contratto spaziale arriva sul tavolo del nuovo Cda Rai nel luglio 2005, alla vigilia delle ferie. Saccà, in quel momento, è molto indebolito: poco prima di andarsene Cattaneo ha fatto approvare una delibera che lo impegna a sottoporre al consiglio non più soltanto i contratti di produzione superiori ai 2,5 milioni di euro, ma anche le nuove «attivazioni». Così Saccà perde gran parte del suo potere discrezionale. Virtualmente, è commissariato.

La vendetta di Cattaneo prosegue con una perfida letterina al «Riformista» che l'ha appena tirato in ballo per una presunta *liaison* con Sabrina Ferilli (la fonte di Polito è l'autorevole «Novella 2000»):

> Caro direttore, leggo «Sabrina & Flavio, è proprio l'estate dei fondi comuni», oggi sul suo giornale a me inviato via fax, in quanto non reperibile in tutta Italia. Devo innanzitutto dirle di essere d'accordo con lei: esiste una questione morale, che intreccia affari e politica, politicanti e affarucoli che potrebbe essere tutta riassunta in una fiction, da proporre a quell'onest'uomo di Agostino Saccà, magari con il titolo Pipermoon [nome storpiato di Paypermoon, *N.d.A.*]. Esiste però anche la falsità [...]. E poi ci sono le bassezze, anche acclarate, ed è per questo che la porterò in tribunale a risponderne insieme al suo editore «lunare». Sono sicuro che il suo concetto di libertà di

> stampa non le consentirà di pubblicare questa lettera, così come sono sicuro che ci sarà un giudice a Roma che farà chiarezza sulle sue responsabilità e su quelle di «Novella 2000», per le quali ho già provveduto.[108]

«Il Riformista» risponde annunciando la querela di Velardi:

> Il nostro concetto di libertà di stampa ci consente, come si vede, di pubblicare la lettera che ci sorprende per molti aspetti. L'articolo pubblicato ieri ironizzava su questa estate di incontri tra destra e sinistra (con allusione al fondo tra Silvio Berlusconi e Carlo De Benedetti), citando un articolo di «Novella 2000» il quale parlava di «una presunta love-story tra Sabrina Ferilli e Flavio Cattaneo» [...]. Siamo del tutto allibiti, invece, dal riferimento gratuito ad Agostino Saccà al quale mai l'articolo ha fatto cenno, neppure indirettamente. E dal coinvolgimento (nei termini che i lettori possono ben valutare) del nostro editore il quale, informato, ha deciso di adire a vie legali.[109]

Saccà preferisce la linea morbida e scrive una lettera al «Corriere» per assicurare che nell'affare Paypermoon è tutto regolare. Per lui, non è un bel momento. Dopo due anni di sultanato assoluto e incontrollato, quando il Cda monocolore non si sognava di fargli le pulci, ora ci sono tre consiglieri d'opposizione che cominciano a chiedere conto delle sue scelte. Infatti l'ok al contratto d'oro con Velardi slitta per ben quattro sedute fra luglio e agosto: Curzi e Rizzo Nervo pretendono chiarimenti e approfondimenti, e i consiglieri di centrodestra si associano. Reclamano «una migliore calibratura delle informazioni» sulle società neonate che fanno fiction dietro compensi milionari. E soprattutto vogliono sapere: perché affidare a una società semisconosciuta un impegno tanto oneroso; perché quell'esborso così anomalo per un semplice «affidamento»; e come si possa approvare un progetto affidato a una società in cui lavorano due ex dirigenti della stessa Rai. Ma il 5 ottobre il Cda approva il tutto, anche sotto la minaccia di una possibile vertenza giudiziaria, visto che la Paypermoon ha già investito un bel po' di quattrini nella produzione. Otto sì, compresi Curzi e i Ds Petruccioli e Rognoni. Un solo voto contrario: Rizzo Nervo.

La lunga marcia

Per Saccà il tempo torna a volgere al bello, anche grazie ai suoi ottimi rapporti con Petruccioli e con Del Bosco (che era il vicedirettore di quest'ultimo all'«Unità» prima del caso Maresca-Cirillo). Appena il neopresidente esamina il dossier Santoro, a telefonare «informalmente» al conduttore epurato sarà proprio Saccà, proponendogli di occuparsi di un documentario su Tommaso Buscetta. E non c'è solo Petruccioli: negli ultimi mesi, appena subodorata la probabile vittoria dell'Unione, l'uomo che votava Forza Italia con tutta la famiglia, l'uomo che licenziò Biagi con ricevuta di ritorno, l'uomo che con Del Noce bloccò per mesi il *De Gasperi* di Liliana Cavani e *La meglio gioventù* di Marco Tullio Giordana (annunciata con tanto di spot nella primavera 2004 e trasmessa soltanto in settembre, dopo la vittoria a sorpresa al Festival di Cannes), ha rapidamente riallacciato i rapporti con i vecchi amici del centrosinistra. «In fondo – ripete in giro perché tutti lo sentano – sono sempre stato un vecchio socialista.»

L'itinerario della transumanza agostiniana attraversa alcune tappe decisive. Prima Saccà invita a pranzo Celli, con cui non parlava da quando quello l'aveva silurato. L'8 luglio 2005, alla sala degli Arazzi di Viale Mazzini, Celli presenta il suo libro-intervista a Giuliana Del Bufalo[110] con Oscar Giannino e Barbara Palombelli. Saccà piomba in sala, punta diritto al tavolo dei relatori, si avvicina a Celli e lo bacia su entrambe le guance, sotto gli occhi increduli degli astanti. La marcia di riavvicinamento di Saccà alla sinistra prosegue con un'affettuosissima telefonata con invito a pranzo a un allibito Stefano Munafò. Socialista lombardiano e gran signore, Munafò aveva diretto per anni Rai Fiction. Poi, nel 2003, al suo posto era arrivato Saccà, il quale, anziché valorizzare la sua esperienza, l'aveva pensionato in tronco, senza una parola di ringraziamento. Figurarsi lo stupore dell'ex dirigente quando sente, dall'altro capo del filo, la voce del suo epuratore che gli fa tutto zuccheroso: «Caro Stefano, sono Agostino, non sai da quanto tempo ti cercavo...». Non contento, Saccà gli consegna un premio per *La meglio gioventù*. Poi elogia il neoconsigliere Curzi come un «vecchio uomo di televisione». E un bel mattino si fa vedere nella centralissima

Piazza San Lorenzo in Lucina, in un viavai di giornalisti e parlamentari, a colazione con Enzo Carra, potente deputato della Margherita.

I risultati di tanto agitarsi non tardano ad arrivare. I Ds ricominciano a guardare a lui con simpatia, come dimostrano le pubbliche attestazioni di stima dell'ultrà dalemiano Giuseppe Caldarola: «Dalla torre butterei piuttosto Vespa, ma non Saccà».[111] Celli ne è addirittura conquistato: «Rivaluto Saccà, senza dubbio. Professionista intelligente, realizza ottimi prodotti. È un "resistente" a tutto e a chiunque. Gente come lui rappresenta la fortuna della Rai».[112]

L'uomo che sussurrava a D'Alema

A questo punto resta da conoscere un po' meglio Claudio Velardi. È l'editore del «Riformista», il patròn della società Reti che cura le campagne elettorali di candidati di destra, di centro e di sinistra, l'uomo che gestisce – per conto del ministero degli Esteri del governo Berlusconi – corsi di giornalismo e di formazione per addetti stampa irakeni. Ma anche un sacco di altre cose. A metà degli anni Settanta è il braccio destro di D'Alema alla Fgci. Poi, in sequenza: responsabile alla propaganda del Pci napoletano, segretario regionale in Basilicata (fino al settembre '90), capufficio stampa del gruppo Pds alla Camera, assessore alla Cultura del sindaco Bassolino (ma solo per un mese, nel '94), coordinatore dello staff di D'Alema, consulente «strategico» dell'«Unità» giusto il tempo di avviarla alla chiusura e di intascare una liquidazione di 300 milioni per ben 180 giorni di lavoro, e subito dopo consigliere politico di D'Alema a Palazzo Chigi (1998-2000). Quando il Líder Massimo, travolto dalle elezioni regionali, si dimette, Velardi rimane disoccupato per un paio di giorni. Poi si mette in affari.

Tutto comincia con una telefonata di Luciano Consoli, architetto giovane ex Pci, con il pallino dei mass media: negli primi anni Novanta tentò invano di rilevare «Il Giorno» e Telemontecarlo, poi collezionò discreti insuccessi con «La Voce» di Montanelli (quasi subito abbandonata) e con «Liberal» (la rivista di Adornato che contava più vicedirettori, nove, che lettori). Infine si diede alla tombola: cioè al Bingo, insieme a Roberto De Santis, l'imprenditore di Gallipoli molto amico di D'Alema (gli ha venduto la barca a vela *Ikarus* «a un prezzo fantastico», secondo Gian Antonio Stella) che ha fondato a Roma una piccola banca d'affari, la London Court Italia. Nell'agosto '99 la Chance Mode Italia di Consoli e la London Court di De Santis danno vita alla Formula Bingo, ma nemmeno quest'avventura andrà a buon fine: nel gennaio 2004, dopo mille peripezie finanziarie a braccetto con la Confcommercio di Sergio Billè, la Confesercenti e l'AdnKronos, anche Formula Bingo finisce in fallimento (7 milioni di euro di debiti).

Dunque, nel maggio 2000, Consoli ancora immerso nelle sue tombole chiama il neodisoccupato Velardi. Sarà lo stesso Consoli a raccontarlo al «Foglio»:

> Quando D'Alema si dimise, chiamai Claudio e gli chiesi, adesso che fai? Lui mi disse: niente, sono disoccupato. E io, d'accordo, ma domattina 'ndo vai? E lui, non lo so. Allora gli ho detto: vieni qua, una stanza per te, Micucci e Napoli [lo staff di D'Alema, *N.d.A.*] te la metto a disposizione io, così puoi fare due telefonate e organizzarti. Poi il caso ha voluto che sullo stesso pianerottolo nostro si liberasse un ufficio, ma è stato davvero soltanto il caso.[113]

Lo staff dalemiano di Palazzo Chigi si scioglie. Pasquale Cascella torna all'«Unità». Marco Minniti resta in politica. Fabrizio Rondolino si è dato da tempo ai romanzi erotici, ai giornali (dal «Messaggero» alla «Stampa», da «Sette» a «Panorama») e soprattutto alla tv (autore del *Grande fratello* per Canale5, del *Ristorante* e di una serie di fiction piuttosto sfortunate per la Rai). Velardi invece, per cominciare, preferisce il lobbying, l'editoria e la finanza. L'ufficio che gli offre Consoli è al numero 3 di Via San Nicola de' Cesarini, splendido palazzo romano affacciato su Piazza Argentina. Lì – come ha ricostruito Sandro Orlando su «MicroMega»[114] – si ritrova un'allegra compagnia di reduci: oltre a Consoli e a Velardi, ci sono Massimo Micucci, Antonio Napoli, e poi D'Alema e Amato con la loro fondazione Italianieuropei. Padrone di casa il giovane Alfio Marchini, rampollo dei celebri palazzinari «rossi» (già proprietari dello storico palazzo di Via delle Botteghe Oscure). Uomo dalle amicizie trasversali, il bell'Alfio ha organizzato il 16 aprile '99 il celebre vertice incontro D'Alema-Cuccia nella sua casa di Roma. E, con Massimo al governo, si è messo in tasca un patrimonio immobiliare da 821 miliardi di lire, acquistandolo da Bankitalia per poco più della metà (vedi pp. 416-417). Nel '98 dà un'altra prova di amicizia al partito, staccando un assegno da 5 miliardi per salvare «l'Unità» e rilevare il 44.5% della nuova società privatizzata, l'Unità Editrice Multimediale, di cui è il primo azionista davanti ai Ds (25.6%), alla famiglia Angelucci (24.5), alla Fondazione Italianieuropei (5). Poi regala qualche miliardo a un nuovo quotidiano, «Il Domani della Calabria», che sta molto a cuore a Minniti. E quando l'amico Consoli gli chiede una mano per «Liberal», non sa dire di no nemmeno a lui.

Ma come spuntano in questa compagnia gli Angelucci, cioè i re delle cliniche private romane (gruppo Tosinvest, giro d'affari oltre mille miliardi di lire), poi coeditori del «Riformista» ed editori di «Libero», nonché registi del ripianamento dei debiti dei Ds con l'acquisto, fra l'altro, del palazzo di Botteghe Oscure? E perché gli Angelucci versano 2 miliardi nel calderone dei debiti della vecchia «Unità»? Il loro sacrificio non sarà vano: la loro Tosinvest nel '99 potrà acquistare dalla Fondazione Monte Tabor di don Luigi Verzé il mega-ospedale San Raffaele che sta per essere venduto allo Stato, per 270 miliardi. Qualche mese dopo, per riprenderselo, il ministro della Sanità del governo Amato, Umberto Veronesi, dovrà sborsare alla Tosinvest 324 miliardi, regalando agli Angelucci una grassa plusvalenza.

La nuova vita di lobbista politico-affaristico, dunque, per Claudio Velardi, inizia a 46 anni. È il 10 maggio 2000, nemmeno tre settimane dopo l'uscita da Palazzo Chigi. Quel giorno Velardi crea con Micucci e Napoli la Reti Srl (specialità: «tecnologia di relazioni»): 20 milioni di lire di capitale e ufficio sulla Portuense. Il presidente è Massimo Micucci, un ex della Fgci romana che per vent'anni s'è occupato per il partito di affari internazionali e cooperazione, e ha fatto parte pure lui dello staff di D'Alema. L'amministratore delegato è Antonio Napoli, già assessore al Personale di Bassolino, poi spedito in Kosovo a coordinare la «missione umanitaria» e infine arruolato a Palazzo Chigi per curare i rapporti con le autonomie locali. Velardi, regista della società, ha la carica di semplice consigliere. Un anno dopo Reti diventa una Spa e coopta nel Cda il banchiere bolzanino Gilberto Gabrielli, già numero uno della Abn Amro Italia e consigliere della Banca di Roma, quindi presidente della merchant bank Cofiri; e il professor Maurizio Decina, docente di Telecomunicazioni al Politecnico di Milano e membro del Cda della Stet, consigliere del premier D'Alema e poi del governo Berlusconi.

Intanto, dalle parti di Velardi, è spuntata un'altra società: la Running Srl, 20 milioni di lire di capitale, specializzata in marketing elettorale. Per il 90% fa capo a Stefano Micucci, fratello di Massimo e tesoriere dei Ds romani; e per il 10%, al calabrese Francesco Riccio, responsabile dei Ds per il Mezzogiorno. Nel luglio 2002 Micucci gira la sua quota a Reti, così Velardi & C. diventano azionisti di maggioranza di Running.

Il 31 luglio nasce una terza società: la Edizioni Il Riformista Srl, con 10 mila euro di capitale (sempre il minimo): 95% ad Antonio Napoli, 5% a Cofiri di Gabrielli. Presidente Velardi, amministratore delegato Consoli, consigliere la commercialista romana Maria Gabriella Attardi, che lavora con Gabrielli. «Il Riformista», diretto da Antonio Polito, si propone di vendere 8-10 mila copie: riuscirà a piazzarne un terzo. Si presenta come l'organo della sinistra blairiana, anche se ricorda più quella craxiana. Anche per una certa predilezione per i paradisi fiscali. Semplificando un po', c'è chi definisce Velardi il primo «editore *off-shore*» della pur tormentata storia dell'editoria italiana, visto che nelle sue scorribande finanziarie si ritrova un bel giorno nel Mar dei Caraibi. Per la precisione a Road Town, capitale di Tortola, la più grande delle Isole Vergini Britanniche. Ricapitolando, ancora con l'aiuto di Sandro Orlando:

> Tra il maggio 2000 e il luglio 2002 nascono Reti, Running e Il Riformista, tutte società che alla fine dello stesso anno finiranno sotto il controllo dei tre ex consiglieri del Líder Massimo. Il ruolo di capogruppo spetta a Reti, la società di lobbying che si trasferisce in Via del Plebiscito 102, a Palazzo Grazioli, che è anche il domicilio romano di Silvio Berlusconi, un mese prima che questi vinca le elezioni. Quando si dice tempismo! Re-

ti è l'unica società per azioni ed è stata dotata di un capitale considerevole rispetto alle altre, 100 mila euro, ripartiti tra i tre soci, con Massimo Micucci primo azionista (34%) e gli altri due che si dividono le restanti quote. Nel luglio 2002, la Reti presieduta da Massimo acquista dal fratello Stefano il 90% di Running, valore nominale 20 mila euro [...]. Mentre il giro d'affari cresce – i ricavi di Reti sfiorano nel 2002 i 2,2 milioni – i debiti con le banche raddoppiano (446 mila euro). Sempre nel luglio 2002 Antonio Napoli fa partire la Edizioni Il Riformista, con il minimo di carburante, 10 mila euro versati attraverso la sua «Ivo Campone», che è anche domiciliata a Palazzo Grazioli. La nascita è spalleggiata da Cofiri, la banca d'affari in cui nel frattempo sono entrati i soliti Angelucci (col 40%), diventati anche editori di «Libero» (una scelta *bipartisan* obbligatoria: le loro cliniche vivono delle prestazioni fatturate alle Asl della Regione Lazio targata Francesco Storace), il re degli elettrodomestici Vittorio Merloni (40%) e Gilberto Gabrielli (20%), che ne è l'amministratore delegato (e, come abbiamo visto, è pure consigliere di Reti).[115]

Mentre, grazie alla legge Tremonti, molti fanno rientrare i capitali dall'estero, Velardi & C. compiono il percorso inverso: smobilitano le attività in Italia trasferendole a una società anonima con base in Lussemburgo. Dietro, ovviamente, c'è sempre Velardi con i vecchi compagni Micucci e Napoli.

Il 29 ottobre 2002, davanti a un notaio di Mersch, in Lussemburgo, è apparsa Luisella Moreschi, in rappresentanza di due società distinte: la Aqualegion Limited, con sede a Londra, e la Walbond Investments Limited, che dispone solo di una casella postale nei Caraibi, a Road Town. La Aqualegion ha incaricato la signora Moreschi di sottoscrivere 2500 azioni di categoria A della Nova Editior Sa, società anonima di partecipazioni che è stata appena costituita, per un controvalore di 250 mila euro. La Walbond ha dato mandato alla stessa di comprare le restanti 2500 azioni di categoria B della Nova Editior, a un prezzo uguale. La nuova holding nasce al numero 8 di Boulevard Royal, Lussemburgo [...]. Ad amministrarla sono Maria Gabriella Attardi, braccio destro di Gabrielli, e membro del Cda del «Riformista»; Roberto Allocca, altro commercialista romano che lavora da anni con gli Angelucci, con incarichi di vertice nella Tosinvest Sanità e nella loro finanziaria; e la stessa Luisella Moreschi, che evidentemente agisce per procura. Tant'è che la prima decisione che i soci della Nova Editior prenderanno sarà quella di assumere una partecipazione nel «Riformista», fino a un massimo del 49% [...].

Il 24 aprile 2003 fanno finalmente la loro apparizione al numero 8 di Boulevard Royal i grandi soci che dovranno mettere il carburante nel «Riformista». Qualche giorno prima, Antonio Napoli ha ceduto una piccola quota (il 15%) del suo pacchetto di maggioranza alla Nova Editior. Nell'ambito di un aumento di capitale da 2,95 milioni di euro, quest'ultima emette 29.500 nuove azioni, che vengono distribuite tra il petroliere genovese Edoardo Garrone (gruppo Erg), l'imprenditore salernitano Pier Luigi Crudele (Finmatica, leader nei software gestionali), il bolognese Paolo Ottani (fondatore della Nch, piccola società specializzata in bancomat e sistemi elettronici di pagamento) e la finanziaria milanese Gandalfin (che fa capo alla Popolare di Intra e ad altre banche). I quali, per avere il 15% del «Riformista», spendono una cifra (2,95 milioni appunto) che assegna al giornale intero [in edicola da appena sei mesi, *N.d.A.*] una valutazione complessiva di quasi 20 milioni: 38 miliardi di vecchie lire. In realtà non tutti portano soldi freschi, al contrario: nelle casse della holding entra solo un milioncino di euro.

Infatti tutti e quattro gli investitori non fanno che azzerare crediti maturati con la Nova Editior (appena nata e già così indebitata) per svariati milioni di euro, in cambio di quote azionarie. Il tutto, con società estere. Poi arrivano gli Angelucci, che versano 1,1 milioni in contanti e cancellano un credito di 250 mila euro, stavolta con una società italiana.

Con questo nuovo giro di valzer, chi ha investito nella Nova Editior si ritrova ad aver pagato il 15% del «Riformista» 4,3 milioni di euro (di cui la metà *cash*), una cifra che equivale a una valutazione del giornale di oltre 28 milioni, ben 55 miliardi di lire. Perché a quella data, è il 7 luglio 2003, la holding di Boulevard Royal non ha altre partecipazioni in plancia. Una settimana dopo, però, il portafoglio della Nova Editior verrà rimpolpato con un pacchetto di nuove azioni della Running (il 33% delle quote), emesse dopo un aumento di capitale segui-

to a un rimpasto dei soci. E qui le cose si complicano, come è giusto che sia quando si fa finanza d'alto bordo.
A metà maggio infatti i vecchi proprietari della società di marketing elettorale, Velardi, Micucci, Napoli (che hanno il 90% di Running attraverso Reti) e Francesco Riccio (uno dei due fondatori, con il 10%) hanno venduto la totalità delle loro azioni a una nuova società anonima lussemburghese, domiciliata a pochi passi dalla Nova Editior, al numero 4 di Boulevard Royal, la Wi-Fi Holding Sa. Dunque a luglio è stata una scatola *off-shore*, la Wi-Fi Holding, a consentire a un'altra scatola *off-shore*, la Nova Editior, di prendersi un terzo di Running. Tant'è che il passaggio verrà formalizzato solo dopo che l'emissario della nuova proprietà lussemburghese si è insediato nella plancia di comando della società romana: il neopresidente è «*Monsieur Claudio Velardi, entrepreneur*», come si legge nei registri del Granducato, che si presenta in compagnia della solita Attardi. La Wi-Fi Holding è stata infatti costruita ricopiando lo schema di Reti, con un terzo delle quote a Napoli, un terzo a Velardi e un terzo a Micucci, che però si tiene qualche azione in più così da essere il socio di maggioranza. Costituisce insomma il doppione *off-shore* della prima creatura dei D'Alema Boys, che ormai pensano global.

Intanto si sdoppia pure «Il Riformista», che nell'estate 2003 viene ribattezzato «Il nuovo Riformista»: la testata passa alla Edizioni Riformiste di Via della Stelletta, una piccola società cooperativa senza scopo di lucro, nata a fine 2001 con 4 mila euro di capitale per pubblicare «Le ragioni del socialismo», il mensile diretto da Emanuele Macaluso, che vende pochissime copie ma beneficia dei fondi statali per l'editoria di partito grazie alla joint venture di alcuni parlamentari Ds (Enrico Morando e altri). Così Macaluso, che ha una rubrica fissa sul «Riformista», gli procura il finanziamento pubblico.

Gli Angelucci, i Garrone, i Crudele e gli altri entrano in una società editoriale (la vecchia Edizioni Il Riformista srl di Via della Scrofa) quando questa ha già perso il suo *asset* principale, ovvero la testata. Non contenti di farsi del male (sulla carta hanno speso già 4,3 milioni di euro), nell'autunno 2003 gli investitori aumenteranno la loro partecipazione portandola dal

15 al 49%, con l'acquisto anche della quota Cofiri. È vero che strada facendo si sono ritrovati anche proprietari di un terzo di Running: ma quelle azioni potrebbero anche averle pagate extra. E soprattutto: di lì a poco, l'editrice di Via della Scrofa, ormai ridotta a una scatola vuota, sarà affidata alle cure del commercialista Mazzei, grande esperto di liquidazioni, mentre il foglio arancione continuerà la sua corsa sotto la forma di piccola cooperativa partecipata dai soli dipendenti.

Difficile capire la *ratio* di queste manovre. Evidentemente dev'essere intervenuto un çambio di programma, come già al tempo di Formula Bingo, che si riconvertì ai corsi di formazione per aspiranti gestori di tombole, nel tentativo di aggiustare un *business-plan* traballante. Ma le capriole non sono finite, perché nell'ottobre 2003 la Wi-Fi Holding vara un aumento di capitale da 4,6 milioni di euro, che viene interamente sottoscritto dai tre soci. Ma non è che Velardi, Micucci e Napoli si presentano con una valigetta contenente 9 miliardi di vecchie lire: semplicemente girano alla loro cassaforte lussemburghese tutte le azioni che detengono nella Reti. Centomila titoli dal valore nominale di 100 mila euro, che però vengono iscritti a bilancio con la valutazione di 4,6 milioni di euro. Dopodiché ricapitalizzano Reti, con l'emissione di 156 mila nuove azioni che verranno sottoscritte per più del 90% dalla Wi-Fi Holding, e per le restanti quote da nuovi soci come Irene Pivetti, l'ex pasionaria del Carroccio, arruolata come responsabile relazioni istituzionali dai lobbisti di Palazzo Grazioli.

Nel febbraio 2004 Monsieur Velardi lascia le sue cariche di presidente del (vecchio) «Riformista» e di Running, società che nel frattempo è stata costretta a traslocare a Palazzo Grazioli dopo che la Guardia di Finanza ha messo i sigilli al secondo piano di Via della Scrofa, in seguito al fallimento di Formula Bingo. Pure Retitalia, la controllata napoletana di consulenza alle amministrazioni locali, è stata messa in liquidazione. Ora ci sarà più tempo per i progetti internazionali, che potranno essere realizzati con architetture societarie sempre più ingegnose a partire dalla nuova cassaforte di Boulevard Royal, nel Granducato, dove è di casa anche il costruttore Alfio Marchini, che qui ha la sua capogruppo (So.Fi.Mar. International Sa). Da quello che si mormora, la loro prossima avventura consisterà nel portare a Mosca il progetto di un «happening della cucina italiana»: «ristorante a vista» stile vecchia Toscana e «salotti di de-

> gustazione», il tutto sponsorizzato dal simpatico faccione di Gianfranco Vissani, e in più servizi di catering, attività di formazione e anche la produzione televisiva di un *Grande fratello* dei banchetti all'italiana. Un progetto che ha già ricevuto il beneplacito del vicino di condominio, Silvio Berlusconi, che ne ha parlato molto carinamente al suo amico Putin.[116]

Già, Vissani. Nel febbraio 2004, all'hotel Parco dei Principi di Roma, si tiene un grande banchetto per festeggiare Gianfranco Fini, appena eletto «Riformista dell'anno» (nel 2003 era toccato al molto riformista Bruno Vespa). Intorno ai tavoli imbanditi dallo *chef à penser* di Civitella sul Lago, il cuoco prediletto da D'Alema e Velardi, si ritrovano Marchini e il ministro Gasparri, Velardi e Polito, il sottosegretario forzista al Lavoro Sacconi e il sindaco Ds Veltroni, il numero due della Margherita Arturo Parisi e la portavoce di Bertinotti, Ritanna Armeni, il banchiere Fininvest Ubaldo Livolsi, il presidente di Confindustria Antonio D'Amato e naturalmente il direttore di Rai Fiction Agostino Saccà. Tutt'intorno, una corte di portaborse, starlette tv, giornalisti della Rai e della carta stampata e – racconta Maria Corbi sulla «Stampa» – un codazzo di «strappone», cioè di «donne inguainate in abiti seconda-pelle, issate su tacchi tredici, possibilmente con cinturini alle caviglie e scolli generosi, trucco abbondante e porto d'armi per sguardi d'acchiappo» verso i maschietti riformisti. Mancano soltanto i redattori del «Riformista». Nella fretta, l'editore Velardi s'è scordato di invitarli.

Lui, del resto, ha mille cose da fare. Sta per reincarnarsi nella sua terza vita: quella di produttore cinematografico, con una predilezione particolare per la fiction, ora che alla Rai se ne occupa il vecchio amico Saccà. Quando si dice la combinazione.

Note

1. «il Giornale», 5 marzo 2001.
2. Ansa, 24 febbraio 2001.
3. «Giornale di Sicilia», 7 agosto 2005.
4. «Corriere della Sera», 8 ottobre 2005.
5. «la Repubblica», 20 dicembre 2000.

6. «il Giornale», 5 marzo 2001.
7. «Sette» - «Corriere della Sera», 11 marzo 2004.
8. «l'Unità», 17 dicembre 2002.
9. «Prima Comunicazione», 16 dicembre 1995.
10. «Corriere della Sera», 9 aprile 2005.
11. «Corriere della Sera», 29 maggio 2005.
12. «La Stampa», 19 dicembre 2004.
13. «Magazine» - «Corriere della Sera», 16 febbraio 2005.
14. «Corriere della Sera», 4 marzo 2004.
15. Ansa, 15 ottobre 2003.
16. «Magazine» - «Corriere della Sera», 16 febbraio 2005.
17. «Corriere della Sera», 29 maggio 2005.
18. «Tuttolibri» - «La Stampa», 18 dicembre 2004.
19. «La Stampa», 19 dicembre 2004.
20. «Corriere della Sera», 10 aprile 2005.
21. Intervista di Sabina Guzzanti a Marcelle Padovani nel film *Viva Zapatero!*.
22. «Financial Times», 28 giugno 2003.
23. «Il Foglio», 25 novembre 2004.
24. Ansa, 28 marzo 2005.
25. «Corriere della Sera», 29 maggio 2005.
26. «la Repubblica», 6 aprile 2005.
27. «l'Unità», 2 aprile 2005.
28. «Corriere della Sera», 10 settembre 2005.
29. «Corriere della Sera», 16 settembre 2005.
30. «Corriere della Sera», 19 settembre 2005.
31. «Corriere della Sera» e «l'Unità», 19 settembre 2005.
32. Federico Orlando, *Il sabato andavamo ad Arcore*, Larus, Bergamo 1995, p. 124.
33. Ansa, 8 agosto 1991.
34. Federico Orlando, *Il sabato andavamo ad Arcore*, cit.
35. Ansa, 20 gennaio 1995.
36. Ansa, 22 luglio 2002.
37. Cfr. Goffredo Locatelli e Daniele Martini, *Tengo famiglia*, Longanesi, Milano 1997.
38. Testimonianze raccolte dagli autori nel settembre 2005.
39. «la Repubblica», 11 giugno 1994.
40. Dall'introduzione a *Cusani. La vecchia Italia sotto accusa*, supplemento di «Epoca», 19 maggio 1994.
41. G. Barbacetto, P. Gomez, M. Travaglio, *Mani Pulite. La vera storia*, Editori Riuniti, Roma 2002.
42. «L'Espresso», 17 dicembre 1995.
43. Ibidem.
44. Vittorio Emiliani *Affondate la Rai*, Garzanti, Milano 2002.
45. «L'Espresso», 3 maggio 2001.

46. Ansa, 15 febbraio 2003.
47. Ansa, 17 marzo 2003.
48. Ansa, 16 maggio 2004.
49. «la Repubblica», 12 novembre 2004.
50. «Vanity Fair», 26 novembre 2004.
51. Luigi Crespi, «Mentana: dispettoso servitore del padrone», «Il Clandestino», dicembre 2004.
52. «il Giornale», 1° settembre 2005.
53. «Libero», 8 settembre 2005.
54. «la Repubblica», 10 settembre 2005.
55. «Corriere della Sera» e «la Repubblica», 26 settembre 2005.
56. «.Com», settembre 2005.
57. «Corriere della Sera», 30 settembre 2005.
58. Testimonianza raccolta dagli autori il 27 settembre 2005.
59. Ansa, 13 ottobre 2005.
60. «Corriere della Sera», 16 marzo 2005.
61. Ibidem.
62. «Corriere della Sera», 17 marzo 2005.
63. «Il Foglio», 23 luglio 2005.
64. «Il Riformista», 3 giugno 2005.
65. «Corriere della Sera», 29 settembre 2005.
66. «Corriere della Sera», 3 ottobre 2005.
67. «.Com», 22 ottobre 2004.
68. «Gioia», 13 febbraio 2001.
69. Ansa, 26 settembre 1997.
70. Ansa, 8 febbraio 2004.
71. «Sette» - «Corriere della Sera», 8 agosto 2002.
72. Ibidem.
73. Ibidem.
74. Ibidem.
75. Ibidem.
76. Ibidem.
77. Ansa, 18 gennaio 2001.
78. Ibidem.
79. «Sette» - «Corriere della Sera», 8 agosto 2002.
80. «Gioia», 13 febbraio 2001.
81. «Magazine» - «Corriere della Sera», 15 maggio 2004.
82. «la Repubblica», 11 maggio 1994.
83. «la Repubblica», 18 luglio 1994.
84. «la Repubblica», 14 marzo 1996.
85. Ibidem.
86. «la Repubblica», 23 febbraio 2002.
87. «Sette» - «Corriere della Sera», 8 agosto 2002.
88. Ibidem.
89. Ansa, 7 settembre 2000.

90. Ibidem.
91. Ibidem.
92. Ansa, 26 ottobre 2000.
93. Ansa, 3 settembre 2002.
94. Ansa, 26 agosto 1999.
95. «Sette» - «Corriere della Sera», 8 agosto 2002.
96. Barbara Palombelli, *Diario di una mamma giornalista*, Rizzoli, Milano 2001.
97. Ansa, 10 giugno 2002.
98. Ansa, 10 aprile 2000.
99. Ansa, 21 ottobre 2000.
100. «Magazine» - «Corriere della Sera», 16 dicembre 2004.
101. «Magazine» - «Corriere della Sera», 8 maggio 2004.
102. «Magazine» - «Corriere della Sera», 28 ottobre 2004.
103. «Magazine» - «Corriere della Sera», 3 giugno 2004.
104. «Magazine» - «Corriere della Sera», 26 novembre 2004.
105. «Magazine» - «Corriere della Sera», 11 agosto 2005.
106. «Magazine» - «Corriere della Sera», 16 dicembre 2004.
107. «Corriere della Sera», 4 ottobre 2005.
108. «Il Riformista», 12 agosto 2005.
109. Ibidem.
110. Pierluigi Celli, *La bella addormentata e i suoi guardiani*, ed. Eri-Rai, Roma 2005.
111. «Corriere della Sera», 9 aprile 2005.
112. «Corriere della Sera», 6 ottobre 2005.
113. Cfr. Andrea Cinquegrani e Rita Pennarola, *Il Velardismo*, «La Voce della Campania», dicembre 2003.
114. «MicroMega», 4 marzo 2004.
115. Ibidem.
116. Ibidem.

Le mani sulla stampa

6
Uniti contro «l'Unità»

Ti inviteranno a un incontro per fare la pace.
Se tu ci andrai, ti uccideranno.
E chi te lo proporrà offrendosi
come garante, quello è il traditore.

Vito Corleone al figlio ne *Il padrino*
di Francis Ford Coppola

Dopo 76 anni di onorato servizio, il 28 luglio 2000 il quotidiano fondato da Antonio Gramsci chiude i battenti. Gli sono stati fatali una dissennata politica di spese folli (promozioni, redazioni locali, assunzioni *a gogo*), un piano di «rilancio» e «privatizzazione» fallimentare e soprattutto una linea politica sempre più conformista e sbiadita, affidata dalla Quercia a direttori sempre più deludenti: da Renzo Foa a Paolo Gambescia, da Mino Fuccillo a Giuseppe Caldarola. Risultato: 28 mila copie superstiti vendute in edicola e una montagna di debiti. L'«Unità» muore a dieci mesi dalle elezioni, quando di solito i giornali politici nascono.

La redazione è in stato di crisi dal 1998. Per conservare il posto di lavoro e salvare il giornale, i 123 giornalisti hanno accettato di rinunciare a un milione di stipendio ciascuno, con cassa integrazione «a girandola» che li lascia a casa per due settimane al mese. In compenso uno degli ultimi artefici dell'agonia del quotidiano, Claudio Velardi, assunto il 29 gennaio '98 nientemeno che come «consulente per le strategie e lo sviluppo» con uno stipendio di 400 milioni all'anno, praticamente mai visto in redazione, è uscito dal giornale il 30 luglio con un discreto gruzzoletto: 291 milioni e 25 mila lire per 180 giorni di lavoro (1.617.000 al giorno), dei quali 91 e rotti per la collaborazione e 200 di liquidazione.[1] A Fuccillo, il penultimo direttore, quello della «svolta innovativa», è andata un'altra bella cifretta: 574 milioni per 193 giorni di lavoro (2.970.000 al giorno), di cui 234 di stipendio e 340 di indennità di fine rapporto.[2]

Gian Antonio Stella, inviato del «Corriere», raccoglie nei corridoi della redazione tutta «la delusione verso il partito», «la rabbia verso alcune scelte degli ultimi anni», «il rancore verso certi protagonisti» dell'ultima follia dalemiana: quella del giornale «privatizzato», «moderno» e «riformista», in cui Velardi voleva persino sostituire il rosso della testata con uno smagliante blu simil-forzista. Ben impressa nella memoria dei giornalisti c'è ancora la sua intervista di due anni prima a Cesare Lanza,[3] in cui il genio del marketing annuncia la svolta epocale. Velardi spiegò di avere accettato l'incarico all'«Unità» pur di andarsene da Botteghe Oscure, dove gli faceva la guerra «tutta la burocrazia che respinge tenacemente le innovazioni». E annunciò una poderosa strategia di rilancio: per rispondere «al grande mercato che ruota intorno al Pds e all'Ulivo», disse «basta ai tradizionali commentatori, tutti quei vecchi bacucchi». Qualche nome? «Tutti. Tutti quei professori che danno lezioni dall'alto della cattedra.» Nessun'eccezione? «No. Aria! Aria fresca, ci vuole. Quarantenni, intelligenze nuove e giovani.» E lui aveva in mente qualcosa di «assolutamente innovativo: stiamo pensando di usare il blu anche per la testata, dopo averlo introdotto nella bacchetta che sta sotto». Seguì una grande festa «preventiva», con 400 invitati, al *Gilda*, già tempio della destra gaudente. Il menu – racconta Stella – era di quelli moderni e dinamici, *à la page*: «Fusilli, risotto, lasagnette, roast-beef, brindisi e taglio della torta. E poi via, tutti a ballare tra cubiste spiritate, coscelunghe sinistrate, deputate ministrate. È o non è l'ultima estate dell'Ulivo trionfante?».[4]

Due anni dopo, immancabile, il fallimento. L'«Unità» ha ormai 123 redattori: troppi per un giornale sceso a 38 mila copie, a cui bisogna sottrarne 10 mila di abbonamenti gratuiti alle sezioni Ds. Vengono al pettine tutti i nodi di una gestione scriteriata. Prima Veltroni – scrive Stella, riferendo i pareri della redazione – «dopando il giornale con i film e le figurine che al sabato lo facevano schizzare da 70 a 400 mila copie, fece il passo più lungo della gamba assumendo per i fascicoli locali un sacco di gente». Poi D'Alema che – racconta Caldarola, l'ultimo direttore – «non s'è fatto vivo manco una volta». Senza dimenticare

> il protagonista numero uno degli ultimi anni: il bell'Alfio Marchini. Che nell'«Unità» avrebbe messo una ventina di miliardi, in parte recuperati portando a casa il comparto «l'U», quello delle cassette dei film, per sfilarsi poco dopo aver concluso

> con alcuni soci e la benedizione del governo D'Alema un affare mica male: l'acquisto a Napoli, dalla Banca d'Italia, della Società del Risanamento Spa, padrona di 5000 appartamenti nel centro della città. Prezzo fissato da una stima: 821 miliardi. Prezzo pagato: 490. Tutto regolare, si capisce. Né l'inchiesta aperta dalla procura sull'equità del prezzo autorizza pensierini sospettosi. All'«Unità» non hanno dubbi. Spiega Umberto De Giovannangeli, del Cdr: «La vantata privatizzazione è stata usata da Marchini e dagli Angelucci (che volevano vendere alla Regione la clinica San Raffaele) solo come un taxi: arrivati a destinazione, sono scesi. L'unica speranza è che vada meglio coi prossimi. Purché non vogliano anche loro farsi solo una corsa». Infine ci sono quei «ministri e deputati che pensano che conti solo andare da Vespa e che quindi "l'Unità" sia ormai inutile, salvo pretendere un'intervista al giorno per saziare la loro vanità».[5]

Ma il bersaglio numero uno del risentimento redazionale è D'Alema che, come ex direttore, risulta ancora in organico: «redattore in aspettativa».

> Tra i dipendenti dell'«Unità» che si aggrappano agli ultimi rotoli di carta e alle ultime taniche di inchiostro, mentre montano l'ansia, l'angoscia, la disperazione, c'è almeno un giornalista che conserva un socratico distacco. Si chiama Massimo D'Alema, in redazione si occupava di politica, ha avuto qualche ruolo di responsabilità ed è in aspettativa (rimanendo però in organico, se è corretto il tabulato in mano al Cdr) da quando se n'è andato per fare il capogruppo alla Camera e, su su, il segretario del partito, il presidente della Bicamerale e infine il capo del governo. I più arrabbiati dei suoi colleghi, e non sono pochi, dicono che «se ne sta lì tutto griffato e abbronzato al timone del suo veliero fregandosene della nostra zattera che va a fondo». I più amareggiati, quelli che più avevano creduto in lui, nel sogno della grande avventura, nella storica svolta che portò la sinistra al potere, confessano di essere scossi: non una riga di solidarietà, un appello, una testimonianza di dolore. Manco una telefonata. Raccontano che ogni giorno qualcuno blocchi nel corridoio Giuseppe Caldarola [...] e gli chieda: «Ha chiamato?». «No.» Non c'è neanche bisogno che si dicano di chi parlano. Il protagonista è lui:

D'Alema. Muto [...]. Certo, nonostante avesse diretto il quotidiano negli anni della svolta, nonostante avesse passato pomeriggi interi a giocare ai marzianini col computer e a chiacchierare nella redazione politica (in cronaca dicono di non averlo visto mai: non gli interessava), nonostante avesse scelto proprio tra i redattori del giornale alcuni dei collaboratori più stretti quali i portavoce Fabrizio Rondolino e Pasquale Cascella, non è che i colleghi si aspettassero da D'Alema straripanti manifestazioni di affetto. Che avesse vissuto la direzione dell'«Unità» come scalino nell'ascesa verso il potere vero, si sapeva. Che gli seccasse aver «toppato» lui pure su uno di quei titoli urlati («De Mita si è arricchito col terremoto») che rinfaccia ai cronisti che con un ghigno ironico chiama «jene dattilografe», anche [...]. Né il «Líder Massimo» si era premurato troppo, in questi anni, di salvare almeno il «suo» quotidiano e i «suoi» colleghi nelle insistite battute sul tema. «I giornali? Meglio lasciarli in edicola.» «Un direttore mi ha chiesto consiglio: vorrei un cronista che sappia rimestare nella merda. Quelli che rimestano nella merda sono i più contesi.» «Se devo dire qualcosa di importante, vado in tv.» «Se facessi ancora il direttore, sa come avrei aperto oggi? Con la grande impresa del Castel di Sangro a Marassi. Altro che favole sugli exit poll!» «Il confronto con i giornali stranieri è umiliante. Quelli si occupano di cose serie, da noi si stampano solo cazzate.»

Eppure, fatta la tara a tutto, compresa l'irritata delusione per il fallimento tra roventi polemiche della privatizzazione e del risanamento tentati attraverso i pupilli Marchini e Velardi, la scelta del Grande Silente di non dire sui colleghi agonizzanti neppure una parola di rituale solidarietà, pesa come un macigno. Ieri mattina D'Alema era a Bologna, a batter cassa con la Lega delle Cooperative. Racconta l'agenzia Dire, che pure è di sinistra, che si è trattato «di un vero e proprio spot a favore della Fondazione Italianieuropei». Per un'ora e mezzo ha parlato. Ha [...] vantato le virtù della «attività lobbistica» che vuole svolgere con la sua fondazione. Ricordato che negli Usa le grandi imprese «finanziano sia le *foundations* democratiche sia quelle repubblicane perché non si sa mai...». Annunciato l'istituzione d'una scuola di formazione politica per 200 giovani [...]. Ribadito che su Amato ha già detto come la pensa «su un autorevole giornale» (non il suo). Chiesto soldi per il suo progetto politico-culturale ricalcando quasi nelle virgole quanto aveva un tempo proposto, tirandosi addosso una tonnellata di liquame, Gianni De Michelis: «Nel momento in cui le imprese cooperative contribuiranno, noi le considereremo nostre committenti». Di una sola cosa, in un'ora e mezzo di colletta, non ha mai parlato. Indovinate di cosa...[6]

Dell'«Unità», naturalmente.

L'«Unità» muore il 28 luglio 2000. Nel giorno del funerale, c'è ancora Stella a raccontarlo magistralmente:

> «Vi leggo un flash d'agenzia: "Un filo di speranza..."» «Ma che vadano al Bagaglino!», urlano da dietro. «Sentite cosa dice la segreteria Ds: "Stiamo lavorando ancora in queste ore..."» E parte un fischio, e poi un altro, e un altro ancora. E grida, invettive, insulti. Qualcuno affonda la testa tra le mani per contenere uno sfogo di pianto. Altri scoppiano in lacrime senza darsene peso. Altri si precipitano fuori per vivere il «loro» trauma personale, familiare, politico nella solitudine di qualche angolo dello scantinato [...]. Finisce così, in una tragedia collettiva, alcuni metri sotto terra, nel «teatro» ricavato nei sotterranei per le assemblee, la lunga avventura dell'«Unità». E finisce male. Con un lungo, struggente, interminabile applauso d'affetto per Peppino Caldarola [...]. E con una rabbiosa rivolta contro tutti coloro che, in maggiore o minore misura, sono stati individuati come i responsabili di questo fallimento. Una catastrofe editoriale, umana, politica [...].
> D'Alema se n'è già andato da due ore, quando i naufraghi del giornale che ai tempi d'oro era il secondo d'Italia devono prendere atto infine di ciò che da settimane, da giorni, da ore sapevano benissimo, ma che angosciosamente cercavano di non vedere: la zattera va a fondo. E proprio la visita dell'ex direttore ed ex segretario del partito, quella visita così attesa in questi mesi di silenzi, ha in qualche modo offerto ai naufraghi l'ultimo filo d'acqua per sperare ancora nell'impossibile [...].
> Si era tolto la cravatta, l'ex presidente del Consiglio. Si era famigliarmente sbottonato la camicia [...], spiegando che se in queste settimane se n'è rimasto silente non era affatto per indifferenza alle sorti del giornale come gli hanno rinfacciato «ricostruzioni demagogiche, volgari e sciocche». Giornalisti: puah... «Solo una mediocre volontà di colpire poteva introdurre contrapposizioni così sciocche» tra il suo viaggio a bat-

ter cassa a Bologna dalle cooperative rosse e il mutismo assoluto sulle vicende del quotidiano. In realtà, aveva scelto di stare zitto perché non ha più un ruolo nel partito e quindi non voleva interferire: «Non posso permettermi la facile demagogia della solidarietà» [...].
Intorno, il gelo. Non un applauso, non un sorriso di consenso né un cenno residuo di quell'ammirazione che solo qualche mese fa gli faceva da alone. Silenzio. Imbarazzo. E due calci negli stinchi. «Abbiamo il torto di non essere morti perché ci siamo ostinati a vivere.» Lui aveva incassato. Era risalito nello studio del direttore ad attendere notizie. Avuta quella brutta se n'era andato. Saluto finale a Stefano Di Michele di funerea cortesia: «Teniamoci in contatto». Battuta anonima all'uscita: «Che scarpe aveva, quelle da tre milioni?».
«Con la scorta!», urla poco dopo al microfono Fabio Luppino: «Se n'era andato da qui che era solo ed è tornato con le guardie del corpo! Pure tra di noi se le è portate! In assemblea!». Battibecchi: «Ma lascia stare! Basta, non è questo il punto!». «Basta tu!» «Non dividiamoci!» Laura Pellegrini se ne sta in disparte, sotto shock, a cercare attonita un briciolo di concentrazione per ideare l'ultima vignetta di ElleKappa sul giornale che l'ha lanciata [...].
Sulle prime pagine storiche appese alla parete, una mano ignota ha cambiato appiccicando un foglietto il titolone sulla notte di Baghdad. Era: «È la guerra!». È diventato: «È la fine!» [...].
Enrico Fierro propone di andare a vendere l'ultimo numero al Bottegone «scrivendo sotto la testata: "Fondata da Antonio Gramsci, affondata dal gruppo dirigente Ds"». Chiuso nella sua stanza, Caldarola prepara l'ultima «Unità» della storia: prima pagina bianca, una foto della prima copertina, trenta righe d'addio. Niente titoli. Cosa c'è ancora da dire?[7]

Storia di un giornale rinato

Il quotidiano fondato da Gramsci e affondato dai Ds risorge esattamente otto mesi dopo: il 28 marzo 2001, a due e mezzo dalle elezioni politiche. Non più come organo di partito, ma come giornale indipendente vicino all'Ulivo che, dopo la prevedibile sconfitta del duo Rutelli-Fassino, si accinge a cinque lunghi anni di opposizione.

L'«Unità», con il suo fardello di debiti (il buco è stimato intorno ai 200 miliardi di lire), appartiene ancora ai Ds. È una società in liquidazione, nelle mani del professor Viktor Uckmar. Il partito non vede l'ora di sbolognarla a qualche imprenditore amico e volonteroso. Segue la pratica il segretario Veltroni, ormai in procinto di candidarsi a sindaco di Roma, insieme al capo della segreteria Pietro Folena. I due si rivolgono a Massimo Ponzellini, banchiere amico di Prodi (ma poi anche di Tremonti), perché vada in cerca di finanziatori. Franco Tatò, amministratore della Mondadori e amico di Ponzellini, gli fa il nome di Alessandro Dalai, editore di sinistra e proprietario della Baldini & Castoldi, che oltre ai libri pubblica la gloriosa rivista «Linus». Dalai accetta e si mette a caccia di investitori interessati a far risorgere «l'Unità». Rispondono Marialina Marcucci, già editrice di Mtv, molto amica di Veltroni e del futuro coordinatore della segreteria Fassino, Vannino Chiti; il distributore di giornali Francesco D'Ettore, titolare della «A.G. Marco»; il torinese Marco Boglione, patròn della Robe di Kappa; Giancarlo Giglio, proprietario della Datamat (tecnologie elettroniche avanzate). Si fa avanti da Torino Franco Cimminelli, pittoresco imprenditore dell'indotto Fiat (futuro padrone del Torino Calcio), che sventola un assegno in bianco: «Quanto devo scrivere? Dieci, venti miliardi?». Ma poi non se ne fa nulla. Un anno dopo si aggregheranno l'immobiliarista Giuseppe Mazzini e alcuni altri. Tutti imprenditori coraggiosi, che investono 5 miliardi di lire a testa in un'impresa su cui pochi, in quel momento, scommetterebbero un centesimo. Intanto Dalai tratta col ministero del Lavoro, ottiene una riduzione del passivo e Uckmar autorizza la ripartenza.

La società è presto fatta: si chiamerà Nie (Nuova iniziativa editoriale, fondata nello studio del notaio Piergaetano Marchetti, futuro presidente di Rcs): Dalai consigliere delegato; Giorgio Poidomani direttore generale; un consiglio di amministrazione formato da Marcucci, Giglio, D'Ettore, Mazzini, e presieduto da un nome illustre: il giurista Andrea Manzella, senatore Ds e *grand commis* del Quirinale. Per la direzione Veltroni suggerisce Furio Colombo, parlamentare uscente dell'Ulivo, apprezzato non solo in Italia per il suo prestigio e la sua indipendenza. Dalai gli affianca, come condirettore operativo, un altro giornalista estraneo alla tradizione comunista e post-comunista: il vicedirettore dell'«Espresso» Antonio Padellaro, che ha appena pubblicato per Baldini un libro molto critico con la sinistra: *Senza cuore*.

Colombo e Padellaro si conoscono poco e non hanno mai lavorato insieme. Ma, oltre alla passione per il giornalismo e dunque per la libertà, hanno un altro comun denominatore: sono due *liberal*. Mai stati organici ad alcun partito, mai stati comunisti, mai votato Pci. Le persone giuste per cambiar pelle al giornale e allargarlo a quel vasto lettorato antiberlusconiano ma non «comunista» che si appresta a votare centrosinistra a causa delle anomalie del centrodestra.

Furio Colombo, torinese, è nato a Châtillon in Val d'Aosta nel 1931. Impossibile raccontare la sua lunga e multiforme carriera (ha persino recitato ne *Il caso Mattei* di Francesco Rosi). In pillole. Giornalista d'inchiesta e narratore, manager olivettiano e intellettuale cosmopolita, amico di Bob e Ted Kennedy, Malcolm X e Martin Luther King, Bob Dylan e Joan Baez, protagonista con Umberto Eco del «Gruppo 63» e del Dams di Bologna, ha diretto i programmi culturali della Rai dal 1965 al '75, quando si trasferì in America, a Berkeley. Qui ebbe la cattedra di Cultura italiana (finanziata dalla Bank of America). A New York fu poi direttore dell'Istituto italiano di Cultura, presidente della Fiat America e, dal 1991 al '95, docente di Giornalismo internazionale alla Columbia University, ma soprattutto commentatore prima per «La Stampa» e poi per «la Repubblica». Nel '96 tornò in Italia per candidarsi alla Camera per l'Ulivo. Un'esperienza che ha lasciato tracce amare nel libro *Il candidato* (Rizzoli, 1997). Dal '93 è membro della Académie Universelle des Cultures, presieduta da Elie Wiesel, a Parigi. È direttore della Rivista di Architettura fondata da Bruno Zevi. È stato fino al 2004 presidente di Umbria Jazz.

Antonio Padellaro, romano, classe 1946, entra al «Corriere della Sera» a fine anni Sessanta, assunto da Giovanni Spadolini. Poi è uno dei pupilli di Piero Ottone. Il piduista Franco Di Bella, invece, lo emargina, e dal suo punto di vista fa bene: è proprio Padellaro, nel 1981, a portare in redazione gli elenchi della loggia di Gelli, appena scoperti dai giudici milanesi a Castiglion Fibocchi e dissecretati, dopo mille titubanze, dal governo Forlani, nei quali campeggia anche il nome del direttore. Il nuovo direttore Alberto Cavallari, che ingaggia una dura battaglia contro i residui di P2 rimasti nella Rcs (da Bruno Tassan Din ad Angelo Rizzoli) e contro il craxismo trionfante, promuove Padellaro notista politico e numero due della redazione romana. Ma il suo successore, il craxiano Piero Ostellino, lo mette da parte e lo rimpiazza, come commentatore di politica, con Giuliano Ferrara. Lo riabilita nel 1986 il nuovo direttore Ugo Stille, promuovendolo capo dell'ufficio di Roma. Quattro anni ancora in trincea, con i fucili craxiani puntati su Via Solferino. Poi, nel '90, Padellaro passa all'«Espresso» come vicedirettore di Giovanni Valentini e poi di Claudio Rinaldi. Al fianco di Rinaldi, ancora battaglie all'arma bianca: prima contro il craxismo tracotante, poi contro Tangentopoli, infine contro Berlusconi e la sua corte. Ma anche contro la Bicamerale e gli inciuci di quella mostruosa creatura che Giampaolo Pansa battezza il *Dalemòni*: mezzo D'Alema, mezzo Berlusconi (D'Alema se ne lamenta personalmente con l'editore Carlo De Benedetti).

Sul finire del 2000, quando Dalai li chiama all'«Unità», Colombo e Padellaro accettano subito con entusiasmo (Colombo rinuncia così all'offerta di Gianni Agnelli e Giovanni Giovannini, presidente della Federazione italiana editori di giornali, per la presidenza della Scuola di Giornalismo della Luiss). Riassumono 40 redattori del defunto giornale, ai quali nei quattro anni successivi se ne aggiungeranno altrettanti. Intanto, sul fronte societario, la Nie stipula con Botteghe Oscure il seguente patto: i liquidatori affittano la testata (in attesa che la liquidazione vada *in bonis*), per una cifra che va dai 24 ai 30 miliardi di lire, alla Nie perché la riporti in edicola. Per invogliare gli investitori i Ds garantiscono, come condizione fondamentale per il rilancio, di devolvere per nove anni (dal 2001 al 2010) al quotidiano rinato il contributo per l'editoria di partito. Denaro non dei parlamentari Ds, naturalmente, ma dello Stato: il finanziamento è, per legge, erogato dalla Presidenza del Consiglio a tutti i giornali che facciano riferimento a gruppi parlamentari o ad almeno due deputati o senatori. Si tratta di un minimo di circa 1,5 milioni di euro all'anno uguale per tutti, a cui si aggiunge una quota proporzionata al numero di copie vendute («l'Unità», grazie al successo in edicola, sarà il giornale più finanziato: nel 2003 percepirà 6,8 milioni di euro, contro i 5,3 di «Libero», i 4 della «Padania», i 3,7 di «Liberazione», i 3,5 del «Foglio» e i 2,1 del «Riformista»).

La formula è vivace, corrosiva, battagliera. Una nave corsara che sembra ispirarsi ai consigli che Giampaolo Pansa ha dato nel suo «Bestiario» sull'«Espresso»:

> La nuova «Unità» dovrà far suo il motto: o la va o la spacca. Nel senso che avrà il dovere di osare, di muoversi con il gusto dell'azzardo, pur restando ben salda dentro il proprio orto di giornale della sinistra. Osare significa non essere cortesi, né politicamente corretti, né tantomeno buonisti. Di questi tempi, il *bon ton* in politica ti porta a fondo. Al contrario, urge essere pronti all'assalto, con cattiveria fredda, persino con una punta di sadismo maligno [...]. Chi sono gli avversari? Prima di tutto, il cosiddetto Polo delle libertà, e dentro la casa polista il padrone dello stabile, Silvio Berlusconi. Avete l'obbligo di farlo uscire dai gangheri, schiattare di rabbia, dar fuori di matto. Picchiatelo ogni giorno sulla cassa delle corna. Mettete nel mirino i suoi consigliori e i suoi ciambellani, invece di intervistarli con un fair play da masochisti. Poi ci sono i padroni del vapore economico, dal capo della Confindustria, il D'Amato, in giù o in su. Fategli le bucce su ogni numero dell'«Unità» [...]. Obbligate questi vip a comprarvi ogni mattina, all'insegna di un borbottio allarmato che dice: chissà che cazzo si saranno inventati oggi, quelli dell'«Unità». Infine, dateci dentro anche col Vaticano. E con le sue pretese di rifare lo Stato pontificio del Duemila [...]. Gli strumenti sono quelli soliti: inchieste, ritratti al vetriolo, e scoop a tutto gas, che poi vuol dire soltanto dare le notizie che molti quotidiani non vogliono dare più. Usate la mano secca anche contro la sinistra quando sbaglia: vi farete rispettare pure dal pubblico della sponda opposta. Limitate le interviste a chi sta con voi a dieci domande e dieci risposte. Il dibattito politico sull'avvenire dell'Ulivo preveda un solo intervento alla settimana e non più lungo di sessanta righe [...]. E se per caso qualche leader della Quercia ha una cosa interessante da dire, obbligatelo a dirla a voi e non alla concorrenza. E per concludere, siate caustici. Inventatevi un nuovo Fortebraccio [...]. E resuscitate «Cuore»: invece di Natta nudo, potreste iniziare con D'Alema vestito soltanto delle scarpe da un milione e mezzo. Auguri, cari amici del-

l'«Unità»: anche in cinquanta farete un bellissimo giornale. Del resto, l'amata-odiata «Repubblica» cominciò così.[8]

Colombo e Padellaro, con la redazione compatta (salvo qualche mugugno di pochi residuati dalemiani), proprio questo fanno. Rivitalizzano il giornale. Aprono il dibattito a tutte le voci anche scomode dell'opposizione, anche non di sinistra, senza sconti per i partiti dell'Ulivo che boccheggiano afoni e annichiliti dalla sconfitta elettorale. Attaccano Berlusconi e la sua *fairy band* con una guerra senza quartiere. Riscoprono la questione morale di Berlinguer e la difesa strenua della legalità e dell'indipendenza della magistratura. Insomma chiudono fragorosamente le porte ancora aperte della Bicamerale. Chiamano senza timori il regime con il suo nome. Lanciano l'allarme a ogni avvisaglia di inciucio o di cedimento delle opposizioni, alle quali chiedono puramente e semplicemente di opporsi. Danno ampio spazio alla stampa internazionale più critica con il governo italiano. Denunciano ogni giorno il conflitto d'interessi e le censure, le epurazioni, le menzogne organizzate della nuova Rai, diventando ben presto l'organo privilegiato di tutto quanto si muove di vivo e vitale nella società e nelle piazze contro il regime: i girotondi, la Cgil di Cofferati, i movimenti per la pace e contro la globalizzazione selvaggia. Tutte battaglie accolte prima con disinteresse, poi con fastidio, infine con ostilità dal partito «amico», che però col tempo le farà proprie l'una dopo l'altra. Con i soliti tre-quattro anni di ritardo. Che con Berlusconi non si dialoga, che la guerra in Irak è stata una follia, che la Rai somiglia alla *Pravda*, oggi lo dicono tutti (o quasi) i leader del centrosinistra. Fra il 2001 e il 2003, quando «l'Unità» lo scriveva, veniva accusata anche dai Ds di «radicalismo», «massimalismo», «demonizzazione», «furori apocalittici» e così via. Dai dirigenti, s'intende. Non dagli elettori.

Si ricomincia

Scrive Colombo nell'editoriale di esordio, mercoledì 28 marzo 2001, sotto il grande fascione rosso che soggiace alla testata:

> L'«Unità» non c'era, ma c'era. Questo giornale non era in edicola, eppure è rimasto radicato nella vita di tanti. Al suo posto c'era un vuoto e non è facile pretendere di riempire un vuoto. Contro questa e tante altre difficoltà «l'Unità» oggi è qui [...]. La politica per noi non è interesse privato. Non avremo bisogno di gridare per dire quello che è accaduto in Italia fino a ora, respingendo bugie e argomenti brutali, intimidatori e infantili. Lo faremo con una chiarezza che speriamo sia contagiosa e possa trasformare il tumulto in un confronto nitido. Questo confronto non è alla pari. Un impero industriale e mediatico di portata mondiale si dedica alla conquista di tutto il potere pubblico e privato in Italia. Ma i grandi movimenti popolari di conquista della libertà, di difesa della dignità dei cittadini non sono mai stati alla pari. Eppure hanno vinto, in quei momenti cruciali della storia che questo giornale, con la sua identità, rappresenta e ricorda. Ecco come comincia, all'«Unità», la nostra giornata.[9]

Lo spazio un tempo occupato da enormi colate di piombo con i discorsi congressuali e precongressuali dei papaveri del partito, ospita ora gli interventi di nuove firme: negli anni approdano all'«Unità» quelle di irregolari e cani sciolti della sinistra (e non) come Antonio Tabucchi, Paolo Sylos Labini, Paolo Flores d'Arcais, Corrado Stajano, Roberto Cotroneo, Maurizio Chierici, Massimo Fini, Nicola Tranfaglia, Pancho Pardi, Oliviero Beha, Paolo Prodi, Ferdinando Targetti, Lidia Ravera, Moni Ovadia, Vittorio Emiliani, Gianfranco Pasquino e tanti altri.

Il risultato è esattamente quello previsto da Pansa: un giornale che non solo è visto come il fumo negli occhi da Berlusconi e dal centrodestra. Ma, parallelamente, è anche mal sopportato dall'*establishment* del centrosinistra. Soprattutto da quella parte, maggioritaria, che detesta girotondi e movimenti, si dice convinta che «demonizzare Berlusconi significa fare il suo gioco» ed è sempre in cerca di «dialogo» con il governo per giungere a non meglio precisate «riforme *bipartisan*» e «regole condivise» (peraltro sempre respinte con violenza dall'altra parte).

Sulle prime i vertici Ds sono molto distanti dalla nuova «Unità». La considerano un «morto in casa» di cui liberarsi al più presto, una zavorra, una piaga purulenta. La diffidenza sulle possibilità di rinascita è palpabile. Anche perché non è mai accaduto, e non solo in Italia, che un giornale sia risorto dalle sue ceneri dopo mesi di assenza alle edicole. E in effetti l'impresa è di quelle che fan tremare le vene e i polsi. Ma il miracolo avviene. Nel primo mese, vendite medie di 140 mila copie al giorno. Poi, con l'assestamento, il giornale si stabilizza dopo il primo anno a quota 80 mila copie, e nonostante l'erosione naturale degli anni successivi riuscirà a conservare uno zoccolo duro di 65-70 mila acquirenti stabili: più che sufficienti per garantire bilanci in attivo o almeno in pareggio. Insomma, non solo il caro estinto risorge, ma gode ottima salute. Anche troppa, per i gusti di qualcuno. E, per i Ds, diventa ben presto un problema. Immortale la battuta di ElleKappa: «Prima di andare a dirigere "l'Unità", Furio Colombo si chiamava Calmo...». Non male nemmeno quella che gli fa, pochi mesi prima di morire, Gianni Agnelli: «Caro Colombo, dalle facce scure che vedo intorno a me deduco che lei fa un gran bel giornale».

Inizialmente D'Alema assiste alla rinascita dell'«Unità» con un atteggiamento di silenzio sospettoso, di glaciale fastidio. Con Colombo ha un rapporto gelido: i due non si sono mai «presi» nei cinque anni passati insieme a Montecitorio. Quanto a Padellaro, è quello dell'«Espresso» e del *Dalemòni*, che l'ha ferocemente infilzato nel suo libro sulla sinistra *Senza cuore*. Due nemici. Fassino invece ha con Colombo un buon rapporto umano, nato da una lunga consuetudine «torinese», anche se le divergenze politiche talvolta sono stridenti. Il segretario è molto vicino al giornale. Telefona spesso, a volte urlando, ai due direttori per lamentarsi delle scelte dell'«Unità». Ma sempre a cose fatte – riconosce Colombo – e mai per tentare di impedirle. Il direttore lo lascia gridare e gli risponde sottovoce, cercando di spiegare. Padellaro invece ribatte a sua volta urlando. Il confronto comunque è duro, ma franco. Chi invece lavora dietro le quinte sono alcuni ometti dello staff del Botteghino. Quelli che passano le giornate entrando nella stanza del segretario: «Hai visto, Piero, cosa ha fatto oggi "l'Unità"? Così non si può andare avanti...». Poi ci sono i nemici dichiarati del giornale: i vecchi «miglioristi» alla Macaluso e alla Lanfranco Turci; i dalemiani più dalemiani di D'Alema come il convertito Caldarola, che avendo chiuso «l'Unità» non può certo amare chi l'ha riaperta; e i diessini confindustriali alla Franco Debenedetti, quelli che «non basta dire no» a Berlusconi (e infatti Debenedetti gli dice sovente sì, preferibilmente dalle colonne di «Panorama», del «Giornale» e del «Foglio»). Troveranno presto un tetto confortevole nel «Riformista», il quotidiano fondato nell'ottobre 2002 da Claudio Velardi e diretto da Antonio Polito, già caporedattore dell'«Unità» poi a «Repubblica» come vicedirettore e infine corrispondente a Londra, dove s'è convertito al blairismo e alla pipa. «Il Riformista» si lancia subito in una campagna pressoché quotidiana contro «l'Unità».

Così, ai furibondi assalti della corazzata berlusconiana, si aggiunge il «fuoco amico». Già il 4 maggio 2001, alla vigilia delle elezioni politiche, il «Velino» di Lino Jannuzzi raccoglie i mugugni a sinistra contro la direzione dell'«Unità» per il suo presunto «adagiarsi acritico alle tesi del giornalismo alla Santoro e della satira alla Luttazzi». In autunno, il primo inaudito attacco del ministro Giulio Tremonti, che apostrofa così l'inviato dell'«Unità» Enrico Fierro: «Lasci stare, lei, perché il suo direttore era uno che vendeva le armi in America».[10] Colombo naturalmente non ha mai venduto nemmeno una fionda. Querela Tremonti e dice di «attendere le sue scuse». Tre anni dopo, alle soglie del processo, le scuse arriveranno in una lettera di completa ritrattazione.

S'ode a destra uno squillo di tromba, a sinistra risponde uno squillo. Alla fine del 2001, il leader della destra Ds Enrico Morando critica «l'Unità» per l'eccessiva intransigenza in difesa della Giustizia, minacciata dalle prime leggi *ad personam*: rogatorie e falso in bilancio. Colombo gli risponde rivendicando il suo pensiero. Normale dialettica politica. Ma l'indomani ecco l'*alzamiento* di una decina di senatori della Quercia, che minacciano con grande eleganza il ritiro del finanziamento pubblico all'«Unità». Si tratta di Lanfranco Turci, Graziella Pagano, Guido Calvi, Franco Debenedetti, Giuseppe Mascioni, Claudio Petruccioli, Giorgio Tonini, Monica Bettini, Antonio Vicini, Giuliano Guerzoni.[11]

Per mettere subito le cose in chiaro, Colombo e Padellaro chiedono e ottengono un incontro a Palazzo Madama con il gruppo Ds del Senato. Gl'interventi più acidi sono quelli di Debenedetti e di Turci, ex capo della Lega Coop. «Fate il giornale che volete, attaccate pure i Ds, ma rinunciate al finanziamento pubblico», dice Debenedetti. Colombo cerca di spiegargli che la questione non lo riguarda: «Sono stati i Ds ad accordarsi con la Nie per dirottare i contributi sull'"Unità" per nove anni. Se avete cambiato idea, ritirateli e devolveteli a un altro giornale. Liberissimi». L'incidente, per il momento, è chiuso.

Intanto se n'è andato dalla presidenza dell'«Unità» il senatore Manzella (sostituito da Marialina Marcucci), per protesta contro un articolo di Antonio Tabucchi, molto critico con il presidente Ciampi a proposito dei «ragazzi di Salò».

Il 23 febbraio 2002, alla grande manifestazione di «MicroMega» al Palavobis contro le leggi-vergogna e in difesa di Mani Pulite, Colombo è fra i più applauditi dalle 40 mila persone dentro e fuori il palazzetto milanese. I vertici Ds sono assenti: «Non si festeggiano le manette», dice gelido Violante. Il direttore dell'«Unità» li sferza due giorni dopo, mettendo in luce non solo i commenti rabbiosi dei *berluscones*, ma anche i distinguo del Botteghino:

> Saranno contenti coloro che – nelle prime file della sinistra e dei Ds – si dimostrano preoccupati di toni eccessivi e di «indignazione che non serve»? Qualcosa [...] fa da schermo ad alcuni di loro. Impedisce di vedere ciò che davvero accade adesso, in questi giorni. Proprio a loro riesce difficile capire subito, al volo, il senso di offesa che provocano in tanti cittadini i fatti, i gesti, gli atti, le leggi gravissime, l'incalzare di aggressione e di disprezzo, di falsità e di devastazione delle istituzioni messe in atto da questo governo e dalla sua maggioranza [...]. E allora perché comportarsi come educati ambasciatori di un Paese che non esiste? Il Paese – certo una parte di esso – è umiliato e offeso. È indignato. Si fa trovare, in occasioni che continuano a moltiplicarsi, pronto a parlare e ad ascoltare, a contribuire e a rispondere. Tutto meno che far finta di niente. Che fare, lo rimandiamo a casa? [...] Senza i quarantamila di Milano, senza gli eventi di Roma, di Firenze, di Bologna, di Torino, senza tutti i girotondi così spesso ridicolizzati, l'Italia sarebbe la stessa? Chiedo a coloro che realisticamente hanno subito visto il cambiamento di situazione e di clima in Italia, quando c'è stata la marcia dei quarantamila a

> Torino (i quadri della Fiat, negli anni Ottanta): vi sembra che i quarantamila di Milano contino meno e non segnino una svolta per tutta l'opposizione? Ti ammoniscono pacatamente, ti dicono che l'indignazione non serve. Qualcuno ricorda un evento della storia o della politica, in questo Paese o nel mondo, che non sia nato, prima di tutto, da un vasto moto condiviso di indignazione?[12]

Il 19 marzo, alla vigilia della grande manifestazione della Cgil di Cofferati a Roma contro la riforma dell'articolo 18, viene ucciso a Bologna dalle Br il professor Marco Biagi, consulente del ministero del Lavoro. Molti, anche a sinistra, puntano il dito contro Cofferati e «l'Unità» per i «toni» a loro dire troppo accesi che possono creare terreno fertile per il terrorismo. Un editoriale di «Panorama» e certe frasi di Debenedetti e Caldarola suscitano la dura reazione dell'assemblea dei redattori dell'«Unità». I due esponenti Ds – scrivono i giornalisti – «mettono in collegamento il nostro lavoro a un clima complessivo di esasperazione dei toni del confronto democratico e, in ultima analisi, al vile assassinio del professor Biagi».[13] L'indomani Caldarola risponde sul «Corriere della Sera» con un durissimo attacco all'«Unità», giornale «massimalista e perdente»:

> Mi si addebita di aver accusato «l'Unità» di connivenza con il terrorismo. È una bugia ignobile, trovo disgustoso che quest'attacco mi venga rivolto nel giorno della grande manifestazione sindacale da un direttore e da un editore che hanno preso «l'Unità» a condizione che vi fossero massicci licenziamenti [...]. Mai mi farò zittire da quel Furio Colombo che era portavoce della Fiat che licenziava migliaia di operai negli anni in cui ero caposervizio sindacale all'«Unità».[14]

Gli replica affettuoso il capogruppo Violante: «Caro Peppino, incontrerò il direttore dell'"Unità" mercoledì 27 marzo, in vista di una assemblea del gruppo, per discutere la linea del giornale, richiesta anche da Furio Colombo». Ma Colombo e Padellaro annunciano che non parteciperanno all'incontro dopo i «gravi attacchi all'"Unità" e al suo direttore» da parte del deputato Ds e soprattutto dopo che Violante ha «accolto le argomentazioni dell'on. Caldarola». I due direttori fanno pure sapere che «rispondono della linea del giornale all'editore e ai lettori».

Intanto Ernesto Galli della Loggia, su «Sette», si lagna del fatto che «"l'Unità" aggredisce il governo anche nelle pagine delle lettere e degli spettacoli». È in questo bel clima che il giornale rinato festeggia, il 28 marzo 2002, il suo primo compleanno.

Il «Giornale» berlusconiano, insieme alla «Padania», inaugura una violenta campagna contro Colombo, menando scandalo di un fatto notorio e assolutamente normale nelle università anglosassoni: la sua cattedra alla Columbia University era sponsorizzata dalla banca San Paolo. I due *house organ* forse non sanno che le più prestigiose cattedre americane sono sempre sponsorizzate e sempre portano il nome del privato o dell'azienda che le finanzia (come le corsie e i padiglioni di ospedali). Ma mai le più insigni università Usa si farebbero suggerire la nomina di un professore da qualche estraneo al corpo docente, pena la perdita di «accreditamento», cioè del riconoscimento formale del loro prestigio.

Anche la Rai appena normalizzata mette subito al bando Colombo. Il 5 settembre 2002 Diaco lo invita al *3131* per discutere con Emilio Fede e Giordano Bruno Guerri, ma il direttore della radio Sergio Valzania revoca l'invito perché – spiega – «"l'Unità" denigra la Rai». A fine anno, altro durissimo scontro fra «l'Unità» e i Ds, il primo che coinvolge direttamente i vertici del partito. Il 28 dicembre 2002 Padellaro critica le aperture del centrosinistra alle profferte del Polo (nella fattispecie, del presidente del Senato Pera) per riformare «insieme», intorno a un «tavolo comune», la Costituzione all'insegna del premierato forte e della *devolution*. Il tutto mentre il governo marcia al passo dell'oca fra le rogatorie e il falso in bilancio, fra la Cirami e la revoca delle scorte ai magistrati. L'indomani il capogruppo al Senato Gavino Angius lo richiama sgarbatamente all'ordine. Dice di aver «letto con stupore e sconcerto l'editoriale di Padellaro», che contiene «una visione della realtà sbagliata e fuorviante». Poi ricorda, purtroppo giustamente, che «premierato, riforma del Parlamento, rafforzamento dei poteri del premier fanno parte del nostro programma». Dunque che problema c'è a «confrontarsi» con Berlusconi? Bisogna giungere al più presto a un «riconoscimento e a una legittimazione reciproca fra gli schieramenti». Altrimenti «la linea Padellaro finirebbe con l'aprire alla destra [...] una vera e propria autostrada verso le riforme condotte a colpi di maggioranza» (come andranno poi le cose è noto: la sinistra continuerà a proporre «dialoghi» alla destra, e la destra immancabilmente procederà a picconare la Costituzione e il Codice penale a colpi di maggioranza). Particolarmente sgradevole la coda della lettera di Angius:

> Troppo spesso si coglie nell'atteggiamento di chi svilisce il ruolo e l'azione dell'opposizione parlamentare l'allusione o il sospetto di un presunto cedimento politico e morale. Come se ad altri (e a chi poi?) spettasse il compito di elargire pagelle di rigore e coerenza dell'agire politico [...]. Nessuno può accusarci di aver mai «ceduto» in Parlamento e nel Paese di fronte a questa destra. Ma la nostra è stata un'opposizione non meramente contestativa ma anche propositiva [...]. Rammento tutto questo anche in qualità di presidente di un gruppo parlamentare che contribuisce con passione, fiducia e rispetto della sua autonomia alla vita e al successo di questo giornale. E che da questo giornale vorrebbe ricevere, sempre, un trattamento analogo.[15]

La ferma risposta all'aut-aut (noi portiamo i soldi, voi obbedite) è firmata da Colombo e Padellaro insieme:

> L'«Unità» riceve e pubblica questo intervento del senatore Angius per il rispetto che abbiamo del suo ruolo e l'amicizia e la stima per la sua persona. Non perché il gruppo parlamentare Ds da lui presieduto «contribuisce alla vita e al successo di questo giornale». Di quel contributo lo ringraziamo di cuore. Ma – come il senatore Angius sa – il «contributo» di cui sopra viene erogato per effetto di una legge dello Stato (molti altri giornali anche non di partito ne beneficiano) ed è commisurato alle copie vendute che, grazie al lavoro dei giornalisti e dei poligrafici dell'«Unità», hanno raggiunto un livello soddisfacente. Perciò siamo felici di aver reso più alta quella cifra che – finora – è servita a pagare i debiti dell'«Unità» che c'era prima della chiusura, prima di questo giornale che vive soprat-

> tutto nelle edicole. Certo, pagati i debiti, e acquistata la testata, i gruppi parlamentari Ds decideranno liberamente se desiderano continuare a far avere a questa «Unità» quei contributi. È un loro diritto.[16]

Come sempre avviene e avverrà quando la direzione è sotto assedio, i lettori dell'«Unità» alluvionano la redazione di lettere, fax e telefonate di solidarietà. Colombo ne pubblica molte, fra le lamentele dei vertici del partito. Poi, una settimana dopo, torna sull'argomento in un editoriale intitolato «Riforme insieme, esserci o non esserci». Riporta una notizia Ansa, secondo cui Berlusconi e i suoi avvocati-deputati sono chini su un disegno di legge che mira a depenalizzare di fatto la bancarotta. Il tutto, ricorda il direttore, «mentre maggioranza e opposizione sono intente a discutere insieme dei poteri del presidente del Consiglio».

> Nei primi seicento giorni della maggioranza Berlusconi, non una sola legge approvata avrebbe potuto essere *bipartisan*, non una avrebbe potuto essere accettata con onore dall'opposizione. Tutte (tutte) sono una offesa alla Costituzione, al funzionamento delle istituzioni (un particolare accanimento è dedicato alla giustizia), introducono privilegi giudiziari per poche persone, prevedono effetti retroattivi che hanno già scandalizzato l'opinione pubblica del mondo, cancellano reati o impediscono che reati anche gravi possano essere puniti [...]. Mettiamo i seicentomila della manifestazione Ds a Piazza San Giovanni a Roma (3 marzo 2002), i tre milioni della manifestazione Cgil al Circo Massimo (16 aprile), il milione di «girotondini» del 14 settembre. E poi le signore e i signori del Palavobis (40 mila, 23 febbraio, Milano), i milioni di cittadini che passano dalle feste dell'Unità, i 10 mila professori che hanno marciato a Firenze in gennaio, i ragazzi (almeno un milione) che hanno festosamente riempito le strade di Firenze in novembre. Che cosa fa pensare – ci permettiamo di chiedere anche a costo di essere chiamati sciocchi – che tutta questa gente e quella che statisticamente essa rappresenta (altri milioni) sia in ansiosa e sfibrante attesa del momento in cui finalmente tutto l'Ulivo si siederà a conversare serenamente con Berlusconi e i suoi avvocati sui poteri di Berlusconi, nei giorni in cui Berlusconi fa il primo mi-

> nistro con poteri che non ha [...] e spavaldamente occupa anche lo spazio del presidente della Repubblica [...] e quello del Parlamento? Noi pensiamo che non sia bene farsi trovare con quella compagnia quando tanta gente, che è in ansia per il lavoro, per l'economia, per la pace, per la libertà di informazione, per il declino dell'Italia – e forse non per il premierato – passerà alle urne a dire ciò che pensa di questa storia.[17]

Intanto è arrivata una nuova lettera, questa volta del tesoriere Ds Ugo Sposetti, che torna a far le pulci ai due direttori sull'argomento «soldi»:

> I vecchi debiti dell'«Unità» sono a carico interamente dei Ds [...]. Se sono stati possibili risultati concreti lo si deve anche al sacrificio, purtroppo mai riconosciuto sull'«Unità», operato dai Ds [...]. Quanto invece a contributo pubblico, erogato grazie all'accordo con i gruppi parlamentari dei Ds [...], consente all'attuale gestione dell'«Unità» di non accumulare passivo.[18]

Colombo risponde per le rime. La questione dei debiti della vecchia «Unità» «è posta in modo sbagliato»:

> Ciascuno può capire, anche senza essere esperto di tesorerie e di finanza, che in tutta questa storia la nuova «Unità» è tra coloro che hanno risolto il problema, e non tra coloro che ne hanno tratto beneficio. La nuova «Unità» è stata, anzi, l'agente principale di tutta la vicenda, a causa dei suoi buoni risultati. Altrimenti il sacrificio delle federazioni Pds e Ds, così grande e generoso, sarebbe stato inutile, le quote parlamentari sarebbero state insufficienti o inesistenti, e la testata avrebbe avuto valore zero.[19]

«Incidenti» del genere ne accadranno parecchi, in quattro anni. Alcuni verranno alla luce, con pubbliche polemiche sulle colonne dell'«Unità». Altri resteranno confinati sulla rovente linea telefonica fra i vertici del partito (spesso tramite il portavoce di Fassino, Roberto Cuillo, e il responsabile comunicazione Gianni Cuperlo) e di quello strano giornale sempre meno «di partito».

Natale in casa Cuperlo

Negli stessi giorni, «Il Foglio» parla di un interessamento di Luigi Crespi, proprietario di Datamedia e sondaggista di Berlusconi, all'«Unità». È stato Ponzellini, socio di Crespi in Hdc, a proporlo. Ma Dalai e gli altri soci hanno rifiutato. Senonché pochi giorni dopo Dalai viene rimosso da consigliere delegato, rimanendo soltanto azionista Nie con la sua piccola quota. Lo rende noto, allarmato, Pietro Folena del correntone Ds ai primi del 2003:

> Non vorrei che dietro questa decisione ci fosse un segnale, un ritorno al passato di un quotidiano senza anima, a quel passato che portò a un gravissimo declino del giornale. Non serve a nessuno un foglio compassato, una velina insipida, senza grinta.[20]

Che cos'è accaduto? A fine anno Dalai ha avuto un diverbio violentissimo con Fassino, dopo aver risposto lui stesso, sull'«Unità», a Sposetti. Fassino l'ha chiamato furente: «Come ti permetti di scrivere quelle cose?». Dalai gli ha attaccato il telefono in faccia: «Come ti permetti tu! Non voglio mai più vederti». Fassino, che doveva pubblicare il suo libro *Per passione* con Baldini & Castoldi, lo trasferisce senza preavviso alla Rizzoli. Da mesi i rapporti ai vertici della Nie sono tesissimi, per i riflessi delle lamentele «politiche» sulla linea del giornale. E soprattutto sull'assunzione di alcuni collaboratori, come Tabucchi e Travaglio. A proposito di Travaglio, due dalemiani decidono di lasciar traccia del loro fastidio nero su bianco. Uno è Cuperlo, che gli dà il benvenuto all'«Unità» con una lettera al giornale: «Al meglio del peggio dell'anno passato, aggiungerei l'assunzione all'"Unità" di Marco Travaglio».[21] L'altro è Caldarola, che sul «Riformista» lo definisce graziosamente «ufficialetto della Hitlerjugend». Anche Sandro Bondi, sull'altro fronte, chiede la testa di Travaglio.

Dalai ha difeso i nuovi collaboratori. Interpreta il suo ruolo di editore nel modo più democratico: come garante dell'indipendenza del giornale e come «contabile» preoccupato soltanto del buon andamento del giornale. «Noi – dice spesso – dobbiamo contare le copie vendute e basta.» Copie che, in quel momento, sono ben salde sulle 70 mila unità. A parte Folena e, sul fronte interno, Colombo e Padellaro, nessuno difenderà Dalai né lo ringrazierà per l'ottimo lavoro svolto.

Alcuni giornali, fra cui «Libero», scrivono che l'Unipol – la potente compagnia assicurativa delle cooperative rosse, guidata dal dalemiano Giovanni Consorte – starebbe entrando nel capitale dell'«Unità». La notizia è falsa. È vero invece che la testata – divenuta molto preziosa grazie alla resurrezione del giornale – è stata messa al riparo da eventuali scalate della Nie, che la possiede, scorporandola e convogliandola in un'altra società: la Nuova Società Editoriale formata da Nie (62%) e dalle coop di Consorte (38%). L'operazione ha consentito anche di dirottare una decina di miliardi di lire ai Ds con la scusa della rivalutazione della testata. Registi dell'operazione: Consorte e Sposetti.

Colombo, in un'intervista a Luca Telese del «Giornale», parla di Dalai e di Unipol. «Dalai è un amico, gli sono grato per quello che ha fatto, aiutandoci ad arrivare dal nulla fino a qui. Ho molta nostalgia di lui. A me e a Padellaro è dispiaciuto moltissimo non poter continuare insieme questa impresa.» Poi mette le cose in chiaro sulla linea del giornale:

> La nostra linea politica? Io e Padellaro non cambieremo nulla, nemmeno una virgola. L'«Unità» è un giornale particolare, una sorta di *public company*, per questo crediamo di dover rispondere ai lettori [...]. La presidente della società, Marialina Marcucci, ci ha assicurato che i nuovi soci dicono di non volere nessun mutamento [...]. Consorte? Non so nemmeno chi sia. Non ho mai parlato con lui, né l'ho visto. Fassino? Così come noi abbiamo un atteggiamento libero nei suoi confronti, anche lui se lo ritiene ci critica. Mi pare normale che ci siano dissensi, non velati dalle vecchie ipocrisie.[22]

Il 22 gennaio il Tg2, in appalto ad An, pensa bene di informare i suoi telespettatori che ora «Berlusconi è fra i finanziatori dell'"Unità"» e domanda malizioso: «Chissà se Furio Colombo ne informerà i suoi lettori». La notizia naturalmente è falsa: è vero invece che Unipol, comproprietaria della testata, partecipa all'azionariato della Hopa, la finanziaria di Emilio Gnutti nella quale ha una quota anche la Fininvest.

Ormai ogni pretesto è buono per attaccare il giornale. Un giorno del 2003 Berlusconi zittisce un'inviata dell'«Unità» che tenta di fargli una domanda: «Sarò lieto di fornirle l'indirizzo di un buon chirurgo plastico». Altre volte, sempre dinanzi a giornalisti dell'«Unità», rifiuta semplicemente di rispondere a un giornale «comunista». Frattanto, a sinistra, fa scandalo persino la decisione di allegare gratuitamente all'«Unità», il 26 aprile 2003, il primo numero della rivista «Aprile», organo dell'associazione presieduta da Giovanni Berlinguer e Sergio Cofferati, vicina al correntone Ds. Attacchi dal «Riformista». Grandinata di lettere pro e contro. Colombo risponde il 5 maggio, con un editoriale dal titolo «Cara "Unità", cari lettori»:

> Persone che partecipano dello stesso impegno e della stessa passione politica hanno chiesto «un passaggio». Ci è sembrato un atto sereno, civile, ma anche ovvio, rispondere: sì, certo, venite. Noi siamo incapaci di distinguere, dentro il grande e comune impegno a sinistra, una linea rossa di proibizione [...]. Credo che la vera linea di divisione passi fra coloro che vedono e sentono che il momento è estremamente drammatico. E coloro che si lasciano distrarre da alcuni dettagli, fossero pure errori, e perdono il quadro di insieme. Questo giornale vive dei suoi lettori, non trucca le vendite, non gonfia le tirature, non distribuisce copie gratis (tutto questo altri lo fanno), non è incluso nelle migliaia di «mazzette» di giornali acquistate dai ministeri. Anzi, molti ministeri vietano la loro pubblicità istituzionale sul nostro giornale. Copie in meno rispetto a un anno fa? Certo. Un anno fa le piazze italiane erano piene di manifestazioni e «girotondi» [...], che «l'Unità» ha sostenuto con passione ricambiata. Poi è stato detto anche con fastidio, anche da sinistra: «I cittadini stiano a casa e lascino fare alla politica». E il 3 maggio l'«Economist» ci avverte: «La situazione per l'Italia adesso si fa grave». Non si riferiva alla distribuzione di «Aprile» insieme all'«Unità».[23]

Prime gocce di stillicidio

Le prime voci di un possibile cambio della guardia all'«Unità» arrivano presto, appena due anni dopo la rinascita. Le raccoglie Maurizio Belpietro sul «Giornale»: «La poltrona di Furio Colombo traballa». L'indomani Colombo risponde: «Desidero rassicurare i tuoi lettori: non traballa. Però nei giornali non si può mai sapere».[24] Anche Dagospia raccoglie spifferi dal Botteghino:

> Tra gli uomini di Piero Fassino circola già un nome molto gradito. È quello di Lucia Annunziata, pronta alle dimissioni da presidente Rai allo scoccare della legge Gasparri [...]. Si rafforza la tesi dell'addio del direttore Furio Colombo in vista di un euroseggio. Annunziata è columnist del «Riformista», l'altra parrocchia diessina, spesso inserito dall'«Unità» tra i giornali di destra.[25]

L'attacco concentrico all'«Unità» prosegue con il ferreo e irriducibile boicottaggio degli inserzionisti pubblicitari, anche quelli «istituzionali», compresi gli enti locali amministrati dal centrosinistra che pure largheggiano in pubblicità su altri giornali meno invisi al regime (anche quelli che vendono poche migliaia di copie, come «Il Riformista» e «Il Foglio»). Proprio come accadde alla «Voce» di Montanelli, soffocata nella culla nel 1995, anch'essa accusata di «demonizzare» il Cavaliere e di «alzare troppo i toni».

Antonio Polito accusa Colombo addirittura di avere «problemi di digestione», di essere «perennemente irascibile e nervoso», di «convivere con il mal di stomaco»: tutto perché si oppone al «dialogo sulle riforme» fervidamente caldeggiato dal «Riformista».[26] Poi il testimone passa a Ferrara: ospite di Vespa, accusa «l'Unità» di essere «un foglio linguisticamente e tecnicamente omicida», «tendenzialmente omicida», «un foglio che predica l'annientamento dell'avversario».[27] Vespa, coraggiosamente, obietta: «Omicida mi pare una parola un po' forte». Ferrara: «Me ne assumo la piena responsabilità». C'è, per i Ds, l'impavida Anna Finocchiaro che non trova altre parole che queste: «Anche "il Giornale", però...». Ferrara, sul «Foglio», definisce poi Colombo e Tabucchi «i mandanti linguistici del mio prossimo assassinio», peraltro mai verificatosi. Direzione e redazione lo denunciano per diffamazione (il processo è ancora in corso). Macaluso, sul «Riformista», definisce «linguisticamente discutibili» le parole di Ferrara e «linguisticamente più che discutibili» quelle di Colombo e Tabucchi:[28] insomma, i calunniati hanno più torto del calunniatore. Completa il quadro Berlusconi, che nel nuovo libro di Vespa accusa «l'Unità» di seminare contro di lui «un odio verbale» tale da «produrre nell'ultimo anno 37 minacce di morte» ai suoi danni.

La merchant bank

Il 2004 si apre con la Lista Unitaria del centrosinistra, talmente unitaria da escludere Antonio Di Pietro. L'ex pm, fra l'altro, è «reo» di aver raccolto un milione e mezzo di firme per abrogare il Lodo Maccanico-Schifani. Anche girotondi e movimenti sono tenuti fuori dalla porta. Se ne parla in un'assemblea indetta da Nanni Moretti e Paolo Flores d'Arcais al Teatro Vittoria di Roma. Qui, nel pomeriggio del 14 gennaio, viene chiamato sul palco, a parlare di questione morale nel centrosinistra, uno degli autori di questo libro. Una sua frase, geneticamente modificata *ad hoc*, innesca un vespaio di polemiche contro Colombo. La frase testuale è questa:

> [...] Prima di «non farci del male» e prima di cominciare a «farci del bene», bisognerà porsi alcune domande, alcuni problemi di verità. Cioè bisognerebbe cominciare a parlare dello scandalo della Banca del Salento, della scelta che è stata fatta su alcuni imprenditori, alla maniera di Colaninno, di operazioni come la Telecom (non Serbia: Telecom Italia), di una battuta che Guido Rossi, garante di Libertà e Giustizia, fece a proposito di Palazzo Chigi in una certa età storica, quando Palazzo Chigi fu definito «una merchant bank dove non si parla inglese» e nella quale entrarono persone con le pezze al culo e uscirono miliardarie [...].

Il riferimento è a certi affaristi che gravitavano nei pressi di Palazzo Chigi nella seconda fase della passata legislatura, poi baciati da improvvisa fortuna, e ad alcuni scandali giudiziari che coinvolgono personaggi nati o cresciuti in quegli anni: da Colaninno e Gnutti (i «capitani coraggiosi» benedetti da D'Alema nella scalata Telecom) a Vincenzo De Bustis (il banchiere dalemiano implicato nei pasticci della Banca 121), ai collaboratori del governo D'Alema coinvolti nello scandalo degli aiuti all'Albania (operazione *Arcobaleno*) e indagati dal pm di Bari, Michele Emiliano, futuro sindaco del centrosinistra.

Quella frase rimane per tre giorni confinata in poche righe di un articolo del «Corriere». Poi qualcuno decide di riesumarla a freddo, dopo averla manipolata, per mettere in difficoltà Colombo. Ben tre giorni dopo i fatti Livia Turco fa pubblicare una lettera di fuoco sull'«Unità». E, in contemporanea, si sfoga con «Il Foglio» di Ferrara («Travaglio nel 2001 ha fatto vincere le elezioni a Berlusconi»). Di rincalzo, l'indomani, altra lettera scritta a quattro mani dal giornalista dell'«Unità» Pasquale Cascella e dal dirigente Ds Gianni Cuperlo, entrambi reduci dello staff di D'Alema premier: si dicono «sconcertati» per la «volgarità» e l'«ipocrisia» di Travaglio. Anche Pierluigi Bersani e Cesare Salvi difendono D'Alema dalle presunte accuse.

Ma tre ex ministri su una ventina sono un po' pochini. Così alla fine scende in campo il Líder Massimo con una lunga intervista all'«Unità», in cui annuncia una querela (che non risulta essere stata mai presentata) al giornalista per le sue presunte «affermazioni calunniose», per aver «detto che siamo una banda di mascalzoni che si sono arricchiti» e che «abbiamo usato le tangenti per prendere il controllo del partito».[29] Poi difende appassionatamente l'operazione Telecom e il suo capocordata Colaninno, spiegando per la prima volta i dettagli di quella scalata. Se la prende anche con Occhetto, che ha applaudito l'intervento del giornalista insieme a Giovanni Berlinguer, e con i troppi suoi ministri che non hanno aperto bocca. Travaglio risponde l'indomani:

> [...] Chiedo soltanto questo: di giudicarmi per quello che ho detto, e non per quello che mi viene falsamente attribuito per basse operazioni contro questo giornale e contro il dialogo che si era aperto domenica scorsa fra partiti e movimenti[...]. Non ho mai detto – come afferma D'Alema – che «siamo una banda di mascalzoni che si sono arricchiti», né che «abbiamo usato le tangenti per prendere il controllo del partito» [...]. D'Alema non l'ho proprio nominato, né ho detto nulla di riferibile a presidenti del Consiglio, ministri, sottosegretari, interi go-

verni. Tant'è che gli ex ministri e i dirigenti del Pds presenti in sala non si sono sentiti chiamati in causa. Forse perché avevano ascoltato le mie parole e non le interpretazioni interessate del giorno dopo.
Quando, al Teatro Vittoria, Paul Ginsborg mi ha chiesto di intervenire, da semplice giornalista [...], sulla questione morale, ho posto ai leader del centrosinistra [...] alcuni interrogativi di carattere generale e di ordine politico. Ho chiesto se davvero l'esclusione di Di Pietro fosse frutto di allergie personali o non risalisse invece a Mani Pulite. E se non fosse il caso, prima di parlare di alleanze, di chiarire una volta per tutte che cosa si pensa di quella stagione: fu un golpe e un'«invasione di campo» dei giudici, come molti esponenti dello Sdi e non solo continuano a dire, o una doverosa indagine su un vastissimo sistema di corruzione, che coinvolgeva esponenti di tutti i maggiori partiti, incluso l'ex Pci? E, se è così, perché non fare finalmente i conti con quei fatti ormai accertati, per poi credibilmente «voltare pagina»? Perché, quando l'Ulivo governava, votò con il Polo tante «riforme» contro la magistratura e non trovò il tempo, in cinque anni, per fare una legge anticorruzione? Perché si continuano a candidare condannati e miracolati dalle prescrizioni? Perché Fassino, da ministro della Giustizia, parlò di depenalizzare i reati finanziari? Oggi si pensa che questi fossero errori di cui scusarsi per cambiare registro, o è su quella piattaforma che sta nascendo il nuovo partito riformista? Forse gli elettori hanno il diritto di saperlo, possibilmente «prima» di esser chiamati un'altra volta alle urne. E forse hanno diritto a una parola chiara sugli scandali che quella stagione ha lasciato sulla sua strada. Ne ho elencati alcuni. Ho ricordato quel che disse Guido Rossi sulla merchant bank di Palazzo Chigi, domandando perché nessuno avesse ritenuto di replicare (ora D'Alema dice che «con Rossi non ho mai voluto polemizzare»: ma perché?). Poi, parafrasando un po' volgarmente quella frase, ho ricordato alcuni carneadi che in quella stagione furono toccati dalla Grazia, fecero fortuna e si ritirarono a vita privata. Non per lanciare accuse di disonestà, ma per chiedere chiarezza, possibilmente prima che i soliti noti ne approfittino per un bis dell'operazione Telekom Serbia, a reti unificate, in campagna elettorale.
Qualcuno è disposto a pensare che la questione morale riguarda soltanto il centrodestra e si estinguerà quando Berlusconi

> & C. se ne andranno a casa? Davvero «farsi del bene» vuol dire prendersi in giro e raccontarsi le fiabe? Non sarebbe molto più onesto cominciare a parlare di tutto, senza ipocrisie e infingimenti, per evitare di ricadere nei vecchi, tragici errori?
> Il *cui prodest* delle mie domande non mi riguarda. Non credo che parlare di certi argomenti con questo spirito significhi, come afferma D'Alema, «fare da sponda a una campagna calunniosa e scandalistica della destra per ragioni di lotta politica interna» o «farsi del male». È inaccettabile pretendere che un giornalista taccia su certi argomenti «per non fare il gioco degli avversari». La convenienza politica è una categoria che non può e non deve entrare nella mente di un giornalista. Ma forse fare luce su certi fatti oscuri può aiutare anche la politica.
> Vedo con piacere che D'Alema ha cominciato a farlo, almeno sul caso Telecom, nell'intervista di ieri all'«Unità». A parte le contumelie personali e le minacce di querela, è un bel passo in avanti. Se per ottenere qualche risposta dopo anni di silenzio bisogna beccarsi una denuncia, ben venga la denuncia. La aggiungo alla collezione di quelle di Berlusconi, Previti, Dell'Utri, Confalonieri (a proposito: qualcuno mi spiegherà prima o poi perché mai, se «Travaglio fa il gioco della destra» o – come ha detto Livia Turco al «Foglio» – «Travaglio ha fatto vincere le elezioni a Berlusconi», i leader della destra continuano a denunciarmi e a chiedermi i danni per centinaia di miliardi) [...]. Sarò fatto male, ma sono abituato ad applicare le stesse categorie, giuste o sbagliate che siano, a tutti: a destra come a sinistra. Non conosco doppie morali né superiorità morali per definizione, «a prescindere». Per me un ladro di sinistra non è meno ladro di un ladro di destra. Lo scrivo liberamente da un anno e mezzo su questo giornale libero (e sui pochi altri rimasti), nella speranza di dare un piccolo ma credibile contributo alla battaglia di libertà contro il regime di Berlusconi. Spero di poter continuare a farlo.[30]

Colombo chiude la polemica con un articolo tutt'altro che scontato:

> [...] Se crolla la diga della resistenza del giudiziario – che una vulgata sgradevole e un po' sradicata dai fatti continua a chiamare giustizialismo (la parola è insensata e intraducibile) – non ci sono più ostacoli all'impiantarsi di un regime che non

avrebbe più argini nemmeno alle urne. Per questo ci pare importante – a parte il criterio di libertà – la presenza di Marco Travaglio sulle pagine di questo giornale. È una di quelle persone non di sinistra che – come Giovanni Sartori – vedono l'emergenza politica e istituzionale che stiamo attraversando e sanno che il più nobile e determinato discorso politico alla Camera e al Senato non basta se i politici sono soli e non hanno il sostegno volontario dei cittadini consapevoli, di quella opinione pubblica autoconvocata che – a volte con sarcasmo – viene chiamata «girotondo» [...].
Primo. Mentre mi rendo conto del disagio personale di un bravo collega come Pasquale Cascella, già portavoce di Palazzo Chigi e ora notista politico dell'«Unità», e di Gianni Cuperlo, allora assistente del premier e adesso alla segreteria dei Ds, sono del parere che Massimo D'Alema non avrebbe dovuto trasformare le sue chiare e risolute risposte pubblicate su questo giornale (17 gennaio) in querela, che trascinerà la questione per anni e sarà sorgente di veleni. Un politico sa che intorno al suo operato – per quanto limpido – si formano scorie che richiedono, a volte rinunciando allo sfogo e all'esasperazione, di essere spalate via. Presidenti e politici americani, ma anche dovunque in Europa, affrontano gli stessi problemi (e anche situazioni più roventi) in appassionati dibattiti politici in cui mostrano (con grande vantaggio presso l'opinione pubblica) di prendere sul serio l'antagonista (qualunque cosa pensino di lui) proprio per smontare con efficacia e credibilità le sue argomentazioni.
Secondo. Sono convinto che Travaglio non avrebbe dovuto, nel giorno delle liste unitarie, in un simile momento tragico della vita italiana, e con quel linguaggio, lanciare quelle accuse. Tanti di noi – non solo in Italia – lo considerano uno dei migliori giornalisti investigativi. Ma qui, prima ancora di discutere l'opportunità di ciò che è accaduto, c'è, e si vede, una vistosa contraddizione di cui Travaglio per primo dovrebbe prendere atto. La spietatezza del giornalista investigativo non coincide con la determinazione del leader di una parte politica in lotta. Lui dice: non ero lì come leader, ero lì come giornalista e tutti conoscono il mio lavoro. Ma l'evento era politico, la questione era come mobilitarci, e la parola d'ordine era «stare insieme», come lo era il desiderio appassionato di tutti i partecipanti [...]. Resta la domanda: ma è vero o no ciò che Travaglio ha affermato?

> Terzo. Per provare a rispondere devo riferirmi ai cinque anni che ho trascorso alla Camera come deputato Ds. Sono stato fra coloro che più hanno sofferto per la fine del governo Prodi. Nonostante il buon inizio del mio periodo in un partito in cui – tranne Fassino e Veltroni – non conoscevo nessuno, nonostante il fatto di aver partecipato – con D'Alema, Giuliano Amato, Andrea Manzella e, all'inizio, qualche volta, anche con Ciampi – ai primi tentativi di dare vita alla Fondazione Italianieuropei, non si è creato alcun rapporto di attenzione e di comprensione (sono fatti umani, spontanei) tra D'Alema e me. Lui mi riteneva, credo, inesperto e poco adatto alla politica. Io non capivo la relativa mitezza verso la Lega di Bossi (che a me è sempre apparsa pericolosa e paleo-fascista) e non condividevo la incredibile sottovalutazione di Berlusconi. Ma ero e sono orgoglioso di quella esperienza perché sapevo – e ne sono tuttora persuaso – di avere servito un'Italia pulita, incomparabilmente migliore di quella in cui stiamo vivendo. Sarebbe stato impossibile non sapere di trame e intrighi e disonestà nascoste. Tra l'altro mi sembra che manchino quelle che, in un processo, si chiamano le motivazioni.
> Alla fine del mandato (a cui, anzi, D'Alema ha rinunciato spontaneamente e in anticipo) non c'è potere. Non c'è influenza su alcun aspetto della vita pubblica ed economica italiana. Qualcuno dei collaboratori di D'Alema di quel tempo è andato per la sua strada e sembra aver fatto fortuna [...]. Il resto è giudizio politico e può anche essere duro e severo. E qui riprendo a usare la prima persona plurale. Un «noi» che – sono certo – ci rappresenta tutti all'«Unità». Noi non chiuderemo alcuna porta né ci sogniamo di negare spazio a opinioni che confliggono. E nello stesso tempo continueremo a dire ciò che pensiamo, e che crediamo sia giusto e necessario dire.[31]

«Il Riformista» chiede a gran voce la testa di Colombo, Di Pietro e Travaglio con una martellante campagna quotidiana. Ma Colombo, ancora a Telese del «Giornale», fa sapere che non si sposta di un millimetro: non si candida alle europee «nemmeno per sogno, non intendo lasciare il mio lavoro qui proprio mentre sta andando bene». Quanto alla linea dell'«Unità», continuerà «a dare voce a tutte le forze di opposizione», compresi «i girotondi, Di Pietro e Occhetto» con cui «non ci sono e non potranno esserci barriere e pregiudizi». Poi si leva qualche sassolino dalle scarpe a proposito dei cosiddetti «riformisti»:

> Ted Kennedy, secondo i parametri italiani correnti, è un giacobino, un massimalista, un istigatore omicida. Basterebbe il suo discorso contro la guerra in Irak per far tuonare «Il Foglio» [...]. «Il Riformista» ha un tono umoristico e allegrotto, una sorta di conversazione al club degli amici della pipa. Tutto ciò non è una linea politica. È buona conversazione [...]. Dovrebbero mettere un sottotitolino da film: *Questo giornale non rappresenta fatti o persone realmente accaduti...*[32]

A questo punto, per la prima volta, è Fassino ad attaccare «l'Unità». Lo fa il 26 febbraio nell'assemblea a porte chiuse dei deputati Ds. Qualcuno alla fine racconta tutto ai cronisti del «Corriere» e del «Giornale». La frase del segretario, riferita l'indomani da entrambi i giornali, è questa: «Quel giornale è un problema e bisognerà affrontarlo. L'"Unità" guida la disinformazione organizzata contro di noi, forzando i titoli e distorcendo i contenuti». Il 27 febbraio occorre attendere un'intera giornata, fino alle 17.47 del pomeriggio, per la smentita del segretario Ds, che nega di aver mai pronunciato e persino pensato quelle parole. Ma il 28 provvede «Il Riformista» a confermare che è tutto vero e che «dai corridoi del Botteghino spiegano che ormai anche la proverbiale pazienza del segretario Ds è quasi esaurita». L'ultimo peccato mortale dell'«Unità» è il suo no, senza se e senza ma, all'occupazione dell'Irak. Una linea che emerge da un'aspra polemica fra Colombo e il Ds Umberto Ranieri e da un titolo troppo *tranchant* dato a un articolo della «riformista» Marina Sereni (responsabile Esteri dei Ds). Il pezzo della Sereni era possibilista sulla missione italiana a Nassiriya, il titolo no. Ecco: «l'Unità», oltre a simpatizzare per i girotondi, per Cofferati, e per i magistrati, si schiera pure contro la guerra. Sulla quale le segreterie Ds, Margherita e Sdi hanno idee tutt'altro che chiare, tant'è che per due anni non riusciranno mai a chiedere esplicitamente il ritiro immediato delle truppe italiane dall'Irak. Parlando chiaro sulla guerra, «l'Unità» mette in difficoltà i Ds. È questo il nuovo capo d'imputazione compilato dagli strateghi del Botteghino e affidato all'amorevole «Riformista»:

> Per il partito la linea tenuta sulla Lista Unitaria e sull'Irak ha rappresentato un salto di qualità, di cui il titolo citato da Fassino l'altroieri è solo uno degli infiniti esempi. Il rosario di torti subìti dai fassiniani non appena si nomini Colombo può durare per ore, ma certo l'editoriale di domenica (in cui si tacciava Umberto Ranieri di collaborazionismo berlusconiano e si rivendicava il diritto di «non condividere» le scelte della maggioranza Ds) è stata la goccia che ha fatto traboccare il vaso.[33]

Ecco, i «riformisti» alle vongole si meravigliano perché il direttore libero di un giornale libero rivendica il diritto di dissentire da un partito amico. E invocano immediati provvedimenti contro il reprobo, perché Fassino «non può permettersi di avere contro anche il giornale, sia in campagna elettorale, sia nella fase successiva». Ma attenzione: «non si può dare l'idea di una normalizzazione». Bisogna normalizzare, ma senza farsi troppo notare. Già, ma come? Affidandosi – scrive «Il Riformista» – a «un nome gradito al popolo di sinistra, non inviso ai lettori girotondini e radicali, ma di sicura fede ulivista e triciclista. Uno che non esiterebbe a condurre una convention della Lista Prodi, per capirci». Cioè Lerner o Santoro. Peccato che nessuno dei due sia disponibile a fare le scarpe a Colombo.

Secondo Dagospia, Fassino e D'Alema hanno di nuovo offerto la poltrona di Colombo alla Annunziata, in uscita dalla Rai, ma lei ha rifiutato: «Non me la sento, sono una riformista moderata, mi troverei in difficoltà in quella redazione».[34]

Ed ecco pronto un nuovo incidente creato a tavolino per indebolire la direzione dell'«Unità»: l'accusa di aver dedicato poco spazio alla violenta ma sparutissima contestazione di un gruppetto di «disobbedienti» contro Fassino alla marcia per la pace del 20 marzo a Roma. Un episodio riprovevole ma minore, che però viene enfatizzato oltre misura dal Botteghino per giorni e giorni, col risultato di raccogliere la pelosa solidarietà del centrodestra e di oscurare l'oceanica e pacifica presenza di due milioni di pacifisti. L'«Unità», in prima pagina, enfatizza anzitutto l'enorme partecipazione di popolo, senza dimenticare di condannare duramente l'episodio, nel titolo e nell'editoriale di Colombo. E l'indomani pubblica un'ampia intervista a Fassino. Ma ecco abbattersi sul quotidiano una grandinata di lettere di militanti e dirigenti diessini che accusano il giornale di aver nascosto la contestazione. Lo stesso fa un'alta dirigente Ds, Anna Serafini. Si dice «molto colpita dall'interpretazione data dal giornale alla giornata di sabato», avverte «una mancanza di rispetto», chiede che i Ds vengano «sostenuti da chi fa autorevolmente opinione» perché «dall'"Unità" ci aspettiamo più generosità». L'accorato trasporto della signora è comprensibile: si tratta infatti della moglie di Fassino. Colombo le risponde ribadendo la condanna della «stupida e volgare contestazione al segretario Ds», che comunque è «un evento squallido e minore». Poi le rinfresca la memoria:

> Nel caso della ignobile commissione Telekom-Serbia, da soli, e nel silenzio di tutti, siamo intervenuti subito e per primi con tutta la forza della nostra indignazione. Da soli abbiamo denunciato fin da agosto l'uso disonesto dei telegiornali, da soli abbiamo chiesto che i Ds abbandonassero la commissione-farsa molto prima che ciò accadesse, da soli abbiamo ricostruito fatti, sbugiardato commissari, anticipato rivelazioni, pubblicato verbali, trovato materiali che gli altri giornali, o imbarazzati o disinteressati, o in contraddizione con se stessi avrebbero pubblicato poco, male e tardi, da soli ci siamo presi le querele per i giudizi espressi. Non so se è generosità. Ma è buon giornalismo [...]. In passato – prima che ci chiedessero di ridare vita a questo giornale – vivevamo bene in grandi giornali dove, quando i lettori condividono e approvano e quando contribuisci a dar vita e respiro alle pagine, ricevi congratulazioni. Pazienza per le congratulazioni. Ma i voti certo arriveranno. Hai fatto caso che siamo cresciuti insieme, Ds, «Unità» e risultati delle elezioni amministrative?[35]

La stessa proprietà dell'«Unità» sembra prendere le distanze dal direttore, facendo pubblicare una grande pubblicità di solidarietà al segretario con la scritta cubitale: «Il Cda della Nie esprime piena e incondizionata solidarietà all'on. Piero Fassino e al suo diritto di testimoniare in ogni luogo, sede e occasione la linea del partito e dei suoi organigrammi dirigenti». Secondo «Il Riformista»,[36] Colombo ha dovuto minacciare le dimissioni per far togliere un riferimento alla «piena consonanza» della proprietà con la linea dei «gruppi parlamentari Ds», riferimento nemmeno troppo velato al finanziamento pubblico ricevuto dal quotidiano. Poi il «Corriere» pubblica una frase della presidente Marcucci che riattizza le voci sulla direzione: «Se fossimo in presenza del desiderio dei due direttori di andare via, ne dovremmo prendere atto con rammarico». Anche perché «Il Riformista» si premura di tradurla così: «Questa è l'ultima volta che rifiutiamo le dimissioni di Colombo».

> L'occasione potrebbe non essere lontana, se è vero (come è vero) che ieri in una riunione al Botteghino hanno deciso la linea della fermezza: a ogni nuovo attacco del giornale, seguirà la risposta di un membro della segreteria.

Insomma è l'occasione buona

> per quel segnale di forza (la sostituzione del direttore disobbediente) che qualcuno già invoca come coronamento della controffensiva fassiniana ai ceffoni dei disobbedienti di sabato. Non molto tempo fa, alla scadenza del contratto di Colombo, Marialina Marcucci aveva già manifestato la sua disponibilità al Botteghino (anche per lo stato non florido dei conti aziendali), ma Fassino era ancora convinto di poter risolvere la questione con un collegio per le europee. Sfumata quella prospettiva, in molti mostrano scetticismo verso l'attendismo del segretario: «In questa situazione sarebbe un rigore a porta vuota», dicono. La questione è comunque all'ordine del giorno, ormai appannaggio del più stretto *entourage* del segretario. Al Botteghino il tema è sempre il solito: se Fassino non avrà paura di tirare un calcio di rigore.[37]

A ogni goccia dello stillicidio arancione, «l'Unità» viene lasciata sola a replicare. Dal Botteghino mai una precisazione, né una smentita. È una guerra di logoramento per lavorare Colombo e Padellaro ai fianchi, nella speranza che sbattano la porta e se ne vadano. Esattamente come fece Berlusconi con Montanelli e Orlando nei lunghi mesi di fine 1993. Ma Colombo e Padellaro, di sloggiare con le loro gambe, non hanno alcuna intenzione. Nel terzo compleanno della rinata «Unità» (stabile sulle 70 mila copie), Colombo lo ribadisce con fermezza a Ida Dominijanni che lo intervista per «il manifesto»:

> Io non volevo fare solo un giornale di sinistra – per questo ci siete già voi e «Repubblica» –, volevo fare un giornale che rompesse la solitudine di molta gente della sinistra, che parlasse chiaro con un linguaggio diverso dal politichese, che usasse toni non omologhi a quelli di un giornalismo geneticamente reticente com'è in gran parte il giornalismo italiano [...]. Viviamo in un'Italia venata di tragicità [...]. A me risulta incomprensibile che una sinistra che è stata al governo debba comportarsi come se stesse al governo anche adesso che invece sta all'opposizione. Mi ricordo quando Bob Kennedy si dimise da ministro della Giustizia: due giorni dopo era in California, alla testa di una marcia di clandestini messicani raccoglitori di uva che lottavano per un contratto inascoltati dai sindacati [...]. Faccio un giornale politico, che deve comunicare e per comunicare deve parlare chiaro. Non credo ai sottintesi né ai piccoli club. La lotta politica ha le sue durezze, tanto più nei sistemi bipolari, dove se sei A non sei B. Da Kerry non sentiremo mai dire, durante la campagna elettorale: questa cosa potremmo farla insieme con Bush. E in Gran Bretagna, quando il «Guardian» attacca Blair, nessuno l'accuserà di fare giornalismo omicida [...]. Quanto al «Riformista» non so che dirti, dovrei prima capire perché esiste e io non lo so. Se dovessi spiegare che cos'è a un amico straniero, dovrei prima dire che è un giornale di sinistra, poi che non lo è, poi che però crede di esserlo [...]. L'accusa di massimalismo si può agitare in un partito-stagno, non fra persone libere. Quanto al riformismo, è una coperta che ognuno tira dalla parte sua. Nel mondo di oggi non c'è sinistra che non sia riformista. Ma come? Se essere riformisti significa tentare di fare delle riforme anche radicali restando all'interno delle regole democratiche, mi sta bene. Il fatto è però che alla parola «riformista» è stata data una coloritura moderata. E perché? Per quale ragione il riformismo dovrebbe essere solo mite? Tanto più in un periodo tragico come quello in cui viviamo, sotto Berlusconi come sotto Bush, il riformismo dovrebbe farsi drammaticamente netto e nitidamente alternativo.[38]

Dagospia raccoglie un'altra voce: «Furio ha capito che il tempo per lui è finito. Deciderà entro il 15 aprile che cosa fare, anche se candidarsi alle europee». Per la successione, «bruciati i nomi di Santoro e Annunziata, l'unica candidatura credibile è quella di Padellaro», ma «non va bene ai dalemiani, che in quel posto vedrebbero bene addirittura Adriano Sofri».[39] Un detenuto per omicidio al posto di Antonio Gramsci, che in carcere finì per le sue idee politiche. Che trovata.

I testimoni di Genova

Estate 2004, altro *casus belli* fra «Unità» e Ds. Il Botteghino pensa bene di invitare alla 58ª festa nazionale dell'Unità, in programma a Genova, l'ex ministro dell'Interno Claudio Scajola, responsabile politico della feroce repressione al G8 nel medesimo capoluogo ligure; il ministro del Lavoro Roberto Maroni, protagonista della battaglia contro la Cgil per l'articolo 18, l'uomo che accusò la sinistra radicale e i vertici Cgil per l'omicidio Biagi; e Gaetano Pecorella, presidente della commissione Giustizia nonché avvocato del premier, in quella doppia veste simbolo del conflitto d'interessi e delle leggi-vergogna. Il tutto mentre dalle feste dell'Unità di tutt'Italia vengono banditi vari collaboratori dell'«Unità» medesima. Padellaro critica la scelta infelice dei tre ospiti: «il peggio del berlusconismo al potere, non certo colombe della pace e del dialogo». Il titolo dell'editoriale è sarcastico: «I testimoni di Genova».

> Su Maroni, Scajola e Pecorella alla festa dell'Unità è giusto che non pesino pregiudizi, a patto che la loro presenza possa fare incamerare alla sinistra e all'opposizione qualche tornaconto politico. Possibilità che per ora onestamente ci sfugge [...]. È possibile che Maroni si presenti a Genova per annunciare vistosi mutamenti? O venga a chiedere scusa per l'articolo 18 o per le infamanti accuse rivolte a sinistra? È possibile che Pecorella approfitti della festa dell'Unità per spogliarsi di una parte almeno del suo incredibile conflitto d'interessi? O che Scajola ci racconti finalmente chi diede l'ordine dei pestaggi al G8? No, il massimo che possiamo attenderci è qualche cautissima, genericissima, fumosissima apertura al dialogo destinata a evaporare con la fine dell'estate, quando riapriranno il Parlamento e *Porta a Porta*. Il fatto è che viviamo, politicamente, in un sistema maggioritario bipolare. In un sistema di questo tipo non devi concedere nulla all'avversario, che

infatti non concederà nulla a te. Non vorremmo insomma che da questa triplice e assai impegnativa presenza alla festa dell'Unità fosse la destra e non la sinistra a incamerare un tornaconto politico.[40]

Lino Paganelli, responsabile delle feste dell'Unità, risponde per le rime:

> Discutere, in modo argomentato e civile, con i propri avversari politici non è una maniera di annacquare le differenze. Casomai è la via per evidenziarle, misurandosi con la realtà senza ricadere, se possibile, nella logica della scomunica e dell'odio [...]. Appare per lo meno singolare la scelta dell'«Unità» (giornale) di dedicare all'Unità (festa) un editoriale di critica alla vigilia dell'apertura. Ma forse siamo noi – intendo quelli che le feste le fanno e le gestiscono – a essere divenuti un po' troppo esigenti verso il giornale a cui è dedicato il nostro lavoro. Pazienza.[41]

Gli replica Colombo:

> Caro Paganelli, è bella e giusta l'aspirazione a dare «segnali importanti di normalità». Il fatto è che questi non sono tempi normali. Certo non i tempi in cui un primo ministro dichiara «faccia da stronza» una signora che gli dice «torni a casa» (normale sentimento di opposizione), e non un solo giornalista nel Paese se ne accorge o si indigna. Chi è all'opposizione e fa opposizione non odia e non scomunica nessuno, oltretutto perché sono attività prive di senso [...]. Forse avrai notato che John Kerry – che certo non scomunica e non odia – non ha invitato George Bush al barbecue (festa sul prato) con cui ha aperto la campagna elettorale democratica. C'erano invece tutti coloro che lo aiuteranno a vincere. Ah, e senza odio, ha preteso che Bush gli chiedesse scusa per avere negato che si era meritato le medaglie al valore. Bush, proprio ieri, ha chiesto scusa. Berlusconi, che aveva definito «una questione interna della sinistra» l'assassinio del prof. D'Antona, non ha mai chiesto scusa. Non a Olga, non alla sinistra, non al Paese. Come vedi, da tutte e due le parti (Unità festa e «Unità» giornale) siamo molto esigenti. È questo che ci unirà per battere Berlusconi.[42]

Anche Vannino Chiti, alla festa di Genova che s'apre proprio quel giorno, critica il vertice dell'«Unità»: «Non condivido l'appello di Padellaro. Non siamo in campagna elettorale, la gente non vuole una contrapposizione frontale permanente». Ma Colombo e Padellaro, nella serata inaugurale, vengono accolti da una gran folla che li applaude a lungo, in piedi. L'indomani il «Corriere» rivela:

> L'incidente riapre il caso della successione. Alla coppia Colombo-Padellaro la segreteria Fassino non perdona di aver interpretato in modo «eccessivo» lo scontento della base nel biennio girotondino. Esaurita la spinta del correntone e iniziata la parabola discendente del Cavaliere, la linea della doppia opposizione è in crisi. «Speriamo che Colombo accetti la candidatura nel Mugello...», si mormora ai piani alti di Via Nazionale. L'erede non ha ancora un nome, ma un identikit sì: «Il prossimo direttore dell'"Unità" risponderà direttamente a Fassino».[43]

Il regime e l'orticaria

Nell'autunno 2004 parte una manovra a tenaglia. L'assalto finale *bipartisan*. Condotto, in stereofonia, dal «Foglio» di Berlusconi e dal «Riformista» dei D'Alema Boys, due quotidiani che godono di rapporti privilegiati con il Botteghino. Entrambi, da settembre, danno per imminente il cambio della guardia all'«Unità». Spara «Il Riformista»: «"Unità": Colombo prepara l'uscita di scena. Dopo il congresso Ds si cambia, pronto per lui il Cda della Rai».

> L'«Unità», destinata ad affrontare il lungo anno pre-elettorale senza più la coppia Colombo-Padellaro al timone. Colombo rimarrà al suo posto fino al congresso Ds di febbraio [...]. Poi si cambia. I vertici Ds non vogliono arrivare al 2006 con un giornale che, spiegano al Botteghino, «ha fatto terra bruciata intorno a sé, perdendo firme, credibilità, interlocutori e che oltretutto osteggia platealmente la linea che sarà sancita dal congresso di Roma». Ma a determinare la possibilità di una svolta tante volte data per imminente e sempre sfumata è so-

prattutto il rosso finanziario dell'ultimo anno di gestione e una discesa del venduto sotto le 60 mila copie quotidiane.[44]

Segue una serie di dettagli che l'indomani Colombo smonta punto per punto, in un durissimo commento dal titolo «Il falso riformista»:

> «Il Riformista», quotidiano che secondo il direttore Antonio Polito (che è stato a Londra e fuma la pipa) si ispirerebbe al più rigoroso giornalismo di stampo anglosassone, pubblica un articolo dedicato alla direzione dell'«Unità». In detto articolo si contano tredici affermazioni palesemente false o indimostrabili su un totale di 73 righe...

Non è vero che Colombo ha incontrato Chiti, non è vero che «l'Unità» è scesa sotto le 60 mila copie («a settembre ne ha vendute 64.173»), non è vero che l'azionista Mian abbia parlato col «Riformista», non è vera una frase attribuita al direttore generale Poidomani, non è vero che Colombo andrà alla Rai e così via. Comunque, conclude il direttore, «l'articolo del "Riformista" va segnalato alle scuole di giornalismo con l'avvertenza: attenti a non ridurvi così».[45]

Un solo fatto – ma gli ultimi a saperlo sono proprio gli interessati – è vero: i vertici Ds hanno deciso di cacciare Colombo e Padellaro. Lo conferma lo stesso Polito, in un articolo anonimo dell'indomani, affermando di avere un filo diretto con il Botteghino e vantandosi, dal suo punto di vista giustamente, di non aver ricevuto alcuna smentita dalla Quercia:

> Confermiamo l'esistenza della «fonte accreditata», da noi ritenuta non solo informata ma titolata. Il suo nome è celato non per «fantomatico mistero», come direbbe Battiato e dice Colombo [...]. Segreto professionale. Possibile, si lamenta Colombo, che al Botteghino ci sia «chi si lascia andare a simili affermazioni calunniose»? La risposta è: solo nei giorni di buonumore, negli altri i giudizi sono del tipo che si definisce «irriferibili». Del resto il lungo articolo dell'«Unità» più che a smentire noi sembra finalizzato a ottenere una smentita dalle botteghe delle «fonti accreditate», che fino al momento in cui scriviamo sono rimaste eloquentemente silenziose.[46]

Il 28 novembre l'editoriale di Colombo ha un titolo insolito: «Con chi parlo?». Racconta, il direttore, uno scambio di vedute piuttosto aspro avuto qualche giorno prima nella sezione romana Ds Forte Aurelio Bravetta – dov'era stato invitato a parlare delle recenti elezioni americane – con Fabio Nicolucci, giovane funzionario della federazione romana dei Ds, *ghost writer* di Fassino e collaboratore del «Riformista».

> Devo avere pronunciato la parola «regime», e ho avuto l'impressione che un piccolo fremito (di comprensione o di irritazione) abbia diviso la piccola folla [...]. Non ero solo a parlare. La federazione Ds di Roma aveva inviato il giovane esperto di politica estera Fabio Nicolucci. Il tema era «Interpretiamo insieme le elezioni americane» e – dico io – confrontiamole con l'Italia, situazione e attese. Dunque il giovane rappresentante della federazione Ds romana ha parlato degli Stati Uniti. Ha detto che George Bush ha vinto perché ha saputo toccare corde profonde, interessi e valori di molta gente. E che Kerry ha perso perché il suo linguaggio e i suoi argomenti interessavano soltanto le élite colte delle città. Poi ha parlato della situazione italiana e ha detto francamente, con un sorriso gentile: «La parola regime mi provoca l'orticaria». È stato accolto, come me, da applausi rituali e scrutato con la stessa attenzione. Da che parte stiamo?, sembravano chiedere a se stessi – più che a noi – i nostri ascoltatori. Come fanno a esserci linguaggi così diversi, così distanti? [...] Ho ascoltato il giovane rappresentante della federazione Ds di Roma presentare la vittoria di Bush («Un saper cogliere lo spirito del Paese») con parole che ricordano l'elogio tributato a Berlusconi in molte analisi Ds dopo le elezioni del 2001. Si diceva che «Berlusconi aveva colto la domanda di innovazione della maggioranza degli italiani». Nessun commentatore americano, che non sia un repubblicano militante, condividerebbe l'analisi di Nicolucci sulla vittoria di Bush. D'altra parte, nessun commentatore europeo ha mai colto spunti o aspetti di innovazione in Berlusconi e nella sua gente. E oggi non lo direbbe più nessun italiano che non si chiami Bondi o Schifani [...].
>
> Che cosa sia un «regime mediatico» e quali siano le sue conseguenze di frantumazione della democrazia e di controllo dei cittadini anche senza i carri armati, ce lo ricorda, in questi giorni, una accurata ricostruzione di quel che in America, ne-

> gli anni Cinquanta, è stato il fenomeno del «maccartismo», la caccia alle streghe, o meglio a presunti comunisti, nella cultura, nel giornalismo, nella diplomazia, nel mondo dello spettacolo e persino delle Forze armate americane [...]. Dice oggi Arthur Miller, uno dei grandi perseguitati e dei grandi avversari del maccartismo, uno che non ha mai ceduto: «La paura paralizzava tutti, ma nessuno voleva associare il proprio nome al mio. Solo molti anni dopo mi arrivarono scuse e ripensamenti. Ma insieme a tanta vigliaccheria voglio ricordare coloro che si sono battuti come leoni. Oltre al coraggio, c'è qualcosa di allora da ricordare anche oggi: abbiamo cominciato a reagire alla richiesta di comportamenti politici basati sulla paura».
> Serve ricordare tutto ciò nell'Italia di oggi? Serve perché ci dice che in quest'Italia sottoposta ad amministrazione controllata [...], noi, che dobbiamo opporci, siamo divisi. Io non so se il giovane funzionario della federazione romana parlava soltanto per se stesso. Nel momento più buio, sottoposto al controllo mediatico più rigido della televisione e della stampa italiana, è venuto a dire che a lui «la parola regime fa venire l'orticaria». Lo ha detto accanto al direttore dell'«Unità», il giornale che da anni descrive dettagliatamente le vicende di questo regime, con qualche conseguenza personale per chi vi lavora. Pensavo che il nostro compito, quella sera, fosse di dare e di ricevere coraggio (così succede quando si va a parlare nelle sezioni Ds in Italia). Evidentemente c'è anche un altro progetto: pretendere (o credere davvero, chissà) che questo Paese, nel quale è stata appena approvata la legge Gasparri che blocca totalmente la libertà di stampa, sia un'Italia normale a cui guardare con aria composta per prepararsi a una regolare alternanza. Il suggerimento sembra essere che, altrimenti, comportandosi come Arthur Miller, si può dare l'impressione di diventare sovversivi. Posso dire che in quel momento mi sono sentito solo? Mi sono chiesto: con chi parlo?[47]

Per aver deciso di condividere con i suoi lettori la solitudine e lo scoramento di quella sera, per aver pronunciato la parola regime usata già dall'autorevole «New Yorker», cioè per aver fatto il giornalista, Colombo viene bersagliato da una raffica di insulti. «Il Riformista» lo accusa di «vile attacco editoriale» al giovanotto e descrive lo scenario apocalittico di un'«Unità» assediata da lettori e sezioni Ds mobilitate in massa contro «l'indegno articolo». Il segretario dei Ds romani Massimo Pompili trova sconcertante che il direttore dell'«Unità» utilizzi la sua posizione «per avere ragione di una contesa con un compagno con cui giorni prima aveva dovuto confrontarsi alla pari»: lo accusa financo di un «abuso di posizione dominante» paragonabile al conflitto d'interessi di Berlusconi.[48] Colombo risponde secco:

> Massimo Pompili ci rende noto che esiste una casta di intoccabili. Non lo sapevamo e siamo costretti a prenderne atto. Stranamente ci viene suggerito che la persona con cui si è dibattuto non può rispondere sulle colonne di questo giornale. Naturalmente è libero di farlo quando vuole. La lettera ci dice che non avere esattamente le stesse idee di un rappresentante della federazione Ds di Roma è «spropositato», «fuori luogo» e «iniquo». Con estremo spirito di conciliazione non resta che una preghiera: meglio leggere personalmente un articolo piuttosto che farselo raccontare. Meglio rileggere una lettera per verificarne l'accuratezza e il rapporto con i fatti prima di inviarla.[49]

Lo stesso giorno, sempre sull'«Unità», Andrea Romano, direttore della rivista dalemiana «Italianieuropei», interviene per dare a Colombo del totalitario parafascista e rimproverargli di aver «usato e abusato» del suo «potere di direttore» come

> un'arma esclusivamente personale per una disputa privata. La raffigurazione che lei ha fatto del «giovane rappresentante della federazione» come di un agente del nemico, accostandolo ai nomi di Bush, Bondi, Schifani, e quanti altri popolano la sua personale galleria degli orrori [...], è un esempio inquietante di mentalità totalitaria. Quella mentalità che procede per accorpamenti arbitrari ed esecrazioni progressive, condotte da posizioni di potere del tutto diseguali fino all'inevitabile gogna del contendente. È quella mentalità che in Italia ha avuto la sua migliore incarnazione nel fascismo. E che è terribilmente avvilente ritrovare nel direttore di un giornale che si chiama «Unità».[50]

Replica Colombo:

> Andrea Romano non ci dice purtroppo le ragioni del suo agitato intervento e ciò rende la sua lettera difficile da decifrare. Perché chiamare «disputa privata» un dibattito politico in pubblico? Ma, di paragrafo in paragrafo, l'argomentazione entra in una nuvola di inspiegabile rancore. Capisco solo che, a giudizio di Romano, non dovrei dirigere «l'Unità». Lo dice con un tono proprietario che, al momento, non sono in grado di capire. Gli altri insulti, altrettanto esagitati e altrettanto inspiegabili, li lascio a carico del mittente.[51]

Il giovane Romano verrà prontamente promosso direttore della saggistica Einaudi (gruppo Berlusconi).

Ma non è solo la maggioranza Ds a scagliarsi contro Colombo. Il 1° dicembre, sul «Riformista», Cesare Salvi attacca:

> Ma come? Tu fai un dibattito in sezione, uno ti dà torto e tu per ripicca ci fai sopra l'editoriale del giornale? Dopo il congresso, chiederò formalmente al gruppo parlamentare che si chiarisca la natura del rapporto istituzionale che lo lega all'«Unità».[52]

Par di sognare: un direttore di giornale racconta un dibattito a cui ha preso parte, e qualcuno *in alto loco* gli nega persino questo diritto. La pretestuosità degli attacchi la dice lunga su quel che si agita nella testa della Quercia. E con quel «per il momento», lo stesso Colombo lascia intendere di averlo capito.

Alla vigilia di Natale Padellaro lancia l'idea di una grande manifestazione contro il governo delle vecchie e nuove vergogne, *in primis* la controriforma costituzionale: «una nuova Piazza San Giovanni» organizzata da girotondi, movimenti e partiti finalmente uniti.[53] L'indomani i leader dei movimenti rispondono entusiasti, e così i lettori che alluvionano il giornale di lettere. Anche molti leader politici del centrosinistra si dicono favorevoli, compreso il capo della segreteria Ds Chiti («una sollecitazione positiva, che condivido, i Ds contribuiranno a realizzarla come grande appuntamento nazionale di tutto il centrosinistra»). Nella sede dell'Unione in Piazza Santi Apostoli si tiene una prima riunione organizzativa con Flores d'Arcais, i direttori di altri giornali di opposizione e i rappresentanti dei Ds. Poi però la manifestazione, a lungo rinviata, verrà annullata: Rutelli non vuole.

Intanto «Il Riformista» rivela che la proprietà ha bocciato il piano di rilancio dell'«Unità» presentato da Colombo e Padellaro. Così, di fatto, la direzione è sfiduciata:

> Con la riforma grafica prevista per febbraio e in prospettiva – più o meno un anno – il passaggio al *full color*, il piano elaborato da Colombo e Padellaro assumeva per il Cda un'importanza notevole. L'esame è però durato ben poco, più o meno come la riunione di due giorni fa con direttore e condirettore del giornale, ai quali la proprietà ha detto – per la prima volta senza distinguo e senza eccezioni – che il piano editoriale presentato non era un piano editoriale. Al massimo, «una cornice». Le otto paginette del non-piano sono state considerate più come una risoluzione strategica, un documento politico il cui succo si potrebbe riassumere nella formula: per uscire dalla crisi occorre alzare il livello dello scontro. Se infatti una ricerca commissionata a suo tempo alla Swg aveva impietosamente certificato come il calo delle vendite fosse dovuto al «riflusso» dei movimenti e alla percezione di una eccessiva faziosità del giornale, Colombo e Padellaro l'hanno interpretata come una spinta non a cambiare, ma a perseverare: la ripresa dell'ultima settimana (quando la soglia critica delle sessantamila è stata nuovamente distanziata di circa tre o quattromila copie) dimostrerebbe infatti a giudizio della direzione che la linea radicale sui casi Previti e Dell'Utri, nonché l'appello a tutta (prima) pagina per una nuova manifestazione a Piazza San Giovanni, paga e paga bene. Argomenti che non hanno convinto il Cda, che si è riservato di assumere le decisioni necessarie dopo le feste. Dopo il brevissimo incontro con i vertici, Colombo e Padellaro hanno incontrato il comitato di redazione, parlando di una «trappola» e della ricerca di un pretesto. Alle allarmate richieste di chiarimento da parte dei giornalisti, che hanno fatto esplicito riferimento alle voci di un cambio di direzione e alle pressioni da parte dei Ds, la proprietà ha assicurato che non si lascerà condizionare e che prenderà ogni decisione nell'esclusivo interesse del giornale. Fine delle assicurazioni. Il paradosso è che in questo momento, nessuno meno di Piero Fassino è interessato all'apertura di un nuovo «caso Colombo». A con-

> gresso in corso, peraltro incentrato sulla sua incoronazione in nome della costruzione del nuovo soggetto riformista e della lista unitaria (entrambi non proprio in splendida forma), tutto può desiderare il segretario meno che un simile regalo al correntone.[54]

La risposta di Colombo non si fa attendere neppure stavolta, ma «Il Riformista» la sa lunga. C'è chi informa minuto per minuto il foglietto arancione delle manovre Ds ai danni di Colombo a Padellaro. In effetti la questione del «piano di rilancio» si trascina dall'estate, quando «l'Unità» ha perso di botto, nel giro di pochi giorni d'agosto, dalla domenica al lunedì, 5 mila copie. Non una lenta e progressiva dispersione, dunque non un fenomeno fisiologico di erosione, ma uno scalino improvviso e finora inedito da 70 a circa 65 mila copie. Quasi il 10% in meno. Il Cdr chiede di vederci chiaro. C'è chi sospetta addirittura un boicottaggio del partito, o l'obbedienza di qualcuno a un ordine silenzioso. Ma mancano le prove. Anche la diatriba sull'improvviso taglio delle tirature deciso proprio in quel mese resta sospesa: il calo di vendite è la causa (come insinua la redazione) o la conseguenza (come assicura la Nie) della riduzione delle copie sul mercato? Mistero, come la storia dell'uovo e della gallina. Già in primavera il Cda aveva chiesto e ottenuto dai due direttori un progetto dettagliato per un supplemento dedicato al Sud che raccolga pubblicità in quelle regioni. Piano studiato e realizzato in tempo reale, consegnato subito, ma poi abbandonato senz'alcuna spiegazione. Era stato anche ridotto il numero delle pagine, a causa della perdurante penuria di pubblicità. Penuria altamente sospetta anche questa, per un giornale da 70 mila copie e 450 mila «contatti», che nella media nazionale dovrebbe ricevere dalle inserzioni 50-60 miliardi di lire all'anno e invece ne riceve 3 o 4.

Ora la proprietà torna alla carica, forte anche di un sondaggio realizzato da Swg da cui risulterebbe che la maggioranza dei lettori auspica una linea più morbida, meno intransigente, e così gli eventuali inserzionisti. Anche su quella base Colombo e Padellaro vengono incaricati di elaborare un «piano editoriale» per il «rilancio» del quotidiano. Di solito, però, i piani di rilancio spettano agli editori: maggiori investimenti, iniziative promozionali, nuove assunzioni, nuova grafica, redazioni locali e così via. Un direttore può precisare meglio la sua idea di giornale, proporre aggiustamenti e migliorie, ma niente di più. In ogni caso Padellaro comincia a lavorarci, d'intesa con Colombo. E, a metà dicembre, il progetto è pronto. Un «numero zero» molto dettagliato, con diverse novità: ampia riforma grafica (anche in vista del passaggio al colore), caratteri più leggibili per venire incontro ai lettori più anziani, titoli più grandi e secchi, pagine più ordinate con grandi sommari riassuntivi, riorganizzazione delle notizie in breve, maggior definizione fra le pagine di inchiesta e quelle di notiziario, nuova veste per la prima pagina e contenitori originali per la cultura, gli spettacoli, le lettere e i commenti. Il tutto, però, nella cornice dell'«Unità» rinata nel 2001. Per rafforzarne l'anima, non per sconvolgerla. Nessun passo indietro o di lato, nessuno snaturamento né salto nel buio, anche perché direzione e redazione restano convinte di aver lavorato bene e di non dover tradire i lettori, mantenendo l'identità costruita fin qui.

I direttori contestano poi il sondaggio Swg: l'immutato calore dei lettori, la quantità sempre altissima di lettere, di mail, di interventi nel forum internet danno l'impressione che le fredde cifre dell'Swg non colgano appieno gli umori profondi del popolo dell'«Unità». Insomma il rilancio passa per il rafforzamento di un giornale di opinione, fortemente connotato all'opposizione, che cavalchi l'onda antigovernativa in continua ascesa nei sondaggi ma, purtroppo, sempre più invisibile dopo lo spegnersi dei movimenti e dei girotondi: rimandati a casa senza tanti complimenti – «l'Unità» lo scrive in continuazione – anzitutto dai partiti della sinistra. Se l'onda s'è abbassata è anche per il costante declino di Berlusconi, dovuto ai fallimenti del governo e alle continue sconfitte elettorali. Da questo riflusso e dalla crescente pressione politica sull'«Unità» – si legge nel piano – dipende il piccolo calo di vendite: non certo dall'ansia di una nuova linea, che peraltro nessuno degli azionisti ha mai chiesto né indicato.

Ma ormai la maggioranza del Cda, o chi per essa, ha deciso: vuole una nuova direzione. Il che emerge chiaramente dagli incessanti tam tam sul «Riformista», sul «Foglio» e sul «Giornale», su «Panorama» e dal repentino precipitare della situazione alla vigilia di Natale. Il 21 dicembre Colombo e Padellaro inviano alla Nie nove cartelle dattiloscritte con il piano giornalistico (non editoriale) di rilancio. Il giorno 22 trascorre in silenzio. Il 23 pomeriggio è in programma un incontro con il Cda per discutere del progetto. Ma di prima mattina – come rivelerà «Il Riformista» – giunge sul tavolo dei due direttori una lettera dai toni bruschi della presidente Marcucci: «Il piano è irricevibile». C'è poco da discutere. Quel che avviene dopo, Colombo e Padellaro lo riferiranno dettagliatamente al Cdr. Nell'incontro pomeridiano Padellaro ritiene ormai inutile illustrare ai consiglieri il suo lavoro, bocciato prima dalla lettera della presidente e ora dalle parole di alcuni consiglieri, che lo definiscono «insoddisfacente, anzi inesistente». Parla Colombo. Come poi racconterà al Cdr, difende il lavoro di Padellaro. Poi risponde duramente alla lettera: «Irricevibile non è il nostro piano, lo è semmai la vostra lettera sgarbata. Avrei capito una lettera di licenziamento, non questa. Non c'è una parola di spiegazione, un ragionamento. Volete dirci che cosa c'è che non va? Dove abbiamo sbagliato?». Il clima è pesantissimo. Colombo prosegue:

> Noi crediamo nel nostro lavoro e nella nostra redazione, sta a voi la responsabilità di dirci che cos'è che, all'improvviso, non va. Spiegate, motivate. Voi non discutete la linea né il piano del giornale in nessun punto. Parlate in generale. Come possiamo rispondervi e difenderci? A questo punto, permetteteci di non credere che le cose stiano come, apoditticamente, ce le raccontate. Quello che dite non è in sintonia con quello che accade nel Paese. Berlusconi va in giro, a tutte le riunioni del suo partito, con le 500 accuse – lui le chiama insulti, Ferrara «mandati a uccidere» – che gli ha rivolto «l'Unità», delle quali vado fiero. C'è una curiosa discrasia fra l'importanza che i nostri avversari annettono all'«Unità», attaccandoci quotidianamente e violentemente, e la solitudine in cui ci troviamo nel fare il giornale. Come se facessimo il giornale di qualcun altro, o il nostro giornale personale. Probabilmente Vittorio Feltri, che dirige un giornale «personale», riceve più solidarietà dall'insieme del centrodestra di quanta ne riceviamo noi dall'insieme del centrosinistra e dalla maggioranza di voi azionisti.[55]

La rottura non è soltanto politica: investe per la prima volta il piano personale, umano. Il commiato fra direttori e consiglieri è gelido. E quel che è appena accaduto nel Cda del 23 finisce subito sul «Riformista» dell'indomani. In tempo reale. Tant'è che quando, il mattino del 24 dicembre, Marialina Marcucci chiede incontro «riservato» a Colombo nel suo ufficio di direttore, questi sorride: «Riservato? È già tutto scritto sul "Riformista" di oggi...». Anche del suo lungo colloquio prenatalizio con la presidente, Colombo non ha mai detto nulla in pubblico. Ma, come di quello della sera prima, ha prontamente riferito al Cdr: «Se le insistenze continuano – racconta di aver detto alla Marcucci – io posso farmi da parte. Ma pongo una condizione: che il successore sia Padellaro». Poi ha sottolineato i pericoli che corre «l'Unità», con i suoi redattori e i suoi lettori:

> Qui lavorano giornalisti che guadagnano la metà dei colleghi degli altri giornali e spesso lavorano il doppio per fare un prodotto che, anche se a voi non piace, fa continuamente parlare di sé ed è in cima alle preoccupazioni di Berlusconi e della sua corte. Di questo passo, rischiate di perdere il giornale.

Passa il Natale e il 27 dicembre Marialina Marcucci torna da Colombo e da Padellaro, incontrandoli separatamente. È lo *show down* finale. A Colombo – come questo riferirà al Cdr – annuncia che il Cda ha deciso di chiedere a lui e a Padellaro di lasciare la direzione e la condirezione dell'«Unità», restando – se vogliono – come semplici editorialisti. Colombo torna a proporre una soluzione Padellaro, per garantire un trapasso graduale, il meno traumatico possibile. E torna a chiedere uno straccio di spiegazione per una scelta che gli pare incomprensibile. Dinanzi a Padellaro – sempre secondo quanto verrà riferito al Cdr – la presidente parla invece soltanto delle dimissioni di Colombo. Ma ormai la sensazione è che il Cda voglia chiudere l'intera partita.

A quel punto, per salvare il salvabile, è decisivo il ruolo del Cdr, che si mobilita con l'assemblea dei redattori in difesa dei due direttori (i quali, contro le speranze di qualcuno, restano uniti sulla stessa linea) e del loro piano di rilancio «ricco di spunti»:

> Se la discussione intorno al piano dovesse nascondere altri obiettivi, il Cdr e la redazione saranno determinati nell'attivare tutte le forme di lotta a tutela della loro autonomia e dell'indipendenza della testata rispetto all'influenza di entità esterne che nulla hanno a che fare con la proprietà e gli assetti societari del giornale.

Insomma, barricate a oltranza. Fuori della porta, ad attendere con ansia le dimissioni dei due direttori, ci sono anche i soliti «Riformista», «Foglio», «Panorama» e «Giornale» che ritmano sui loro tamburi di latta i rintocchi del *count down* deciso, evidentemente, molto in alto. E sfornano ogni giorno un paio di nuovi candidati alla successione di Colombo. In *pole position* nel toto-direttore c'è Paolo Franchi del «Corriere», il preferito dal Botteghino (e molto sponsorizzato anche da Paolo Mieli, che per l'occasione gli ha affidato una rubrica quasi quotidiana, «Diario ulivista»). Poi Carlo Rognoni, giornalista e deputato Ds; la solita Annunziata, che rifiuta e lo fa sapere; Enrico Mentana, che declina pure lui, guadagnando qualcosina in più come direttore editoriale di Mediaset; e, come soluzione interna, Roberto Cotroneo. Poi tanti *ballon d'essai* come Santoro e Lerner, non disponibili, o come il caporedattore della «Stampa» Federico Geremicca e Stefano Marroni, ex di «Repubblica» approdato alla vicedirezione del Tg2.

L'unica notizia che non trapela all'esterno è che, fin dal 27 dicembre, la proprietà ha chiesto formalmente a Colombo (e implicitamente a Padellaro) di andarsene. Ma basta sapere che sono in pericolo per scatenare la reazione dei lettori, informati dalla stessa «Unità» sulle indiscrezioni degli altri giornali. Centinaia e centinaia di lettere, fax, e-mail, telefonate. Lettori che annunciano che non acquisteranno più un'«Unità normalizzata». È in quel clima che il Cda, o chi per esso, si rende conto che la decapitazione del giornale è un rischio troppo grosso, soprattutto alla vigilia del congresso Ds, fissato dal 3 al 5 febbraio 2005. Bisogna rinviare tutto a dopo le assise del partito.

E i politici? Prodi telefona più volte a Colombo per sapere che succede. Chiamano alcuni esponenti del correntone. Pare che si muova pure Cofferati. Dal Botteghino invece nessuno si fa sentire in quei giorni cruciali. Ma molti diessini continuano a parlare ai giornali. I più furbi, senza comparire. Uno, invece, con nome e cognome. È Fabrizio Morri, responsabile comunicazione della segreteria Ds, fedelissimo di Fassino. A fine anno, Monica Guerzoni racconta sul «Corriere» che la segreteria Ds sta cercando «un Colombo senza gli eccessi di Colombo»; e che la Marcucci «ha bocciato la *mission* della nuova "Unità": antiberlusconismo senza "inutili asprezze" e mobilitazioni di piazza». Poi rivela che, nel piano di rilancio, i due direttori hanno scritto un capitolo intitolato «Elementi di debolezza»,

> dove nel ricercare le cause di un calo di copie che ha portato il Cda a evocare lo spettro della cassa integrazione, Colombo e Padellaro appuntano quanto segue: «Accresciuta pressione dei vertici Ds sui contenuti politici del giornale. Frequenti polemiche tese a contestare l'autonomia politica sulla base del finanziamento veicolato dai gruppi parlamentari Ds». Il portavoce di Fassino, Roberto Cuillo, assicura che «mai la segreteria ha fatto pressioni sul Cda dell'"Unità" e mai le farà». Ma Fabrizio Morri, che della segreteria fa parte, dice di più: «Non escludo che Fassino abbia fatto sapere al Cda il suo punto di vista, d'altronde il cambio di direzione è maturo da un anno». Il Cda sta sfogliando la rosa dei papabili, ma la Marcucci, raggiunta al cellulare, nega: «Cambio di direzione? Non so di cosa stia parlando, è come se non mi avesse trovata». Il 3 gennaio il Cda incontrerà Colombo e difficilmente il direttore accetterà soluzioni di mezzo: «Noi siamo qui, pronti per essere utili».[56]

In realtà, quando Padellaro ha scritto delle pressioni dei vertici Ds, non si riferiva tanto a Fassino, quanto a un paio di redattori troppo ligi agli *input* del Botteghino. Ma ora, grazie a Morri, quel che da mesi si muove dietro le quinte appare finalmente sul proscenio: «Non escludo che Fassino abbia fatto sapere al Cda il suo punto di vista, d'altronde il cambio di direzione è maturo da un anno». L'ingenuo dirigente lascia le impronte digitali del partito su una questione che al Botteghino nessuno voleva affrontare in pubblico e tutti preferivano lasciare all'ombra dell'«autonomia» del Cda. Infatti, quel giorno, interviene allarmata la Federazione nazionale della stampa, con una nota congiunta firmata anche dal Cdr dell'«Unità» e dall'Associazione Stampa Romana, per invitare

> tutti i soggetti politici e imprenditoriali coinvolti a mantenere grande senso di responsabilità evitando dichiarazioni che possano ricondurre a una indebita interferenza sull'autonomia del giornale [...]. L'indipendenza di un quotidiano politico come «l'Unità» è un patrimonio che appartiene ai lettori e a chi nel giornale lavora con passione e impegno.[57]

I Ds si affrettano a smentire l'incauta ammissione di Morri, il quale naturalmente dice di essere stato frainteso: «Quanto mi viene attribuito non corrisponde al mio pensiero. La segreteria nazionale dei Ds non si è mai occupata della questione, che attiene ai rapporti tra direzione dell'"Unità" e consiglio di amministrazione». Ma il «Corriere» conferma tutto. E deve intervenire Vannino Chiti per assicurare che «mai i Ds hanno interferito né intendono in alcun modo interferire nei rapporti tra proprietà del giornale e direzione o nella autonoma attività del lavoro dei giornalisti».[58]

Lo stillicidio delle indiscrezioni e delle candidature alla successione prosegue, snervante, per tutto gennaio. Il giorno 11 «Il Riformista» rivela che la Nie ha contattato Mentana. Macaluso si domanda se i vertici Ds siano impazziti: «Come gli è venuto in mente? Che c'entra Mentana con quel giornale?».[59] Il 14 «Il Riformista» attribuisce il cambio della guardia all'«Unità» al «calo di vendite» (il che, detto da un giornale da 3 mila copie, suona molto divertente) e soprattutto, con un tocco di eleganza, allo stipendio di Colombo e all'«auto con autista». Il 21 gennaio «Il Riformista» titola: «Quasi fatta per Paolo Franchi». Dagospia riferisce un colloquio «a braccetto fra Cossiga e Velardi in Via del Seminario a Roma: si parlava di Colombo e dell'"Unità" e a un certo punto l'ex presidente della Repubblica ha detto: "Sai Claudio, mi ha chiamato il mio amico Pasquale Cascella..."».[60]

Nei primi giorni di febbraio, all'indomani del congresso Ds che ha riconfermato Fassino segretario, Colombo e Padellaro chiedono al Cda di sciogliere il nodo della direzione nel prossimo Cda, fissato per il 22. Ma non sono gli unici ad aver fretta. Anche il fronte berlusconiano, per tutt'altri motivi, non sta più nella pelle. Il 3 febbraio Berlusconi fa distribuire al Consiglio nazionale di Forza Italia il dossier che andava sventolando da tempo: 32 pagine intitolate «Analisi di circa 500 numeri del quotidiano "l'Unità" sotto la direzione di Furio Colombo». Una collezione di presunti «insulti» che il quotidiano – definito graziosamente «nazicomunista» – gli avrebbe rivolto negli ultimi quattro anni, catalogati dal suo ufficio stampa. E tuona:

> Ogni giorno «l'Unità» insegna intolleranza, odio, addirittura razzismo verso il demonio Berlusconi, tant'è che insiste soprattutto sulla mostrificazione dell'aspetto fisico, su presunte psicopatologie e sul dileggio! L'«Unità» mira a eccitare gli animi alla violenza, anche fisica, verso il nemico del popolo!

Colombo annuncia querela per calunnia e commenta amaro:

> Si tratta di un puro e semplice attentato alla libertà di stampa attraverso la potente intimidazione di persone che hanno il potere.

Prodi esprime «solidarietà e sostegno al giornale» e «condanna per l'incredibile e incivile aggressione». Fassino, come se nulla stesse accadendo, assicura ai «cari Furio e Antonio» la «più forte solidarietà mia e di tutti i Ds. Saremo sempre in prima fila con voi nel difendere il pluralismo e la libertà d'informazione». Durissima anche la Federazione della stampa. Giorgio Bocca parla di «regime che avanza» e di «campagna elettorale fascistoide». Tacciono, come sempre, i giornali «indipendenti», «terzisti» e «riformisti», sempre pronti a invitare «l'Unità» ad «abbassare i toni».

L'8 febbraio Colombo pubblica sull'«Unità» due pagine di intervista a Fassino sul congresso, domandandogli fra l'altro se «era proprio necessario» iscrivere Craxi, un pregiudicato latitante, nella grande tradizione della sinistra italiana al fianco di Turati, Nenni e Berlinguer. Il segretario risponde che sì, è cosa buona e giusta. È l'ultima volta che Colombo incontra Fassino da direttore.

Mascalzone bavoso sarà lei

I variopinti nemici dell'«Unità» attendono impazienti, fuori dall'uscio, la cacciata di Colombo. Caldarola lo fa sapere sul «Riformista», con un memorabile articolo dal titolo eloquente: «Adesso basta, apri quella porta». Vi si narra la scena *fantasy* di Colombo «barricato» che non si decide a uscire dall'«Unità» e di uno stuolo di girotondini, poliziotti e politici (fra cui Fassino, D'Alema e Veltroni) che tentano di convincerlo a evacuare. Alla fine Veltroni gli urla: «Sono venuti Rognoni, Franchi e Cotroneo. Rinunciano tutti e tre. Adesso esci, che c'hai proprio rotto».[61]

Anche Berlusconi non vede l'ora. Il 14 febbraio è ospite di Anna La Rosa a *Conferenza Stampa*, su Rai1. Accusa l'informazione che «è di sinistra all'85%» e lui ne sa qualcosa «perché ho visto le liste degli iscritti al sindacato dei giornalisti Rai di sinistra». Ma la sua prima ossessione è ancora una volta «l'Unità»:

> Confronti in tv con i leader del centrosinistra? Io non ho paura di confrontarmi con nessuno, ma non è assolutamente possibile incontrarsi con persone che ti hanno denigrato, oltraggiato e calunniato. Fassino ha coperto con la sua responsabilità tutto ciò che «l'Unità» ha scritto di me. Hanno scritto che sono peggio di Pinochet, come Francisco Franco, come Saddam Hussein, che sono un mostro bavoso, un pericolo per la democrazia, il re dei bari, un Perón di plastica...

In studio La Rosa e i quattro giornalisti presenti non obiettano alcunché. Tocca dunque a Padellaro, il giorno seguente, sbugiardare il premier: gran parte degl'insulti da lui citati sono opera di Umberto Bossi, nel periodo in cui i due si detestavano e il *Senatúr* lo chiamava «il mafioso di Arcore» (1994-1999): «l'Unità» si era limitata a ricordarli nella rubrica «Bananas» di Travaglio. E nemmeno «mostro bavoso» è farina del sacco dell'«Unità». Un altro «Bananas» riportava la gragnuola di insulti riversati da Paolo Guzzanti, senatore di Forza Italia, contro Romano Prodi in un articolo pubblicato dal «Giornale» della famiglia Berlusconi, di cui Guzzanti è vicedirettore. Fra questi il più gentile era «mascalzone bavoso». «Ci aspettiamo –

scrive Padellaro – che Berlusconi renda, se ne è capace, le sue più sentite scuse a Prodi, all'"Unità" e alla verità.»[62] Inutile dire che né Berlusconi, né Anna La Rosa rettificheranno mai le bugie berlusconiane. Così milioni di italiani continueranno a credere che sull'«Unità» si dà del «mostro bavoso» al capo del governo e a ignorare che è «il Giornale» del capo del governo che dà del «mascalzone bavoso» al capo dell'opposizione.

Dinanzi a un simile attacco del presidente del Consiglio, il Cdr dell'«Unità» torna a chiedere la conferma della direzione, essendo ben singolare che il principale partito d'opposizione faccia rotolare la testa del direttore più inviso al capo del governo: «Troncare il rapporto con l'attuale direzione giornalistica sarebbe un errore gravissimo». La redazione vota un documento in difesa di Colombo e Padellaro, con due soli voti contrari. Uno è il solito Cascella, che scrive poi una lunga lettera al «Corriere» per comunicare che lui rifiuta di «schierarsi dall'una o dall'altra parte».[63] Non vede l'ora di liberarsi dei due direttori. Quando ci riuscirà solo a metà, se ne andrà in aspettativa a fare il portavoce di Violante.

Vola, Colombo, vola

Il 22 febbraio si riunisce il Cda della Nie. Unico punto all'ordine del giorno: il nuovo direttore. La decisione – nonostante i fervidi voti del «Riformista» – è quella ormai nell'aria da giorni: un compromesso. Colombo resterà all'«Unità» come editorialista principe e «padre nobile», e alla direzione andrà Padellaro. È stato proprio Colombo, nella lunga trattativa sotterranea durata tutto febbraio, a pilotare abilmente la situazione verso uno sbocco che salva la continuità del giornale.

Quando incontra la redazione, Furio è emozionato. Ricorda la rinascita dell'«Unità», che consegna agli editori con una media di 66 mila copie vendute nell'ultimo mese e un totale di 409 mila «lettori contatto» (dati Audipress). Quando con Padellaro lo prese in mano nel 2000, il giornale sprofondava in una voragine debitoria di 200 miliardi di lire. Ora, dopo quattro anni, è un'impresa florida, valutata 80 milioni di euro, che dà lavoro a 85 giornalisti e 45 poligrafici. Ma, più che rivendicare i suoi meriti, Colombo preferisce rispondere alle domande dei redattori sul futuro:

> L'unica domanda a cui non posso rispondere è perché lascio la direzione, perché questo non mi è stato spiegato. Ma, a conclusione di un periodo di grande incertezza, posso dire che questo è un buon risultato. Non dico, come fanno i politici, che sono sereno. Anzi, sono anche un po' incavolato. Ma so che sarà Antonio a condurre il giornale, una soluzione razionale, ragionevole e giusta: la sua direzione è la condizione che avevo posto per poter continuare ad avere un rapporto con «l'Unità». Avrei potuto, per uno scatto d'orgoglio, andare via, ma ho pensato ai lettori, al rapporto speciale che s'è creato, alle centinaia di lettere che ho ricevuto in questo periodo e allora lo scatto d'orgoglio l'ho avuto decidendo di restare.[64]

Il Cdr, con Enrico Fierro, rivela «le inaudite pressioni che abbiamo subito dal 22 dicembre» e, con Umberto De Giovannangeli, rivendica il ruolo dei redattori nella «difesa della propria autonomia con le unghie e con in denti». Poi parla Padellaro. Conferma le parole di Colombo e aggiunge:

> La prima condizione che ho posto è stata: o resta Furio o ce ne andiamo tutti e due insieme. La seconda è stata quella di poter continuare il nostro lavoro con il massimo dell'autonomia. E la terza di non avere interferenze sulle scelte che spettano, come prevede il contratto, a un direttore. Spero di non avere soltanto il nome in comune con il fondatore di questo giornale... Sì, è vero, abbiamo avuto parecchi problemi con Fassino. Mi dispiace, e mi auguro che non accada più: ma questo giornale non ha nulla a che vedere con i Ds. Dev'essere chiaro che non siamo più l'organo del partito.[65]

Che cos'è accaduto negli ultimi giorni di trattativa? Colombo ha tentato di convincere la proprietà a rinviare tutto a dopo le elezioni regionali di maggio. Niente da fare: la data dell'avvicendamento è stata fissata al 15 marzo.

E il modo ancor l'offende

Colombo comunque è soddisfatto. Dice agli amici più intimi, in quei giorni difficili:

> Abbiamo limitato i danni. All'inizio volevano liberarsi anche di Padellaro, speravano di dividerci, invece siamo rimasti uniti e abbiamo giocato bene la nostra partita. *Loro* volevano liberarsi di questa «Unità», in nome di un altro progetto che non ci hanno mai comunicato e che forse, fortunatamente, non conosceremo mai. Quando Gary Hart fu sorpreso con quella ragazza che non era sua moglie e si ritirò dalla corsa per la Casa Bianca, dichiarò: «Non saprete mai che presidente sarei stato». Ecco: non sapremo mai che «Unità» volevano, qual era il vero disegno che avevano in testa.

Quanto alle ragioni della sua estromissione, Colombo ha sempre glissato, per non danneggiare Padellaro e il giornale. In privato, le ha spiegate così:

> Ci sono aspetti della vita di un partito, che chi non ne ha mai fatto parte non riesce e forse non può capire. Con Fassino avevo sempre avuto ottimi rapporti, fin dai tempi di Torino. Nel periodo dell'«Unità» il rapporto s'è fatto sempre più brusco, ma almeno le cose me le diceva in faccia. Nell'ultima fase, non ho più sentito né lui né nessun altro, mentre il Cda faceva muro, sostenendo che la politica non c'entrava. Poi però, sul «Foglio» e sul «Riformista», leggevamo tutt'altro. Avranno avuto più fantasia, o fonti migliori delle nostre...

Perché, in definitiva, Colombo ha dovuto lasciare la direzione? In pubblico ha risposto soltanto una volta, il 19 aprile, interpellato da Piero Ricca, il giovane che gridò «buffone» al premier.

> Ha visto giusto il mio amico Umberto Eco, che ha citato la storia di Salomè e di Giovanni il Battista: togliendomi la direzione, hanno forse voluto offrire la mia testa in dono al nemico. Succede, ma io continuo a lavorare.[66]

La spiegazione che Colombo dà agli amici è pressappoco questa:

> La pubblicità e la diffusione del giornale non c'entrano niente: visto che con Padellaro la linea dell'«Unità» non cambia di un millimetro, i due fattori sono destinati a rimanere inalterati. Il fatto è un altro. Noi dell'«Unità» siamo sempre arrivati con parecchio anticipo sulle posizioni che poi il centrosinistra, salvo quattro gatti, avrebbe adottato qualche tempo dopo. È sempre avvenuto così: sui girotondi, sulla pace, sulle leggi *ad personam*, sulla giustizia, sul «dialogo» con Berlusconi, sul regime mediatico, sul G8, sul «si sono comprati l'Italia». È normale: un giornale è molto più agile di un partito sempre costretto a mediare con interessi forti e alleati difficili. Noi abbiamo sempre sfruttato il dono dell'agilità. Non ci fermavamo perché loro si dovevano fermare. Ma ogni litigata col Botteghino durava poco, perché poi loro adottavano le nostre posizioni. Peraltro, senza mai riconoscercene il merito. Ecco: la nostra «colpa» è stata quella di urtare, passando, la *moral suasion* che qualcuno s'era illuso di esercitare dialogando con il regime. Siamo stati un ingombro quotidiano per ogni possibile compromesso che si giocava in altre stanze. Abbiamo provocato, spesso inconsapevolmente, con il nostro parlar chiaro e dare a ogni cosa il suo nome preciso, un fastidio notevole. È un po' la storia del grillo parlante, la voce della coscienza di Pinocchio che, a furia di ricordargli quel che deve fare e non fa, si prende una martellata sul capo. Eppure Pinocchio è un bravo burattino... È fisiologico: un politico non gradisce che, mentre sta facendo una cosa, qualcuno gli muova la mano. Noi lo facevamo di continuo. Tagliavamo i tempi, arrivavamo prima. Non siamo mai stati «politici». E i politici hanno codici tutti particolari. Come Eugenio Montale disse in una sua bellissima poesia, «avevamo inventato un fischio per poterci riconoscere nel caso in cui fossimo morti senza saperlo...». Ma noi quel fischio non lo conosciamo.

Al momento del commiato, nessuna telefonata di ringraziamento dai vertici di Botteghino. Colombo ci scherza su:

> Se non fosse per i lettori, con le loro lettere, mail, sms, telefonate, e per la gente alle feste dell'Unità, sarei costretto a farmi i complimenti da solo...

Ma ciò che più lo amareggia non è l'atteggiamento dei Ds. È quello della maggioranza dei colleghi:

> Io non sono un politico, non partecipo alla vita di un partito. Io sono un giornalista e mi sarei aspettato qualcosa dai giornalisti. Invece il mondo giornalistico ci ha isolati col silenzio, come appestati, lebbrosi. L'«Unità» che rinasce dalle sue ceneri è un fenomeno unico nel panorama editoriale internazionale. Ovunque avrebbe fatto notizia, commento, riflessione. In Italia non se n'è accorto nessuno. Solo Eugenio Scalfari, sull'«Espresso», ce ne ha dato atto.[67] Se non fosse stato per la generosità di Berlusconi, che l'ha sempre notato e ne ha sempre parlato, non mancando mai di sottolineare la rilevanza politica del caso «Unità» e del lavoro che stavamo facendo, negli annali giornalistici non risulterebbe nulla. Berlusconi e i suoi uomini sono i soli ad aver preso sul serio, sia nel mondo giornalistico che in quello politico, il fenomeno del ritorno dell'«Unità». Infatti ci hanno pervicacemente impedito ogni apparizione in tv, almeno nella fase più ferrea e feroce del regime (mai un invito in televisione, eccezion fatta per una puntata di *Ballarò* e due di *Primo piano*, sempre su Rai3, oltre a un paio di rassegne stampa al Tg1 finché ci fu Willy Molco, e nel Gr3 del sabato, prima che la rubrica «Incontro col direttore» fosse abolita). E hanno intimidito i colleghi perché non parlassero mai di noi. Fortuna che ne parlavano loro. È un diploma d'onore, per me e per la mia redazione, sapere dall'uomo più ricco e potente del Paese e dal politico più ricco del mondo di aver fatto un giornale che costituisce il più grave pericolo per lui che controlla tutte le televisioni, molte radio, molti giornali e molte case editrici.

L'unico riconoscimento è il prestigioso premio San Casciano dei Bagni per il giornalismo culturale, conferito a Colombo il 17 settembre 2005. In giuria Nello Ajello, Lucio Villari, Enzo Golino, Claudio Magris e altri intellettuali. Fra i premiati delle edizioni precedenti, Scalfari. Colombo lo dedica ai giornalisti dell'«Unità», anche perché nella motivazione si legge che il suo impegno culturale «è cresciuto negli anni recenti con le battaglie condotte dalle colonne dell'"Unità" di cui è stato direttore».

Tutte quelle lettere

I lettori, sulle prime, non la prendono bene. La pessima notizia della cacciata di Colombo fa inevitabilmente premio sulla buona notizia della promozione di Padellaro. Infatti le lettere, numerosissime fino alla vigilia del Cda, diventano torrenziali dopo il cambio della guardia. Chi teme una «normalizzazione», chi sospetta che presto toccherà anche a Padellaro fare le valigie, chi semplicemente non capisce, chi si rivolge anche privatamente a Fassino per avere spiegazioni (all'avvocato Giuseppe Mariani che protesta, il segretario Ds risponderà così, via mail, il 25 marzo: «Apprezzo la passione con la quale segui le vicende dell'"Unità", ma credo opportuno ricordarti che ormai da anni essa è autonoma dal partito sotto tutti i profili»).

Lettere che verranno pubblicate per giorni e giorni, fra i lazzi e i sarcasmi di Ferrara e di Polito i quali, per mancanza di lettori e dunque di lettere, non possono capire. E proprio «Tutte quelle lettere» è il titolo del commiato di Colombo dalla direzione. È il 23 febbraio 2005, terzo anniversario del Palavobis:

> Che cosa farà questo giornale di tutte le lettere che abbiamo ricevuto, sostegno affettuoso per «l'Unità», per me, per Antonio Padellaro? Si tratta di una testimonianza vastissima (migliaia di lettere) umanamente toccante e politicamente netta. Il sostegno più bello e importante che un giornale e i suoi giornalisti possano desiderare [...]. L'«Unità» continua il suo percorso con la libertà e l'autorità che i suoi lettori conoscono. Continua sotto la guida di Antonio Padellaro: il suo impegno, di cui i lettori non dubitano (ognuna delle lettere di cui ho appena parlato era dedicata anche a lui) è radicato nelle pagine di questo giornale [...]. Resta, naturalmente, la domanda di tanti lettori e di tante lettere. Perché – se il giornale continua per la sua strada – il suo direttore attuale lo deve lasciare? [...] Perché così? Perché adesso? Perché annunciare due intenzioni così diverse come «continuare» e «lasciare»? La complicazione nel rispondere deriva dal fatto che ciò che è accaduto all'«Unità» ha due volti, due lati della vicenda, due modi per descriverla, due modi per concludersi e due interpretazioni. Proverò a spiegare. I due volti sono una sconfitta e un buon esito, una chiusura e una apertura, la parola «fine» e la parola

«continua». L'«Unità» aveva un timone forte, direttore e condirettore. Caso raro nel giornalismo, era un punto di conduzione molto legato e molto unito [...]. Si poteva rimuoverli insieme, ma non c'è dubbio che la decisione sarebbe apparsa eccessivamente drammatica. Si poteva dividerli, ma non è accaduto. Dal punto di vista di chi vuole il giornale un po' diverso è meglio toglierne almeno uno. Dal punto di vista di chi lo vuole così com'è, almeno uno rimane, e questo – giustamente – rassicura. I due lati della vicenda sono il guardare all'«Unità» come a un successo editoriale oppure come un insuccesso pubblicitario. Nessun giornale da 70 mila copie, con un contatto di lettori calcolato dall'Audipress (20 febbraio) in 409 mila lettori è senza pubblicità. Ecco le due descrizioni: secondo alcuni è colpa della linea editoriale. È troppo aggressiva e scoraggia gli inserzionisti. Chi fa il giornale – e lo fa con successo – dice che è la potenza mediatica e pubblicitaria dell'avversario politico a impedire la pubblicità. Poiché il giornale è efficace e si fa comprare, lo si può punire solo facendo circolare il veto sulla pubblicità.
Ricordate Berlusconi che sventola il suo dossier contro «l'Unità»? [...] Berlusconi ha perso la testa? Niente affatto. Sta mandando per l'Italia, attraverso la Rai che controlla e le reti che possiede, un potente messaggio agli inserzionisti pubblicitari: chi oserà mettere il suo nome a pagamento sul giornale che attacca il presidente del Consiglio, uno degli uomini più ricchi del mondo, il maggiore editore e proprietario di media, capo di una delle più grandi imprese di pubblicità, dalla cui costola è nato il partito detto «Forza Italia» attualmente al governo? [...] Un regime mediatico può chiudere la bocca attraverso l'asfissia pubblicitaria. Comunque sia, ci vuole una soluzione. Ovvero le due conclusioni di cui abbiamo parlato: rimuovere il direttore, ma lasciare ai lettori la garanzia del condirettore. Non è detto che aumenterà la pubblicità, perché Berlusconi non fa sconti a chi non si inchina. Ma un segnale bisognava darlo. Come si sa, quel segnale è stato preceduto da un carosello di nomi, che forse avrebbero portato alla soluzione del lato pubblicitario del problema, preoccupazione più che legittima. Ma il rapporto con i lettori, la garanzia che il giornale resti libero, come risolvere questa parte essenziale, identità, immagine e dunque valore del giornale, anche come impresa? Ecco perché, per il giornale e i suoi redattori, era indispensa-

bile che Padellaro restasse per continuare. Ed era indispensabile che anche il direttore – discusso per i suoi titoli che irritano il capo del governo che avverte i pubblicitari di tenersi alla larga – scegliesse di fare il tifo non per se stesso ma per il suo condirettore che diventa direttore e continua l'impresa del giornale rinato [...]. Il giornale tiene, solido e sano. Un direttore lascia (su richiesta) il suo posto. Ma lo lascia al condirettore che con lui e con tutta la redazione ha riportato in vita, in edicola e a un buon numero di copie, a una indubbia rilevanza politica, il giornale. E resta a scrivere articoli che presumibilmente saranno simili a quelli che ha già scritto prima e che hanno tanto irritato Berlusconi e il suo personale. Ci si potrebbe chiedere perché è successo tutto questo. Ma ormai la domanda è inutile. Meglio affidarsi al proverbio: è bene ciò che finisce bene. E non ci resta che affidarsi al sostegno, alla fedeltà, all'affetto di chi ci ha scritto tutte quelle lettere. Dopo tutto, siamo ancora qui.[68]

Fra i pochissimi intellettuali a solidarizzare pubblicamente con Colombo, oltre a quelli che scrivono sull'«Unità», c'è Umberto Eco, che invia al direttore uscente un articolo affettuoso e corrosivo, tutto sul filo del paradosso:

Caro Furio, da tempo volevo inviarti due parole di solidarietà ma vedevo che ne ricevevi tante, tra cui moltissime molto autorevoli, che ho pensato non ve ne fosse bisogno. Inoltre ero molto impegnato in uno scambio di messaggi con un amico straniero, che conosce molto bene le cose italiane, ma non riusciva a capire perché tu lasciavi «l'Unità». Gli ho pazientemente spiegato che, sì, tu hai risollevato questo giornale da una gravissima crisi, facendogli vendere molte copie, ma che un giornale si regge anche sulla pubblicità. Ora pare che tu sia giudicato eccessivamente severo nei confronti del nostro governo (il mio amico si è un poco stupito perché riteneva che sin dalla sua fondazione «l'Unità» fosse per vocazione e funzione specifica severa coi governi in carica) e che pertanto le grandi aziende, che avrebbero potuto darvi pubblicità, per timore di inimicarsi il governo, non ve la davano. Perciò tu venivi rimosso per rimuovere appunto questo ostacolo.
L'amico mi ha risposto dicendo che, a quanto aveva capito, tu saresti stato sostituito da Padellaro, noto per aver lavorato

con te in piena condivisione d'intenti, e che pertanto «l'Unità» di Padellaro sarà (e tutti lo pensano) ugualmente severa. Pertanto, mi ha domandato, come si può immaginare che arriveranno carrettate di pubblicità da parte delle grandi aziende, e persino dalla Cirio, dalla Parmalat e da Vanna Marchi? Gli ho risposto che certe volte i sacrifici umani hanno puro valore simbolico, che per esempio Salomè non ha chiesto la testa del Battista per mangiarla come fanno i cinesi con le teste di scimmia, e nemmeno per trarne un utile immediato, ma così, per avere una soddisfazione morale. L'amico ha detto che non vedeva un rapporto diretto tra soddisfazione morale e contropartita economica, e quindi non capiva perché te ne andavi e tra l'altro te ne andavi restando, come opinionista. Gli ho spiegato che forse l'operazione veniva fatta in due tempi. Prima eliminano te e lasciano Padellaro, per non perdere di colpo tutti i lettori. Poi piano piano sostituiranno anche Padellaro e cercheranno qualcuno che faccia una «Unità» un pochino più comprensiva dei traumi che sta ingiustamente subendo il nostro presidente del Consiglio. L'amico mi ha detto che, secondo lui, forse a quel punto sarebbe arrivata un poco di pubblicità, ma si sarebbe perduta la metà dei lettori, almeno, e quindi il gioco non valeva economicamente la candela. A meno, ha suggerito, che scelgano un direttore assolutamente filogovernativo, per esempio Giuliano Ferrara. In quel caso «l'Unità» perderebbe egualmente tutti i suoi lettori, ma guadagnerebbe quelli del «Foglio». Gli ho fatto osservare che, in termini quantitativi, non si tratterebbe di un buon affare, anche perché non sembra che «Il Foglio» riceva tonnellate di pubblicità.
Allora il mio amico ha suggerito una soluzione diabolica. Si fa dirigere «l'Unità» all'attuale direttore del «Giornale». L'«Unità» perderebbe tutti i suoi lettori, ma guadagnerebbe tutti quelli del «Giornale», pubblicità compresa. L'idea non mi è parsa economicamente suicida come la precedente, ma gli ho chiesto che fine avrebbe allora fatto «il Giornale» se tutti i suoi lettori passavano all'«Unità». Lui ha astutamente suggerito che la direzione del «Giornale» venga affidata a te e a Padellaro. In tal caso «il Giornale» guadagnerebbe tutti i lettori dell'«Unità» e, siccome è proprietà del fratello di Berlusconi, convincerebbe in qualche modo le grandi aziende a dargli pubblicità. La mia obiezione è stata che Berlusconi si sarebbe

> trovato a sostenere finanziariamente un giornale che lo avrebbe violentemente criticato ogni giorno. L'idea potrebbe piacere alla sinistra, ma a lui? A quel punto l'amico mi ha risposto che in fondo anche il telegiornale della quinta rete e *Striscia la notizia* criticano talora il governo, ma la cosa è più sopportabile, perché tutti pensano che lo facciano col permesso di Berlusconi, e quindi le critiche vengono intese come una prova della sua apertura democratica. Può darsi che il mio amico abbia ragione. Inoltre penso che come direttore del «Giornale» guadagneresti più che come direttore dell'«Unità». Quanto alla nostra sinistra, avere come giornale fondato da Gramsci un giornale berlusconiano, sarebbe accolto come esempio di riformismo illuminato. Insomma, pensaci un poco, non mi pare, al giorno d'oggi, una soluzione così assurda.[69]

Passando ai minori, il saluto di Antonio Polito sul «Riformista» e di Filippo Facci sul «Giornale» è in linea con i personaggi e le rispettive testate. Facci è più sbrigativo: «Furio Colombo merita almeno un rispettoso e accorato saluto: che vada al diavolo».[70] Per Polito, invece, «Colombo è stato un ottimo padre per il suo giornale e un pessimo maestro per il popolo della sinistra», con il suo «disprezzo della realtà a vantaggio della propaganda». Berlusconi non saprebbe dire meglio:

> È chiaro che al Botteghino – e più ancora in quel partito reale fatto di sezioni e di militanti che hanno esposto il petto nella lotta a Colombo (*sic*) – avrebbero preferito un cambio più radicale, e che non ce l'hanno fatta a sfondare del tutto la Maginot eretta dall'uscente. Ma vedrete che Padellaro non farà il cattivo maestro, si metterà nel solco della linea diessina, avrà meno flirt con la sinistra antagonista a Fassino...[71]

E se Padellaro non dovesse ascoltare i minacciosi avvertimenti di Polito o chi per lui? Glielo spiegheranno presto i dirigenti Ds, con i soliti avvertimenti anonimi sul «Riformista» e sul «Foglio». Prendendo a pretesto l'ennesimo «caso» montato ad arte contro «l'Unità».

Ritanna tutta panna

Il 26 febbraio Giuliano Ferrara organizza una puntata di *Otto e mezzo* sull'«Unità». Anzi, contro. Colombo e Padellaro, invitati, declinano, anche perché l'hanno denunciato per diffamazione. In studio ci sono Polito, Piero Sansonetti (ex dell'«Unità», ora direttore di «Liberazione»), Filippo Facci del «Giornale» e Bruno Gravagnuolo dell'«Unità». Facci accusa Colombo di aver fatto, con «l'Unità», del «giornalismo criminale». Polito accusa Colombo di essere «estraneo alla storia della sinistra», «radical chic», «alto-borghese», troppo attento alla «questione morale» e soprattutto di «nascondere i fatti e censurare la verità». Ferrara concorda. Ritanna Armeni, la spalla di Ferrara, non trova nulla da obiettare. Riacquista la favella soltanto per attaccare la linea dell'«Unità»: «Ma non si può fare opposizione senza propaganda urlata?». Sigla.

All'incredibile trasmissione, Travaglio dedica la sua rubrica satirica «Bananas». Elenca gli insulti di Polito, Facci e Ferrara a Colombo, peraltro assente. Racconta i tanti silenzi e le poche parole della Armeni. E così conclude:

> La Armeni, da buona portavoce, non si capacita che un giornale non sia al servizio di un partito: «Trovo singolare – dice, sinceramente costernata – che "l'Unità" non voglia aver a che fare coi Ds. Ma non si può fare opposizione senza propaganda urlata?». Ma sì che si può: basta accucciarsi ogni sera sulle ginocchia di Ferrara e tenergli ferma la vittima di turno, mentre lui la mena.[72]

Eugenio Scalfari, su quella serata, scriverà cose simili. «Mi sarei aspettato dalla gentile collega Ritanna» che mettesse a posto Facci, «chiedendo di formulare seduta stante le dovute scuse per la parola criminale». Invece

> la Armeni si è limitata a spostare il tema sul secondo dei reati colombiani, quello del giornalismo gridato; sicché l'accusa di falso sistematico e criminale è rimasta agli atti e nella mente degli ascoltatori.[73]

Ma chi è Ritanna Armeni? Un'ex redattrice del «manifesto», di

«Rinascita» e dell'«Unità», poi portavoce di Bertinotti, ora tornata al giornalismo come editorialista di «Liberazione». Paolo Mieli, conosciuto ai tempi di Potere Operaio, l'ha segnalata a Ferrara, che l'ha ingaggiata come spalla nel posto già occupato da Luca Sofri e Barbara Palombelli. «Operaista che più a sinistra non si può»,[74] la signora passa disinvoltamente dal «manifesto» all'«agenzia confindustrial-democristiana» Asca perché

> quando ero al «manifesto» frequentavo moltissimo, oltre al sindacato, anche il cosiddetto padronato. E avevo un'amicizia molto carina con il direttore generale della Federmeccanica, il professor Mortillaro, una persona di grandissima intelligenza.

Nel '90 era contraria alla svolta occhettiana dell'ex Pci, ora è contraria ai girotondi e agli «intellettuali che parlano solo di Cirami, di televisione, di conflitto di interessi, cose delle quali alla gente non frega nulla» e trova «sciocca la posizione della sinistra che non vuole andare da Vespa. Da Vespa si va. Si va dovunque. Si va anche da Socci».[75] Nell'attesa, lei è andata da Ferrara.

Alle critiche dell'«Unità», la Armeni non risponde personalmente. Fa rispondere dal suo direttore Sansonetti. Che lamenta lo «stile triviale» di Travaglio. E aggiunge:

> Gli anticomunisti, da sempre, usano scagliarsi con rudezza contro i comunisti come Ritanna. Però c'è un limite anche alla rudezza, e poi non mi sembra elegante fare tutto ciò dalle colonne gloriose dell'«Unità», che fu fondata da Gramsci.[76]

Colombo risponde così:

> Caro Piero, trovo bello e nobile difendere fino in fondo una persona amica (e stimata). Lo fai adesso con Ritanna Armeni come hai fatto con me nella trasmissione *Otto e mezzo*, venerdì scorso. L'unica cosa che mi disorienta è il richiamo al comunismo. Con tutto il rispetto, io non ho visto o ascoltato nulla di comunista (certo, io non faccio testo in materia) quella sera. E – qualunque sia il giudizio – niente di anticomunista nel testo di Travaglio.[77]

In un'altra lettera, la diessina Gloria Buffo accusa Travaglio di «volgarità tinta di misoginia». Travaglio cerca di chiudere il caso non certo scusandosi, ma spiegando che

> i toni di «Bananas» sono programmaticamente polemici. Se ho offeso Ritanna Armeni, e indirettamente Piero Sansonetti e Gloria Buffo, mi spiace, perché non intendevo farlo. Non intendevo neppure giudicare una collega come donna, come giornalista e come comunista. Intendevo semplicemente polemizzare con lei su alcune cose che ha detto (e soprattutto non detto) venerdì sera, nel programma che conduce con Giuliano Ferrara, mentre «l'Unità» veniva amabilmente definita «criminale» da un suo squisito ospite.[78]

Ma a ben altro punta il polverone. Infatti qualcuno ha prontamente allertato il «Corriere», che lo stesso giorno già conosce il testo delle due lettere all'«Unità» e ne dà conto addirittura in prima pagina, in un articolo che contiene anche alcune frasi della Armeni. La quale invece di rispondere alle critiche sul suo ruolo in trasmissione, la butta sul suo «essere donna»:

> Travaglio è un maschilista. Le parole di Travaglio sono gratuite. Di tono, come dire, squadristico [...]. Avrei accettato ovviamente di buon grado ogni contestazione politica, invece rilevo [...] e lo ammetto, con un certo fastidio, che Travaglio ha preferito soffermarsi sul mio essere donna [...]. Su un certo retroterra culturale, sulla tendenza a considerare le donne come animali che si accucciano [...], conviene continuare a essere vigili e attenti.[79]

Per giorni e giorni, ci sarà chi porterà nuove fascine di legna al fuoco fatuo del «caso Armeni», tacendo ovviamente sul vero caso, quello dell'«Unità» linciata a *Otto e mezzo* nel silenzio, anzi con la collaborazione della «giornalista comunista». C'è Polito, che soffia sulle fiamme ogni mattina a *Prima pagina* su Radio Rai. C'è Palombelli, che sulla prima del «Corriere» rincara la dose sull'avvincente tema maschilismo-femminismo, con un articolo dal titolo «Tenetevi le vostre mimose»:

> Essere donna nel Terzo Millennio è ancora un problema, un

> difetto da sottolineare, una debolezza da indicare al pubblico ludibrio? È questo il punto su cui Ritanna Armeni, giustamente, non transige [...]. Questione di giorni e saremo invasi dai puzzolenti mazzolini di mimose: in un giorno dovremmo rimuovere tutta la tristezza accumulata nell'anno, perdonare i commenti acidi, le insinuazioni morali, sessuali e fisiche che ci vengono inflitte tutti i giorni. In cambio di fiorellini strappati ad alberi selvatici e infestanti – rametti rubati che sfioriranno in poche ore – dovremmo pensare di vivere in un paese normale.[80]

Altre fascine arrivano dalla ministra forzista Stefania Prestigiacomo, dalla repubblicana europea Luciana Sbarbati e dalla diessina Giovanna Melandri. Ormai è chiaro che il «caso Armeni» è diventato un poderoso «avvertimento» a Padellaro perché metta da parte certi «toni» e certi collaboratori. Infatti, oltre a molti lettori, in difesa di Travaglio si schierano: Tabucchi, Asor Rosa, Flores d'Arcais, Emiliani, Beha, Ottavia Piccolo e altri. Per tutta risposta una decina di parlamentari diessine e quelle di Rifondazione in blocco inondano «l'Unità» di lettere, singole o collettive, elogiando Ritanna Armeni perché è riuscita a «mitigare» e a «tener testa a Ferrara». Colombo le pubblica tutte e risponde che «ognuno ha i suoi amici e giustamente li difende». Ma ricorda alle diessine che la Armeni non ha obiettato nulla quando «l'Unità» è stata definita «giornale criminale». Alle rifondatrici domanda: «Che cosa vuol dire "tener testa a Giuliano Ferrara", mentre si partecipa ogni sera alla sua trasmissione?».[81] Poi invia alle diessine una lettera privata:

> Cara..., vedo che hai rotto il silenzio intorno all'«Unità», alle sue vicende, al dossier delle 500 accuse di Berlusconi (prese in prestito dagli insulti di Guzzanti a Prodi) per notare unicamente la questione Armeni. Permettimi di dire che sei due volte distratta. La prima distrazione è non avere notato che – in tutta quella trasmissione – la vostra amica non ha avuto nulla da obiettare alla definizione dell'«Unità» (e dunque di chi la dirige) come «giornale criminale» (Filippo Facci). Non una parola della militante Ritanna Armeni che – voi dite – rende migliore, con la sua presenza, nientemeno che Giuliano Ferrara. La seconda distrazione è più piccola, ma più offensiva.

> Rimproverate me di aver parlato di «tassi di comunismo» estrapolandolo da una risposta a Sansonetti. Lui aveva parlato di offesa a una comunista e al comunismo. Io mi sono limitato a dire (in poche righe gentili in cui lo ringraziavo di avermi difeso dall'accusa criminale) che «non vedevo niente di comunista» nella triste serata. La vostra lettera dunque si riferisce lodevolmente a un vostro legame di solidarietà e amicizia tra voi, ma non a persone, frasi o fatti realmente accaduti. Mi serve solo per sentire un po' più di solitudine (meglio: di isolamento) mentre me ne vado dall'«Unità». Cordiali saluti, Furio Colombo

Intanto arriva la lettera forse più significativa, quella di Roberto Cuillo, che donna non è, ma è il portavoce di Fassino, e infatti ne approfitta per dare la linea a Padellaro, prim'ancora che prenda possesso della direzione:

> Caro Direttore, non è bella la discussione che si è aperta sull'«Unità» dopo l'articolo di Travaglio su Ritanna Armeni: non mi è piaciuto Travaglio, che ha chiesto scusa ma poteva pensarci prima [in realtà non ha mai chiesto scusa, *N.d.A.*], ma soprattutto non mi sono piaciuti certi commenti esterni pubblicati in questi giorni dal nostro giornale. Su tutti quegli interventi aleggia un misto di misoginia e di «dalli al traditore», che non fa parte della storia e della identità profonda del giornale. Non voglio difendere Ritanna Armeni, che si difende benissimo da sola e non ha bisogno di me. Ma, da trentennale lettore dell'«Unità», nel mio piccolo, voglio difendere la storia e le radici del mio giornale [...]. Mi ero abituato a un giornale espressione di battaglie civili, portavoce di diritti, sensibile a ciò che si muove nella società, aperto, libero e autonomo e, soprattutto, mai volgare. È possibile riavere quel giornale lì? Quel giornale con il quale magari si litiga ma ben consapevoli di avere la stessa storia e con tanto rispetto reciproco? Spero di sì, anzi ne sono sicuro. E per favore, non mi si dica che quella di Travaglio era satira contro il «regime». Era soltanto maleducazione. Contro noi stessi.[82]

Ad adiuvandum, ecco un'illuminata (e ispirata) analisi del «Riformista», altro messaggio al nuovo direttore dell'«Unità»:

> I critici di Marco Travaglio, i paladini di Ritanna Armeni, sbagliano; in molti casi sapendo di sbagliare [...]. Travaglio non ha tentato di offendere la Armeni in quanto donna, ha tentato di offenderla in quanto «collaborazionista» [...]. Questo non è affatto un atteggiamento isolato nella sinistra (e men che meno nella destra). Il sindaco di Bologna Cofferati e numerosi altri si chiedono perché i politici del centrosinistra vadano da Vespa, e addirittura perché vadano più in generale in tv, cioè nella tana del nemico.[83]

E poi c'è «Il Foglio», che manda un anonimo inviato al Botteghino a raccogliere tante voci autorevoli, purtroppo anch'esse quasi tutte anonime. Comunque, mai smentite. Un sistema molto in voga in certe zone della Sicilia per lanciare avvertimenti. Il destinatario, nella fattispecie, è Padellaro.

> Ufficiosamente, la posizione del vertice dei Ds è la seguente: «Il fatto che Colombo stia per andare via è una cosa buona e ottima». Questo per il direttore che va. E per quello che arriva? «Su Padellaro vedremo, aspettiamo.» Ma un obiettivo è chiaro e netto. Un dirigente dei Ds lo esprime così, brutalmente: «Marco Travaglio fuori dai coglioni!». Sull'estensore della rubrica «Bananas», dopo la sua sortita contro Ritanna Armeni, la polemica è più che mai accesa. Colombo lo difende a spada tratta, una vagonata di lettere pubblicate dal giornale difendono a spada tratta Colombo, Padellaro è preso nel mezzo, il quotidiano è di nuovo nella bufera. In redazione il clima è pesante, a Via Nazionale volge al peggio [...]. C'è chi, nel gruppo dirigente, arriva addirittura a considerare che «"l'Unità" è come l'Unione Sovietica, praticamente irriformabile: Padellaro doveva essere il Gorbaciov della situazione, ma non lo hanno fatto nemmeno cominciare». Se con il direttore uscente i Ds non vedono l'ora di tagliare ogni rapporto, verso il successore l'atteggiamento è di sospensione, «si potrebbe dire di cauto pessimismo». Quello che di sicuro Via Nazionale non vuole è proprio un continuismo con la gestione Colombo. Anzi, subito qualche gesto di marcata discontinuità. E il primo, che autorevolmente viene richiesto, è quello che riguarda la sorte di Marco Travaglio. E non sono solo voci, ombre di Via Nazionale. Sia nelle stanze del partito, sia in quelle della

> redazione, l'altro giorno hanno letto allo stesso modo la durissima lettera che ha inviato a Colombo il portavoce di Fassino, Roberto Cuillo. Lettera nella quale Cuillo non compariva con la sua qualifica, ma della quale tutti giurano che il segretario dei Ds fosse non solo al corrente, ma anche pienamente d'accordo. E la lettera era una richiesta, per niente velata, di benservito a Travaglio [...]. E sarà questa la prima richiesta che Padellaro si troverà davanti appena metterà piede, a metà mese, nell'ufficio di Colombo. «Ci aspettiamo che la questione venga risolta, una volta per tutte.» [...] Al partito hanno evidenziato l'ultima frase della lettera «privata» inviata da Colombo alle deputate. «Quella dove dice: me ne vado dall'"Unità". Che vuol dire? Va via del tutto? Non scriverà più sul giornale? Ha un altro contratto? Non sarebbe male.» Nella redazione nessuno sa dirlo, a Via Nazionale vivamente ci sperano. «Ma non facciamolo sapere, sennò quello è capace di restare.»[84]

Ad abundantiam, ecco una lettera della Armeni al «Corriere» dal titolo: «Nella mia sinistra ho ritrovato la cultura dell'odio».[85] L'«odio»: la stessa parola scagliata da Berlusconi contro «l'Unità» insieme al dossier delle 500 accuse. La lettera è firmata «Ritanna Armeni, giornalista e conduttrice di *Otto e mezzo*». Ma lo sarà ancora per poco: Ferrara ha già chiesto a Gad Lerner di sostituirla nella nuova stagione. Comunque almeno a questo è servito il «caso»: a dare un po' di visibilità alla signora, che infatti pochi giorni dopo comparirà come ospite nel salotto di Vespa, comincerà a collaborare con il «Magazine» del «Corriere». Si parlerà di lei per un nuovo programma su Rai2, *Godò*, questa volta al fianco di Vittorio Feltri.[86] Ma alla fine, in ottobre, tornerà da Ferrara dopo la rinuncia di Lerner a *Otto e mezzo*.

Travaglio intanto tira le somme del cosiddetto «caso Armeni», che invece è l'ennesimo «caso "Unità"».

> Caro Furio, viviamo in uno strano Paese (non oserei mai dire «regime») in cui ogni tanto il presidente del Consiglio indica per nome e cognome un giornalista, e subito dopo quel giornalista perde il posto. Montanelli, Biagi, Santoro, de Bortoli, adesso tu. Uno strano Paese (non oserei mai dire «regime») in cui il presidente del Consiglio commissiona un dossier contro

il direttore di uno dei due o tre giornali di opposizione, e una settimana dopo il direttore di uno dei due o tre giornali di opposizione non è più direttore. Uno strano Paese (non oserei mai dire «regime») in cui, con tutto quel che accade nel mondo, alcune fra le migliori penne del nostro giornalismo (è intervenuta persino Barbara Palombelli, invitandomi a non azzardarmi a mandarle mimose) si esercitano sul più venduto quotidiano italiano intorno a un tema davvero appassionante: il significato recondito del verbo «accucciarsi» e, in particolare, del suo participio passato. Declinarlo al femminile è forse sintomo di squadrismo, misoginia, maschilismo, estremismo di destra? La risposta, pressoché unanime, è che sì, è sintomo di tutte quelle brutte cose. Il Devoto-Oli per la verità, alla voce «accucciarsi», recita: «di persone: rannicchiarsi come il cane nella cuccia, per timore, paura o riservatezza». Ma dev'essere caduto in prescrizione anche il Devoto-Oli [...].
Intendevo polemizzare con le funzioni decorative che la signora Armeni svolge nel programma *Otto e mezzo*, mentre Ferrara lincia o fa linciare di volta in volta «l'Unità», i magistrati di Milano e Palermo, gli oppositori che si oppongono, Prodi, Cofferati, i girotondi, i pacifisti e così via. Alcuni hanno voluto intravedere in quell'aggettivo una scurrile metafora sessuale: devono avere una fantasia davvero sviluppata, se la vista di Ferrara evoca in loro immagini da Kamasutra. Pazienza: come dice Massimo Fini «omnia munda mundis, omnia sozza sozzis». Dunque, mi sono dispiaciuto. Per qualche ora. Poi, l'indomani, leggendo la prima puntata della saga a me dedicata dal «Corriere», ho scoperto che la squisita signora Armeni mi dava dello «squadrista», «maschilista» eccetera. Allora ho smesso di dispiacermi. Perché, ingenuamente, pensavo che non potesse esistere nulla di più maschilista di un signore che ogni sera tratta la sua spalla a pesci in faccia, la zittisce, la invita a «non ridere perché parliamo di cose serie», e manca poco che la mandi a prendere le sigarette [...].
Era chiaro, a quel punto, che non c'era stato alcun equivoco, alcun fraintendimento. Stava semplicemente montando l'ennesima operazione a freddo, costruita pretestuosamente a tavolino, per terremotare (come se ce ne fosse bisogno) «l'Unità». L'hanno capito le centinaia di lettori, colleghi e collaboratori prestigiosissimi che hanno scritto al giornale, al suo forum su internet e alla mia mail. Approfitto dell'occasione per rin-

graziarli di cuore del loro affetto e della loro solidarietà. In uno di questi messaggi, molto divertente, Giovanna Sereni mi scrive che quella scombiccherata polemica, secondo la vecchia tecnica del parlar d'altro, del guardare il dito anziché la luna, le ricorda la logica surreale di Achille Campanile: «È già partito il treno?». «No, ma sua madre e mio cugino sono fratelli.» [...]
La ridicola polemicuzza ci ha fatto conoscere meglio il nostro strano Paese che, a questo punto, quasi quasi, oserei chiamare, per così dire, chiedendo scusa alle signore, «regime». Un regime dotato di una sterminata potenza di fuoco (anche «amico»), per impiccare in effigie chiunque lo chiami col suo nome, per screditare i non *embedded* facendoli apparire come dei mostri: quanti ne hanno pestati, in questi anni, trascinandoli nella polvere del discredito (hai presente Di Pietro e gli altri del pool di Milano, Caselli e gli altri del pool di Palermo, Stefania Ariosto, Cofferati, Moretti, Biagi, Santoro, Luttazzi, Sabina Guzzanti e gli altri «criminosi», per non parlare dell'«Unità»?). Un regime che si avvale di uno stuolo di terzisti, sottovalutatori, minimizzatori, anestesisti, spaccatori del capello in quattro, dissertatori linguistici e tanta brava gente che non vede e non capisce, o finge di non vedere e non capire, guardando altrove e parlando d'altro. Uno di questi, direttore di un foglietto arancione che se non esistesse «l'Unità» non saprebbe come riempire le pagine, ci ha pestati ogni mattina su Radio Rai, rubrica *Prima pagina*, ovviamente in nostra assenza. Sai qual è il fatto buffo? È che sul suo foglietto, l'altroieri, compariva questo leggiadro ritratto di Federica Felini, la valletta di Sanremo: «Ventunenne ex nomina-mucche del Pavese...». Nomina-mucche, capito? Detto di una donna! Ho esitato a lungo prima di rendere pubblica la cosa, che finora – essendo uscita sul «Riformista» – era rimasta rigorosamente privata. Anche perché adesso non oso pensare a quante paginate le dedicherà il «Corriere» e a quante lettere di deputate e portavoce più o meno in incognito scatenerà. Ma questo ennesimo, ignobile caso di maschilismo e misoginia che offende la secolare tradizione della sinistra italiana, non può, non deve restare impunito.[87]

«l'Unità» di Padellaro

Insensibile alle lusinghe e alle minacce, il nuovo direttore dell'«Unità» prosegue sulla linea già tracciata con Colombo. Dopo aver ottenuto un gradimento altissimo della redazione (l'86%), continua nelle battaglie contro il conflitto d'interessi, le leggi-vergogna, gli assalti alla magistratura e alla Costituzione, il regime mediatico. Anche Padellaro incappa in brutti periodi, come quello nato da un infortunio giornalistico alla vigilia delle elezioni regionali: l'intervista, comparsa sull'«Unità» del 25 marzo, a Mario Limentani, un anziano reduce dai lager nazisti, il quale sostiene di essere stato pestato nel 1941 da un certo Storace, papà di Francesco, presidente della Regione Lazio. Storace smentisce che quello Storace fosse suo padre. Padellaro si scusa in prima pagina per l'errore dell'intervistato e per il mancato controllo redazionale. Storace, cavallerescamente, annuncia che non sporgerà querela. L'incidente, per quanto grave, finirebbe lì se non si trattasse dell'«Unità». Invece diventa un altro «caso» che tiene banco per una settimana su tutti i giornali e le tv a reti unificate. Berlusconi e Fini parlano di «campagna d'odio», Ferrara dà lezioni di etica del giornalismo, Polito a ruota fa altrettanto, Gasparri si autosospende dall'Ordine dei giornalisti finché questo non avrà «sanzionato questi bugiardi» ed espulso Padellaro. E l'Ordine – che non ha mosso un dito contro le vagonate di menzogne diffuse dagli *house organ* berlusconiani negli ultimi dieci anni – si precipita ad annunciare un immediato procedimento disciplinare contro Padellaro e l'autrice dell'intervista incriminata. Verranno entrambi prosciolti.

Caso Storace a parte, la «normalizzazione» dell'«Unità» da molti auspicata fallisce subito. Colombo, libero da incombenze gestionali, scrive più di prima e inaugura una rubrica di risposte ai lettori, oltre a mantenere l'editoriale della domenica e a intervenire in prima pagina ogni volta che vuole. E i titoli dell'«Unità» sono, se possibile, ancor più forti di prima. Tant'è che bastano poche settimane perché ripartano i mugugni. Come a dire: ma allora questo Padellaro non ha capito nulla. Il termometro di certi umori di una certa «sinistra» è, come al solito, «Il Riformista». L'organetto di Polito non gradisce gli attacchi dell'«Unità» a Berlusconi che tenta di imbavagliare la stampa e la magistratura nei giorni caldi delle intercettazioni sui casi Antonveneta, Bnl e Rcs. Questo Padellaro osa persino parlare di «questione morale» e stavolta qualcuno nel centrosinistra lo segue: per i «riformisti» arancioni, è davvero troppo.

> Basta leggere i titoli dell'«Unità» di ieri per avere un'idea di come verrà impostata la campagna elettorale dall'opposizione e dai Ds (a meno che «l'Unità» non sia di nuovo tornata ai tempi delle divergenze parallele con il suo gruppo dirigente) [...]. Insomma, il regime è tornato. Guerra santa contro il Grande Satana. La parola d'ordine è la questione morale contro la cricca del malaffare guidata da Berlusconi [...]. Ma c'è o no il regime? La libertà di stampa è o no minacciata? E con essa l'indipendenza della magistratura? I nostri lettori sanno che, a parlar di regime, ci viene l'orticaria [...]. L'opposizione fa marcia indietro e riscopre la presunta onnipotenza del Cavaliere. Un clamoroso autogol. Una vera e propria autocastrazione sul piano della propaganda politica. Ma come, Berlusconi non era così debole da meditare il grande addio? Non bastava sedere sulla riva del fiume e aspettare? I sondaggi non mostravano chiaramente che gli elettori diffidavano del grande incantatore? [...] Continuate così, amici e compagni, fatevi pure del male.[88]

L'indomani, insensibile al grido di dolore politesco, Padellaro spara un altro titolo a effetto sull'appoggio di Berlusconi agli scalatori di Rcs: «Vuole comprarsi l'Italia». Polito ormai è affranto:

> Il direttore del quotidiano finanziato (tra gli altri) dai parlamentari Ds ha scritto ieri un editoriale piccato dal nostro editoriale del giorno precedente nel quale invitavamo l'opposizione a non farsi del male continuando a demonizzare Berlusconi o a esagerarne la potenza, proprio adesso che, invece, è manifesta la sua debolezza [...]. Se perde, certo nessuno pensa che si possa ritirare a Porto Cervo o alle Bermuda. Resta pur sempre uno dei capitalisti più ricchi dell'intera Europa. Ma il suo core business, la televisione, sarà sotto assedio. Mediaset [...] è destinata a vivere tempi duri, durissimi [...]. Aggiungiamo il fattore età, i problemi di eredità e di famiglia. Fininvest

> è ancora un gruppo personale, con un uomo solo al comando. Che si chiama Silvio Berlusconi da Arcore, caro Padellaro, non Clark Kent da Kripton.[89]

Anche Macaluso si lamenta: «Tutta questa differenza fra Colombo e Padellaro io non la vedo. È un giornale che tende sempre alla radicalizzazione di qualunque argomento».[90] Insomma, non ci siamo. Non era questo che sognavano i normalizzatori, dopo la cacciata di Colombo.

Missione compiuta

Se i *pasdaràn* dell'inciucio sono inquieti, i rapporti fra «l'Unità» e Ds sono meno aspri di un tempo. Non perché sia cambiata «l'Unità», ma perché è mutato il clima politico generale: Berlusconi è in caduta libera nei sondaggi, il centrosinistra pare aver trovato un filo di unità all'ombra di Prodi, nessuno parla più di «dialogo» con il governo, le opposizioni decidono addirittura – per la prima volta – di paralizzare il Parlamento con ostruzionismi strenui e financo di scendere in piazza contro la riforma elettorale. Nulla di paragonabile ai primi tre anni di regime. Lo scrive lo stesso Colombo, in un editoriale intitolato «Missione compiuta» che è una puntigliosa rivendicazione dei meriti dell'«Unità». Per chi, almeno a sinistra, preferisce sorvolare.

> Vi ricordate quando ci ammonivano: «Se continuate a parlar male di Berlusconi, resteremo all'opposizione per altri vent'anni»? Ricordate quando la parola «regime» [...] suscitava reazioni decisamente ostili anche fra coloro che era naturale immaginare amici e vicini? Ci ho ripensato leggendo l'articolo del premio Nobel americano per l'Economia John Stiglitz sulla prima pagina de «la Repubblica» del 14 aprile. Stiglitz in quell'articolo è duro e inesorabile con Bush. Una delle cause più sprezzanti è questa: «Bush esprime preoccupazione per la concentrazione del settore dei media russi. Ma tace su quella dei mezzi di comunicazione in Italia». Denuncia questa cecità selettiva (fingere di non vedere il clamoroso caso Berlusconi) come una «ipocrisia imperdonabile». Ma il caso Berlusconi è apparso imperdonabile, ovvero estraneo alla democra-

zia e unico nel mondo libero, al Parlamento europeo, alle agenzie di sorveglianza delle Nazioni Unite, agli esperti e politologi americani, anche di destra, che in questi anni si sono occupati dell'Italia. È diventato un caso nelle università del mondo, una barzelletta (per noi alquanto triste) per i vignettisti dei cinque continenti. È stato l'esclusivo tema della grande stampa internazionale – tutta, senza eccezione – ma soprattutto dei grandi organi finanziari ogni volta che quella stampa si è occupata dell'Italia. E non di Fini, non di Follini, non degli adoratori di Forza Italia, ma esclusivamente di Silvio Berlusconi. Esattamente come ha fatto «l'Unità» in questi anni [...]. Ostacolare così tenacemente Berlusconi comporta molti rischi, come sanno Enzo Biagi, Ferruccio de Bortoli e altri direttori e giornalisti italiani, come sa la vasta schiera di condannati al silenzio fra i migliori colleghi della Rai. Avrà contato questo impegno senza sosta e senza interruzioni dell'«Unità» durante questi anni del regime mediatico, in cui c'è stata una serie di vittorie elettorali del centrosinistra che hanno progressivamente intaccato la inossidabilità del mito, del capo, del tycoon buono che avrebbe fatto piovere ricchezza sulle famiglie italiane, in cambio di un po' di silenzio, di conformismo, di «lasciatelo lavorare»? [...] Ci fa piacere il riconoscimento che adesso ci giunge dai grandi sostenitori mediatici del presidente del Consiglio ormai avviato sul viale del tramonto. Ci dice che avevamo visto giusto [...] avevamo combattuto la battaglia che bisognava combattere. Quella contro il predominio e la prepotenza di un uomo solo, che era riuscito a imporre celebrazione o silenzio. Inutile occuparsi d'altro o di altri, c'eravamo detti, perché, senza di lui, a destra non c'è niente, niente resta di cui valga la pena di occuparsi [...].
Ma ecco il vero e proprio diploma di idoneità politica. Viene rilasciato a questo giornale da Angelo Panebianco nel suo editoriale sul «Corriere della Sera» del 10 aprile [...]. La riflessione di Panebianco è chiara e indica il punto. Berlusconi è un leader finito. Ma il fatto interessante è che senza di lui, istantaneamente, evapora tutto. Tanto che, persino in questo momento di emergenza per la destra, nessuno pensa a fare altri nomi o a immaginare altri percorsi. O Berlusconi, o tutti a casa. Tutto ciò viene detto con più chiarezza da un'altra fonte che ha sempre maltrattato «l'Unità» proprio con l'accusa di ossessione per Berlusconi. Ecco il testo della grande abiura

del «Riformista»: «Quello che è venuto meno è il connotato stesso del bipolarismo italiano, fin dal suo inizio e senza soluzione di continuità incarnato in Berlusconi [...]. Il centrodestra italiano è così anomalo da dover scartare a priori ciò che in ogni altro paese sarebbe la soluzione ovvia: cambiare il premier e ricominciare». Si può avere un riconoscimento più netto della decisione di dedicare quattro anni di vita giornalistica e di impegno politico allo scopo di scalzare quell'unico leader, la sua statua di resina sintetica e la sua glorificazione ottenuta esclusivamente con il controllo delle televisioni e dei giornali? Non ci avevano detto che il «conflitto di interessi non interessa nessuno»? Non ci avevano ripetuto che «l'Unità» era una testata omicida e criminale e che il nostro insistere sulla ricchezza oscura, sul potere smisurato e sul controllo totale della informazione era la strategia sbagliata che avrebbe rafforzato Berlusconi? [...] Ve la ricordate la «demonizzazione»? Nel Paese in cui la maggioranza berlusconiana ha votato un «giorno della caduta del Muro» (come se ci avessero liberato i ragazzi tedeschi col piccone, invece che i partigiani italiani e i soldati americani) dovrebbe esserci, nel nostro prossimo mondo libero, un «giorno della demonizzazione». Servirà per raccontare nelle scuole di Biagi, di Santoro, di Luttazzi, della Guzzanti e di tutti coloro che sono stati colpiti dall'accusa stregonesca di «demonizzazione» mentre erano intenti a fare giornalismo di opposizione, unico modo per salvare la democrazia di un paese.

La sera dell'8 aprile a *Batti e ribatti* l'ospite celebrato era Sandro Bondi. Bondi ha usato tutti i suoi minuti per spiegare che, anche se il comunismo è morto, non è morto in Italia il pericolo della sinistra. Ovvero si è lamentato che esista ancora l'opposizione. Ma il conduttore del programma, un certo Berti, vestito – Dio sa perché – nel tipo di doppiopetto gessato che Francis Ford Coppola aveva immaginato per *Il Padrino*, ha riportato persino Bondi al punto cruciale del dramma che la destra sta vivendo: «Alla fine tutto ruota intorno al prestigio di Silvio Berlusconi». Un vero riconoscimento per questi anni di lavoro dell'«Unità».

Abbiamo scommesso tutto, e rischiato molto, per dire ogni giorno agli italiani che il prestigio di Berlusconi non esiste. E finalmente ci dicono con cruda chiarezza gli eventi di questi giorni e la processione di coloro che stanno abbandonando, a

> uno a uno, Palazzo Chigi, che niente più ruota intorno a Berlusconi perché si è visto che non c'è alcun prestigio. Non è delegittimazione. È constatazione della realtà, testimoni gli italiani. Missione compiuta.[91]

Anche Padellaro si muove nella stessa convinzione:

> Ora il centrosinistra è approdato, sia pur con notevole ritardo, sulle posizioni dell'«Unità». Per questo la conflittualità fra «l'Unità» e il centrosinistra s'è molto stemperata. Siamo tutti con Prodi, che è molto vicino alla linea che abbiamo sempre sostenuto. Ma non rinunceremo mai al nostro atteggiamento critico. Per esempio sulle porte troppo aperte ai riciclati del centrodestra, sulla rilassatezza di chi dà Berlusconi per morto (politicamente), sulla necessità di un codice etico, sul ritiro dei partiti dalla Rai e dagli altri organismi di controllo, sull'esigenza di cancellare tutte le leggi-vergogna all'inizio della prossima legislatura. È chiaro che, con le elezioni del 2006, se il centrosinistra le vincerà, si chiuderà un ciclo della nuova «Unità» e se ne aprirà un altro. Occorrerà un giornale diverso, che faccia le pulci al nuovo governo dell'Unione. Ma decideranno gli editori quale «Unità» vorranno...[92]

Note

1. «Corriere della Sera», 20 luglio 2000.
2. Ibidem.
3. «Panorama», 26 marzo 1998.
4. «Corriere della Sera», 20 luglio 2000.
5. Ibidem.
6. «Corriere della Sera», 26 luglio 2000.
7. «Corriere della Sera», 28 luglio 2000.
8. «L'Espresso», 20 luglio 2000.
9. «l'Unità», 28 marzo 2001.
10. «l'Unità», 24 ottobre 2001.
11. Ansa, 28 novembre 2001.
12. «l'Unità», 25 febbraio 2002.
13. Ansa, 22 marzo 2002.
14. «Corriere della Sera», 24 marzo 2002.
15. «l'Unità», 29 dicembre 2002.
16. Ibidem.

17. «l'Unità», 5 gennaio 2003.
18. «l'Unità», 30 dicembre 2002.
19. Ibidem.
20. Ansa, 11 gennaio 2003.
21. «l'Unità», 8 gennaio 2003.
22. «il Giornale», 14 gennaio 2003.
23. «l'Unità», 5 maggio 2003.
24. «il Giornale», 26 giugno 2003.
25. Dagospia, 12 settembre 2003.
26. «Il Riformista», 23 settembre 2003.
27. *Porta a Porta*, 30 ottobre 2003.
28. «Il Riformista», 14 ottobre 2003.
29. «l'Unità», 17 gennaio 2004.
30. «l'Unità», 18 gennaio 2004.
31. «l'Unità», 19 gennaio 2004.
32. «il Giornale», 31 gennaio 2004.
33. «Il Riformista», 28 febbraio 2004.
34. Dagospia, 3 marzo 2004.
35. «l'Unità», 23 marzo 2004.
36. «Il Riformista», 24 marzo 2004.
37. Ibidem.
38. «il manifesto», 24 marzo 2004.
39. Dagospia, 2 aprile 2004.
40. «l'Unità», 24 agosto 2004.
41. «l'Unità», 25 agosto 2004.
42. Ibidem.
43. «Corriere della Sera», 26 agosto 2004.
44. «Il Riformista», 12 ottobre 2004.
45. «l'Unità», 13 ottobre 2004.
46. «Il Riformista», 14 ottobre 2004.
47. «l'Unità», 28 novembre 2004.
48. «l'Unità», 30 novembre 2004.
49. Ibidem.
50. Ibidem.
51. Ibidem.
52. «Il Riformista», 2 dicembre 2004.
53. «l'Unità», 18 dicembre 2004.
54. «Il Riformista», 24 dicembre 2004.
55. Queste le parole che Colombo dirà al Cdr di aver pronunciato di fronte al Cda.
56. «Corriere della Sera», 29 dicembre 2004.
57. Ansa, 29 dicembre 2004.
58. «Corriere della Sera», 30 dicembre 2004.
59. «Magazine»-«Corriere della Sera», 20 gennaio 2005.
60. Dagospia, 24 gennaio 2005.

61. «Il Riformista», 10 febbraio 2005.
62. «l'Unità», 16 febbraio 2005.
63. «Corriere della Sera», 18 febbraio 2005.
64. «l'Unità», 23 febbraio 2005.
65. «l'Unità» e «Corriere della Sera», 23 febbraio 2005.
66. Piero Ricca, www.centomovimenti.it, 17 maggio 2005.
67. «L'Espresso», 4 marzo 2005.
68. «l'Unità», 23 febbraio 2005.
69. «l'Unità», 12 marzo 2005.
70. «il Giornale», 23 febbraio 2005.
71. «Il Riformista», 23 febbraio 2005.
72. «l'Unità», 27 febbraio 2005.
73. «L'Espresso», 10 marzo 2005.
74. «Sette» - «Corriere della Sera», 20 febbraio 2003.
75. Ibidem.
76. «l'Unità», 1° marzo 2005.
77. Ibidem.
78. Ibidem.
79. «Corriere della Sera», 1° marzo 2005.
80. «Corriere della Sera», 2 marzo 2005.
81. «l'Unità», 3 marzo 2005.
82. Ibidem.
83. «Il Riformista», 3 marzo 2005.
84. «Il Foglio», 5 marzo 2005.
85. «Corriere della Sera», 6 marzo 2005.
86. «La Stampa», 10 settembre 2005.
87. «l'Unità», 8 marzo 2005.
88. «Il Riformista», 9 agosto 2005.
89. «Il Riformista», 11 agosto 2005.
90. «Il Foglio», 26 agosto 2005.
91. «l'Unità», 17 aprile 2005.
92. Testimonianza raccolta dagli autori il 23 settembre 2005.

7
I furbetti del Corrierone

I partiti hanno occupato lo Stato e tutte le istituzioni a partire dal governo, gli enti locali, gli enti di previdenza, le aziende pubbliche, gli istituti culturali, gli ospedali, le università, la Rai tv, alcuni grandi giornali. Per esempio oggi c'è il pericolo che [...] il «Corriere della Sera» cada in mano di questo o quel partito o di una sua corrente, ma noi impediremo che un grande organo di stampa faccia una così brutta fine.

Enrico Berlinguer, intervista a Eugenio Scalfari sulla questione morale, «la Repubblica», 28 luglio 1981

I primi furono i fascisti. Ci misero un bel po', ma alla fine ci riuscirono. Il 28 novembre 1928, dopo un assedio lungo sei anni, Luigi Albertini, lo storico direttore e senatore liberale fu costretto a lasciare il suo «Corriere della Sera». Costretto dal regime. E, per 18 anni, il quotidiano dell'*establishment* e della borghesia indossò la camicia nera. Fino alla Liberazione.

Dopo oltre cinque lustri di autonomia, Via Solferino torna a essere terreno di conquista negli anni Settanta. Stavolta, però, con una tecnica più raffinata: quella delle scalate occulte. Siamo nel '74, il giornale sembra saldamente in mano a Giulia Maria Crespi, agli Agnelli e ai Moratti. Invece si fa avanti la famiglia Rizzoli e compra tutto. Ma il «Corriere» costa caro. I Rizzoli vengono inizialmente finanziati da Eugenio Cefis, presidente democristiano della Montedison, uomo di Amintore Fanfani. Quest'ultimo, dopo la sconfitta al referendum sul divorzio, vuole regolare i conti col direttore progressista Piero Ottone.

Il 6 agosto '75, a Lugano, viene anche firmato un documento segreto in cui i Rizzoli garantiscono alla Montedison un trattamento di favore sulle pagine del loro quotidiano. Ma l'impero di Cefis in Montedison traballa. Servono nuovi finanziatori. A trovarli ci pensa Angelo Rizzoli: poche idee, pochi soldi, ma molti amici dietro le spalle. Anzi, dietro le quinte. A cominciare da quelli della loggia massonica Propaganda 2 (P2) del venerabile maestro Licio Gelli, i quali presentano subito al neo-arrivato editore un conto salatissimo. Mentre il Banco Ambrosiano di Roberto Calvi, piduista anche lui, e lo Ior vaticano del cardinale Paul Marcinkus finanziano la Rizzoli, in Via Solferino i confratelli si fanno rapidamente strada tanto in direzione quanto in redazione. Il direttore Franco Di Bella, il direttore generale Bruno Tassan Din (ex parlamentare Dc), il consigliere d'amministrazione Umberto Ortolani, firme emergenti come Roberto Gervaso e Maurizio Costanzo: tutti piduisti. Come pure un altro collaboratore d'eccezione, che scrive commenti nelle pagine economiche: il cavalier Silvio Berlusconi, che dal 26 gennaio 1978 ha in tasca la tessera numero 1816 firmata da Gelli in persona. L'obiettivo della confraternita è lo stesso di tutti gli scalatori, palesi e occulti, passati e futuri: spostare l'asse politico del «Corriere», acquisendo anche decine di giornali locali, per addomesticare l'informazione, censurare le notizie scomode, influenzare l'opinione pubblica.

Nella relazione finale della commissione parlamentare d'inchiesta sulla P2, presieduta da Tina Anselmi, si legge:

> (A partire dal 1977) si sviluppa (così) un sottile e continuo condizionamento della linea seguita dal quotidiano come posto in evidenza dal Comitato di redazione e di fabbrica che, attraverso una disamina degli articoli pubblicati in quegli anni, ha sottolineato come possa essere difficilmente contestabile un'influenza esplicata con l'emarginazione di giornalisti scomodi, con servizi agiografici ben mirati e con l'attribuzione di scelti incarichi a persone appartenenti alla loggia. L'ampia analisi effettuata in proposito dal comitato evidenzia una linea di tendenza che si sviluppa con una pressione continua la quale, pur contrastata sempre dalla professionalità dei giornalisti, riesce spesso a orientare alcuni servizi per dare spazio a persone di «area» o per lanciare oscuri messaggi o per evitare inchieste approfondite su alcune vicende, come risulterà evidente per i servizi concernenti i paesi sudamericani. In America Latina, del resto, con il sostegno finanziario di Calvi e con l'intervento di Ortolani e di Gelli (quest'ultimo formalmente rappresentante del gruppo Rizzoli presso le autorità governative dei paesi esteri), la loggia P2 stava estendendo la propria rete d'influenza, acquisendo dal gruppo editoriale Avril, con l'appoggio dei generali in carica in Argentina, una catena di giornali a larga diffusione.

Come finisce l'avventura lo sanno tutti: Di Bella dimissionario, Rizzoli e Tassan Din in prigione, Calvi impiccato a Londra sotto il ponte dei Frati Neri, Gelli e Ortolani in fuga dopo aver pompato centinaia di miliardi dalle casse dell'Ambrosiano. Com'è iniziata, invece, l'han capito in pochi.

La scalata di Gelli & Fratelli al «Corriere» si sviluppa grazie a una complessa e segretissima operazione finanziaria condotta tramite una piccola banca, nel cui consiglio di amministrazione a partire dal 1979 siede Silvio Berlusconi (il Credito Commerciale Spa[1] di Via Armorari a Milano); e attraverso la Giammei, una commissionaria romana di Borsa che opera per conto dello Ior. In pratica, dal luglio 1977, le azioni della casa editrice, pur rimanendo intestate formalmente ad Andrea Rizzoli (padre di Angelo), entrano in possesso della banca vaticana, mentre il Credito Commerciale s'impegna a trasferirle di nuovo ai Rizzoli solo dopo il 1980 e soprattutto dietro il pagamento di una forte somma di denaro.

Racconta davanti alla commissione P2 Angelo Rizzoli, il 20 gennaio 1982:

> Nel 1977 ci fu il primo aumento di capitale del gruppo da 5 a 25 miliardi. Il controvalore (cioè i 20 miliardi) fu messo a disposizione dal Credito Commerciale di Milano, che però prese in garanzia l'80% dei titoli della Rizzoli. Ma quando riscattai [nell'aprile 1981, *N.d.A.*] le 2 milioni e 400 mila azioni depositate presso il Credito Commerciale, vidi che c'erano state delle girate. La prima all'agente di cambio Giammei di Roma, poi allo Ior, poi di nuovo al Credito Commerciale (probabilmente la seconda girata alla banca è stata fatta in previsione del riscatto) e l'ultima a me. Le girate relative allo Ior erano state cancellate con un pennarello nero, ma se ne leggeva l'intestazione. Mi fu chiesto dal Credito Commerciale [...] di distruggere questi titoli.[2]

Risultato: per circa tre anni i Rizzoli sono editori «meramente di facciata». Il «Corriere», di fatto, è del Vaticano. E in consiglio di amministrazione comanda la P2. Un fiume di denaro sparisce dai bilanci, mentre vengono avviate iniziative disastrose, come «L'Occhio», quotidiano popolare diretto dal confratello Costanzo.

Nel 1981, con la scoperta delle liste P2 e le dimissioni di Franco Di Bella, diventa direttore del «Corriere» Alberto Cavallari. Sono mesi difficili. In cassa non c'è più una lira. L'editrice è in amministrazione controllata. Cavallari finisce subito nel mirino del Psi, che lo bolla come «comunista». Il socialista catanese Salvo Andò arriva ad accusarlo di essere il direttore della P2. È vero il contrario. Erano Craxi e Martelli ad avere rapporti con Gelli. Cavallari è stato indicato dal presidente Sandro Pertini, proprio in funzione anti-P2. Lui, anticipando di dieci anni Mani Pulite, scrive un durissimo editoriale che si chiude con questa domanda: «Come mai il partito socialista non ama una direzione che agli amici dei ladri preferisce i carabinieri?». Craxi, presidente del Consiglio, lo querela. Cavallari è condannato a pagare 500 milioni di lire. Non gli rinnovano il contratto. Al suo posto arriva Piero Ostellino, che di Craxi è buon amico. Sarà direttore fino al 1987, quando sarà rimpiazzato da un grande giornalista come Ugo Stille.

La Rizzoli intanto è passata di mano. Dopo la P2 e l'amministrazione controllata, son tornati gli Agnelli, che gestiscono il gruppo sotto la regia di Mediobanca attraverso la Gemina. Nel '92, nel pieno della bufera di Tangentopoli, il «Corriere» è diretto di fatto dal vicedirettore Giulio Anselmi, che pagherà caro il sostegno al pool di Mani Pulite. Alla morte di Stille arriva Paolo Mieli, che porta il giornale al record di diffusione. Poi, nel '97, è il turno di Ferruccio de Bortoli. Via Solferino è di nuovo al centro del fuoco politico incrociato. Prima della sinistra al potere, poi dei *berluscones*. Nel novembre '97, piovono le raffiche di D'Alema, che presenta un esposto all'Ordine dei giornalisti contro una serie di articoli che svelano un suo presunto piano «per ulivizzare il sindacato» e ingabbiare la Cgil in un'unica rappresentanza dei lavoratori. L'Ordine stabilisce che il comportamento del direttore è stato corretto. Ma intanto D'Alema s'è rivolto anche al Tribunale civile: si sente diffamato da un articolo di fondo in cui de Bortoli definiva il suo esposto «l'ultimo di una serie di atti d'intimidazione nei confronti di un giornale libero da parte di un uomo politico: atti che ricordano il miglior Craxi». La guerra si trascina fino al gennaio '99, quando D'Alema, divenuto premier, accetta di siglare la pace con de Bortoli all'Hotel Diana di Milano, davanti a un piatto di risotto, alla presenza di Indro Montanelli.

Nel 2001, al cambio di governo, la scena si ripete a parti invertite. Stavolta è Berlusconi a caricare a testa bassa. Al Cavaliere e a Previti non piace la puntualità con cui i cronisti giudiziari del «Corriere» seguono i processi «toghe sporche». Gli attacchi berlusconiani *ad personam* contro gli inviati giudiziari Paolo Biondani, Luigi Ferrarella e Giovanni Bianconi non si contano. Così come le telefonate di Paolo Bonaiuti, sottosegretario alla Presidenza del Consiglio, che protesta contro questo o quell'articolo. Nel mirino ci sono pure l'economista Alessandro Penati, il politologo Giovanni Sartori, lo scrittore Corrado Stajano, il giurista Vittorio Grevi, l'inviato Gian Antonio Stella, il vignettista Emilio Giannelli, oltre naturalmente a Enzo Biagi. De Bortoli, sistematicamente, difende i suoi uomini. In cambio, arrivano lettere e telefonate minacciose dai legali del premier Ghedini e Pecorella, che trascinano in tribunale il direttore e riusciranno a spillargli 10 mila euro a testa: si sono riconosciuti in un suo editoriale che parlava di certi «onorevoli avvocaticchi». Dopo due anni di cannoneggiamenti, de Bortoli rassegna le dimissioni anche lui. L'editore, l'ex numero uno della Fiat Cesare Romiti, in difficoltà finanziarie sempre più gravi, non è più in grado di proteggerlo. Così il Cavaliere può affermare il principio che, anche nei pochi giornali che non possiede o non controlla o non influenza, i direttori che non gli garbano saltano.

Il successore di de Bortoli è Stefano Folli, prudentissimo commentatore politico di Via Solferino. Ma al regime non basta ancora. Il Cavaliere non s'accontenta di un «Corriere» meno critico. Pretende un giornale schierato: lui, al posto di de Bortoli, si aspettava la nomina di Rossella, o Feltri, o Ferrara, al massimo Mentana. Così piovono accuse anche contro la direzione Folli, e ancor di più contro quella di Paolo Mieli, tornato in sella nel dicembre 2004. Romiti intanto è quasi uscito di scena. C'è una nuova proprietà. Ben 15 diversi azionisti riuniti in un patto di sindacato. Ciascuno ha in mano una piccola quota, ma tutti insieme controllano il 58% di Rcs Mediagroup. Il fatto è che, pur convivendo sotto lo stesso patto, non hanno grandi motivazioni per restare uniti. Sono banchieri e imprenditori dei più diversi settori merceologici: quel che resta della cosiddetta «ala nobile» del capitalismo italiano (Mediobanca, Generali, Fiat, Pirelli, Pesenti, Gemina, Edison, Mittel, Francesco

Merloni, Banca Intesa, Capitalia, Bertazzoni e Lucchini), più due nuovi arrivati, accolti con una certa fatica: Diego Della Valle e Salvatore Ligresti. Comunque, volenti o nolenti, sono legati fino al 2007, data di scadenza del patto.

Bondi di tutt'Italia, unitevi

Se de Bortoli era il bersaglio fisso degli onorevoli avvocati di Berlusconi, a muovere guerra a Mieli è tutta Forza Italia (ma con vari attacchi anche dei Ds: D'Alema e Fassino compresi). Certo, il principale terreno di scontro rimane la cronaca giudiziaria. Ancora attacchi di Previti a Ferrarella e Biondani, letteracce di Castelli contro Stella e Ferrarella, in un crescendo che sembra non finire mai. Ma non c'è solo la giustizia. Molti opinionisti del «Corriere», da Galli della Loggia a Panebianco, che sulle prime avevano salutato con favore il governo Berlusconi scambiando il premier per un campione del pensiero liberale, alla prova dei fatti si son dovuti ricredere. E han cominciato a prendere le distanze, fra le proteste furibonde di Forza Italia. Sandro Bondi, il più fedele seguace del premier, si scatena nel gennaio 2005 contro Paolo Franchi, il pacatissimo editorialista del «Corriere» reo di aver giudicato eccessive le reazioni della Cdl all'«attentato del cavalletto» in Piazza Navona, costato al Cavaliere poco più che un graffio sul collo. Passano due giorni ed ecco un nuovo attacco bondiano a Sabino Cassese, molto critico sulla nomina all'Antitrust di Guazzaloca e Pilati. Poi Mario Monti rincara le accuse di Cassese, e viene cannoneggiato dal forzista Antonio Tajani. L'8 febbraio, sprezzante del ridicolo, Bondi condanna come «ripugnante» una vignetta di Giannelli sul sequestro di Giuliana Sgrena in Irak. Quella in cui Berlusconi dice: «Stiamo facendo tutto il possibile per la liberazione; io sono ottimista; la giornalista sta bene; e c'è anche il vantaggio che, essendo del "manifesto", è abituata a stare in un covo di terroristi». Per Bondi è la prova che:

> «la Repubblica» di Ezio Mauro e il «Corriere della Sera» di Paolo Mieli sono impegnati in una competizione senza sosta per aggiudicarsi la palma del quotidiano più zelante, politica-

> mente e culturalmente, nei confronti dell'opposizione di sinistra, con punte di virtuosismo davvero imbarazzanti.[3]

Instancabile quanto incontenibile, il coordinatore azzurro se la prende con Sartori e poi con Galli della Loggia, che ha demolito la *devolution* sotto il titolo «La Patria perduta», mentre Paolo Guzzanti cannoneggia Mieli e il suo «Corriere» sulla prima pagina del «Giornale».

Appena il tempo di fiatare e si apre (o si riapre) un nuovo fronte. Il 26 aprile la Procura di Milano chiude l'inchiesta sui diritti televisivi di Mediaset e chiede il rinvio a giudizio di Berlusconi per frode fiscale, falso in bilancio e appropriazione indebita. Tutti i quotidiani riportano la notizia. Compreso il «Corriere». Bondi denuncia l'ennesimo caso di «giustizia a orologeria». L'indomani il quotidiano pubblica un corsivo in prima pagina, non firmato e quindi attribuibile a Mieli: «Domanda a Bondi: qual è l'ora giusta?».

> In cosa consisterebbe la sospetta puntualità dei magistrati milanesi? Le elezioni regionali si sono appena concluse, quelle politiche sono attese tra un anno [...]. C'è un giorno al riparo dai sospetti dell'onorevole Bondi? Indichi una data, una finestra temporale in cui i magistrati possano muoversi senza essere accusati di agire con tempismo svizzero.

Riapriti cielo. Bondi riprende la penna per prodursi, sul «Corriere», in un'interminabile geremiade contro il «Corriere»:

> Se la Procura di Milano è un orologio svizzero, il «Corriere» è la lancetta delle ore di questo sofisticato meccanismo. Si è schierato apertamente pubblicando in prima pagina e senza firma un commento a una legittima esternazione di un esponente politico [...]. Metodi aberranti da far gelare il sangue nelle vene [...]. Quale futuro aspetta il nostro Paese, se uno strano miscuglio di poteri arriva a infrangere in maniera così palese, senza alcuna prudenza, le regole della corretta comunicazione, intervenendo così pesantemente nel dibattito politico? Il «Corriere» è forse diventato l'organo di stampa della Procura di Milano? [...]. Non vogliamo che il nostro Paese sia dominato nuovamente da queste persone, da questi corsivisti

> senza firma, da questi signori sempre sospesi fra palazzi, procure e interessi di bottega. Perciò ci batteremo sino in fondo per contrastarli.[4]

Anche Confalonieri si accoda, lamentandosi per una serie di titoli sgraditi. E due mesi dopo la Cdl trova il modo di attaccare il quotidiano persino per un inserto a pagamento: quello con cui il gup Fabio Paparella fa pubblicare la richiesta di rinvio a giudizio di Berlusconi & C. per assicurarsi che le migliaia di piccoli azionisti della società quotata siano avvertiti dell'udienza preliminare e possano costituirsi parte civile. Ogni pretesto è buono.

In questo clima arroventato avviene un fatto nuovo. Anzi due. Il primo è la vendita del 17% di Mediaset da parte della famiglia Berlusconi per 2,2 miliardi di euro, annunciata il 13 aprile: lo stesso giorno in cui Paolo Mieli rende visita al premier a Palazzo Grazioli. Il secondo è lo strano andamento del titolo Rcs, che a partire da gennaio non fa che salire sempre più rapidamente in Borsa.

Una scalata, anzi tre

I giornali se ne accorgono nell'aprile 2005: Stefano Ricucci sta scalando Rcs Mediagroup, la società che controlla il primo quotidiano italiano. Agl'inizi del mese il giovane immobiliarista annuncia di aver superato il 5%. Il titolo in Borsa comincia a lievitare. Il 6 giugno Ricucci comunica di avere in tasca il 18,5%, che gli è costato – dice – oltre 450 milioni di euro. Il 30 giugno informa: «Sono al 20,1». Il titolo sale e scende vorticosamente. Mi si nota di più se compro o se vendo?, pare domandarsi il Ricucci. Nel dubbio, compra. Ma vende pure (il 14 luglio, per esempio, si libera del 2,1%), lasciando comunque la Rcs sulla graticola. Lancia roboanti proclami: «Arriverò al 29,9», dice il 15 luglio, uscendo dall'assemblea della Consob. Promessa poi non mantenuta. Ma sufficiente a tenere Piazza Affari in fibrillazione. Gl'interrogativi si rincorrono. Chi è Ricucci? Da dove viene? Chi c'è dietro di lui? Come ha fatto i soldi? E soprattutto: che senso ha dare l'assalto a un'azienda che sembra inespugnabile, saldamente in mano a un gruppo di azionisti blindati da un patto di sindacato con oltre la metà delle azioni?

In aprile l'unica risposta certa è quella all'ultima domanda. Il patto di sindacato che unisce i 15 soci non è poi così blindato. Se qualcuno lanciasse una regolare Opa (Offerta pubblica d'acquisto) su Rcs il patto dovrebbe sciogliersi per legge e ciascuno sarebbe libero di vendere le sue quote a chi vuole.

Le altre risposte comincia a svelarle la cronaca quotidiana. Ciò che accade intorno al «Corriere» sembra il *replay* di quel che sta succedendo a Padova e a Roma, dove la Banca Antonveneta e la Banca Nazionale del Lavoro sono a un passo dal cadere nelle mani di Ricucci e di un variopinto gruppo di amici suoi. Tre scalate, stessa tecnica, stessa regia. Regolarmente, a tirare la volata, è una figura emersa dal nulla. Anzi tre. Tre immobiliaristi. Ora è Stefano Ricucci, ora è Gaetano Coppola (che lavora con il cognato[5] di Ricucci), ora è Giuseppe Statuto. Vanno in avanscoperta e investono (magari per conto terzi) grazie a finanziamenti a tassi stracciati forniti da banche amiche, che poi restituiranno dopo aver rivenduto le azioni a prezzi molto più alti, intascandone cospicue plusvalenze. Così sono tutti soddisfatti: il vero acquirente, che rimane il più a lungo possibile nell'ombra, e il suo «agente» sul campo, che realizza favolosi guadagni a rischio quasi zero.

Sembra un giochetto facile facile. Ma chi va all'assalto dello *status quo* giocando a carte coperte attira mille occhi e orecchi indiscreti. A partire da quelli della Guardia di Finanza e della Procura di Milano che, aperta un'indagine per aggiotaggio, attiva decine di intercettazioni telefoniche. Se il trucco c'è, prima o poi si vede. Ricucci, che proprio ingenuo non è, se ne accorge fra i primi. Al cellulare pronuncia una frase che entrerà nella storia dell'alta (o bassa) finanza all'italiana: «Stamo a fa' i furbetti der quartierino...».

Ma ormai è tardi. I magistrati sono già al lavoro. E, anche là dove non emergono illeciti penali, saltano fuori condotte che riportano in auge concetti ormai fuori moda: conflitto di interessi, etica negli affari, trasparenza in politica, questione morale.

Due banche, nessun arbitro

Mentre, apparentemente solo, si arrampica sul «Corriere», Ricucci è impegnato su altri due fronti con un folto gruppo di «furbetti». Ma per capire qualcosa in questa giungla di immobiliaristi, speculatori, finanzieri, uomini di paglia e teste di legno, basta tener a mente tre nomi: il banchiere Gianpiero Fiorani, numero uno della Banca Popolare di Lodi (Bpl, poi Banca Popolare Italiana); il finanziere bresciano Emilio «Chicco» Gnutti; e Giovanni Consorte, presidente dell'Unipol, l'assicurazione delle coop rosse, dalemiano di ferro.

Con i primi due, Ricucci tenta d'impadronirsi dell'Antonveneta, la banca di Padova: un istituto sano, oltre 10 mila dipendenti e un migliaio di filiali, soprattutto in Lombardia e in Veneto. Un boccone appetitoso, per i big del credito. Quelli stranieri in particolare, perché, pure se i suoi conti sono a posto, Antonveneta non ha i mezzi per resistere alle mire dei colossi esteri. Fino ad aprile è retta da un «patto» tra imprenditori locali, con in testa il gruppo Benetton. Ma l'accordo è fragile, le pressioni da miliardi di euro sono irresistibili. Chi vincerà la corsa potrà sbarcare in una delle regioni più industrializzate d'Europa, il mitico anche se un po' ammaccato Nordest. In *pole position* ci sono gli olandesi dell'Abn Amro.

A braccetto con Gnutti e Consorte, Ricucci gioca pure una seconda partita. Forse ancora più dura: la scalata alla Bnl, l'istituto romano che dal 1988, quand'è stato privatizzato, non ha ancora rimesso a posto i conti, ma è al centro di appetiti finanziari di ogni tipo. In marzo anche la Bnl sembra destinata a finire in mani straniere. I baschi del Banco di Bilbao (già da tempo azionisti insieme a Diego Della Valle e ad altri soci, sotto la presidenza di Luigi Abete, «vicino» alla Margherita di Rutelli), lanciano un'offerta pubblica di scambio (Ops). Ma sulla loro strada trovano un concorrente italiano. La Bnl interessa all'Unipol: ha sportelli dappertutto e fa gola alla compagnia delle coop rosse che punta a vendere non solo servizi bancari, ma anche polizze assicurative. E poi il Montepaschi di Siena, la banca più vicina ai Ds, è in marcia di allontanamento dal Botteghino. Bisogna trovarne un'altra. Troppi anni di gestione pubblica hanno messo in ginocchio l'istituto romano. Per farlo rendere bisognerà licenziare. Un manager rosso come Consorte se lo potrà permettere? Per il momento non si crea problemi. E cerca alleati. Il Montepaschi non ne vuol sapere. Così il patròn di Unipol si rivolge ai giovani e rampanti immobiliaristi della «razza mattona» e al costruttore Francesco Gaetano Caltagirone, editore del «Messaggero», del «Mattino» e prossimamente del «Gazzettino», e soprattutto suocero del presidente della Camera Casini.

Sulla carta, in entrambi i casi, non c'è gara. Bpl e Unipol sono troppo piccole rispetto alle banche che vogliono incamerare. Come possono due topolini mangiarsi due elefanti? Dunque, a Padova come a Roma, l'Abn Amro e il Banco di Bilbao partono favoriti. Hanno i soldi, le capacità e le dimensioni per vincere. Ma l'unica risorsa di cui scarseggiano è proprio quella che in Italia conta più di tutte: le amicizie giuste. Ricucci, Consorte, Fiorani e Gnutti di agganci ne hanno parecchi, politici e finanziari. E, soprattutto, sono nelle maniche di colui che dovrebbe arbitrare le due partite: il governatore della Banca d'Italia Antonio Fazio. Il quale, per Fiorani, è addirittura un amico di famiglia.

Fazio è un uomo all'antica. È nato in Ciociaria, ad Alvito, dove suo fratello è stato a lungo un sindaco Dc. Va ogni giorno a messa, come Andreotti. Una delle sue tre figlie sta per farsi suora. La moglie Maria Cristina milita nei Legionari di Cristo. Lui preferisce l'Opus Dei, come l'amico Calisto Tanzi, protagonista del più grande crac della storia italiana sfuggito misteriosamente al controllo di Bankitalia. Dopo il tracollo della Parmalat e quello parallelo della Cirio, Fazio se l'è vista brutta: mesi e mesi di scontri al fulmicotone con Giulio Tremonti e la Lega nord, che lo accusavano di non aver vigilato e chiedevano a gran voce le sue dimissioni. Ma, quando s'è trattato di scegliere, Berlusconi non ha avuto dubbi. Tra Fazio e Tremonti, suo commercialista storico e artefice della riappacificazione con la Lega, ha scelto Fazio. Come gli chiedeva An. E anche Bossi, convertito d'improvviso al fazismo dopo il salvataggio in extremis della Credieuronord (la banca «padana» sull'orlo del fallimento) a opera di Fiorani con la benedizione del governatore. Ma per colpa di Tremonti, rientrato nel frattempo al governo come vicepremier, i rapporti fra il presidente del Consiglio e il governatore sono rimasti tesi. E l'esecutivo prepara una nuova legge sul risparmio che dovrebbe spolpare i poteri di vigilanza di Bankitalia, dirottando quelli sulle concentrazioni bancarie all'Antitrust, e abolire il mandato a vita del governatore.

Così, il 14 gennaio 2005, quando ancora della scalata di Ricucci al «Corriere» non parla quasi nessuno, viene organizzato il pranzo della pace. Attorno alla tavola imbandita di Palazzo Chigi sono seduti Berlusconi, Fazio, il ministro dell'Economia Siniscalco, il sottosegretario Letta e il senatore forzista Luigi Grillo, un commercialista spezzino che presiede la commissione Trasporti e Telecomunicazioni del Senato, intimo amico del governatore. L'incontro conviviale sancisce i nuovi equilibri. I temi discussi sono due: la difesa dell'«italianità» delle banche e la riforma del risparmio. Fazio cerca di convincere Berlusconi a sposare le sue linee-guida: tenere alla larga dai confini nazionali i colossi europei e lasciare a lui tutti i poteri nonché il mandato a vita. Alla fine se ne torna a Palazzo Koch rasserenato. L'amico Grillo, fazista prim'ancora che forzista, riferisce che «il clima era sereno» e che Berlusconi e Fazio hanno raggiunto una «sostanziale sintonia di vedute: non si parlerà più di mandato a termine del governatore». Sul resto, *top secret* assoluto.

Sta di fatto che, proprio da gennaio, comincia il grande Risiko. La legge sul risparmio s'impantana nelle aule parlamentari. La maggioranza non parla più di ridurre i poteri di Bankitalia, né tantomeno di mettere il bollino di scadenza a Fazio. Intanto Ricucci accelera su Via Solferino. Il 2% di azioni che aveva in tasca già nel maggio 2004 cresce di settimana in settimana. Fiorani, che a dicembre ha finanziato occultamente una serie di prestanomi impegnati a far incetta di azioni Antonveneta, si prepara a uscire allo scoperto con l'assalto alla banca padovana. Consorte e la sua Unipol, dalla sede bolognese di Via Stalingrado, scaldano i motori per l'affare Bnl.

Non che a Palazzo Chigi si sia discusso necessariamente di tutto questo. Ma la «sintonia di vedute», per dirla con Grillo, ha messo al posto giusto le tessere principali del mosaico. Tanto che il 23 gennaio, sul «Foglio» di Ferrara, sotto il titolo «Carissimi nemici», si legge: «La Popolare di Lodi vuole comperare Antonveneta. Mediolanum (Cav.) e Unipol (D'Alema) l'aiutano». Cav., nel gergo fogliesco, sta per Cavaliere. Nel senso di Berlusconi.

Ma il regista del tridente Antonveneta-Bnl-Rcs è proprio colui che dovrebbe fare l'arbitro: Antonio Fazio. Il suo progetto è ambizioso: diventare una sorta di «Cuccia cattolico» e ristrutturare il decrepito sistema finanziario italiano sotto l'egida di Bankitalia, contro le mire dei giganti internazionali, per definizione «massonici».[6] E, soprattutto, incontrollabili. La politica, trasversalmente, lo appoggia. A Berlusconi non dispiace affatto che i «nuovi ricchi» mettano paura al «Corriere» e destabilizzino il «salotto buono» che custodisce i due bocconi più appetitosi per Mediaset: le Generali e la Telecom (negli stessi mesi, il gruppo del Biscione incarica due studi legali milanesi di verificare la compatibilità di un'eventuale scalata al colosso telefonico con il «Sic» della legge Gasparri). La Lega, appena salvata dai contraccolpi del disastro della Credieuronord, sta con Fiorani e dunque con Fazio. I Ds avranno la loro banca di riferimento, Bnl. E anche la Cei del sempre più aggressivo cardinale Ruini, orfana di una banca al Nord dai tempi dell'Ambrosiano, guarda con favore al nascente polo «cattolico» Bpl-Antonveneta progettato dal pio Fiorani.

Tutti felici e contenti, insomma. Ma hanno fatto i conti senza l'oste. E l'oste è, ancora una volta, la Procura di Milano, che ora ha in mano un formidabile grimaldello per aprire quel gigantesco portone blindato: la legge 62 approvata dal Parlamento italiano il 18 aprile 2005 per recepire una direttiva europea. La legge aumenta le pene per l'aggiotaggio e consente le intercettazioni telefoniche per il *market abuse* (abuso di informazioni privilegiate e manipolazioni del mercato). Proprio quel che stanno facendo, secondo i magistrati, i furbetti e i furboni del quartierino.

Sogno di una notte di mezza estate

La primavera del 2005 è una stagione nera per il Cavaliere, almeno sul fronte politico. La sconfitta per 11 a 3 alle elezioni regionali è una campana a morto per le politiche del 2006. L'Udc fa le bizze, alza il prezzo, pretende la crisi di governo e un Berlusconi bis. Una catastrofe. Ma il premier si consola con gli affetti più cari: gli affari. Quelli, almeno per lui, vanno sempre a gonfie vele. Ha appena incassato 2,2 miliardi di euro *cash* dalla vendita del 17% delle sue azioni Mediaset. E, con un abbraccio mezzo rubato all'assemblea di Confindustria, ha fatto pace almeno sul piano umano con il nemico di sempre: Carlo De Benedetti. L'Ingegnere, col quale non parlava da 16 anni, dai tempi della guerra di Segrate per la Mondadori, ha finalmente accettato di incontrarlo a cena a casa Letta, grazie alla mediazione del figlio Marco, *top manager* della Tim. Il carissimo nemico ha posto una sola condizione: non parlare né di politica né di editoria, «per non rischiare di ricascarci». Alla fine del faccia a faccia, il presidente del Consiglio gli ha chiesto dei suoi progetti per il futuro: «Io – ha risposto De Benedetti – sto bene così. L'unico sfizio che avrei...». E gli ha illustrato l'idea di un fondo «private equity» per salvare le aziende in crisi. Berlusconi ha sorriso e, con una zampata da vecchio pokerista, ha buttato lì: «Tu quanto metti?». «Cinquanta milioni di euro.» «Allora, se sei d'accordo, farei altrettanto anch'io...» Colto alla sprovvista, impulsivo come sempre, fors'anche divertito dall'idea di gestire un bel gruzzolo di quattrini del vecchio nemico, l'Ingegnere ha replicato: «Perché no?».[7]

Sarà lo stesso De Benedetti a raccontare i retroscena di quell'incontro in due interviste, al «Sole 24 Ore»[8] e al «Financial Times».[9] Ma prima, per un paio di mesi, la notizia rimane riservata. E il Cavaliere, abituato ai giornalisti dei suoi *house organ*, accarezza il sogno che anche quelli del gruppo De Benedetti allenteranno la presa su di lui e sul suo governo-vergogna. È il sogno di una notte di mezza estate: quello di addomesticare, in vista della campagna elettorale più drammatica della sua carriera politica, i tre quotidiani che lo ossessionano da anni. All'«Unità» le Salomè del Botteghino gli hanno offerto su un piatto d'argento la testa di Furio Colombo. Al «Corriere» sta pensando Ricucci, ben assistito da uno stuolo di *berluscones*. E persino «Repubblica» – spera lui – potrebbe riservargli un trattamento un po' meno ostile, ora che investe 50 milioni nel fondo debenedettiano. Questi sono i pensieri che frullano nella testa calda del Cavaliere, come dimostrano le reazioni entusiastiche delle sue testate quando, a fine luglio, la notizia del fondo salva-imprese diventa pubblica. Anche se l'Ingegnere si affretta a smentire qualsiasi patto *bipartisan*, qualunque giravolta politica:

> Niente di tutto questo. Premetto che il nazionalismo non mi appartiene e che questo non sarà un fondo di beneficenza, ma dovrà fare dei soldi. Tuttavia credo che, mettendo assieme queste capacità finanziarie e imprenditoriali, potremo anche aiutare le aziende del nostro Paese. Ne ho parlato con molti banchieri e la reazione è stata positiva. Mi hanno detto: fallo, è la strada giusta.[10]

Infatti nel fondo sono disposti a entrare alcuni tra i più bei nomi della finanza e dell'industria italiana, da Montezemolo a Della Valle. Ma vedere Berlusconi e De Benedetti in società non è cosa da poco. L'Ingegnere, oltreché editore di giornali da sempre progressisti e antiberlusconiani, è pure il fondatore di Libertà e Giustizia, un'associazione che combatte il conflitto d'interessi, per una politica sana e trasparente. I due – lo scrive il direttore di «Repubblica» Ezio Mauro – sono «come il diavolo e l'acqua santa». Infatti diverse figure storiche del giornalismo e della cultura affermano subito che De Benedetti sta commettendo un errore. In pubblico lo dicono Biagi, Sylos Labini e Sartori, che si dimette da garante di Libertà e Giustizia. In privato Scalfari, Rinaldi e Caracciolo, da sempre al fianco dell'Ingegnere. Berlusconi intanto si frega le mani. «Il Foglio» saluta la notizia come «la fine della guerra civile». Il «Giornale» esulta per «la Yalta del capitalismo italiano». I tg Mediaset gongolano. E il Cavaliere – come rivela, mai smentito, Jacopo Iacoboni sulla «Stampa» – va in giro tutto tronfio a Porto Rotondo «spiegando a vari interlocutori che lui investe nel fondo con De Benedetti "non per soldi", ma perché questo avrebbe avuto un'influenza "positiva sui giornali del gruppo Espresso"».[11]

Naturalmente nessun direttore del gruppo De Benedetti («Repubblica», «Espresso», «MicroMega» e i quotidiani Finegil) ha pensato nemmeno per un attimo di ammorbidire la posizione su Berlusconi e tutto ciò che rappresenta. Lo conferma Ezio Mauro, garantendo che la linea di «Repubblica» non cambierà di una virgola:

Il fatto che questi due personaggi investissero insieme nella creazione dello stesso fondo (sia pure senza alcun patto di sindacato e nessun accordo di alcun tipo) ha fatto scandalo e continua a farlo. E si capisce perché, visto che i due per più di un decennio sono stati in Italia come il diavolo e l'acquasanta. Le reazioni sono di tre tipi. La prima è interna alla sinistra, e sostiene che quell'intesa è comunque un errore in principio, perché non si fanno accordi di alcun tipo con Berlusconi, visto anche l'oggettivo ampliamento del conflitto d'interessi che il nuovo progetto può comportare. De Benedetti risponde che non c'è nessun accordo, nessun patto, soltanto un investimento comune, e il management sarà totalmente autonomo dagli azionisti. La seconda reazione è quella dei giornali familiari del Cavaliere, che hanno immediatamente cavalcato l'operazione quasi fosse una benedizione insperata, esaltandola addirittura come una Yalta del capitalismo italiano. Rivelando così un'ansia di sdoganamento e di legittimazione davvero stupefacente, dopo dieci anni di pubblica avventura politica del Cavaliere. Infine, c'è la reazione di chi non ha mosso un dito quando la P2 stava assaltando l'informazione e oggi pensa (in realtà spera) che il semplice investimento di Berlusconi in un fondo creato da De Benedetti basti per sconfessare la linea politica che «Repubblica» ha tenuto in questi anni e serva per farla cambiare in futuro. Francamente, questa è l'opinione più sconcertante. Il decennio populista che abbiamo attraversato con la sua sconfessione di ogni regola, deve aver fiaccato coscienze e culture anche esterne all'organizzazione politica berlusconiana, se si può pensare tranquillamente che l'imperativo proprietario può travolgere ormai ogni storia, ogni tradizione, qualsiasi autonomia culturale. In tutti questi anni «Repubblica» ha dato i suoi giudizi sulla vicenda politica italiana tenendo conto sempre dell'interesse del Paese, e proprio a partire dalla storia libera e autonoma del suo progetto informativo e culturale. Lo ha fatto per il libero convincimento professionale e civile di una redazione straordinaria, in piena sintonia e continuità con il progetto iniziale dei fondatori, Eugenio Scalfari e Carlo Caracciolo. Ma lo ha fatto in pieno accordo con l'azionista De Benedetti, che ha condiviso e appoggiato tutte le battaglie del nostro giornale, e che non ha certo cambiato idea oggi. Dunque, non abbiamo nulla da cui guardarci, nulla di cui pentirci (salvo i normali errori di chi fa un lavoro quoti-

> diano, e che sono comunque e sempre responsabilità del direttore). Soprattutto, non sentiamo alcuna contraddizione con noi stessi e con il giudizio che – spesso nel silenzio e nella connivenza altrui – abbiamo dato di questi anni sventurati per l'Italia, nella lettura giuridica del professor Cordero, nell'immagine di Makie Messer usata a proposito da Eugenio Scalfari quando il Cavaliere l'imponeva.[12]

Ormai è chiaro che l'affare ha travalicato i confini della Borsa per irrompere fragorosamente in quelli della politica. Così l'Ingegnere, con la stessa impulsività con cui aveva detto sì, dice no. E il 5 agosto scrive una lettera aperta a «Repubblica» dal titolo: «Perché dico no a Berlusconi nel fondo».

> Cara «Repubblica», cari lettori, cari giornalisti e collaboratori del gruppo Espresso, caro Eugenio, caro Ezio, in questi giorni mi sono reso conto che si attribuisce alla mia persona una grande responsabilità sulla scena italiana, sia come individuo, sia come azionista di maggioranza del gruppo Espresso-Repubblica, ai cui giornalisti ho sempre garantito la massima libertà di espressione [...]. In questi ultimi giorni, per errore o in malafede, si è presentata come «alleanza» un'eventuale partecipazione di Silvio Berlusconi a una iniziativa da me pensata e che sarà da me presieduta, con la partecipazione di altri importanti imprenditori [...]. Non ho letto un solo commento sul merito dell'iniziativa da me assunta, ma solo sul presunto, e inesistente, accordo con Berlusconi [...]. Non ci sono stati, né potevano esserci, né accordi né patti. Ma oggi, avendo constatato i malintesi e, soprattutto, le speculazioni che si sono fatte sull'episodio, ribadisco il mio assoluto impegno a considerare come prioritario il mio ruolo di editore del gruppo Espresso-Repubblica. Per questo e solo per questa ragione, ho fatto sapere a Berlusconi, sia pure ringraziandolo per la disponibilità, che rinuncio al suo investimento [...]. I miei critici in malafede, però, sappiano che io andrò avanti con il mio fondo, proprio come l'ho annunciato, nella convinzione che sia una buona cosa per gli azionisti ma anche per il Paese nel quale vedo, con viva preoccupazione, configurarsi come iniziative imprenditoriali avventure finanziarie sotto esame della magistratura.[13]

Berlusconi risponde a «Repubblica» con una lettera in cui nega il suo conflitto d'interessi e addirittura il suo monopolio televisivo. Poi dedica poche righe al no dell'Ingegnere:

> Prendo nota, con rammarico, del fatto che l'Ingegnere, pur essendo persona certo navigata da anni nel duro mondo degli affari, non ha saputo resistere al massacro mediatico, e tutto politico, che investe immediatamente chiunque osi entrare in rapporto con Silvio Berlusconi. Lo capisco, perché io questo massacro ingiusto lo soffro sulla mia pelle quotidianamente da quando ho osato togliere il potere a una sinistra che si era illusa di avere già vinto. Non vorrei, Signor direttore, che questa stessa sinistra e che molte persone che la pensano come Lei si illudessero ancora una volta.[14]

In realtà chi s'illudeva era proprio Berlusconi. Ma i sogni, si sa, muoiono all'alba. L'«Unità» di Padellaro si rivela per lui un osso altrettanto duro di quella di Colombo. «Repubblica» ed «Espresso» restano quelli di sempre. E gli scalatori del «Corriere» incontrano sulla loro strada una vecchia e nuova conoscenza del Cavaliere: la Procura di Milano. Il sogno di una notte di mezza estate finisce qui. Al suo posto c'è l'incubo quotidiano delle indagini giudiziarie su Ricucci & C.

Storia di un odontotecnico

Chi è Ricucci? Per capirlo bisogna salire in auto e spingersi fino a Zagarolo, paesone alle porte di Roma, finora celebre soprattutto per l'*Ultimo tango* di Franco Franchi e Ciccio Ingrassia e per lo scandalo di Emmanuel Milingo, vescovo nero ed esorcista, sposato e poi pentito, che proprio lì è andato a espiare la sua fuga d'amore con Maria Sung. Stefano Ricucci nasce qui, sotto il segno della bilancia, l'11 ottobre 1962. Il padre è autista dell'Atac, l'azienda dei trasporti pubblici di Roma, la madre è casalinga. Lui si diploma e diventa odontotecnico. Lavora in uno studio con un amico, Giuseppe Parrone. Ma nell'ottobre del 1983 Giuseppe sparisce. Si pensa a un sequestro, vengono allertati anche i carabinieri di Ragusa, in Sicilia, dove

Parrone è proprietario col fratello Giovanni di un altro laboratorio di odontoiatria. Poi il colpo di scena. L'uomo è stato ucciso dalla moglie che aveva una relazione clandestina con un meccanico. I giornali parlano del paesone di Ricucci, ma non per le sue imprese, non ancora: i titoli sono tutti per gli «amanti di Zagarolo».

Stefano si riprende presto dallo shock. Il lavoro va bene, si mette in proprio, apre altri due studi. Il solo guaio sono un paio di denunce per abuso della professione di dentista. Poca roba, visto quel che verrà in seguito. Ha l'ossessione della laurea, mai presa, ma risolverà anche questo dettaglio vent'anni e decine di milioni di euro dopo, ottenendone una a pagamento dalla Clayton University di San Marino. Qualche grana gli arriva da uno dei suoi collaboratori, Vittorio Miglio, che nel 1986 resta coinvolto in un presunto traffico di droga insieme ad alcuni camorristi salernitani. Miglio oggi ha superato quelle storie e rilevato l'attività nel ramo dentiere dell'amico divenuto finanziere.

La leggenda di Stefano da Zagarolo narra di un primo affare immobiliare a 19 anni: un terreno della madre scambiato con tre appartamenti. Poi qualche compravendita di negozi. Nel 1985 il primo business con la B maiuscola: acquista un immobile a San Cesareo, alle porte di Roma, e lo rivende – sostiene – guadagnandoci 246 milioni di lire. Da allora non si ferma più. Da Zagarolo a Roma, e da Roma a Milano.

Accanto a lui, una ragazza che gli apre le porte giuste. Si chiama Maria Linda Imperatori ed è cugina di Gianfranco Imperatori, ex vicepresidente del Banco di Sicilia ed ex presidente del Mediocredito. Stefano la sposa il 9 agosto 1987 e se ne separerà, consensualmente, nel 2001. Ormai è un uomo ricco. Se nel '96 dichiarava un reddito di appena 7600 euro all'anno, cinque anni più tardi il budget familiare ammonta a quasi mezzo milione. Uno dei colpi di fortuna, insieme ai generosi piani regolatori delle giunte romane di centrosinistra, è la «bolla immobiliare». Tra l'ottobre 1998 e l'ottobre 2004, secondo dati di Nomisma, le abitazioni incrementano il valore in media del 65%, gli uffici del 59, i negozi del 57. Ma i palazzi di pregio a Milano e Roma, in alcuni casi, raddoppiano o addirittura triplicano. Ricucci, per esempio, acquista nel 1999 un centro residenziale a Talenti, vicino a Montesacro, per 17 miliardi di lire e lo rivende subito dopo a 50. L'anno dopo compra per 37 miliardi Palazzo Bonaparte, in Piazza Venezia a Roma, e lo rivende a 90. A Milano possiede un immobile in Via Borromei valutato 120 milioni di euro, un altro in Piazza Durante che ne vale 118, un terzo nella centralissima Via Pellico, valutato 60 milioni. Ma non basta.

Per pompare i bilanci e ottenere dalle banche ricchi finanziamenti garantiti dal valore dei palazzi, la nuova «razza mattona» usa anche un altro metodo. Mutuato direttamente dal mondo del calcio. I giovani palazzinari si scambiano gli immobili tra loro e, a ogni compravendita, i prezzi salgono. Poi si rivolgono alla Borsa. Acquistano azioni dando in garanzia immobili, danno le azioni in pegno alle banche per ricavarne quattrini che usano per comprare altre azioni, che utilizzano per incassare altri crediti. E così via, in una catena di Sant'Antonio infinita.

Per Claudio Gatti del «Sole 24 Ore», tutto si basa su un bluff. Gli immobili che Ricucci sfoggia come i gioielli della sua società sono in gran parte sopravvalutati. Il rischio è altissimo: se le banche gli chiedessero all'improvviso di rientrare, finirebbe a gambe all'aria. Se però questo non accade, il gioco funziona a meraviglia. Anche perché i primi investimenti in Borsa hanno portato plusvalenze da capogiro. È l'altro colpo di fortuna. Nella seconda metà degli anni Novanta Ricucci incontra un personaggio che di finanza s'intende per davvero: Chicco Gnutti, il raider bresciano che nel 1999, insieme a Roberto Colaninno, ha scalato la Telecom con un'Opa da 100 mila miliardi benedetta dal presidente del Consiglio D'Alema. Così l'ex odontotecnico investe grosse somme in Olivetti e in Tecnost, due società coinvolte nel gigantesco affare telefonico, il cui valore aumenta rispettivamente del 500 e del 700%.

Oltre a Gnutti, gli danno una mano i suoi nuovi commercialisti. A Milano Ricucci si è rivolto allo studio Severgnini, uno storico pool di fiscalisti ben radicato negli Stati Uniti e in Lussemburgo, con cui lavorava negli anni Settanta anche Michele Sindona. A Roma invece, a partire dal 2002, si appoggia a Guglielmo Fransoni, un giovane docente di diritto tributario associato allo studio di Giacomo Cavallo e Giuliano Guidi, che vanta fra i suoi clienti un folto gruppo di palazzinari e imprenditori capitolini legati al Vaticano, come i Parnasi e i Cruciani (quelli dello scandalo Lockheed). Gente che, in gran parte, ha fatto fortuna negli anni Sessanta e Settanta all'ombra del Banco di Roma, allora diretto da Giovanni Guidi, il padre di Giuliano: un banchiere il cui nome risultava negli elenchi P2, uno degli ultimi personaggi ad avere in mano la «lista dei 500» (quella con i nomi dei presunti esportatori di valuta, che proprio Sindona intendeva usare per ricattare mezza classe dirigente).

Anche Fransoni e Cavallo (che amministra per conto di Ricucci una grande villa sul monte Argentario, già Villa Feltrinelli) hanno qualche problema con la legge. A Messina sono stati indagati per una storia di riciclaggio, poi il processo (contro il solo Fransoni) è stato spostato a Roma dove è tuttora in corso. Colpa di alcune società domiciliate nel loro studio (tra cui la Telecom Sicilia Spa); e di un loro cliente, Giuseppe Cuminale, che nel 2003 stava per essere arrestato dalla Procura antimafia. La Cassazione bloccò il provvedimento, ma confermò la gravità degli indizi raccolti. L'accusa parlava di un sistema illegale così congegnato: si ottenevano ricchi appalti dalla Telecom Italia per la posa di cavi, si facevano fallire le società che li avevano vinti, poi il ricavato di quei lavori spariva in un vorticoso giro di denaro e opere d'arte, grazie all'aiuto di strani personaggi di Messina e Barcellona Pozzo di Gotto, considerati vicini a Cosa Nostra. Oggi Fransoni è l'uomo che per conto di Ricucci si occupa dei rapporti con le banche. Siede nel consiglio d'amministrazione di Magiste International, la holding dell'ex odontotecnico domiciliata in Lussemburgo. E il 21 febbraio 2005 è stato fermato al valico di Chiasso dal Nucleo valutario della Guardia di Finanza: nella sua Mercedes c'erano preziosi documenti finanziari su società *off-shore* e operazioni riservate, ora in mano ai pm di Milano Eugenio Fusco e Giulia Perrotti che indagano sulle scalate: dimostrano, per esempio, che la Garlsson, la società che dalle Isole Vergini aveva già cominciato a rastrellare azioni Antonveneta, era controllata proprio da Ricucci.

Un bell'intreccio che però non spiega come l'uomo di Zagarolo, a soli 43 anni, sia arrivato a possedere – lo dice lui ai giornali – 910 milioni in immobili e circa 1400 milioni in partecipazioni azionarie. Quasi 5 mila miliardi di lire. L'origine di queste fortune sembra destinata a rimanere segreta. Anche la Guardia di Finanza ha dovuto finora arrendersi di fronte a due scogli insormontabili: il «condono tombale» chiesto da Ricucci per gli anni 1997-2002; e lo «scudo fiscale» che vieta gli accertamenti sui capitali fatti rientrare dall'estero. Due graziosi omaggi del governo Berlusconi.

Il doppio gioco del Cavaliere

Per quanto enorme, il patrimonio personale di Ricucci non basta per le tre megascalate. Chi gli dà i soldi? La più generosa, come vedremo, è la Deutsche Bank (che gli presta circa un miliardo di euro). Poi c'è Fiorani, che con Bnl gli stacca un assegno di 850 milioni di euro. Anche l'Unipol fa la sua parte: finanzia Ricucci con 210 milioni, dopo avergli assicurato una grassa plusvalenza acquistando le sue quote in Bnl. Ora, finanziare le scalate bancarie si può capire. Ma il vero mistero riguarda i milioni che Fiorani presta a Ricucci per rastrellare azioni del «Corriere». Tanti, troppi: 570 su un totale di finanziamenti di 850. L'immobiliarista li garantisce con gli stessi titoli di Rcs appena acquistati (così di fatto Fiorani si trova a controllare il 14% del «Corriere»). Oltre mille miliardi di lire per un'operazione fin dall'inizio rischiosissima, finanziariamente e politicamente. Perché mai finanziarla? È l'unica domanda che, quando i pm milanesi gliela pongono, fa ammutolire il loquacissimo banchiere di Lodi. Che se la cava così: «Mah, avrò commesso un errore...».

Certo i suoi rapporti privilegiati con il Cavaliere non sono un mistero. E non solo con lui. Il cattolicissimo (e plurinquisito) Fiorani è il banchiere di riferimento del pio Fazio, dopo la rottura fra il governatore e Cesare Geronzi, patròn di Capitalia. Il figlio e il genero di Fazio hanno fatto *stage* alla Bpl. Ma il banchiere lombardo è pure intimo di Ruini: la Lodi sponsorizza iniziative culturali e ristrutturazioni di parrocchie per conto della Cei. Però con Berlusconi la *liaison* è più antica. Risale almeno al 1992, quando Bpl assorbì la Banca Rasini, dove Luigi Berlusconi, il padre del premier, aveva lavorato per una vita e dove, secondo Sindona, la mafia riciclava i soldi sporchi. Poi, nel '99, Fiorani ha incorporato anche Efibanca, la merchant bank della Bnl, pesantemente inquinata dalla P2, che dal 1980 finanziò con una cascata di miliardi l'assalto berlusconiano alle tv. Insieme alle due banche, insomma, Fiorani ha pure in mano i due rispettivi archivi. Senza contare che ha generosamente prestato a Paolo Berlusconi i 50 miliardi di lire necessari per evitare il carcere nel processo per la discarica di Cerro Maggiore; e che Ennio Doris, socio di Berlusconi in Mediolanum, partecipa con Bpl alla scalata di Antonveneta.

E poi, al fianco dell'amico Ricucci, c'è Ubaldo Livolsi, il manager che nel 1996 ha portato Mediaset in Borsa. Dal 1998 non è più amministratore delegato della Fininvest. Si è messo in proprio. Ha fondato la banca d'affari Livolsi & Partners e gestisce il fondo d'investimento Convergenza. Ma i suoi legami con il Cavaliere sono rimasti strettissimi: continua a sedere nel Cda Fininvest e la maggior parte degli affari della sua merchant bank sono legati alle società del premier. Ed è pure l'advisor di Ricucci in diverse operazioni immobiliari. Insomma Livolsi è l'uomo giusto a cui chiedere che cosa sta succedendo nell'alta e bassa finanza italiana. Lui, al «Sole 24 Ore», lo spiega così:

> L'avanzata degli immobiliaristi conferma l'inizio di una profonda fase di cambiamento: si sta incrinando lo *status quo* economico-finanziario che durava da troppi anni. Oggi un gruppo come Rizzoli non può essere focalizzato solo sulle attività italiane, deve diventare un *player* internazionale. Occorre che faccia più investimenti all'estero. Magari nuovi business, come radio e televisione. Ricucci può essere l'uomo che apporta i primi capitali. Che dà la scossa per valorizzare gli *asset* non pienamente sfruttati per poi essere affiancato da uno o più soci industriali capaci di portare contenuti e strategie di business.[15]

Sembra una confessione in piena regola: dietro Ricucci c'è Berlusconi. L'ex odontotecnico è solo un apripista. Poi arriverà Mediaset, che già possiede radio e tv a profusione e, come ha stabilito la Gasparri, dal 2008 potrà pure detenere quotidiani (oltre a quelli già intestati al fratello e alla moglie del premier). C'è dunque il padrone del governo e delle tv dietro la scalata al «Corriere»? Berlusconi tenta di spegnere le voci con la solita smentita: «Garantisco sul mio onore e sulla mia parola che non c'è alcun interesse da parte del mio gruppo all'operazione Rcs». Poi però difende Ricucci:

Non ci sembra che questa ostilità sia qualcosa di accettabile. Se si rispettano le regole di mercato, non si può scatenare una campagna contro qualcuno che agisce nel rispetto di queste regole.
Si riferisce a Rcs?
Mi riferisco a tutte le operazioni che in questo momento sono in campo nel mercato finanziario.
E le critiche sulla provenienza di certi capitali?
Francamente non sono in sintonia con queste critiche, le giudico male e do un giudizio negativo. Mi sembra che quando qualcuno osa dare fastidio ai cosiddetti poteri forti, gli stessi poteri forti lo mettono sotto accusa. Questo mi sembra che non sia accettabile.[16]

Il mondo della finanza trattiene il fiato. Il premier dice e non dice. Della Valle, azionista sia di Bnl (dov'è schierato con gli spagnoli) sia di Rcs, gli risponde a muso duro con un'intervista a Giovanni Pons di «Repubblica»:

C'è un grande disagio in seno al mondo che produce, perché qualcuno mette sullo stesso piano le imprese serie che hanno una storia alle spalle con gli ultimi arrivati dei quali non si sa nulla. Non è un ragionamento snobistico, ma a tutela delle regole di questo Paese. Siamo sorpresi che Berlusconi sia entrato nel dettaglio di singole operazioni. Dovrebbe volare più alto e siamo sicuri che se lo farà saprà distinguere le imprese serie dagli affaristi dell'ultima ora.
Secondo lei sono interventi casuali o c'è un disegno politico-finanziario dietro tutto ciò?
Sono posizioni a favore della parte non imprenditoriale del Paese. Credo abbia prevalso la voglia di contrastare realtà che Berlusconi non considera amiche, ammiccando a costo zero ad alcuni kamikaze che stanno tentando operazioni impossibili ma che creano nervosismo al sistema. Se Berlusconi sdogana Ricucci, gli imprenditori si preoccupano [...]. Ricucci non è un imprenditore trasparente. Dovrebbe presentare un *pedigree* al mercato e alle istituzioni facendo capire da dove prende il denaro. Bisogna distinguere tra il mondo immobiliare serio e chi fa speculazioni che non portano ricchezza al Paese.[17]

È un problema di regole, come ricorda il presidente di Confindustria Luca Cordero di Montezemolo, anche lui nel patto Rcs come presidente della Fiat:

> Quando in Italia negli anni passati si sono verificati fenomeni di cui non si sapeva bene l'origine, o sono spuntati capitali ingenti dalla provenienza misteriosa, spesso ci siamo trovati di fronte a delle sorprese.[18]

Capitali coraggiosi

Ma anche Piero Fassino difende Ricucci e compagni: «È incomprensibile la puzza sotto il naso», «lo snobismo» con cui vengono trattati gli immobiliaristi, dichiara a Sky Tg24 il 22 giugno. È quel che dice anche Confalonieri: «Chi compra azioni lo fa perché ha i soldi. Basta con le urla di profanazione del *sancta sanctorum* dei principi immacolati della finanza».[19] Lo stesso giorno diventa pubblica la notizia che Ricucci e la sua Magiste, come pure Gnutti e la sua Fingruppo, sono indagati a Milano per aggiotaggio. Ma Fassino non cambia idea:

> Non c'è un'attività imprenditoriale che sia pregiudizialmente migliore o peggiore di un'altra. È tanto nobile costruire automobili o essere concessionario di telefonia, quanto operare nel settore finanziario o immobiliare.[20]

E un mese dopo, D'Alema difende anche il plurinquisito Gnutti. «E che cos'ha che non va Gnutti? È socio anche di Olimpia [la finanziaria che controlla Telecom, *N.d.A.*] e nessuno ha mai detto niente».[21]

Mentre lo scontro fra l'establishment industriale e quello politico è al calor bianco, l'opinione pubblica pare molto più interessata al matrimonio di Ricucci che il 9 luglio, all'Argentario, impalma l'attrice Anna Falchi. Gli invitati sono soltanto 28, gli amici più cari. Spiccano, accanto al presidente di Confcommercio Sergio Billè, messinese e grande amico dello sposo, due parlamentari di Forza Italia: Romano Comincioli, ex compagno di classe di Berlusconi, eletto al Senato proprio nel collegio di Lodi; e Salvatore Cicu, deputato siciliano eletto in Sardegna e sottosegretario alla Difesa. Comincioli più Cicu più Livolsi: l'ombra del Cavaliere si allunga sempre più alle spalle dello scalatore del «Corriere». Ma le cose non sono così semplici.

Ricucci e i tanti amici che stanno con lui hanno capito che, per scardinare il sistema economico-finanziario, non basta l'appoggio o la benevola neutralità di una sola parte politica. Per stare davvero tranquilli, servono legami con tutto l'arco costituzionale. Per questo, mentre va all'assalto del «Corriere», il furbetto di Zagarolo va sottobraccio a Consorte per conquistare la Bnl e, allo stesso tempo, corre con la Bpl (storicamente legata a Berlusconi) per impadronirsi di Antonveneta.

L'ex odontotecnico, a questo punto, è un inciucio ambulante. A destra annovera, tra gli amministratori della sua cassaforte lussemburghese Magiste, Luca Pompei, nipote di Almirante ed ex candidato di An alle amministrative; senza contare i compagni di strada molto vicini a Forza Italia e alla Lega (Fiorani, Livolsi, Comincioli, Cicu). A sinistra si sceglie come avvocato penalista, in una causa che a Roma lo contrappone al cognato, il senatore Ds Guido Calvi (in questa confusione tutta italiana tra affari, professioni e politica, si racconta che a convincere Calvi ad assumere la sua difesa sia stato l'avvocato Giuseppe Valentino,[22] sottosegretario alla Giustizia di An); senza dimenticare l'asse con Unipol e le coop rosse. Che si vuole di più dalla vita?

Del resto il marito di Anna Falchi, quando parla con i giornalisti, si mostra il più possibile *bipartisan*:

> Stimo Massimo D'Alema e Silvio Berlusconi, sono persone perbene. E anche il dottor Fassino. Sia chiaro però che non parteggio per nessuno. Ho incontrato Berlusconi solo una volta in Confcommercio con il presidente Billè, con Fassino ci siamo conosciuti e presentati all'assemblea della stessa associazione il giorno dopo. D'Alema non l'ho mai incontrato. Sono anche in ottimi rapporti da anni con Consorte e, da quando avevo 18 anni, il mio amico più caro era un'attivista del Pci prima e dei Ds dopo, l'architetto Francesco Febbraro, capo della ripartizione urbanistica del comune di Roma, un uomo-chiave nell'amministrazione Veltroni. È di San Cesareo come me. E un buon amico è anche il senatore Ds Esterino Montino.[23]

Il rampante Ricucci ha imparato bene la lezione dal suo maestro Gnutti. Quel Gnutti che nel '99, quando conquistò la Telecom, fu salutato da D'Alema come uno dei «capitani coraggiosi» (l'altro era Colaninno). Lo stesso Gnutti che mise alla testa della Bell, la finanziaria lussemburghese capofila della scalata telefonica, Raffaello Lupi, consulente dell'allora ministro delle Finanze Vincenzo Visco. Oggi Gnutti ospita soci di ogni colore nella sua holding Hopa, la società che controlla tutto l'impero del finanziere bresciano: fra gli azionisti figurano le coop rosse di Unipol, il Montepaschi di Siena (di cui Gnutti è socio e vicepresidente), la Popolare di Lodi e, *dulcis in fundo*, la Fininvest di Silvio Berlusconi. Più che una holding, una «Bicamerale della finanza».[24] Accanto al presidente Gnutti, infatti, nel Cda di Hopa siedono il vicepresidente Consorte, Ricucci, Livolsi e Stefano Bellaveglia, l'altro vicepresidente del Montepaschi, indicato dalle cronache come un dalemiano di ferro. Tra i sindaci di Hopa spicca poi il nome dello storico commercialista di Berlusconi, Achille Frattini, che fra l'altro è pure presidente dei collegi sindacali di Mediaset e di Idra, la società che custodisce le proprietà immobiliari personali del premier, prima fra tutte villa La Certosa.

Piccola curiosità aggiuntiva, sempre a proposito della «razza padana» dei «capitani coraggiosi» di telefonica memoria: quando, il 5 luglio 2001, la Procura di Torino gli fece perquisire la casa e gli uffici nell'ambito dell'inchiesta per falso in bilancio sulla fusione Telecom-Seat Pagine Gialle, Colaninno telefonò al ministro Visco per lamentarsi.

Certo, gli affari sono affari. Ma nessuno può negare che Gnutti sia un finanziere più che disinvolto. È stato condannato a Brescia in primo e secondo grado per insider trading, tant'è che il Montepaschi ha dovuto sospenderlo dalla carica di vicepresidente per sospetta «indegnità». E a Milano è sotto processo, proprio insieme a Consorte, per un altro presunto insider trading: una vicenda di informazioni riservate uscite dalla sede Unipol che avrebbero permesso a Gnutti e a una serie di amici bresciani di fare un sacco di soldi acquistando bond dell'assicurazione «rossa».

«*Ti bacio in fronte*»

Per capire che cosa sta accadendo al «Corriere», bisogna leggere le tre scalate in parallelo. È quello che fa, con sua grande sorpresa, la Procura di Milano: ascoltando le telefonate dei protagonisti dell'assalto Bpl ad Antonveneta, si rende conto che quasi tutti stanno giocando contemporaneamente altre due partite: quelle per il controllo di Bnl e di Rcs.

Il sospetto iniziale dei pm Eugenio Fusco e Giulia Perrotti, coordinati dal capo del pool reati finanziari Francesco Greco, è che la banca di Fiorani, per rastrellare azioni Antonveneta, si muova assieme a Ricucci, Gnutti e una ventina di personaggi minori con un obiettivo preciso: impedire il buon esito dell'Opa lanciata il 30 marzo dagli olandesi di Abn Amro. Poi, con l'avanzare delle indagini, si scopre che Bpl ha finanziato occultamente un sacco di gente. In effetti, quando parte l'Opa olandese, lo sforzo della Lodi diventa evidente. Fiorani raccoglie tutte le forze della sua banca (e anche qualcuna in più) per incettare azioni di quella padovana: sfiora il tetto del 30% e a fine aprile lancia a sua volta un'offerta pubblica di acquisto, promettendo di pagare parte in denaro, parte in azioni. Il seguito è una gara al rialzo: sale Abn, ribatte Bpl. Che alla fine pare spuntarla. Gli olandesi raccolgono soltanto il 2,88% delle azioni, salendo al 32,7.

Ma l'11 maggio la Consob denuncia un patto occulto tra gli scalatori «italiani». Dai documenti risulta che la Lodi possiede in proprio il 30% di Antonveneta, ma grazie agli «amici» che lavorano nell'ombra arriva a controllarne il 40. Come minimo, per la Consob, Fiorani ha dribblato la legge che obbliga a lanciare l'Opa a quota 30%, non a 40. In un paese normale l'autorità di vigilanza, cioè Bankitalia, interverrebbe subito a stoppare l'operazione *border line*. La Bpl ha violato le regole e quindi dovrebbe essere commissariata. Ma siamo in Italia. E tutto si aggiusta, anzi si arrangia.

A Lodi arrivano gli ispettori di Fazio. Due persone oneste e preparate, Giovanni Castaldi e Claudio Clemente. Rovistano tra i conti e li confrontano con la legge, che elenca i parametri economici che le banche devono rispettare per evitare il pericolo di crac. Alla fine, ultimato il lavoro, i due ispettori non hanno dubbi. L'operazione Antonveneta è stata avviata con metodi fuorilegge: Bpl ha finanziato con oltre un miliardo di euro vari prestanomi di Fiorani perché rastrellassero occultamente per conto suo azioni Antonveneta. Ma, soprattutto, l'operazione è insidiosissima e minaccia di aprire nei bilanci della Lodi una falla gigantesca: un buco di 2 miliardi di euro. Più che una relazione, sembra un *de profundis* per Fiorani e i suoi sogni di gloria.

Ma a questo punto interviene Fazio. Per la prima volta nella storia, il governatore chiede un parere a tre esperti esterni alla struttura di Bankitalia, tra i quali spicca il nome di Agostino Gambino, già avvocato di Sindona e già ministro delle Poste nel governo Dini. I tre rispondono nel giro di poche ore. È vero, dicono: i parametri previsti dalla legge sono stati sforati, come sostengono i due ispettori, ma il piano presentato da Fiorani per garantire il «rientro» dalle esposizioni nel giro di pochi mesi è valido. Ora il pallino è in mano al monarca di Palazzo Koch, che deve decidere il 12 luglio. Darà ragione ai suoi ispettori o agli «esperti» che lui stesso ha interpellato, in evidente dissenso con la struttura interna? Alle 00.12 del 12 luglio, squilla il cellulare di Fiorani.

> *Fazio*: Ti ho svegliato?
> *Fiorani*: No, no... Guarda, sono qui a Milano ancora a parlare con i miei collaboratori...
> *Fazio*: Va be', va be'... Allora, ho appena messo la firma, eh.
> *Fiorani*: Ah... Tonino, io sono commosso, io ti ringrazio... ti ringrazio... ho la pelle d'oca... io, guarda Tonino, in questo momento ti darei un bacio sulla fronte, ma non posso farlo... so quanto hai sofferto, credimi, ho sofferto anch'io insieme alla struttura, ho sofferto con i miei legali e ti sono... prenderei l'aereo e verrei da te in questo momento, se potessi!

Che il rapporto tra i due fosse stretto era noto. Nel 2002 avevano anche passeggiato a braccetto in quel di Lodi a favore di telecamera e sotto i flash dei fotografi. Ma che fossero così intimi, come da effusioni telefoniche, nessuno lo immaginava. Quella conversazione, a prescindere da eventuali reati, dimostra un fatto: l'arbitro non è imparziale, visto che mai un banchiere di Amsterdam potrà rivolgersi al governatore come gli si rivolge Fiorani. Insomma il custode delle regole «uguali per tutti» fa il tifo e gioca per una delle due squadre in campo. È la prova del «concerto» tra Fiorani e Fazio.

Del resto già il 5 luglio, quando Abn Amro aveva chiesto una proroga alla scadenza della sua Opa, il governatore aveva pregato Fiorani di raggiungerlo nella sede di Bankitalia, ma avendo l'accortezza di passare dal retro:

> *Fazio*: Allora, se tu vieni da me verso le 15, le 15.30, stiamo insieme un'ora, un'ora e mezza, ché... diciamo... voglio verificare un insieme di cose... L'unica cosa: passa come al solito, dal dietro... dietro di là.
> *Fiorani*: Sì, va bene... sennò sono problemi...

Scriverà il gip Clementina Forleo, nell'ordinanza del 1° agosto con cui sequestrerà azioni e plusvalenze ai «furbetti»:

> Il tenore di molte delle conversazioni intercettate evidenzia che i rapporti tra gli indagati e altri personaggi, lungi dall'incanalarsi in fisiologici rapporti istituzionali o in rapporti meramente amicali, che legittimamente avrebbero potuto snodarsi parallelamente ai primi, appaiono contrassegnati da illegittime pressioni da un lato e da illeciti favoritismi dall'altro, in totale spregio delle regole poste a presidio del sistema dei controlli facenti capo in particolare alla Banca d'Italia.

Eppoi, oltre al governatore, c'è la governatora: la signora Maria Cristina Rosati in Fazio. Che con Fiorani intrattiene rapporti, se possibile, ancor più affettuosi del marito. Alle 21.40 del 27 giugno, Cristina Rosati garantisce a Fiorani che il marito lo richiamerà:

> *Rosati*: Ma chiama subito [ho detto a mio marito, *N.d.A.*], va, perché tu, dico, mica mi puoi trattare così Gianpiero, eh.
> *Fiorani*: Poverino tuo marito, fa le cose che devono fare... veramente non se ne può più, anche oggi una giornata ancora bruttissima Cristina... ma no, perché questi maledetti (scusa il termine) della Consob mi han fatto ancora l'ennesimo ricatto, che abbiam forse rimosso e abbiamo spostato, però... Con Cardia [presidente della Consob, *N.d.A.*] che personalmente dice «ma ci sto ripensando», dopo che tutti i suoi collabora-

> tori avevano approvato per intero il nostro progetto [...]. È come ammazzarti col piede e poi schiacciarti, allora io mi sono arrabbiato e ho detto: benissimo, allora chiamate il mio avvocato, facciamo una letteraccia pesantissima contro Cardia, mettiamogli paura anche noi a questo punto e vediamo di passare anche noi all'attacco perché sono veramente stufo stufo stufo [...]. Però improvvisamente loro davanti a questa minaccia allora alle sei mi tira fuori... ma allora forse la causa l'ha rimossa, forse va bene... insomma vigliaccate, Cristina, vigliaccate.

La signora Fazio passa il telefono al marito, che rassicura Fiorani e gli suggerisce il riequilibrio dei coefficienti patrimoniali (perseguito da Bpl attraverso quelle che la Procura ritiene finte cessioni di quote a società di Gnutti e altri amici) per consentire a Bankitalia di dargli il via libera.

> *Fazio*: Guarda che stavo a scherzare quando ho detto che son venuto in ufficio per te.
> *Fiorani*: No, scusami no, ma Tonino mi spiace, anzi mi spiace da matti perché per colpa mia... sai questi ulteriori disagi!
> *Fazio*: Ma che colpa tua, vabbè [...].
> *Fiorani*: Stavo raccontando che sono cose incredibili che hanno dell'inverosimile, cioè non è un Paese questo dove si può... non si può Tonino... Pazienza, certo certo, hai ragione e faremo l'impossibile per dare una risposta ferma... però ti par giusto che davanti a una nostra risposta minacciosa improvvisamente lui [Cardia, *N.d.A.*] è tornato sui suoi passi oggi e allora dice che il nostro prospetto va bene così... ma non può, non può un Paese così andare avanti a lavorare per minacce e basta, non si costruisce niente.
> *Fazio*: ... Non bisogna sbagliare nessuna mossa adesso.
> *Fiorani*: No, infatti, guai... ma domani è importante [...]. Ma non è programmato però di sentirlo Cardia, no, non pensavi di sentirlo?
> *Fazio*: No, no, ma però ci penso io.
> *Fiorani*: Non è il caso...
> *Fazio*: Tu vai avanti con quella cosa che...
> *Fiorani*: Ok, domani facciamo anche quella, vedrai Tonino.
> *Fazio*: Ci son dei numeri molto buoni, insomma, ecco.
> *Fiorani*: E lo so, lo so, infatti.

Fazio: Adesso non mi dire quello che... insomma bisogna andare avanti, ecco, va bene adesso, eh va bene?
Fiorani: Chiarissimo, chiarissimo, grazie ancora.
Fazio: Quello poi risolve... quello poi risolve tutto, va bene?
Fiorani: Ma è chiaro, siamo arrivati fino a qua, figurati, domani facciamo.
Fazio: Va bene, appunto, se ci fosse quello va bene.
Fiorani: E certo, grazie Tonino.
Fazio: Stai tranquillo, ciao.

Subito dopo, alle 21.50, Fiorani chiama Ricucci e gli dice che «su un passaggio bisogna riflettere: fatti bene i conti, andiamo a beccarci uno sforamento dei coefficienti patrimoniali». Quindi è necessario fare tutto «l'ambaradan» dopo il 30 giugno.

Il Consorte e la consorte

Quella stessa sera la signora Fazio richiama Fiorani per assicurare che il marito gli darà presto la sospirata autorizzazione. Stavolta lo chiama dal telefono di un certo «Gigi», intestato al Senato: probabilmente il senatore Luigi Grillo.

Rosati: Oh che non mi vuoi più bene.
Fiorani: No, no.
R.: Sono gelosa... sono gelosa.
F.: Tu adesso mi vieni a dire...
R.: Senti, tu adesso mi devi fare una promessa.
F.: Sì.
R.: Devi, fino a domani, devi stare zitto, non parla' con nessuno. Sei in una botte di ferro, stai tran-quil-lo.
F.: Vedrai che non sarà così. Io non ho sbagliato, Cristina, non ho mai sbagliato.
R.: Manco io ho sbagliato, e lo sai bene.
F.: Stavolta abbiamo purtroppo un presentimento diverso mio e tuo... però di presentimenti, guarda.
R.: Appunto, appunto, appunto Giampi, sì.
F.: Vedrai.
R.: Guarda, qui non è solo, guarda è la reputazione di mio marito, di 40 anni di vita.

> *F.*: Ma lo fanno fuori, Cristina, lo fanno, c'è qualcuno che vuole farlo fuori, Cristina...
> *R.*: Ma lo so [...]. Stai tranquillo, stavolta guardo io, e tu lo sai, figurati, ho provato [...]. Davvero tutti i passi. Guarda io l'altra sera mi sono vista veramente persa e, lo sai, mi sono mossa tempestivamente.
> *F.*: Poi hai scoperto che non c'era motivazione [...]. Quello che è successo te lo dirà Gigi, è una cosa incredibile, cioè c'erano delle incomprensioni da parte della struttura... non solo, non ricevevano più i miei... Ho dovuto, ho dovuto forzare la mano io con tuo marito e Diego (*incomprensibile*). A questo punto, Cristina, comunque pazienza, dai.
> *R.*: No, no, no no, non ti voglio senti' parlare così... non stare arrabbiato... Io che fai, mi butto dal balcone domani?
> *F.*: No, no, ma perché tuo marito è talmente buono, tuo marito è talmente buono, è talmente, è talmente... sì.
> *R.*: No, no, ascolta, Titanic mica l'hanno fatto già due volte... non si buttano 40 anni dalla finestra. Ma guarda, io, io sono sono notti che non dormo neanch'io, ma non, io stasera guarda, chiamala pazzia, chiamala cosa, io stasera sono molto tranquilla, molto molto... quindi ci risentiamo casomai più tardi, tu c'hai quel numero che ti ho dato...

In un'altra telefonata, Fiorani dice alla signora Fazio che lei, per lui e per il marito, è «il loro aquilone» che deve «volare alto». I due uomini possono «tirare le fila, ma l'aquilone che deve volare lontano sei tu». Poi, il 14 luglio, la signora informa il marito che Fiorani preferisce evitare di passare da loro «perché ha paura» e anche il senatore Grillo «è preoccupato». Qualcuno ha avuto sentore (o è stato informato) delle intercettazioni in corso. È lo stesso Fazio a dare la notizia alla consorte. La polizia giudiziaria scrive:

> Il governatore comunica alla moglie di aver appreso che erano state disposte delle intercettazioni e che in particolare Fiorani era «sotto controllo». La moglie appare meravigliata, dal momento che «quella persona», in contatto con «l'onorevole... amico di Grillo», aveva riferito «cose completamente diverse».

La fuga di notizie sulle intercettazioni, anche se non si sa bene a carico di chi, fa il giro della Roma che conta in un battibaleno. Gli inquirenti milanesi se ne accorgono in diretta, e sono ore di grande tensione fra i magistrati e la Guardia di Finanza. Anche perché lo stesso giorno a metterli in allarme c'è un'altra telefonata: quella fra il patròn di Unipol Giovanni Consorte e Massimo D'Alema, che sembrano alludere alle intercettazioni in corso. Evidentemente qualcuno a Roma ha parlato troppo. La solita talpa che rischia di guastare l'indagine sul più bello. Ma, pur con qualche prudenza in più, tutti i protagonisti della vicenda continueranno a chiacchierare: forse credendosi al riparo da controlli, o forse illudendosi di possedere telefoni sicuri. In ogni caso gli inquirenti non ravviseranno nelle parole di Consorte e D'Alema estremi di reato e non chiederanno alla Camera l'autorizzazione a trascrivere quella telefonata.

A cena con Silvio

Il 12 luglio, appena incassato l'agognato via libera dall'amico governatore e mandato un «bacio in fronte», Fiorani col cuore gonfio di commozione e orgoglio dà il via a una girandola di telefonate. Prima alla moglie, poi ai compagni d'avventura. Il primo è Emilio Gnutti, che proprio quella sera è a cena con il presidente del Consiglio Berlusconi. Sul brogliaccio della Guardia di Finanza sono riassunte due telefonate di Fiorani a Gnutti. La prima dura solo 57 secondi e parte alle 0.19. È Fiorani che chiama Gnutti per comunicargli «che è stata firmata l'autorizzazione». Poi c'è un *omissis*: Berlusconi si è fatto passare Fiorani e l'intercettazione, coinvolgendo un parlamentare, deve per legge rimanere segreta. Ma, come spesso avviene in questo *tourbillon* di chiamate, chi parla con i politici racconta poi subito dopo il contenuto delle telefonate precedenti (che la legge vieta di utilizzare senz'autorizzazione del Parlamento). Infatti, un minuto dopo, Fiorani richiama Gnutti:

> *Fiorani*: Ho sentito il presidente [Berlusconi, *N.d.A.*], commosso della cosa...
> *Gnutti*: Gli ho detto che andremo avanti con Rcs e che ci deve dare una mano...
> *F.*: Digli di chiamare il Number One [Fazio, *N.d.A.*].

G.: Gli ho detto che, se non ci dà una mano, la sinistra prende tutto.
F.: Ne parleremo domani a voce... La sinistra in questo momento ci ha appoggiato più di quanto abbia fatto il governatore...[25]

Gnutti si trova a Valeggio Sul Mincio, al parco Sigurtà, dove sotto un tendone bianco è stata organizzata una cena di raccolta fondi per il comitato regionale di Forza Italia. Centotrenta imprenditori veneti e bresciani hanno versato 5 mila euro a testa pur di stare vicini al Cavaliere. Al tavolo del premier, dove vengono serviti raviolini burro e salvia, risotto con scampi, zucchine e zafferano, scottona, orata e dolci, ci sono 12 persone. Fra queste Gnutti, il presidente del Brescia Calcio Gino Corioni e altri nomi importanti dell'imprenditoria bresciana.

Di quella cena scrivono i giornali. E Piero Fassino, appena scopre che anche Gnutti è tra i partecipanti, telefona preoccupatissimo a Consorte per lamentarsi. La telefonata non viene trascritta perché Fassino è un parlamentare. Ma Consorte ne riferisce il contenuto al suo vicepresidente Ivano Sacchetti. Ecco cosa scrivono il 12 luglio i finanzieri:

> Consorte dice che ha chiamato Fassino e gli ha detto che Abete è andato da Prodi. E aggiunge che Fassino gli ha consigliato di sentirlo per tranquillizzarlo. Consorte dice che se Prodi vuole spiegazioni gliele darà. Dice che Fassino era agitato perché Gnutti va alla cena per le elezioni di Berlusconi. Sacchetti dice che è bene che ci vada, mentre Consorte dice che lo chiamerà per vietarglielo [forse non ha capito che la cena c'è già stata, *N.d.A.*]. Consorte dice che Gianni Letta lo chiama perché non vuole che questi si mettano per traverso.

Evidentemente il leader Ds non ha ben capito chi è Gnutti. Forse pensa davvero che, date le sue origini (il finanziere bresciano è figlio di un sarto del quartiere «rosso» Lamarmora e ha sposato la figlia di un operaio comunista), sia un vero «compagno». O forse immagina che sia riconoscente per la benedizione del '99 ai «capitani coraggiosi». Ma Gnutti, che dietro la sua villa colleziona un centinaio di Ferrari d'epoca in un gigantesco hangar, pensa solo agli affari. È amico di tutti e di nessuno.

Così, quella sera, eccolo seduto accanto al Cavaliere. Il premier ha appena finito il suo discorso, annunciando una «campagna elettorale d'attacco per continuare a governare, e bene, il Paese». Stanno per partire i fuochi d'artificio quando Gnutti, stando al brogliaccio, gli passa al telefono Fiorani. Il premier viene così informato, quasi in diretta, dell'ok di Fazio alla Bpl. E si mostra «commosso della cosa».

Ormai, che la regia delle tre scalate sia una sola, è indiscutibile: Gnutti riferisce a Fiorani di aver detto a Berlusconi «che andremo avanti con Rcs e che ci deve dare una mano», altrimenti «la sinistra prende tutto» (altro che compagno!). Fiorani gli risponde che «in questo momento la sinistra ci ha appoggiato più di quanto abbia fatto il governatore...». Pochi minuti dopo, alle 00.29, Gnutti chiama la moglie Ornella:

> Ciao, sono a cena con Berlusconi [...]. Il governatore ha firmato un minuto fa il via libera e Berlusconi ha parlato in diretta al telefono con Fiorani.

Poi lo stesso Gnutti, all'1.02, risente Fiorani:

> *Gnutti*: È vero o sto sognando?
> *Fiorani*: È vero, perché o sono grandi imitatori che riescono a imitare quella voce, altrimenti questo film ha funzionato veramente bene... I miei amici legali sono in *conference call*, ma sanno che tutti coloro che hanno il piacere di... potranno dire che quel giorno c'erano anche loro e lo racconteranno ai loro figli.

Gnutti riceve una chiamata da Ricucci. Infine chiama un certo Ivano.

> *Gnutti*: Stanotte mi è arrivata l'autorizzazione.
> *Ivano*: Parli di Lodi? Berlusconi ha detto che con buona probabilità andrà in appoggio anche di là, perché mi pare corretto e giusto. Berlusconi mi ha detto che faccio bene. Ieri Caltagirone, che ha visto Berlusconi, ma soprattutto ha visto Letta ieri l'altro, aveva riferito che c'era un po' di preoccupazione.
> *G.*: Non c'è assolutamente preoccupazione. Ho detto a Berlusconi che a loro interessava molto appoggiare Gianpiero perché dall'altra parte stanno facendo quell'altra [Unipol-Bnl,

N.d.A.]. Per cui, per una questione d'equilibrio, si fa una per una, quindi vado in appoggio anche di là. Berlusconi mi ha risposto che faccio bene.

La strategia è evidente: «Per una questione d'equilibrio, si fa una per una». Una a te, una a me. Una a destra, una a sinistra. Antonveneta a Fiorani, Bnl a Consorte. E Berlusconi, almeno stando a Gnutti, approva.

Ormai il quartetto Fiorani-Gnutti-Ricucci-Consorte si sente invincibile. Il traguardo è vicino. Bisogna moltiplicare gli sforzi per far centro anche nella terza scalata, quella al «Corriere». Ricucci vorrebbe arrivare al 29% e poi lanciare un'Opa, sperando nell'adesione di alcuni soci del patto: Romiti, Lucchini, Bertazzoni e soprattutto Ligresti. Per un'operazione così impegnativa, però, ha bisogno di una sponda solida: il suo consulente Livolsi tesse rapporti con un misterioso gruppo straniero, pronto a sostenere Ricucci, conquistare Rcs e poi vendere a pezzi il gruppo editoriale.

Il 29 giugno, ore 16.10, Ricucci chiama Paolo: il figlio di Salvatore Ligresti. «Tuo padre mi snobba, perché ha fatto una dichiarazione in cui dice di non conoscermi.» Stefano vuole parlare di Rcs, ma Paolo gli dice che per queste cose deve rivolgersi al padre, o meglio alla sorella Jonella. Il 1° luglio Ricucci chiama Gigi (sempre Grillo) e gli parla di Fiorani: «Gli stiamo dando una grossa mano perché lo merita, è impegnato su tutti e tre i fronti, Antonveneta, Bnl e Rcs».

E Berlusconi? Resta il personaggio-chiave. Ricucci ne discute spesso con un misterioso intermediario, un certo «zio Romi». È il suo amico Romano Comincioli, senatore forzista e fedelissimo del premier, regista fra l'altro delle operazioni immobiliari berlusconiane in Sardegna, uno dei pochi fortunati che hanno avuto l'onore di essere citati nel fotoromanzo elettorale del 2001, *Una storia italiana*. Allo «zio Romi» Ricucci si rivolge più volte, perché interceda per lui presso l'amico Silvio. Per esempio il 5 luglio alle 19.49:

Ricucci: Sto ancora aspettando che [Berlusconi, *N.d.A.*] mi riceva...
Zio Romi: Ho riferito a Livolsi di chiamarlo per le 20.

> *Ricucci*: Sì, ma non posso aspettare sette giorni per potergli dire una cosa...
> *Zio Romi*: Il presidente deve stare attento, perché Roma non è la Sardegna...
> *Ricucci*: Devi intervenire, se no non c'è via d'uscita. È importante che sia io a incontrarmi con il presidente, devo dirgli delle cose importanti che neppure Livolsi conosce...

Par di capire che Berlusconi e Ricucci si siano già incontrati a Porto Rotondo («Roma non è la Sardegna»). I rapporti tra Livolsi e Berlusconi rimangono strettissimi. Ma Ricucci preferisce rivedere il premier di persona, perché al suo advisor non dice proprio tutto. Comincioli gli consiglia di aspettare che Livolsi si rivolga a «Taregh». Cioè a Tarak ben Ammar, il finanziere franco-tunisino alleato di Berlusconi che siede anche nel Cda di Mediobanca.

Uno spezzatino chiamato Rcs

«Il Sole 24 Ore» batte da subito la pista francese: a Rcs sarebbe interessato il gruppo francese Lagardère, che controlla Hachette e Rusconi e che ha appena acquistato una quota importante di «Le Monde»: a scandalo ormai esploso, il 6 settembre, si sarebbe svolta a Parigi una riunione tra Livolsi (nei panni di advisor di Ricucci), la banca d'affari Morgan Stanley e i manager di Lagardère. Lo stesso giorno, fonti del gruppo francese precisano:

> Che senso avrebbe per Lagardère spendere 1 miliardo circa per comprare una quota di minoranza? Ciò non vuol dire che non siamo in rapporti con Rcs o che, se ci viene presentato un dossier, non lo guardiamo.

Del resto Ricucci, parlando con la moglie Anna a fine luglio, le confida: «A Parigi è andato tutto molto bene, si aprono nuove strade...». E comunque neppure Lagardère smentisce l'esistenza di un dossier Rcs, né Hachette ha mai negato di essere interessata almeno ai periodici del gruppo Rcs. Ma Arnaud Lagardère, che ha rapporti diretti con gli uomini del patto Rcs, da

Della Valle a Tronchetti Provera a Montezemolo, dice a chiare lettere che non ha alcuna intenzione di scavalcarli per comprare un pacchetto di minoranza, oltretutto costosissimo.

Livolsi comunque ci prova. L'idea è quella dello «spezzatino». Rcs Mediagroup controlla «Corriere», periodici, radio, pubblicità e varie attività all'estero: «El Mundo» in Spagna, Flammarion in Francia, Rizzoli International negli Usa; e un'importante quota di Mediobanca. Insomma si può dividerla e rivenderla. Livolsi coinvolge uno dei più bei nomi del centrodestra d'Europa: il giovane Alejandro Agag, ex segretario del Partito popolare europeo, genero dell'ex premier spagnolo Josemaría Aznar e grande amico di Berlusconi. E ne discute con Ricucci a fine luglio:

> Ho parlato con Alejandro, mi ha riferito che avrebbero fissato l'incontro per mercoledì prossimo a Parigi. Alejandro Agag viene domani sera a Roma, si potrebbe fare un incontro.

Poi Agag chiama Ricucci: «Cosa fai stasera? Io vado a cena da Roberto Cavalli e domani vado dal Cavaliere». Livolsi rassicura Ricucci:

> *Livolsi:* Ho parlato con Alejandro ed era felice perché l'incontro a Parigi è andato bene. Alejandro mi ha chiesto una mano per dimostrare che il valore cui volete lanciare (l'Opa) sta in piedi, in quanto gli altri pensano che sia troppo alto. Loro stanno lavorando a una sorta di *break-up* [spezzatino aziendale, *N.d.A.*].
> *Ricucci:* Io penso che Rcs non valga meno di 8 euro, 8 e 40...

L'obiettivo quindi è davvero il 30%. Partire con l'Opa (finanziata dalle banche, Bpl in testa) e restituire il denaro dopo aver diviso la Rcs. A quel punto tutti saranno ricchi e contenti. E il «Corriere», sganciato dalla Rcs, sarà un frutto maturo, pronto per cadere in mani amiche.

Almeno sull'assalto a Via Solferino le intercettazioni danno una certezza: è principalmente il centrodestra a volerlo o almeno ad appoggiarlo. Le altre operazioni invece sono *bipartisan*. Anche se Ricucci al telefono con Giancarlo Leone, capo di Rai

Cinema, assicura di aver ricevuto l'ok dalla sinistra anche per il «Corriere». Sono le ore 14.41 del 21 luglio.

> *Leone*: Stefano, godi dell'amicizia di molti, anche di più di quanto ci si può aspettare.
> *Ricucci*: Ho incontrato Prodi, Fassino, D'Alema e Berlusconi e ho rappresentato a loro i miei piani e le mie intenzioni su Rcs, così come ho fatto con Banca d'Italia e Consob.

Prodi, Fassino e D'Alema smentiranno di averlo visto. Intanto si fa avanti il mago della Formula 1, Flavio Briatore, storicamente legato ad An, ma ottimo amico anche di Galliani. Il 22 luglio, ore 20.50, Briatore chiama Ricucci: «Vorrei darti una mano con Rcs. Sto organizzando una cena. Vieni? Ci sarà Aznar e inviterà anche il Cavaliere e Galliani...».

Briatore gli dà pure una mano per evitare che il comico Max Giusti lo prenda in giro a *Quelli che il calcio* di Simona Ventura. Glielo chiede lo stesso Ricucci il 23 luglio: «Cos'è questa storia della parodia della Ventura a *Quelli che il calcio*? Parlane con lei... per farla saltare...». Briatore lo richiama e lo rassicura: «Ho parlato con Simona, dovrebbe aver bloccato tutto, ma fa quello che dice l'editore...». Alla fine l'imitazione del «furbetto del quartierino» andrà in onda. Ma nessuno sa che sarebbe accaduto se le telefonate non fossero state pubblicate. L'intervento della magistratura e della stampa, del resto, farà saltare ben altre operazioni. Bloccando «in diretta» la scalata al «Corriere». Ma anche quella all'Antonveneta, che finirà agli olandesi con la definitiva uscita di scena di Fiorani.

Il telefono rosso

Quando, il 1° agosto 2005, il gip Clementina Forleo firma l'ordinanza di interdizione dalle cariche sociali per Ricucci e compagni, si occupa solo del caso Antonveneta. L'inchiesta milanese non riguarda la Bnl, di competenza della Procura di Roma. È nella Capitale che il 18 marzo il Banco di Bilbao (Bbva) ha lanciato un'Ops e il 16 maggio Unipol ha risposto annunciando l'Opa. Anche qui è una guerra senza esclusione di colpi e irregolarità. Tanto che nella sua ordinanza il gip Forleo scrive che «dalle intercettazioni emerge l'esistenza di accordi riservati in ordine a entrambe le scalate bancarie». Cosa che peraltro confessano apertamente gli stessi indagati. Il 23 luglio, preoccupati dalle conseguenze dell'indagine, discutono se bruciare sul tempo i magistrati e ammettere formalmente che l'alleanza segreta Fiorani-Gnutti-Ricucci è allargata anche a Consorte. Scrive la Guardia di Finanza:

> Ore 19.02, Fiorani per Gnutti. Fiorani gli dice che sta mettendo a punto un ricorso al Tar e parla di estendere il patto a Ricucci, ma allo stesso prezzo. «L'unica cosa che cambierebbe è che il patto parasociale è di quattro soci e non più di tre, dichiarando che prima non c'era e che questo patto è nuovo.» A quel punto Fiorani propone di «estendere il patto anche a Unipol». Ore 19.25. Gnutti dice a un certo Manuele che «ieri sera pareva che volessero concertare anche Unipol». Manuele commenta che «è tutta politica, è una partita che stanno giocando a colpi bassi».

Ma questi brogliacci «milanesi», per una norma del codice, non possono essere utilizzati come prova anche dalla Procura romana che indaga su Unipol. Però hanno una funzione, per così dire, storica. Dimostrano che durante la scalata alla Bnl, il presidente di Unipol Giovanni Consorte è in costante contatto con i vertici Ds: il segretario Fassino, il presidente D'Alema, il tesoriere Ugo Sposetti, il deputato dalemiano Nicola Latorre, il sindaco di Roma Veltroni, il presidente della Regione Lazio Piero Marrazzo. Anche gli «arbitri» della partita, il governatore Fazio e soprattutto il suo fido capo della Vigilanza Francesco Frasca (poi indagato), si sentono spesso con Consorte e con i suoi alleati, parteggiando apertamente per loro. L'ok della banca centrale all'Ops degli spagnoli arriva dopo un mese, quello per l'Opa di Unipol in tre giorni, e dopo che Unipol ha rastrellato senza pubbliche offerte ingenti pacchetti di azioni. Tant'è che, il 14 luglio, i commissari europei alla Concorrenza e al Mercato interno chiedono formalmente spiegazioni a Bankitalia sulla sua posizione a proposito delle due scalate.

Il 5 luglio Consorte parla con un certo Pierluigi (Bersani?). E, a proposito dei rapporti con gli immobiliaristi del «contropatto» (Caltagirone, Fiorani, Ricucci, Gnutti & C. che si oppongono al «patto» di Abete, Della Valle e Bilbao), gli dice: «Si sta mettendo bene e quindi domani tornerò a Bologna perché bisogna convocare un po' di cooperative». Pierluigi gli chiede se usciranno tutti da Bnl. Consorte risponde che sì, uscirà anche Caltagirone perché tra loro, le banche, la Hopa e le coop hanno il 52%.

Il 6 luglio il patròn di Unipol discute col tesoriere Ds Sposetti. Dal brogliaccio della Guardia di Finanza:

> Consorte dice che ha chiuso l'operazione con quelle persone (i sette che hanno il 27,5% di Bnl) e spiega che domani sarà a Roma per definire le ultime cose e chiudere definitivamente.

Poi riferisce a Sposetti dei contatti con i suoi interlocutori politici.

> Dice che più tardi chiamerà Fassino per informarlo della vicenda. Spiega che Isvap e Bankitalia gli hanno dato l'autorizzazione. Dice che anche con Berlusconi non ci sono problemi, dato che uscendo l'ingegnere (verosimilmente Caltagirone) diventa un'operazione totalmente della sinistra (Unipol, Popolare e cooperative).

Poi i due parlano di una possibile nuova scalata.

> Consorte chiede a Sposetti di fare una cosa per lui e cioè di verificare la notizia secondo la quale sembra che stiano preparando un'Opa sulla Fiat, e che nell'Opa c'è di mezzo anche Berlusconi. Sposetti sostiene che la cosa è molto possibile.

A questo punto «Consorte raccomanda di usare la massima discrezione perché il conflitto di interessi è enorme».

I contatti tra Consorte, Fiorani e Gnutti restano intensi. Emerge l'esistenza di un «progettone» comune, si palesa la presenza di prestanome e s'intuisce la speranza di uno scambio tra i due fronti: «Più piaceri ora fanno di qua e più Gnutti potrà chiedere di là».

7 luglio. Un certo Ettore (probabilmente Lonati, uno dei soci di Gnutti) dice a Gnutti «che hanno finito e si ritroveranno lunedì a Roma a vedere di concludere. Ettore dice che Uni-

pol deve riunire i suoi per vedere di fare accettare quello che hanno proposto. Aggiunge che non perderanno una cifra e che più piaceri ora fanno di qua e più Gnutti potrà chiedere di là».

10 luglio. Un certo Ugo dice che «Fazio ha dovuto prendere le distanze da Fiorani e dai vari Geronzi e ora si trova con persone per bene che siamo noi di Unipol. Se non ci fossimo stati noi, Fazio sarebbe stato perso».

13 luglio. Consorte comunica a Gnutti che per Bnl «è tutto fatto». Gnutti gli risponde che anche loro per Antonveneta «hanno chiuso con i giapponesi, con tutti, col governatore» e aggiunge che «ora stanno chiudendo gli accordi insieme a Caltagirone e domenica faranno tutto».

15 luglio. Cirla, dirigente di Interbanca (gruppo Antonveneta), chiede a Gnutti «se ci sono novità». Gnutti dice che prenderanno il 5% di Bnl e lo faranno per Gianni (Consorte) perché «nel progettone finale giustificheranno industrialmente l'operazione».

17 luglio. Ricucci chiama Consorte per chiedergli un posto nel Cda della futura Bnl:

> Consorte dice che ormai sono in dirittura d'arrivo. Stefano fa le sue richieste riguardo al suo posto in consiglio. Gianni risponde che il suo posto in consiglio sarà disponibile alla sola condizione che Bilbao non faccia blocco, perché in quel caso ci sarebbe spazio solo per otto consiglieri che dovrebbero essere tutti di Unipol. Stefano convalida, dicendo che in quel caso lui sarà disposto a dimettersi per lasciare il posto ai consiglieri Unipol.

Il principe Consorte

Che la partita in corso sia una, pur divisa su più fronti, lo conferma anche Luigi Gargiulo, il ragioniere di fiducia di Ricucci, il 19 luglio:

> Alla fine venderanno anche Antonveneta e poi punteranno tutto su Rcs e che gli serve anche il titolo Capitalia.

Il 22 luglio Fiorani annuncia a Gnutti che «Bilbao ha rinunciato» a Bnl perché «Unipol ha fatto prima di loro». Fiorani parla di Consorte e propone «un incontro la settimana prossima».

Il 9 luglio Consorte parla con un certo Angelo. Il brogliaccio della Guardia di Finanza annota:

> Dice che è stato contattato da Marrazzo che gli ha detto di aver avuto un colloquio con Rutelli che voleva farlo intervenire sull'acquisizione della Bnl. Rutelli chiede di prendere posizione perché Bnl è una banca di Roma. Consorte riferisce che chiamerà Boselli.

Poco dopo Consorte telefona a un amico, Piero. Gli dice che ha letto l'intervista di Rutelli sul «Corriere»: «Roba demenziale»; e che ha chiamato Boselli «per fargli fare un intervento serio» (Boselli, segretario dello Sdi, smentirà ogni coinvolgimento). Il giorno dopo Consorte raggiunge il tesoriere diessino Ugo Sposetti e «gli dice che ieri Rutelli ha chiamato Marrazzo per dirgli di prendere posizione contro di lui».

Ma Marrazzo, che pubblicamente difende i vertici romani della Bnl schierati con gli spagnoli, in realtà sembra appoggiare Consorte. Il 22 luglio, quando fallisce l'Opa del Bilbao, «Piero Marrazzo chiama Consorte e gli dice di essere fiero di essere suo amico. Dice che ha fatto il tifo per lui».

Il 12 luglio è il giorno dell'ok di Fazio a Fiorani. Consorte parla con Fassino. È la telefonata che abbiamo già visto sulla cena elettorale di Berlusconi con Gnutti.

Il 16 luglio Giuliano Poletti, presidente della Lega cooperative emiliane, telefona a Consorte. Gli racconta di aver incrociato Veltroni, il quale gli avrebbe manifestato la propria disponibilità «se su questa vicenda ci saranno delle comunicazioni di un certo tipo». Poletti dice: «Mi ha detto che lui da sindaco di Roma può dare qualche rassicurazione sul futuro». Ma Consorte risponde che «anche Veltroni si è lamentato delle dichiarazioni di Fassino». Col segretario Ds il presidente di Unipol ha di nuovo parlato poco prima.

Anche D'Alema parla con Consorte. E al telefono col presidente Ds c'è pure Francesco Cossiga (sarà lui stesso a raccontare, nel programma tv *Alice*, di aver interpellato Fazio sull'affare Unipol-Bnl e poi di aver subito avvertito D'Alema).

Le intercettazioni mettono in luce anche le divisioni nella finanza «rossa». In particolare lo scontro tra l'Unipol e il Montepaschi, che ha rifiutato di partecipare alla scalata Bnl (mentre aveva sostenuto la scalata Telecom). Al telefono con Gnutti l'8 luglio 2005 Stefano Bellaveglia, vicepresidente della banca senese e rappresentante di questa nell'Hopa, si lamenta della decisione:

> [La scalata a Bnl, *N.d.A.*] è un'operazione che io avrei voluto far fare al Monte, ma non ci sono riuscito. Io sto con D'Alema e Fassino, ma bisogna tener conto del fatto che qui c'è il comune, la provincia e l'azionista [la Fondazione Montepaschi, *N.d.A.*] che non la pensano allo stesso modo.

Il 9 luglio discutono della cosa Gnutti e Ivano (Sacchetti, braccio destro di Consorte):

> Gnutti e Sacchetti parlano di quelli della Fondazione Montepaschi, che hanno rifiutato di far parte della cordata. Ma ora i traditori rischiano gli attacchi di Caltagirone e di «perdere la banca»: «Ivano ride e risponde che loro sono abituati a gestire con arroganza e non a fare accordi».

Il 20 luglio strana telefonata di Ricucci, che sembra parlare sapendo di essere intercettato. Dopo aver criticato «le interviste di Tronchetti Provera e di Confalonieri», spiega a un suo collaboratore che «con la sua azione nel mondo della finanza, ha portato ricchezza agli azionisti di Bnl, Capitalia, Rcs e Antonveneta». Dice: «Ho fatto guadagnare tutti, compresa la casalinga», «qualsiasi indagine dimostrerà che mi sono comportato bene». E, dopo aver elogiato se stesso, dice di ammirare «la legalità e alcuni magistrati in gamba». Infine, a sorpresa, il suo collaboratore gli ricorda che «tutto è cominciato quando lui, Gianpiero e Consorte sono andati a Londra e un banchiere gli ha dato i soldi solo con una stretta di mano».

Il viaggio a Londra sarà smentito da tutti i presunti protagonisti. Ricucci sta confondendo le acque? Oppure si riferisce alla Deutsche Bank? Questa è, sì, una banca tedesca, ma in Italia è rappresentata da Vincenzo De Bustis, un banchiere talmente legato a D'Alema da aver fatto parte, nel 2001, del suo entourage elettorale a Gallipoli. Dopo aver diretto per anni la Banca del Salento (poi Banca 121), nel 2000 è passato al Montepaschi. Poi dovette lasciare anche Siena nel pieno della bufera giudiziaria in Puglia per alcuni prodotti finanziari ad alto rischio spacciati per sicuri dalla Banca 121, rovinando centinaia di famiglie. Ma De Bustis cade sempre in piedi, infatti approda alla Deutsche come direttore per l'Italia. La Deutsche ha sempre concesso a Ricucci finanziamenti a piene mani: lo stesso immobiliarista di fronte alla Consob ha dichiarato di aver ricevuto dalla banca tedesca un prestito di un miliardo di euro. De Bustis però ha assicurato di non saperne nulla: sono operazioni decise dal *trading desk* della sede di Londra, ha spiegato. Certo, appare difficile che Londra non si sia rivolta a lui per avere notizie sul semisconosciuto odontotecnico di Zagarolo.

In ogni caso l'eventuale ruolo di D'Alema resta sullo sfondo. Il 20 luglio Consorte chiama Fassino: *omissis*. E poche ore dopo contatta un certo Pierluigi (Bersani?). Gli annuncia che «per domani lo ha chiamato il governatore». Poi gli riferisce «che Letta ha chiamato Caltagirone e si è adirato perché voleva che lui ci fosse, perché l'operazione non sembrasse di sinistra». Consorte dice «che Gnutti ne ha parlato con Berlusconi».

Il 21 luglio, alla vigilia della vittoria in Bnl, mentre Consorte è già subissato da sms di congratulazioni, entra in scena il vicepremier Tremonti. Consorte chiama Claudio Zulli, commercialista associato al suo studio. Tremonti, dice Zulli, è a conoscenza dell'operazione: «si è mosso e ha seguito questa vicenda con molta ammirazione», anzi ha addirittura «fatto il tifo». Consorte gli è grato.

La Guardia di Finanza ricostruisce anche questa presunta entrata in scena del ministro. Consorte dice che andrà a Milano e chiede a Zulli di mettersi d'accordo per incontrare il professor Tremonti per «ringraziarlo e spiegargli due o tre cosette». Poi chiede «che cosa il professore avesse detto della loro operazione». Il commercialista risponde che il professore «gli ha tirato la giacca dicendo: prendiamo qualcosa». Tremonti «è contento». Consorte dice che si sentiranno il giorno dopo per fissare l'appuntamento, ma precisa di volerlo incontrare «come professore, non come ministro». «Gli devo spiegare un po' di roba, perché mi deve dare una mano, ma su cose importanti.»

Zulli chiede che, a operazione conclusa, «il professore dia l'*imprimatur* e poi lui stesso si potrebbe occupare della parte operativa». Consorte acconsente: «Tu sai che il governo ci ha dato una mano e sai come ragiono io, la riconoscenza va data al punto giusto». Il commercialista «dice che il professore si è mosso e ha seguito questa vicenda con molta ammirazione». Consorte «risponde che il professore faceva il tifo per loro e Zulli conferma». Poi aggiunge: «Se comunque avevano suonato il campanello anche gli spagnoli, li aveva maltrattati». Consorte concorda: «Bisogna che sia chiaro, gli spagnoli avevano deciso di vuotarla, la banca. Il buon Tremonti è uno che capisce, non è mica cretino...». Perciò gli vuole raccontare come è nata l'operazione. E Zulli: «L'importante è che ci siano i ricavi». Consorte risponde che con loro i ricavi ci sono: «È con Gnutti che dovrò intervenire pesantemente». Zulli afferma che anche su «quell'altra roba», cioè Antonveneta, è stato fatto un gran lavoro.

Nessuno mi può intercettare

Quando, con l'ordinanza Forleo che interdisce dalle cariche Ricucci, Fiorani e Gnutti, la prima parte delle intercettazioni diventa pubblica, la prima reazione di Berlusconi è prudente. I suoi colloqui e quelli degli altri parlamentari da quel documento non emergono ancora (almeno non completamente). Per ora si capisce che ci sono contatti con il deputato Udc Ivo Tarolli e col senatore forzista Grillo. Il presidente del Senato Pera mugugna. Ma la situazione sembra ancora tranquilla. Sulle spiagge, i vacanzieri si divertono un mondo a leggere l'eloquio di Ricucci, ritratto antropologico di una certa Italia. Nel paese delle veline, quel ragazzone romano dai capelli unti sta simpatico a molti. Esilarante il suo commento, nella telefonata del 23 luglio con il suo commercialista, a proposito della delibera Consob che l'ha inserito nella lista nera dei «concertisti» della scalata ad Antonveneta al seguito di Fiorani.

> *Ricucci*: Scusa, io ho comprato 4 milioni di titoli con 54 milioni di euro e con 100 milioni di linee di credito, ma possono inficia' 'na roba del genere? [...] Qua 'stamo nel ridicolo, eh?

Allora è finito il mondo, no? Eh? Do anna' in Consob la mattina prima, no?
Fransoni: Ma poi, cosa c'entri tu con gli hedge fund?
R.: Hedge fund? Non so, ma io non so manco che sono questi [...]. L'assemblea è saltata lunedì, no? Il problema è che... è di riappropriarci dei nostri diritti di voto per fare l'assemblea il 5 agosto.
F.: Certo.
R.: L'avevo detto, io... guarda che... la cosa de 'a lista, famo la lista propria, famo tutte 'ste cazzate, che tanto non serve a niente tutta 'sta roba, stamo a fa' i furbetti del quartierino.
F.: Dici proprio parole sante... sono cose... da avvocati di provincia, non da avvocati seri.
R.: Ecco, no, no questo il professor Irti l'ha fatto. Eh, continuiamo a dar retta a tutte 'ste cazzate... Ma quando uno deve seguì 'na strada maestra no?... P'anna' a Napoli tocca piglia' l'autostrada del Sole, Roma-Napoli, non è che tocca anna' sulla Casilina, no? Eh? Io non lo so, guarda, io vado al manicomio, non... Ma che, uno ha rubato? Ma se io avessi rubato, sai uno se deve nasconde... ma che cazzo io non ho fatto niente... Io boh, non lo so. È una roba incredibile, uno non può credere in un progetto... Io credo nel progetto della Banca Popolare Italiana. Punto. Fine. No, dice, er concerto... E sarà concerto... ma che cazzo me ne frega a me de 'sto concerto, o no? Ma che è, 'na cosa de penale?
F.: Ma poi una volta che è stato deciso...
R.: Mica me sto a mette con dei ladri, eh? Me sto a mette insieme a una delle più grandi banche italiane e con altri imprenditori che sono rispettabili, fino a prova contraria, no? I Lonati, Gnutti, no? Giusto?
F.: Uno si dichiarava e basta. Invece ci sta...
R.: Basta... ma tanto... te devi dichiara' perché c'eravamo rimasti solo noi co 'sto cazzo de cinque per cento in mezzo, no?

Ancor più divertente è leggere che cosa pensano di fare Fiorani e Gnutti per riprendersi il diritto di voto sterilizzato dalla Consob: dichiarare semplicemente il concerto con Ricucci, e amici come prima. Eccoli al telefono, alle 8.38 del 23 luglio:

Fiorani: Abbiamo ipotizzato una soluzione... potrebbe essere una soluzione.

> *Gnutti*: È quella di farlo entrare nel patto! [Ricucci, *N.d.A.*]
> *F.*: Esatto! [...] Che noi, ehm, tra oggi e domani facciamo un patto nuovo! [...] Allora noi cerchiamo se riusciamo a fare tutto quanto tra domenica e lunedì affinché riprendiamo i diritti di voto per quella... andiamo in seconda [convocazione dell'assemblea, il mercoledì successivo, *N.d.A.*].
> *G.*: Vabbe', questo sarebbe l'ideale!
> *F.*: Sarebbe il massimo.
> *G.*: Se lo concertavano subito era già fatta.

E con Gnutti si sfoga Ricucci, poche ore dopo, contro i «salotti buoni».

> *Gnutti*: Porca troia!
> *Ricucci*: Da oggi siamo ufficialmente concertisti.
> *G.*: Concertisti. Ma che c'è di nuovo rispetto a prima?
> *R.*: Ah niente. E però adesso è ufficiale, no? Ci hanno fidanzato ufficialmente da oggi, eh?
> *G.*: Ma pensa te, porca troia.
> *R.*: Allora, quando io dico le cose di un mese fa, l'avevo detto, facciamo un patto di sindacato ufficialmente, io te e Gianpiero, ma tanto che dobbiamo nasconde? [...] Eh, è così, Chicco, ma questa mo' la risolviamo. Ma il problema di fondo è un altro, che uno deve essere... ma tu l'hai letta stamattina l'intervista di quel deficiente di Tronchetti Provera su «la Repubblica» di stamattina?
> *G.*: No.
> *R.*: E leggitela, va! Che parla de me e de te... C'è tutta l'intervista del dottor Tronchetti Provera, che loro sono il salotto sano...
> *G.*: Ah, ah!
> *R.*: Cià quarantacinque miliardi di euro di debiti... il salotto sano lui cià!
> *G.*: Pensa te.
> *R.*: Ma è una roba incredibile, no?
> *G.*: Eh sì, ma viene, viene a miti consigli anche lui, eh?
> *R.*: Ah sì? E quando però?
> *G.*: Eh, l'anno prossimo.
> *R.*: Ah, l'anno pro... cominciamo a diglielo subito...

Ma a poco a poco l'opinione pubblica comprende anche, scorrendo gli stralci dell'ordinanza Forleo, la gravità di quel che sta emergendo e ancora accadendo. C'è un governatore di Bankitalia che non fa l'arbitro, c'è una banca (la Bpl) che con i soldi dei risparmiatori ha finanziato per almeno un miliardo di euro un gruppo di amici impegnati in scalate spericolate e fuorilegge. Ci sono imprenditori che non vogliono svelare l'origine delle loro fortune, prendendo il buon esempio dal presidente del Consiglio. E, come rivela il «Corriere», c'è un alto magistrato, il presidente del Tribunale di sorveglianza di Milano Francesco Castellano che s'incontra in gran segreto a Bologna con il presidente dell'Unipol Giovanni Consorte. E in alcune telefonate sembra rassicurarlo sul buon esito delle indagini condotte dai colleghi della Procura di Roma. È lo stesso giudice che nel 2004 ha prosciolto Berlusconi per prescrizione, concedendogli le attenuanti generiche, dalla corruzione del giudice Squillante.

Berlusconi il 30 luglio avverte: «Nessuno ha avuto, o avrà l'intenzione di fare processi sommari a chicchessia, tanto meno al governatore». Ma il 3 agosto, in Consiglio dei ministri, pretende una relazione dettagliata: non sulle eventuali malefatte di Fazio, Fiorani, Ricucci & C., ma sull'uso e la pubblicazione delle intercettazioni. Cioè sugli unici fatti leciti, anzi doverosi, dell'intera vicenda. Se ne incarica il Guardasigilli Roberto Castelli: l'ennesimo conflitto d'interessi, visto che la Lega parteggia per Fiorani, e dunque per Fazio, dopo che i due hanno salvato dal crac la Credieuronord e dai guai penali (e dalle possibili, salatissime, sanzioni anti-riciclaggio) gli amministratori della banca leghista, fra i quali alcuni parlamentari e addirittura un sottosegretario del Carroccio. Tre giorni dopo, non appena diventano pubblici anche i brogliacci sulla scalata al «Corriere» e sulla cena in suo onore a Valeggio sul Mincio, Berlusconi diventa una furia scatenata. Da Porto Rotondo, il 6 agosto, il premier definisce «scandalose» le intercettazioni in quanto tali (non il loro contenuto) e minaccia la galera ai giornalisti:

> Le violazioni dei diritti dei cittadini si stanno verificando in Italia per questo propalarsi sui giornali di conversazioni telefoniche assolutamente private. È una cosa scandalosa. Io sto mettendo mano, nel senso che sto scrivendo di mio pugno, un disegno di legge per restringere in maniera molto forte la possibilità per chiunque di effettuare intercettazioni.

«Pene severe» per i responsabili di questa «grave e continuativa violazione della privacy»: da 5 a 10 anni «per chi fa intercettazioni telefoniche e per chi le pubblica». Queste saranno sempre vietate, «se non nei casi stringenti, per esempio lotta alla mafia e terrorismo». Quanto alla benedizione data a Fiorani e Gnutti,

> non ho mai dato adesioni a nessuno. I ministri e Gianni Letta vengono normalmente informati di queste cose e anch'io sono stato informato, ma ho lasciato che il mercato fosse libero. Adesso mi sembra che tanto libero non sia con queste incursioni giudiziarie che bloccano la Borsa e le società. Sono tutte cose a cui si dovrà porre rimedio prima o poi.

Nessuno trova il tempo di ricordargli che proprio il suo governo, appena un mese prima, ha licenziato un decreto che, per la prima volta nella storia della Repubblica, consente ai servizi segreti d'intercettare i cittadini – senz'autorizzazione di un giudice terzo – in funzione «antiterrorismo». Il disegno di legge contro giudici e giornalisti verrà presentato in settembre, dopo mille modifiche. Niente più carcere per i cronisti, ma multe fino a un milione e mezzo di euro per gli editori che pubblicheranno articoli contenenti intercettazioni. Così nessuno scriverà più nulla.

Mi faccio la banca

Le minacce berlusconiane non indignano più di tanto la sinistra. Il senatore Ds Guido Calvi, appena Berlusconi annuncia la legge anti-intercettazioni, rilascia un'intervista al «Giornale» per aprire al governo su una proposta che «segreti» almeno parzialmente le telefonate sui giornali.[26] Fassino denuncia il «voyeurismo mediatico» e invoca «una normativa più adeguata» sulle intercettazioni, ritenendo che in Italia siano troppe.[27] Quattro giorni dopo, escono le telefonate tra Consorte e Fassino, D'Alema & C.

Anche sullo scandalo Bankitalia la reazione del centrosinistra, e soprattutto dei Ds, arriva per gradi, al *ralenty*, fra mille prudenze, reticenze e contraddizioni. Il 20 luglio, quando ancora le intercettazioni non sono pubbliche, ma già tutti hanno capito che l'intera partita è viziata da pesanti irregolarità, Prodi rilascia al «Corriere» un'intervista preoccupato per le nuove commistioni tra politica e affari:

> I politici pensino alle regole, non agli affari. Fazio non agisce da arbitro, ma da parte in gioco. Il capitalismo si ammala se le leggi rendono conveniente la speculazione e non la produzione e l'innovazione.

Il 4 agosto, dieci giorni dopo l'uscita delle prime intercettazioni, il prodiano Arturo Parisi rincara la dose:

> Se la politica non interviene tempestivamente, rischia di riaprirsi una nuova questione morale. Troppe commistioni tra la politica e l'economia [...]. Guardi alle vicende di queste settimane, dalla Rai a Bankitalia passando per l'accordo Berlusconi-De Benedetti e la scalata alla Rcs, con un occhio limpido e ingenuo, e vedrà il fondamento della mia preoccupazione. I partiti si sono ripresi la scena, ma la confusione è tanta e c'è il rischio che la domanda di alternativa che sale dalla società abbia come risposta null'altro che un'offerta di alternanza.

Poi l'affondo sull'Unipol:

> Ci sono domande alle quali non sono state date risposte convincenti. L'ispirazione mutualistica che sta alla base dell'esperienza cooperativa non può essere trasposta in una condizione e su una scala diversa, non ci si può trasformare in raider di Borsa con l'aiuto del fisco.

I vertici dei Ds hanno dunque sbagliato ad appoggiare la scalata dell'Unipol alla Bnl?

> In nome del realismo hanno esitato nel farsi le domande giuste. E così, guidati dall'istinto che porta ognuno a difendere il proprio mondo, hanno dato l'impressione di avallare una regressione neo-corporativa. Il vero virus è ed è stato il conflitto di interessi alla Berlusconi. Dobbiamo assolutamente evitare di esserne in qualche modo contagiati tutti. Noi dobbiamo in-

> vece dimostrare ai cittadini che siamo alternativi al sistema di potere berlusconiano e conquistare alle nostre ragioni anche chi è stato in passato nostro avversario. Guai se la gente pensasse che ci stiamo acconciando all'«una volta per uno non fa male a nessuno».

Parisi invoca con forza le dimissioni di Fazio e critica la linea morbida della Quercia. Che, nonostante quel che emerge dalle prime intercettazioni, si guarda bene dal chiedere al governatore di andarsene. La prima richiesta non viene dalla politica, ma da giornali come «la Repubblica», il «Corriere» e «Il Sole 24 Ore». Il 28 luglio Fassino spiega che finora il partito ha taciuto per «non indebolire l'istituzione Banca d'Italia».[28] Il 1° agosto va in avanscoperta il povero Vannino Chiti, coordinatore della segreteria, ad «auspicare» le dimissioni del governatore. Ma D'Alema lo smentisce. Dice di «non vedere illeciti penali» e aggiunge: «La scelta è affidata alla sensibilità di Fazio. Non spetta certo all'opposizione».[29] Una posizione talmente *soft* da indurre Enrico Morando, dell'ala *liberal* del partito, a sollecitare la segreteria a una precisa richiesta di dimissioni.[30]

Alla fine anche i vertici della Quercia si uniscono al coro. Ma con mille distinguo e retromarce. Ancora il 5 agosto il dalemiano Nicola Latorre, lo stesso che telefonava a Consorte, dichiara: «Chiedere le dimissioni è destabilizzante». E invita a «non mettere nello stesso calderone Antonveneta e Bnl», visto che «la vicenda Unipol-Bnl sta andando a gonfie vele».[31] Anche Vincenzo Visco è molto più che prudente:

> Dimissioni? È una decisione che Fazio deve valutare a livello personale. In ogni caso vanno considerati i riflessi negativi di un atto di tale gravità sulla credibilità del Paese. Bisognerebbe che tutti si muovessero con più riserbo ed equilibrio [...]. Evidentemente Fazio ritiene questi comportamenti non solo legittimi, ma anche non disdicevoli. Al momento io non vedo illeciti in senso stretto [...]. Il mio partito ha detto fin troppo: spetta al governo revocare il mandato, se intende farlo, non all'opposizione. Non c'è stata una richiesta di dimissioni da parte dei Ds [...]. La cosa migliore sarebbe un'autoriforma della Banca d'Italia.[32]

La situazione si complica ulteriormente dopo che, il 12 agosto, il «Corriere» pubblica i brogliacci delle intercettazioni del centrosinistra. Tutti a chiedere spiegazioni, anche a chi magari, con Consorte, parlava solo per amicizia o per dovere di carica. Ma la legge Boato, votata da destra e sinistra nel 2003, che impone di coprire con *omissis* tutte le telefonate in cui compaia la voce di un parlamentare sortisce questo effetto paradossale. Visto che tutto resta segreto e l'opinione pubblica non può sapere nulla, il clima di sospetto aumenta. E investe anche chi non ha nulla da nascondere.

Veltroni parla di normali colloqui sui possibili destini di un'importante banca romana e dei suoi dipendenti. Marrazzo e Latorre, a quel che risulta dai giornali, scelgono il silenzio. Così come Sposetti, il tesoriere Ds. Fassino e D'Alema invece, in numerose interviste e dichiarazioni, confermano le telefonate con Consorte per «uno scambio di informazioni» (Fassino) e per «un'amicizia trentennale» (D'Alema). Si schierano apertamente dalla parte di Unipol, sostenendo che è naturale che i Ds parteggino per quella compagnia, diretta emanazione delle coop rosse. E respingono le critiche a Unipol, considerandole – con un imbarazzante eccesso di identificazione – altrettanti attacchi alla Quercia. Fassino dice di non aver nulla da nascondere, chiede anzi che le sue telefonate con Consorte – coperte da *omissis* – vengano pubblicate integralmente (ma la legge lo vieta). Poi denuncia, in un'intervista all'«Unità»,

> un'aggressione contro i Ds e la sinistra, un'operazione chiara per delegittimare i Ds, colpirne la forza, metterne in discussione il ruolo, un'aggressione che viene da più fronti, da settori del mondo economico e finanziario, da settori del mondo giornalistico [...]. È spiacevole che abbiano dato il loro contributo anche alcuni esponenti del centrosinistra [allusione alle critiche di Prodi, Parisi, Rutelli, Di Pietro, Mastella, Bertinotti, Folena, Occhetto sulla «questione morale», *N.d.A.*]. È un gioco pericoloso e irresponsabile: essendo i Ds la principale forza del centrosinistra, colpirne la credibilità, l'autorevolezza e la consistenza significa segare il ramo su cui l'intera alleanza è seduta.

Quanto a Unipol,

> non vogliamo intrometterci nella vita delle aziende e delle imprese cooperative, che rispondono ai loro organi societari e alle logiche del mercato [...]. Ma siamo una forza di sinistra, abbiamo il dovere di garantire che le imprese cooperative abbiano gli stessi diritti e le stesse opportunità degli altri. Il movimento cooperativo non è figlio di un Dio minore. E la vicenda Unipol dice esattamente questo. Quello che si contesta è la possibilità dell'Unipol di investire in una banca [...]. E se lo fa, si alza un'enorme bagarre. Questo denuncio. E denuncio un rovesciamento della situazione: si accusano i Ds di sovrapporsi all'Unipol. È vero il contrario. Chi attacca l'Unipol lo fa perché (l'Unipol) è di sinistra: così la butta in politica. E si dice: se Unipol è troppo forte è troppo forte la sinistra. Respingo tutto questo. Respingo anche la campagna sulle intercettazioni telefoniche.

Poi rivendica le telefonate a Consorte:

> Certo che l'ho fatto. Di fronte a una vicenda di tale importanza è naturale che io mi informassi su come procedevano le cose [...]. Piero Fassino non si è ingerito in niente. Spero che i testi delle telefonate vengano resi pubblici, in modo che tutti possano constatare che si tratta di conversazioni puramente informative e che non c'è nient'altro che uno scambio di opinioni. È naturale che il segretario di uno dei principali partiti italiani interloquisca con gli esponenti più rappresentativi del mondo economico e finanziario. Io parlo normalmente con Montezemolo, De Benedetti, Tronchetti Provera e altri capitani di industria. E in questi mesi mi è capitato di parlare spesso con Abete e Della Valle sulla questione Bnl. Non credo che sia motivo di scandalo o sorpresa [...]. Io resto comunque fedele alla lezione che ci ha lasciato Enrico Berlinguer. La politica deve scorrere nel letto dell'etica e per quello che mi riguarda e riguarda i Ds, è sempre stato così [...]. Spetta ai Ds battersi contro ogni forma di discriminazione garantendo che l'Unipol possa operare nelle stesse condizioni e con le stesse opportunità che sono offerte a qualsiasi altra impresa. Niente di più ma neanche niente di meno.[33]

D'Alema fin dall'inizio ha denunciato una «campagna razzista contro Unipol».[34] Poi, prima di partire per la crociera estiva a bordo di *Ikarus*, punta il dito contro una presunta «campagna politica e giornalistica che risponde a certi interessi» e a «certi salotti», ma anche ad alleati «cretini e mascalzoni», contro i Ds e l'Unipol. E ribadisce che i Ds «non favoriscono nessuno».[35] A settembre, appena sceso dalla barca, dà finalmente la sua versione sulle telefonate a Consorte: «Siamo amici da 25 anni, non è reato, ci siamo sentiti per dirci dove saremmo andati in vacanza». E aggiunge che le coop sono «quasi una riserva di etica protestante».[36] Forse dimentica che Consorte è imputato con Gnutti per insider trading. E a una domanda su quel processo, il patròn di Unipol ha risposto spavaldo: «Quanti imprenditori hanno avuto guai anche più seri con la giustizia?».[37] Comunque Consorte afferma che, più che di ferie, «con D'Alema parliamo di questioni politiche, legislative, finanziarie».[38]

Ancora il 7 settembre Pierluigi Bersani darà una brusca frenata alla richiesta di dimissioni di Fazio, ormai scaricato persino dal governo: «Per Fazio, andarsene in queste condizioni sarebbe come cedere a una confusa canea». Mancano nove giorni all'ok definitivo di Bankitalia alla scalata Unipol-Bnl.

L'altra sinistra

Le giustificazioni e la difesa senza se e senza ma di Consorte lasciano l'amaro in bocca a molti esponenti di primo piano della sinistra italiana. Che cominciano a porre domande scomode, destinate a non avere risposte. Se Fassino «doveva» informarsi su Unipol-Bnl, perché non l'ha fatto in pubblico? E perché, oltre a lui, si «informavano» pure i D'Alema, i Latorre, gli Spocetti eccetera? Se le coop, come dice D'Alema, sono «riserve di etica protestante», lo sono pure l'indagato Consorte e i suoi ancor più imbarazzanti compagni di strada? Consorte, inevitabilmente, ha cercato e ottenuto appoggi da Berlusconi, Letta, Tremonti e Fazio: tutto questo alla sinistra non pone alcun problema? Non solo. Il dalemiano Consorte, il berlusconiano Doris (Mediolanum) e il trasversale Gnutti finanziano Fiorani nell'assalto all'Antonveneta. Unipol e Fiorani finanziano Ricucci per

Rcs. Fiorani presta 4 milioni a Consorte, senza garanzie, per una speculazione personale. Consorte e Gnutti sono alleati sin dai tempi di Telecom, quando Unipol finanziò l'Opa dei «capitani coraggiosi»: entrambi sono azionisti del Montepaschi. E Consorte è pure socio e vicepresidente della Hopa di Gnutti, di cui è azionista anche la Fininvest. Ancora: come già la scalata di Colaninno e Gnutti a Telecom, anche le scalate ad Antonveneta, Rcs e Bnl sono finanziate dalla Deutsche Bank, rappresentata in Italia dal dalemiano De Bustis. Ora si dice che Consorte sia pronto a sistemarlo al vertice della Bnl, non appena l'avrà incamerata, mentre Ricucci dovrebbe entrare nel Cda. Di fronte a questo spaventoso viluppo di interessi politico-finanziari, il maggior partito di opposizione non ha nulla da dire? Non è legittimo sospettare che, invece di risolvere il conflitto di interessi del partito-azienda, se ne crei un altro più piccolo con un partito-banca-assicurazione?

Vittorio Foa commenta: «Sono iscritto ai Ds, non a Unipol, è chiaro?».[39] Giuliano Amato spiega che è tutto

> un *inguacchio*: con tutti quei soldi le coop potevano fare tante altre cose molto più utili. È giusto rifornire di munizioni quei *rentiers* lì, i Ricucci, che poi magari le sparano nelle direzioni più pericolose?[40]

Pure la Cgil prende ufficialmente le distanze dalla scalata, temendo per le sorti del movimento cooperativo nel malaugurato caso in cui l'Opa fallisse: un rischio altissimo, se si pensa che il topolino Unipol (che capitalizza circa 2,5 miliardi di euro) tenta di mangiarsi l'elefante Bnl (che di miliardi ne capitalizza almeno 8) e per farlo dovrà rastrellare la bellezza di 5 miliardi. Gli stessi timori vengono espressi da Savino Pezzotta, segretario della Cisl. Guido Rossi, già presidente della Consob, già senatore indipendente nelle liste del Pci, teorizza che giuridicamente le cooperative non possono impossessarsi di una banca:

> Non penso che possano entrare sul mercato finanziario con la stessa legittimità delle Spa. Sono soggetti mutualistici e non di profitto. Non possono darsi strutture tipo holding e non

sono scalabili. Insomma devono fare le coop e non comprare banche.[41]

Secondo Rossi, per prendersi Bnl, l'Unipol dovrebbe cambiare statuto, nel qual caso gli azionisti potrebbero chiedere il diritto di recesso, rendendo così l'Opa più onerosa.

Franco Bassanini domanda se «l'Unipol ha i mezzi per non indebitarsi troppo» nell'operazione Bnl. Invoca la «separazione tra politica e affari». E ammonisce i Ds a non imbarcarsi in un nuovo affare Telecom, «una vicenda molto attuale», perché allora il governo D'Alema ebbe «una simpatia, una neutralità benevola verso l'Opa della "razza padana"», dimenticando che al fianco di Colaninno

> c'erano dei raider – Gnutti e soci – che puntavano solo ai *capital gain* e sul più bello lasciarono Colaninno col sedere per terra. E oggi chi sono i compagni di strada dell'Unipol? Uno di loro è Gnutti, che lasciò per strada Colaninno...[42]

Paolo Sylos Labini, insigne economista, invita Fassino a

> lasciar perdere le scalate e a concentrarsi sugli obiettivi per cui è stato eletto: sviluppo del reddito e dell'occupazione, tutela dei lavoratori precari, riforma e rafforzamento dello stato sociale, lotta all'evasione fiscale.[43]

Eugenio Scalfari esprime

> sconcerto per le molte, troppe telefonate nei giorni caldi dell'operazione Bnl tra Consorte, Fassino, Sposetti e compagni.[44]

Claudio Rinaldi rimprovera a Fassino l'«incauto appoggio» all'Unipol e soprattutto l'eccesso di autodifesa che l'ha portato a

> invischiarsi in una fitta trama di goffe giustificazioni. Una caduta di stile, ma anche una importante, grave questione politica.[45]

Edmondo Berselli invita i vertici della Quercia a non lasciare «spazio ai rapporti preferenziali» e a non usare «l'affinità politica come un patrimonio da giocare nelle relazioni economiche».[46] Barbara Spinelli parla addirittura di una «singolare metamorfosi» dei dirigenti dell'ex Pci, che hanno «perso il loro primato etico» tanto sbandierato in passato, ansiosi come sembrano di

> mostrarsi uguali a tanti altri, spregiudicati come tanti altri, condiscendenti come tanti altri, su punti essenziali: sul rapporto fra giustizia e politica, fra politica e affari, fra politica e informazione.[47]

Tutti personaggi che è difficile catalogare come nemici dell'Unione, o avversari dell'Unipol «perché è di sinistra». Forse, semplicemente, hanno a cuore la questione morale. Forse, girando il mondo e leggendo la stampa estera, conoscono gli standard medi di moralità pubblica vigenti nelle grandi democrazie. Forse hanno persino letto il codice di comportamento per uomini politici e pubblici amministratori vigente in Gran Bretagna, o quello varato in Spagna dal governo Zapatero.

I «Sette principi della vita pubblica» britannica prevedono, fra l'altro, che

> i detentori di cariche pubbliche non devono mettersi nella condizione di essere debitori di alcunché, denaro o altro, nei confronti di soggetti od organizzazioni esterne che potrebbero cercare di esercitare la loro influenza nell'esplicazione delle attività inerenti alla carica.

E il «codice Zapatero» stabilisce che quanti ricoprono incarichi pubblici

> si asterranno da ogni tipo di affari o di attività finanziarie passibili di compromettere la loro obiettività e imparzialità [...] e da tutte le attività private o di interesse che possano comportare un rischio di conflitto d'interesse con l'incarico pubblico.

Questo a Madrid. A Roma la parola Zapatero è un insulto.

Note

1. Un istituto di credito prima del gruppo Pesenti e poi, a partire dal dicembre '78, del Monte dei Paschi di Siena, una banca allora controllata dai fratelli di loggia. Berlusconi entra nel Cda del Credito Commerciale quando l'istituto è in mano alla P2 e ne esce in punta di piedi due anni dopo.
2. «L'Espresso», 30 gennaio 1983.
3. «il Giornale», 8 febbraio 2005.
4. «Corriere della Sera», 28 aprile 2005.
5. Su «Diario», Gianni Barbacetto spiega che «Francesco Bellocchi è il marito della sorella morta prematuramente, il padre di una bambina cresciuta dai genitori di Stefano. Per anni Bellocchi lavora con Ricucci, segue passo dopo passo la sua ascesa, ne diventa il braccio destro negli affari. Poi rompe i rapporti, dopo un furibondo litigio per motivi non professionali, dichiara, ma personali e famigliari. E va a lavorare con Danilo Coppola. Qualche tempo dopo, Bellocchi va in banca e chiede d'incassare un assegno da 10 miliardi di lire firmato Ricucci. È la sua liquidazione, sostiene, regolarmente concordata con il suo ex amico. È uno degli assegni in bianco rubati nel suo ufficio, sostiene invece Ricucci. Ne nasce un contenzioso che è ancora in corso, con denuncc incrociate e cause civili e penali».
6. Lo confida Luigi Grillo a «Diario», 7 ottobre 2005.
7. «Il Sole 24 Ore», 29 luglio 2005.
8. Ibidem.
9. «Financial Times», 3 agosto 2005.
10. «Il Sole 24 Ore», 29 luglio 2005.
11. «La Stampa», 7 agosto 2005.
12. «la Repubblica», 3 agosto 2005.
13. «la Repubblica», 6 agosto 2005.
14. «la Repubblica», 7 agosto 2005.
15. «Il Sole 24 Ore», 21 giugno 2005.
16. Ansa, 26 giugno 2005.
17. «la Repubblica», 25 giugno 2005.
18. «Corriere della Sera», 24 giugno 2005.
19. «Panorama», 23 giugno 2005.
20. «Il Sole 24 Ore», 7 luglio 2005.
21. «Il Sole 24 Ore», 5 agosto 2005.
22. Calvi, interpellato telefonicamente da un giornalista dell'«Espresso», alla domanda: «È stato Valentino a proporle Ricucci come cliente?» risponde: «Non sono domande da fare, c'è il segreto professionale», senza confermare né smentire la notizia.
23. Intervista a Dario Di Vico, «Corriere della Sera», 6 agosto 2005. Esterino Montino, segretario della federazione romana dei Ds, spiegherà in una lettera di aver incontrato Ricucci a cena a casa di amici

e di aver parlato con lui del più e del meno: «Evidentemente devo essere risultato a Ricucci particolarmente simpatico, visto che mi cita come suo buon amico. Per me resta una conoscenza occasionale».
24. Lo ha fatto più volte apertamente il direttore di «Diario» Enrico Deaglio, che ha anche titolato in copertina «Compagno Ricucci».
25. Il virgolettato è ripreso da «la Repubblica». Nei brogliacci della Gdf il colloquio è riassunto in maniera indiretta, ma il senso rimane esattamente lo stesso.
26. «il Giornale», 8 agosto 2005.
27. «La Stampa», 8 agosto 2005.
28. «Corriere della Sera», 28 luglio 2005.
29. «Il Sole 24 Ore», 5 agosto 2005.
30. «Corriere della Sera», 1° agosto 2005.
31. «Corriere della Sera», 5 agosto 2005.
32. «Corriere della Sera», 4 agosto 2005.
33. «l'Unità», 13 agosto 2005.
34. «la Repubblica», 21 luglio 2005.
35. «Il Sole 24 Ore», 5 agosto 2005.
36. «Corriere della Sera», 3 settembre 2005.
37. «Corriere della Sera», 8 settembre 2005.
38. Ibidem.
39. «Corriere della Sera», 18 settembre 2005.
40. «la Repubblica», 12 agosto 2005.
41. «Corriere della Sera», 22 settembre 2005.
42. «La Stampa», 9 agosto 2005.
43. «Il Sole 24 Ore», 18 agosto 2005.
44. «la Repubblica», 14 agosto 2005.
45. «L'Espresso», 19 agosto 2005.
46. «la Repubblica», 13 agosto 2005.
47. «La Stampa», 14 agosto 2005.

Appendice

Non si decide la verità di un pensiero sul suo essere di destra o di sinistra e ancor meno su ciò che la destra o la sinistra decidono di farne.
Albert Camus

«Siamo al soffocamento dell'informazione.» «Questa è una notizia che non doveva trapelare!»
Altan

1. *Viva Zapatero (e non solo)*

La Spagna di José Luis Rodriguez Zapatero è soltanto l'ultimo fra i grandi paesi europei a svincolare almeno parzialmente la televisione pubblica dal controllo diretto dei partiti e/o del governo. Da anni, da decenni l'aveva fatto quasi tutto il resto d'Europa. Sarebbe lungo descrivere nei particolari il funzionamento dei vari sistemi televisivi continentali. Ma qualche cenno riassuntivo può aiutare a capire perché il caso italiano fa tanto scandalo all'estero (e poco in Italia).

Spagna. Fino a pochi mesi fa, il consiglio di amministrazione di Rtve, che irradia Tve1 e Tve2, era nominato dal Parlamento (con maggioranza dei due terzi) e il direttore generale dal governo. E duravano in carica 4 anni, tanti quanti il governo. Come in Italia, mutavano colore col cambiare del governo. Poi è arrivato Zapatero, in un clima di crescente insofferenza dell'opinione pubblica contro la tv pubblica politicizzata, che aveva nascosto le grandi manifestazioni di piazza contro Aznar (ma non era riuscita a mascherare le bugie del premier conservatore uscente sugli attentati di Al Qaeda a Madrid). Appena insediato, Zapatero ha messo a capo della Rtve una docente universitaria di comunicazioni, molto prestigiosa e non iscritta ad alcun partito, che ha iniziato a ripulire i teleschermi dalla *telebasura*, cioè della tv spazzatura dei *reality* e del *trash*. Poi ha nominato una commissione di cinque saggi *super partes,* presieduta dal filosofo Emilio Lledó e formata da massmediologi e intellettuali (compreso un docente di etica) per riscrivere la legge sull'emittenza. Nel giugno 2005 la riforma è diventata legge. Il caposaldo è la drastica modifica del sistema di elezione dei vertici di Rtve. Il direttore generale sarà eletto dal Cda, non più dal governo, con maggioranza dei due terzi, ed esclusivamente fra i partecipanti a un concorso pubblico. Il Cda avrà un mandato di 6 anni per non coincidere con le scadenze delle legislature, e sarà composto da 2 membri eletti dal Senato e 2 dal Congresso (sempre con i due terzi dei voti); 2 scelti dai sindacati e 2 dal Consiglio audiovisivo (che regola frequenze, costi, flussi pubblicitari). Un'Authority indipendente, il Consejo de información vigilerà sul pluralismo e sulle scelte del Cda, e avrà il potere di bloccare il direttore generale. Intanto Zapatero ha aperto il mercato delle frequenze a nuovi soggetti privati. Prima la tv commerciale era monopolizzata dalla berlusconiana Telecinco e da Antena3, che fa capo a De Agostini e a Maurizio Carlotti (ex dirigente Fininvest). Ora arriveranno anche la Prisa di Jesús Polanco (già proprietario di «El País» e della radio Cadena Ser) e almeno un altro gruppo ancora. Fra le proteste dei rappresentanti spagnoli di Mediaset, che al solo rischio di un po' di concorrenza hanno gridato al «golpe».

Gran Bretagna. È il modello più celebre al mondo: la Bbc, fondata nel 1927, comprende 10 canali televisivi interattivi, 10 network radiofonici, più di 50 emittenti tv. È affidata al Board of Governors: cioè il Consiglio dei 12 «governatori». Questi vengono nominati dalla Regina su proposta del primo ministro e scelti fra personalità di grande autonomia e competenza, dopo una rigida procedura di selezione. I posti vacanti vengono pubblicizzati sui maggiori quotidiani e periodici e sui siti web del governo e del Dcms, il Dipartimento per la cultura, i media e lo sport. I candidati preselezionati sostengono colloqui formali con rappresentanti del Dcms e con soggetti indipendenti. I migliori vengono proposti al premier che, attenendosi alle raccomandazioni dell'Ocpa (Ufficio del commissario per le nomine pubbliche), comunica i nomi dei prescelti alla Regina. Quattro dei governatori rappresentano le nazioni che compongono la Gran Bretagna: Inghilterra, Scozia, Galles e Irlanda del Nord. I governatori rimangono in carica per 5 anni, ma non cambiano colore a seconda dei governi perché non vengono nominati tutti insieme, in blocco: sono «sfasati» (come i membri della nostra Corte costituzionale) e quando uno decade viene sostituito. Il loro compito – secondo il Royal Charter – è «far sì che la Bbc rimanga indipendente da interferenze politiche o commerciali e che sia gestita esclusivamente nell'interesse dei telespettatori e degli ascoltatori». Celebre la frase di Margaret Thatcher: «La Bbc non mi piace ma non ci posso fare niente». Anche Tony Blair ha avuto scontri epici con la tv pubblica: ma, quando ha contestato lo scoop di Andrew Gilligan sulla guerra in Irak, s'è dovuto rivolgere a un giurì *super partes*, affidato a un ex giudice, Lord Hutton. Gilligan si era fidato di una fonte, lo scienziato David Kelly, che si era rivelata corretta: l'Irak di Saddam, contrariamente a quel che sosteneva Blair, non possedeva armi di distruzione di massa. Lord Hutton stabilì però la buona fede di Blair e condannò Gilligan per averlo accusato di malafede, cioè di aver reso più accattivante («sexed up») il rapporto sulle armi di Saddam per convincere l'opinione pubblica a sostenere la guerra. Gilligan lasciò la Bbc, come pure il direttore generale Greg Dyke. Intanto l'entourage blairiano diede in pasto alla stampa il nome di Kelly, che si suicidò.

Molte polemiche ha suscitato anche la proposta della ministra per le Telecomunicazioni e la Cultura Tessa Jowell (moglie dell'avvocato David Mills, coimputato di Berlusconi al processo per i diritti Mediaset) per il nuovo Royal Charter, che prevede l'abolizione dei governatori e la loro sostituzione con una fondazione, nonché il dirottamento di una parte del canone alle tv private (cioè a Rupert Murdoch, amico di Blair).

Germania. I canali pubblici sono ben 13 (con il 45% degli ascolti), accessibili al 95% della popolazione. I più noti sono la prima rete Ard e la seconda Zdf. L'alto numero di reti pubbliche è consentito dal cablaggio di quasi tutto il Paese. L'Ard ha una struttura federale ed è retta da un «coordinatore». I palinsesti sono prodotti nelle sedi regionali in totale autonomia, garantendo un grande pluralismo. Ciascuna delle 9 reti regionali è gestita da un Consiglio eletto al 30% dal Parlamento locale, in rappresentanza di maggioranza e minoranza; il restante 70% è distribuito fra i rappresentanti della società civile: sindacati, istituzioni religiose, università. Un sistema che impedisce di fatto ogni controllo del governo nazionale, anche perché i Consigli durano in carica 6 anni, contro i 4 delle legislature parlamentari.

Ora sette reti ex regionali del circuito Ard trasmettono su scala nazionale. Ard poi, in collaborazione con Zdf, ha dato vita a una rete per bambini, il Kinderkanal, senza pubblicità: il successo è stato tale da costringere i canali privati per l'infanzia, farciti di spot, a chiudere per mancanza di pubblico. Altre reti nazionali gratuite sono Phönix (notizie ed eventi speciali di Ard) e due canali internazionali: Arte, in condominio con la tv francese, e 3Sat, in collaborazione con le tv di Svizzera e Austria. La spina nel fianco di politici e potenti sono i *politmagazine* dell'Ard, una serie di reportage investigativi in onda quasi ogni giorno in *prime time*. Hanno scoperchiato molti scandali, hanno tendenze politiche diverse, e non fanno sconti a nessuno: altrimenti verrebbero scavalcati dal magazine concorrente.

La Zdf, il secondo canale statale, è un ente federale nato da un accordo dei *Länder* (le regioni). È governato da un direttore (*Intendant*) eletto dal Consiglio per la televisione, un parlamentino di 77 membri: un rappresentante per ciascuna delle 16 regioni, 3 per il governo nazionale, 12 per i partiti e ben 46 rappresentanti per la società civile: università, sindacati e istituzioni religiose (cattolici, protestanti ed ebrei). Il Consiglio elegge la maggioranza dei membri del Cda della Zdf ed è responsabile della linea editoriale. Anche la Zdf ha un *politmagazin* di giornalismo investigativo, il *Frontal*.

Francia. Le reti pubbliche sono tre: due generaliste, France2 e France3 (che a sua volta dispone di 13 stazioni regionali); e una culturale, France5. Poi c'è la franco-tedesca Arte. Sul sistema delle telecomunicazioni, nonché sulla correttezza dei contenuti dell'informazione, vigila una super-Authority, il Conseil Supérieur de l'Audivisuel (Csa): 9 membri, eletti 3 per ciascuno dai presidenti della Repubblica, della Camera e del Senato. La holding delle reti pubbliche, che ne definisce le strategie e le risorse (in parte finanziate dal canone, in parte dalla pubblicità), è France Télévision. Il suo Cda è formato da 15 membri: 6 (fra cui il presidente-direttore generale) nominati dal Csa, 5 dallo Stato cioè dal governo, 2 dal Parlamento, 2 dai dipendenti delle tv. Il presidente-dg nomina i direttori delle singole reti, ciascuna delle quali è governata da un Cda di 8 elementi: 2 scelti dal Csa, 2 dal Parlamento, 2 dallo Stato (ministeri della Cultura e delle Finanze), 2 dai lavoratori. Insomma, in entrambi gli organismi che gestiscono direttamente le tv pubbliche, hanno voce in capitolo coloro che ci lavorano.

Norvegia. La tv pubblica Nrk è gestita da un consiglio d'amministrazione di 9 membri: 6 eletti dal Parlamento e ben 3 dai lavoratori della stessa televisione.

Olanda. Le due reti pubbliche Nos e Nob sono rette da un Cda di 33 componenti, in parte nominati dal governo in proporzione alle varie forze parlamentari, in parte dai sindacati dei lavoratori.

Danimarca. La Dr è governata da un consiglio di 11 elementi: 9 espressi dal Parlamento, uno dal ministro della Cultura, uno dai lavoratori dell'azienda radiotelevisiva.

Austria. La Orf ha un Cda di 35 membri: 15 indicati dal Parlamento, 6 dall'organo di rappresentanza dei teleutenti, 5 dalla commissione interna, 9 dai governi dei vari *Länder*. C'è poi un organo di garanzia che rappresenta i telespettatori, nominato dai sindacati, dalle chiese cattolica e protestanti e dal cancelliere federale.

Belgio. Anche qui vige una struttura televisiva pubblica marcatamente federale, con tre emittenti legate alle tre comunità linguistiche: una per i francofoni, una per i fiamminghi, una per i tedeschi. I consigli culturali parlamentari di ciascuna comunità eleggono i vertici delle rispettive tv.

Gli altri. In Lussemburgo non c'è televisione pubblica. I paesi in cui il controllo politico sulla tv pubblica è più stretto sono la Svezia e la Finlandia (nomine che riflettono le forze parlamentari), la Grecia e il Portogallo (nomine esclusivamente governative). Ma le prime due hanno tradizioni democratiche tali da mettere le tv al riparo da eccessive invadenze partitocratiche, mentre la terza e il quarto sono democrazie relativamente recenti. In nessun paese d'Europa, comunque, il capo del governo possiede televisioni, essendo i conflitti d'interessi severamente vietati dappertutto. E il pluralismo televisivo, ora più ora meno, è garantito dalla presenza sul mercato di varie emittenti private.

2. *Una proposta per l'Italia*

Negli ultimi mesi un gruppo di giornalisti, politici, artisti e giuristi, fra i quali Tana de Zulueta, Giulietto Chiesa, Maria Cuffaro, Sabina Guzzanti, Edoardo Ferrario, Michele Gambino, Marco Travaglio, Giovanni Valentini, Curzio Maltese, Udo Gumpel, Alberto Gambino, Carlo Freccero, Furio Colombo, Francesco Graziadei, Andrea Stazi, ha elaborato un progetto di legge di iniziativa popolare che metta il sistema televisivo italiano al passo con le democrazie europee più evolute. Pubblichiamo ampi stralci dell'articolato, che si può trovare integrale sul sito www.tanadezulueta.it

Nuove norme in materia di disciplina del sistema delle comunicazioni audiovisive e sulla concessionaria del servizio pubblico radiotelevisivo

Relazione introduttiva

In base alla Costituzione della Repubblica Italiana, ogni individuo ha il diritto a essere informato sugli eventi politici, sociali e culturali in modo libero, plurale e obiettivo.

Per garantire questo diritto occorre dunque tutelare la libertà di espressione e il pluralismo dei mezzi di comunicazione, nella consapevolezza che l'informazione e la comunicazione sono beni essenziali su cui si fonda lo spazio pubblico di ogni democrazia, e non possono pertanto essere lasciati né al mero gioco del mercato né al controllo diretto dei partiti politici.

La presente proposta di legge fissa nuove norme di disciplina che riguardano l'intero sistema della comunicazione radiotelevisiva, sia pubblica che privata, basandosi sul principio che ogni trasmissione al pubblico di contenuti audiovisivi assolve una missione di interesse generale.

Al fine di attuare questo principio, la presente proposta di legge prevede l'istituzione di un organismo, il Consiglio per le Comunicazioni Audiovisive, in cui sono rappresentate in modo paritetico le principali istanze politiche, sociali e culturali del Paese.

Il Consiglio ha il compito di fornire gli indirizzi fondamentali all'intero sistema delle comunicazioni.

In particolare, nell'ambito del servizio pubblico radiotelevisivo, che nel mondo delle comunicazioni è e rimane il punto di riferimento imprescindibile della collettività, il Consiglio nomina i vertici della concessionaria del servizio pubblico, selezionati mediante concorsi pubblici non in base ad appartenenze politiche, ma alla profes-

sionalità e all'indipendenza. I membri del Consiglio di Amministrazione eleggeranno al loro interno il Presidente della Rai e ne nomineranno il Direttore Generale. Il Cda diventerà in tal modo un organo tecnico e indipendente, con funzioni esclusivamente gestionali.

Con le stesse procedure adottate per la nomina dei vertici della Rai, il Consiglio procederà a nominare i componenti dell'Autorità per le Garanzie nelle Comunicazioni, assicurando così anche in questo caso i criteri della selezione trasparente, dell'indipendenza e del massimo di qualificazione.

Le funzioni di indirizzo del Consiglio nei confronti della concessionaria pubblica si concretizzano nel contratto di servizio, che dovrà specificare gli obblighi a cui deve sottostare la Rai in attuazione dei principi generali che governano il servizio pubblico. La funzione di indirizzo viene però esercitata dal Consiglio con riferimento a tutto il sistema delle comunicazioni, quindi anche nei confronti dell'emittenza privata, mediante l'invio di raccomandazioni vincolanti che l'Autorità di garanzia e vigilanza dovrà poi rendere esecutive.

Tra gli strumenti introdotti dalla legge per tutelare il valore fondamentale del pluralismo dell'informazione, a prescindere dalle garanzie della concorrenzialità dei mercati, vi è, con riferimento ai programmi radiotelevisivi, il limite della quota di ascolto, fissato al 30%.

Riguardo alla struttura e ai compiti della Rai, la proposta prevede una chiara distinzione fra la missione di servizio pubblico svolta dalla concessionaria e le sue attività commerciali. Le strutture dell'azienda destinate esclusivamente alla realizzazione della missione di servizio pubblico saranno finanziate principalmente dal canone e avranno un affollamento pubblicitario minore. Quelle invece a maggiore vocazione commerciale saranno finanziate esclusivamente dalla pubblicità e saranno soggette agli stessi indici di affollamento pubblicitario fissati per l'emittenza privata.

La legge assegna alla Rai un ruolo guida nella transizione ai nuovi contenuti digitali, concentrandosi non tanto sullo sviluppo di costose infrastrutture, quanto piuttosto sull'elaborazione di nuovi contenuti di qualità. A questo scopo, la Rai dovrà puntare su tutti i mezzi tecnici di distribuzione che consentano lo sviluppo dei contenuti più innovativi, per consentire ai cittadini un uso consapevole e attivo dei mezzi di comunicazione di massa. I nuovi servizi e contenuti dovranno essere resi disponibili a vantaggio della collettività, secondo modalità di accesso il più possibile ampie e universali.

Sul fronte della tecnologia, la legge mira a creare infrastrutture aperte e a promuovere solo i sistemi di accesso ai contenuti digitali che non abbiano l'effetto di legare l'utente finale a una determinata tecnologia né a un determinato operatore.

Per garantire il pluralismo complessivo del sistema delle comunicazioni, l'accesso al mercato da parte di qualunque fornitore di contenuti è regolato con procedura pubblica tramite l'assegnazione diretta di licenze individuali.

Art. 1
(Principi fondamentali)

1. Ai sensi degli artt. 2, 3 e 21 della Costituzione, ogni individuo ha il diritto fondamentale e inviolabile all'informazione sugli eventi della vita sociale, politica e culturale in modo pluralistico e rispettoso dei diritti fondamentali della persona. Tale diritto comprende, in particolare, la libertà di formazione delle proprie convinzioni morali, sociali, politiche, religiose e culturali in genere, nonché la libertà di manifestazione delle proprie opinioni mediante tutti i mezzi di comunicazione.

2. Sono principi fondamentali del sistema della comunicazione di contenuti audiovisivi al pubblico, da parte di qualunque soggetto pubblico o privato:
a) la tutela della libertà di espressione di ogni individuo, inclusa la libertà di opinione e quella di ricevere o di comunicare informazioni o idee senza limiti di frontiere;
b) la garanzia della libertà e del pluralismo dei mezzi di comunicazione radiotelevisiva;
c) l'obiettività, la completezza e l'imparzialità delle trasmissioni a contenuto informativo, anche parziale;
d) l'apertura alle diverse tendenze politiche, sociali, culturali e religiose;
e) la salvaguardia delle diversità etniche e del patrimonio culturale, artistico e ambientale, a livello nazionale e locale.

Tali principi si realizzano nel rispetto dei diritti, in particolare della dignità della persona, della salute e dell'armonico sviluppo fisico, psichico e morale del minore, garantiti dalla Costituzione, dal diritto comunitario, dalle norme internazionali vigenti nell'ordinamento italiano.

3. Il diritto all'informazione e alla comunicazione al pubblico viene riconosciuto a tutte le emittenti legittimamente esercenti attività di comunicazione audiovisiva. Tale diritto comprende, fra l'altro, l'autorizzazione all'accesso alle manifestazioni e agli eventi d'interesse della collettività [...].

4. La comunicazione al pubblico di contenuti audiovisivi mediante qualsiasi rete di comunicazione elettronica costituisce servizio che assolve missione di interesse generale. La missione di interesse generale è assolta dall'emittente che svolge l'attività di trasmissione audiovisiva in conformità ai principi di cui ai precedenti commi 2 e 3.

Art. 2
(Consiglio per le Comunicazioni Audiovisive)

1. È istituito il Consiglio per le Comunicazioni Audiovisive, organismo ampiamente rappresentativo delle istanze politiche, sociali e culturali del Paese. Il Consiglio determina, secondo i principi fondamentali di cui all'art. 1, gli indirizzi generali del sistema e contribuisce alla loro attuazione.

2. Il Consiglio è composto da ventiquattro membri. Di questi, un terzo è designato pariteticamente dai Presidenti delle due Camere del Parlamento tra i rappresentanti di tutti i gruppi parlamentari, nel rispetto del principio di parità di trattamento uomo–donna. I rimanenti due terzi, nominati direttamente dalle stesse categorie di enti interessati in base alla funzione direttiva svolta, rappresentano, nella misura di uno per ciascuna, le sottoindicate categorie di enti portatori di istanze economico-sociali:
- Conferenza Stato-Regioni;
- Associazione Nazionale Comuni Italiani;
- Confederazione Generale Italiana del Lavoro;
- Unione Italiana del Lavoro;
- Confederazione Italiana Sindacati Lavoratori;
- Confcommercio;
- Confartigianato;
- Confindustria;
- Associazioni nazionali maggiormente rappresentative a tutela dei consumatori (a rotazione, secondo i criteri di cui al comma successivo);

- Associazioni nazionali maggiormente rappresentative a tutela dei minori (a rotazione, secondo i criteri di cui al comma successivo);
- Associazioni nazionali maggiormente rappresentative a tutela dell'ambiente (a rotazione, secondo i criteri di cui al comma successivo);
- Associazioni nazionali maggiormente rappresentative editori e utenti radiotelevisivi (a rotazione, secondo i criteri di cui al comma successivo);
- Associazioni nazionali maggiormente rappresentative editori e utenti dei mercati affini come definiti dalla presente legge (a rotazione, secondo i criteri di cui al comma successivo);
- Società Italiana Autori ed Editori;
- Ente Teatrale Italiano;
- Conferenza dei Rettori delle Università Italiane.

3. Il Consiglio dura in carica sei anni. Nei casi di avvicendamento fra diverse istituzioni rappresentative, previsti al comma precedente, il criterio di scelta è il sorteggio tra gli aventi diritto all'inizio del mandato del Consiglio, e l'avvicendamento ha una ciclicità biennale.

4. Il Consiglio, salvo quanto disposto ai commi successivi, assume le proprie deliberazioni con il voto favorevole della maggioranza dei suoi membri.

5. Le competenze del Consiglio sono individuate come segue:
a) con riferimento alla concessionaria del servizio pubblico:
- nomina i componenti del Consiglio di amministrazione, con la procedura e le maggioranze di cui al successivo comma 6;
- esprime parere obbligatorio e vincolante sul Contratto di servizio nazionale e sui Contratti di servizio regionali e provinciali;
- formula al Consiglio di amministrazione osservazioni relative al piano editoriale;
- verifica la rispondenza dell'operato del Consiglio di amministrazione al Contratto di servizio e agli indirizzi sul piano editoriale;
- riceve la Relazione annuale del Consiglio di amministrazione sul perseguimento degli obiettivi di servizio pubblico della concessionaria, dandone ampia pubblicità;
- revoca il Consiglio di amministrazione, con la procedura, le maggioranze e per i motivi di cui al successivo comma 7;

- riceve le istanze degli utenti relative alle trasmissioni della concessionaria del servizio pubblico;

b) con riferimento al sistema delle comunicazioni audiovisive al pubblico nel suo complesso, il Consiglio:

- vigila sull'assolvimento della missione di interesse generale di cui al precedente art. 1, comma 4, anche con l'emanazione di raccomandazioni vincolanti alle emittenti. L'Autorità per le Garanzie nelle Comunicazioni sanziona gli inadempimenti alle raccomandazioni medesime.
- elabora le linee guide per la definizione della Guida Elettronica dei Programmi Generale;
- esercita le altre competenze previste dalla presente legge.

6. Il Consiglio nomina i componenti del Consiglio di amministrazione della società concessionaria del servizio pubblico radiotelevisivo, mediante procedura di selezione secondo i criteri della pubblicità, obiettività e non discriminazione, predisponendo un disciplinare che tenga conto dell'indipendenza, delle competenze e dell'esperienza nel settore delle comunicazioni. I candidati presentano domanda al Consiglio corredata di *curriculum vitae*. Il Consiglio nomina al suo interno un comitato composto da cinque membri, il quale seleziona le domande, effettua pubbliche audizioni dei candidati risultati idonei e redige una graduatoria finale motivata. A esito di tale procedura il Consiglio, a maggioranza di due terzi, delibera la nomina dei membri del Consiglio di amministrazione. Dopo il terzo scrutinio è sufficiente la maggioranza assoluta.

7. Il Consiglio, in caso di gravi e palesi violazioni degli obblighi previsti nel Contratto di servizio nazionale [...] può deliberare, con la maggioranza dei due terzi dei suoi membri, la revoca del Cda della concessionaria del servizio pubblico [...].

8. Il Consiglio nomina i componenti dell'Autorità per le Garanzie nelle Comunicazioni, ivi incluso il Presidente, i quali restano in carica per sei anni, secondo le medesime procedure e maggioranze di cui al comma 6.

9. È soppressa la Commissione Parlamentare per l'indirizzo generale e la vigilanza dei servizi radiotelevisivi.

Art. 3
(Disposizioni sulla società concessionaria del servizio pubblico radiotelevisivo)

1. Il servizio pubblico radiotelevisivo si caratterizza per una programmazione improntata agli interessi e ai valori della collettività, che è basata sui principi fondamentali espressi dall'art. 1. In particolare, provvede:

a) alla diffusione di produzioni informative, culturali, di carattere formativo ed educativo, sportive, cinematografiche e di intrattenimento, specializzate per i minori, per gli italiani residenti all'estero, per le minoranze linguistiche e per la valorizzazione delle produzioni audiovisive nazionali ed europee;
b) all'estensione alla collettività dei vantaggi dell'evoluzione tecnologica, anche al fine di eliminare o prevenire disparità fra cittadini appartenenti a diverse fasce sociali o zone geografiche, realizzando contenuti audiovisivi digitali innovativi e che tengano conto delle diverse modalità di fruizione e di comunicazione rese possibili dalle nuove tecnologie, anche allo scopo di sviluppare nei cittadini, attraverso una ampia diffusione dell'interattività, l'abitudine a una scelta individuale dei contenuti e a una più attiva partecipazione al mondo della comunicazione dell'informazione;
c) alla promozione dello sviluppo della fruizione e della comunicazione di tali contenuti digitali su tutte le reti di comunicazione elettronica, al fine di assicurarne la più ampia accessibilità.

2. Il servizio pubblico radiotelevisivo è affidato mediante concessione a una società holding, la quale partecipa, fra l'altro:

a) a una o più società che gestiscono reti radiotelevisive in tecnica analogica, sino alla data di completa attuazione del piano di assegnazione delle frequenze in tecnica digitale, e successivamente almeno due programmi in tecnica digitale liberamente accessibili agli utenti mediante qualsiasi rete di comunicazione elettronica e senza oneri aggiuntivi oltre a quelli relativi al canone di abbonamento. Tali canali o programmi possono raccogliere proventi pubblicitari nei limiti del 40% del totale ricavato dal canone, fermo restando un limite di affollamento orario pari al 4% dell'orario settimanale di programmazione e al 5% di ogni ora. Le stesse emittenti sono destinatarie dell'intero importo del canone di abbonamento al servizio pubblico radiotelevisivo;

b) a una o più società che gestiscono, nei limiti previsti dalla normativa sul divieto di posizioni lesive del pluralismo di cui all'articolo 4 della presente legge, nonché della normativa vigente per la radiodiffusione televisiva privata relativa agli indici di affollamento pubblicitario, attività radiotelevisive multimediali e di telecomunicazioni anche in ambito internazionale. Le medesime società di cui alla presente lettera gestiscono inoltre la commercializzazione delle produzioni audiovisive della concessionaria del servizio pubblico, ivi inclusi i nuovi prodotti o servizi anche multimediali e interattivi, nonché gli archivi della società di cui alla lettera a).

3. La società concessionaria, previo parere obbligatorio del Consiglio per le Comunicazioni Audiovisive, definisce un piano per favorire le sinergie tra le diverse attività del servizio pubblico, per la ripartizione delle risorse umane e per l'utilizzo degli immobili e delle infrastrutture trasmissive. Il piano deve prevedere fra l'altro la destinazione di adeguate risorse economiche alla ricerca, alla sperimentazione tecnologica e di prodotto e alla produzione audiovisiva, nonché l'impegno della concessionaria in attività di formazione e di istruzione ai diversi livelli scolastici, universitari e post-universitari.

4. Il Consiglio di amministrazione della società concessionaria del servizio pubblico radiotelevisivo è composto da cinque membri, nominati mediante deliberazione del Consiglio per le Comunicazioni Audiovisive assunta ai sensi del precedente art. 2, comma 5. Il Consiglio di amministrazione, a maggioranza dei suoi membri, elegge al suo interno il Presidente e nomina il Direttore Generale su base concorsuale. Annualmente, il Consiglio di amministrazione presenta al Consiglio per le Comunicazioni Audiovisive una Relazione sul perseguimento degli obiettivi di servizio pubblico della concessionaria.

Art. 4
(Norme a tutela del pluralismo informativo)

1. Sono vietati la costituzione e il mantenimento di posizioni lesive del pluralismo informativo come definite nei commi successivi.

2. Realizza una posizione lesiva del pluralismo informativo il fatto che i programmi televisivi attribuibili a una impresa, anche attraverso soggetti controllati o collegati alla medesima, raggiungono nella media annuale, attraverso qualsiasi rete di comunicazione elettronica, una quota di audience pari al 35%.

3. Si ritiene parimenti in posizione lesiva del pluralismo una impresa che, anche attraverso soggetti controllati o collegati alla medesima, raggiunga nella diffusione di programmi televisivi, attraverso qualsiasi rete di comunicazione elettronica, una percentuale di audience del 30%, qualora tale impresa raggiunga una percentuale di pubblico pari al 35% in almeno uno ovvero nel complesso dei mercati dei media affini, come definiti nel comma successivo.

4. Ai sensi del comma precedente si considerano media affini: attività di diffusione radiofonica; editoria di quotidiani e periodici; editoria elettronica, anche per il tramite di internet; diffusione di opere cinematografiche nelle diverse forme di fruizione del pubblico.

5. I limiti di cui ai precedenti commi 2 e 3 non si applicano alla società concessionaria del servizio pubblico radiotelevisivo.

6. Il Consiglio ogni tre anni rivede l'elencazione di cui al precedente comma 4 e, qualora lo reputi necessario, previo parere dell'Autorità per le Garanzie nelle Comunicazioni nonché dell'Autorità garante della Concorrenza e del Mercato, presenta una Relazione al Parlamento contenente proposte di modifica del suddetto elenco alla luce degli sviluppi tecnologici e delle abitudini degli utenti finali, tenendo conto dei seguenti parametri: a) capacità di ciascun mezzo di comunicazione di influenzare la formazione delle opinioni, anche alla luce del contenuto informativo eventualmente espresso e delle sue forme e modalità di comunicazione; b) capacità di influenzare la cultura, le abitudini e gli stili di vita; c) costi e modalità delle tecniche di accesso e fruizione di ciascun mezzo di comunicazione.

7. L'Autorità per le Garanzie nelle Comunicazioni, sentito il Consiglio, affida a uno o più soggetti privati la rilevazione della percentuale di pubblico raggiunto attraverso i programmi televisivi diffusi mediante qualsiasi rete di comunicazione elettronica, nonché attraverso i media affini, tenendo presente che tale soggetto dovrà:

– presentare una composizione societaria in base alla quale nessun soggetto che svolga attività di comunicazione al pubblico di contenuti audiovisivi ovvero società concessionaria di pubblicità radiotelevisiva possa esercitare il controllo, singolarmente o congiuntamente, anche attraverso soggetti controllati o collegati alla medesima;

- adottare metodologie statistiche di rilevamento elaborate raccogliendo il parere favorevole di almeno tre esperti di chiara fama in materia di scienze statistiche e che contemplino il rilevamento degli ascolti tenendo in considerazione tutti i mezzi di distribuzione e/o diffusione dei programmi televisivi, su frequenze terrestri, via cavo o via satellite, nonché i media affini, eventualmente attraverso apposite convenzioni con gli enti di rilevazione al momento esistenti per questi ultimi;
- fornire tempestivamente al Consiglio e all'Autorità i dati da questi ultimi richiesti;
- presentare una Relazione annuale da trasmettere al Parlamento, al Consiglio e all'Autorità entro il 30 ottobre di ogni anno.

8. Si ritengono altresì in posizione lesiva del pluralismo:

a) le imprese titolari di concessioni, autorizzazioni o licenze o comunque esercenti attività radiotelevisiva a qualsiasi titolo in ambito nazionale, le quali anche attraverso soggetti controllati o collegati alle medesime, raccolgano proventi per una quota superiore al 30% delle risorse del settore televisivo in ambito nazionale, riferito alle trasmissioni via etere terrestre anche in forma codificata. I proventi di cui al precedente periodo sono quelli derivanti da finanziamento del servizio pubblico al netto dei diritti dell'Erario, nonché da pubblicità nazionale e locale, da spettanze per televendite, e da sponsorizzazioni, proventi da convenzioni con soggetti pubblici, ricavi da offerta televisiva a pagamento, al netto delle spettanze delle agenzie di intermediazione;
b) le imprese che comunque detengano anche attraverso soggetti controllati o collegati ai medesimi partecipazioni in imprese operanti nei settori della radiotelevisione e dei media affini, come definiti nel presente articolo, possono raccogliere, sommando i ricavi dei due settori, proventi non superiori al 20% del totale nazionale delle risorse derivanti da pubblicità, spettanze per televendite, sponsorizzazioni, proventi da convenzioni con soggetti pubblici, finanziamento del servizio pubbli-

co, ricavi da offerta televisiva a pagamento, vendite e abbonamenti di quotidiani e periodici, dal mercato dell'editoria elettronica destinata al consumo delle famiglie, dalla diffusione di opere cinematografiche nelle diverse forme di fruizione del pubblico; è fatta salva la disciplina sulle imprese editrici di giornali quotidiani o periodici, fermo il rispetto dei limiti per singolo settore.

9. Qualora l'Autorità per le Garanzie nelle Comunicazioni accerti, anche a seguito di segnalazione del Consiglio, che un'impresa si trovi in posizione lesiva del pluralismo ai sensi dei commi 2, 3 e 7, interviene affinché tale posizione venga sollecitamente rimossa, proponendo all'impresa di adottare le seguenti misure: a) la rinuncia da parte dell'impresa a quote di partecipazione in società a essa attribuibili; ovvero, b) per quanto concerne il comma 7, la riduzione della quota di proventi raccolti, nella misura necessaria a non superare le soglie di cui ai suddetti commi.

10. Resta fermo l'intervento sulle posizioni dominanti ai sensi della normativa comunitaria e nazionale in materia di tutela della concorrenza, nonché l'applicazione da parte dell'Autorità per le Garanzie nelle Comunicazioni degli obblighi specifici relativi agli operatori di rete e ai fornitori di servizi di comunicazione elettronica derivanti dal recepimento nell'ordinamento italiano delle Direttive del Parlamento europeo e del Consiglio del 2002 in materia di comunicazioni elettroniche, come successivamente modificate.

[...]

3. *APPELLO. Dieci richieste al futuro governo italiano*

1. Impegnatevi a dare all'Italia un'informazione e una comunicazione che rispondano alle esigenze democratiche del nostro Paese. Riconoscendo che anche l'attuale vertice Rai è nato dalla logica della lottizzazione, approvate una legge per un nuovo sistema di nomina, ove sia limitato il controllo dei partiti, ispirato ai modelli della nuova Tve voluta da Zapatero in Spagna, della Bbc inglese e delle tv pubbliche tedesca e francese, affidando il servizio pubblico a figure e organismi *super partes* e coinvolgendo le categorie che la tv sono chiamate a «farla»: artisti, giornalisti, editori, autori, produttori, università, istituzioni culturali.

2. Fate in modo che gli italiani vedano e ascoltino la vera «agenda del giorno», non quella offerta dal solito circo di nani e ballerine proni al potere. Consentite una libera discussione sui problemi reali della gente: anzitutto il lavoro, la pace, la giustizia e l'ambiente. E garantite che gli interessi dei cittadini siano rappresentati fino in fondo nel dibattito politico.

3. Cancellate la legge-truffa Frattini sul conflitto d'interessi e sostituitela con un ferreo regime di incompatibilità tra chi possiede quote anche minime di società di comunicazione (tv, radio, giornali, portali internet) e chi ricopre incarichi pubblici e di rappresentanza politica.

4. Abolite la legge Gasparri, che viola il diritto costituzionale dei cittadini a essere informati e a usare essi stessi i sistemi di comunicazione, introducendo autentici e severi limiti antitrust per impedire monopoli od oligopoli sia in tv (non più di una rete terrestre per ciascun soggetto), sia nella carta stampata, sia nel cruciale settore pubblicitario.

5. Impegnatevi a non privatizzare la Rai senza adeguate garanzie sulla terzietà, la trasparenza e la legalità dei poteri che controlleranno il settore; e comunque a lasciare al servizio pubblico almeno due reti.

6. Garantite che anche le televisioni commerciali siano soggette a criteri di rispetto dei cittadini, e che i bambini non siano più bombardati da raffiche di pubblicità incontrollata e violenza, in balìa dello scadimento etico e intellettuale che oggi domina tutte le reti pubbliche e private.

7 Considerate la televisione per quello che è nella realtà: il più importante strumento non solo di informazione, ma anche e soprattutto di formazione, dell'intera nazione. E, di conseguenza, garantite il suo carattere «pubblico» e «democratico» perché il clima morale e intellettuale del Paese non degeneri.

8. Eliminate l'Auditel e sostituitelo con sistemi di misurazione del gradimento degli spettatori meno inattendibili, non solo sul piano quantitativo, ma anche su quello qualitativo.

9. Garantite il rispetto della diversità delle idee, delle opinioni e delle fedi, e ponete fine alle discriminazioni e alle liste di proscrizione contro autori, scrittori, artisti, giornalisti che pensano, si

esprimono e lavorano liberamente con professionalità, restituendoli al dialogo con i loro lettori e con il loro pubblico.

10. Ricordate che queste firme rappresentano la determinazione di molti cittadini liberi a impegnarsi d'ora in poi, con qualsiasi governo, per difendere i propri diritti e la dignità del Paese.

Altan, Luca Barbarossa, Oliviero Beha, Enzo Biagi, Massimo Bucchi, Fabio Camilli, Luciano Canfora, Caparezza, Antonio Catania, Giulietto Chiesa, Laura Cima, Furio Colombo, Marina Confalone, Pappi Corsicato, Maria Cuffaro, Antonietta De Lillo, Franza Di Rosa, Elio e le Storie tese, Edoardo Erba, Antonello Falomi, Angela Finocchiaro, Paolo Flores d'Arcais, Dario Fo, Marco Foschi, Ivano Fossati, Carlo Freccero, Tommaso Fulfaro, Rossella Fumasoni, Claudia Gerini, Riccardo Giagni, Paul Ginsborg, Giuseppe Giulietti, Peter Gomez, Beppe Grillo, Udo Gumpel, Caterina Guzzanti, Corrado Guzzanti, Sabina Guzzanti, Paolo Hendel, Roberto Herlitzka, Sabrina Impacciatore, Lillo e Greg, Corinna Lo Castro, Saverio Lodato, Daniele Luttazzi, Milo Manara, Fiorella Mannoia, Maurizio Mannoni, Neri Marcoré, Citto Maselli, Valerio Mastandrea, Loris Mazzetti, Paola Minaccioni, Maria Amelia Monti, Silvio Muccino, Diego Novelli, Andrea Occhipinti, Moni Ovadia, Marcelle Padovani, Francesco Paolantoni, Rocco Papaleo, Francesco Pancho Pardi, Lucio Pellegrini, Piero Pizzicannella, Franca Rame, Rolando Ravello, Lidia Ravera, Francesca Reggiani, David Riondino, Paolo Rossi, Andrea Salerno, Paolo Serventi Longhi, Daniele Silvestri, Igor Skofic, Sud Sound System, Paolo Sylos Labini, Gianmarco Tognazzi, Mattia Torre, Marco Travaglio, Giovanni Valentini, Vauro, Elio Veltri, Giovanni Veronesi, Ferdinando Vicentini Orgnani, Marcello Villari.

Per aderire e saperne di più, www.vivazapatero.org, www.sabinaguzzanti.it., www.marcotravaglio.it

Indice

LE MANI SULLA LIBERTÀ

LE MANI SULLA STAMPA

Finito di stampare nel gennaio 2006 presso
il Nuovo Istituto Italiano d'Arti Grafiche - Bergamo
Printed in Italy

RCS Libri

ISBN 88-17-01020-0